世界变局与中国风范

——俞邃著述

俞　邃◎著

当代世界出版社
THE CONTEMPORARY WORLD PRESS

图书在版编目（CIP）数据

世界变局与中国风范：俞邃著述 / 俞邃著. —北京：当代世界出版社，2021.10

ISBN 978-7-5090-1629-9

Ⅰ. ①世… Ⅱ. ①俞… Ⅲ. ①国际问题-文集 Ⅳ. ①D815-53

中国版本图书馆 CIP 数据核字（2021）第 187222 号

书　　名：世界变局与中国风范：俞邃著述
出 品 人：丁　云
策划编辑：刘娟娟　姜松秀
责任编辑：魏银萍　马永一　徐嘉璐
封面设计：武晓强
版式设计：韩　雪
出版发行：当代世界出版社
地　　址：北京市地安门东大街 70-9 号
邮　　编：100009
邮　　箱：ddsjchubanshe@163.com
编务电话：(010) 83907332
发行电话：(010) 83908410（传真）
13601274970
18611107149
13521909533
经　　销：新华书店
印　　刷：北京博海升彩色印刷有限公司
开　　本：880 毫米×1230 毫米　1/32
印　　张：23.25
字　　数：589 千字
版　　次：2021 年 10 月第 1 版
印　　次：2021 年 10 月第 1 次
书　　号：ISBN 978-7-5090-1629-9
定　　价：138.00 元

作者简介

俞邃　1933年5月出生，江苏如东人。1953年就读于中国人民大学，1957年毕业于北京俄语学院（现北京外国语大学）。1958年9月调到中联部，被立即派往布拉格各国共产党和工人党合办的理论性与报道性刊物《和平和社会主义问题》杂志编辑部工作。1962年11月回国，长期从事苏联-俄罗斯问题、世界战略形势、中国外交研究和党的对外联络工作。曾任中联部苏联处处长和其他局级职务，现任中联部调研咨询小组成员、当代世界研究中心研究员。先后被聘为北京大学、中国人民大学、国防大学、电子科技大学等全国6省市12所高校兼职教授，中国国际战略学会高级顾问、中国社科院世界社会主义研究中心特邀研究员、中国国际问题研究基金会高级研究员。1999年当选为国际自然和社会科学院院士，同时被俄罗斯科学院远东研究所授予荣誉博士学位。专著有《俞邃文集》、《俞邃论集》、《莫斯科的冬与春——一个时代的终结》（在越南翻译出版）、《苏联解体前后》、《俄罗斯萧蔷内外》等，主编《各国政党概要》，主译《国际共产主义运动》等。

前 言

本书是继当代世界出版社出版的《俞邃文集》（2005 年）、《俞邃论集》（2013 年）之后，综述最近八年来的国际形势、中国外交等多方面的学术论文集，内容涉及世界历史事件、世界格局、地区热点、美中俄关系、国际关系理论、中国特色社会主义与中国外交，以及回忆录、演讲、访谈、书评等，共计六个部分。出于补遗的目的，本书收进了 2013 年之前刊发的《戈尔巴乔夫与苏联剧变》《香港回归十周年感言》《在白俄罗斯科学院的学术演讲》《关于欧亚地区战略形势的几个观点》等四篇文章。

处于“百年未有之大变局”，国际形势发展变化很快，笔者注重于跟踪研究和理论探索，力求运用辩证的方法和简练的语言，做出新的论断。以下就本人近年来的理论性概括，列举一些例子，以便读者参阅全书并给予批评指正。

对世界历史事件与社会制度的理论概括——

⋆马克思主义基本原理是久经考验、颠扑不破的。被毛泽东称作“放之四海而皆准”的马克思主义，指的是它的基本原理。马克思主义是不断发展的，其基本原理长青，至于个别特定论断可能过时，则是不足为奇的。我们坚信，马克思主义从本质上阐述了人类发展过程中的经济、政治、历史及社会制度变迁的内在规律和特征，是指导我们认识世界的世界观和方法论，也是无产阶级革命和社会主义建设的纲领性指导思想。

★苏联模式是在忽视列宁的新经济政策而又没有现成经验可资借鉴的情况下，在党内外复杂的斗争环境中，逐步探索出的一种模式。它在历史上确实发挥过积极作用，产生过光辉业绩。其形成初期适应了经济落后、结构简单和以增强国防能力为经济发展首要目标的状况，特别是在战争年代显示了动员性强和困难承受能力强的优点。苏联用15年时间完成了工业化，为反法西斯战争的胜利奠定了强大的物质基础；二战后苏联经济迅速恢复，成为足以同美国抗衡的又一个超级大国。但是，随着时代主题从“战争与革命”向“和平与发展”转化，面对科学技术的迅猛发展和资本主义表现某种活力的严峻挑战，苏联模式僵化的弊端日益深重，改革任务尖锐地、迫切地摆在了战后苏联历届领导人的面前。然而他们并没有胜任领导改革的使命，反而葬送了苏联，葬送了十月革命的成果。

★苏共垮台、苏联解体是在戈尔巴乔夫手里出现的，这是不争的事实。我们在研究和反思苏共垮台、苏联解体原因时，首先必须弄清戈尔巴乔夫是怎样搞改革，又如何一步步地将苏共和苏联断送的。离开了这个前提，泛泛谈论苏共垮台和苏联解体的其他原因，无助于澄清是非。当然，透过戈尔巴乔夫的改革失败，探究苏共长期以来在理论和实践中存在的问题，探究苏联模式弊端的严重影响，是完全必要的，也是吸取苏共垮台、苏联解体教训不可缺少的。

★尽管发生了苏联剧变那样震惊世界的历史性事件，处于社会转型过程中的俄罗斯存在着道路选择之争，以及被西方扶持的俄罗斯国内反对派处心积虑要搞垮普京，但是俄罗斯各种政治力量和政治思潮在维护二战胜利成果方面，在肯定《波茨坦公告》和《开罗宣言》等国际协议方面，并不存在争议。也就是说，他们在二战问题上都能保持起码的爱国主义情愫、民族自尊心和历史正义感。

★要恰当处理社会主义与资本主义的关系。两制关系是从1917年俄国十月革命取得胜利社会主义从理论变成现实、打破资本主义一统天下之后，就客观存在的问题。长期以来，在人们的观念中，社会主义与资本主义之间就是势不两立、你死我活的关系。1954年和平共处五项原则的提出与传播，其重大意义在于明确两种不同社会制度之间应该是怎样一种关系，从而向客观现实迈出了一大步。如今提出两制国家之间良性互动，堪称又一大进步。这是在苏联东欧剧变之后，在经济全球化特别是金融危机猖獗的背景下，逐渐形成的一种新概念。苏联东欧剧变之后，社会主义经受严重挫折，那时，资本主义在“大失败”（布热津斯基语）、“历史终结”（福山语）的幻觉中总想吞没社会主义。可是，社会主义的存在，尤其是中国特色社会主义的发展壮大，打破了他们的迷梦。全球金融危机发生之后，资本主义国家首先是美国等大国，遭到空前巨大的冲击，反而不得不求助于社会主义中国，唱出“同舟共济”的高调，从而将两制关系之依存度标榜到了极致。

★世界上社会主义与资本主义是比较而存在的。事实证明，贫穷不是社会主义，富裕未必就是社会主义，但社会主义最终应该比资本主义更加公正；专制不是社会主义，民主未必就是社会主义，但社会主义毕竟应该比资本主义更加平等。在社会主义社会，特别是初级阶段，不可能一步走向共同富裕，应该允许一部分人先富起来。出现贫富差距不可避免。但是，过于悬殊的两极分化和长久存在的严重两极分化，不是社会主义属性所决定的。遗憾的是，至今依然有人自觉或不自觉地拿苏联模式社会主义的理论和实践作为衡量当今谁是谁不是社会主义的标准。这是非常值得深思的扭曲现象。

★党的十八大在对外关系方面提出的“平等互信、包容互鉴、合作共赢”原则，非常重要，极有创意，其中“包容互鉴”

适用于方方面面，也应该包括如何对待社会民主党的经验。诚然，这是一个非常敏感的问题，但不能回避。我不赞成“只有民主社会主义才能救中国”的偏激说法，但也不能笼统地将民主社会主义当作科学社会主义的叛逆。民主社会主义是否属于社会主义范畴是一回事，它适用于哪些国家则是另一回事。我们不能搞双重标准，对传统社会主义国家的弊端可以谅解、可以包容，而对资本主义国家基于社会主义因素而取得的成就却不能认同。我们对于原社会主义国家的非社会主义因素不要“淡化”，对于非社会主义国家的社会主义因素也不要“淡化”。

★“尊重不同文明”多半停留在学术层面。倡导文明平等、文明互补，是必要的、正确的。不过事实上，如今霸权主义行径无不伴随着标榜自身的文明优越性。“文明冲突论”、基督教与伊斯兰教势不两立论，早有流传，且影响甚大。我们可以从这个角度思考当今中东和北非地区问题迭起的深层次原因。西方发达大国尤其是美国，并不满足于在经济全球化中的主导地位，它们还要谋求以其价值观起支配作用的政治全球化。

对世界战略局势与国际关系的理论概括——

★所谓世界格局，指的是具有不同程度世界影响的力量和力量中心相互作用的结构性状态。二战结束、联合国成立70年以来，世界格局不断演变，其过程大致是：两极格局形成并强化，苏联解体转向“一超多强”为标志的多极化，随着新兴国家群体性崛起多极化呈现新形态。几点简要的结论性看法：其一，20世纪80年代邓小平率先提出的世界多极化的观点，经受住了历史的验证，是完全正确的。而各种各样怀疑、否定世界多极化的论调，都是站不住脚的。其二，美国仍是当今世界唯一超级大国，但不能因此得出单极世界的结论。美国得意时鼓吹单极世界，失意时渲染无极世界，都是唯美国马首是瞻。其三，世界多极化趋势不断发展，新兴国家群体性崛起导致其表现形态发生变化。中国的作用越来越显著，但要评估适当。尤其要警惕所谓美中共同主宰世界的“G2论”，既不切实际，又非常有害。

★ 30年来，每逢出现与美国地位变化相关的国际形势，围绕世界格局的争议就来了。例如美国猖獗时1999年发动科索沃战争、2003年发动伊拉克战争，国内外便刮起一阵美国“单极世界论”；美国倒霉时如2001年“9·11”事件和2008年信贷危机导致全球金融危机，又掀起一股“无极世界论”。自从2010年中国经济总量跃升世界第二位之后，一度又扬起美中共管世界的“G2论”。最近几年围绕世界多极化的非议有所减少，但是，随着中国影响力的扩大，“G2论”又开始复燃。

★“G2论”翻版的严重后果在于：其一，夸大中国的作用从而误导民众。其二，这无异于给“中国威胁论”增添佐料，为美国遏制中国提供“事出有因”的借口，甚至助长其气焰。其三，无视其他一些具有世界影响的力量或力量中心在当今世界格局变化中的作用。学术领域争鸣是正常的、必要的，但罔顾基本原则的杂音也应引起我们关注。

★与一切事物一样，世界局势与国际关系中的问题的形成、发展和变化，无论是从内因或者外因来考量，无论是从地缘政治角度或者经济全球化影响角度来透析，它们都是在受到某种辩证规律的支配。观察和研究世界局势与国际关系，方法论至关重要。

★在经济全球化的大背景下，当今各国之间的相互依存度越来越加深，但这个世界毕竟是对立统一的世界，既体现同一性、依存性，又存在矛盾性、斗争性。资本主义与社会主义两种社会制度，更是既彼此依存，又相互抗争。

★北约产生于冷战时期，是针对苏联扩张和德国崛起而来的。华约解散之后，北约不仅继续存在，而且不断东扩，名之曰要填补由于苏联解体、华约解散形成的安全真空。北约标榜要从军事政治组织向政治军事组织转化，值得怀疑。北约在利比亚的行动，是继科索沃战争之后进一步超越欧洲范围，现代帝国主义疯狂性的又一次大暴露。多年来“帝国主义”这个词几乎被人们忘却了，而列宁当年所说的帝国主义瓜分世界，如今又在新形势下以新的方式继续着。

★和平共处五项原则的时代精神将在新时期深化和发展。原因是：1. 符合历史潮流。世界要和平，国家要独立，民族要振兴，社会要进步，经济要发展，生活要提高，已成为不可抗拒的历史潮流。2. 突出国家利益原则。在经济全球化背景下，国家之间的依存性加深，国家利益原则成为处理国与国之间关系的基本原则。和平共处五项原则的本质，恰恰是既能维护自身国家利益，又要尊重他国的国家利益。3. 构成国家关系良性互动的条件。在国家关系特别是大国关系中，贯彻实施双赢、共赢原则才符合各国的利益要求，而和平共处五项原则正是产生这种良性互动的基本条件。

★如同围绕和平共处五项原则产生许多新论断、新主张（例如我国领导人近期提出的利益共同体、命运共同体、“一带一路”倡议等）一样，其对立物——强权政治也在制造不少新提法、新花样，实质上是在挑战和平共处五项原则。例如“有限主权论”“人权高于主权论”挑战国家主权原则；“侵略有理论”挑战互不干涉内政原则；“先发制人论”挑战互相尊重、互不侵犯原；“单边主义”“单极世界论”挑战主权平等原则与联合国地位；“文明冲突论”挑战世界多样化论与和平共处（亦即“和而不同”）原则。这些强权政治理论虽曾风靡一时，但多半是要么夭折，要么遭唾弃，要么不得不用冠冕堂皇的外衣重新加以包装，仍具有一定欺骗性。

★当今国际关系中要廓清几个理论问题：利益共同体与责任共同体两者不可分割；不能将欧盟受挫与苏联解体等量齐观；中美矛盾的本质在于彼此出发点的战略性差异；不应将民族主义与民粹主义混同起来批判；不应将和平与发展是时代主题引申为和平与发展时代；不应用杜撰的美中两极论取代现实的世界多极化论。

★近年来，学界和媒体都非常关注国际形势与中国外交的研究与报道，提出不少很好的见解和主张，但也会因着力于名词"创新"而出现一些值得斟酌的说法。例如世界格局"碎片化"论；时代格局"转型"与世界秩序"失范论"；美国"战略东移论"；俄罗斯"新普京时代论"；中国战略"西进论"；有所作为"量化论"。

★多边主义具有以下特点：多边主义的最高载体首先是联合国，遵循的集体原则是联合国宪章。多边主义体现了世界战略格局的总体态势，客观上否定单极世界论，肯定世界多极化。多边主义在国与国之间倡导的是国际关系民主化，亦即国家无分大小、强弱、贫富，主权应该平等。

★上合组织之所以具有凝聚力，基于各成员国存在着共性：其一，共同的愿望。这就是国家要独立，政局要稳定，经济要发展，生活要提高。为此都希望有一个良好的国内稳定和国际和平环境。其二，共同的认识。这就是肯定和平与发展为时代两大主题，和平是条件，发展是目标。面对来势汹汹的经济全球化，力求使之具备平等、互惠、共赢、并存的特性。其三，共同的忧患。这就是对全球霸权主义，对民族分裂主义、宗教极端主义和国际恐怖主义深恶痛绝，高度警惕这两大祸源对国家安全的严重威胁。其四，共同的合作基础。这就是在处理双边和多边关系中一致遵循和平共处五项原则。唯此才说得上国家不论大小主权一律平等，才有可能彼此成为"好邻居、好伙伴、好朋友"。

★上合组织要在参与全球治理中发挥更大的作用，奉行“三自一包”非常之重要。一是自知之明，也就是要审时度势，摆正位置。清醒地认识自身在参与全球治理中的使命和能量，哪些是应该做而且能够做的，哪些是应该做却难度很大的，哪些则不属于上合组织的职能范围。二是自强不息，也就是要不断总结经验教训，扬长避短。既要把握上合组织自身的优势，加以弘扬；又要认清自己的短板，加以弥补。三是自我革新，也就是要革除弊端，创新发展。要对上合组织中业已形成的规章制度和具体办法不断加以审视和调整，推陈出新，革旧鼎新。“一包”，就是包容互鉴。无论是处理上合组织成员国之间的关系，或是应对与其他国际组织的关系，都需要包容互鉴。

对中美俄双边与三角关系的理论概括——

★冷战结束 20 多年来，苏联和美国两个超级大国一死一伤，给中国提供了难得的战略机遇。美国演变中亚国家，是演变苏联的延续，包含针对俄罗斯的明显意图，但我更要注意美国借此包围、演变中国的居心。我们要珍惜与俄罗斯形成的上升到安全战略高度的全面战略协作伙伴关系，通过双边关系，借重上海合作组织，在同是联合国安理会常任理事国的阵地上，扩大与增强与俄罗斯的精诚合作。

★俄美关系的起伏对中国的影响相对来说是有限的，中俄关系或中美关系都不取决于美俄关系的状况。但是，美中俄三角关系的变化对于全球的和平、稳定和发展影响极大，因为一个是最大的发达资本主义国家，一个是最大的社会主义发展中国家，一个是最大的转型国家。这是一个不等边三角形。美国对于俄罗斯、对于中国分别各具有强势，但在这个三角关系中却处于弱势。政治上美国更担心“中国模式”的世界影响，军事上和潜力上美国更防范俄罗斯成为又一个苏联。

★我们在与美国打交道的过程中，强调中美关系的特殊重要性，公开称两国是“利益共同体”，显示我方的合作诚意，是必要的。这是体现两国之间利益的依存性和同一性。但是，不能因此而掩盖中美之间的矛盾性与斗争性。中美存在分歧，这是客观现实，有必要在我们的言行中公开地、毫不含糊地加以揭示。态势应该是合作中有斗争，斗争中有合作，斗争是为了合作；甚至可以借喻一句老话，“以斗争求合作则合作存，以退让求合作则合作亡”。也就是说，处理对美关系要立足于对立统一性，关注同一性，宏大同一性，但不夸张同一性；重视矛盾性，解决矛盾性，但不激化矛盾性。总之，中美关系既不能建立在单一的斗争性基础之上，也不能建立在单一的同一性基础之上。

★大国之间建立新型关系，必须以良性互动为前提。而良性互动有其规律，一是起点，维护自身的利益，同时要尊重对方的利益；二是过程，合作与竞争同在，合作要诚信，竞争要守规矩；三是结果，互利共赢，而不是哪一家得益。因此，在衡量中美关系时，必须从良性互动规律中寻找哪些地方违背了这个规律，哪些地方违背了彼此利益所需要的政策。

★2012年5月普京再度担任俄罗斯总统之后，媒体出于不同动机，纷纷发表关于他的社会支持率波动的报道。从总体上看，支持普京依然是俄罗斯社会的主流。这是因为，尽管美国等西方国家利用俄罗斯在艰难转型过程中遇到的困难，竭力扶持俄国内反对派，采取包括人身攻击的方式，不时掀起反普浪潮，但这些做法并没有动摇普京执政的大局。

★2018年5月普京进入为时六年的他本人第四次总统任期。俄罗斯的对外战略建立在本国国情及其国际处境的基础之上，具有长期性、全局性、多维性和相对稳定性的特点。其走势不妨用信守初衷、秉持原则、弘扬特色和应对变局四句话加以概括。

★《中俄睦邻友好合作条约》的历史贡献在于：将中俄全

面合作提升到了一个新的发展阶段；树立结伴不结盟的创举，足以影响整个国际关系；吹响了打破美国主导的国际旧秩序的号角；有助于我国的统一大业。

对中国特色社会主义与中国外交政策的理论概括——

★中国特色社会主义理论创新，基于坚持辩证唯物主义和历史唯物主义，紧密结合新的时代条件和实践要求，以全新的视野深化对共产党执政规律、社会主义建设规律、人类社会发展规律的认识，进行艰辛理论探索，取得的重大理论创新成果。中国特色社会主义的蓬勃发展，让愚蠢的西方媒体惯于渲染的所谓中国共产党执政地位是否存在合法性，早已不攻自破。相反，中国模式越来越吸引着世界，并引起对资本主义制度弊端的批判与反思。

★中国推行的社会主义市场经济，大胆而又谨慎地吸收了发达资本主义国家之所长，但我们有自身的标准，即政治上坚持中国共产党的领导，经济上坚持以公有制为主体，社会发展的目标是坚持实现共同富裕，形式上亦有自己的特色。它是社会主义条件下的市场经济，是与社会主义的基本制度相联系、相结合的市场经济。

★新中国建立以来，从毛泽东到习近平，我国领导人把握运筹国内与国际两个大局，坚持走和平发展道路，倡导和平共处五项原则，奉行独立自主和平外交，经过几个历史时期的传承、发展和创新，在外交方面积累了丰富的经验和成果。这就是：国家利益原则，维护世界和平、促进共同发展原则，平等互信、合作共赢原则，不结盟、不对抗、不针对第三国原则，包容互鉴、多样性原则，不以意识形态划线原则，面向未来原则，发展中国家优先原则，反霸权主义原则，联合国核心作用原则。

★社会主义国家或者选择以社会主义为发展方向国家之间相

处，同样首先也要奉行久经考验的和平共处五项原则；奉行逐渐成为广泛共识的不结盟、不对抗、不针对第三国原则，国家利益原则，不以意识形态划线原则，求同存异原则，共同发展原则和面向未来原则等等。我们对待当今世界呈现的社会主义运动，尊重自主选择，不加歧视地着重与之保持和发展双边关系，在任何情况下都不去“当头”。

★人类命运共同体具有五大特征。一是时代性。驾驭时代高度，立足中国，洞察世界，展望未来。二是务实性。面对当今世界现状，认识我们生活的世界充满希望，也充满挑战。三是包容性。人类命运共同体并不因社会制度、文明传统、宗教信仰、价值观念等方方面面的差异，而将任何国家、任何民族排斥在外。四是示范性。为构建人类命运共同体，中国身体力行，勇于担当，已经并将继续做出示范。五是普适性。构建人类命运共同体不只是一句口号，而是普遍适用于世界各国特别是发展中国家的明智主张。许多国家深受鼓舞，热烈响应。人类命运共同体的普适性显示了很强的动员作用。

★“中国威胁论”有五个特性。一是虚伪性，“中国威胁论”是随着中国经济持续高速增长，中国发展模式显示巨大成效，被渲染的“中国崛起”“强国战略”引起外界或敌视或疑虑，从而杜撰的一种谬说。二是阵发性，自新中国诞生以来，散布“中国威胁论”可说是一种常态。但随着国际形势的发展和攻击者心态的变化，往往时有起伏。三是劣根性，编造和传播“中国威胁论”的人，背景不尽相同。始作俑者多出于霸道+张狂。自以为“老子天下第一”，接受不了文明的多样性，容不得他人根据本国国情与人民意愿，选择自己的社会制度、发展道路和生活方式，千方百计要把自己的价值观推向全球。随声附和者，多半是对中国的强劲发展存在顾忌和忧虑。四是迷惑性，西方拥有强大的舆论工具，其煽动作用非同小可。五是脆弱性。

“中国威胁论”毕竟经不起时间考验，根本原因在于它脱离中国的现实，违背事物的逻辑。

★香港的业绩，显示了香港特区政府治理香港的卓越能力，展现了中央政府对香港社会的强有力支持，辐射了香港对于内地不断增强的影响力，反映了香港民众日益加深的对国家和民族的认同感与自豪感，体现了国际社会和香港各界对香港未来发展的信心。

★“一带一路”任重道远，构建人类命运共同体更是长远目标。如果说古代“丝绸之路”已成为千秋万代脍炙人口的佳话，那么“一带一路”作为当今各国利益聚合的平台，则以其时代精神产生的巨大魅力，牵动世界战格局，涉及全球治理，振奋广大发展中国家，吸引一批发达国家。可以深信，随着“一带一路”示范性的积极意义日益凸显，随着各国对“一带一路”的理解和认同逐渐加深，在“和而不同”原则精神的引领下，“一带一路”将为推进人类命运共同体的建设作出史无前例的卓越贡献。

★举世瞩目的中国共产党与世界政党高层对话会以“构建人类命运共同体、共同建设美好世界：政党的责任”为主题，于2017年11月30至12月3日在北京成功举行。盛会充满新意，彰显特色，一是构建人类命运共同体的感召力；二是和平发展合作共赢精神的凝聚力；三是新时代中国特色外交的吸引力；四是中国国际威望提升的震撼力；五是党际关系四项原则的生命力。

★国家形象是国家力量和民族精神的表征，是主权国家重要的无形资产，是综合国力的集中体现。中国形象提升得益于中国在全球影响力、经济发展潜力、政府和媒体公信力等方面的“得分”持续上涨。其一，中国坚持走和平发展道路，国力迅速增长，中国的可敬程度在增加。其二，中国的和平发展战略与政策切合本国国情，也符合时代发展的要求，其可信程度在增加。其三，中国外交遵循和平发展合作共赢原则，着眼于构建人类命运共同体，其可盼程度在增加。其四，中国领导人尊重不同文明，伸张正义，主持公道，言而有信，其可亲程度在增加。

目　录

第二部分　地区热点与世界战略格局

第三部分　中俄-中美-俄美双边关系

第四部分 俄罗斯内外政策与国际组织

第五部分　中国和平发展与中国特色大国外交

第六部分　回忆—访谈—演讲—书评—其他

附　录

第一部分

世界历史事件与国际关系理论

戈尔巴乔夫与苏联剧变

苏共垮台、苏联解体是在戈尔巴乔夫手里出现的，这是不争的事实。我们在研究和反思苏共垮台、苏联解体原因时，首先必须弄清戈尔巴乔夫是怎样搞改革，又如何一步步地将苏共和苏联断送的。离开了这个前提，泛泛谈论苏共垮台和苏联解体的其他原因，无助于澄清是非。当然，透过戈尔巴乔夫的改革失败，探究苏共长期以来在理论和实践中存在的问题，探究苏联模式弊端的严重影响，是完全必要的，也是吸取苏共垮台、苏联解体教训不可缺少的。

戈尔巴乔夫曾经说过，他选择改革道路“不是某种心血来潮，不是恍然大悟，而是对革新和加速发展的客观必要性的认识，这种认识产生于对我国社会的深刻了解”①。应该承认，这是戈氏改革的初衷。在决定改革这个重大问题上，他的前任安德罗波夫给予他深刻的影响。

一、戈尔巴乔夫起步改革的两大重举

戈尔巴乔夫从 1985 年 3 月 11 日当选苏共中央总书记，到 1991 年 12 月 25 日宣布辞去苏联总统职务，在位六年又九个半月。他推行的改革有一个渐变和质变的过程。戈尔巴乔夫开始还是遵循比较正当的改革途径，主要有两个大标志，一是 1986 年

① 戈尔巴乔夫著，苏群译：《改革与新思维》，新华出版社，1987 年版，第 35 页。

彰显改革决心的苏共二十七大，另一是 1987 年以改革经济管理为中心内容的苏共中央六月全会。

（一）关于苏共二十七大

1986 年 2 月 25 日至 3 月 6 日举行的苏共二十七大，是苏联在国内面临经济发展缓慢、人民生活水平提高不快，国际上同美国争霸较之从前处于不利地位，经济上很快将落在日本、西欧后面这样的背景下召开的。以戈尔巴乔夫为首的苏共领导看到问题的严重性，急于尽快扭转这种局面。二十七大确定的总路线和总任务，用戈尔巴乔夫的话说，就是国内“加速发展”，国际“加强和平”。

这次大会同苏共前几次代表大会有所不同，强调苏联正处于转折时期，必须进行革新和变革。这期间，戈尔巴乔夫和苏联其他领导人及理论界不断批评“障碍机制”。戈氏的提法是，不深刻地改造经济机制，不建立能更充分地发挥社会主义潜力的完整、有效和灵活的管理体系，就不可能解决经济方面的新任务。他还说，要改造经济体制，首先得改变思想，抛弃老一套的思维和实践模式。认为现存的生产关系、经营和管理体系基本上是在经济粗放发展的条件下形成的，渐渐地过时了，开始丧失刺激作用，而某些东西已变成障碍。他还批评有人保守，把经济机制的任何改变几乎都看作是背离社会主义原则。

经济建设和改革是二十七大的中心议题。大会确定了加速发展经济的战略，提出了改革经济管理的设想和一些措施。同勃列日涅夫以来的前几任领导相比，戈尔巴乔夫迈出的步子较大。

大会提出了关于经济发展的目标和速度，到 20 世纪末的 15 年内，苏联国民收入和工业总产值翻一番。大会规定，届时国民收入差不多增加一倍，工业总产值增长不少于一倍，劳动生产率将提高 1.3 倍—1.5 倍，人均实际收入增加 60%—80%，每个家庭有独套住宅或独户房屋。据计算，要达到上述国民收入和工业总产值增长速度，经济每年要递增 4.7%。第十二个五年计划（1986—1990 年）同上一个五年计划相比，要实现农业产值年均增长 14%—16%（即每年递增 2.7%—3%）。这些指标的提出，在当时引起过轰动，人们曾对之寄予希望，也怀疑其可行性。

大会的一个非常鲜明的特点，是要求在思想上实行变革。提出要抛弃一切陈旧、过时的思维和管理模式，要以“新的眼光”来看待某些理论观点和概念。这对苏联多年来在思想理论领域里存在的教条主义束缚是一定程度上的突破，当然仍有其明显局限性。会议提出的主要理论问题有：

1. 重新认识苏联社会所处的历史阶段。大会仍说苏联“进入了发达社会主义阶段”，但总任务的提法则是“有计划地和全面地完善社会主义”，这就否定了赫鲁晓夫的 20 年内基本上建成共产主义的冒进口号和勃列日涅夫的建成了发达社会主义的错误论断。

2. 批评生产关系自动适应生产力的看法。第一次公开承认苏联现行管理体制基本上是在粗放发展条件下形成的，现已“过时”和开始丧失刺激作用。还提出必须打破那种把经济机制的任何改变都看作是背离社会主义的偏见，比以往任何时候都更强调对经济管理必须进行不是局部改进，而是“根本改革”。

3. 提出对社会主义所有制关系也应不断调整。强调要大力扶持和发展合作社所有制，认为其能力“远未全部发挥出来”。指出社会主义所有制具有丰富内容，处于经常的运动过程中，要对其包含的“一套复杂的关系”进行经常的调整。

4 提出要重视利用社会主义基础上正常的商品货币关系的积极作用，克服对其作用估计不足和存有偏见。这个提法跳出了斯大林《苏联社会主义问题》中有关论断的框框，当时是相当引人注意的。

大会初步提出了一些改革措施，目的是要给苏联经济注入新的活力。这些主要措施是：用经济定额来代替某些指令性指标；进一步扩大企业自主权，使其转向完全的经济核算，自筹资金，自负盈亏，自行处理超额产品；合理发展大、中、小企业，尤其是注意中小企业的作用；改革价格体系，使之具有更大灵活性，考虑更广泛地利用限定价格和合同价格。在农业上，要“坚决转折”，“创造性地”运用列宁提出的农业税思想，实行五年一固定的产品收购计划，农业企业可自行处置全部超计划产品及部分计划内产品；广泛实行作业队、作业组承包制和家庭承包制（包括根据合同期限向其提供含土地在内的生产资料）等等。其中某些措施已在苏联部分地区进行试验，这次大会对之加以了肯定和倡导。这些虽然多半还是纸上的东西，但表明了苏共领导改革决心的程度，也可以看出是在吸取苏联认为能够采纳的其他社会主义国家的某些经验。

二十七大虽然对社会主义经济的一些重要理论问题有所触及和突破，但是改革的基本指导思想仍偏重于集中的计划经济，没有涉及市场机制问题，也未超出两种所有制。这些问题在 1987 年苏共中央六月全会之后开始有所变化。

（二）关于苏共中央六月全会

1987 年 6 月 25—26 日召开的苏共中央全会，中心议题是解决改革经济管理问题。会议通过了《关于根本改革经济管理的任务的决定》和《根本改革经济管理基本原则》；修改了《苏联国营企业（联合公司）法》草案并提交随后召开的最高苏维埃会议批准。按照当时苏联领导人的说法，这是一次“把改革思想引向实际行动”的会议。当然，会议的种种决定后来并没有认真地付诸实践。尽管如此，我们仍应历史地剖析一下这次会议的特点和新意。

全会文件提出，“国家经济管理根本改革的实质是，各级都要由以行政领导方法为主转向经济领导方法，转向利用利益管理利益，转向管理的广泛民主化和调动人的因素”。改革蓝图的特点是从改革企业管理着手，搞配套全面改革。首先从扩大企业自主权开始，加强企业的权力和责任，给企业创造最好的经济环境。改革中央经济管理部门的职能和机构，今后由中央集中决定的将是整个国民经济的战略速度、比例、平衡等重大问题，中央不再干预企业业务经营活动。对组织机构作相应调整、合并或裁减，精简人员；同时减少中央直接管理的工业企业（从3.7万个减少为数千个部门联合公司）。修改后的“企业法”首次确认企业具有社会主义商品生产者的经济地位，进一步扩大了企业自主权。

为了给搞活企业创造条件，对计划工作、价格、物资技术供应、财政信贷、管理组织结构等几个方面也将进行根本改革。这也就是通常所说的配套措施。

苏共中央六月全会在经济改革方面确有一些新内容和新构想：

1. 实际上取消了指令性指标，代之以长期经济定额，这是最大的突破。根据文件的要求，今后计划体制将发生根本性变化，将形成新的两级计划体制，即中央计划、企业计划。从道理上讲，国家控制的已不是指令性指标，而是一种“反映社会需求的信息来源”，经济定额已成为今后领导经济的杠杆和主要手段。

2. 对市场的看法有新意，类似“有计划的社会主义商品经济”的提法，即称“商品货币关系是有机地列入社会主义经济系统的”；部长会议主席在报告中还提出要建立“生产资料批发市场”。“企业法”的定稿与原先的草案有一个重要差别，在物资供应渠道中把“批发贸易”换到了第一位，“集中供应”放到了第二位，这些都说明了实际上在向商品经济倾斜。所谓批发贸易就是从集中的计划供应转变到“保障企业用自己挣的钱购买生产所需产品、进行建设和改建，以及解决社会问题所需的一切”。

这不同于想象中的自由购买和自由销售。调节、监督批发贸易的职能最终将留给国家。企业实行自负盈亏、自筹资金和自治，这“三自”标志着试图将资源分配从按行政方法过渡到按市场分配。要求中小企业面向市场生产，实际上是要求按市场规律办事，一定程度上是承认市场的调节作用。同时又提出反对垄断、发展“竞争力”。过去只讲“劳动竞赛”，现在提出企业“经济竞赛”，鼓励企业生产廉价优质产品，可以看出，按照上述思路走下去，苏联经济将成为以计划为主体，以商品货币关系为刺激因素的一种模式，也就是在计划经济中引进了市场规律。如坚持贯彻这一方针，苏联本来最终是有可能走向商品经济的。

3. 提出“根本改革价格机制”，在“企业法”定稿中指出“合同价格和自定价格可以不断扩大”。过去苏联经济学家对中国的价格改革十分担忧，现在苏联不仅要动批发价格，而且零售价格也要动。全会提出要在本五年计划末完成价格改革，这个计划当然落空了、变形了。

4. 对集中领导的方法要“根本改革”，这与二十七大提出的要提高集中领导的效率，以及 1987 年苏共中央一月全会提出的集中领导的“最优化”有很大区别。

5. 规定对长期亏损而无偿还能力、产品无销路，以及整顿仍不能提高效益的企业，可以关闭。这实际上是允许破产。还规定要根据部门、跨部门或地区部门原则将企业组织合并，使之联合起来，这实际上包含着不同部门企业“横向联合”的意思。

全会比以往明确得多地提出了各利益集团（包括个人、集体、各阶级、大小民族、社会集团和职业集团）的矛盾和以新的方式加以协调的问题。经济管理改革的重点虽然在企业，但改革的关键实际上是如何处理国家与企业、企业与职工的关系问题。

全会也提到要从抓人民的基本需要着手，使群众尽快得到改革的实惠。例如全会报告中批评“对切实满足人们最普通的需求的工作做得少”，强调了解决食品、住房、消费品和生活服务问题的重要性，要求改革首先在于“带来实际成果”。

苏共中央六月全会通过的文件和提出的构想，由于遇到执行上的困难，加之戈尔巴乔夫的思想变异和政策失误，最终没能贯彻实施下去。

二、戈尔巴乔夫的“新政治思维”

人们非常关注戈尔巴乔夫“新思维”在苏联改革演变中的作用。鉴于他的“新思维”是在苏共第十九次代表会议之前抛出，且成为这次会议的理论基础，所以在这里先对“新思维”做一个介绍和分析。

戈氏的“新思维”包括国内和国际一系列重大问题，他常讲的“新政治思维”，主要指国际问题，首次出现在 1986 年 1 月 15 日他关于销毁核武器的声明之中。1987 年 2 月 16 日，他又在争取无核国际会议的讲话中称：“新的政治思维是把文明提高到一个新的阶段”，“它不是立场的一次性调整，而是处理国际事务的方法论”。1988 年出版的《改革与新思维》一书，集中地反映了戈尔巴乔夫的观点和主张。

（一）新的政治思维的基本内容

1. 关于时代、战争与和平。戈尔巴乔夫把当今所处的时代称作核宇宙时代，或者核时代；认为这是两个社会政治体系进行历史性竞赛的时代，是双方经济上和政治上互相依赖日益增长的时代。强调人类首先要生存，而人类在进入把核能用于军事目的的核时代之后，便不再是永生的了。一旦爆发核战争，一切生灵都将从地球上消灭。在这个核宇宙时代，战争已不再是政治的另一种手段的继续，苏美任何一方都不能赢得核战争，也不能赢得军备竞赛。核时代以前的思考方法在 1945 年 8 月 6 日已失去意义。核战争不可能成为达到政治、经济、意识形态及任何目的的手段，这是新的政治思维的基本原则。

2. 关于世界格局。认为世界政治格局包括：一大批社会主义国家；一大批发达资本主义国家；最近三四十年诞生的政治上独立的几十个亚非拉国家。这表示现在世界已经发生变化，不会成为美苏的世袭领地。苏联从来不是以苏美的角度看待世界的，但没有苏美参加，世界上一个问题也解决不了。还认为，如果苏、中、美三国间关系正常化，国际形势就会好转。

3. 关于当代世界和两大社会体系之间的关系。认为当代世界是一个整体的世界，地球上的人们坐在同一条船上，或者同舟共济，或者一起覆没。之所以相互依赖，一是由于核武器使人类共同面临生存问题，二是由于世界经济的发展，环境保护、能源开发、和平利用宇宙和海洋，以及解决一些国家的贫困落后状况等均已成为全球性问题。社会主义和资本主义之间对立统一、长期共处、相互依赖、不可分割、同等安全。在这种情况下，排除了靠牺牲一国的安全或以另一国安全为代价来获取一国安全的可能性；和平共处不是阶级斗争的一种形式，而是不同社会和政治制度的国家长期共同生存下去的条件。相互解决矛盾的办法是加强政治对话，寻求妥协，以政治手段解决复杂问题。

4. 关于资本主义。认为资本主义世界现在存在美国、西欧、日本三个力量中心，资本主义没有摆脱总危机，但也没有绝对停滞，还具有经济增长和掌握技术方向的可能性。西方资本主义的发展未必会变成对苏联的军事威胁，相反，彼此之间进行合作的可能性在增加。还认为，帝国主义的本质是战争危险的根源，但鉴于核时代抗争已不再是政治的另一种手段的继续，所以新的世界大战可以避免。资本主义的经济有可能不经过军国主义化的道路而得到继续发展。资本主义还有可能改变其赖以生存的根源之一——新殖民主义即不平等交换，来同第三世界国家在平等基础上实现利益均衡。

5. 关于社会主义。承认苏联和其他社会主义国家出现过失误、矛盾和停滞，不具备榜样的作用。认为社会主义各国建设社会主义表现出鲜明的多样性，不应拘泥于一种模式，不要求别国照搬苏联的经验。社会主义国家相互关系的原则基础是：绝对的安全平等、执政党对自己国家事业的负责精神和从爱国主义角度服务于本国人民、相互尊重、严肃对待别国的成就和经验、自愿的多种形式的合作。社会主义体系没有任何中心，没有超国家机构，没有大国、小国的高低之分。任何党都不能做到绝对正确，无权追求特殊地位，不能发号施令，彼此各有所长，应相互学习，交流经验，在经济上奉行互助和互利原则。

6. 关于第三世界。认为发展中国家在很大程度上决定世界事态的性质和进程，在国际事务中的作用日益增大。对不结盟运动的评价与过去也有不同，从否定、怀疑、保留到支持。还认为跨国资本不能决定第三世界的行动道路，而是要适应各国人民独立的选择。发展中国家有着强大的经济潜力，其中一些国家有可能在世界经济和政治中间达到大国的水平。过去把第三世界看成是落后的，没有作为的国家，是依附苏联才有出路的天然同盟者，现在对第三世界地位的看法有所提高。

7. 关于地区性冲突。认为这是由于各种具体的复杂原因造成的。不能仅从苏美关系的角度来看待。提出从外部强行革命、通过军事手段推动革命，是没有好处的，也是不允许的。要避免苏美对峙及其横向扩大。表示要用政治手段解决地区性冲突问题，美苏可以采取共同的或并行不悖的措施为此创造条件。

8. 关于革命形势和革命道路。认为无论是资本主义国家，还是第三世界国家的共产党，都没有能够取得广大群众的支持而成为真正的群众性的政党，这些国家不存在革命形势。强调列宁的思想：社会发展的利益高于无产阶级的利益，整个工人运动的利益高于个别阶层或运动的个别阶段的利益。强调不搞革命输出，要以社会主义榜样的力量影响世界。

9. 关于国际共产主义运动。表示国际共运的各党都要绝对地独立自主，任何党都无权垄断真理，承认现在的国际共运没有一个统一的中心。提出国际共运本身也应该革新，过去建立国际组织，以及那种必须参加的有约束力的国际会议的时代已经过去了。

10. 关于经济和人权问题。提出要以经济领域的重大进展、政治领域的进步和人文领域状况的改进来促进军事领域的稳步发展。认为不能对经济领域漠不关心，苏联将成为世界经济的一个非常重要的部分，这将加强全面和平与国际安全的物质基础。据此苏联正在竭力争取加入各种世界经济组织。还提出要从根本上考虑人道主义问题，要求苏联外交官自由讨论人权问题而不必忌讳。

11. 关于军事战略思想。新思维严格地规定了军事理论的性质，即应是绝对防御性的。反对第一次打击这个概念，否定有限核战争的可能性，认为核战争打起来没有边。强调美苏之间的战略均势，提出“足够实力论”，即把军备水平降低到只是防御性所需要的程度。在军事建设上，不再强调优先发展军事力量，而是要缩减军费开支，重点发展常规武器和新一代战略防御系统。

12. 关于外交战略。提出不是把对抗，而是把对话和互相谅解作为目标，准备作互相可以接受的妥协。还提出不要给自己和对方制造“死胡同”，不要做“不先生”，不要把立场坚定性变成毫无意义的顽固性。认为和平攻势要取得成功，须做一贯的、有计划的和顽强的工作。

总之，戈尔巴乔夫说：“新思维的核心是承认全人类的价值高于一切，更确切地说，是承认人类的生存高于一切。”①

（二）新的政治思维的主要特点

1. 合理性与现实性

在一定程度上认识到和平与发展是时代的特征，应该说体现了新思维的合理性和现实性。对资本主义发展现状的认识和估计，突破了一些老框框，比较符合现代资本主义的现状。讲到社会主义国家和共产党应独立自主、完全平等、互相尊重等，这与我们所讲的国家关系的和平共处五项原则及党际关系的四项原则相似。他讲到解决国与国之间的争端，要用对话的手段，而不是用冲突的手段，是缓和矛盾，而不是激化矛盾，这也是现实的。总之，新思维的合理部分，有不少创意，是当时特别引人注意、影响比较大的部分。邓小平在一次谈话中曾给予肯定。

2. 批判性与继承性

与勃列日涅夫时期相比，可以说基本上（至少口头上）放弃了构成勃列日涅夫主义的“五论”，亦即有限主权论、国际专政论、社会主义大家庭论、国际分工论和利益有关论。但必须指出，对于社会主义大家庭的态度，戈氏却走向另一极端，向西方妥协，葬送了民主德国和东欧其他社会主义国家的前途。戈氏表面上放弃“利益有关论”，实际上还是要在新的条件下竭力谋求苏联的特殊利益。

赫鲁晓夫时期的“三和”即和平共处、和平竞赛、和平过渡，戈氏不仅继承而且发展了。赫氏将和平共处称作外交政策总路线，戈氏拔得更高，认为和平共处不仅有必要性，而且有必然性，叫作一个世界，相互依存，不可分割，同等安全；赫氏称和平共处是阶级斗争的一种形式，戈氏称作共存的条件；赫氏认为

① 戈尔巴乔夫著，苏群译：《改革与新思维》，北京：新华出版社，1987 年版，第 184 页。

通过竞赛可以消除同资本主义之间的矛盾，戈氏把和平竞赛从双边关系提升为全球战略思想，认为我们的时代就是两个体系竞赛的时代；赫氏宣扬和平过渡，也讲不排除必要时采取暴力革命，戈氏否定暴力革命。赫氏称世界战争不是不可避免的，戈氏强调核战争可以绝对避免；赫氏宣扬“三无世界”——没有武器、没有军队、没有战争，戈氏又变相加上“没有暴力”。

3. 局限性与矛盾性

局限性依然突出。其一，赫鲁晓夫当年还能承认对其他社会主义国家犯有大国沙文主义错误，戈氏新思维试图改变过去的一些认识和做法，但不肯公开认错。因涉及既得利益，在国际问题上态度暧昧，没有做到像在国内问题上那样的尖锐批判。其二，对于苏联造成的一些热点问题，如阿富汗问题、柬埔寨问题，以及在国外建立军事基地等，谋求朝着有利于自己的方面做一些收缩，但不放弃既得的扩张利益。其三，新思维所强调的利益均衡，首先指的还是苏美利益高于一切。

矛盾性表现为：一方面提出足够实力论，要把军备发展到足够防御的水平，另一方面又宣称，不允许对方占优势，这本身就潜伏着继续军备竞赛的危险。对世界多极化趋势有所认识，但灵魂深处还是苏美两家决定世界命运。

4. 宣传性与可疑性

新思维提出要建立一个无所不包的世界安全体系，没有武器，没有战争，没有暴力，没有对抗，没有敌视的世界，显然带有宣传性。新思维有可疑性，如认为一搞暴力革命就会引起战争，一打仗就是核战争，就是人类毁灭。这个公式难以成立。提出战争不再是政治的另一种手段的继续，但无法解释苏联入侵阿富汗和当时的两伊战争。

（三）新的政治思维要害所在

戈尔巴乔夫说：“经过两年的时间我们有信心地说：新的政

治思维不仅仅是声明和口号，而且是行动的哲学，也可以说是生活的哲学。它同世界客观进程一起继续发展。它已经在起作用。”①

事实业已证明，戈氏新思维的“行动哲学”是导致苏共垮台、苏联解体的哲学，“作用”是恶劣的。前面提到，新思维的某些具体内容确有合理成分，但这不是它的核心，只是小道理，而小道理是管不住大道理的。戈氏新思维的要害在于，不仅只是强调对立统一世界的同一性，而且把自己的战略和策略单纯建立在同一性基础上，只讲妥协、调和、一致，掩盖矛盾、分歧，放弃原则斗争。结果，在国内问题上，改革不是从本国国情出发，适当地借鉴人类文明在资本主义发展阶段的成果，而是对西方抱有幻想，试图照搬西方价值观与发展模式；面临叶利钦等人毁灭苏共和肢解联盟国家的行径，不敢也不愿采取果断行动，而是听之任之、随波逐流。在国际问题上，面对西方吞并东欧社会主义国家的图谋，居然步步退让，直至解散华约组织，等于将东欧国家拱手相送。这一切反映了戈氏思想的蜕变，说明他的所作所为迎合了西方的需要。

三、通过政体改革放弃共产党领导地位

戈尔巴乔夫的改革从误区走向陷落的两大标志，一是1988年6月28日至7月1日举行的苏共第十九次代表会议，戈氏在会上作了《关于苏共二十七大决议的执行情况和深化改革任务》的报告，强调必须“根本改革政治体制”，把多元论引进政治体制，提出了人道的民主的社会主义构想，会议通过了《关于苏联

① 戈尔巴乔夫著，苏群译：《改革与新思维》，北京：新华出版社，1987年版，第192页。

社会主义民主化和政治体制改革》等七项决议。另一是 1990 年 3 月 14 日苏联人民代表大会通过《关于设立苏联总统职位和苏联宪法修改补充法》，取消了 1977 年苏联宪法中第六条关于苏共领导地位的规定；与之相联系，1990 年 7 月 2 日至 13 日举行苏共二十八大，通过了纲领性声明《走向人道的民主的社会主义》。

戈尔巴乔夫自己也说过：“第十九次党代表会议是苏联改革中的划时代事件，将改革历史分为两个阶段：第十九次党代表会议以前阶段和以后阶段。”

（一）苏共第十九次党代会提出的改革举措

1. 提出一切权力归还苏维埃

苏共第十九次代表会议的目的是总结三年来改革的经验教训，制定政治体制改革的总体方案，“保证改革的不可逆转性”。

会议提出了要加强苏维埃作为“国家生活中心”的作用。会议一方面批判了苏联过去社会生活过分国家化，要求通过改革使苏联国家制度达到完全的全民性；另一方面强调把政权机关的全部职能和权力归还苏维埃，并作出一系列相应规定。其中重大措施有：新设国家政权最高代表机构——苏联人民代表大会，由地区代表、民族地区代表和党组织与各社会组织代表各三分之一组成；代表大会解决国家生活中最重要的宪法问题、政治问题和社会经济问题。同时仍建立由联盟院和民族院组成的最高苏维埃（及其主席团）作为常设的立法、执行和监督机构。增设“享有足够广泛权力”的最高苏维埃主席，并推荐同级党委第一书记经选举担任各级苏维埃主席。对于这项“兼职”，代表会议上大家意见并不一致。戈尔巴乔夫称，党的书记兼任苏维埃主席，这将使国家政治体制的两个关键力量——党和苏维埃“固有结合”，否则将“一事无成”。

会议提出将党的职能和国家机关职能分开的原则，要求“使党从直接管理一切事务的核心的国家系统中彻底摆脱出来"，"党回到自己最初的使命上去，即成为社会的先锋政治力量，为社会制定并提出长远发展方针，通过国家机构和社会机构的共产党员努力实现各种方针"。为了克服"党包揽一切的现象"，会议还对党的地位和作用作了具体规定，称党是"政治先锋队"，其职能是抓理论、战略、政策、意识形态、干部和群众工作，各级党组织均不应取代属于苏维埃和各级政府职能范围之内的工作，党主要通过在国家部门和经济机关、社会组织和劳动集体中的党员来贯彻执行自己的政治方针等等。

这次会议之后的政治改革如脱缰之马，一发不可收拾。后来人们才逐渐意识到苏共第十九次代表会议对于导致苏共不幸命运的"历史意义"。

2. 标榜人道的民主的社会主义

戈尔巴乔夫在第十九次代表会议上称，"社会主义制度是一个真正的现实的人道主义制度"，要通过改革"塑造社会主义新形象"，使苏联达到"崭新的社会状态"。他认为这种"崭新状态"有七点基本特征：（1）真正的现实的人道主义制度，社会的整个发展都是为了满足人的需求和人的全面发展。（2）有效而活跃的经济制度，公有制和个人所有制，以及多种形式的生产组织是这种经济的基础，对经济实行计划管理的出发点是使中央在解决结构问题中的作用同作为商品生产者的生产单位的自主性有机地相结合，这些生产单位为市场而工作。（3）社会公正的制度，始终不渝地实行按劳分配原则，铲除平均主义和寄生现象，对人的才能和贡献给予应有评价和鼓舞。（4）具有高度文化素养和道德的制度。（5）真正的民主政治制度，克服人民与政权的隔阂，实行人民自治、民主化、法制、开放性和公开性。（6）各民族真正平等的制度，各民族社会与精神繁荣和互相充实的制度。（7）在本质上和利益上渴望和平的制度，在各国和各国人民之间建立正常的和文明的关系。这一切构成苏联社会的崭新状态，总而言之就是“民主的和人道的社会主义”。七点当中的第一点是本质和核心，其他各点是由此派生出来的。这是后来苏共二十八大通过的“纲领性声明”——《走向人道的民主的社会主义》的基础。

比较苏共二十七大，这次代表会议对社会“崭新状态”内涵进一步作了发挥。突出之点是：经济方面，开始提出在要建立的“有效而活跃的经济制度”中将计划与市场结合的问题；社会方面，着重谈到要保证各集团的需求和利益，实际上是利益多元化和社会结构多元化；政治方面，强调真正的现实的人道主义制度，彻底的民主化、法制、开放性和公开性，提出要克服人们与政权的隔阂（即异化）；对外方面，强调内外政策之间的有机联系和对外政策越来越取决于对内政策的思想。

3. 取消宪法第六条关于苏共领导地位的条款

苏联 1977 年宪法第六条规定：“苏联共产党是苏联社会的领导力量和指导力量，是苏联政治体制及一切国家机关和社会团体的核心。”经过在苏共内外的反复酝酿、讨论和争议之后，1990 年 3 月苏联第三次非常人民代表大会通过决定，将上述条文删去，改为：“苏联共产党、其他政党，以及工会、共青团、其他社会团体和群众运动通过自己选入人民代表苏维埃的代表并以其他形式参加制定苏维埃国家的政策，管理国家和社会事务。”在人代会上有人建议将上述“共产党、其他政党，以及工会、共青团……”（这里总还是强调了共产党的地位）改为“所有政党和社会团体……”其用意分明是不再突出共产党，这个建议未获通过。宪法第六条的改动，如塔斯社所承认，“实际上为苏联正式实行多党制奠定了基础”。至于修改宪法的理由，说法是很多的，其中之一是说列宁当年的第一部宪法并没有党对国家和社会领导地位的规定，甚至斯大林时期 1936 年的宪法也没有这样规定，而只是称共产党“是劳动者在为建设共产主义社会斗争中的先进部队，是一切劳动者组织、社会组织和国家组织的领导核心”。

此后，国家权力中心逐渐转移到苏联最高苏维埃和总统委员会，实际权力主要归到总统委员会。这当中有一个“过渡”阶段。苏共二十八大前的苏共中央政治局仍然讨论、议决国家各项重大问题。不过在报道中不再像过去那样突出党的作用，而是着重宣传苏联最高苏维埃和总统的决定与命令。苏共二十八大后，政治局的职能和构成均发生变化，可以说国家权力的转移基本“到位”。

4. 从反对多党制到肯定多党制

在多党制问题上，苏共领导的立场前后是自相矛盾、有明显变化的。从苏共二十七大至苏共第十九次代表会议之间，他们着重谈论的社会主义多元化是利益多元化、意见（舆论）多元化和所有制（结构）多元化，而否认政治多元化，更没有谈到多党制。但从第十九次代表会议起，针对苏共党内外的舆论和东欧一些国家的做法，开始谈论多党制问题。这中间有三年多的时间是否定多党制在苏联的必要性和可能性的，而从 1989 年初开始，转而承认并肯定要实行多党制。

戈尔巴乔夫在这方面的言论比较有代表性。

他先是反对多党制，论点是：

在 1988 年 6 月 28 日苏共第十九次代表会议上的报告中指出：“我国历史上已经形成和确立起一党制，这种条件下，我们应当有一种在党内和社会中进行各种观点的对比、进行批评与自我批评的经常发挥作用的机制。”

在 1988 年 6 月 30 日苏共第十九次代表会议闭幕时讲话称：“我们党的地位就是这样，我们不会放弃国家执政党的角色。恰恰相反，我们想突出这个角色。”

在 1989 年 1 月 21 日苏共莫斯科市党组织第二十七次代表会

议上讲话称："我们生活在一党制的国家——这是历史形成的。我所说的不包括反苏分子。而且，有些人主张多党制确实是希望国内的进程能积极地和充满活力地发展。但是，他们只在下述这点上是正确的：需要寻求一种能保证积极的社会生活，能保证监督的机制，以便不再有隐蔽地带，一切都公开，人民能够参加改革。这正是党通过政治改革……所要达到的目的。"

在 1989 年 11 月 15 日"全苏大学生会议"开幕式上讲话称："当人们谈论多党制时，所持的出发点是，只有在实行多党制的情况下才能表达各方面的利益。我认为，这在一定程度上是一种误解。……如果我们坚定不移地沿着我们已经走上的道路走下去的话，那么生活本身就会作出回答并将消除对这个问题的担忧。不应当把人为创造的理论强加给社会。"

1989 年 11 月 26 日在《真理报》发表的文章《社会主义思想与革命性变革》中指出："在当前复杂阶段，从使社会团结起来并集中社会上一切健康力量去完成改革的艰巨任务的立场来看，保留一党制是适宜的。"

戈尔巴乔夫还说过多党制论是对社会主义不信任，批评苏联人民代表内部形成"跨地区小组"意味着试图对社会发展问题上观点和态度上的自然差别赋予某种组织形式的一种尝试。我们不可能引证戈尔巴乔夫（更不用说其他苏联领导人）的所有言论。仅仅以上段落，给人的印象是戈氏认为坚持一党制道理充分，其势必然。可是，情况却在发生变化。

他后来又主张或者说接受多党制，论点是：

在 1990 年 1 月 13 日结束对立陶宛视察时讲话称："一切都应该取决于政治进程的发展。如果出现了多党制并且符合社会的实际利益，我没有看到多党制会有任何不幸。顺便说一下，革命以后我们在多党基础上组成了政府和全俄中央执行委员会。因此不应当像魔鬼怕神香一样地害怕多党制。但是也不应当人为地把它强加于人。这是第一。第二，多党制不是灵丹妙药……”

在 1990 年 2 月 5 日苏共中央全会上的报告中指出：“我国社会中进行的广泛民主化，带来了政治多元化的发展，出现了各种社会政治团体和运动。这种进程会导致在某一阶段建立一些政党。苏共准备在工作中考虑这些新的情况，同所有坚持苏联宪法及其所规定的社会制度的社会团体合作并进行对话。”

对于苏共领导在多党制问题上的态度变化，可以得出这样的认识：多党制是苏联改革一再受到挫折和政策不断失误情况下的产物。先是反对多党制，后来承认多党制，既是“社会中进行的广泛民主化带来了政治多元化的发展”，同时也与戈尔巴乔夫本人的思想变异有密切关系。自从推行多党制之后，苏联的政治局面变得非常复杂、越来越恶劣。

（二）苏共丧失领导地位的严重后果

这突出表现在以下几个方面：

1. 苏共内部出现严重混乱

第一，党内有派，党外有党。由于对改革持不同态度，加之改革没有取得预期成效而引起政见分歧，苏共内部产生了各种派别。大致分为三类：通常所说的主流派即苏共行动纲领派（以戈尔巴乔夫为代表）、民主纲领派即所谓激进派（以叶利钦为代表）和马克思主义纲领派即所谓传统派（以利加乔夫等人为代表）。这三派既有区别，在一定时期又有结合点。所谓传统派（有时称稳健改革派），赞成逐步改革，但希望保留苏联更多传统的东西。另外，苏联确实有一股强大的保守势力抵制改革，这种势力同传统派有联系又有区别，属于一个“极端”，通常被称作保守派而不列入传统派之内。所谓激进派，希望改革的步子迈得更大更快，但其中有一种严重倾向就是主张全盘否定苏联历史，甚至否定列宁，要求效法资本主义，走西方道路，搞议会党。这被称作又一个“极端”。所谓主流派，希望尽量打破苏联传统中的旧东西，但要尽量保住（后来又不得不放弃）列宁和十月革命的选择，赞成更多吸取社会民主党的经验。三派之间有合作有斗争。

党外有党的趋势迅速发展。可分类为：一是新建立的党，如社会党（莫斯科）、自由民主党（全国性）、俄罗斯社会民主党、格鲁吉亚民族独立党、乌兹别克意志民主党等；二是分裂而成的党，如立陶宛、拉脱维亚并立存在的又一共产党等；三是由政治性组织转化而成的党，如乌克兰共和党，前身是一个人权组织——乌克兰赫尔辛基联盟；四是旧党复辟，如立宪民主党，它是十月革命前唯一的资产阶级保皇党，又如格鲁吉亚社会民主党，其部分成员于1921年逃往国外，1950年以前一直在暗中活动，现在公开举行了代表大会。

第二，苏共党员纷纷退党。对于苏共能否领导改革取得成功，持怀疑态度的人占大多数。讽刺党和领导人的政治笑话日渐增多。退党人数不断增加，据苏联官方公布的统计数字，1988年退党为1.8万人，1989年为14万人。1990年前6个月，退出苏共的有37万人，被开除出党的有25万人，脱离苏共队伍的大约有27万人（其中12万人去世）。几个数字加在一起（不包括死亡人数），共计77万人离开了党的队伍，而同时期入党的只有12.5万人。1990年1月苏共党员数为1922.28万人，至6月底即二十八大召开前夕党员数为1,800多万人。莫斯科市委第一书记答记者问时说，目前苏联社会上流行一个说法：60年代如果想升官就应该入党，90年代想升官必须退党。由于苏共威信下降，有不少人提出将苏共改名为社会民主党、社会党或别的党的主张。

第三，党的联邦化趋势发展。加盟共和国的党已成为自主的党。戈尔巴乔夫1990年3月在苏共中央全会上虽然没有采纳按民族特征划分苏共的建议，但是苏共的联邦化趋势随着苏共中央作用的削弱、加盟共和国主权独立思想和分立主义倾向的发展而滋长。

第四，领导层的斗争加剧。例如在中央，1990 年 10 月苏共中央全会上的一些发言对戈尔巴乔夫提出尖锐批评，认为他把全人类利益和阶级利益对立起来，使二者之间的辩证统一遭到破坏；未能及时看到改革已经变质，反而使这一进程不断加快。1991 年 4 月 24—25 日苏共中央和中央监察委员会联席全会，表达了对戈尔巴乔夫强烈的不满情绪，戈氏提出辞职而又未被接受。再如在地方，1990 年 11 月 30 日莫斯科市召开党组织代表会议，指出目前存在着完全不同的另一种改革方向——社会从政治和意识形态上转向资本主义；有人疯狂地想把苏共赶出政治舞台。批评苏共领导对日益加剧的反共活动未予反击，戈尔巴乔夫只破不立，民主成了破坏的工具。强调说如果只知道批判历史的错误，不承认今天的错误，那就会重犯 60 年代的错误。同年 12 月 6 日召开的全苏国有企业厂长会议上，有人对中央提出尖锐批评，指出改革没有走向创造，而是走向破坏，对国家和各族人民犯了罪。

2. 经济政治形势更趋恶化

一是市场供应紧张、食品严重短缺。除莫斯科、列宁格勒外，几十个大城市的肉、肉制品、奶制品、食糖等都凭票供应。食品、消费品虽然增产，但因人们手头钱多，货物很快被抢购。商店货架空空，连肥皂、洗衣粉、手纸这些一般日用品都难买到。通胀率上升，接近 10%，人民群众怨声一片。戈尔巴乔夫承认，社会政治紧张状况在很大程度上与市场的困难，首先是食品问题及其对人们的生活条件产生消极影响积累下来的问题有关。

二是民族矛盾激化。从 1986 年年底哈萨克共和国的阿拉木图骚乱事件以来，民族矛盾和冲突日益频繁和激化。1989 年之后，用戈尔巴乔夫的说法，“摩擦”“冲突”“悲剧”“灾难”不断，“没有一天安宁”，以至于“改革的命运、国家的命运和完整，在很大程度上都取决于这个问题的解决”。

民族矛盾发展的势头：一是涉及面广。至 1989 年 8 月止，除白俄罗斯和吉尔吉斯外，其余加盟共和国都程度不同地发生民族纠纷和冲突。二是持续时间长。例如纳戈尔诺—卡拉巴赫自治州的归属问题，从 1988 年 2 月挑起，一直未解决。三是发生横向联系和连锁反应。例如波罗的海沿岸三个共和国不仅思想上呼应，行动上配合，通过“人民阵线”（四分之一至三分之一成员为共产党员）建立了组织上的联系。摩尔达维亚也在一些方面效法。四是不仅以民族争议为主导因素，而且性质升级，变成争取政治经济独立、要求脱离苏联的重大政治问题。五是煤矿工人罢工。从 1989 年 7 月中旬起，西西伯利亚先后有十万多名煤矿工人罢工，随后乌克兰煤都顿巴斯、第聂伯罗彼得罗夫斯克某公司的矿井大批矿工罢工，加之塔林等地出现企业工人罢工，引起全苏震动。罢工主要因矿工生活条件差、食品和日用品供应不足引起。

罢工事件更引起人们对改革路线和政策的思考，引起党内外对现行改革措施和国内现状的批评。人们认为，国家已失去对某些地区局势的控制，苏共处在“前所未有的严峻状况”，“党在危险中”已变成一种现实的威胁。

3. 名目繁多的非正式社会团体涌现

戈尔巴乔夫推行民主化、公开性的直接结果之一，便是非正式社会团体大量涌现。1989 年年初有六万多个，1990 年有九万个。这些团体人数不详，形式各异，涉及社会生活各个领域。其中一些人是想为改革献计献策；还有一些人，特别是青年人，兴趣广泛，但虚无主义情绪严重，思想混乱；也有少数人打着支持和拥护改革的旗号，成立某种组织，从事反社会主义的活动。上述团体大致可分为几类：

一是要求参与国家事务和社会改造的团体。这一类数量较多，影响较大，就国家政治、经济、法律等问题提出批评和建议。例如有一个称作“俱乐部联合会”的组织，要求独立的组织和运动应享有合法地位，有权向各级苏维埃推荐代表，有权对从事非法活动的官员提出控告，享有言论、新闻和示威等宪法权利和自由；并主张减少行政官僚机构，自由发展一切形式的社会主义所有制，企业实行自负盈亏等等。

二是具有民族主义色彩的团体。爱沙尼亚、拉脱维亚和立陶宛成立了规模庞大的“人民阵线”“争取改革运动”等组织，被称作是支持改革和公开性政策的“积极力量”合法存在，成员包括苏共党员和非党人士，有神论者和无神论者。在其公布的纲领中，不少要求带有明显的民族主义倾向。有些团体最终成为民族分立主义组织和政党。

三是政治上的“反对派”组织。例如于 1988 年 5 月成立的“民主联盟”，攻击共产党是独裁统治，是人民痛苦的根源，声称自己是“反对现秩序的反对派政党”；要求发展混合经济，实行多党制，成立独立工会，使反对派报纸合法化。1989 年 2 月在列宁格勒成立的“社会民主党”，受到西方尤其是美国的支持。这些组织后来成了苏联现政权的“掘墓人”。

四是恐怖和破坏团体。一些地方出现了某些新的纳粹组织，如“元首”、“祖国”协会、“俄罗斯社会工人党”等等。这些团体拥有武器，进行军事训练，大搞凶杀活动，个别的还与意大利的黑手党有勾结。同时还控制着在苏联境内的盗窃、毒品、伏特加酒和卖淫等活动，活跃在苏联“地下经济”部门。

从后几种非正式社会团体的作用和发展趋势可以看出，苏联社会在被一种黑势力腐蚀、吞噬。

（三）苏共经受生存危机后被中止活动

苏共在一些地方丧失领导权之后，自然也就失去了财权，处境非常困难。有的党委会连办公地点也成了问题。而比这更严重的问题日渐增多。苏共中央监委于1991年7月间发表声明称，苏联国内正处在“好战的反共新阶段”，希望执法部门采取一切必要措施贯彻宪法。

俄罗斯总统叶利钦颁布非党化命令，用意就是要把苏共彻底搞垮。这项称作《关于在俄罗斯联邦的国家机构、机关和组织中停止政党和群众性社会运动的组织机构活动的命令》，于1991年7月20日发布，8月4日生效。这是以限制俄共的活动作为触角，得手之后，将进一步对共产党采取更严厉的打击措施。这项命令引起苏共、俄共从中央到地方组织的强烈抗议，给党组织的活动带来了严重困难。

苏共处境变坏之后，对共产党员进行社会歧视、心理和肉体恐吓、残酷迫害的现象时有出现。1991年1月，在卡卢加市，苏共党员、州《旗帜报》编辑福明被极端主义分子杀害。1990年3月，共产党员、亚美尼亚最高苏维埃代表、阿什塔拉克区党委前书记哈恰特良五口之家，其中包括两名未成年的孩子，在自己家里被杀害。1991年，格鲁吉亚阿赫梅塔区党委第一书记萨萨吉什维利、俄罗斯达格斯坦自治共和国党委委员卡西晓夫、乌克兰罗夫诺区党委第一书记列夫科维奇的住宅遭到武装袭击。马里自治共和国部长会议主席兼党委委员彼得罗夫、立陶宛阿克梅内区党委第三书记瓦西列维奇等身遭侮辱。

一些地区解散基层和车间党组织，把党委会撵出企业。在顿涅茨克、克麦罗沃、萨马拉、斯维尔德洛夫斯克等地都发生过类似的事情。还有人用武力占领属于苏共区委和市委的楼房和交通工具。在亚美尼亚、格鲁吉亚、摩尔多瓦、立陶宛、拉脱维亚和乌克兰西部各州也发生过这种事情。在立陶宛有人建议政府宣布苏共组织完全违法，并采取完全封锁其生活保障的措施。

苏联政治形势发展的总趋势表明，苏共处境越来越艰难，面临生死存亡的问题。随后的情况是：1991年8月19日，苏联副总统亚纳耶夫宣布戈尔巴乔夫“由于健康原因无法履行其苏联总统的职责”，由他代理总统职责，并宣布苏联实行六个月的紧急状态法，这就是“八一九”事件。8月23日，叶利钦在俄罗斯议会签署一系列命令，宣布封闭苏共中央总部，禁止在俄罗斯境内的苏军党组织活动，中止俄共活动，禁止苏联国家安全委员会和内务部党组织的活动。8月24日，戈尔巴乔夫发表声明辞去苏共中央总书记职务。他还签署法令禁止苏共在武装部队、克格勃、保安警察和国家机关的活动。11月6日，叶利钦下令禁止苏共在俄罗斯的活动，其财产收归国有。

苏联共产党是联盟国家的灵魂和纽带，苏共垮台随之而来的是苏联国家解体。

（载《俄罗斯学刊》，2012年第1期）

辩证认识世界局势与国际关系

与一切事物一样，世界局势与国际关系中的问题的形成、发展和变化，无论是从内因或者外因来考量，无论是从地缘政治角度或者经济全球化影响角度来透析，它们都是在受到某种辩证规律的支配。观察和研究世界局势与国际关系，方法论至关重要。这里结合当今备受关注的若干问题，从方法论角度谈谈个人的看法。

一、共性与特性——以世界局势与美国战略重心转移为例

最近几年特别是去年以来世界局势的变化显示，无论是发达国家还是发展中国家，它们都存在着共同性的追求，而这些共性却衍生一系列深刻矛盾亦即特性，导致天下不得太平，从中又都可以看到美国作用的阴影。例如：

克服金融危机的后果是一种共性，却带来人们对于资本主义制度弊端的反思与中国发展模式影响力的防范，中国既成为效法的榜样，又经受越来越大的压力。

政治民主化是一种共性，却带来国内民主化与国际关系民主化的巨大反差，西亚北非的形势恶化表明维护国际关系基本准则变得越来越迫切。

维护国家安全是一种共性，却带来解决朝核、伊朗核扩散问题的高难度。

经济全球化促使国家间依存性加深是一种共性，却带来彼此（特别是大国）合作与竞争关系的错位。

以经济建设为中心是一种共性，却带来领土与资源的争夺加剧，这是造成某些国家领土领水纠纷不止的一个重要原因。

展开来说，在世界多极化以多种形式深化发展、经济全球化越发势不可挡和国际关系民主化更加迫切的共性大背景下，最近一年的世界局势与国际关系显示以下特点：

全球经济危机“尾大不掉”仍发淫威，世界经济形势被谨慎地看作趋于缓解，却导致政治领域（尤其是政治体制）争议和摩擦异常激烈。

发达资本主义大国社会制度弊端、内部矛盾凸显，或寻找出路（如欧盟）、或转移视线（如日本）、或转嫁危机（如美国）不择手段以求尽速摆脱自身困境。

发达国家与新兴发展中国家经济状况反差更加明显、后者地位进一步攀升而彼此依存性却不断加深。

唯一超级大国美国仍怀全球霸主野心但战略重心不得不相对东移，从而诱发一些国家领土领水争端加剧，耀武扬威与狐假虎威“双威”往往并举。

俄罗斯等转型国家在走向复兴的关键时期遇到新难题，排除外部干扰，坚持宗旨继续探求本国特点的道路。

内外因素交织形成的地区热点此未消彼又长（如西亚北非）、纠葛频仍（如朝鲜半岛）、警报频传（如以色列与伊朗）。

中国周边安全环境与外交智慧经受严峻考验但无碍和平发展大局且展示新的亮点，党的十八大举世瞩目将带来新的发展前景。

美国战略重心东移正是在上述大背景下出现的。美国战略重心东移包含四种特性。一是被迫性。主因是美国自身处于颓势，实力不济，被迫无奈，不得已而为之。二是相对性。美国仍是当今世界唯一超级大国，不会放弃维系世界霸主地位的全球战略。其战略重心东移是确凿无疑的，但包含某种相对性也不容忽视。当今叙利亚骚乱的肇事者、叙利亚反对派的总后台依然是山姆大叔。三是制华性。美国战略重心东移的意图复杂，遏制中国崛起可以说是其“重中之重”。这从美国介入我周边安全、作为引发南海东海纠纷的黑手，可谓表现得淋漓尽致。但不应因此就怀疑为中美之间发展建设性伙伴关系所做的努力。四是多元性。美国战略重心向亚洲转移，辐射到方方面面。俄罗斯虽说自己属于欧洲文明，要回归欧洲，但同时强调自己是一个欧亚大国，将本国亚洲部分的开发提上日程，加强对亚太地区的注意力，特别是与中国和印度形成了战略协作伙伴和全面合作关系。这种状况在很大程度上是把美国的注意力吸引到亚洲方向的一个重要因素。俄罗斯的崛起，尤其是普京选择的发展道路、重振俄罗斯的宏图和敢于顶撞西方的个人风格，让美国很不快意，更何况俄中关系非常之密切。美国所谓“重返亚太”“再平衡战略”，与北约呼应夹击俄罗斯的用意也是不言而喻的。此外，还包含应对朝核问题、干扰东盟事务的意图，乃至如同北约当初成立时的用意为了防止德国东山再起一样，从长远看美国对日本的防范之心并未泯灭。

二、对立统一性——以中美关系为例

在经济全球化的大背景下，当今各国之间的相互依存度越来越加深，但这个世界毕竟是对立统一的世界，既体现同一性、依存性，又存在矛盾性、斗争性。资本主义与社会主义两种社会制度，更是既彼此依存，又相互抗争。

中美关系的对立统一性尤为鲜明。首先，应该充分肯定中国与美国谋求“积极、合作、全面”关系的合理性与必要性。

有人针对目前中美关系中存在着的对我不利因素，质疑我对美政策，认为关键问题在于我方没有把握和运用毛泽东所说的“谁是我们的敌人，谁是我们的朋友，这是革命的首要问题”。毛泽东的这个理念形成于以“革命与战争”为主题的时代，无疑是正确的；但是随着时代主题的逐渐转换，人们的理念必须做相应的调整。在以和平和发展为主题的时代，首先不是树敌，而是要鉴别和确认谁是我们真正的合作伙伴，谁是半心半意甚至虚假的合作伙伴，这是国家建设和实行改革开放的首要问题。诚然，虚假的合作伙伴往往怀有某种敌意，对此我们当然不能掉以轻心。

我们在与美国打交道的过程中，强调中美关系的特殊重要性，公开称两国是“利益共同体”，显示我方的合作诚意，是必要的。这是体现两国之间利益的依存性和同一性。但是，不能因此而掩盖中美之间的矛盾性与斗争性。中美存在分歧，这是客观现实，有必要在我们的言行中公开地、毫不含糊地加以揭示。态势应该是合作中有斗争，斗争中有合作，斗争是为了合作；甚至可以借喻一句老话，“以斗争求合作则合作存，以退让求合作则合作亡”。也就是说，处理对美关系要立足于对立统一性，关注同一性，宏大同一性，但不夸张同一性；重视矛盾性，解决矛盾性，但不激化矛盾性。总之，中美关系既不能建立在单一的斗争性基础之上，也不能建立在单一的同一性基础之上。

我们在处理对美关系时仍应坚持增加信任、减少麻烦、发展合作、不搞对抗的原则，但同时也要时刻防范美国对华传统使用的“接触加遏制”方针，警惕它“接触”与“遏制”时而并用、时而交替使用的政治伎俩。考虑到舆论导向，要不断地、适时地揭露美国对华政策的两面性。美国在一些重大问题上对中国反复无常的态度，说明对方并不滞留于同一性，而往往在矛盾性方面“理直气壮地”做足文章。美方显然摸透了我与之“斗而不破”这个底线，所以总是在不导致激烈对抗从而不至于损害其自身根本利益的前提下，千方百计地给我制造麻烦和困难。美国在钓鱼岛问题上模棱两可的态度就是又一例证。

2012年7月21日日本《朝日新闻》刊登了对美国布鲁金斯学会中国中心主任李侃如（曾任国家安全事务总统特别助理兼国家安全委员会亚洲局资深主任）的访问，此人的论点比较实际，值得重视。他说："美中两国分别是全球第一和第二大经济体，且都拥有广袤的国土。但在政治体制、文化、历史层面却存在巨大的分歧。这两个国家间迄今为止没有发生什么冲突已经可以算作奇迹了。"还说："美国不能信任中国，归根到底是政治体制的根本差异导致的。美国人的倾向是不会信任独裁统治，而且还是共产党主导的政治体制。这也是植根于美国历史的认同性问题。"

在习近平当选国家主席当日，中美元首便进行了通话，双方都主张推动构建新型大国关系，奥巴马总统称之为"健康竞争而不是战略性博弈的新型大国关系"。中美领导人曾确定的"合作、积极、全面"伙伴关系，如果切实得到体现，应该在此基础上进一步构建新型大国关系。大国之间建立新型关系，必须以良性互动为前提。而良性互动有其规律，一是起点，维护自身的利益，同时要尊重对方的利益；二是过程，合作与竞争同在，合作要诚信，竞争要守规矩；三是结果，互利共赢，而不是哪一家得益。因此，在衡量中美关系时，必须从良性互动规律中寻找哪些地方违背了这个规律，哪些地方违背了彼此利益所需要的政策。

三、借助与制约——以美中俄三角关系为例

当今世界存在多种三角关系，其中对世界安全环境影响最大的当属美中俄三角关系。

中俄战略协作伙伴关系的形成与发展出于各自的内外需要，

但在很大程度上与美国的作用相关。美国战略调整促使中俄关系进一步加深。美国对中国和对俄罗斯采取的方针颇为相似，都是接触加遏制，尽管办法不尽相同。美国对俄罗斯施加压力有过三部曲：北约东扩、颜色革命和在东欧部署反导系统。普京之所以对美强硬，固然体现了俄罗斯的民族精神，但某种意义上也是对美国施压的反弹。美国对中国则经常在人权、民主、西藏问题及向台湾出售武器等方面制造麻烦，还在科技领域对我横加遏制。中俄关系被称作大国关系的楷模，这是中美关系难以企及的。例如，关系密切而不存在依附性，维护自身利益而不怀损害对方之心，根据是非曲直处理国际事务而不搞双重标准等等，这些俄罗斯对中国可以并且已经做到，而美国往往只能停留在口头上。再如，中国和俄罗斯之间实际上做到了政治上互信，经济上互补，文化上互通，军事上互动，外交上互商，美国与中国就很难做到政治上互信，且在内政外交许多重大事情上总是与中国唱反调。尽管如此，两国领导人提出构建新型大国关系的目标，还是有积极意义的。

俄罗斯和美国都需要改善与对方的关系，例如 2001 年 11 月普京首次访美和 2002 年 5 月小布什首次访俄，双方都曾唱过耸人听闻的高调。可是，话音未落、墨迹未干，两家又陷入旷日持久的争斗之中。事实证明，俄美之间的结构性矛盾非常之深。随着乌克兰与格鲁吉亚国内形势朝向有利于俄罗斯的方向变化，北约东扩的步伐继续放缓，身陷困境的美国的影响力进一步减弱。俄美在欧亚地区影响优势更明显向俄罗斯倾斜。俄罗斯对中亚国家施加影响的手段要多于美国。俄罗斯利用地缘优势加大对中亚的经济投入，扩大自己在中亚的军事存在。普京再度担任俄罗斯总统，提出建立主要是针对美欧的“欧亚联盟”构想，显示他成为维护欧亚地区稳定的一大要素。美国重视欧亚大陆，将其中亚战略置于全球战略的高度加以宣示。“9·11”事件后插足中亚，是冷战后美国战略上的一种突破。在这个地区美国为相对弱者但呈攻势，俄罗斯是相对强者却呈守势。而美国逐渐从阿富汗撤军，势必要在其战略重心东移过程中维系和巩固它这些年在欧亚地区苦心经营所取得的成果，尽管存在一定的未知数。

俄美关系的起伏对中国的影响相对来说是有限的，中俄关系或中美关系都不取决于美俄关系的状况。但是，美中俄三角关系的变化对于全球的和平、稳定和发展影响极大，因为一个是最大的发达资本主义国家，一个是最大的社会主义发展中国家，一个是最大的转型国家。这是一个不等边三角形。美国对于俄罗斯、对于中国分别各具有强势，但在这个三角关系中却处于弱势。政治上美国更担心“中国模式”的世界影响，军事上和潜力上美国更防范俄罗斯成为又一个苏联。

冷战结束二十多年来，苏联和美国两个超级大国一死一伤，给中国提供了难得的战略机遇。美国演变中亚国家，是演变苏联的延续，包含针对俄罗斯的明显意图，但我更要注意美国借此包围、演变中国的居心。我们要珍惜与俄罗斯形成的上升到安全战略高度的全面战略协作伙伴关系，通过双边关系，借重上海合作组织，在同是联合国安理会常任理事国的阵地上，扩大与增强与俄罗斯的精诚合作。

四、事物两重性——以日本挑起钓鱼岛争端为例

钓鱼岛问题的实质不仅是日本对中国主权和领土完整的侵犯和践踏，更是对第二次世界大战胜利成果的公开否定。

日本当局误判时机，为掩盖自身的虚弱地位，转移对国内困境的视线，不惜铤而走险，挑起钓鱼岛“国有化”事端，试探中国的反应程度，以求为其永远占领钓鱼岛的合法性正名。日本这种恶劣行径，固然是右翼势力挑起，但从深层意义上看则是反

映了日本根深蒂固的军国主义民族意识在新形势下再次发酵。日本当局掀起购岛事件是坏事，但客观上带有两重性。日本当局使自己陷入极大被动，进退维谷，内部政治势力倾轧加剧，外相访法、德、英寻求支持结果落空，这叫作“搬起石头砸自己的脚”。再如，李登辉和陈水扁当政时期的“去中国化”让台湾年轻一代深受毒害，而日本这次的钓鱼岛蠢动严重地刺激了中国人民，强化了海峡两岸中国人的中华民族认同感。台湾媒体不止一次报道，钓鱼岛冲突令两岸合作保钓的声音出现加温现象。尽管台湾当局的政策是自行维护钓鱼岛“主权”，不与大陆联手，但台湾主流民意的影响作用是不可低估的。日本慑于这种强大的压力，处心积虑地向台湾示好，离间台湾与大陆的关系。2012 年 9 月 18 日香港《新报》文章说得不错，美日力阻两岸联手保钓，这是因为两岸一旦联手，便能全面控制两岸的海峡，令日本维护海上生命线将非常困难。美国官员也曾对访问华盛顿的一位台湾“立委”承认，最担心台湾与大陆联手共同处理钓鱼岛的主权问题。

围绕日本引发与中国和韩国的岛屿争议，以及美国的处境，各方媒体表达了一些有意思的论点，可兹参考。

其一，以前日本国内仅有一小部分民族主义者认为，面对经济发展势头良好的中国和韩国，日本应该采取更为强硬的应对态度，但目前，许多民众都开始赞成这种观点，尤其是在日本和盟友美国经济方面遭遇不利的情况下，日本担心国际权力结构会面临新的重组，民众的“敌意”也开始蔓延开来。不过，日本民众依然无法完全拒绝中国经济发展带给他们的各种好处，包括中国游客和与中国的贸易，这让他们有着十分矛盾的心情。

其二，大多数亚洲国家因二战的缘故，对日本并无好感，后者意欲增强地区影响力的任何举措都遭到严厉抨击。反日情绪甚至盖过了对中国实力增长的忌惮心理。日本在本地区的唯一盟友是美国，后者在冲绳的军事基地曾是日本国家安全的保障。然而，美国人正在逐步撤离冲绳，这在很大程度上与日本国内的民意有关。国民不会从战略角度考虑问题，他们认为美国在日本的军事存在是一种屈辱。

其三，大陆与台湾在钓鱼岛问题上联手的最大阻力仍是来自美国。为遏制中国崛起，美国近年会全方位加大对亚洲的政治、军事影响力。对政经、军事安全都严重依赖美国的台湾当局来说，与大陆联手，就具有反对美日、脱离“民主阵营”的战略意图，意味着其长期的安全战略彻底转变。这对台湾当局来说，无疑是一个难以承担的挑战。

其四，作为日本的盟友，美国的介入对东亚地区的领土纠纷带来了更多麻烦。美国有意重返亚太地区，但东亚的领土纠纷，尤其是钓鱼岛纠纷继续发展下去，可能让美国也承受巨大风险。围绕钓鱼岛的中日领土纠纷，以及围绕独岛（日本称竹岛）的韩日领土纠纷，表明日本对周边国家的发展壮大心存不安，因此才会在领土问题上反应强烈。而这些领土纠纷的事态如果不受控制地继续发展下去，日本的盟友美国也将被卷入。

五、内因与外因——以西亚北非形势为例

从利比亚到叙利亚，西亚北非形势连年动荡不定。这固然有其基本内因，但也不能忽视外因的特殊作用。不能将这个地区出现动荡简单地归结为民主化进程的驱使，也还要看到外部侵略因素造成的后果。由此激发人们从以下方面作出思考：

“冷战结束”的概念不能泛用。冷战结束后国际形势的发展和变化，特别是以美国为首的北约接二连三的侵略行径，使我们有必要对“冷战结束”重新作一番思考。其一，冷战时期遗留下来的许多问题并未得到解决，如裁军谈判、地区热点、特别是

北约东扩，还会在很长时间内反复较量，有时斗争是相当激烈的。其二，冷战思维和强权政治不仅继续存在，有时还表现得非常突出。冷战时期处理国际争端的手段仍被沿袭下来，如动辄诉诸武力或以武力相威胁、实行经济制裁、利用意识形态问题干涉别国内部事务，从而造成国家关系和地区局势紧张。其三，极端民族主义抬头，民族因素与宗教因素结合，加之外部霸权主义势力的蛊惑和利用，成为诱发地区冲突的一个重要原因。其四，美国全球霸权主义显示了一些新特点。政治上推行所谓“全球民主化”，并强化网络霸权、开辟网络战场，向拒绝听命于它的国家发起新冷战。经济上企图主导国际经济秩序，在经贸、科技、金融等领域建立全球霸主地位。军事上加大投入，发展高、新、尖武器，搞质量扩军。战略上从欧亚两翼形成美欧、美日进攻性军事集团。事态正如邓小平曾经预言的那样，可能是一个冷战结束了，另外两个冷战（指一个是针对发展中国家的，一个是针对社会主义的）又已经开始。从这个意义上讲，冷战后出现的其实是一种令人不安的“冷和平”局面。

要重新审视北约的侵略扩张性质。北约产生于冷战时期，是针对苏联扩张和德国崛起而来的。华约解散之后，北约不仅继续存在，而且不断东扩，名之曰要填补由于苏联解体、华约解散形成的安全真空。北约标榜要从军事政治组织向政治军事组织转化，值得怀疑。北约在利比亚的行动，是继科索沃战争之后进一步超越欧洲范围，现代帝国主义疯狂性的又一次大暴露。多年来“帝国主义”这个词几乎被人们忘却了，而列宁当年所说的帝国主义瓜分世界，如今又在新形势下以新的方式继续着。

“尊重不同文明”多半停留在学术层面。倡导文明平等、文明互补，是必要的、正确的。不过事实上，如今霸权主义行径无不伴随着标榜自身的文明优越性。“文明冲突论”基督教与伊斯兰教势不两立论，早有流传，且影响甚大。我们可以从这个角度思考当今中东和北非地区问题迭起的深层次原因。西方发达大国尤其是美国，并不满足于在经济全球化中的主导地位，它们还要谋求以其价值观起支配作用的政治全球化。

六、主流与支流——以普京的社会支持率为例

2012 年 5 月普京再度担任俄罗斯总统之后，媒体出于不同动机，纷纷发表关于他的社会支持率波动的报道。从总体上看，支持普京依然是俄罗斯社会的主流。这是因为，尽管美国等西方国家利用俄罗斯在艰难转型过程中遇到的困难，竭力扶持俄国内反对派，采取包括人身攻击的方式，不时掀起反普浪潮，但这些做法并没有动摇普京执政的大局。一段时间来国内外学界和媒体片面地贬低普京的观点和做法颇值得斟酌。

其一，将困难上升为危机。例如有文章宣称普京面临“四大危机”，说是“在民众信任危机、中产阶级危机和国家发展危机诸多征候的背后，是普京威权主义政治体制出现危机的征兆。”普京这个任期遇到的难题确实是很多的，该文作者试图深化研究的思路也是可以理解的，但“四大危机”的说法属于过头话，颠倒了当今俄罗斯社会主流与支流的关系。

所谓“民众信任危机”，依据是普京的社会支持率从高峰时期的 70%以上降至后来一度的 48%左右。这个统计大体上反映了与当今俄罗斯形势特别是经济形势相适应的状况。但掩盖了两个事实，一是调查对象的范围和代表性，如果加上“民众盼稳定、经济欠发达”的地区，普京的社会支持率仍远超半数；二是与俄国内其他有影响的政治家相比，至今仍无出其右者。

所谓“中产阶级危机”，仅就俄罗斯的实际情况来说，被称作“中产阶级”（或曰“中间阶层”）的群体恰恰得益于普京掌权的前八年。如今对现实不满的主要是其中生活虽宽裕却在政治

上不甚称心者，以及在文化上和意识形态上受美欧影响至深的一批年轻人。他们的头面人物和不少骨干分子为西方所收买，不足以代表俄罗斯整个“中产阶级”。

所谓“国家发展危机”，主要是指“国有企业仍然保持着对国家经济命脉的掌控，中小企业成长空间未能有效扩展；过度依赖能源产业，创新经济更多地停留在纸面上，缺少新的经济增长点”。这的确是俄罗斯转型过程中的最大难点，普京并未等闲视之，而是在着力加以解决。

所谓“威权主义政治体制危机”，这是西方给普京现行政治体制定的调子，攻击他“民主倒退”“走向专制”，奉行“独裁政策”。事实并非如此，普京放宽多党制、对极端反对派的容忍和对建设性反对派的借重便可说明问题。况且，俄罗斯的国情和民情（俄罗斯人怀有浓厚的“弥赛亚”心态是举世皆知的），决定了当今时期完全排除“威权主义”色彩，乃至要俄罗斯照搬欧美政治模式是行不通的。

其二，夸大反对派的声势。例如曾夸大俄罗斯特别是莫斯科反政府游行示威的人数。事实业已证明，用俄罗斯媒体的话说，“反对派彻底失败”，俄罗斯“仍谈不上有严格意义上的重大反对派”。

其三，渲染普京与梅德韦杰夫分道扬镳。理由是普京曾直接批评政府成员，引起梅德韦杰夫不快。有人甚至称普京和梅德韦杰夫的“联合统治”已不复存在。普京把梅德韦杰夫当作合作伙伴是着眼于实践“给我20年，还你一个强大俄罗斯！”诺言的一种战略性安排。梅氏的稚嫩和冒失有时确实令他不甚满意，但他总是权衡利弊，从长计议，始终保持审慎，显示和谐默契。普京未必不想物色新的更理想的接班人，但就目前情势来看，此议未必成熟。普梅之间的关系，我们不妨继续观察研究。

（载《地缘与能源》，2013年6月号）

不容日本当局歪曲二战历史

日本首相安倍晋三为日本在第二次世界大战中侵略行为辩解、企图修改和平宪法的行为不仅损害了日本的国际形象，更是对二战历史的严重歪曲。俄罗斯对待二战成果历来持强势态度，引起国际社会重视。二战的胜利表明，要想避免战争对人类文明再次带来毁灭性的后果，各国都必须以诚实而正派的态度对待过去、展望未来。

日本前众议院议长、前自民党总裁河野洋平近日说，首相安倍晋三为日本在第二次世界大战中侵略行为辩解、企图修改和平宪法的行为会损害日本的国际形象，破坏政府先前做出的承诺。这位日本资深政治家的明智，反衬了安倍当局歪曲二战历史的荒谬，尤其让人联想到重温二战期间《开罗宣言》的必要性和重大意义。

1943 年 12 月 1 日，在第二次世界大战转入战略反攻的关键时刻，世界反法西斯战争的主要盟国——中美英领导人在开罗举行会议，商议对日作战和战后对日处理等重大问题，发表了具有历史意义的《开罗宣言》。宣言明确指出对日作战的宗旨：剥夺日本自一九一四年第一次世界大战开始后在太平洋上所夺得或占领之一切岛屿；使日本所窃取于中国之领土，如东北各省、台湾、澎湖群岛等，归还中国；其他日本以武力或贪欲所攫取之土地，亦务将日本驱逐出境。

1945 年 7 月 26 日同盟国进一步发表《中美英三国促令日本投降之波茨坦公告》。公告重申：“开罗宣言之条件必将实施，而日本之主权必将限于本州、北海道、九州、四国及吾人所决定其他小岛之内”。公告庄严宣布：“欺骗及错误领导日本人民使其妄欲征服世界者之威权及势力，必须永久剔除。”

《开罗宣言》是二战胜利成果的标志，是历史回归正义的标志，是给予日本法西斯应有惩罚的标志，是被日寇侵略的中华民族扬眉吐气的标志。日本当局，特别是右翼分子，不敢面对、千方百计要毁灭这个标志。这是国际法理难容的，是反法西斯战争历史难容的，是饱受侵害的中国人民和亚洲人民难容的。日本当局处理钓鱼岛问题的实质，不仅是对中国主权和领土完整的侵犯和践踏，更是对第二次世界大战胜利成果和对《开罗宣言》的公然诋毁。我们要借助纪念《开罗宣言》70 周年，正告日本当局：多行不义必自毙！玩火必自焚！醉心于重温军国主义迷梦，必将逃脱不了被钉在历史耻辱柱上的命运！

日本对待二战历史倒行逆施的行径，引发我们多方面的思考。其一，日本右翼势力挑起事端，从深层意义上看则是反映了根深蒂固的军国主义民族意识在新形势下再次发酵。对《开罗宣言》的否定，与篡改历史教科书、否认南京大屠杀、参拜靖国神社、美化强行安置性奴即所谓“慰安妇”等罪恶行径同出一辙，集中反映了他们冥顽不化，根本没有民族历史认罪感。他们的辩解是那样的苍白无力，他们的神态让人联想到当年远东军事法庭上他们老祖宗的丑恶嘴脸。这与德国民族忏悔因而获得国际社会谅解和尊重的表现大相径庭。其二，冷战结束后国际形势的发展和变化，尤其是日本的种种恶劣做法，使我们有必要对“冷战结束”这个概念重新作一番思考。事实证明，如今不仅冷战思维依然严重存在，而且冷战行为也并不少见，所以“冷战结束”不应泛议，更不能滥用。正如邓小平 1989 年所说：“可能一个冷战结束了，另外两个冷战又已开始。一个是针对整个南方、第三世界的，另一个是针对社会主义的。”①

俄罗斯对待二战成果历来持强势态度，引起国际社会重视。这里谈几点看法。

其一，从苏联到俄罗斯，对待二战的立场始终如一。尽管发生了苏联剧变那样震惊世界的历史性事件，尽管如今处于社会转型过程中的俄罗斯存在着尖锐的道路选择与党派之争，尽管被西方扶持的俄罗斯国内反对派处心积虑要搞垮普京，但是俄罗斯各种政治力量和政治思潮在维护二战胜利成果方面，在肯定《波茨坦公告》和《开罗宣言》等国际协议方面，并不存在争议，也就是说，他们都能保持起码的爱国主义情愫、民族自尊心和历史正义感。绝不像陈水扁之流，充当日本军国主义的应声虫，以卖国为荣，公然丧心病狂地散布《开罗宣言》“并没有中国对台湾拥有主权这样共识的三巨头签署，也没有追认”因而“没有国际法效力”的谬论。

其二，俄罗斯领导人明确地、坚定地表示，不允许歪曲第二次世界大战的历史事件。人所共知，二战在欧洲战场，苏联作为反法西斯战争的中流砥柱，死亡2700万人，占当时苏联人口总数的14%。在东方战场，中国抗击凶残的日本侵略者，付出了3500万人伤亡的沉重代价。从苏联到俄罗斯，每年卫国战争胜利日5月9日，德国法西斯发动侵苏战争日6月22日，都要重温历史，郑重地阐述对二战的看法，以弘扬爱国主义精神。最近例子，今年2月1日，普京总统在克里姆林宫举行的斯大林格勒保卫战胜利70周年招待会上说，俄罗斯应尽最大努力，使人们对这场战役的记忆永远不会模糊。俄罗斯坚决反对歪曲二战历史事件，反对出于政治目的重新审视这段历史，不允许抹杀那些使

---

① 邓小平：《邓小平文选》（第三卷），北京：人民出版社，1993年版，第344页。

世界获得解放的人所建立的功勋。

其三，从苏联到俄罗斯，涉及二战历史，始终坚守两条底线。底线之一，人们可以从多方面批判斯大林的错误（有人甚至把斯大林妖魔化），但仍要维护他在二战中的贡献和作用。因为这涉及国家的根本利益，否定他领导苏联军民抗击德国法西斯侵略的伟大功绩，就是否定苏联军民反法西斯的浴血奋战的历史。有些西方国家的媒体竟然将斯大林与希特勒相提并论，遭到俄罗斯的坚决谴责。前不久俄罗斯“列瓦达中心”公布的20世纪苏联领导人好感度民意调查显示（当然只是一种参考），对斯大林有50%的受访者表示支持，略少于勃列日涅夫，超过列宁和赫鲁晓夫，更不用说备受鄙视的戈尔巴乔夫和叶利钦，其中就含有斯大林在二战中的贡献这一因素。

底线之二，对于苏联在二战中获得的领土绝不退让。普京说过这样的狠话：“俄罗斯国土虽大，却没有一寸是多余的”；“在领土问题上，没有谈判，只有战争。”对于南千岛群岛亦即日本的“北方四岛”，最多也就是可以将齿舞、色丹两个小岛（占争议地区领土面积的6%）交还日本。早在1956年苏日建交时发表的联合宣言中，苏联曾同意在苏日缔结和平条约后，将齿舞、色丹两个小岛交还日本。2004年俄罗斯再次决定归还齿舞和色丹岛。此方案一再被日本拒绝，日本则要求全部归还国后、择捉、齿舞和色丹四个岛屿。这种僵持状况还将持续下去。

其四，人们注意到，同样存在领土争议，日本在俄罗斯面前却不敢放肆。这是因为：1. 土地握在俄罗斯手里，你奈我何！日本只能望岛兴叹。2. 二战期间美国、英国主动承诺苏联在战后得以取得南库页岛及千岛群岛全部主权，并签订雅尔塔协定。美国无法像在钓鱼岛问题上那样为日本帮腔。日本对俄罗斯之胆战心惊、一筹莫展，而对于中国之惯于搞讹诈、耍无赖，都与山姆大叔的态度密切相关。3. 俄罗斯拥有与美国相当的庞大核武库，可不是好惹的，日本心存畏惧。4. 普京的威严，日本已领教过。例如早在 2005 年 11 月普京访问日本前夕他就宣布，“俄罗斯对南千岛群岛拥有主权，这在国际法中已得到确认”；“这是第二次世界大战的结果，我们没有就此问题举行谈判的计划。”今年 4 月底日本首相安倍访问俄罗斯，在联合记者招待会上当日本记者提出领土问题时，普京严加斥责说：“如果您想捣乱，继续直接提出强硬的问题，那您也一定会得到直接和强硬的答案。”总之，在俄罗斯面前，日本暴露了色厉内荏的本性。

顺便说一下，在钓鱼岛问题被日本当局挑起争端的紧张时刻，时任俄罗斯总统的梅德韦杰夫曾登上国后岛，激怒日本当局，这在某种意义上是对中国立场的呼应与声援，是中俄全面战略协作伙伴关系在一个重要方面的体现。

其五，俄罗斯在历史遗留的领土问题上态度强硬，不让日本占便宜，但在与日本发展经济合作方面表现积极主动。有些媒体对安倍访俄的结果作出截然相反的两种评述，要么贬称为完全落空，说过头了；要么肯定其非常圆满，也说过头了。这种报道的片面性，源于忽视了普京在处理领土问题与经济合作问题上运用既不失分又捞好处的两手政策。

其六，为维护二战的胜利成果，俄罗斯方面通过各种渠道做了大量工作。例如 2010 年 5 月反法西斯战争胜利 65 周年之际，俄罗斯联邦共产党筹办了一次国际科学会议，向包括中国共产党在内的数十个共产党和国际组织发出邀请。会上同声谴责德意日法西斯的滔天罪行，驳斥诋毁二战成果和为德意日法西斯开脱的种种谬论。与会者普遍认为，在当今世界仍有人试图为侵略战争翻案，这是倒行逆施，冒天下之大不韪。究其原因，无非是要借助歪曲、篡改历史，来混淆视听，为其当前的特殊政治目的服务。二战的胜利表明，要想避免战争对人类文明再次带来毁灭性的后果，各国都必须以诚实而正派的态度对待过去、展望未来。德国前总统罗曼·赫尔佐克曾经说过的一番话备受重视，他说一个民族如果没有对其历史的彻底了解，就不可能永远存在下去；只有正确地对待历史，才能正确地走向未来。

（载《国际网》，2013 年 7 月 2 日）

当今社会主义与“两制”关系问题

苏联东欧剧变20多年来，加之全球金融危机爆发后的各种影响，如何认识当今世界社会主义，以及如何推动社会主义与资本主义两种社会制度国家之间的良性互动，成为必须面对的现实问题，也越来越受到人们的重视。下面是笔者的一些探讨性看法。

（一）什么是社会主义，这是问题讨论的一个重要前提

我国实行改革开放以来，邓小平对“什么是社会主义”，曾说过这样的话：“什么叫社会主义，什么叫马克思主义？我们过去对这个问题的认识不是完全清醒的。”① 他还说过：“我们总结了几十年搞社会主义的经验。社会主义是什么，马克思主义是什么？过去我们并没有完全搞清楚。”② 鉴此，可以说，建设中国特色社会主义乃是在总结历史经验和教训的基础上，将中国国情与时代特征相结合，所进行的一种较为成功但仍存在不确定因素的探索。既然如此，那么我们在谈及世界社会主义问题时，就要抱着虚心探讨和认真学习的态度，在做出任何论断的时候都要把握分寸、留有余地，切不可认为只有自己或者只有哪几家才是正宗的社会主义，更不能怀有唯我独尊、舍我其谁的心态。有的文章用语咄咄逼人，颇值得商榷，例如说：“我们遇到号称社会主义者时，倒应当先问一句：你是姓什么的社会主义？你的社会主

① 邓小平：《邓小平文选》（第三卷），北京：人民出版社，1993年版，第63页。
② 邓小平：《邓小平文选》（第三卷），北京：人民出版社，1993年版，第137页。

义是真的 是假的？是进步的还是反动的？是科学的、合乎时代潮流和人民需要的，还是逆潮流而动的？”

（二）要从苏联模式社会主义汲取深刻教训

关于这个问题，俄罗斯内外，包括中国在内，不断议论，从未间断，见仁见智。有些看法居然截然相反，各执极端，要么全盘否定苏联社会主义模式以其动员性强和困难承受能力强的特征曾经发挥过的历史作用，甚至“追根求源”通过诅咒苏联社会主义模式来否定十月社会主义革命、否定列宁；要么怀着留恋的心情千方百计为这种模式的弊端开脱。超越具体的看法分歧，我们可否从教训的角度得出这样几点原则性认识：

其一，从 1903 年正式建党算起，苏联共产党存在了 88 年，经历了从充满共产主义理想、全心全意为人民服务的党，逐渐演变为被官僚特权阶层垄断、严重脱离人民群众的党的痛惜过程。我们常说党风是关系生死存亡的问题，从苏共教训更深层次来看，党质更是关系生死存亡的问题。

其二，任何一种思潮甚至政权，都是与一定的信仰联系在一起，可以是政治信仰，也可以是宗教信仰，或者同时几种信仰兼备（如当年的波兰统一工人党、意大利共产党，很大比例的党员既信仰马克思主义，又信仰天主教）。世界上意识形态与国家政权分与合（政教分离与政教合一）的现象俱有。苏联创造的一党专政模式（中国的政党模式与之截然不同），实质上是一种特殊形式的政教合一，其特征是权大于法，缺乏监督，法治徒具形式。这种“政教合一”是导致专制极权的组织基础，是摆脱不了封建主义桎梏的思想基础，也是在市场经济条件下产生权钱交易因而酿成腐败的政治基础。

其三，世界上社会主义与资本主义是比较而存在的。事实证明，贫穷不是社会主义，富裕未必就是社会主义，但社会主义最终应该比资本主义更加公正；专制不是社会主义，民主未必就是社会主义，但社会主义毕竟应该比资本主义更加平等。在社会主义社会，特别是初级阶段，不可能一步走向共同富裕，应该允许一部分人先富起来。出现贫富差距不可避免。但是，过于悬殊的两极分化和长久存在的严重两极分化，不是社会主义属性所决定的。

遗憾的是，至今依然有人自觉或不自觉地拿苏联模式社会主义的理论和实践作为衡量当今谁是谁不是社会主义的标准。这是非常值得深思的扭曲现象。

（三）要承认社会主义存在多样性

社会主义的确是形形色色、多种多样的（有人统计社会主义不下七十多种，也未免过于琐细）。人们时常提及的一类是马克思恩格斯在《共产党宣言》里列举和批判过的各种社会主义——封建的、资产阶级的、小资产阶级的、“真正的”社会主义、空想的社会主义等等。另一类是第一国际时代马克思、恩格斯的社会民主主义，第二国际时代社会党人的民主社会主义，当代北欧、西欧某些国家的福利社会主义。再一类就是第三国际时代的列宁、斯大林的无产阶级专政社会主义乃至当今表现差异甚大中国特色社会主义、朝鲜、越南、老挝和古巴的社会主义。此外，近代还出现过利比亚卡扎菲的“大众社会主义”，以及拉美委内瑞拉等国举世瞩目的被称作的民族社会主义。凡此种种，其中一些说它们是“号称”也罢，“名不副实”也罢，但有一个值得称道的结合点，那就是极具吸引力的社会主义价值观。现实表明，固守陈腐观念看问题，往往就见不着社会主义；一旦端正观念，就会欣然觉得世界上处处存在着社会主义因素。

当今社会主义因素不同程度或以不同形态与政权相依附的国家，除中国外，还存在着多种类型：传统的共产党执政的国家（如朝、越、老、古）；剧变后保留不少社会主义因素的国家（如摩尔多瓦、土库曼斯坦等；甚至在“普京道路”中如教育、医疗等领域也有不少社会主义成分）；以社会主义为选择方向（尽管还比较朦胧）的国家（如委内瑞拉等）。

社会主义国家或者选择以社会主义为发展方向的国家之间相处，同样首先也要奉行久经考验的和平共处五项原则；奉行逐渐成为广泛共识的不结盟、不对抗、不针对第三国原则，国家利益原则，不以意识形态划线原则，求同存异原则，共同发展原则和面向未来原则等等。我们对待当今世界呈现的社会主义运动，尊重自主选择，不加歧视地着重与之保持和发展双边关系，在任何情况下都不去“当头”。

（四）要合理认识社会主义与资本主义的关系

马克思主义的社会发展理论和百年来的社会主义实践告诉我们，社会主义是从资本主义脱胎而来，直接从封建主义跨进社会主义毕竟罕见且弊端甚多。社会主义与资本主义始终在竞争中共存，在共存中竞争，保持着既相互联系又彼此矛盾的状态。列宁说过：“苏维埃的历史使命是充当资产阶级议会制度以及整个资产阶级民主的掘墓人、后继人和继承人。”[①] 列宁的话历来被左的思潮所扭曲，只讲“掘墓人”，避而不谈“后继人和继承人”。当年苏共对社会主义属性及其与资本主义相互关系的认识极为片面，早期一味地强调资本主义总危机加深，垂死腐朽，拒绝甚至敌视人类文明在资本主义发展阶段的合理创造；晚期则忘乎所以地对资本主义恭维备至，将西方价值观理想化、绝对化，无选择地一概加以效法。于是，在破与立、批判与借鉴、计划与市场、自力更生与对外开放等一系列关系问题上，偏离了科学真理，结果严重损伤了社会主义事业的发展。

（五）要恰当处理社会主义与资本主义的关系

两制关系是从 1917 年俄国十月革命取得胜利社会主义从理

---

① 列宁：《列宁选集》（第四卷），北京：人民出版社，1996 年版，第 244 页。

论变成现实、打破资本主义一统天下之后，就客观存在的问题。当时资本主义头面人物扬言要把苏维埃社会主义扼杀在摇篮里。然而，社会主义却得到持续发展，二战后更是形成了社会主义体系，发展势头迅猛异常，甚至出现过社会主义压倒资本主义的判断。总之，长期以来，在人们的观念中，社会主义与资本主义之间就是势不两立、你死我活的关系。

1954 年和平共处五项原则的提出与传播，其重大意义在于明确两种不同社会制度之间应该是怎样一种关系，从而向客观现实迈出了一大步，

如今提出两制国家之间良性互动，堪称又一大进步。这是在苏联东欧剧变之后，在经济全球化特别是金融危机猖獗的背景下，逐渐形成的一种新概念。苏联东欧剧变之后，社会主义经受严重挫折，那时，资本主义在“大失败”（布热津斯基语）、“历史终结”（福山语）的幻觉中总想吞没社会主义。可是，社会主义的存在，尤其是中国特色社会主义的发展壮大，打破了他们的迷梦。全球金融危机发生之后，资本主义国家首先是美国等大国，遭到空前巨大的冲击，反而不得不求助于社会主义中国，唱出“同舟共济”的高调，从而将两制关系之依存度标榜到了极致。

（六）确有一个如何吸取和借鉴资本主义国家经验的问题

邓小平指出：“社会主义要赢得与资本主义相比较的优势，就必须大胆吸收和借鉴人类社会创造的一切文明成果，吸收和借鉴当今世界各国包括资本主义发达国家的一切反映现代社会化生产规律的先进经营方式、管理方法。”① 在建设和完善社会主义的过程中，为了广大人民的利益和福祉，必须在抵制资本主义糟

---

① 邓小平：《邓小平文选》（第三卷），北京：人民出版社，1993 年版，第 373 页。

粕的同时，坚定不移地继承人类文明在资本主义发展阶段创造的物质的和精神的成果，从而才有可能创造比资本主义更加发达的生产力和更加先进的文化。我们要纠正过去那种将社会主义与资本主义断然割裂、甚至认为社会主义发达程度已远远超前于资本主义的错误观念。资本主义世界目前仍是高新科技和知识经济的主要载体。资本主义社会拥有的克服自身弊端的手段，包含着一定程度的社会主义因素。资本主义的弊端还为社会主义提供了与之竞争的有利条件和最终取而代之的机遇。

我们中国推行的社会主义市场经济，大胆而又谨慎地吸收了发达资本主义国家之所长，但我们有自身的标准，即政治上坚持中国共产党的领导，经济上坚持以公有制为主体，社会发展的目标是坚持实现共同富裕，形式上亦有自己的特色。它是社会主义条件下的市场经济，是与社会主义的基本制度相联系、相结合的市场经济。

（七）如何对待社会民主党的经验，这是一个必须面对的问题

历史是最好的仲裁者。自从社会民主主义与共产主义分道扬镳以来，前者在西欧一些发达资本主义国家（也不是所有资本主义国家）取得了毋庸置疑的成就。社会主义应该摆脱理想化，走向务实化。既然资本主义有益的东西可以也应该借鉴，那么在资本主义阶段发挥作用的社会民主党的有益经验何尝不可借鉴？我们党提出的“社会主义市场经济”和“社会主义所有制实现形式多样性”的论断，沟通了人类社会发展的两个阶段——资本主义和社会主义之间承上启下的内在联系，为我们大胆而切实地汲取社会民主党有益的经营管理经验提供了广阔的空间。社会主义也有一个与时俱进的问题，不应墨守成规，更不能抱残守缺。借鉴了别人家什么东西，要坦诚以对。

党的十八大在对外关系方面提出的“平等互信、包容互鉴、

合作共赢”原则，非常重要，极有创意，其中“包容互鉴”适用于方方面面，也应该包括如何对待社会民主党的经验。诚然，这是一个非常敏感的问题，但不能回避。我不赞成“只有民主社会主义才能救中国”的偏激说法，但也不能笼统地将民主社会主义当作科学社会主义的叛逆。民主社会主义是否属于社会主义范畴是一回事，它适用于哪些国家则是另一回事。我们不能搞双重标准，对传统社会主义国家的弊端可以谅解、可以包容，而对资本主义国家基于社会主义因素而取得的成就却不能认同。我们对于原社会主义国家的非社会主义因素不要“淡化”，对于非社会主义国家的社会主义因素也不要“淡化”。

（八）要廓清转型国家的社会制度究竟属于什么性质

对这个问题的认识至今仍相当之含混。苏联解体之后，苏联的一些成员国其实是在探索自身的发展道路，是在本国特点资本主义与本国特点社会主义之间做出选择。苏联东欧转型国家的一些主导政治力量，多半走“中间路线”，试图寻找“第三条道路”，也就是既区别于苏联社会主义模式，又不同于西方资本主义模式的发展道路，尽管前者的色彩更浓一些。在国际共运史上，“中间路线”或“中间道路”几乎成为机会主义和修正主义的同义语。其实，相对于历史上的极左路线（绝对坚持苏联模式）和剧变后的极右路线（无条件照抄西方模式）来说，“中间路线”可能恰恰是从本国国情出发的一种正确选择。所以，笼统地将所有处在转型过程中的国家都归之于资本主义，是值得商榷的。

这里有一个如何看待苏东剧变期间共产党易名而来的民主社会党的问题。由原先执政的共产党转变而来的民主社会党，以扬弃苏联社会主义模式为特征，这不同于传统社会民主党以维护和改良资本主义为特征。打个比方（比方总不会那么完全确切）：如果说资本主义与社会主义的关系是“从猿到人”的话，那么传统社会民主党与共产党易名而来的民主社会党的差别，则是“类人猿”与“类猿人”的差别。社会主义经受挫折条件下产生的民主社会党与资本主义条件下形成的社会民主党，既有共同点，也存在差别。如果只看到共同点，那就只能导致社会民主主义一种结论；如果既看到共同点，同时又看到差别，那就会承认其发展前景的两种可能性——社会民主主义或者本国特点社会主义。

（九）冷战结束后，两制国家之间的依存性随着经济全球化的发展在不断深化

党的十八大报告指出：“人类只有一个地球，各国共处一个世界。”国家间依存性加强，是和平与发展这个时代主题日益鲜明的标志。依存性产生于各国安全与发展的利益需要，因此必然会出现伙伴的选择和对手的竞争问题。依存性加深，不等于国家利益和文明传统引起的矛盾和冲突会自然消失。依存性与竞争性是对立统一，但有主次之分。经常的、大量的、普遍的则是表现为依存关系。在依存中不断竞争，又在竞争中维护依存，保持利益平衡，避免形势失控。这正是国际总体形势可能继续趋向缓和的内在动力。

依存性与竞争性，任何一面都不容忽视。漠视依存性则势必高估本国自身的能量，往往导致故步自封；轻视竞争性则会在国际社会中处境被动。这两种倾向都有碍于国家的经济发展和国际地位的增强。

面对金融危机，“两制”国家怎样才能做到“同舟共济”？1998 年 11 月 23 日中俄联合声明说得好：世纪之交，世界经济的全球化和区域化正在成为决定世界经济状况的重要因素。中俄支持并积极参与这一进程。同时，各国经济相互依赖已发展到了必须将保护主权国家的经济安全列为最迫切的问题的阶段。因此，尤为重要的是必须在经贸关系中恪守平等互利和地区开放原则，

消除国际贸易中各种形式的歧视，摒弃利用货币金融杠杆将有损于某国合法民族利益的政治经济条件强加于人的企图。一系列地区和国家出现金融危机的教训证明，困难时期应该相互支持，同舟共济，而不应借机谋取私利。

至于中美之间基于“积极、合作、全面”的原则构建新型大国关系，总体上说有一定的可期待性，但动机各不相同。“积极”，互有需要；“合作”，各有选择；“全面”，难在“战略互信”。

（十）国家之间特别是不同社会制度国家之间的关系产生良性互动，必须遵循客观规律

作为截然不同的两种意识形态，社会主义与资本主义“两个主义”之间说不上良性互动，犹如资本主义与封建主义不可能良性互动一样。但是，社会主义制度的国家与资本主义制度的国家之间产生良性互动则另作别论。

两种社会制度国家之间能否和平相处甚至产生良性互动，要看对象是怎样的资本主义国家。例如我国与西北欧一些奉行中立政策的资本主义国家和平共处、产生良性互动，历来没有多大障碍。一般认为，当今西方更具影响力的资本主义社会制度形态主要体现为两种，所谓以美国为首的资本军事帝国主义和以法德英三国为首的欧洲原教旨资本主义。我们与奉行扩张主义政策的资本主义大国产生良性互动，麻烦和困难就要多得多。

良性互动规律性是存在的。据笔者的见解，它是由起点、过程与结果三个环节构成。起点——维护各自的国家利益，同时必须尊重他国的利益，两者缺一不可。过程——合作与竞争同在，矛盾与妥协并存。合作要诚信，竞争要守规矩，摩擦要不导致对抗，妥协要适度。结果——双赢、共赢，而不可能是任何单方面获益。

两制国家之间良性互动不是单方面的行为所能决定的，一厢

情愿是行不通的。要与资本主义大国做到平等地打交道，凭靠的是自己的硬实力、软实力和巧实力，迫使它们“循规蹈矩”。资本主义国家处于困境时和社会主义国家处于顺境时，更有条件产生良性互动。

（载《当代世界》，2013 年第 11 期）

关于当前国际形势与国际关系的“六说”辨析

近年来，学界和媒体都非常关注国际形势与中国外交的研究与报道，提出不少很好的见解和主张，但也会因着力于名词“创新”而出现一些值得斟酌的说法。这里举几个较有影响的例子。

一、世界格局“碎片化论”

早在两年前就有人提出世界格局“碎片化论”，认为面对美国力量的下降，“美国衰落论”再度兴起，当今世界格局进入了一个无领导者的“碎片化”时代。理由是自第二次世界大战结束以来，首次出现没有任何单个国家或国家集团能够推动国际议程的现象。美国虽然仍然是唯一的超级大国，但是其全球事务的领导力受到国内政治经济形势越来越多的限制。与此同时，其他力量中心如欧盟、日本和新兴大国又无力替代美国的领导地位，提供全球公共物品，因此世界格局进入了一个无领导者的“G0”时代。“G0”（即零国集团）的概念是欧亚集团主席伊恩·布莱默（Ian Bremmer）率先提出的，主要指国际关系中缺乏领导者的现象。

世界多极化是我们党和政府一贯坚持的观点，反映了从冷战时期到冷战结束以来世界格局发展的总趋势。尽管世界多极化的表现形态在不同时期有所变动，但多极化的本质特征未变。“碎片化论”则是对世界多极化论的否定。其缺陷在于：

其一，无主次之分，似乎当今世界不再存在任何具有世界影响的力量和力量中心。其二，过分估计美国衰落的严重性，看不到美国作为唯一超级大国仍在一定程度上发挥独特的、他国无法代替的某种全球性作用。其三，看不到新兴国家特别是中国和平崛起的世界性影响力。

二、时代格局“转型”与世界秩序“失范论”

时代格局“转型”和全球秩序“失范”，这是最近总结 2013 年国际形势时提出的新论点。这里涉及时代主题观与世界秩序观两方面的问题，值得商榷关于时代格局“转型”。“和平与发展”这个时代主题决定了时代的基本特征和基本格局，是长期起作用的因素（党的十八大提出“高举和平、发展、合作、共赢的旗帜”，并非改变时代主题的意思，而是在实现时代主题后面加上了办法是“合作”，结果是“共赢”）。时代格局“转型”这一含混提法会产生几个疑问：其一，时代是个广阔的概念，曾经被认为是从“革命与战争”主题向“和平与发展”主题转变，若说现今离开和平与发展这个主题，又如何转型，向何处转型？其二，把国际关系中阶段性的某些变化（这是必然的）上升到时代格局的变化，有何理论与现实根据？其三，这种提法是否意味着和平与发展的时代主题已被替换从而失去意义？

关于国际秩序“失范”。按照一般解释，失范亦称脱序，是由于社会规范失调产生一种社会反常的状态，即在一个社会中缺乏人们可以共同遵守的行为准则之意。失范包括两层意思：一是传统规范的失效，如生活方式的改变、伦理道德的失效、宗教信仰的改变、语言文字的改变及内在社会民众心理的变化；二是包括新的社会普遍的生活方式、价值观念没有形成或成熟。人们不自觉地受到流行文化的支配，却没有完全认同这种规范。

研究国际关系可否借用“失范”这个社会学概念，不妨讨论；但不能说2013年就不存在维护世界秩序的共同规范，联合国宪章宗旨也好，国际关系种种基本准则也好，应该都是“范”。问题是霸权主义、恐怖主义等恶势力不肯“守范”，总是蓄意违背逆行。当然，这并不是说当今世界的国际规则不需要完善，特别是有必要补充制定一些有利于广大发展中国家的游戏规则。笼统地将“失范”概括为2013年国际形势的特征，并不合实情，也不解决问题。

三、美国“战略东移论”

有一种观点认为，美国“战略东移”了。其实，美国“战略重心东移”不能说成是“战略东移”，也不是“战略重点东移”。美国绝对没有放弃维护世界霸权的全球战略，而全球战略绝非一个重点。美国战略重心东移存在被迫性、相对性、制华性和多元性的特征。从近期情况来看，叙利亚形势严峻，美国对中东的关注越发凸显，美国有媒体举例称，奥巴马在联合国的演讲用四分之三时间谈论叙利亚事件，难道中东不再是美国的战略重点吗？

笔者觉得，悉尼大学美国研究中心首席执行官季北慈的说法比较有道理。他说：“美国一直在强化自己在太平洋地区的角色。‘重返亚洲’的说法其实有一些误导，因为早在这一战略被明确提出之前，美国就已经加强自身在亚太地区的参与度。其原因显而易见，那就是亚洲是世界上经济最具活力的地方，新兴国家在崛起，世界上的主要大国在亚洲的利益有密集互动，因此各国都以各自的方式参与到亚洲事务中来。不仅美国，全世界都在关注着亚洲，并寻求可以参与其中的方式，从而尽量满足自身的利益。因此，即使美国不公开宣布‘重返亚洲’的政策，也会采取实际行动参与到亚洲事务中来。"①

还应该指出，对于美国提出的亚太"再平衡"战略的深层含义，也要加以琢磨。在美国观念中，它在亚太占有战略优势乃是一种与其国力相称的、天经地义的"平衡"，打破这种优势就是不平衡。美国提出"再平衡"的本意并非要与他国平起平坐，而恰恰是不容形成与美国对等的局面

四、俄罗斯"新普京时代论"

普京再次担任总统之后，俄罗斯处于"新普京时代"的说法大为流行。2012 年 2 月经济管理出版社出版了以《新普京时代》为题的集体撰写的专著。2012 年 3 月 9 日《环球》杂志发表题为《俄罗斯进入新普京时代》的文章。与此同时，"新普京时代的俄国可能走势""新普京时代的基本政策走向"等提法，不断出现。

笔者认为，自从苏联解体、俄罗斯独立以来，其国家经历着"破、乱、治、兴"的过程，体现为两个时代。一是叶利钦时代，其主要标志是破和乱，尽管也力求治理，但力不从心。二是普京时代，其主要标志是治和兴，尽管还处于从治向兴的艰难过程之中。梅德韦杰夫担任总统的四年，仍是普京充当主角，构不成梅德韦杰夫时代。因此，从进入 21 世纪以来，俄罗斯就是处于普京时代，从中可以划分为几个时期或者阶段，但并无普京新旧时代之分。

① 见《中国社会科学报》，2014 年 1 月 15 日。

五、中国战略“西进论”

有学者提出：“大国地缘政治、地缘经济的新一轮竞争日趋激烈。当美国战略重点‘东移’，欧印俄等‘东望’之际，地处亚太中心位置的中国，不应将眼光局限于沿海疆域、传统竞争对象与合作伙伴，而应有‘西进’的战略谋划。”随后“西进论”引起热议。

笔者认为，此论虽含新意，但有弊端，甚至会引起误解。其一，美国战略调整所谓“东进”乃是出于霸权主义目的，我们喊出对应口号似乎与之亦步亦趋，选择不同方向也要谋求霸权。其二，“西进”会使俄罗斯、印度乃至整个欧亚大陆国家特别是“好邻居、好朋友、好伙伴”俄罗斯不理解、不高兴，会使宗旨明确的上海合作组织各成员国感到困惑，结果非但无助，反而招惹是非。其三，我国奉行全方位外交，包括面向西部，这是不言而喻的；但大声疾呼“西进”，难免有张扬之嫌。其四，如果我国官方公开采纳“西进论”，势必有损曾大力宣扬的中国和平发展的国际形象，甚至为“中国威胁论”提供口实。

六、有所作为“量化”论

最近看到“国际形势与中国外交”研讨会的报道，称“与会专家提出，中央新一届领导集体对外交非常重视，在坚持韬光养晦、继续有所作为的基础上，增加了‘有所作为’的比重。”此说值得斟酌。

一年来我国外交大展宏图，双边外交全面推进，多边外交创新倡议，周边外交积极进取，大国外交赢得主动，巨大的外交成就是有目共睹的。但很长时间以来，学界和媒体总是有人把邓小平在苏东剧变之后提出的“韬光养晦”与“有所作为”两者割裂开来，似乎韬光养晦的时候就难以有所作为，而有所作为的时候就无须韬光养晦。如今把“有所作为”按照比重大小加以量化，也值得商榷。其实，邓小平讲的是既要有韬光养晦的谋略，又要产生有所作为的成果，任何时候都应善于守拙韬光养晦，任何时候又都要开拓进取有所作为，两者是辩证统一的关系。

顺便说一下，有些文章中总喜欢加上一个“大”字，以壮声势，诸如“大外交”“大战略”“大周边”之类，其实经不起推敲，还是应该在内容方面多下功夫。

（载《北京日报》，2014 年 4 月 28 日）

礼赞和平共处五项原则60周年

和平共处五项原则是周恩来总理于1953年12月31日接见印度政府代表团时率先表述的。随后，中国与印度（1954年6月28日）、中国与缅甸（1954年6月29日）以联合声明方式公开提出这五项原则，迄今60周年。和平共处五项原则长盛不衰，显示了强劲的生命力。其原因在于它植根于特定的历史背景，具有深刻的本质特征，符合人类进步的时代精神。

其历史背景，概括起来说：1. 它反映了二战结束之后、殖民主义瓦解过程中广大新独立国家维护主权成果和建立国际新秩序的强烈愿望。2. 它融会了新独立国家试图运用软实力防御任何强大外来侵略势力的卓越智慧。3. 它的问世体现了和平与发展开始成为时代主题所产生的强大动力，尽管当时人们还没有像后来那样有意识地从时代主题的角度提出问题和分析问题。4. 和平共处五项原则以联合声明的方式提出，显示了中国、印度、缅甸等发展中国家一批政治精英对人类历史的责任感和二战结束后在世界舞台上崭露头角所起的独特的进步作用。

其本质特征，表现在理论和实践两个方面。理论意义在于它具有丰富的科学内涵。1. 完整性。它高度概括了国际法（国际关系中国家的行为规范）中最主要的基本原则，反映了新型国际关系的本质特征，是一个比较完整的体系。2. 兼容性。当代国际关系中经常提到的一些原则，如反对霸权主义和强权政治，反对领土扩张主义，反对革命输出和反革命输出，各国人民有权选择自己的价值观念、社会制度和发展道路，以和平方式解决政治争端、不诉诸武力或以武力相威胁，主张彻底裁军，尤其是核大国率先裁减核军备，各国共同解决和平、发展、生态、人口、资源、气候等全球性问题等等，从根本上说，均可在不同程度上纳入和平共处五项原则体系之内。打个比方，如果说宪法是“母法”，其他法律是“子法”，那么，从国际关系角度说，和平共处五项原则堪称各种国际关系准则中的“母法”。3. 稳定性。和平共处五项原则具有长远的普遍意义，其内涵之无可争议，连和平共处的实际破坏者也不得不至少在口头上表示承认它。而有一些人们时常提及的原则，诸如“尊重人权”“相互支持和合作”等等，由于可能有各种不同解释，未必都能充分体现共性，因此难以被各国所一致接受。

实践意义在于它可以能动地加以运作。1. 务实性。和平共处五项原则不是空洞的口号，更不是忽悠人的说教，其矛头旗帜鲜明地指向绝大多数国家和人民所坚决反对的霸权主义、强权政治、扩张主义、新老殖民主义和恐怖主义。对于这种客观上存在的针对性，不必有什么忌讳，但在公开宣传中应讲究策略和方法。2. 普适性。和平共处五项原则反映了一切国家特别是弱小国家的利益，它不仅适用于社会制度不同的国家，也适用于社会制度相同的国家；就其实质而论，由于超越意识形态差异，它不仅适用于国与国之间，也适用于政党与政党之间。后来我们党提出的党际关系四项原则（独立自主，完全平等，相互尊重，互不干涉内部事务），就是从和平共处五项原则派生出来的，两者相辅相成，相得益彰。3. 动员性。当今世界上所出现的处理国际关系的诸多原则中，影响最大、最能引起广泛共鸣和强烈反响的，莫过于简明扼要的和平共处五项原则。这已经被 60 年的历史所证明。

其时代精神将在新时期深化和发展。原因是：1. 符合历史潮流。世界要和平，国家要独立，民族要振兴，社会要进步，经济要发展，生活要提高，已成为不可抗拒的历史潮流。这一潮流急切地要求履行和平共处五项原则。2. 突出国家利益原则。在经济全球化背景下，国家之间的依存性加深，国家利益原则成为处理国与国之间关系的基本原则。和平共处五项原则的本质，恰恰是既能维护自身国家利益，又要尊重他国的国家利益。3. 构成国家关系良性互动的条件。在国家关系特别是大国关系中，贯彻实施双赢、共赢原则才符合各国的利益要求，而和平共处五项原则正是产生这种良性互动的基本条件。这一点，在党的十八大报告中将其概括为“平等互信、包容互鉴、合作共赢”。

上述时代精神，还可以从另外两个角度加以考量。

一方面，在和平共处五项原则基础上，派生出一系列适合时代发展和变化、维护和平与发展的具体论断或主张。例如：1. 世界多样化论。和平共处五项原则包含了求同存异、淡化意识形态和各自选择发展道路等多样化的因素。2. 新安全观。新安全观以互信互利、避免动武、对话协商、平等协作为基本内涵。在这一点上，俄罗斯等大国与我国的共同点较多。3. 建立国际新秩序主张。绝大多数国家都希望实现独立、平等、公正、互利，共同发展、共同繁荣。4. 国际关系民主化论。这要求国家无分大小、强弱、贫富，主权一律平等。多边主义在更大程度上体现国际关系民主化。5. 大国关系良性互动论。这是在经济全球化和世界多极化条件下，国家利益原则的理论发展。6. 党际关系四项原则。这与和平共处五项原则形成国际关系科学理论的双轨。

另一方面，如同围绕和平共处五项原则产生许多新论断、新主张（例如我国领导人近期提出的利益共同体、命运共同体、“一带一路”倡议等）一样，其对立物——强权政治也在制造不少新提法、新花样，实质上是在挑战和平共处五项原则。例如“有限主权论”“人权高于主权论”挑战国家主权原则；“侵略有理论”挑战互不干涉内政原则；“先发制人论”挑战互相尊重、互不侵犯原则；“单边主义”“单极世界论”挑战主权平等原则与联合国地位；“文明冲突论”挑战世界多样化论与和平共处（亦即“和而不同”）原则。这些强权政治理论虽曾风靡一时，但多半是要么夭折，要么遭唾弃，要么不得不用冠冕堂皇的外衣重新加以包装，仍具有一定欺骗性。

和平共处五项原则体现了“和为贵”与“和而不同”的中华文明传统，塑造中国和平发展的形象，成为“中国机遇论”的重要依托。鉴此，中国外交的传承与发展，形成了较为完整的体系：基石是和平共处五项原则，杠杆是独立自主的和平外交政策，旗帜是和平、发展、合作、共赢，远景是推动构建持久和平、共同繁荣的和谐世界，目标是实现中华民族伟大复兴的“中国梦”。

（载《共识网》，2014 年 6 月 18 日）

我国安全环境的若干理论问题

认识是实践的基础。本文简要谈谈与我国安全战略环境相关的若干理论问题。不求全面，仅列举几点。

一、世界多极化与中国安全

世界多极化在冷战结束前出现，冷战后继续发展。我国领导人首倡多极化论。此论是相对于当年曾经有过的美苏“两极”和后来美国鼓吹的“一极”而言。所谓“化”，体现多极世界形成之前一个相当长的过渡期。较之“两极”或“单极”世界，多极化对于我国的安全和发展都更为有利。这是因为：

其一，世界多极化有助于世界和平与稳定。之所以出现多极化且不断发展，是以超级大国的影响力下降、发展中国家影响力上升为标志的，是以霸权主义难以一如既往地作威作福为特征的。世界多极化意味着维护和平与促进发展的力量与日俱增。

其二，世界多极化减轻了我国的外部压力。历史证明，无论是美苏“两极”时期还是苏联解体之后美国一度横行霸道时期，中国的和平发展都经受着强大的外部压力。随着世界多极化趋势的发展，中国的国际环境日益改善。中国的改革开放，正是在世界多极化的趋势中，于 20 世纪 70 年代末开始起步的。

其三，世界多极化意味着中国的国际地位不断增强。苏联和美国两国超级大国“一死一伤”，加速了世界多极化的进程，为中国的和平崛起提供了良好的战略机遇期。作为新兴大国中的一员，中国越来越成为多极化中的一支举足轻重的力量。

世界多极化是客观存在，否认它或抵制它，都是枉然的。顺便说说，世界格局问题在冷战时期便存在争议。自从20世纪80年代邓小平首先指出美苏两个超级大国不能决定世界命运、世界呈现多极化趋势之后，那时的争议基本上围绕两极还是多极化展开。苏联和华约解体、冷战结束后，美国成为唯一超级大国，特别是美国肆无忌惮地于1999年发动科索沃战争、2003年发动伊拉克战争之后，美国单极世界论凸显，世界多极化的论断再次受到挑战。2008年金融危机发生以来，鉴于美国的霸主地位减弱、国际影响力下降，于是否定单极世界的无极论大为抬头；与此同时，中国和平发展取得举世瞩目的成就，美中相互依存关系空前加深，于是（特别集中在2009年）中国与美国共管世界的“G2论”开始流行。随着以金砖国家为代表的新兴国家快速崛起，八国集团的作用逐渐被二十国集团取代，于是多极化论再次受到重视。总之，冷战结束20多年来，尽管世界多极化趋势并未中断，但国际形势的复杂多变导致对世界格局的热烈争议则是难免的。争议并没有动摇我们党和政府一贯的多极化看法，直到党的十八大依然明确作出“世界多极化、经济全球化深入发展”的论断。

二、经济全球化与中国安全

经济全球化是当今世界又一大趋势。它是一把“双刃剑”，要善于应对，趋利避害。回避它或害怕它，都无济于事。我们的基本认识是：

其一，全球化是在市场化和信息化条件下，随同经济一体化和经济自由化应运而生。按照马克思主义观点，资本从它诞生之日起，就要求把生产变成国际的生产，把市场变成国际的市场。马克思早在《共产党宣言》中就说过：“资产阶级，由于开拓了世界市场，使一切国家的生产和消费都成为世界性的了。”① 当今，无论发达国家还是发展中国家，其现行政策有意无意地都在推动经济全球化。前者对经济政策进行改革性调整，技术创新速度加快；后者改变发展战略，实行开放政策；两者相呼应，促使经济全球化进程加快。

其二，经济全球化既加速世界经济发展，又加剧全球竞争中利益失衡。它对经济发达大国好处多，为其开辟更大商品市场和更广阔投资场所，但也会带来诸如贫富差距加大等麻烦。它使发展中国家处境难，但政策运用得当，也可能借助引进资金和技术来深化产业结构调整，促使本国向高技术、高增值方向转移。机遇与挑战并存，孰轻孰重，可以转化。

其三，面对经济全球化，发达国家与发展中国家经济反差悬殊，发达国家中的贫富差距也在扩大。贫困是许多发展中国家陷于动乱和不稳定的原因之一。如今发展中国家在国际事务中的政治地位日益增强，要求提高自己在南北关系中的经济作用。包括中国在内，任何一个国家若不融入世界经济，就难有大发展。中国正协同广大发展中国家，加强监控防范，将保护经济安全列为最迫切任务，努力促成各国平等、互惠、共赢、并存的经济全球化。

三、大国关系与中国安全

冷战结束后，大国关系基本特点是合作与竞争同在，矛盾与妥协并存。受世界多极化和经济全球化的影响，大国关系调整将更趋深入，也更为复杂。

---

① 马克思、恩格斯：《马克思恩格斯选集》（第一卷），北京：人民出版社，1972 年版，第 254 页。

其一，地缘因素的意义增大，且地缘经济考虑越来越超过地缘政治考虑。各大国（当然不限于大国）的主要注意力放在改善和发展本国经济，同时又在增强为维护经济安全或扩大经济牟利所凭借的军事实力。各大国力争实现各自的长远目标，获取最大的战略好处。它们都在加紧调整经济政策，改革产业结构，促进科技发展，加强对外经济联系。结果，一方面促进经济全球化和区域化的发展，另一方面带来日趋紧张激烈的贸易战。

其二，大国的地位和作用进一步加强。大国内部发生的事情，往往会牵动外部世界。当今世界上地区冲突的出现或转移，往往带有深刻的大国背景。大国关系调整出于各自利益需要，但又必须以尊重共同利益为前提。双边关系的健康标志在于不针对第三国，三角关系的合理运行在于不打牌即联合一方反对另一方。大国关系应当建立一种彼此受益的互不敌对、互不对抗的新型关系。任何两个大国之间的关系难免牵动第三方，形成多角，既相互牵制，又互动促进，应保持某种相对的动态平衡。

其三，国家政策平衡性，成为大国政策的一种趋势。平衡政策的出发点是国家最大利益。任何国家都希望，调动和借助一切积极的有利的因素，扬弃和避免一切消极的不利的因素，为自己的国家发展谋取最大限度的好处。各国普遍奉行对内自强不息、对外竞争共处的方针，这是一种对称和平衡。经济全球化必然产生外交全方位化，这是基础与上层建筑的内在平衡关系使然。双边关系中平等互利、双赢原则，也就是利益平衡。霸权主义之所以遭到强烈反对，就因为它以大欺小、以强凌弱、以富压贫，违背利益平衡原则。

大国关系始终都在以不同方式发展。如今与我国相关的大国关系态势是：中美关系在曲折中发展，中俄关系在深化中发展，中日关系在纠结中发展，中欧关系在平实中发展，中印关系在磨合中发展，而美俄关系则是在较量中发展。

四、周边形势与中国安全

我国的周边安全更值得重视。尽管近期在海域方面的纠葛较多，但我们还是要对安全环境有一个客观的全面的评估。概言之：确定因素多于不确定因素，认识这一点，可避免模棱两可；总体因素高于局部因素，认识这一点，可警惕以偏概全；直接因素重于间接因素，认识这一点，便于区分轻重缓急；传统因素逊于非传统因素，认识这一点，有助于适应新形势；主流因素优于非主流因素，认识这一点，不至于本末倒置；长远起作用因素强于暂时起作用因素，认识这一点，可防止迁就眼前事变。鉴此，有理由说我国国际环境首先是周边安全环境中的有利因素大于不利因素。

（节选自《我国安全环境的若干理论问题》，2014 年 6 月）

纪念二战胜利70周年之随想

二战胜利70周年在即，各方面的动向引发我们关注，不禁浮想联翩。

第一点：二战胜利70周年纪念活动将是2015年的一桩大事，背景特殊。

1. 近年来国际形势堪称全球金融危机之后最麻烦的一段时间。大国关系更趋复杂，尤其是乌克兰危机引发俄美关系紧张；恐怖主义非常猖獗，"伊斯兰国家"之恶劣影响不亚于"基地"当年制造的"9·11"事件；资源争夺加剧，日本菲律宾等国依仗美国撑腰在东海南海制造争端，即源于此。其他新旧热点，如棘手的朝核问题，稍有缓解但仍存变数的伊朗核问题，翻来覆去、久拖不决的巴以冲突等，依然呈乱局态势。当今虽不存在发生世界战争的征兆，但借助汲取二战历史教训，敲响警钟，变得格外重要。

2. 苏联剧变、冷战结束以来，尽管有《联合国宪章》作为基准，但许多原本不成问题的问题却成了问题。随着政治生态的变化，对二战评价的差异越来越突出。在美国的大学生中，有相当多的人对二战期间谁是美国的盟友不得而知。试图掩盖二战历史真相，否定苏联在世界反法西斯战争中的作用，将斯大林与希特勒相提并论，已不属鲜见。有人甚至为法西斯挑动的侵略战争翻案，日本右翼势力更是千方百计从多方面竭力歪曲二战历史，否认侵略罪行。国外一些著作往往对中国战场、中国的重大贡献不予重视，或一笔抹杀，甚至加以歪曲污蔑。这些都须要通过纪念二战 70 周年活动，来一次“拨乱反正”。

3. 日益深化的中俄全面战略伙伴关系以其独特的示范性，成为当今世界和平与发展的强大稳定因素。两国分别在 5 月和 9 月举办隆重的二战胜利 70 周年纪念活动，直面世界，彼此呼应，不仅符合各自利益需要并有助于两国新型大国关系进一步攀升，而且会以巨大的活力进一步推进世界格局多极化。

第二点：二战的历史真相昭然于世，不容歪曲。

1. 20 世纪三四十年代，德、意、日法西斯发动侵略战争，包括苏联和中国在内先后有 61 个国家和地区、20 亿以上的人口被卷入战争，作战区域面积 2,200 万平方千米。据不完全统计，战争中军民共伤亡 9,000 余万人，四万多亿美元付诸流水。在欧洲战场，苏联作为反法西斯战争的主力，死亡 2,700 万人，占当时苏联人口总数的 14%。英国首相丘吉尔说过这样一句话：“是苏联军队将我们带出了德国制造的战争。”美国总统乔治・布什在纪念诺曼底登陆 60 周年活动时也曾感慨地说道：“如果没有苏联军队，就没有我们今天的一切。”

2. 这样说，当然不是要低估美英作为世界反法西斯同盟的核心成员国地位，更不是要否认美（死亡 50 万人）英（死亡 35 万人）为二战胜利作出的贡献和付出的代价。赢得世界反法西斯战争的胜利，应该说是所有被侵略国家人民奋起共同反抗的结果，是世界上所有爱好和平人民的共同胜利。

3. 在东方战场，中国抗击日本侵略者，有力地配合了欧洲战场。中国是在二战中参战最早、作战时间最长的国家（传统认为二战从 1939 年 9 月 1 日开始，1945 年 9 月 2 日结束，实际上 1931 年日本侵略中国就是二战的序幕，至少 1937 年卢沟桥“七七事变”应该被认为是二战的开端）。中国在战争中付出了极大代价，2,000 多万人牺牲，歼灭和钳制了大量日军，为战胜德意日法西斯作出了重要贡献。中华民族的许多热血儿女，包括毛泽东主席的长子毛岸英，毅然投身苏联红军队伍抗击德国法西斯的作战。当年美国总统罗斯福就说过："假如没有中国，假如中国被打垮了，他们可以马上打下澳洲，打下印度——他们可以毫不费力地把这些地方打下来，并且可以一直冲向中东……和德国配合起来，举行一个大规模的夹攻，在近东会师，把俄国完全隔离起来，吞并埃及，切断通过地中海的一切交通线。"曾任苏联驻华武官的崔可夫说："甚至在我们最艰苦的战争年代里日本也没有进攻苏联，却把中国淹没在血泊中。"

第三点：西方诋毁二战历史的所谓"依据"，系老调重弹。

西方歪曲苏联在二战中作用的主要依据之一，是苏德两国外长 1939 年 8 月 23 日秘密签订苏德互不侵犯条约。英国学者 A. J. P 泰勒所著《第二次世界大战的起源》[①] 一书，不提及 1941 年德军准备进攻苏联的"巴巴罗萨"计划，暗示由于签订苏德条约，德军在 1940—1942 年主要制定的是进攻英国的计划，从而贬低苏联在二战中的作用。也是由于苏德条约的签订，在二战历史研究中，苏联进攻波兰的评价一直是争论焦点，据此有人认为"苏联、斯大林发动了第二次世界大战"。2010 年 2 月在布拉格召开的由捷克议会上院和政府办公厅主办的"共产主义政权的罪行——史学家和法学家的观点"国际会议，发表声明，呼吁欧盟成员国应该立即执行欧洲议会于 2009 年 4 月 2 日通过的关于将 8 月 23 日（即《苏德互不侵犯条约》签署日）作为全欧洲纪念集权和专制政权受害者纪念日的决议。

近年来，东欧一些国家出现否定二战的潮流，矛头集中在否定二战后期苏联出兵进入东欧国家的行动，不再称苏联为"解放者"，而称之为"占领者"。《欧洲安全和合作组织》曾通过决

① 泰勒著，潘人杰、朱立人、黄鹏译：《第二次世界大战的起源》，华东师范大学出版社，1991 年版。

议，认为斯大林体制与纳粹主义是完全一样的。因此，在东欧一些国家乃至在乌兹别克、阿塞拜疆、拉脱维亚、立陶宛、爱沙尼亚、格鲁吉亚、乌克兰等苏联成员国，都发生了捣毁苏军纪念碑事件。一些人声言二战导致东欧国家陷入斯大林体制的黑暗笼罩下，普京批判了此类论调，说如果德国法西斯在这些国家胜利了，那会出现什么样的后果？可以说某些国家将会不存在了。[①]

第四点：歪曲二战历史的原因多样，性质不尽相同。

一是“冷战”思维惯性作怪。这严重妨碍了一些国家的人们对二战历史做出客观的评价。二是政治图谋作怪。亦即借助歪曲甚至篡改历史，为其现实特殊政治目的服务。三是有些人要么无知，要么受歪曲宣传影响，鹦鹉学舌，人云亦云。

政治图谋作怪最为严重。针对俄罗斯，丑化苏联，矮化其历史地位，防范又一个苏联再起，逼迫俄罗斯走欧美发展道路，给普京从国情出发的内外政策施加压力。

从日本方面来看，它与德国的差别在于，二战后始终没有民族认罪感，也从来不承认是中国和亚洲国家的战败国。日本并没有从中国方面的不要赔款等宽容做法中产生感恩之情。历史问题被提高到外交战略层面，要害是日本密切配合美国，试图遏制中国的和平崛起。日本当局竭力歪曲历史，表面上故作镇静，其实心虚理亏，不得人心，连美国也时不时敲打它一下。相对德国，日本的形象非常低劣。今年 3 月以来上海《新民晚报》就“日本为何难谢罪”命题，发表专家们从多角度撰写的系列文章，包括皇国史观、神道意识、右翼思想根源、军国主义文化根基、责任缺失、历史教育等原因，值得参考。

第五点：对历史的认识可以讨论和深化，有经验可鉴。

二战的历史不仅证明正义必然战胜邪恶，光明必然战胜黑

---

① 吴恩远：《普京评价二战历史》，载《红旗文稿》，2015 年 4 月。

暗，进步必然战胜反动，而且说明：

1. 社会制度的差异并不是引发战争冲突的根本原因。不同社会制度的国家，只要顺应历史的潮流和人民的意志，就可以做到求同存异，共同应对人类面临的挑战。在二战中，面对法西斯侵略，苏联、中国、美国、英国和法国等国家尽管彼此之间也存在着利益矛盾和政策分歧，但毕竟还是树立了不同社会制度国家和平共处、通力合作的榜样。70 年过去了，如今人类依然面临着共同的敌人——战争威胁、核扩散、恐怖主义、环境污染、气候变化、贫穷疾病等等。尽管每个国家都有自身的利益和诉求，但在对付共同威胁方面，应该也可能适度地展开合作。这同时也说明，在以和平与发展为主题的现时代，中美之间构建新型大国关系是有可能的。

2. 国家性质变异不等于必然改变历史观。尽管发生了苏联剧变那样震惊世界的历史性事件，处于社会转型过程中的俄罗斯存在着道路选择之争，以及被西方扶持的俄罗斯国内反对派处心积虑要搞垮普京，但是俄罗斯各种政治力量和政治思潮在维护二战胜利成果方面，在肯定《波茨坦公告》和《开罗宣言》等国际协议方面，并不存在争议。也就是说，他们在二战问题上都能保持起码的爱国主义情愫、民族自尊心和历史正义感。普京更是强调要对俄罗斯年轻人加强二战历史的教育，绝不容许歪曲俄罗斯历史，包括第二次世界大战历史。俄罗斯 2009 年制订的法案提出，对于蓄意歪曲或篡改二战历史的国家政府将予以制裁，还禁止某些外国组织在俄境内组织、参与有关历史问题的活动。

3. 资本主义世界也不乏诚实正派的有识之士。德国前总理勃兰特跪拜在二战期间被德国法西斯屠杀的犹太人亡灵前，已成佳话。德国前总统罗曼·赫尔佐克曾说："一个民族如果没有对其历史的彻底了解，就不可能永远存在下去。"

第六点：相关各国都在为纪念二战 70 周年做准备，各有所需。

这里不细谈人们熟知的具体筹备事务和进程，只列举一些针对歪曲二战历史的实质性措施。

2014 年 5 月俄罗斯总统普京签署一项法案，旨在惩治污蔑二战历史的行为。俄罗斯国家杜马与联邦委员会分别在 4 月 23 日和 29 日通过了该法案。其中规定，否认纳粹罪行，以及歪曲苏联在二战中的作用的行为属刑事犯罪，最多可判处五年有期徒刑。

2014 年 10 月，独联体国家外长理事会在明斯克会议上，通过一项就伟大卫国战争胜利 70 周年呼吁国际社会的草案，内容包含不容许英雄化纳粹主义、曲解或歪曲二战历史。强调缅怀阵亡烈士功勋的必要性，以此教育年轻一代应追念自己父辈和祖辈。呼吁所有政府和全世界人民，在联合国和欧洲安全合作组织原则基础上合作，以便建立一个新的、公平的、民主的世界秩序。

2015 年 4 月 6 日，俄罗斯总统普京和希腊总理齐普拉斯发表联合声明，对试图重新审视打败纳粹分子的意义、篡改二战历史的做法表示谴责。指出“历史的真相是，没有莫斯科郊外的战斗、英勇保卫列宁格勒、斯大林格勒和库尔斯克的逆转性战役，击溃纳粹是不可能的。苏联红军的英雄主义和苏联人民的自我奉献精神是胜利的决定性因素。谁也不能忘记数百万的死难者，以及苏联在此大战中所付出的巨大代价”。还指出，第二次世界大战——不仅是 20 世纪的惨痛经历和巨大悲剧，也是惨痛的教训，向年轻一代灌输尊重烈士记忆、忠实于历史真相、传达价值观和思想、激励打击纳粹主义的战士是共同责任。

处境被动的日本当局也在忙于应对。安倍一再挑战国际社会，为日本在第二次世界大战中的侵略行径辩解，不仅在钓鱼岛问题上持蛮横态度，而且策划修订教科书，掩盖南京大屠杀、糟蹂慰安妇的罪行，乃至企图修改“和平宪法”，暴露了日本右翼势力抬头的严重倾向。最近安倍又在煞费苦心地为二战结束70周年发表“面向未来的谈话”寻找开脱之词。正如外国媒体所说，安倍如何撰写二战70周年讲话“面对越来越多压力”。德国总理默克尔3月初访问日本时，一再强调“实现战后和解的前提是正视历史”，使得日本当局非常尴尬，狡辩无力。

第七点：举办二战胜利70周年纪念活动，意义深远。

这次纪念活动是在全球影响范围内启示维护和平、促进发展的契机，是进一步深化中俄全面战略协作伙伴关系的契机，是通过宣传“一带一路”倡议以证明中国坚定不移走和平发展道路的契机，也是进行爱国主义教育的契机。纪念活动的作用将体现在四个方面。一是亲和力，主要指中俄之间。二是威慑力，主要针对日本军国主义右翼势力。三是推动力，增强包括二战盟友国家在内的各国之间的和平合作。四是影响力，提升中国的国际地位，弘扬中国的外交主张。纪念活动会声势浩大，但并非咄咄逼人，我方组织的活动将贯穿“平等互信、包容互鉴、合作共赢”的原则精神。总之，我国纪念二战胜利70周年的基本方针，似可概括为这样四句话：立足自身协俄庆，昔日盟友亦高兴。轰轰烈烈扬国威，实实在在博同情。

（载《国际网》，2015年5月7日）

也谈苏联解体的原因

普京主政俄罗斯16年来，被公认是一位硬汉，维护国家利益毫不含糊，说话豪爽，尤其是回敬西方对俄罗斯的无端攻击更是令人振奋。他曾经对苏联解体有过得体的、甚至受到赞誉的论断，如称“苏联解体是20世纪最大的地缘政治灾难”“谁不为苏联解体而惋惜，谁就没有良心，谁想回到苏联时代，谁就没有头脑”。不过，今年1月22日和25日他两次批评列宁，说列宁控制思想方向的结果不正确，中心意思是指列宁的联邦制思想导致了苏联解体，这引起了争议。

据俄罗斯《消息报》报道，2016年1月21日日列宁逝世92周年纪念日当天，普京主持召开了科学教育委员会会议。库尔恰托夫研究所所长科瓦利丘克在会上提到了诗人鲍里斯·帕斯捷尔纳克的《崇高的疾病》。这部作品中写道：列宁得以管理国家，是因为他控制了思想方向。因此，科瓦利丘克建议在科学界找到能在具体领域控制思想方向的组织。普京在会议结束时表示：“控制思想方向是正确的，但这种思想需要带来正确的结果，这个结果不能像弗拉基米尔·列宁带来的那样。列宁的思想最终导致了苏联解体，它像是被安放在‘俄罗斯’大厦下的核弹，后来这枚核弹爆炸了。”

1月25日普京在南部城市斯塔夫罗波尔会见一批亲政府支持者，对上述说法做了进一步解释。据报道，他的原话是：“我们的国家底下被埋下一枚定时炸弹，列宁支持这个概念，认为国家、苏联的成立是建基于各成员完全平等，并拥有退出苏联的权利，这是我们国家底下的定时炸弹。”

对于普京的这个说法，俄共批评“完全错了”。这里，笔者谈几点看法。

其一，列宁的联邦制思想是具有独创性和开拓性的。苏联解体的根源是后来联邦制演变成高度集权的经济政治管理模式的载体，而直接原因则是戈尔巴乔夫和叶利钦等人造成的恶果。

苏维埃社会主义共和国联盟（苏联）是在十月革命胜利五年之后，于 1922 年 12 月 30 日宣告成立的。这之前，从 1917 年至 1921 年，俄罗斯、乌克兰、白俄罗斯、阿塞拜疆、亚美尼亚、格鲁吉亚等建立了独立的苏维埃共和国（后三国当时组成外高加索联邦），它们是苏联的最初成员。列宁对于是否实行联邦制，先后有过不同的考虑。十月革命前他在原则上反对联邦制，认为“在各种不同的民族组成一个统一的国家的情况下，……马克思主义者是决不会主张实行任何联邦制原则，也不会主张实行任何分权制的。”[①] 十月革命后他改变态度，认为联邦制可以作为“达到真正的民主集中制的过渡性步骤”“是俄国各民族最牢固地联合成一个统一的民主集中的苏维埃国家的最可靠的步骤”[②]。特别要指出的是，列宁的联邦思想是同民族自决原则联系在一起。他强调首先必须使各民族有“分离的自由”，然后才有可能建立“自觉自愿的联盟”。[③] 民族自决原则早在 1917 年 11 月 2 日人民委员会通过的《俄罗斯各族人民权利宣言》中便有明确规定。

---

① 列宁：《列宁全集》（第二十四卷），北京：人民出版社，1959 年版，第 148—149 页。

② 列宁：《列宁全集》（第三十四卷），北京：人民出版社，1959 年版，第 139 页。

③ 列宁：《列宁全集》（第三十六卷），北京：人民出版社，1959 年版，第 101 页。

列宁的思想表明，当年建立联邦国家是经过权衡利弊、反复考虑的，针对一些共和国加入联邦的需要，提出民族自决权原则，是符合马克思主义的。苏联后来将联邦制变成高度集权的经济政治管理模式的载体，并不符合列宁的预想；而苏联模式失败导致联邦国家解体，更不能归结于列宁的联邦制思想。

在苏联岌岌可危的关键时刻，苏联15个加盟共和国曾于1991年3月17日举行了一次关于要不要保留苏联的全民公决，70%以上的苏联公民主张保留。下面是1991年3月17日公投的统计：

加盟共和国名称	参加投票公民比例	赞成保留苏联比例
阿塞拜疆共和国	75.10%	94.12%
俄罗斯共和国	83.31%	83.72%
哈萨克共和国	88.17%	95.00%
吉尔吉斯共和国	92.87%	95.08%
俄罗斯联邦共和国	75.44%	73.00%
塔吉克共和国	94.45%	96.85%
土库曼共和国	97.66%	98.26%
乌克兰共和国	83.52%	71.48%
乌兹别克共和国	95.42%	94.73%
亚美尼亚共和国	72.09%	72.46%
格鲁吉亚共和国	96.31%	99.98%
爱沙尼亚共和国	74.16%	95.46%
立陶宛共和国	65.11%	95.84%
拉脱维亚共和国	86.11%	99.13%
摩尔达维亚共和国	83.29%	98.72%

以上资料足以说明，苏联解体并非出在列宁的民族自决权本身。人们记忆犹新，戈尔巴乔夫当政期间，是如何一步步葬送联邦赖以生存的核心和纽带苏联共产党的；俄罗斯的叶利钦、乌克兰的克拉夫丘克和白俄罗斯的舒什科维奇又是如何在明斯克森林秘密筹划《别洛韦日协议》，宣告结束苏联，最终把苏联搞

垮的。

其二，至于谈到列宁控制思想的方向，不妨简要梳理一下列宁在其他方面的重要思想。

苏共消失和苏联解体之初，曾刮起过一阵否定十月革命之风，甚至使列宁和列宁主义蒙受歪曲和冲击。但是，列宁的许多重要理论和思想，至今依然光彩照人。

列宁从马克思主义理论与本国实践结合上，进一步论证了社会主义必将代替资本主义的客观规律性。这个原理在苏联东欧剧变之后，并没有失去它的生命力。

列宁指出了社会主义条件下政治与经济的正确关系（“苏维埃政权加电气化”是一个形象的比喻），特别是提出了以新经济政策为代表的经济建设思想。俄共主席久加诺夫说得对，列宁在苏联建设初期的新经济政策对俄罗斯当前的经济危机也有借鉴作用。

列宁提出了变革和开放的思想和主张。关于变革，他说：“要由许多国家来完善和完成苏维埃制度和无产阶级专政的各种形式”“我们还要不止一次地把我们的工作做完，改做和从头做起”；还指出，“今后在发展生产力和文化方面，我们每前进和提高一步，都必定同时改善和改造我们的苏维埃制度。”① 关于开放，最著名的是实行租让的主张。这些也是我们党坚持改革开放的重要理论依据。

列宁提出的和平共处战略思想，体现了原则坚定性与策略灵活性的高度结合，当时可进可退，进可推动世界革命，退可保护新生苏维埃政权。

尤其重要的是，列宁还正确指出了社会主义与资本主义之间的关系，他说：“苏维埃的历史使命是充当资产阶级议会制度以

① 列宁：《列宁全集》（第四卷），北京：人民出版社，1996 年版，第 577 页。

及整个资产阶级民主的掘墓人、后继人和继承人。”[1]。列宁的这句话历来被左的思潮所扭曲，只讲“掘墓人”，而避谈“后继人和继承人”。当年苏共对社会主义属性及其与资本主义相互关系的认识极其片面，早期一味地拒绝甚至敌视人类文明在资本主义发展阶段的成果，晚期则忘乎所以地对资本主义恭维备至，将西方价值观理想化、绝对化，无选择地一概加以效法。

列宁的个别论断在今天看来有些过时或者需要加以补充，对此，我们需要历史唯物主义地加以分析。

值得注意的是，普京总统新闻秘书佩斯科夫对于这场争论所做的解释。据俄罗斯国际文传电讯社 1 月 21 日报道，佩斯科夫对记者表示：“总统只是表明个人观点，不应引起社会骚动。每个人，包括总统在内都有权对俄罗斯历史人物的作用表明自己的观点。”

（载《国际网》，2016 年 2 月 15 日）

① 列宁：《列宁全集》（第四卷），北京：人民出版社，1996 年版，第 244 页。

70年来世界格局之演变

世界格局问题备受人们关注。所谓世界格局，指的是具有不同程度世界影响的力量和力量中心相互作用的结构性状态。二战结束、联合国成立70年以来，世界格局不断演变，其过程大致是：两极格局形成并强化，苏联解体转向“一超多强”为标志的多极化，多极化被所谓单极世界冲击，随着新兴国家群体性崛起，多极化呈现新形态。世界格局变化与中国密切相关，中国的和平发展改变了世界格局。

本文将70年来世界格局的变化划分为六个阶段，以大事记方式加以说明，供进一步研究参考。

一、1945—1955年是两极格局形成的初期

1945年2月《雅尔塔协定》为二战后美苏两极格局奠定了基础，随后十年美苏竭力强化自身的一极地位。

1945年2月4日至2月11日，世界反法西斯战争即将取得胜利之际，美国、英国和苏联三个大国首脑罗斯福、丘吉尔和斯大林在黑海北部克里木半岛的雅尔塔皇宫举行关于制定战后世界新秩序和列强利益分配问题的秘密会议。协定大致内容：德国应该被分裂为同盟国家的占领区。苏联承诺在欧洲战争结束后两到三个月内参加对日作战，其条件是维持外蒙古的现状，千岛群岛交予苏联，大连商港国际化，苏联租用旅顺港为海军基地，苏、中共同经营中东铁路和南满铁路。

1945 年 7 月 17 日至 8 月 2 日美苏英三国首脑杜鲁门、斯大林、艾德礼举行波茨坦会议，商讨对德国的处置问题和解决战后欧洲问题的安排，以及争取苏联尽早对日作战。

1947 年杜鲁门主义出台，冷战开始。冷战指的是从此至 1991 年苏联解体期间，以美国为首、由北约支撑的西方集团与以苏联为首、由华约支撑的东方集团两者之间存在的长期政治（包括意识形态）和军事对峙局面。这段时期虽然分歧和冲突不止，但双方都竭力避免导致世界大战，其对抗往往表现为局部代理人战争、科技和军备竞赛、外交竞争等“冷”方式，故称之为冷战。

1947 年 9 月 27 日欧洲共产党工人党九国情报局成立（1956 年 4 月结束），这是支撑苏联一极的手段之一。情报局在反击美国“冷战”政策、争取和平、反对战争等方面曾起一定的积极作用。

1949 年 1 月 25 日成立经济互助委员会（经互会），缔造两个平行市场。这是支撑苏联一极的又一手段。经互会宗旨是在平等互利的基础上进行经济互助，技术合作，交流经验。初期活动主要在流通领域，50 年代中期扩大到生产领域。

1949 年 4 月 4 日北大西洋公约组织成立，这是支撑美国一极的手段之一。美国、加拿大、比利时、法国、卢森堡、荷兰、英国、丹麦、挪威、冰岛、葡萄牙和意大利在华盛顿签署了北大西洋公约，同年 8 月 24 日各国完成批准手续，该组织正式成立。希腊、土耳其于 1952 年 2 月 18 日、联邦德国于 1955 年 5 月 6 日、西班牙于 1982 年正式加入该组织。

1949 年中华人民共和国成立，苏联大力支持。中国奉行“一边倒”方针，客观上支持苏联一极，与美国对抗。

1950 年 2 月 14 日中苏友好同盟互助条约签订，尽管形成过程中有周折，但符合苏联一极的需要。

1950 年 6 月 25 日发生朝鲜战争，10 月中国出兵抗美援朝（1953 年 7 月 27 日结束）。背后是美苏两极对抗。

1955 年 5 月 14 日华沙条约组织成立，形成两大阵营军事对峙局面。

1955 年 11 月美国发动越南战争（1975 年 3 月结束），再次显示其一极的作用。

二、1956—1968 年是美苏两极格局凸显的时期

赫鲁晓夫地位巩固之后与中国摩擦增多，同时实行与美国亲近的政策，一度被国际社会指责为联合美国主宰世界。勃列日涅夫上台后奉行僵硬的对外政策，直至出兵入侵捷克斯洛伐克，以增强与美国争霸的地位。

1956 年 2 月召开苏共二十大，同年 6 月和 10 月发生波匈事件。

1957 年 10 月 4 日苏联成功发射世界上第一颗人造地球卫星。

1957 年 11 月毛泽东访问苏联并出席各国共产党和工人党莫斯科会议，提出“东风压倒西风”著名论断。

1957 年 12 月第一届亚非人民团结大会在埃及首都开罗召开。

1958 年 7 月 31 日至 8 月 3 日赫鲁晓夫秘密访华。中方严正拒绝不久以前苏方提出的关于建立联合舰队和长波电台的建议。

1959 年 1 月古巴革命胜利，2 月菲德尔·卡斯特罗就任古巴总理。

1959 年 9 月赫鲁晓夫与艾森豪威尔举行戴维营会谈。

1960 年 1 月 14 日中国外交部发表声明反对日美军事同盟条约。

1960 年 11 月 81 个共产党和工人党举行莫斯科会议。

1961年6月3日肯尼迪和赫鲁晓夫在维也纳会晤。

1962年10月发生古巴导弹危机。

1962年10月发生中印边界战争，苏联偏袒印度。

1963年7月25日美苏英三国在莫斯科签署了一项禁止在大气层外层空间和水下进行核武器试验，但是并不禁止地下核试验的条约，矛头指向中国。

1963年6月14日中共发表《关于国际共产主义运动总路线的建议》，随后发表九篇评论苏共中央公开信的文章（“九评”发表时间为1963年9月6日至1964年7月14日）。历时两年多的大论战，包含苏联强化其一极的意图。

1964年10月赫鲁晓夫下台，苏联开始了勃列日涅夫18年当政时期。

1965年“莫斯科三月会议”，标志中苏两党决裂。

1966年以反修防修为背景，中国发生“文化大革命”（1976年结束）。

1967年2月14日拉美21国签署《拉丁美洲禁止核武器条约》。

1967年3月30日北大西洋公约组织正式关闭它在法国的总部。

1967年5月第三次中东战争爆发，6月28日以色列占领全部耶路撒冷。

1968年8月苏联入侵捷克斯洛伐克。

三、1969—1979年是苏联一极削弱的时期

随着中苏关系恶化，以及中国与美国等西方大国关系改善，加之苏联与其他一些社会主义国家矛盾加深，苏联的一极地位逐渐削弱。

1969 年 3 月珍宝岛中国边防部队进行自卫反击。

1970 年 12 月 16 日《海牙公约》签署。

1971 年 2 月 11 日 63 国签订《禁止在海底试验核武器条约》。

1971 年 3 月 28 日美苏在莫斯科举行缓和限制进攻性武器会议。

1971 年 4 月中美开始“乒乓外交”。7 月 9 日美国国务卿基辛格秘密访华。

1972 年 2 月 27 日 中美就上海公报达成协议，28 日《中美联合公报》在上海发表。

1972 年 9 月 29 日中国与日本建立外交关系，10 月 11 日 中国与德国建立外交关系。

1973 年 1 月 23 日美国总统尼克松宣布已达成越南战争停战协议。

1973 年 7 月在芬兰首都赫尔辛基召开欧安会。1975 年 7 月 21 日 欧安会拟定《欧洲安全和合作最后文件》。

1974 年 1 月 19 日中国大陆派出海军参加西沙群岛保卫战。

1975 年 2 月 24 日印度宣布克什米尔加入印度，4 月 14 日吞并锡金。

1975 年 9 月 15 日中国与欧洲共同体建交。

1977 年 1 月 6 日欧洲委员会成立。

1978 年 12 月 18—22 日中共举行十一届三中全会，吹响中国改革开放的号角。

1978 年 2 月 16 日中国和日本签署中日长期贸易协议。

1978 年 7 月 3 日巴西、秘鲁等八国代表正式签署《亚马逊合作条约》。

1979 年 1 月 1 日中国与美国建立外交关系。

1979 年 1 月 7 日越南军队占领柬埔寨，苏联支持。

1979 年 1 月 29 日邓小平访美开启中美关系发展新时期。

1979 年 12 月 27 日苏联出兵阿富汗，导致长达十年的战争。这次入侵是苏联对外政策的重大失败。

四、1980—1991 年是苏联一极走向崩溃、多极化呈“一超多强”态势的时期

勃列日涅夫后期国内经济停滞、民族关系紧张、外交日趋孤立，尤其是与中国的对抗加剧。安德罗波夫和契尔年科政权简短过渡后，戈尔巴乔夫上台，导致苏联一极最终崩溃。

1980 年 1 月 4 日美国、加拿大、澳大利亚、法国等国对苏联入侵阿富汗作出经济制裁反应。

1980 年 9 月 22 日两伊战争爆发。

1981 年 9 月 4 日苏联举行“西方-81”演习，以北约为假想敌，这是军事史上一次最大规模的军事演习。

1982 年 5 月 31 日英国、阿根廷为争夺福克兰群岛（马尔维纳斯群岛）爆发海战，史称英阿“马岛战争”。

1982 年 9 月 24 日邓小平会见英国首相撒切尔夫人，阐述中国政府对香港问题的基本立场，宣告 1997 年中国将收回香港。1984 年 12 月 19 日中英两国政府在北京签署《中英联合声明》。

1982 年 12 月 6 日《联合国海洋法公约》签署。

1983 年 9 月 5 日中、日、英、美的石油公司在中国南海合作勘探开发石油的合同在北京签署。

1984 年 1 月中国正式成为国际原子能机构的成员国。

1984 年 4 月中国对越南发起自卫反击战。

1985 年 3 月 11 日戈尔巴乔夫当选为苏共中央总书记，上台执政。

1985 年 9 月 16 日美国首次成为 1914 年以来的债务国。

1986 年 5 月 22—23 日 77 国集团关于全球贸易优惠制谈判委员会部长级会议在巴西利亚举行，发表《巴西利亚声明》。

1987 年 3 月 26 日中葡两国政府草签关于澳门问题的联合声明，确认中华人民共和国政府将于 1999 年 12 月 20 日对澳门恢复行使主权。4 月 13 日两国政府总理在北京正式签署这一联合声明。1988 年 1 月 15 日两国政府互换批准书，中葡联合声明生效。

1988 年 5 月 15 日苏联开始从阿富汗撤军，1989 年 2 月 15 日全部撤出，长达十年的阿富汗战争结束。

1988 年 8 月 20 日两伊战争结束。

1989 年 9 月 11 日匈牙利开放其与奥地利接壤的边界，大批东德人民逃往西方。

1989 年 9 月 27 日越南从柬埔寨撤出最后一批军队两万六千人。

1989 年 12 月 3 日美国总统布什与苏联领导人戈尔巴乔夫在马耳他举行高峰会，被称为象征冷战结束。

1990 年 3 月 11 日立陶宛独立，6 月 23 日摩尔多瓦宣布独立，开始了苏联的解体。10 月 3 日东德与西德合并。

1991 年 1 月 17 日—2 月 28 日以美国为首的多国部队在联合国安理会授权下，为恢复科威特领土完整对伊拉克进行海湾战争。

1991 年 6 月 28 日经济互助委员会在布达佩斯宣布正式解散。

1991 年 7 月 1 日华沙条约组织在布拉格正式解散。8 月 19 日苏联发生“八一九”事件。

1991 年 12 月 21 日苏联 11 个共和国的领导人在哈萨克斯坦签署阿拉木图宣言，成立独联体，宣布苏联停止存在。12 月 25 日戈尔巴乔夫辞去苏联总统职务。12 月 26 日苏联最高苏维埃共和国院宣布结束苏联。

五、1992—2000 年是美国一极凸显但多极化势头不减的时期

苏联解体后美国气焰嚣张，单极世界论风行一时，但实际上多极化趋势仍在继续发展。

1992 年 4 月 27 日 南斯拉夫社会主义联邦共和国彻底解体。6 月 25 日黑海地区 11 国土耳其、保加利亚、罗马尼亚、希腊、摩尔多瓦、亚美尼亚、阿塞拜疆、格鲁吉亚、俄罗斯、乌克兰、阿尔巴尼亚首脑在伊斯坦布尔举行会议，签署关于建立黑海经济合作计划的协议。

1992 年 7 月 23 日 捷克和斯洛伐克分裂。

1993 年 1 月 13 日 130 个国家的代表签署《禁止化学武器公约》。

1993 年 11 月 1 日《马斯特里赫特条约》（简称《马约》）正式生效，欧盟正式诞生。该条约于 1991 年 12 月由欧洲共同体马斯特里赫特首脑会议通过。

1994 年 1 月 1 日美国、加拿大、墨西哥三国签署的北美自由贸易区协定正式生效。

1994 年 11 月 15 日第二届亚太经合组织领导人非正式会议发表《茂物宣言》。

1994 年 12 月 9—11 日美洲国家组织首脑会议在迈阿密举行，就 2005 年建立美洲自由贸易区达成协议。

1995 年 1 月 1 日世界贸易组织成立。

1995 年 1 月 1 日起欧安会更名为欧洲安全与合作组织，简称欧安组织。其前身是欧洲安全与合作会议，简称欧安会。

1996 年 4 月中俄之间宣布建立平等信任、面向 21 世纪的战略协作伙伴关系，开启新型大国关系。

1998 年 1 月 16 日美国与拉脱维亚、爱沙尼亚和立陶宛三国签署伙伴关系宪章。

1999 年 3 月 12 日波、捷、匈三国签署加入北约正式文件，北约成员国增加到 19 个。

1999 年 3—6 月以美国为首的北约发动科索沃战争。5 月 8 日北约部队空军轰炸中国驻南斯拉夫大使馆。

2000 年 1 月 1 日叶利钦宣布辞去俄罗斯总统职务，将权力移交给总理普京。

2000 年 10 月 10 日克林顿总统签署对华永久正常贸易关系议案，从而使这项由美国参众两院通过的议案正式成为美国法律。

六、2001—2015 年是美国走下坡路、多极化呈现新形态的时期

进入 21 世纪以来，美国虽然仍是唯一超级大国，但经受“9·11”事件、伊拉克战争和金融危机等多方面的冲击，逐渐走下坡路，独霸世界越来越力不从心。以金砖国家为代表的新兴国家群体性崛起，使得世界多极化呈现新态势。

2001 年发生“9·11 事件”。

2001 年 6 月 15 日哈萨克斯坦共和国、中华人民共和国、吉尔吉斯共和国、俄罗斯联邦、塔吉克斯坦共和国、乌兹别克斯坦共和国在中国上海宣布成立上海合作组织。前身是 1996 年 4 月 26 日“上海五国”会晤机制。

2001 年 7 月 16 日中俄签署睦邻友好合作条约。

2001 年美国高盛公司首席经济师吉姆·奥尼尔首次提出“金砖四国”概念。2008—2009 年相关国家中国、俄罗斯、印度和巴西举行系列会谈和建立峰会机制，拓展为国际政治实体。2010 年南非加入后改称“金砖国家”。

2001 年 10 月发生阿富汗战争。

2002 年 1 月 1 日欧元（EURO）在欧盟国家正式开始流通。

2002 年 6 月 13 日美国正式退出《反弹道导弹条约》。

2002 年 6 月八国集团同发展中国家领导人举行对话会议。

2002 年 7 月非洲联盟在南非改组而成，前身是 1963 年在埃塞俄比亚首都亚的斯亚贝巴成立的“非洲统一组织”。

2002 年 11 月 21 日北约 19 国首脑在布拉格决定，邀请罗马尼亚、保加利亚、斯洛伐克、斯洛文尼亚、爱沙尼亚、拉脱维亚和立陶宛等七个中东欧国家加入北约，2004 年正式成为北约成员。

2003 年 3 月 20 日美国发动伊拉克战争（2011 年 12 月 18 日美军全部撤出）。

2003 年 10 月中国与东盟的关系发展为战略协作伙伴关系，中国成为第一个加入《东南亚友好合作条约》的非东盟国家。

2004 年 12 月 8 日根据《库斯科宣言》成立南美洲国家联盟。原名南美洲国家共同体于 2007 年 4 月 16 日改名为南美洲国家联盟。截至 2008 年共有成员国 12 个，观察员国两个。

2005 年 1 月 12 日欧洲议会通过《欧盟宪法条约》。

2006 年 1 月 12 日中国政府首次正式发表《中国对非洲政策文件》，指出中国政府致力于建立和发展中非间政治上平等互信、经济上合作共赢、文化上交流互鉴的新型战略伙伴关系。

2006 年 10 月初朝鲜进行核试验。联合国安理会于 10 月 9 日举行紧急会议，五个常任理事国一致谴责这次核试验。

2007 年 8 月美国次贷危机开始席卷美国、欧盟和日本等世界主要金融市场。

2008 年爆发全球金融危机，这是自 20 世纪 30 年代以来世界最严重的一场金融危机。

2009 年 3 月 17 日法国国民议会通过法国重返北约军事一体

化机构的决定，结束该国自 1966 年以来仅保有政治成员身份而与北约“半脱离”的状态。

2009 年 8 月 18 日格鲁吉亚宣布退出独联体。

2009 年 11 月 3 日捷克总统克劳斯正式签署《里斯本条约》。至此《里斯本条约》获得欧盟全部 27 个成员国批准。

2009 年 12 月 7 日至 19 日联合国气候变化大会在丹麦首都哥本哈根召开，会议达成不具有法律约束力的《哥本哈根协议》。

2010 年中国经济总量超过日本成为世界第二大经济体。

2011 年 3 月 19 日法国、英国和美国等国的战机或舰艇向利比亚有关目标实施了军事打击。

2012 年 2 月 5 日中俄否决安理会关于叙利亚问题决议草案。

2013 年 9 月普京建议叙利亚政府交出化学武器，在国际监督下逐步销毁，并加入《禁止化学武器公约》，从而避免了美国发动的一场战争。

2013 年 9 月和 2014 年 10 月习近平主席先后提出建设“新丝绸之路经济带”和“21 世纪海上丝绸之路”的“一带一路”倡议，强调相关各国要打造互利共赢的“利益共同体”和共同发展繁荣的“命运共同体”，引起国际社会尤其是相关国家强烈反应。

2014 年 2 月发生乌克兰危机，3 月克里米亚回归俄罗斯。

2015 年年初起 100 多万名西亚北非难民涌入欧洲，数千难民在逃难途中不幸葬身地中海。

2015 年 5 月 9 日莫斯科隆重举行反法西斯战争胜利 70 周年阅兵式。

2015 年 6 月 29 日 57 个意向创始成员国代表签署《亚洲基础设施投资银行协定》，中国是现阶段亚投行第一大股东和投票权占比最高的国家。11 月 30 日国际货币基金组织（IMF）批准人民币加入 SDR 货币篮子。

2015年7月14日伊朗核问题六国（美国、英国、法国、俄罗斯、中国和德国）与伊朗达成全面解决伊朗核问题的历史性协议，为解决延续了12年的伊朗核问题达成了政治共识。10月18日，伊朗核问题协议《共同全面行动计划》生效，美欧开始解除对伊相关制裁。

2015年9月3日北京隆重举行中国人民抗日战争暨世界反法西斯战争胜利70周年纪念活动。

2015年9月30日俄罗斯参与叙利亚空袭“伊斯兰国”（IS）恐怖主义，气势压倒美国。11月24日俄罗斯一架战机执行反恐任务途中被土耳其军机击落。11月13日巴黎发生系列恐袭事件。11月20日马里首都巴马科发生恐袭事件。“伊斯兰国”声称对多起事件负责。

2015年11月30日至12月12日举行联合国气候变化巴黎大会，达成历史性协定。

从上述历程可以得出几点简要的结论性看法：

其一，20世纪80年代邓小平率先提出的世界多极化的观点，经受住了历史的验证，是完全正确的。而各种各样怀疑、否定世界多极化的论调，都是站不住脚的。

其二，美国仍是当今世界唯一超级大国，但不能因此得出单极世界的结论。美国得意时鼓吹单极世界，美国失意时渲染无极世界，都是唯美国马首是瞻。

其三，世界多极化趋势不断发展，新兴国家群体性崛起导致其表现形态发生变化。中国的作用越来越显著，但要评估适当。尤其要警惕所谓美中共同主宰世界的“G2论”，既不切实际，又非常有害。

（载《中国战略观察》，2016年第3期）

当今国际关系中几个理论问题

英国脱欧公投、所谓南海问题仲裁、在韩国部署“萨德”，以及与之相联系的中美关系乃至世界格局变化，带来以下六个理论认识问题，值得加以探讨。

（一）利益共同体与责任共同体两者不可分割

欧盟既是利益共同体，也是责任共同体。欧盟内部久已积存利益与责任的矛盾，如机构体制和决策效率问题、有限的预算与利益分享不均问题。中东欧国家加入欧盟之后，鉴于各自利益的诉求，以及在价值观、社会经济、法律法规乃至文化、宗教等方面的差异，致使这些矛盾更趋凸显。

英国脱欧源于利益与责任两者之间的失调。英国自认为承担责任过重而获利不足，故而出现公投脱欧之举。酝酿公投历时三年多，英国前首相卡梅伦的本意是想借助“脱欧公投”，博取党内“疑欧派”的支持，以赢得大选连任；同时以此作为与欧盟讨价还价的筹码，迫使欧盟通过“改革”，为英国继续留在欧盟获取更多权益。卡梅伦匆忙决定于 6 月 23 日举行公投，结果大为失算，事与愿违，被迫辞职。英国公投成为卡梅伦搞的一次自投罗网的政治赌博。其结果恰恰说明，利益共同体与责任共同体是否协调，决定着命运共同体的前途。

人类命运共同体是相对于自然和社会两个层面而言。面对大自然，人类无疑是命运共同体。例如应对气候变化，各国理应休戚与共、通力合作。但由于责任分担引起争议，总是磕磕碰碰，蹒跚而行。突出的是对 1997 年《京都议定书》的不同态度，以至于从2009年的哥本哈根会议成果寥寥到2015年的巴黎会议艰难取得进展，费尽六年的周折。

从社会层面来看命运共同体，更为复杂。例如反对恐怖主义，各国出于共同命运，本该义无反顾，同心协力加以应对。但由于责任分担问题，加之有人（尤其是美国）怀有自身特殊目的，三心二意，节外生枝，造成矛盾多多、困难重重。

看来，在提倡利益共同体和命运共同体的同时，有必要强调两者与责任共同体之间的密切关系。这也符合习近平主席倡导的义利观的范畴。

（二）不能将欧盟受挫与苏联解体等量齐观

英国脱欧公投之后，有媒体将其比作苏联解体。这不符合事实。两者性质不同，前景也不会一样。

苏联发生剧变的原因是多方面、综合性的，内部涉及政治、经济、民族、理论、意识形态、文化、对外政策等诸多因素，执政党因素则是决定性的。用俄共中央现领导人久加诺夫的话说，苏联解体、苏共垮台的根本原因在于“意识形态垄断，大搞一言堂；权力垄断，大搞政治暴力；利益垄断，大搞特权”。外部还有以美国为首的西方势力的策动、颠覆和破坏。内因当然是主要的，外因通过内因起作用。概言之，导致苏联剧变的各种原因在深层次盘根错节，执政党变质及其领导者的路线错误与僵化的管理模式弊端相交织所体现的现实内因，则是问题之根本。

苏联解体的内因，欧盟并不具备。欧盟是在经济全球化和世界多极化浪潮的推动下，从经济合作起始、渐进地最后由20多个主权国家组合而成的经济、政治共同体。这与当年的苏联不可同日而语。就外因而论，美国对欧盟的态度与对苏联的态度也是截然不同的。欧盟的一体化进程，不仅欧元对阵美元，尤其是提出防务一体化目标，客观上是对美国霸主地位的挑战。但鉴于英国与美国的特殊关系，奥巴马曾一再表示支持英国“留在一个强大的欧盟里”。面对欧盟几年来的经济制裁，俄罗斯有媒体对欧盟遭殃幸灾乐祸，声称是重蹈苏联之覆辙。这也许不难理解。但我们不能人云亦云，甚至把分化欧盟的历史倒退赞美为“具有划时代意义”。

英国脱欧公投之后，德国、法国和意大利领导人非但没有恐慌，反而摆出一副“不屑”的神态。他们立即聚会，催促英国早点启动脱欧谈判。英国新首相特蕾莎·梅上台后，7 月 20 日在柏林与德国总理默克尔会谈，得以让启动谈判程序推迟到明年。

有人认为，英国脱欧之后或许更有利于经济全球化，理由是随后英国有可能加入跨大西洋贸易与投资伙伴关系协定（TTIP）和跨太平洋伙伴关系协定（TPP）。此说让人存疑，因为美国总统大选后 TTP 的命运尚存疑问。至于有人认为英国脱欧标志着“全球化时代终结”，未免言过其实，颇值得商榷。

英国脱欧公投之后，个别国家如荷兰、捷克也流露公投意向。但德、法、意、西、波等欧盟主要国家，大多数公民声称反对类似投票。英国脱欧几天后的民调显示，德国对欧盟会员资格的支持，上升 19 个百分点到 81%。法国支持率增加十个百分点至 67%。意大利支持率上升四个百分点至 59%。西班牙参与问卷调查的民众中 81%的人表示留在欧盟是件好事。据路透社报道，如果举行一次公投，五国至少 63%会投票支持留欧。

诚然，英国脱欧是欧盟继债务危机之后遭受的又一次沉重打击。但从战略高度看，这一举动抹杀不了 65 年来欧盟从煤钢共同体到今天经济、政治共同体，作为一体化典范所取得的卓越成就和产生的深远影响。倡导“一带一路”倡议的中国，会继续支持欧洲一体化进程。

（三）中美矛盾的本质在于彼此出发点的战略性差异

中美之间构建新型大国关系裹足不前，究其根源在于彼此战略意图的差异。中国发展与美国的关系，是在确认和平与发展时代主题的背景下，所做的战略性选择，体现为常说的对美关系是“重中之重”。中国提出与美国共同构建新型大国关系的基础是“不冲突、不对抗，互相尊重，合作共赢”，这并没有丝毫难度，但美国当局给人的印象总是在表面应付或巧妙回避。原因在于美国发展与中国的关系，则是以维护其全球霸主地位为前提，更多是策略性的选择。

美国对我国的战略性选择，不必讳言，那是处心积虑地要借助“颜色革命”之类的方式，改变中国共产党领导的社会主义政权。历史却是无情的，总是让它频频碰壁。遏制中国的和平发展势头，美国“非不为也，乃不能也”，于是不得不与中国开展广泛接触，同时又严加防范，不断施压，诸如在南海滋事，在韩国部署“萨德”等等，竭力保持其霸主地位和利益最大化。

我国基于维护和平、促进发展的崇高目的，本着合作共赢的原则精神，与世界上许多国家已经或正在实现战略对接。唯独与美国难以做到战略对接，因为我们不能与美国的亚太再平衡战略对接，不能与美国的双重标准对接。我们与美国甚至可以做到在一些重大问题（如朝核问题、伊朗核问题、应对气候变化问题等）上合作，但那是属于局部性的内容，最多也就是具有某种战略层面的含义。

美国对华关系的策略性选择，必然具有“接触加遏制”的两面性和出尔反尔的权宜性，致使美中关系时好时差，起伏不定。我国满怀善意以各种方式推动美国接受新型大国关系构想，实质是促使其对华关系向战略性方向转变。

中美之间已形成战略与经济对话机制，中国非常重视，美国也不能忽视。如今需要在此基础上积累经验，开拓前进。中美经济关系有着突破性进展，关键是如何真正做到政治互信或曰战略互信。

（四）不应将民族主义与民粹主义混同起来批判

一段时间以来，媒体上有人将民族主义与民粹主义相提并论，称之为都是反对改革开放的。这是将民族主义与狭隘民族主义或极端民族主义混为一谈。

民族主义指的是以自我民族的利益为基础而进行的思想或运动。民族主义具有两重性，马克思主义从来都把压迫的民族主义同被压迫的民族主义区别开来，把进步的民族主义同反动的民族主义区别开来。进步的民族主义堪称爱国主义的同义语，成为抗拒殖民主义和霸权主义的动力。民族主义是孙中山先生的三民主义之首，也是实现中华民族伟大复兴中国梦的人文基因。而民族主义之极端化、偏激化，崇尚所谓民粹主义，则是狭隘的、负面的、排斥国际主义的。

有人在无端批判民族主义时，居然把强烈的民族自尊心、民族自豪感和深厚的民族情怀，统归之于所谓民粹主义横加批判。这不仅是错误的，而且是非常有害的。

当今中国青年需要强烈的爱国主义精神，同时又要具备对改革开放、吸取人类文明成果的高度认知。年轻人有时难免产生偏激情绪，但其爱国主义热情十分可贵，必须加以保护。有人却热衷于撰写大块文章片面地批判“愤青”，缺乏对年轻人爱国主义情怀的珍惜。未来属于年青一代。对青年人应该满怀爱意，循循善诱，当然也要指出其不足，但不能一味地指责。

（五）不应将和平与发展是时代主题引申为和平与发展时代

邓小平于 20 世纪 80 年代中期，多次作出和平与发展是时代两大问题的论断。1984 年 5 月 29 日他在会见巴西总统菲格雷多时说：“现在世界上问题很多，有两个比较突出。一个是和平问题。……二是南北问题。”[1] 1984 年 10 月 31 日他在会见缅甸总统吴山友时说：“国际上有两大问题非常突出，一个是和平问题，一个是南北问题。还有其他许多问题，但都不像这两个问题关系全局，带有全球性、战略性的意义。”[2] 1985 年 3 月 4 日他在会见日本商工会议所访华团时说：“现在世界上真正大的问题，带全球性的战略问题，一个是和平问题，一个是经济问题或者说发展问题。和平问题是东西问题，发展问题是南北问题。概括起来，就是东西南北四个字。南北问题是核心问题。”[3] 1988 年 12 月 21 日他在会见印度总理拉吉夫·甘地时说：“当前世界上主要有两个问题。一个是和平问题，一个是发展问题。和平是有希望的，发展问题还没有得到解决。”[4]

邓小平 1992 年 1 月 18 日至 2 月 21 日南方谈话时又指出：“世界和平与发展这两大问题，至今一个也没有解决。”[5]

邓小平一直将和平与发展称之为“两大问题”。党的十三大报告开始用“两大主题”，说：“根据国际形势和我国现代化建设的需要，围绕和平和发展两大主题，调整外交格局和党的对外关系……。”党的十八大报告中称：“当今世界正在发生深刻复杂变化，和平与发展仍然是时代主题。”

由此我们得出几点认识：其一，确认和平与发展是时代两大

---

① 邓小平：《邓小平文选》（第三卷），北京：人民出版社，1993 年版，第 56 页。

② 邓小平：《邓小平文选》（第三卷），北京：人民出版社，1993 年版，第 96 页。

③ 邓小平：《邓小平文选》（第三卷），北京：人民出版社，1993 年版，第 105 页。

④ 邓小平：《邓小平文选》（第三卷），北京：人民出版社，1993 年版，第 281 页。

⑤ 邓小平：《邓小平文选》（第三卷），北京：人民出版社，1993 年版，第 383 页。

问题或称主题，非常之重要，这是我们的党制定国内和国际战略的重要认识基础。我们在实施改革开放战略的过程中，首先要选择的是合作伙伴而不像以革命与战争为主题时代那样首先要考虑谁是敌人。基于这个原则，我们甚至可以致力于与奉行霸权主义的美国构建新型大国关系。当然，合作伙伴有全心全意与半心半意乃至虚情假意之分，对此我们必须保持头脑清醒。其二，党中央从来没有笼统地把现时代称作和平与发展时代。时代主要趋向与时代定义是有区别的。其三，当今和平与发展两大问题“一个也没有解决”，说明时代主题从战争与革命向和平与发展转变，是一个渐进的过程。如果将我们的时代定义为和平与发展时代，那就难以解释天下并不太平的诸多复杂现象，反而会困扰自己。

（六）不应用杜撰的美中两极论取代现实的世界多极化论

世界多极化问题，自从 20 世纪 80 年代中后期邓小平奠定其理论基础之后，已经 30 年了。我们党的历次代表大会报告中都肯定世界多极化。党的十八大报告中指出：“当今世界正在发生深刻复杂变化，和平与发展仍然是时代主题。世界多极化、经济全球化深入发展，文化多样化、社会信息化持续推进，科技革命孕育新突破，全球合作向多层次全方位拓展，新兴市场国家和发展中国家整体实力增强，国际力量对比朝着有利于维护世界和平方向发展，保持国际形势总体稳定具备更多有利条件。”后来习近平总书记也曾明确地指出：“要充分估计国际格局发展演变的复杂性，更要看到世界多极化向前推进的态势不会改变。”①

30 年来，每逢出现与美国地位变化相关的国际形势，围绕世界格局的争议就来了。例如美国猖獗时 1999 年发动科索沃战争、2003 年发动伊拉克战争，国内外便刮起一阵美国“单极世

① 《中央外事工作会议在京举行　习近平发表重要讲话》，新华社北京 2014 年 11 月 29 日电。

界论”；美国倒霉时如 2001 年“9·11”事件和 2008 年信贷危机导致全球金融危机，又掀起一股“无极世界论”。这叫作“唯美国马首是瞻”。自从 2010 年中国经济总量跃升世界第二位之后，一度又扬起美中共管世界的“G2 论”。最近几年围绕世界多极化的非议有所减少，但是，随着中国影响力的扩大，“G2 论”又开始复燃。《环球时报》记者 7 月 15 日对阎学通的访谈，就是一例。

在这次访谈中，阎学通声称“世界格局两极化已经开始，并不存在多极化问题了”；“中美两极格局”2020 年便可形成。与之相关，他还针对我国“不结盟、不对抗、不针对第三国”的对外方针，说什么在两极格局下，“结盟”是两个大国都不得不采取的战略，把结盟定义为“冷战思维”是教条主义。

“G2 论”翻版的严重后果在于：其一，夸大中国的作用从而误导民众。其二，这无异于给“中国威胁论”增添佐料，为美国遏制中国提供“事出有因”的借口，甚至助长其气焰。其三，无视其他一些具有世界影响的力量或力量中心在当今世界格局变化中的作用。学术领域争鸣是正常的、必要的，但罔顾基本原则的杂音也应引起我们关注。

（载《当代世界》，2016 年第 9 期）

推进万里茶道的八大理念

诸位专家学者，诸位同仁朋友：

万里茶道作为“一带一路”的重要支撑领域，每次市长峰会都是在呼应“一带一路”，致力于总结经验，发掘潜力，开拓前景。本届峰会确定“共商、共建、共享——让城市连起来”为主题，这意味着以务实为特色的万里茶道，其合作又将迈上一个新台阶。

推进万里茶道的发展，认识是行动的基础，成果则是对认识的检验。今天我的演讲，基于本人对“共商、共建、共享”的理解，阐述一下推进万里茶道的八个基本理念。

第一个理念：“视野”。“共商”，首先要以全球视野来审视一下我们事业所处的国际环境。当今世界局势发生新变化，最引人注目的是以下几个方面：特朗普上台后摇摆不定的政策举措频繁制造事端；英国脱欧引发的欧盟内部纠葛仍在蔓延；美国巡航导弹袭击叙利亚空军基地，导致一度唱好的俄美关系陷入窘境；朝鲜半岛由于朝鲜核导试验、韩国部署“萨德”反导系统，美国扬言不排除对朝鲜动用一切手段的可能性，局势变得紧张高危；“伊斯兰国”激励下的国际恐怖主义在多国疯狂发动袭击等等。唯独“一带一路”方兴未艾，响应者、参与者遍及各大洲，联合国安理会第 2274 号决议予以首肯，从而将带动万里茶道的影响力进一步提升。正所谓“风景这边独好！”

特朗普当选美国总统后掀起一股冲击波，诱发了孤立主义、民粹主义和逆全球化思潮泛滥。但这三种思潮毕竟只能是阵发性的，最终还是抵不过时代的主流——经济全球化发展的大趋势、国家间相互依存性加深的客观现实和合作共赢原则的生命力。而“一带一路”和万里茶道，恰恰是在顺应着这个时代主流昂首前行。

第二个理念：“意愿”。“共商”，就要有坚定不移的信念、知难而进的意志和“不到长城非好汉非好汉”的决心。万里茶道是继丝绸之路、海上丝绸之路之后又一条横跨亚欧大陆的国际商道。一度湮没于历史长河的万里茶道，今天不仅唤醒我们三国人民共同的美好记忆，而且正在通过我们的协同努力，推动文化传承和经济合作，成为利益交融、兴衰相伴、安危与共的命运共同体的一个缩影。地缘优势、传统因素与时代精神，成为我们三个国家亲密合作的天赋条件。我们怀着强烈的共同心愿，致力于推进万里茶道，处理好企业与企业之间的关系，地区与地区之间的关系，国家与国家之间的关系；处理好短期安排与长远规划的关系；处理好只争朝夕与循序渐进的关系。

第三个理念：“珍惜”。这是“共商”的又一个要素。万事开头难。经过几年的共同努力，我们积累了初步的经验，也具有了较为切实可行的合作办法，使得万里茶道以骄人的姿态融入“一带一路”的总体进程。这是值得我们引以为自豪的。中俄之间丝绸之路经济带同欧亚经济联盟合作的对接，中蒙之间“丝绸之路”与“草原之路”的对接，中、俄、蒙就建设三国经济走廊、发展三方合作中期路线图，凡此种种，都为万里茶道的发展铺设了有利条件。万里茶道正在打造成为文化交流、经贸合作、旅游联手、基础建设的发展之路。常言道“红花还需绿叶配”。如果说“一带一路”是鲜艳的红花，那么万里茶道便是纯真的绿叶。这一切来之不易，值得我们珍惜。

第四个理念：“诚信”。“共建”，首先必须做到诚信。中国有句古话，叫“做人以信为本”。引申开来说，企业以信为本，城市以信为本，国家以信为本。唯有诚信，方能保持彼此关系的长期稳定与和谐。社会是靠合力推进的，“一带一路”是靠合力推进的，万里茶道也是要靠合力推进的。诚信便是合力的源泉。这里包含了一个如何处理好义务和利益的关系问题。习近平主席说：“‘国不以利为利，以义为利也。’在国际合作中，我们要注重利，更要注重义。只有义利兼顾才能义利兼得，只有义利平衡才能义利共赢。”万里茶道既是利益共同体，又是责任共同体，更是政治互信、经济融合和文化包容的命运共同体。诚信足以让利益共同体与责任共同体两者有机协调，从而决定命运共同体的前途。

第五个理念：“求同”。“共建”，就要力求寻找彼此的共同点和结合点，实现优势互补。我们各有长短，需要取长补短。尽管我们各国的历史渊源、文化传统、社会制度、经济水平、风俗习惯等方面存在着不同，但是我们本着求同的精神，能够借助“一带一路”实现道路联通、贸易畅通、货币流通、政策沟通、人心相通；而万里茶道的价值就在于从一个重要侧面帮助完成“一带一路”的崇高使命。孔夫子说：“君子和而不同，小人同而不和。”中国与俄罗斯，中国与蒙古，先后形成并深化为全面战略合作伙伴关系和全面战略伙伴关系，向全世界展现了君子之风的示范作用。

第六个理念：“包容”。“共建”，就得承认并且处理好彼此之间存在的差别。鉴于国情差异，国家利益、城市利益、企业利益的确带有一定的排他性，因此彼此难免产生分歧。针对这种情况，中国曾先后提出求同存异和管控分歧的主张，意在不让分歧影响正常关系的发展。从中共十八大以来，中国进一步提出了包容互鉴的主张。也就是说，对于“异”，不仅要“存”，要包容，除“己所不欲勿施于人”而外，还要从差异中寻找有利于自身发展的借鉴价值。合作共赢原则正是包容互鉴精神的体现。

第七个理念：“创新”。“共建”，必须具备创新意识，这是共建中最重要的一环。在文化交流、经贸合作、旅游联手、基础建设等合作领域，都需要拓展合作新空间，构建产业新体系。中国曾提出创新发展、协调发展、绿色发展、开放发展和共享发展的主张，这对于万里茶道不无参考价值。堪称走向世界的商贸路、国家交流的文化路，我们这个正在享誉世界的万里茶道，只要沿线城市把握住机遇，扎实连接起来，致力于创新发展，那就会树立务实求真的典范，义利统一的典范，包容互鉴的典范，合作共赢的典范。

第八个理念：“共赢”，也就是共享。合作共赢原则的高尚性、公正性、普适性，如今被越来越多的国家认同与推崇，因为它符合所有国家合理的利益诉求。昨天刚结束的在北京隆重举行、有 30 个国家元首和政府首脑出席的“一带一路”国际合作高峰论坛，便是新的佐证。随着世界多极化、经济全球化、社会信息化的不断发展，利益交融与合作共赢势必成为中、俄、蒙实现振兴国家之“梦”的对接纽带。这也正是我们大家通力合作的最终奋斗目标。让我们认知万里茶道，充实万里茶道，弘扬万里茶道，共同创造万里茶道日新月异的美好未来。

（2017 年 5 月 16 日在第五届中蒙俄万里茶道市长峰会（晋中·平遥）高端论坛上的演讲）

“十月革命”光辉永放异彩

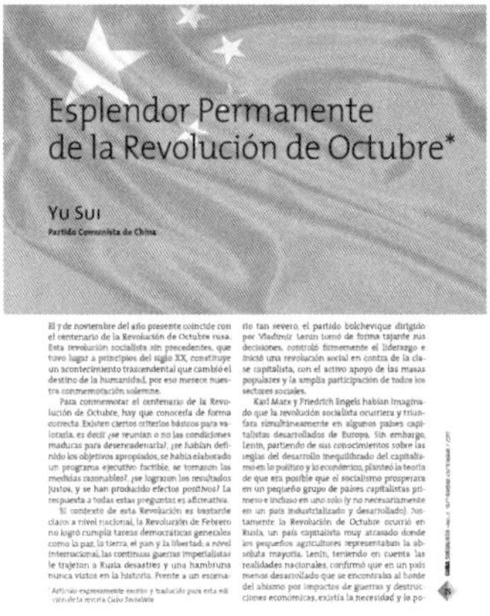

Esplendor Permanente de la Revolución de Octubre*

Yu Sui

Partido Comunista de China

El 7 de noviembre del año presente coincide con el centenario de la Revolución de Octubre rusa. Esta revolución socialista sin precedentes, que tuvo lugar a principios del siglo XX, constituye un acontecimiento trascendental que cambió el destino de la humanidad, por eso merece nuestra conmemoración solemne.

Para conmemorar el centenario de la Revolución de Octubre, hay que conocerla de forma correcta. Existen ciertos criterios básicos para valorarla, es decir ¿se reunían o no las condiciones maduras para desencadenarla?, ¿se habían definido los objetivos apropiados, se había elaborado un programa ejecutivo factible, se tomaron las medidas razonables?, ¿se lograron los resultados justos, y se han producido efectos positivos? La respuesta a todas estas preguntas es afirmativa.

El contexto de esta Revolución es bastante claro: a nivel nacional, la Revolución de Febrero no logró cumplir tareas democráticas generales como la paz, la tierra, el pan y la libertad; a nivel internacional, las continuas guerras imperialistas le trajeron a Rusia desastres y una hambruna nunca vistos en la historia. Frente a un escenario tan severo, el partido bolchevique dirigido por Vladimir Lenin tomó de forma tajante sus decisiones, controló firmemente el liderazgo e inició una revolución social en contra de la clase capitalista, con el activo apoyo de las masas populares y la amplia participación de todos los sectores sociales.

Karl Marx y Friedrich Engels habían imaginado que la revolución socialista ocurriera y triunfara simultáneamente en algunos países capitalistas desarrollados de Europa. Sin embargo, Lenin, partiendo de sus conocimientos sobre las reglas del desarrollo inequilibrado del capitalismo en lo político y lo económico, planteó la teoría de que era posible que el socialismo prosperara en un pequeño grupo de países capitalistas primero e incluso en uno solo (y no necesariamente en un país industrializado y desarrollado). Justamente la Revolución de Octubre ocurrió en Rusia, un país capitalista muy atrasado donde los pequeños agricultores representaban la absoluta mayoría. Lenin, teniendo en cuenta las realidades nacionales, confirmó que en un país menos desarrollado que se encontraba al borde del abismo por impactos de guerras y destrucciones económicas, existía la necesidad y la po-

* Artículo expresamente escrito y traducido para esta edición de la revista Cuba Socialista

2017 年 11 月 7 日是俄国十月革命 100 周年。20 世纪初发生的这一场史无前例的社会主义革命，是改变人类命运的重大事件，值得我们庄严地纪念。

纪念十月革命 100 周年，首先要正确认识十月革命。衡量十月革命价值有一个基本尺度，那就是要看它发动的条件是否成熟，选择的目标是否得当，执行的纲领是否切实，运用的手段是否合理，取得的成效是否公正，产生的影响是否积极。答案是肯定的。

十月革命发生的背景非常之清晰：在国内，二月革命没有能够解决和平、土地、面包和自由等一般民主主义任务；在国际，持续进行的帝国主义战争给俄国造成空前的灾难和饥荒。面对如此严峻的局面，以列宁为首的布尔什维克党果断地做出决策，牢牢掌握领导权，在赢得广大人民群众积极支持和社会各阶层不同程度参与下，掀起了一场反对资产阶级的社会革命。

马克思、恩格斯曾经设想过社会主义革命将会在欧美一些发达资本主义国家同时发生和共同胜利，而列宁基于对资本主义经济和政治发展不平衡规律的认识，提出了社会主义可能首先在少数甚至一个资本主义国家（而且不一定是工业发达国家）获得胜利的理论。十月革命正是发生在资本主义发展非常落后、小农占绝大多数的俄国。列宁从俄国实际出发，确认在落后国家，在国家被战争和经济破坏推向灾难深渊的时刻，应当是、也可能是采用革命的方式改变通常的历史程序，不必拘泥于期待社会主义物质前提完全成熟。办法是先把旧政权推翻，再在新政权基础上发展生产力。列宁的这个科学构想和革命创举获得了成功。这是列宁对马克思主义的重大发展和对国际共产主义运动的独特贡献。

十月革命打破了资本主义一统天下的局面，实现了社会主义从理论到现实的飞跃，起到了推动西方工人运动与被压迫民族之间联系的桥梁作用，促进了马克思主义的广泛传播。十月革命的示范作用和斗争经验，引发了德国等欧洲国家无产阶级的革命浪潮，推动了中国等亚洲国家反帝反封建的民族民主革命运动，促使一系列国家走上社会主义道路。这些都是不争的历史事实。

当然，更为重要的是，布尔什维克党领导无产阶级和广大劳动人民取得政权之后，务必要及时地、妥善地解决好如何通过恰当途径和有效方式，来继续完成民主主义的使命和开始建设社会主义的任务。

十月革命开辟了新时代，指出了新道路，但革命本身并没有、也不可能同时解决建设社会主义的模式问题。后来形成的苏联模式成功和失败之处，都不直接属于十月革命的经验教训本身。这里讨论两个问题。

第一，建立联邦制国家并非十月革命直接的、必然的产物，十月革命的成败和社会主义的特征也不是以国家是否采用联邦制为标志。

苏维埃社会主义共和国联盟（苏联）是在十月革命胜利五年之后，于1922年12月30日宣告成立。这之前，从1917年至1921年，俄罗斯、乌克兰、白俄罗斯、阿塞拜疆、亚美尼亚、格鲁吉亚等建立了独立的苏维埃共和国（后三国当时组成外高加索联邦），它们是苏联的最初成员。列宁对于是否实行联邦制，先后有过不同的考虑。十月革命前他在原则上反对联邦制，认为“在各种不同的民族组成一个统一的国家的情况下，……马克思主义者是决不会主张实行任何联邦制原则，也不会主张实行任何分权制的。”① 十月革命后他改变态度，认为联邦制可以作为“达到真正的民主集中制的过渡性步骤”，“是俄国各民族最牢固地联合成一个统一的民主集中的苏维埃国家的最可靠的步骤”②。特别要指出的是，列宁的联邦思想是同民族自决原则联系在一起。他强调首先必须使各民族有“分离的自由”，然后才有可能建立“自觉自愿的联盟”。③民族自决原则早在1917年11月2日人民委员会通过的《俄国各族人民权利宣言》中便有明确规定。

列宁的联邦制思想说明，当时建立联邦国家是经过权衡利弊、反复考虑和带有先决条件的。苏联后来将联邦制变成高度集权的经济政治管理模式的载体，显然不符合列宁的预想。

---

① 列宁：《列宁全集》（第二十四卷），北京：人民出版社，1959年版，第148—149页。

② 列宁：《列宁全集》（第三十四卷），北京：人民出版社，1959年版，第139页。

③ 列宁：《列宁全集》（第三十六卷），北京：人民出版社，1959年版，第101页。

第二，高度集权的政治经济管理模式并非十月革命的必然结果，也不是唯一可能的选择，必须将其放在当时的历史条件下给予实事求是的评价。

十月革命胜利和白匪叛乱与外国武装干涉被粉碎之后，列宁曾设想通过“战时共产主义”来实现向社会主义的直接过渡，但后来他承认“现实生活说明我们犯了错误”。从 1921 年起，根据列宁的倡议，转向新经济政策。新经济政策的实质在于承认在向社会主义的过渡中商品货币关系和市场机制的作用，承认物质利益的重要性，后来列宁又把新经济政策与合作制联系起来。列宁认为，资本主义愈不发达，所需过渡时间就愈长，他曾预计新经济政策至少实行 25 年。列宁为俄国建设所作的规划，除新经济政策外，还包括工人民主制度和文化革命。斯大林没有能很好地贯彻执行列宁晚年的经济思想，却保留了“战时共产主义”不少遗产。他把新经济政策规定的利用商品货币关系和市场看作是短暂过渡时期的权宜之计，坚持把社会主义与产品经济捆扎在一起。他在 1927 年提出了向资本主义全面进攻的方针，并发动消灭富农和全盘集体化的运动。他放弃新经济政策，选择的是优先发展重工业，用行政命令加速农业集体化，通过剥夺农民和压低人民消费的办法实行工业原始积累，同时消灭多种经济成分，抑制商品货币关系，否定价值规律和市场机制的作用。他采用大搞阶级斗争的方法来消除党内在社会主义建设路线上的分歧，以取得思想政治上的一致。苏联社会主义模式即斯大林模式正是在此基础上，于 30 年代中期基本形成。由此不难看出斯大林和苏联其他领导人对社会主义认识存在局限性和偏见。

苏联模式是在忽视列宁的新经济政策而又没有现成经验可资借鉴的情况下，在党内外复杂的斗争环境中，逐步探索出的一种模式。它在历史上确实发挥过积极作用，产生过光辉业绩。其形成初期适应了经济落后、结构简单和以增强国防能力为经济发展首要目标的状况，特别是在战争年代显示了动员性强和困难承受能力强的优点。苏联用 15 年时间完成了工业化，为反法西斯战争的胜利奠定了强大的物质基础；二战后苏联经济迅速恢复，成为足以同美国抗衡的又一个超级大国。但是，随着时代主题从“战争与革命”向“和平与发展”转化，面对科学技术的迅猛发展和资本主义表现某种活力的严峻挑战，苏联模式僵化的弊端日益深重，改革任务尖锐地、迫切地摆在了战后苏联历届领导人的面前。然而他们并没有胜任领导改革的使命，反而葬送了苏联，葬送了十月革命的成果。

苏联模式失败并不意味着社会主义丧失生命力，更不是社会主义不如资本主义。发生剧变后的苏联东欧社会主义国家，凡照搬西方资本主义模式者无不受挫。它们慢慢得出共识，唯一办法是选择适合本国国情的发展道路。

十月革命推动了中国革命，唤醒了中国有识之士，增强了中国共产党人认识马克思主义和探索社会主义的志向。毛泽东在《论人民民主专政》一文中有一段脍炙人口的话：“中国人找到马克思主义，是经过俄国人介绍的。在十月革命以前，中国人不但不知道列宁、斯大林，也不知道马克思、恩格斯。十月革命一声炮响，给我们送来了马克思列宁主义。十月革命帮助了全世界的也帮助了中国的先进分子，用无产阶级的宇宙观作为观察国家命运的工具，重新考虑自己的问题。走俄国人的路——这就是结论。”

从孙中山的“以俄为师”，到毛泽东的“走俄国人的路”，都是要学苏联。在新中国建国初期引进苏联模式，有其历史必然性。“师傅领进门，修行靠自身”，关键在于能否切实根据本国国情办事，能否洞察时代特征而自觉地加以适应。

中国领导人对苏联模式有一个认识过程。毛泽东最早看到苏联模式的弊端。他在《论十大关系》（1956 年 4 月）一文中明确指出："特别值得注意的是，最近苏联方面暴露了他们在建设社会主义过程中的一些缺点和错误，他们走过的弯路，你还想走？过去我们就是鉴于他们的经验教训，少走了一些弯路，现在当然更要引以为戒。"后来他又一再表示对苏联的东西要有选择地学，学先进的东西，不是学落后的东西，避免重犯苏联的错误。当然，在中国成功地对苏联模式实行改造，那是在 1978 年 12 月党的十一届三中全会之后。

苏共垮台、苏联解体从反面激励了中国共产党人。中国特色社会主义是在改造苏联模式、把握时代特征并汲取人类文明在资本主义发展阶段成果基础上，逐渐形成、发展、壮大的。中国在改造苏联模式的时候，从来没有借口"追根求源"去指责十月革命。如今以习近平同志为核心的中国共产党，高举中国特色社会主义的旗帜，正沿着十月革命开辟的道路继续高歌猛进。

（载古巴西班牙文杂志《社会主义古巴》，2017 年第 6 期）

马克思主义的世界影响

尊敬的会议主席，尊敬的各位嘉宾：

根据主人给我安排的题目“马克思主义的世界影响”，我想着重从马克思主义理论变成现实这个角度，简要谈几点看法。

第一点：首先对今天的纪念活动说几句评语。党中央规定的“两学一做”，要求“学党章党规”。党章中写道：“马克思列宁主义揭示了人类社会历史发展的规律，它的基本原理是正确的，具有强大的生命力。……坚持马克思列宁主义的基本原理，走中国人民自愿选择的适合中国国情的道路，中国的社会主义事业必将取得最终的胜利。”纪念马克思诞辰200周年，这是进行一次马克思主义普及教育的良机。所以我觉得，今天在这里举办马克思名言书法展和论坛，别开生面，是体现马克思主义世界影响的一个缩影，具有开拓性的特殊意义。

第二点：马克思主义基本原理是久经考验、颠扑不破的。被毛泽东称作“放之四海而皆准”的马克思主义，指的是它的基本原理。马克思主义是不断发展的，其基本原理长青，至于个别特定论断可能过时，则是不足为奇的。我们坚信，马克思主义从本质上阐述了人类发展过程中的经济、政治、历史，以及社会制度变迁的内在规律和特征，是指导我们认识世界的世界观和方法论，也是无产阶级革命和社会主义建设的纲领性指导思想。

值得一提的是，直到今天，在资本主义文明的发祥地，在现代资本主义的心脏，甚至是在西方社会的知识界，认为马克思是“千年第一思想家”。这是西方从世纪之交多次调查得出的结论。

例如2005年7月，英国广播公司以古今最伟大的哲学家为题，调查了三万名听众，结果是马克思得票率第一、休谟第二。西方其他著名思想家柏拉图、康德、苏格拉底、亚里士多德等更是望尘莫及，黑格尔甚至没有进入前20名。

第三点：马克思主义的世界影响不仅在于其广泛传播，更重要的是在一系列国家将理论变成了现实。

列宁曾经对马克思主义做过启蒙解读，他说："马克思主义的最本质的东西、马克思主义的活的灵魂：具体地分析具体的情况。"① 这也就是指出，要把马克思主义理论变成现实，必须从本国的具体国情出发。

1871年3月成立的巴黎公社，从当年3月18日至5月28日成为短暂地统治巴黎的政府，就是一次有意义的尝试。马克思认为这是对他的共产主义理论的一个有力证明。

1917年发生的俄国的十月革命，是对马克思主义的新发展。马克思、恩格斯曾经设想过社会主义革命将会在欧美一些发达资本主义发达国家同时发生和共同胜利，而列宁基于对资本主义经济和政治发展不平衡规律的认识，提出了社会主义可能首先在少数甚至一个资本主义国家（而且不一定是工业发达国家）获得胜利的理论。十月革命发生在资本主义发展非常落后、小农占绝大多数的俄国，这不能不说是一个创举。十月革命打破了资本主义一统天下的局面，向全世界宣告崭新的社会制度由理想变为现实，从而开辟了人类探索社会主义道路的新时代。尽管这个探索过程非常曲折、充满争议甚至付出沉重代价。

1949年10月中国革命成功的标志——中华人民共和国成立，一方面说明中国革命与俄国革命都是遵循了马克思主义在《共产党宣言》中阐述的推翻旧世界的基本原理，另一方面又有

---

① 列宁：《列宁选集》（第四卷），北京：人民出版社，1996年版，第290页。

不同之处：俄国走的是城市起义的道路，中国走的是农村包围城市的道路。

第四点：苏共垮台、苏联解体的原因复杂，从根本上说则是苏联领导人背离了马克思主义。

苏联社会主义模式是在没有现成经验可资借鉴的情况下，在帝国主义包围和党内外、国内外复杂斗争的环境中，逐步形成的一种具带有时代烙印的模式。这种高度集权的管理模式，适应了经济落后、结构简单和以增强国防为经济发展首要目标的状况，在反法西斯战争年代显示了动员性强和困难承受性强的优点，在和平建设时期形成了比较完善的人民福利保障制度。苏联模式的成就不容抹煞。可是，随着时代主题向“和平与发展”逐渐转化，面对科技的迅猛发展和资本主义表现某种活力的严峻挑战，以思想理论僵化、经济管理凝固化和政治生活不民主为缺陷的这种模式，弊端日益凸显。加之，苏共领导长期以来犯有超越社会发展阶段的“左”的错误，这些错误与体制弊端相互作用，恶性循环，后果越来越严重。战后苏联历届领导人都没有能承担起领导改革的使命。戈尔巴乔夫上台后，更是罔顾国情和时代特征，在国内，推行所谓民主化和公开性，导致思想战线失去马克思主义主导阵地，民族分裂主义与民粹主义恶性膨胀；在国际上，奉行所谓“新思维”，无视世界的对立统一性而将自己的战略建立在同一性基础上。结果葬送了苏联，葬送了十月革命成果。

第五点：中国为马克思主义的创新发展树立了光辉榜样。

马克思主义不是教条，而是行动的指南。中国革命时期，将马克思主义基本原理与本国国情相结合，产生了毛泽东思想。

中国经历了社会主义建设的艰辛探索，随着时代主题向着和平与发展转化，将马克思主义基本原理与本国国情和时代特征相结合，产生了邓小平理论，开创了中国特色社会主义伟大事业。

当今，随着时代的大发展大变革大调整，将马克思主义基本原理与本国国情和新世纪时代特征相结合，提出“两个一百年”宏伟目标，为实现中华民族伟大复兴和构建人类命运共同体而创新发展，产生了习近平的治国理政和大国外交战略思想。

第六点：运用马克思主义解读和解决当今世界的重大现实问题。

我们要运用马克思主义的世界观和方法论，跟踪研究，发展地看问题；温故知新，历史地看问题，把握规律，辩证地看问题。这样做不仅会具有前瞻性，也可以避免历史虚无主义。例如：

1. 马克思是如何预见经济全球化趋势的。马克思曾经说过：“创造世界的趋势已经直接包含在资本的概念本身中”① 资本从它诞生之日起，就力图把它的关系推向全世界要求把生产变成国际的生产，把市场变成国际的市场。

2. 当今世界资本主义制度的弊端凸显，印证了马克思主义学说。今年 9 月 14 日德国之声电台网站以“马克思说对了吗？《资本论》出版 150 周年”为题，引用慕尼黑经济研究所所长汉斯-韦尔纳·辛恩的话说：“特别在今天看来，马克思的金融危机理论是具有高度现实意义的。”

3. 不拘泥于马克思关于资本主义的个别论断，根据时代发展的特征，处理好世界社会主义与资本主义的关系。资本主义和社会主义本是人类社会发展过程中相互联系、衔接，又彼此矛盾、对立的两个阶段。社会主义从资本主义脱胎而来，必须在抵制资本主义糟粕的同时，继承人类文明在资本主义发展阶段的物质和精神成果，从而形成比资本主义更高、更先进的生产力和生

---

① 马克思、恩格斯：《马克思恩格斯全集》（第四十六卷）上册，北京：人民出版社，1979 年版，第 391 页。

产关系，并取而代之。

最后，说一点个人的感受。马克思主义熏陶和哺育了我们一代又一代人。我们这一辈人从小就牢记马克思的种种教导。例如："在科学的道路上没有平坦的大道，只有不畏艰险沿着陡峭山路攀登的人，才有可能达到光辉的顶点。"等等，这不仅深刻地铭刻在我们的脑海里，而且指导了我们毕生的行动。

（2017 年 10 月 6 日在纪念马克思诞辰 200 周年论坛上的发言）

人类命运共同体的五大特性

习近平总书记在党的十九大报告中，对国际形势与中国外交部分采用了《坚持和平发展道路，推动构建人类命运共同体》的专题，系统地阐述了构建人类命运共同体的背景、宗旨、理念和做法，立论新颖，气势磅礴，感召力极强。笔者学习的初步体会是，其中贯穿着时代性、务实性、包容性、示范性和普适性五大特征。

一是时代性。报告驾驭时代高度，立足中国，洞察世界，展望未来。

对时代精神的把握，关系到国家如何从战略高度做出内外决策。报告的总论断是，世界正处于大发展大变革大调整时期，和平与发展仍然是时代主题。报告中对大发展大变革大调整时期的表征做了精辟的阐述，那就是世界多极化、经济全球化、社会信息化、文化多样化深入发展，全球治理体系和国际秩序变革加速推进，各国相互联系和依存日益加深，国际力量对比更趋平衡，和平发展大势不可逆转。正是在这样的时代背景下，世界各国之间的联系与依存变得越发紧密，人类命运共同体成为“地球村”的最佳载体和不二选择。

回顾历史，从二战到战后的20世纪50年代至70年代，人类处于革命与战争为主题的时代，那时不可能提出构建人类命运共同体的命题。20世纪80年代邓小平提出和平与发展成为时代主题，此后直到20世纪最初十年，我们党提出了促进持久和平、共同繁荣的和谐世界的愿景。随着世态的进一步发展变化，在和平与发展时代主题覆盖下，习近平总书记审时度势做出了世界进入大发展大变革大调整时期的判断，进而独创性地提出了构建人类命运共同体的主张。

就中国本身而论，正处在中国特色社会主义新时代，这个时代是奋力实现中华民族伟大复兴中国梦的时代，是我国日益走近世界舞台中央、不断为人类作出更大贡献的时代。因而中国有理由、有条件大力倡导构建人类命运共同体，

构建人类命运共同体成为新时代中国外交战略的核心理念，也是中国参与全球治理变革的奋斗目标。这个豪迈主张的提出，是与中国和平发展的强劲势头和国际地位的急剧提高相适应的。

二是务实性。面对当今世界现状，报告中切实地指出，我们生活的世界充满希望，也充满挑战。

国家要富强，社会要进步，经济要发展，人民要幸福，这是世界上所有国家的共同期盼。而当今世界却充满挑战，突出表现为经济增长动能不足，贫富分化日益严重，地区热点此起彼伏，恐怖主义、网络安全、重大传染性疾病、气候变化等非传统安全威胁持续蔓延等等。人类只有抱团才能应对这些共同挑战。这个“团”就是命运共同体。

现实是复杂的，但不能因复杂而放弃梦想；理想是奋斗目标，但不能因理想遥远而放弃追求。报告斩钉截铁、令人信服地指出，没有哪个国家能够独自应对人类面临的各种挑战，也没有哪个国家能够退回到自我封闭的孤岛。这说明，构建人类命运共同体是从实际需要出发的，是要脚踏实地去创造的。当今世界以联合国为中心，在全球治理过程中虽历经艰辛，毕竟取得多方面的业绩。这意味着众志成城，构建人类命运共同体有成功经验可资借鉴。

三是包容性。人类命运共同体并不因社会制度、文明传统、宗教信仰、价值观念等方方面面的差异，而将任何国家、任何民

族排斥在外。

可以这样说，任何国家领导人，只要对世界和平与发展抱有诚意，对人类命运持负责任的态度，不怀损人利己的霸权野心，就不会对人类命运共同体产生格格不入之感。

就中国本身而论，“包容性”最高层面的表现就是中国人民的梦想同各国人民的梦想是息息相通的，实现中国梦离不开和平的国际环境和稳定的国际秩序。报告就中国与世界如何处于相互包容之中，做出了周密的回答。一方面，统筹国内国际两个大局，始终不渝走和平发展道路、奉行互利共赢的开放战略，坚持正确义利观，树立共同、综合、合作、可持续的新安全观，谋求开放创新、包容互惠的发展前景，促进和而不同、兼收并蓄的文明交流，构筑尊崇自然、绿色发展的生态体系。另一方面，秉持共商共建共享的全球治理观，倡导国际关系民主化，坚持国家不分大小、强弱、贫富一律平等，支持联合国发挥积极作用，支持扩大发展中国家在国际事务中的代表性和发言权。总之，中国始终做世界和平的建设者、全球发展的贡献者、国际秩序的维护者。

四是示范性。为构建人类命运共同体，中国身体力行，勇于担当，已经并将继续做出示范。

报告庄严地宣称，中国共产党是为中国人民谋幸福的政党，也是为人类进步事业而奋斗的政党。中国共产党始终把为人类作出新的更大的贡献作为自己的使命。

最近五年中国的示范性实践，举世瞩目，有口皆碑。举其大者，例如，实施共建“一带一路”倡议，发起创办亚洲基础设施投资银行，设立丝路基金，举办首届“一带一路”国际合作高峰论坛、亚太经合组织领导人非正式会议、二十国集团领导人杭州峰会、金砖国家领导人厦门会晤、亚信峰会等等。

以上事实和中国外交史充分地证明，中国一贯坚定不移地奉行独立自主的和平外交政策，尊重各国人民自主选择发展道路的权利，维护国际公平正义，反对把自己的意志强加于人，反对干涉别国内政，反对以强凌弱。中国积极发展全球伙伴关系，推进大国协调和合作；按照亲诚惠容理念和与邻为善、以邻为伴周边外交方针，深化同周边国家关系；秉持正确义利观和真实亲诚理念加强同发展中国家团结合作；大力促进对发展中国家特别是最不发达国家的援助，缩小南北发展差距。中国从来没有以牺牲别国利益为代价来发展自己，中国发展不对任何国家构成威胁，中国永远不称霸、永远不搞扩张，这些是世人有目共睹的。

还应该指出，新中国建立以来在世界上的示范作用是一以贯之的。从建国初期提出和平共处五项原则、历来强调中国要对人类做出较大贡献，到构建人类命运共同体，是一脉相承的。

五是普适性。构建人类命运共同体不只是一句口号，而是普遍适用于世界各国特别是发展中国家的明智主张。许多国家深受鼓舞，热烈响应。人类命运共同体的普适性显示了很强的动员作用。

之所以把人类命运共同体说成具有普适性，还因为任何国家及其领导人都没有理由公开反对建设一个持久和平、普遍安全、共同繁荣、开放包容、清洁美丽的世界。报告中提出的构建人类命运共同体的前提，是公正合理、颠扑不破的：一是要相互尊重、平等协商，坚决摒弃冷战思维和强权政治，走对话而不对抗、结伴而不结盟的国与国交往新路。二是要坚持以对话解决争端、以协商化解分歧，统筹应对传统和非传统安全威胁，反对一切形式的恐怖主义。三是要同舟共济，促进贸易和投资自由化便利化，推动经济全球化朝着更加开放、包容、普惠、平衡、共赢的方向发展。四是要尊重世界文明多样性，以文明交流超越文明隔阂、文明互鉴超越文明冲突、文明共存超越文明优越。五是要坚持环境友好，合作应对气候变化，保护好人类赖以生存的地球家园。

和平、发展、合作、共赢，这是中国坚决奉行的方针。当然，维护和平不是搞绥靖主义，国家主权绝对没有妥协的余地。促进发展并非一味地施舍，专做赔本交易。倡导合作不是乞求谁，而是彼此相向而行。谋求共赢出于诚意，绝不是忽悠谁。“一带一路”中的共商，基于平等互信；共建，基于包容互鉴；共享，基于合作共赢。

人类命运共同体是相对于自然和社会两个层面而言。人类命运共同体由利益共同体与责任共同体组成，要求利益与责任保持平衡，不能只图利益，忽视责任。利益共同体与责任共同体是否协调，决定着命运共同体的前途。构建人类命运共同体是一个辉煌而又艰巨的过程，绝不等于马上实现世界大同。它具有前瞻性，但不是超越现实；具有务实性，但不可能一蹴而就。总之，人类命运共同体彰显了崇高的理想和人道主义情怀，凝聚了人类共同的殷切期待。要扫除障碍，创造成效，收获信心，值得我们一往无前地坚持下去。

（载《国际网》，2017 年 11 月 29 日）

“中国威胁论”的五个特性

党的十九大制定未来发展战略之后，西方的“中国威胁论”再度弥漫。第十三届全国人大将党的十九大精神加以具体化，内外政策充满和平发展氛围，足以让“中国威胁论”无地自容。王毅外长在记者招待会上畅谈新时代中国特色大国外交，义正辞严地驳斥了“中国威胁论”。

“中国威胁论”究为何物？又从何而来？我看它有五个特性。

一是虚伪性。“中国威胁论”是随着中国经济持续高速增长，中国发展模式显示巨大成效，被渲染的“中国崛起”“强国战略”引起外界或敌视或疑虑，从而杜撰的一种谬说。

新中国诞生近70年来，始终追求和平发展。从20世纪50年代倡导和平共处五项原则，到当今高举“和平、发展、合作、共赢”旗帜，漫长的岁月从道理到践行，都证明了“中国威胁论”并不存在。试问，至今有哪个国家能像中国这样公然宣布“不首先使用核武器”？有哪个国家比得上中国根据联合国安理会的部署派出那么多的维和部队？

“中国威胁论”产生于冷战思维。一旦冷战思维作祟，在有些人眼里好事也变成了坏事。例如“一带一路”的原则分明是“共商、共建、共享”，怎么就成了“中国国际扩张主义”呢？

“中国威胁论”在冷战结束后，一直主导着西方尤其是美国的对华思维。这正是美国当局推脱中国构建新型大国关系主张、导致美中关系发展历经波折的根本原因。

“中国威胁论”制造者和推行者敌视社会主义，总想借口中国威胁来改变中国的颜色。中国有句俗话，叫作“井水不犯河水”。两种不同社会制度的国家，应该是也只能是长期共存。硬是要把自己的一套强加于人，历史得出的结论是“行不通”。

所以说，“中国威胁论”的本质是“威胁中国论”。

二是阵发性。自新中国诞生以来，散布“中国威胁论”可说是一种常态。但随着国际形势的发展和攻击者心态的变化，往往时有起伏。

冷战结束后的将近30年，“中国威胁论”突出的表现有三大波。

第一大波是苏联解体、中国改革开放起步并获得显著成就之后。西方在为苏联解体弹冠相庆的同时，祭起“中国威胁论”法宝，试图接着搞垮社会主义中国。邓小平洞若观火，曾先后提出应对局势的“28 字方针”：冷静观察、稳住阵脚、沉着应付、善于守拙、决不当头、韬光养晦、有所作为。西方奈何不得，中国却岿然不动，继续沿着和平发展的道路稳步前行。

第二大波是美国开始走下坡路的时候。进入 21 世纪以来，美国连续经受“9·11”事件、伊拉克战争，尤其是金融危机等多方面的冲击，而中国从 2011 年开始成为世界第二大经济体。资本主义制度的弊端与“中国模式”的成功形成巨大反差，引起西方的恐慌，又激发“中国威胁论”猛然抬头。

第三大波是中共十九大制定中国发展的近期、中期和长期宏伟规划之后。面对中国特色社会主义取得辉煌成就，西方更是惶恐不安，炮制了为“中国威胁论”加油添醋的种种新名词，诸如“锐实力”“债权帝国主义”“新帝国主义列强”等等。

三是劣根性。编造和传播“中国威胁论”的人，背景不尽相同。始作俑者多出于霸道+张狂。自以为“老子天下第一”，接受不了文明的多样性，容不得他人根据本国国情与人民意愿，选择自己的社会制度、发展道路和生活方式，千方百计要把自己的价值观推向全球。随声附和者，多半是对中国的强劲发展存在顾忌和忧虑。总之，罔顾事实，心态扭曲，被冷战思维支配，则是其共同的劣根性。

四是迷惑性。西方拥有强大的舆论工具，其煽动作用非同小可。“中国威胁论”的确能够迷惑一些对中国怀有传统偏见的人，尤其是一些不明真相的人。西方这类舆论工具采取卑劣手段，常常是歪曲中国的形象，把中国存在的问题、正在着力解决的问题任意加以夸大渲染，然后按照“中国威胁论”的思路做出骇人听闻的解读。

本来，国与国之间的合作与竞争是并存的，在合作中竞争，在竞争中合作，从而导致互利共赢。这属于国家关系发展的常规。而“中国威胁论”鼓吹者，却蓄意把中国与他国合理的竞争夸大为对抗，更容不得中国的世界地位提升并发挥引领作用，从而让人相信“中国威胁论”。

五是脆弱性。“中国威胁论”毕竟经不起时间考验，根本原因在于它脱离中国的现实，违背事物的逻辑。

中国还有句俗语，叫作“你走你的阳关道，我走我的独木桥”。中国坚定不移地沿着中国特色社会主义道路前进。究竟谁是阳关道，谁是独木桥，要由实践检验，不是一厢情愿自己说了算。

今后中国仍会在“中国威胁论”鼓噪声中和平发展。但可以深信，随着人们对中国实情的了解增多，“中国威胁论”的市场定会越来越缩小。为此，我们通过各种国际渠道，借助切实有效方式，在对外宣传中讲好中国故事，是非常重要的。

“中国威胁论”与“中国崩溃论”是一体两面。如果说“中国崩溃论”业已成为国际笑柄，那么“中国威胁论”迟早也会被公正的国际舆论所唾弃。

（载《中国战略观察》，2018 年第 4 期）

中俄关系：风雨同舟 70 年

中（苏）俄建交 70 年的关系，形象点说，离不开风雨和阳光。中华人民共和国成立，苏联第一个建交，秋高气爽。毛泽东访苏，滞留甚久，一度阴雨缠绵；商谈结果圆满，雨过天晴。这晴朗天空一直延续到赫鲁晓夫当政初期。以苏共二十大为开端，两国两党分歧逐渐暴露，随后争议频发，风起云涌；乃至苏联从中国撤退专家，掀起大论战，风雨交加。勃列日涅夫时期，入侵捷克斯洛伐克和阿富汗，在中国边境两次兵戎相见，疾风暴雨。安德罗波夫-契尔年科短暂过渡期，直至戈尔巴乔夫上台，关系走向正常化，风平浪静。苏联解体、叶利钦当家，形成中俄战略协作伙伴关系，风调雨顺。普京主政 19 年，中俄全面战略协作伙伴关系不断深化发展，风和日丽。

一、友好合作令人铭记

斯大林在世的三年多时间及赫鲁晓夫当政初期，两国保持友好合作关系。

苏联于 1949 年 10 月 2 日率先与中华人民共和国建交。毛泽东访苏，出席斯大林 70 寿辰庆典，签订中苏友好同盟互助条约，增强两国互信与合作。苏联以设备、机器和各种材料的商品形式向中国提供 3 亿美元贷款。1950 年 2 月，两国政府签订《关于中国长春铁路、旅顺口及大连的协定》。1952 年中国“一五”计划时，苏联同意帮助中国建设 141 项重点工程。朝鲜战争期间，苏方向中国提供了大量军事援助，其中包括一千架米格 15 型飞机和中国运输系统的军事工业援助。朝鲜战争中苏联的飞机和苏联一个航空团和年轻的中国空军一起创造了令美国恐惧的米格走廊。1953 年 3 月，周恩来率领中国代表团赴苏吊唁斯大林逝世，毛泽东发表题为《最伟大的友谊》的纪念文章。

新中国面对帝国主义遏制和封锁，奉行向苏联“一边倒”方针，有其必然性。苏联也需要新中国的支持。斯大林战后与美英搞的雅尔塔协定有损中国利益，但他对中国革命的胜利和建国初期的建设，帮助是巨大的。对此中国人民心怀感激。

赫鲁晓夫是在搞掉“反党集团”之后上台，当时中国从大局考虑，公开表示了对他的支持。1954 年 9 月赫鲁晓夫率团访华，签订协议，苏联给予中国 5.2 亿旧卢布贷款，新建 15 项工业企业，扩大原有协定 141 项企业设备供应范围。随后，交接旅顺口海军基地，将各股份公司的苏联股份移交给中国。这些是为发展两国关系做了好事。

二、关系恶化彼此受损

赫鲁晓夫十年期间，两国关系逐渐恶化。

1956 年 2 月举行苏共二十大，双方在斯大林问题上的分歧成为后来论战的起点。1957 年两国关系气氛良好，4 月苏联最高苏维埃主席团主席沃罗希洛夫访华，受到隆重热烈接待。11 月毛泽东率团参加十月革命四十周年庆典并出席各国共产党和工人党代表会议。11 月 10 日中共中央向苏共中央提交了《关于和平过渡问题的意见提纲》，这个问题是两党分歧的又一个起点。

1958 年 8 月 23 日—10 月 5 日，解放军炮击金门，目的是遏制美国分裂中国的阴谋，回击蒋军反攻大陆的叫嚣，却遭到赫鲁晓夫的反对。1959 年 6 月 20 日苏联政府宣布中止 1957 年签订的中苏关于国防新技术的协定，拒绝向中国提供原子弹样品和生产原子弹的技术资料。1960 年中方开始回击赫鲁晓夫，4 月 22 日发表了纪念列宁诞辰九十周年的文章和讲话。6 月 5—9 日世界工联理事会第十一次会议在北京召开，双方发生激烈争论。6 月 24—26 日举行布加勒斯特会谈，赫鲁晓夫对我搞突然袭击。1960 年 9 月 1 日之前苏联撤回在华工作的全部苏联专家。1961 年 10 月召开苏共二十二大，将斯大林的遗体焚毁，公开攻击阿尔巴尼亚劳动党。从 1962 年 12 月 15 日至 1963 年 3 月 8 日，中国先后发表了《全世界无产者联合起来，反对我们的共同敌人》等七篇文章。1963 年 7 月 14 日苏发表《苏共中央给苏联各级党组织和全体党员的公开性》，意味着大论战开始。同年 7 月 25 日，美苏英三国在莫斯科签订了部分（大气层、外层空间和水下）禁止核试验条约，中国政府声明，这是企图“把一切受核威胁的爱好和平的国家的手脚束缚起来”。从 1963 年 9 月 6 日到 1964 年 7 月 14 日，中方发表九篇文章。1964 年苏斯洛夫在苏共中央二月全会上作了全面反华报告。1964 年 10 月 14 日赫鲁晓夫下台。

关于大论战，中国方面反对苏共老子党作风，是有道理的，其中也包含对于如何发展社会主义的争议。但如邓小平所说，双方都讲了许多空话。赫鲁晓夫揭开了批判斯大林个人迷信的盖子，但抹黑苏联社会主义历史，导致历史虚无主义泛滥，这为后来苏联解体埋下了伏笔。

勃列日涅夫当政之初，中方谋求改善关系未果，这 18 年两国关系更趋紧张。

1964 年 11 月周恩来率领党政代表团参加十月革命 47 周年活动，并同苏共新领导进行接触，试图改善关系。但苏方表示在国际共运特别是中苏关系问题上同赫鲁晓夫没有一丝一毫差别，仍坚持于 1965 年 3 月在莫斯科召开 19 个共产党和工人党参加的国际会议，这意味着国际共运组织上分裂。随后中方拒绝出席苏共二十三大，意味着两党关系决裂。1968 年 8 月苏军入侵捷克斯洛伐克，1979 年 12 月派兵入侵阿富汗，中方坚决反对。

勃列日涅夫当政的 18 年，苏联国内经济停滞，对外奉行扩张主义政策。中国制定了联合美欧的“一条线”战略，对付苏联。

三、相向而行迎来转机

安德罗波夫和契尔年科加在一起两年半时间，是两国关系改善的过渡期。戈尔巴乔夫经历的五年多当中，两国关系逐渐走向正常化。

安德罗波夫上台后的做法给人以新鲜感。他将“建成发达社会主义”降格到“起点”，一再表达与中国改善关系的愿望。中方对其政策调整寄予厚望。中断了 20 多年的边贸于 1983 年 4 月恢复，两国政府特使也恢复磋商，1983 年 7 月中国对外友协和中苏友协代表团应邀访苏。

契尔年科时期两国关系继续有所改善，一次重要活动就是 1984 年 12 月苏联部长会议第一副主席阿尔希波夫访华，双方签署了经济技术合作协定。这是 15 年来苏联高级领导人首次访华。

戈尔巴乔夫上台后，委婉表示接受中方提出的消除“三大障碍”主张。邓小平在 1985 年 6 月军委扩大会议上宣布，调整针对苏联的“一条线”战略。1989 年 5 月戈尔巴乔夫访华，邓小平提出“结束过去，开辟未来”，两国两党关系实现正常化。1991 年 5 月江泽民总书记回访苏联。

中苏两国的命运发生截然不同的转折。苏联解体，向中国敲起了警钟，也改善了环境，提供了机遇，招来了压力。面对苏东剧变，邓小平先后提出的“冷静观察，稳住阵脚，沉着应付，善于守拙，决不当头，韬光养晦，有所作为”28 字方针，对于中国的稳定与中国特色社会主义的发展，意义重大。

四、战略协作日益加深

叶利钦的八年，两国关系连上三个台阶：1992 年确认彼此是友好国家，1994 年建立建设性伙伴关系，1996 年建立平等信任、面向 21 世纪的战略协作伙伴关系。期间普里马科夫先后担任外长和总理，倡导“全方位外交”，对改善中俄关系起到了积极推动作用。

中俄关系被双方领导人称作大国关系典范。其特色在于：不结盟而能实行战略协作，关系密切而不存在依附性，维护各自尊严和利益而无损害对方之心，有利益分歧而能通过协商解决，根据是非曲直处理国际事务而不搞双重标准。

普京主政 19 年来，两国关系日益加深，不断创新发展。第一次创新，2001 年 7 月签订睦邻友好合作条约。与之相适应，随后妥善解决了两国边界问题。第二次创新，持续举办了多种形式的友好年。通过这些生动活泼、激励人心的活动，增进了两国人民尤其是青年的相互了解和信任，为中俄全面战略协作伙伴关系注入强劲的动力。第三次创新，推行“一带一路”与欧亚经济联盟对接，从多角度、深层次共建人类命运共同体。

普京奉行的发展战略与内外政策，举世瞩目，也有与中国某些相似之处。普京所说的“国家方针”，包括三方面内容。其一，基本路线：以维护政局稳定、保持社会和谐为基本目标的“可控民主”，以注重效率、兼顾公平为基本特征的社会市场经济，以“平衡性”为基本指导原则的全方位外交。其二，治国方略：以国家利益为核心，以强国富民为使命，以经济发展为前提，以民族精神为动力，以强有力政权为依托，以团结全社会为手段，以历史教训为借镜，以选择适合本国国情道路为方向，以优化外部环境为条件，以重振大国地位为目标。其三，价值观：将当今俄罗斯社会存在的三种主要思潮——自由主义、社会主义和民族主义加以融合和取舍，有所选择、有所侧重地运用于经济、政治和外交领域。以上这些，构成了普京道路的特点。

五、经验教训弥足珍惜

从中俄建交70年的历程中，可以得到以下启示：

其一，中苏之间曾经发生的争论，其实是人类社会在探索社会主义过程中的一种碰撞。作为一笔重要遗产，要善于总结经验，接受教训。

其二，意识形态因素错位会对国家关系产生严重损伤。富有生命力的和平共处五项原则才是处理国家关系（无论社会制度不同或者相同）的唯一正确的选择。不以意识形态划线，求同存异，包容互鉴，其实体现了不同文明之间的相互尊重。

其三，当今中俄关系受制于大国关系调整的一般规律并起到表率作用。这个规律是由起点、过程和结果三个部分组成。起点：维护自身的利益，同时尊重对方的利益，缺一不可；过程：合作与竞争同在，摩擦与妥协并存，合作要诚信，竞争要守规矩，摩擦要不导致对抗，妥协要适度。结果：互利共赢，而不是哪一家收益。

其四，中国和俄罗斯由于各自的大国地位和世界影响及地缘政治因素，彼此的关系总是牵动着世界战略格局。面对“百年未有之大变局”，中俄全面战略协作伙伴关系不仅符合两国和两国人民的根本利益，也是维护和促进世界和平与稳定的强大因素。

（载《中国战略观察》，2019年第5期）

认识并践行真正的多边主义

今年4月20日，在博鳌亚洲论坛2021年年会南海主题分论坛上，一位学者在发言中说："我觉得在南海问题上，实际上今天是两种多边主义竞争。"他进一步说明，美国主要是排他性的多边主义，无论是印太关系也好，或者是侧重于民主同盟也好，都是排他性多边主义，中国实际上这些年也在搞多边主义，但中国的多边主义却是包容式的。

这位学者是很有影响的国际问题专家，经常发表一些具有真知灼见的高论。不过，他关于"多边主义"的这种解读，虽对美国的行为持批评态度，仍让我产生一些疑问。当时我在与同行交流时，写了这样一段话：从现象上看，这位学者的说法是有根据的，但是从本质说，美国奉行的是维护其霸权地位的单边主义，它拉拢小圈子是推行单边主义的需要，是单边主义的多边光环而已，称不上多边主义。多边主义是一个正面用语，多边主义与霸权主义是格格不入的。习近平主席在论坛视频主旨演讲中说，"应该坚持真正的多边主义"。这可以印证为美国搞的一套并非真正意义上的多边主义。如果在舆论中传播谁都是在推行多边主义，那就难免对读者产生误导乃至麻痹作用。

为进一步探讨这个问题，我再次研学了习近平总书记的有关论述，也查阅了西欧大国一些政要的言论，现将个人的心得体会整理如下。

第一，"多边主义"一词是冷战结束后，适应世界多极化和经济全球化而流行起来。"多边主义"与"单边主义"历经了多年的反复斗争。在当今处于“百年未有之大变局”，伴随着美国奉行“单边主义”亦即“霸凌主义”甚嚣尘上，弘扬和推进“多边主义”具有更为深刻的现实意义和历史意义。

国际学界给予多边主义所下的定义，各抒己见，虽存有差异，并非截然对立，可以参考。大致是：人们将研究多边外交行为和活动的理论称为“多边主义”（multilateralism）。按照欧洲人的定义，多边主义是指“两个以上的国家进行国际合作，旨在解决国际问题、处理由于国际关系中人们所认知的或实际存在的无政府状态所引发的冲突”。除了从制度层面界定外，多边主义还是认识和分析国际关系的一种途径和实现国家大量合作的方式，以及对国际普遍的行为准则和规制的重视和遵守。作为一种着眼于发展国家行为体之间良性互动的社会性安排，协调与合作是多边主义的基本特征。多边主义主要包括体系层次上的全球多边主义、亚体系层次上的区域多边主义，以及单位层次上的国家多边主义，强调从个体到整体的合作性的互动实践方式，以及从全球到区域的多边制度结构。

笔者认为，从本质上讲，多边主义具有以下特点：

多边主义的最高载体首先是联合国，遵循的集体原则是联合国宪章。正因为如此，中国和坚持多边主义的国家历来强调，联合国应该在维护世界和平与发展中起主导作用。而美国，为把持霸权地位，得意时凌驾于联合国之上，失意时置身于联合国之外。习近平主席今年 5 月 6 日在与联合国秘书长古特雷斯通话时指出，世界需要真正的多边主义，各国应按照联合国宪章宗旨和原则办事，不能搞单边主义、霸权主义，不能借多边主义之名拼凑小圈子，搞意识形态对抗。

多边主义在以和平与发展为主题的经济全球化时代，是唯一正确的选择。诚然，如学界所云，多边主义是关涉世界如何运转的一种信念，全球化时代赋予它新的生命力。当今多边主义的张扬正是源于这一时代的深层动力。加强 WTO 等国际组织的作用，也正是发展多边主义以适应经济全球化的需要。习近平主席 2019 年 11 月 30 日出席在阿根廷布宜诺斯艾利斯举行的 G20 峰会第一阶段会议的讲话指出，当前世界经济风险上升，多边主义、多边贸易体制受到冲击，这不符合国际社会共同利益。在当前“百年未有之大变局”背景下，金砖国家要加强团结，把稳方向，密切沟通协调，展现责任担当，共同推动全球治理沿着正确道路走下去，维护世界经济稳定、发展、繁荣。

多边主义还体现了世界战略格局的总体态势，客观上否定单极世界论，肯定世界多极化。我国党和政府历来将世界多极化作为制定国际战略和外交政策的一大战略认知。如今却有人仍在强调和鼓吹美中两极世界论，这无异于变相地宣扬单边主义，也是有意无意地为美国把中国作为主要竞争和打击对手提供理论依据。

多边主义在国与国之间倡导的是国际关系民主化，亦即国家无分大小、强弱、贫富，主权应该平等。这是不言自明的道理。

所以说，“多边主义”是一个正面的、积极的专有名词，不宜给它加上负面的形容词，诸如排他的多边主义、暴力的多边主义之类。打个比方（比方不可能完全确切），爱国主义、国际主义也都是正面的积极的名词，如果加上负面的消极的形容词，就会变得不伦不类了。

第二，习近平主席对多边主义作了完整的、透彻的论述。今年 1 月 25 日他在北京以视频方式出席世界经济论坛“达沃斯议程”对话会，以《让多边主义的火炬照亮人类前行之路》为题发表特别致辞，具有经典性意义，值得我们认真学习和领会。其中要点是：

多边主义的要义是国际上的事由大家共同商量着办，世界前途命运由各国共同掌握。在国际上搞“小圈子”“新冷战”，排斥、威胁、恐吓他人，动不动就搞脱钩、断供、制裁，人为造成相互隔离甚至隔绝，只能把世界推向分裂甚至对抗。

要坚持通过制度和规则来协调规范各国关系，反对恃强凌弱，不能以多边主义之名、行单边主义之实。规则一旦确定，大家都要有效遵循。“有选择的多边主义”不应成为我们的选择。

21 世纪的多边主义要守正出新、面向未来，既要坚持多边主义的核心价值和基本原则，也要立足世界格局变化，着眼应对全球性挑战需要，在广泛协商、凝聚共识基础上改革和完善全球治理体系。只要是对全人类有益的事情，中国就义不容辞地做，并且做好，用实际行动践行多边主义。

第三，如今国际上围绕多边主义差异的焦点，并非在所谓定义上；就多边主义与单边主义相对立这一点而论，西欧一些大国政要也是认同的。举例来说：

德国总理默克尔 2018 年 9 月 27 日在柏林说，欧洲团结和多边主义秩序正承受威胁，欧洲联盟和德国都面临分水岭时刻。2020 年 8 月 28 日，她在柏林举行的记者会上强调，应继续坚持多边主义，并与中方保持对话。2021 年 1 月 26 日她在达沃斯论坛发表讲话时表示，现在是全球化的时代，人们的生活有赖于全球的联系。“因此，我们必须选择多边主义的道路，孤立主义无法解决问题。”在随后的问答环节中，她又说：“中国领导人昨天发表了讲话，我和他在支持多边主义方面的想法是一致的。”

法国总统马克龙 2018 年 4 月 25 日在美国国会发表演讲时，提倡构建一种新型多边主义作为 21 世纪世界秩序的基石。他说，这种新型多边主义应该更加高效、负责并以结果为导向，将是一种“强有力的多边主义”。2019 年 5 月 14 日他在巴黎会见非政府组织“和平领导者论坛”理事会全体理事时表示，当前多边主义遭受质疑，国际贸易、气候变化等多边合作核心领域受到冲击，世界各国应共同努力，坚定维护多边框架，提升对多边主义信心。同日法国总理菲利普也表示，某些国家放弃和否定多边主义，对世界和平构成严重威胁，各国应超越短期利益和狭隘民族主义，坚持开放与合作，共同维护世界和平与稳定

意大利总理早在2006年7月12日与到访的联合国秘书长安南会谈后说，坚持多边主义是意大利外交政策的根本点和出发点，意大利重视和支持联合国在国际事务中发挥更积极的作用。

第四，博鳌亚洲论坛2021年年会是弘扬多边主义的又一见证。

在4月20日上午举行的大会开幕式上，世界贸易组织总干事奥孔乔-伊韦阿拉发表主旨演讲，说疫情防控和经济复苏给发展中国家尤其是低收入国家带来了巨大的挑战，多边机构尤其是WTO应当发挥更大作用。她希望能与中国联手，继续推动WTO实现既定目标，重振多边主义。她表示，展望未来，我们要加强多边主义，更有效地进行全球治理，支持这种强大的持续的包容性全球经济复苏。还说自己非常高兴地看到，多边主义又得到了重振，中国的“十四五”规划提出加强多边主义，习主席也强调这一点——中国也要确保WTO的顺利运行。

博鳌亚洲论坛理事、菲律宾前总统阿罗约4月19日也发表了自己的看法，称我们在寻求一种新的国际合作方式，但是重要的事情在于在后疫情时代，多边主义才是正确的方式。

（载《国际网》，2021年5月10日）

《中俄睦邻友好合作条约》的历史贡献

《中俄睦邻友好合作条约》签署 20 年，正处于“百年未有之大变局”，条约的生命力越来越得到彰显。适逢美国为挽回世界霸主地位颓势、疯狂推行以反华、反俄为主的霸权主义甚嚣尘上之际，我们很有必要来研讨、评估一下《中俄睦邻友好合作条约》的历史贡献。

从双边、多边和全球的角度加以观察，《中俄睦邻友好合作条约》至少做出了五大历史贡献。

其一，条约将中俄全面合作提升到了一个新的发展阶段。作为新世纪指导中俄关系健康稳定发展的纲领性文件，条约将世代友好、永不为敌用法律形式固定下来，将 1996 年确立的平等互信、面向 21 世纪的战略协作伙伴关系务实化，以求增强政治信任，加深传统友谊，扩大互利合作，促进共同发展。20 年的实践业已证明，这一切完全做到了，而且做得令人满意。

《中俄睦邻友好合作条约》是中俄关系史上名副其实的重要里程碑。与 1950 年《中苏友好同盟互助条约》相比，除历史背景、国家实力与世界地位差距而外，《中俄睦邻友好合作条约》具有三点划时代意义的特色：1. 确认世代友好、永不为敌；2. 首倡结伴不结盟；3. 宣称超越意识形态，尊重各自的道路选择。

其二，条约树立的结伴不结盟的创举，足以影响整个国际关系。条约摈弃了那种不是结盟就是对抗的冷战思维，成为后来世界上许多国家广为采纳结伴不结盟原则的范本。这不仅是对冷战时期结盟观的否定，也是对北约的直接否定。从本质上讲，结伴不结盟原则顺应了世界多极化、经济全球化和国际关系民主化三大潮流，体现了以互信求安全、以互利求合作的新型国家关系。

条约还宣布，缔约双方将在预防国际冲突及其政治解决方面相互协作。缔约双方将加强在联合国及其安理会和联合国专门机构的合作。这是对联合国宪章宗旨与原则的弘扬和发展，也是对和平共处五项原则的丰富和发展。

其三，条约吹响了打破美国主导的国际旧秩序的号角。缔约双方主张，严格遵守公认的国际法原则和准则，反对任何以武力施压或以种种借口干涉主权国家内政的行为，愿为加强国际和平、稳定、发展与合作进行积极努力。这意味着，条约虽然在多处明确规定不针对第三国，但不等于无视第三国的侵略行为；两国虽然不结盟，但将携手应对美国的霸权主义。如今美国举起双拳打击中俄的愚蠢做法，从反面证明了这个条约存在的重要意义。

其四，条约为加强和巩固上海合作组织起到规范作用。双方合力打击三股势力，致力于将两国边界建设成为永久和平的边界，从而使得上合组织覆盖的这一地区成为当今世界最稳定的地区。这说明条约对地区和世界的和平、安全与稳定产生了重大影响。

中俄加强和巩固双边关系，形成相互依托，带动上合组织成员国，促进“一带一路”与各自发展战略构想对接，也为推进构建人类命运共同体作出了贡献。

其五，条约有助于我国的统一大业。俄方承认，世界上只有一个中国，中华人民共和国政府是代表全中国的唯一合法政府，台湾是中国不可分割的一部分。俄方反对任何形式的台湾独立，支持中方在维护中华人民共和国的国家统一和领土完整问题上的政策。显而易见，在我实现祖国统一过程中，俄罗斯将是唯一可能给予我们支持和援助的大国。

（2021 年 5 月 12 日在一次研讨会上的发言要点）

第二部分

地区热点与世界战略格局

当今世界格局：争议与认识

党的十八大报告指出："世界多极化、经济全球化深入发展，文化多样化、社会信息化持续推进，科技革命孕育新突破……""世界多极化"是我们党对世界格局所做的一贯性的基本判断。鉴此，本文就近年来国内外围绕世界格局的争议做一综述，兼谈笔者的看法。

世界格局问题在冷战时期便存在争议。自从20世纪80年代邓小平首先指出世界呈现多极化趋势之后，那时的争议基本上围绕两极还是多极化展开。苏联解体、冷战结束，美国成为唯一超级大国，特别是美国肆无忌惮地于1999年发动科索沃战争、2003年发动伊拉克战争之后，单极世界论凸显，世界格局多极化的论断再次受到挑战。2008年金融危机发生以来，鉴于美国的霸主地位减弱、国际影响力下降，于是否定单极世界的无极论大为抬头；与此同时，中国和平发展取得举世瞩目的成就，美中相互依存关系空前加深，于是（特别集中在2009年）中美共管世界的"G2论"开始流行。加之，以金砖国家为代表的新兴国家快速崛起，八国集团的作用逐渐被二十国集团取代，于是多极化论再次受到重视。总之，冷战结束20余年来，世界多极化趋势并未中断，国际形势的复杂多变却导致对世界格局的争议相当之热烈。当今国内外关于世界格局的评说五花八门，甚至可以看到一种奇特现象，例如有人今天在一家刊物上撰文肯定多极化，明天又在另一家刊物上大谈无极世界、非极化。杂乱无章，可见一斑。

一、我国领导人提倡世界多极化

邓小平在 20 世纪 80 年代奠定了认识世界多极化的理论基础，对此人们耳熟能详，无须引证。此后党的历届代表大会和领导人在其他重要场合的讲话，往往都要提及世界多极化。例如 1992 年 10 月党的十四大报告称："当今世界正处在大变动的历史时期。两极格局已经终结，各种力量重新分化组合，世界正朝着多极化方向发展。新格局的形成将是长期的、复杂的过程。" 1997 年 9 月党的十五大报告称："多极化趋势在全球或地区范围内，在政治、经济等领域都有新发展，世界上各种力量出现新的分化和组合。" 2002 年 11 月党的十六大报告称："世界多极化和经济全球化趋势的发展，给世界的和平与发展带来了机遇和有利条件。新的世界大战在可预见的时期内打不起来。争取较长时期的和平国际环境和良好周边环境是可以实现的。" 2007 年 10 月党的十七大报告称："当今世界正处在大变革大调整之中。和平与发展仍然是时代主题，求和平、谋发展、促合作已经成为不可阻挡的时代潮流。世界多极化不可逆转，经济全球化深入发展，科技革命加速推进……"

我国领导人关于多极化的思想和主张，大致可归纳为：

其一，世界多极化进程的特点是复杂性、长期性和曲折性。导致多极化曲折性的原因，一般是指霸权主义和单边主义凸显，南北差距和贫富鸿沟扩大，局部冲突此伏彼起。

其二，世界多极化并不像经济全球化那样是一把"双刃剑"。世界多极化与单极世界针锋相对，其主流是积极的。我国领导人有时也将世界多极化与经济全球化相提并论，说这些趋势给国际社会的相互关系和经济文化的发展，带来错综复杂的局面，因而我们在前进的道路上既面临着难得的机遇，也面临着种种严峻的挑战和压力。这里强调的问题方面，更多是指经济全球化。

其三，我国领导人有关多极化的论述包含多层意思。一是致力于建立一个多极世界，符合世界发展的客观规律，有利于体现各国和各国人民的共同意愿与利益，有利于推动建立公正合理的国际政治经济新秩序，有利于促进世界政治经济文化的协调平衡发展。二是多极化并非针对特定国家，而是世界各种力量在平等互利的基础上，加强协调和对话，不搞对抗，共同维护世界的和平、稳定与发展。三是推动世界多极化，不是要重演历史上大国争霸和瓜分势力范围的旧剧，而是要推动世界各国各地区平等竞争、互利合作、和平相处、共同繁荣。四是同时要积极推动国际关系民主化，也就是说各国的事情要由各国人民作主，国际上的事情要由各国平等协商，全球性的挑战要由各国合作应对。五是这种多极化的最终形成将经历一个漫长、曲折、复杂的演进过程。单极世界是行不通的。

二、外国一些政要宣扬世界多极化

在20世纪八九十年代直至冷战结束后相当长一段时间，建立多极世界的构想得到国际社会较为广泛的认同。动机也许不尽一致，但是反对由某个国家主宰世界的意愿则是相同或相似的。限于篇幅，下面简要列举数例。

俄罗斯官方对世界多极化持坚定立场。叶利钦时期，一是将多极化思想纳入正式文件。例如《俄联邦安全战略构想》中指出，“其他国家抵制俄罗斯作为正在形成的多极世界中一个有影响的中心的企图在不断增强”。二是发表抵制单极世界的言论。例如1998年2月叶利钦强调说，“当今世界由一个国家独霸世界是不可能的，也是很危险的”，多极世界是“最明智、最民主的一种国际社会体制”。普京和梅德韦杰夫先后担任总统期间与中国领导人多次发表的联合声明，都提及多极化。就最近的来说，例如2009年6月称：“两国元首主张建立以多极化、平等和完整的安全体系、照顾彼此利益为关键要素的亚太地区国际关系架构，强调应在互利和非歧视的基础上，根据开放原则促进一体化进程。”2012年6月称：“新兴经济体的作用不断提升，世界多极化趋势深入发展。应对当今全球性挑战的必要性客观上要求各国团结一致，开展各种形式的协作和互利合作。”

欧亚一些发达国家领导人主张建立多极世界。2001年1月4日法国总统希拉克在谈到欧盟与美国和俄罗斯的关系时，表示重申法国将为建立一个多极世界而努力。2000年4月6日法国外长访问阿根廷时，呼吁警惕世界单极化所带来的危险，强调“我们的愿望是建立一个多极化的世界”。2003年5月28日施罗德总理在八国集团首脑会议召开前夕，面对柏林勃兰登堡门前20万听众表示“我确信文明社会需要一个多极世界”。2001年8月葡萄牙总理、社会党国际主席古特雷斯在德国发表演讲称，“必须把建立一个多极世界作为优先目标”。

亚非拉一些发展中国家领导人支持世界多极化。哈萨克斯坦总统纳扎尔巴耶夫1999年8月24日在同中国领导人会晤时，表示目前确有一股势力企图建立单极世界，并以“人权”“民主”为名干涉别国内政，这确实令人非常不安。2000年10月30日委内瑞拉总统查韦斯在与卡斯特罗共同主持的记者招待会上提出主张建立多极世界，要让20世纪国际关系中霸权主义和帝国主义的两极模式成为过去。

三、单极世界论的盛行与批判

苏联解体后，单极世界论源自美国政要，意在为美国推行单边主义鼓噪。威廉·C. 沃尔弗斯始作俑者，1999 年他在美国《国际安全》杂志第 5 期发表《稳定的单极世界》一文，首次明确提出冷战后的世界是美国主导下的单极世界，称美国作为仅存的超级大国，拥有独一无二的地缘政治地位，也是惟一具有全球行动能力的大国，世界上没有别的大国能与之抗衡。美国前总统国家安全助理布热津斯基 2002 年 6 月在华盛顿接见到访的中国代表团时，也说当今世界就是单极世界。美国国务卿亲自出马宣扬单极世界、攻击多极化，赖斯开先例。2003 年 6 月 25 日，时任美国总统国家安全助理的她，在伦敦国际战略研究所发表演讲，说："'多极世界'决不是一个统一的主张，它是阻止战争必需的恶魔，但它并不能促进和平。多极世界是一种竞争理论，它带来竞争利益，在最糟的情况下，带来竞争价值。"

英国历来追随美国。《金融时报》2009 年 12 月 5 日发表题为《为何奥巴马不希望一个多极世界》的文章，认为衡量国家的实力有三个指标：物质财富、战略实力、实力本能。从这三个指标来看，相比其他国家，美国的优势明显，因此美国不认同世界是多极的这一观点。

反对单极世界的言论甚多，俄罗斯前总理普里马科夫 2003 年 8 月 22 日在《消息报》发表题为《没有超级大国的世界》一文，指出冷战结束后国际关系中出现的结构性变化同单边主义政策是互不相容的；世界朝着多极方向发展。2007 年俄罗斯"外交政策报告"称，"单极世界的神话在伊拉克彻底崩溃了"，"一个强大和更为自信的俄罗斯正在融入积极的世界变革当中"。

美国政要和学者有时也否定单极世界论。美国前国务卿基辛格于 1994 年 3 月在美国《时代周刊》发表文章，认为"对世界的领导地位源于美国的力量和价值观，但它无权宣称美国在通过同其他国家联合而为它们帮忙，也无权宣称它拥有把自己的意志强加给别人的无限能力"。哈佛大学教授塞缪尔·亨廷顿在《外交》双月刊1999年3—4月号刊登文章《孤独的超级大国》，认为“现在世界上只有惟一的超级大国，但这绝不意味着世界是单极的”。他提出，当代国际政治“是一种奇特的混合体系，即一个超级大国与若干大国并存的单极+多极体系”。

对于中国的抬高，集中在2009年。有些人不仅把中国与美国等量齐观，而且认为中国可能成为单极世界。影响较大的是英国马丁·雅克撰于2009年年中写的一本书《当中国统治世界》引起的热议。同年6月26日英国《独立报》评雅克一书称，作者断定，中国将越来越多地作为一个替代发展模式的范例，这可能导致西方在每个领域主导的终结：经济、政治和文化。中国如果不出意外，将统治世界。同年8月10日美国《时代》周刊文章评雅克一书，说未来最可能出现的一种情形是“中国继续变得强大，最终在今后50年里，甚至在许多方面用不了这么长时间就将成为在世界上处于领先地位的大国”。日本《呼声》月刊2009年8月号记者采访投资家吉姆·罗杰斯文章称，我认为今后将是“中国时代”。同年8月26日韩国《朝鲜日报》网站署名文章《“中国时代”比预想来得更快》。

四、无极世界论与非极化论的流行

无极世界论、非极化论及类似的言论，主要是在2008年金融危机发生之后、美国的国际影响力明显减弱的情况下，开始广为流行。

2008年1月18日，时任法国总统的萨科齐在外国驻法使节新年招待会上呐喊说：冷战结束后一度形成的“单极世界”局面已经结束，数年前流行的“超级大国”一词业已过时，未来30年至40年内世界将进入“相对大国”时代。无独有偶，也是同年1月18日，日本《时事解说》双周刊发表题为《日益复杂的“无极”世界》文章，其中引证伦敦国际战略研究所所长约翰·奇普曼的话说，目前世界上“缺乏出色领导国的现象”是一种“无极的世界”；当今世界不是走向有秩序的多极化，而是走向不稳定的无极化。认为由于失去了权威调停者，“无极世界将更加危险”。

中国有的研究人员加以附和。例如2008年《现代国际关系》第4期刊登署名文章《论世界格局的“非极化”趋势》，称“非极化”的发展动力在某种程度上要强于“多极化”。再如2008年5月14日《环球时报》刊登署名文章《“无极世界”意味着什么》，作者赞赏美国对外关系委员会主席理查德·哈斯提出的“无极时代”概念，认为民族国家的权力正在分散和下降，“美国优势”相对衰落之后，世界将进入一个无极世界。

直到2011年还有人宣扬无极的另一版本“零极”。美国《华盛顿季刊》2011年春季号发表署名文章《迈向一个后西方的世界》，称冷战结束后的美国“单极时刻”已经结束，全球进入一个后美国的、后西方的世界，单极世界已经让位给事实上的零极，新兴世界秩序取决于充满混乱和矛盾的地缘政治版图。

值得一提的是，与无极世界相呼应，在我国报刊上出现了标新立异的世界格局“碎片化”的说法。《中国社会科学报》2011年12月29日“年终特刊”记者写了一篇题为《世界格局步入“碎片化”时代》的报道，称当今世界格局进入一个无“领导者”的“碎片化”时代。

批评无极世界的文章则随处可见。例如2009年4月8日《环球时报》署名文章称，这位作者曾发表《迎接多极合作时代的到来》一文，针对美国外交学会会长哈斯先生所谓的多极实际上是“无极”，“无极”即等于“无序”，“无序”的世界是可怕的。

五、新两极论——美中 G2 共管世界

如前所说，中美“两国集团”“G2 论”“无极世界论”是在相同背景下几乎是孪生的。2009 年 2 月美国国务卿希拉里·克林顿访华前后，相关议论之多如雨后春笋。

2008 年 6 月 11 日美国《全球主义者》在线杂志发表文章，提出从现在到未来一代人的时间，东方的一极无疑是中国，而美国作为西方一极的地位至少在未来 10 年也会像中国的地位一样稳固。同年 9 月 26 日俄罗斯《消息报》刊登署名文章，称中国将作为未来两极世界中的一极主导 21 世纪。2009 年 5 月 9 日日本《产业新闻》题为《美中两极理论是否成立》文章，指出美国前国家安全事务助理布热津斯基最初正式建议奥巴马政府采纳美中两极体制政策，发表了建议构建 G2 特别关系的论文。此前，哈佛大学历史学者尼尔·弗格森也强调美中两国在经济层面的相互依存，并且创造出“中美国”（Chinmerica）一词。还有许多说法，标题一目了然，如同年日本《选择》月刊 5 月号文章《美中两超时代的开始》；5 月 1 日法国《论坛报》署名文章《从 20 国集团到 2 国集团：走向美中两强独霸时代》；8 月 26 日韩国《朝鲜日报》题为《中国时代比预想来得更快》署名文章；9 月 21 日俄罗斯《独立报》署名文章《两极世界不是谁的幻想，正变成现实》等等。

正如上述日本《产业新闻》文章所说，G2 理论一出便招来了众多反对之声。称 G2 反对论“最精彩的一笔”是美国外交学会亚洲问题研究部主任伊丽莎白·伊科诺米 2009 年与该中心研究员亚当·西格尔联合发表的题为《G2 幻想》的论文。认为美中两国在政治体制、价值观、统治方式等方面存在基本的差异，不顾这种差异的存在强行展开合作是没有结果的。同年美国《外

交》双月刊5—6月号署名文章《“两国集团”实为海市蜃楼》。同年7月27日台湾《经济日报》称，中美关系专家认为，中美关系虽然重，但还不到G2的地步。现在推动G2“根本不是好主意”。同年8月6日美国《耶鲁全球化》在线杂志发表题为《中美共管世界是白日做梦》的文章，同年12月16日《环球时报》署名文章《“中美共治”是个伪命题》。

两极世界还有其他所指，如2003年9月16日俄新社播发了国立莫斯科国际关系学院教授科诺瓦洛夫的文章，提出世界正在走向崭新的两极，即文明世界与国际恐怖网络之间的对立和斗争。《环球时报》2010年6月23日署名文章称俄美走近将导致世界另一极——“俄罗斯极”出现。

六、三极世界论——几种不同内涵

所谓三极世界，只是把多极化的范围加以缩小罢了。2009年3月30日俄罗斯《独立报》署名文章称世界形成三大矛盾中心：美国、中国和俄罗斯。类似说法，同年美国《外交》双月刊9—10月号普林斯顿大学教授文章《不平衡的三角——中俄关系对美国来说意味着什么》，称在中美俄战略三角中，中国既从俄罗斯获取自然资源与政治支持，又通过与美国发展关系实现自身利益。如果俄美关系无法真正改善，中国或在“中美俄大三角”中占上风。

三大中心另有说法。同年4月2日俄罗斯《消息报》署名文章称，数年后苏联国家将团结在俄罗斯周围，组成一个以普京为领导人的“欧亚联盟”。世界政治格局将形成中国、欧盟和“欧亚联盟”三大力量中心，并成为相当稳固的政治体系。同年4月6日俄罗斯《专家周刊》文章《伦敦峰会后的世界》形成三大集团：盎格鲁-撒克逊人（美国和英国）、欧洲大陆国家（以德法两国为首）和发展中世界（以中国为代表）。同年4月9日阿根廷《民族报》题为《未来的三大帝国》文章称世界正迈向一个长期的冲突阶段，尤以美国、欧洲和中国三大帝国的冲突为主。同年5月1日美国《国家利益杂志》发表前助理国务卿阿布拉莫维茨文章，说在当今日渐混乱的世界中，美日中的三国联系应形成定制并受到呵护。同年德国《欧亚杂志》10月号署名文章称20年后将出现三极，即俄罗斯加欧洲、中国和美国、此外，还有一个伊斯兰世界。同年11月16日美国《华尔街邮报》网站文章称，在世界历史上，北美、欧洲大陆和东亚这三大地区第一次分享世界舞台。

七、杂论——似极非极及其他说法

举几个例子。2008年日本《外交论坛》月刊7月号署名文章《集极时代——21世纪美国外交和八国峰会的走向》，称当今世界进入了一个历史上很少见的时期。作为一个大“极”，美国失去了曾经拥有的力量。而另一方面，俄罗斯、中国以及印度等新兴大国却成为潜在的“极”，其间还有欧洲、日本等旧有大国。这一体制既非单极支配，亦非多极结构或无极状态，而是以美国为中心、汇聚各中小“极”力量的“集极时代”。总之，既非“单极”又非“多极”亦非“无极”，即将到来的是“集极”的时代。

2008年9月16日俄罗斯《独立报》刊登署名文章《世界不应是多极的》。认为存在高度发达的国家和地区或在全球化经济网络中出现多个“发展中心”并不等同于多极化。“极”意味着对抗和对立。而绝大多数潜在的极和多极世界的重点都距离俄罗斯很近。因此，多极化的构想对俄罗斯甚至是相当危险的。从俄罗斯的利益出发，依靠多极化体系未必行得通。

2011年《世界经济与政治》第2期署名文章，在辨析“过渡说”“多极说”“单极说”“中美两国集团（G2）说”的基础上，提出“一超主导、多强制衡”将是未来相当长时期内世界主要战略力量之间关系的基本特征。说多极世界是否稳定、多极格局是否有利于维持世界和平、我们是否具备构建多极世界战略格局的能力、积极倡导多极化对我造成的负面影响等问题都值得我们深入思考。

八、多极世界新解与变相多极化论

维护多极化的文章就更多了，但论据各有侧重，不尽一致。如2009年美国《外交》双月刊3—4月号该刊发表题为《重塑世界秩序》文章，称世界现在是、在将来很长一段时间里仍将是一个1+X的世界，也就是一个超级大国加若干个大国的世界。从1+3变成1+4或1+5、1+6会引起重要的后果，但不会改变下面这个事实：美国将长期处于世界领导地位。同年墨西哥《全球化》月刊10月号署名文章称，七国集团早在英美入侵伊拉克一年之后就已死亡。如果二十国集团在未来的峰会中不能有序地实现真正的多极化，那它就是自掘坟墓。

2010年1月10日日本《读卖新闻》社论称，在世界向多极化转变的阶段，起核心作用的仍将是美国。同年2月24日美国《耶鲁全球化》在线杂志文章《没有霸权的新世界秩序：竞争与合作》，称美国无可匹敌的霸权时代已经过去，新的世界格局正在形成。现在世界格局不再是简单明了的两极或多极关系，合作与竞争并存很可能成为主要力量——美国、中国、欧盟、俄罗斯、印度和巴西——之间的关系模式。同年10月28日法国《费加罗报》署名文章《危机打造的世界》称，这将是一个真正多极世界的降临。

类似多极化的提法还有2011年2月12日俄罗斯报纸网署名文章，称尽量避免使用具有反美色彩的词汇“多极世界”，取代之以“多支点世界”。同年10月1日西班牙《起义报》文章称，全球性的经济大衰退风险削弱了美国的世界领导地位，世界朝着“非西方化”和越来越多极化的方向发展。2012年2月29日日本《东洋经济》发表泷田贤治教授文章《世界迎来“两超多强”时代》。

美国政治学家康纳的观点值得一提。他认为世界是多极化的，但由于经济实力不均，国家或国家集团被分为几个级层。处于第一阶层（“第一世界”）的是美国、中国和欧盟。俄罗斯属于第二阶层（“第二世界”）。

九、几点看法

针对以上争议与疑问，谈几点认识。

其一，所谓世界格局，通常是指具有不同程度世界影响的力量（国家）或力量中心（国家集团）的战略布局及其相互作用的结构性状态。力量或力量中心的呈现，并非像有人所说的“当前国家权力被非国家行为体分散，使得真正的‘极’难以产生”。苏美两个超级大国“一死一伤”，导致世界格局题进入转折性变化的新轮回：超级大国美国严重受挫，新兴国家崛起，多极化的表现富有新色彩；金融危机暴露了资本主义的固有矛盾、特别是新自由主义的恶果；中国的最大国际影响固然有GDP高增长速度和领导人个人风格的因素，但最主要的还是越来越引起国际社会关注的中国发展模式。

其二，在美国鼓吹单极世界、奉行单边主义严重受挫的情况下，由法国前总统萨科齐带头，国际上掀起一股“无极世界”思潮。美国神气时，认同单极世界，美国倒霉时，宣扬无极世界，这是一体两面，无非是唯美国马首是瞻。如今，中国的国际地位上升，中美关系加深，于是又冒出“双头世界”“两国集团论”。这些说法无论居心何在，至少脱离现实，都是冲着世界多极化而来。

其三，国内早期怀疑多极化的一些说法，虽已得到澄清，但至今还不时在媒体出现。例如有人认为多极化提法“不科学”。论点是，在天文学中，“极”的概念指地球自转轴同地球表面相交的两点；电子学中用来指带正电的电极和带负电的电极，即正极、负极，或阴极、阳极。这也就是说，谈不上多极化。殊不知物理学中也有“多极化（性）”一词，中文、英文、俄文概无例外。更何况多极化概念用于国际政治乃是一种形象比喻。既然声称只能存在两极，那又为何要去奉承“单极世界”？

其四，从报刊上不时看到“政治多极化”的说法。这是误传。多极化的涵义离不开经济、军事、科技、文化等要素。世界多极化的前景是多极世界，政治多极化的前景岂不成了多极政治？不能为了与“经济全球化”并提比较顺口，便以词害意，将世界多极化称为政治多极化。

总之，个人以为，多极化问题专家、学者可谈可不谈，但政治家、战略家不能不谈；专家、学者可以这样谈也可以那样谈，但不能给国家利益帮倒忙。

（载中国国际问题研究基金会丛书《国际问题纵论文集》，2012/2013）

关于欧亚地区战略形势的几个观点

研究2012年欧亚局势，需要将它放在全球大环境中来加以认识。

2012年世界局势的特点，可以说是在世界多极化以多种形式深化发展、经济全球化越发势不可挡和国际关系民主化更加迫切的大背景下，表现为以下八个主要方面：

——这是波及全球的经济危机“尾大不掉”仍发淫威，世界经济形势被谨慎地看作趋于缓解，却导致政治领域（尤其是政治体制）争议和摩擦异常激烈的一年；

——这是发达资本主义大国社会制度弊端、内部矛盾凸显，或寻找出路（如欧盟）、或转移视线（如日本）、或转嫁危机（如美国）气急败坏不择手段以求尽速摆脱自身困境的一年；

——这是发达国家与新兴发展中国家经济状况反差更加明显、后者地位进一步攀升而二者相互依存性却不断加深的一年；

——这是处于颓势的唯一超级大国美国仍怀全球霸主图谋但战略重心不得不相对东移，从而诱发一些国家领土领水争端加剧，耀武扬威与狐假虎威“双威”并举的一年；

——这是一些转型国家，尤其是普京再度担任总统的俄罗斯在转型关键时期遇到新难题，排除内外干扰，坚持振兴国家宗旨继续探求本国特点道路的一年；

——这是内外因素交织形成的地区热点此未消而彼又长（如西亚北非）、纠葛频仍（如朝鲜半岛）、警报频传（如以色列、巴勒斯坦与伊朗）的一年；

——这是许多国家（包括一些大国）和地区忙于领导人换届，或继往开来、或另起炉灶、或抱残守缺，“年年岁岁花相似(国际形势这朵花名叫‘复杂多变’)、岁岁年年人不同”的标志性的一年；

——这是中国周边安全环境与外交智慧经受严峻考验但无碍和平发展大局且展示新的亮点、党的十八大举世瞩目并备受期待将带来新发展前景的一年。

正是在上述背景下，产生关于欧亚地区战略形势的几个基本观点。

第一点：2012 年欧亚地区的形势较之以往有所不同。其一，随着乌克兰与格鲁吉亚国内形势朝向有利于俄罗斯的方向变化，北约东扩的步伐继续放缓，身陷困境的美国的影响力进一步减弱。其二，极不受西方欢迎的普京再度担任俄罗斯总统，提出建立主要是针对美欧的“欧亚联盟”构想且逐渐有所进展，显示他成为维护欧亚地区稳定的一大要素。其三，鉴于全球经济危机对欧亚各国的影响延续加深，中国通过上合组织表现出来的经济作用增强，因而与俄罗斯以及其他成员国的磨合任务加重。其四，美国逐渐从阿富汗撤军，势必要在其战略重心东移过程中维系和巩固它这些年在欧亚地区苦心经营所取得的成果，尽管存在一定的未知数。

第二点：美国因素是欧亚地缘政治格局复杂化的首要原因。欧亚地区素来备受世人重视。其中的中亚，既是贯通欧亚大陆的交通枢纽，又是世界石油供应线的咽喉地带，而民族文化接近西亚的阿富汗则位于欧亚大陆的腹部，是大国势力东进西出、南下北上的必经之地。英国地缘政治家麦金德在 1919 年发表高论：“谁统治了东欧，谁就统治了大陆腹地；谁统治了大陆腹地，谁就统治了世界岛（欧亚大陆）；谁统治了世界岛，谁就统治世界。”觊觎中亚战略地位和丰富资源的美国对此心领神会，摸清中亚国家的需求和它们与俄罗斯之间的隔膜，从变换手法策动“颜色革命”到巧立名目谋求军事基地，处心积虑地向中亚渗透。尽管直至2012年仍然说不上如愿以偿，但美国因素毕竟对欧亚地缘政治格局复杂化起了非常特殊的作用。

第三点：2012年是俄美在欧亚地区影响优势更明显向俄罗斯倾斜的一年。俄罗斯对中亚国家施加影响的手段要多于美国。俄罗斯利用地缘优势加大对中亚的经济投入，扩大自己在中亚的军事存在。且中亚国家具有区别于独联体其他国家的特殊性，例如伊斯兰与西方文明的差异，与俄罗斯的情结深厚等等。2004年12月24日一位俄罗斯学者曾在俄罗斯《晨报》上说，被美国演变的第一梯队是波罗的海三国；第二梯队是格鲁吉亚和乌克兰；随后的第三梯队将是摩尔多瓦、亚美尼亚和白俄罗斯；第四梯队则是中亚各国。美国中亚政策的基础是宣扬“西方民主对中亚是更具吸引力的模式”，其实是一厢情愿。伊斯兰教在中亚国家是一种深厚的传统力量，美国对中亚国家可以做到“分化”，但很难使之“西化”。如今连欧洲皈依伊斯兰教的人也越来越多，有人甚至提出“欧洲正在伊斯兰化”的问题。

第四点：要厘清美国战略重心东移与欧亚战略的关系。美国重视欧亚大陆，将其中亚战略置于全球战略的高度加以宣示，这说明在21世纪前20年被公认的战略机遇期中，美国全球战略的布局并非局限于某一个重点，只不过时有侧重罢了。这也反证了把美国着力于协调欧洲、中东、欧亚和亚太战略的做法，简单地归结为“全球战略东移”，是值得商榷的。美国的中亚战略引起我们关注：其一，“9·11”事件后插足中亚，是冷战后美国战略上的一种突破。美国演变中亚国家，是演变苏联的延续，包含针对俄罗斯的意图，但我更要注意包围、演变中国的居心。其二，中亚国家对我之重要性，绝不亚于东北亚和东南亚，因为与存在分裂主义势力的新疆相连。其三，要珍惜与俄罗斯形成的上升到安全战略高度的全面战略协作伙伴关系，扩大与增强与俄罗斯的精诚合作，这是大局。

第五点：欧亚格局发生渐变但不宜统称“大国博弈”。中亚各国的“一号盟友”俄罗斯在中亚的利益有其内在传统性。美国则是另一种状况。中亚历来是美国影响力最薄弱、且渴望渗入而苦于不能得其门而入的地区。如今美国在一定程度上弥补了它在中亚地缘方面的缺陷。中国又是一种情况。中国是在睦邻友好、平等互利的基础上与中亚各国全面发展关系，中亚一些国家对中国的发展模式和成功经验感兴趣，并表示对自己有借鉴作用。以上状况却被西方媒体不分青红皂白地称作“大国博弈”，说什么“美俄中争夺中亚控制权”，“美中俄在中亚再度展开大角逐”等等。这显然不当，我们不能鹦鹉学舌。

第六点：中亚国家无论属于谁的势力范围都对我不是好事。比较而言，俄罗斯影响大，对于我国也就是通常意义上的国家利益合作与竞争的问题；而美国影响大，则不仅如此，它还要借助中亚的地缘政治和地缘经济因素演变中国。我们只能“两害相权取其轻”。至于中亚国家在大国之间“左右逢源”，那不足为怪，平衡外交符合国家利益。早在2005年7月26日美国《耶鲁全球化》在线杂志刊登一篇英国人的文章，说得幽默俏皮：“如果中亚各国能巧妙地让大国相互制衡、自己坐收渔人之利，那么它们将成为最大赢家。”

第七点：要注视和把握欧亚地区的走势。看来，在这个地区美国为相对弱者但呈攻势，俄罗斯是相对强者却呈守势。从该地区俄中美三角关系来看，中国是俄罗斯的借重力量，从俄中双边关系来看，中国又是俄罗斯竞争和防范的对象。这种态势将会贯穿较长一个时期。

第八点：上海合作组织的作用显著但有局限。上合组织基于欧亚地缘政治，11年来成绩斐然 。以“上海精神”（互信、互利、平等、协商，尊重多样文明，谋求共同发展）为标志的精神成果，其价值不亚于某些物质成果。任何一个国际组织都不是万能的，最具权威性的联合国尚且如此。上合组织的前景，取决于各成员国能否把共识化为行动、把蓝图变成现实。期望值不宜过高，我满怀热情唱低调。关于上合组织的地位和作用以及对它的期待，笔者想用以下一段来概括：上合组织的意义首先在于它的存在。对于我国之借重，对于俄罗斯之笼络，对于美国之牵制，对于中亚国家之安抚，对于其他周边国家之诱惑，在保持这种态势从而有利于该地区和平、稳定、发展的基础上，维护并弘扬上海精神，适当地或者说尽可能地乃至争取最大限度地在安全、经济、人文、环保等方面加以物质化，就很不错了。

（载《南方》，2012 年 12 期）

斯诺登事件对俄美关系影响有限

斯诺登事件发生后，已经对俄美关系产生了一定影响。无论此事件还要僵持多久，也无论俄罗斯的态度如何从暧昧变得明朗，美国国务卿克里早已有言在先：这将影响美俄关系。虽然他没有解释从哪些方面产生影响，又会影响到什么程度。这无异于给世人出了一道试题。

事态表明，美国固然处境被动，却总能强词夺理，似乎最有分量的底气是反恐需要与国家利益。俄罗斯处境相对主动，却也有背包袱之嫌，之所以不把斯诺登遣交美国，最有力的杠杆是尊重国际公理与维护人权。有媒体说，这一事件将导致俄美关系“恶化”，洛杉矶时报称之为“僵化”。有人说（尤其是俄罗斯方面）这不会影响俄美关系。据 6 月 26 日报道，俄罗斯总统普京表示希望斯诺登事件不会对俄美关系产生负面影响。7 月 8 日俄罗斯总统发言人佩斯科夫则进一步宣称，斯诺登滞留莫斯科机场属于个人行为，与俄罗斯无关，而俄美总统 9 月初的会晤也不会因此事而受影响。至于前些年媒体喜欢使用的俄美关系陷入“新冷战”的说法，这次竟较为少见。

苏联解体将近 22 年来、特别是进入新世纪之后，俄美关系犹如在全球大舞台上演奏振聋发聩的“较量”交响乐，主旋律为“难得互信”。斯诺登棱镜门事件，则是这首大型交响乐中的一支小插曲。

其实，俄美之间拿类似泄密事件做文章，互打“间谍战”，是屡见不鲜的，并非自今日始。这次斯诺登事件，仍不出所料，正在寻找体面的下台阶。事实一再证明，双方不会因为一支插曲而大动干戈、伤筋动骨，原因是彼此都有自身的大局。

俄美双方都需要建立良好的双边国家关系，尤其是要在复杂棘手的国际事务中谋求对方合作。

人们清楚地记得，俄美关系并非没有过“蜜月”。例如2001年11月普京访问美国，与布什发表“新关系”联合声明。其中称，俄罗斯与美国“已经克服了冷战的残余，任何一方都不把另一方视为敌人或威胁的来源”；双方决心“为加强安全、经济繁荣和保障和平，为世界的昌盛和自由而努力与合作”。

再如2002年5月布什访问俄罗斯，双方签署了俄美关于削减进攻性战略力量条约和关于“新型战略关系”的联合声明。内称，“忠于在友好、合作、共同价值、信任、公开性和可预见性的基础上发展相互关系的原则”；宣布“俄罗斯和美国互相把对方视为敌人或者战略威胁的时代已经结束”。布什还说，美俄将进入关系友好的新时代；普京也说，俄美关系将进入一个新纪元。如此等等，甜言蜜语，至今犹在人们耳际回旋。

俄罗斯为了国家振兴，前提是要确保国家统一，确保经济增速，确保政局稳定。然而，北约东扩、“颜色革命”和美国在东欧部署反导系统，有违这三个“确保”，被认为是构成防范俄罗斯强大、挤压俄罗斯战略空间的三部曲。俄罗斯一再抗争，两国关系持续紧张。

2009年奥巴马访俄，两国关系调整的过程开始启动，标志之一，为延长即将到期的《削减和限制进攻性战略武器条约》确立了一个框架。双方认为这次俄美首脑会晤“在各个方面都取得了丰硕的成果”。奥巴马还强调说：“在20世纪流行这样一种观念，认为美国与俄罗斯命中注定就是天敌，认为俄罗斯应该通过与美国对抗从而赢得自信，认为我们两国肯定要相互争夺势力范围，认为大国间为了达到势力均衡必须竞争。我们双方都不认同这样的观念。”

俄美之间“战略伙伴关系”的基础脆弱，是两国关系不时降温的一大原因。俄美之间互有战略需要，既彼此借助，又相互排斥。借助因素若占上风，则合作协调的趋势明显；排斥因素如起主要作用，则矛盾斗争方面突出。从长远看，民族利益、大国地位和世界影响等因素在俄美关系中将起根本性作用，这就决定了排斥面往往要大于借助面。

俄罗斯人的心态是崇敬和需要一位强有力的领袖。美国对普京愈是施压，普京则愈显强硬，因而也愈能得到俄罗斯民众的拥护和支持。

综上所述，斯诺登棱镜门事件这支插曲对俄美关系的影响是有限的。极而言之，围绕核裁军、欧洲部署反导系统等方面的谈判即使暂时搁置，也不会影响两国战略关系的大局。一旦紧张气氛过去，各种对话交流又会恢复常态。长期以来形成的俄美关系的特点，亦即骤然变暖的权宜性，不时降温的必然性和冷暖之间的相对性，将继续发挥作用。

（载《国际网》，2013 年 7 月 11 日）

日本有识之士怎样看钓鱼岛问题

中日关系是非常重要的双边关系，日本安倍政府却在钓鱼岛等问题上采取不明智手段破坏来之不易的中日友好关系，致使两国关系降低到恢复邦交正常化41年以来的最低点。然而，日本有识之士大有人在，他们公正的声音有力地驳斥了安倍的谬谈。

一、日本学者论证钓鱼岛属于中国

早在20世纪70年代初，日本著名历史学家井上清教授，根据实地调查所得及查阅的中国、日本、琉球三国历史文献资料，最终写成了七万余字的《钓鱼列岛历史与主权问题的解剖》一书。该书重点引用了中国明清两代出使琉球国使臣，即册封使的笔述记录，说明钓鱼列岛属于中国。还引用了明朝嘉靖年间胡宪宗为抗倭斗争汇编的《筹海图编》一书中的图录，进一步论证钓鱼列岛属于中国。此外，还引用日本学者的相关著述加以证明：仙台人林子平著有《三国通览图说》一书，书中插图将钓鱼列岛涂成与中国本土相同的颜色，“从这幅图可以一目了然，子平将钓鱼诸岛视为中国领土一事，一点问题也没有”。

井上清教授在该书前言中谈起了撰写此书的理由：自1971年美国国务院宣布第二年将琉球群岛和包括中国的钓鱼列岛在内的“西南诸岛”“交还”日本后，在日本社会上就出现了一股强烈“冲动”和“狂热”，日本政府及大小商业新闻用高压手段硬说钓鱼列岛在历史上是日本的领土。这一切引起了井上清教授极大关注和无比愤怒。为了弄清历史真相，他自费从京都前往琉球进行实地考察。他说："幸而在这次旅行中，受到冲绳友人之帮助，我方能确认所谓'尖阁列岛'的任何一岛均未为琉球所领有过"；"正确言之，应该是中日甲午战争时日本掠夺中国的地方。果真如此，则在第二次世界大战时，日本无条件投降接受包括中国在内的联合国对日波茨坦宣言开始，根据该宣言的领土条款，钓鱼岛即应自动归还中国。"

二、日本外交界和政界人士证明存在钓鱼岛搁置争议的谅解

2012 年 10 月 31 日，日本《朝日新闻》发表日本前外务省事务次官栗山尚一题为《双方应努力维持现状》的文章，内称：1972 年，我作为外务省条约课长参与了日中邦交正常化谈判。据我所知（当时并不在场），对于田中角荣首相所提的尖阁（即我钓鱼岛及其附属岛屿）问题，周恩来总理说现在不想谈，田中也没有进一步追问。我那时觉得，搁置和不谈这一领导人层面的"默契"就是如此达成的，至今也这么想。还说：1978 年，在日中签署和平友好条约时，邓小平副总理说，让下一代来解决这个问题。对此，福田赳夫首相和园田直外相并没有积极驳斥。"我的理解是，双方 1978 年再度确认了 1972 年所达成的默契"。他还表示，"看看眼下的局面，想到日中关系稳定对整个亚太地区和平与发展的重要性，作为 1972 年谈判的参与者，我担心不已。"

2012 年 9 月 12 日，就在日本政府上演"购岛"闹剧的第二天，日本《东京新闻》刊登对原日本外务省局长孙崎享的专访，他说，中日双方确实是有搁置争议共识的。"1972 年周恩来总理和田中角荣首相，1978 年邓小平副总理和园田外相都曾达成过

在钓鱼岛问题上搁置争议的共识，我作为原外务省国际情报局长，能够接触到各种外交情报，我的解读应该是没有错的。”他认为，日本之所以现在不承认中日间曾有过共识，是因为日美同盟需要借钓鱼岛问题来扩充日本军备，警告“应注意领土问题背后的推手”。此外，日本《世界》月刊2012年11月号还刊发孙崎享署名文章《日本对钓鱼岛的五大误解》，指出日方应及时反省自己的误解，否则事态蕴含着朝更紧迫方向发展的危险。

三、日本政界高层人士认为根据《开罗宣言》钓鱼岛应归还中国

2013年6月25日日本前首相鸠山由纪夫在接受香港凤凰卫视采访时说：“《开罗宣言》中包括钓鱼岛这一解释，从中国的立场来看也是有充分理由的。”承认这一理由，事实上就要首先承认钓鱼岛是窃取自中国，并且根据《开罗宣言》的规定理应归还中国。7月25日他在东京再次表示，根据《开罗宣言》的精神，日本应该归还侵占的领土，中国主张对钓鱼岛拥有主权是可以理解的。鸠山还明确表示，40年前周恩来总理与田中角荣首相达成了搁置争议的共识。承认当时搁置争议，留待后人解决，这即是打开对话大门，谈判解决钓鱼岛问题的基础。

日本前众议院议长、前自民党总裁河野洋平近日也说，首相安倍晋三为日本在第二次世界大战中侵略行为辩解、企图修改和平宪法的行为会损害日本的国际形象，破坏政府先前作出的承诺。

上述论述，铮铮有声，给人以深刻的启示：

其一，有力地反衬了安倍政府在对待二战历史问题上的蛮横无理。安倍为转移民众对国内困境的视线，掩盖对外扩张的图谋，蓄意歪曲侵略历史，愚弄日本人民。

其二，有力地反衬了安倍政府对其主张的双边谈判毫无诚意。为摆脱在国际上的孤立处境，蓄意欺骗世界舆论，重温军国主义迷梦。

其三，有力地反衬了安倍政府蓄意遏制中国的和平发展。中美关系的改善令安倍惴惴不安，加之美国当局在钓鱼岛问题上的暧昧态度，故而施展浑水摸鱼的惯技。这应该对二战时受害于日本的美国，也敲起警钟。

（载《国际网》，2013 年 8 月 15 日）

索契冬奥会何以备受关注

第 22 届冬奥会于 2 月 7 日至 23 日在俄罗斯黑海海滨城市索契举行。7 日的开幕式，气势恢宏，特色鲜明，展示了良好开端。索契冬奥会的关注点在于：

（一）普京竭力通过这次冬奥会显示俄罗斯强势回归

索契是俄罗斯引以为豪的“黑海明珠”，如今在这里举办历史上规模最大的一次冬奥会，普京决心不惜工本把文章做足，借以提升俄罗斯的国际地位。他在 2 月 5 日巡视奥运选手村时说：“俄罗斯已为这一刻的到来努力了七年”，这是一次“伟大的行动”。

据俄副总理德米特里 · 科扎克透露，索契的相关建设是奥运史上最昂贵的改造项目，预计开支为 510 亿美元（超出最初预算五倍），几乎是花费仅次于它的、1998 年日本长野冬奥会 175 亿美元开支的三倍，也将超过六年前北京夏季奥运会 400 亿美元的支出。

另据媒体披露，索契冬奥会仅用于安保的费用就高达 20 亿美元。俄安全部门投入了相当多的新式装备，冬奥会期间，无人机将在空中盘旋，特种部队将潜伏海中。为防止飞机和巡航导弹的攻击，俄方还部署了短程防空系统。

国际奥委会主席托马斯 · 巴赫在接受采访时表示，本届冬奥会在多个方面创下了冬奥会新的纪录。一是将有来自全世界 87 个国家和地区的运动员参与比赛，其中美国、澳大利亚等多个国家的代表团规模创下新高。二是 2008 年共有 220 个国家和地区的观众通过累计5,000小时的报道和转播目睹了北京奥运会的盛况，而本次索契冬奥会，在全球200多个国家和地区将有7.5万小时的转播节目。

诚如媒体所说，安全问题历来是所有现代奥运会、更是本次冬奥会的一大关注点。20世纪90年代中期以来，俄罗斯境内约有3,000多人死于恐怖袭击，发源地大都位于索契所在的北高加索地区。尤其是在该地区发展起来的恐怖组织“高加索酋长国”，公然扬言将袭击索契冬奥会。2010年2月，俄罗斯联邦最高法院认定其为恐怖组织，联合国于2011年将其列入与“基地”组织有关的恐怖团伙名单。

俄方一再强调要把索契冬奥会办成“史上最安全的奥运会”。普京说，俄罗斯完全清楚索契冬奥会所面临的安全威胁，并且知道如何应对，俄罗斯将在索契打造“铜墙铁壁”，确保冬奥会安全、成功。根据俄罗斯内政部公布的计划，索契冬奥会开幕后，将有三万名警察和士兵执行安保任务，并会部署无人机，安装5,500多个监控摄像头，确保在第一时间发现恐怖分子的破坏行径。

普京的以下声音更为引人关注，他说索契冬奥会“让世人对俄罗斯，对它的特色、传统以及取得的成就刮目相看”。国际舆论较普遍认为，索契冬奥会将“考验普京的雄心壮志”。

（二）中俄全面战略协作伙伴关系得到进一步彰显

习近平主席于2月6日至8日出席索契冬奥会开幕式。这是中国最高领导人首次出席在境外举行的大型体育赛事。俄方反应十分热烈，称习主席此行体现了中方对奥林匹克运动和俄罗斯举办冬奥会的支持。去年3月习近平担任国家主席后，出访首站即选择了俄罗斯。此次再访俄罗斯。这两个“第一次”充分体现了对中俄两国关系的重视程度。

习近平主席于2月6日在索契与俄罗斯总统普京会见。自去年3月至今，不到一年时间，两国元首六次会晤。这次双方又在亲密友好务实的气氛中，全面总结了过去一年中俄关系发展形势及取得的重要成果，对新的一年两国合作做出战略规划和部署，就加强双方在重大国际和地区问题上的战略协作达成重要共识。

习近平主席概括了两国深化合作的内容，诠释了如何把两国关系的政治优势转化为合作优势的议题。他指出，要继续深挖巨大潜力，培育新的合作增长点，顺利推进战略性大项目合作，如期实施俄方向中方增供原油和天然气、扩建输油管道、建设合资炼油厂等项目，扩大在核能、电力、煤炭等领域合作。中方欢迎俄方参与丝绸之路经济带和海上丝绸之路建设，使之成为两国全面战略协作伙伴关系发展的新平台。双方已共同宣布启动2014年和2015年中俄青年友好交流年活动，要把活动办得精彩、办出水平。在国际方面，两国在重大国际和地区问题上密切协作，特别是共同参加叙利亚化武海运联合护航行动。中俄双方今后将就重大国际问题继续深化磋商与合作，共同维护世界及地区和平、安全、稳定。

值得强调的是，两国元首决定，2015年共同举办庆祝世界反法西斯战争暨中国人民抗日战争胜利70周年活动。双方共同办好相关活动，以铭记历史、警示后人。普京表示，欧洲纳粹势力对苏联等欧洲国家的侵略以及日本军国主义对中国等亚洲受害国人民犯下的严重罪行不能被遗忘。这被媒体称作是对日本安倍的“点穴”之功。

正如习近平主席在接受俄罗斯电视台记者采访时所说，当前中俄关系发展是“基础最牢、互信最高和国际影响最大”的时期。

美国方面无疑会对习近平主席出席索契冬奥会非常敏感。不过，笔者认为，本着构建中美新型大国关系的原则和精神，如果冬奥会是在美国举办，相信习近平主席也会同样给予足够的重视。

（三）美国处于两难境地但仍体现美俄关系存在良性互动的契机

尽管一段时期来美俄关系中的疙瘩颇多，但是美国对索契冬奥会依然采取了冷静的、合乎常理的做法。

首先，美国当局否定了参议员格雷厄姆借口斯诺登事件，鼓吹抵制2014年索契冬奥会的叫嚣。据悉，格雷厄姆此人是美国国会中出镜率很高的议员，经常对别国喊打喊杀，包括中国，但他这次公然将体育政治化却遭遇严重孤立，从白宫到美国奥委会都表示反对，甚至他“20年的密友”众议院议长博纳也批评他“大错特错”。美国奥委会发表声明称：“如果美国1980年的抵制有何教训的话，那就是抵制奥运会起不到作用”，“它却剥夺了数以百计的美国运动员一辈子的机会”。1月27日，美国奥委会宣布正式成立索契冬奥会代表团，来自38个州的230名运动员将参加全部15个大项比赛，竞逐总计98枚金牌中的94枚。还将约有1.5万名美国人会前往索契观看本届冬奥会。

其次，奥巴马总统对索契冬奥会的安全很重视，采取了与俄罗斯合作的做法。总统奥巴马、国务卿克里、国防部长哈格尔均与俄罗斯总统普京、外长拉夫罗夫、防长绍伊古通过话，表达了向俄罗斯提供冬奥会反恐支援的意愿。美国白宫2月4日发表声明称，奥巴马总统当天与国家安全团队高官会晤，就索契冬奥会的安保情况听取汇报，并指示美方继续与俄方及其他合作伙伴携手确保冬奥会安全。在美国有线电视新闻网1月31日播出的专访中，奥巴马表示，他相信索契冬奥会是“安全的”，美方正与俄方进行协调，美方也了解俄方安保方案。

安全方面的另一举措，总部设在意大利的美国海军第六舰队的两栖指挥舰“惠特山号”和导弹护卫舰“泰勒号”按计划驶入黑海待命，准备应对索契冬奥会可能发生的不测。

不少媒体拿美国总统或副总统或前总统或总统夫人等没有出席索契冬奥会的“怠慢”说事，渲染“索契冬奥会成了大国博弈场”，宣扬“在索契冬季奥运会的安保问题上，美国和俄罗斯互不信任，令两国关系再次陷入低迷”，韩国《朝鲜日报》1 月 19 日更是称“奥巴马普京再次交手，索契冬奥会成新战场”等等，未免言过其实、危言耸听。

包括联合国秘书长潘基文、习近平主席以及其他 20 多个国家领导人出席索契冬奥会开幕式，又岂能说成是“低规格”！至于说八国集团中的其他几个国家领导人不出席索契冬奥会，更不必大惊小怪。德国总理默克尔表示，她执政八年来从未出席过任何一届奥运会。加拿大总理办公室新闻发言人 18 日表示，加拿大总理哈珀不出席索契冬奥会，绝对不是出于政治原因。瑞士联邦主席于利·毛雷尔曾明确表示，抵制索契冬奥会是“刻薄的”。索契冬奥会开幕式的壮观场面表明，并没有因为美欧几个国家的领导人没有出席就怎么减色，相反倒是让他们显得孤立。

笔者还认为，从俄美双方在索契冬奥会安全方面的配合来看，何尝不可将此视为改善相互关系的一种契机！再说，既然习近平主席出席索契冬奥会有助于中俄关系的进一步发展，那么，从美国自身的利益出发，从美中俄三角关系的平衡性考虑，美国不会将美俄关系与中俄关系拉开过大的距离。美国领导人在这方面的战略思维应该是清醒的。

（四）奥林匹克精神赢得人心富有恒久意义

常言道，不能把体育政治化。《奥林匹克宪章》中的“奥林匹克主义的原则”条款有这样一段话：“每一个人都应享有从事体育运动的可能性，而不受任何形式的歧视，并体现相互理解、友谊、团结和公平竞争的奥林匹克精神。”奥林匹克是一种竞技精神，是一种“更快、更强、更高”的自我挑战精神，同时它也是公平、公正、平等、自由的体育竞技精神。普京总统在接受记者访问时说："奥运会不是政客的竞争，而是运动员的竞赛。"这一切将在索契冬奥会上得到充分体现。

（载《国际网》，2014 年 2 月 10 日）

乌克兰危机：原因·影响·前景

乌克兰危机自2014年2月18日发生以来，已历三个多月。4月17日在日内瓦举行的四方会谈和5月14日在基辅召开的“全国团结”圆桌会议，由于各方利益没有摆平，都未能解决问题。普京5月19日下令从俄乌边境撤军，接着5月23日讲话表示承认乌克兰总统大选并与大选后的领导人合作，带来松动气氛。总统大选结果，波罗申科第一轮即以超半数胜出。本文围绕事态发展的进程，就乌克兰危机的原因、影响和前景，谈谈自己的看法。

第一个问题：乌克兰危机的原因与性质

一、乌克兰危机的发生，是该国在艰难转型过程中，在经济发展与人民生活深陷窘境、寄厚望于加入欧盟却又受阻的背景下，美欧鼎力策动反对派采取暴力政变所造成的恶果。在这次动乱中，民族因素、宗教因素、历史因素、地缘因素的负面影响迸发，外部作用尤其凸现。其实质是苏联解体的延续，是乌克兰2004年“橙色革命”的变相升级再版。

这次危机的后果显示了美国和欧盟一些大国及其所支持的乌克兰反对派急于求成，弄巧成拙。如果遵照2月21日亚努科维奇与三位反对派领导人达成的和解协议，反对派本来有较大把握在12月25日的总统大选中顺理成章地获胜，尽管它们之间也矛盾重重。可是，他们却利令智昏，误判形势，不懂得“螳螂捕蝉，黄雀在后”的道理，恰恰给多年来渴求克里米亚“回归”的俄罗斯提供了千载难逢的良机。

二、克里米亚的归属问题存在一定特殊性。人所共知，赫鲁晓夫当政的1954年2月19日，以纪念乌克兰和俄罗斯合并300年为由，将克里米亚由俄罗斯划归乌克兰。苏联解体后，俄罗斯议会曾于1992年5月21日单方面通过了关于废除1954年将克里米亚由俄罗斯划归乌克兰的决议，1993年7月9日又通过关于收回克里米亚重要海军基地城市塞瓦斯托波尔市的法令，1994年克里米亚领导人还曾宣布脱离乌克兰独立，但都没有成功。因为当时的俄罗斯衰颓羸弱，自顾不暇，况且刚分家的俄乌关系尚属平和。而当今，如果乌克兰完全倒向西方，那就意味着1954年苏联议会的决定无异于将克里米亚奉送给西方了，俄罗斯黑海舰队也就成了“死海”舰队，俄罗斯岂能容忍！普京激发俄罗斯民族精神，引起举国响应，连得宠于西方的戈尔巴乔夫也站出来为“收复”克里米亚帮腔。

此外，科索沃公投也为克里米亚公投敷以合法性。克里米亚归属俄罗斯之后美欧与俄罗斯关系的态势，与科索沃独立之后俄罗斯与美欧关系的态势颇有相似之处。

西方国家对于克里米亚公投之无可奈何，犹如普京对于乌克兰反对派推翻民选总统夺权之后之无可奈何。既然暴力政变公然被称作符合国际法，那么在原属俄罗斯的克里米亚举行公投就很难说不符合国际法了。普京瞄准时机，后发制人，运用“你打你的、我打我的”办法，在以假象迷惑对手的同时，从神速地获得议会授权动武以备不测，到紧锣密鼓地实行军事部署，步步进逼，井然有序，始终处于积极主动的强势地位。这一切表明，以强硬著称的普京，较之乌克兰反对派的头头们乃至美欧一些大国的领导者们，其谋略和魄力要远高出一头。

三、乌克兰危机的根子在于苏联时期的民族政策。所谓苏联民族问题“完全地一劳永逸地解决了”，所谓“形成了人们新的历史性共同体——苏联人民”，亦即苏联民族，这些论断脱离实际、后患无穷。苏联时期 15 个加盟共和国按行政规划行事，多达近 3,000 万俄罗斯族人分布在俄联邦以外的其他加盟共和国。苏联解体后，这些俄罗斯族人从当初的主导地位降为从属地位，俄语不成其为国语，这一切都蕴含着不安定因素。普京作为强势人物，对于俄罗斯族人在其他国家的利益，当然不能视而不见、听之任之。

基于上述民族融合理论，苏联时期的版图划分也不合理。例如，同一民族体，将南奥塞梯划给格鲁吉亚，北奥塞梯留在俄罗斯联邦。再如，将阿塞拜疆族人居住的一块飞地纳戈尔诺-卡拉巴赫划归亚美尼亚，为此苏联时期阿塞拜疆与亚美尼亚就吵得不可开交。所以，今天不仅在乌克兰和格鲁吉亚，还有摩尔多瓦、阿塞拜疆与亚美尼亚，都还可能发生余震。

四、乌克兰危机愈演愈烈之际，俄罗斯来自包括执政党、共产党在内的多个党派议员正式要求检方调查苏联时期领导人戈尔巴乔夫，认为他在苏联解体事件中负有叛国罪。戈尔巴乔夫只能回应称，这些议员的要求“从历史学角度看毫无根据”。还要追究俄罗斯的叶利钦、乌克兰的克拉夫丘克和白俄罗斯的舒斯克维奇制造苏联解体违宪行为的刑事责任。这是插曲，但耐人寻味。

克里米亚回归俄罗斯，在很大程度上反应了人们对苏联时期国际声望的眷念。乌克兰政变当局及其西方支持者搞双重标准理亏失分，俄罗斯已达到收回克里米亚的目的，也为乌克兰今后的走向打了预防针。因此俄罗斯没有必要、也没有可能阻挠乌克兰大选，而只能承认大选结果。

第二个问题：乌克兰危机的症结与痛点

五、围绕乌克兰危机两次会谈均未取得实质性结果，但彼此的底牌业已亮明。大凡矛盾激化一阵之后，彼此都需要举起谈判的旗帜，这是国际关系中的惯例。4 月 17 日俄罗斯、乌克兰、美国和欧盟外长级四方会谈，属摸底性质。会谈经过争吵，达成一项意向性协议，即“同意立即采取初步措施”，使高度紧张的乌克兰局势“不再升级”。会谈都未能解决实质性问题。

俄罗斯早有开价，对乌克兰内外政策的要求基于两点：一是要乌搞联邦制，二是乌不能加入北约。代表性言论是俄外交部 4 月 7 日声明：“俄方不止一次地指出，不在乌克兰进行切实的宪法改革，在宪法改革框架内通过联邦化保证乌所有地区的利益、保持其不结盟地位和巩固俄语的特殊作用，就很难指望乌克兰实现长期稳定。”

俄罗斯要求的联邦化，就是要使乌东部地区获得更大的自主权，包括独立预算，自主选举地方领导人。如实行联邦制，议会中就应设立由各个地区议会议员组成的地区院，东部地区的议员代表就会对乌克兰与欧盟签署联系国协定和加入北约等问题上持异议。乌克兰当局反对联邦制，主要是唯恐失去领土控制，担心西倾方针难以落实。同意改革，扩大地方权限，增加地方收入来源，前提是地方政府必须服从中央政府，接受中央监督。

与此同时，俄乌双方不断为实现自己的主张造势。俄指责乌政府动用军队在东部动武是搞“双重标准”，是“严重犯罪”。乌方则指责俄派遣间谍煽动骚乱，试图在吞并克里米亚之后再划走乌克兰一块领土。

迫于东部的压力，担心乌克兰分裂，西方支撑的乌克兰当局不得不做出某些让步。5 月 14 日又在基辅召开“全国团结”圆桌会议为例。乌政府和议会领导人、议会各党派代表、两位前总统、地方代表、欧盟代表和包括美国大使在内的外国使节出席了会议。会上乌当局首次就修改宪法、实现地方分权、加强地方自治、与东部民众进行对话等议题做出正式表态。代行总统职务的议长图尔奇诺夫称乌克兰当局愿意对话并倾听所有人的声音，准备对国家管理体制进行系统的改造，准备讨论切合实际的具体建议。当然也说些狠话，如称不会容忍非法行为，对于那些企图对本国开战和把外国的意志强加于人的武装分子，将根据宪法和有关法律采取措施。临时政府总理亚采纽克在发言中也确认，乌当局并不排斥就实现地方分权进行修宪，说“修改宪法最终的成果是实现向地方分权，赋予各地更多的权力，使权力得到平衡”。

有的媒体认为，尽管首轮乌克兰民族团结圆桌会议暂未就解决当前危机做出实质性决定，但是开启了乌国内全民对话进程的第一步。问题是，今后能在多大程度上修改宪法、实现地方分权和加强地方自治。这项使命已落到了新任总统肩上。其中必然会有反复较量。

六、乌东部两州公投结果既成事实，但不会马上被俄罗斯接纳。乌克兰东部地区几个州地位重要。顿涅茨克州是乌克兰最大的产煤区，其钢铁和冶金制造产量在全国也居首位。人口近 500 万，乌克兰人占半数以上，俄罗斯人占大约 40%。卢甘斯克州是乌克兰最大的内燃机车制造中心，俄罗斯人占大约 39%。哈尔科夫州首府哈尔科夫市是乌克兰第二大城市，既是重要的工业城市，也是该国文化、教育中心。人口约 280 万，超过半数住在哈尔科夫市，俄罗斯人约占 25%。

在乌克兰当局得到西方支持大力“反恐”的背景下，顿涅茨克州和卢甘斯克州于 5 月 11 日举行了关于独立问题的公投，投票率分别为 74.87% 和 75%，赞成票分别为 89.07% 和 96%，宣告成立“顿涅茨克人民共和国”和“卢甘斯克人民共和国”。

双方还就合并开始举行谈判。

期间，俄罗斯“大兵压境”，目的是警告西方和乌克兰当局要关顾乌克兰东部俄族人的利益，不能完全倒向西方怀抱。乌东部小乱对俄有利，大乱则使俄两难，普京心知肚明，不受西方诱惑与逼迫而犯错出兵乌克兰。普京深谙“有理有利有节”，在乌总统大选前夕命令从俄乌边境撤军，为乌大选“创造良好氛围”，是又一高招。

俄罗斯表示尊重乌东部两州公投结果，多层含义，既显示尊重本国人民意愿、维护国际法的高姿态，又为日后情况突变时将其吸纳埋下伏笔。俄对格鲁吉亚的阿布哈兹与南奥塞梯独立，对摩尔多瓦德涅斯特东岸独立，都表示过“尊重”，但并没有纳入。

国际某些舆论大谈俄罗斯要分裂乌克兰，复制“克里米亚模式”，要把乌克兰东部几个州拿走，是没有根据的。

七、克里米亚“回归”已成定局，但在独联体内引起的副作用不可小视。俄罗斯是这次乌克兰危机的最大受益者，实现了克里米亚“回归”的“俄国梦”。4 月 17 日四方会谈实际上就默认了克里米亚归俄。波罗申科想要普京退还克里米亚，看来枉然。

俄罗斯也为收回克里米亚付出代价。姑不论增加沉重的经济负担，如每年至少向克里米亚提供 50 亿美元补助，基建需 500 亿美元。还在考虑建跨海大桥将克里米亚与俄罗斯本土连接起来，需要至少 30 亿美元至 50 亿美元的投入，并非短时间内所能做到。克里米亚回收的副作用在独联体内表现尤其明显。

在联大就乌克兰问题投票时，哈萨克斯坦和土库曼斯坦投弃权票，塔吉克斯坦、吉尔吉斯斯坦和乌兹别克斯坦未参加投票。

哈萨克斯坦与俄罗斯最为亲近，总统纳扎尔巴耶夫 4 月 18 日发表谈话称，要从乌克兰事件中记取教训。哈萨克斯坦不能不从中产生联想，因其北部和东部各州也是以俄罗斯居民为主。哈萨克斯坦与乌克兰、白俄罗斯是1994年布达佩斯备忘录对象国，以放弃核武器换得核大国对其国家主权和领土完整的保证。

吉尔吉斯斯坦承认克里米亚3月16日公投结果的合法性，却避谈并入俄罗斯的合法性。塔吉克斯坦未回应俄方表示的两国“对乌克兰事态立场一致”，没有公开支持俄罗斯“收回”克里米亚。乌兹别克斯坦更是强调“不要以武力或使用武力威胁任何国家的领土完整和政治独立”，呼吁莫斯科和基辅通过直接双边谈判求得妥协。

独联体成员国的离心离德，使普京构建欧亚联盟变得更加艰难。

八、俄对西方制裁“嗤之以鼻”，但也不能低估受害程度。面对美国和欧盟的制裁，诸如冻结存款、控制签证之类的举措，俄罗斯采取不屑一顾的态度，甚至认为制裁可能更有利于本国国民团结和经济发展。还有人认为，制裁效果可能更多体现在心理层面。

制裁是一把“双刃剑”。普京多4月17日在电视答问时举例说，若美国与沙特阿拉伯以联手压低油价的手段惩罚俄罗斯，不仅不会给俄经济带来严重影响，反而将损害其自身利益。还说，美国正大力开发页岩气，这一项目十分昂贵，如果国际能源价格大幅下跌，那么这些项目将失去利润，页岩气行业发展也将夭折。此外，国际原油贸易市场以美元结算，油价下跌将导致美元需求减少，从而削弱美元全球货币的地位。

欧盟与俄罗斯的经济联系相当紧密，欧盟进口的天然气中有35%来自俄罗斯，近年来主要西方能源企业都在俄罗斯有投资，西方公司更是在俄基础建设项目中扮演重要角色。欧盟并不愿意采取与美国同样严厉的对俄制裁措施，以免伤及自身。如法方继续履行与俄罗斯签订建造两艘高科技两栖攻击舰的合同。按照条款，第一艘军舰应该于今年年底前交付俄罗斯。不过，据德国《世界报》网站 5 月 23 日报道，直到乌总统选举前夕，欧盟各国仍尝试达成对俄罗斯实施经济制裁的共同立场，讨论的最严厉级别制裁是对俄罗斯实施天然气和石油禁运以及资金流动禁令。

不能漠视制裁给俄罗斯造成的损伤。俄官方承认，制裁若升级，将摧毁三分之一的卢布价值，财政与货币政策十年的进展将毁于一旦。今年前三个月俄 900 亿美元资本外逃，高于 2013 年全年的 630 亿美元（俄外汇储备为 4,900 亿美元）。国际货币基金组织预测俄今年 GDP 增长仅为 0.2%。另据美国《彭博商业周刊》4 月 7—13 日报道，为了应对西方制裁，俄政府计划购买更多国货，加速实施基础设施项目，促进国有企业增加投资。但是，由于与世界经济一体化渐行渐远，俄将失去进入金融市场和参与制定竞争规则的机会，无法利用西方技术使市场多样化，并更加依赖政府垄断和能源出口。俄第一副总理舒瓦洛夫承认，针对俄罗斯的隐形制裁可能比公开宣布的制裁更可怕。

第三个问题：乌克兰危机的影响与前景

九、乌克兰危机的国际影响深远，但不宜渲染过分。如果说苏联解体是大地震，那么乌克兰危机则是一次余震。这种余震从未间断。可以说，这次乌克兰危机之影响，暂时大于长远，政治大于经济，地区大于全球。

美国外交学会网站 3 月 21 日有篇文章，说俄罗斯与西方面临的不是冷战局面。乌克兰问题并非全球范围内的大国间地缘政治竞争，只是地区性问题。我赞成这一评估。该文又说，普京采取的领土收复主义会在俄罗斯族人不占多数的俄联邦地区点燃分裂主义火焰，则言之过分。

概言之，乌克兰危机产生的影响是：其一，如前所说，独联体内部疑虑增多，普京构建欧亚联盟会遇到新难题。其二，俄美关系紧张，但迟早还得逐步有所缓解。骤然变暖的权宜性、不时降温的必然性和冷暖之间的相对性，乃是俄美关系的发展轨迹。其三，俄罗斯与欧盟关系更会在不同层面上逐步调整。其中与东欧更多是安全因素引起的政治关系，与西欧主要是发展因素引起的经济关系。东欧一些国家如立陶宛、爱沙尼亚、波兰、罗马尼亚提出要北约在东欧永远驻军，属于新动向。其四，俄中关系将更加紧密。这已被普京本月访华取得的巨大成果所证实。

鉴于克里米亚归俄是苏联解体的延续，可以将其称作苏联版图地缘政治的变动，最多说欧洲地缘政治的变动，谈不上冷战结束后世界地缘政治的大变动或者说正在打乱国际秩序。

十、对乌克兰危机的后果与影响可以各抒己见，但要符合实际。有人说，俄罗斯同意克里米亚并入将引发与欧美间在政治、经济、军事上的全面“冷战”。甚至认为国际舞台上的新对抗时代已经来临，俄罗斯与西方关系恢复正常的基础不复存在。这些话也有点绝对化了。类似言论在科索沃战争、伊拉克战争、美国在苏联版图推行“颜色革命”、俄罗斯与格鲁吉亚武装冲突、美国在东欧部署反导系统、叙利亚事件等情况发生时也曾广为传播，人们耳熟能详。诚然，今后一场暂时的有限的“冷战”也许难免，但不会回到两大军事集团对峙、以意识形态分歧为主要特征的漫长冷战时期。况且，经济全球化之“热”，与冷战之“冷”难以兼容。

还有人（包括一些俄罗斯人）说，乌克兰危机令俄罗斯今后“彻底向东”。认为面对西方的经济制裁，俄罗斯应该彻底放弃对西方国家残存的幻想，下定决心战略东移，完全把目光投向东方，与亚洲的中国、日本、韩国、印度、印度尼西亚等国家建立更加紧密的经济联系，尤其是中国。这些话有一定道理，俄罗斯的确会强化与东方的关系，但是不能把俄罗斯与西方经济关系恶化的程度说绝了。作为一个欧亚大国，俄罗斯不会放弃全方位外交。

十一、乌克兰总统大选结果较符合多方意愿，但当选总统波罗申科亦将面临诸多难题。对于乌克兰 5 月 25 日总统大选，俄罗斯的态度是变化的。普京总统与拉夫罗夫外长都曾表示乌克兰总统选举不合法。后来审时度势，又表示尊重乌克兰人民的选择，将与乌克兰新领导层合作，希望乌克兰恢复和平与有序的局面。这时俄方预测到较为温和的中间派总统候选人波罗申科胜算较大。

本次总统选举共有 21 名候选人。暴力政变头目如现任议长代理总统的“打砸抢”形象难以在选民中抹掉，未列入候选人名单。如同民意调查相似，“巧克力大王”（《福布斯》杂志估计身家为 13 亿美元），曾任外交部长和经济部长、现年 48 岁的彼得罗·波罗申科，以 53.86%（初步统计）的支持率当选为新一任总统。稍有竞争力但情绪偏激的“祖国党”候选人、前总理季莫申科排列第二，只获得 13.1%的微弱选票。地区党推举的候选人原哈尔科夫州长多布金以及其他候选人，支持率更低。“打击党”领导人、前拳王维塔利·克利奇科早在 4 月 29 日便宣布，为避免分散“民主力量”选票，不参加总统选举，转而支持波罗申科，他将竞选基辅市长（已于 2014 年 5 月 25 日当选）。

总统大选中出现的问题将会对今后局势产生影响。一是东部顿涅茨克州和卢甘斯克州的选举委员会中，有一半以上未履行投票，且武装冲突不断，这依然是很大的不安定因素。二是当选总统波罗申科是这次危机开始时最早支持反政府示威的寡头。他既表示就任总统后首要任务是前往东部地区结束当前战斗和混乱局势，恢复国家和平，又声言要用武力“打击分离主义者”。他既承诺日后会继续推动乌克兰融入欧洲，又表示要处理好与俄罗斯的关系。究竟如何作为，尚需观察。

新总统面临的又一大难题是如何收拾经济。西方一手造成了乌克兰今天的动荡局面，虽竭力支撑乌当局，但也无力长期包养。美国对乌克兰援助就很不给力。美国众议院 3 月 6 日通过的一项法案只答应给 10 亿美元主权债务担保，可谓杯水车薪。国际货币基金组织董事会曾和乌克兰正式签订了 170 亿美元的资金援助项目，但又警告乌当局，若不能及时恢复对东部地区局势的控制，那么承诺的资金援助项目能否及时到位就会打上问号。

十二、地缘因素和历史因素决定了乌克兰不可能完全倒向欧盟或俄罗斯任何一方，独立自主、“骑墙”中立才是最佳选择。美国前国务卿基辛格的见解颇有过人之处，他在《华盛顿邮报》上提出：“如果乌克兰要继续存在并蓬勃发展，就绝对不能成为一方与另一方对抗的前哨。它应该充当双方之间的桥梁。”美国芝加哥大学政治学教授米尔斯海默题为《美国搞错了乌克兰问题》的文章也值得称道，那里说“奥巴马决定硬抗俄罗斯，发动制裁、进一步支持乌克兰新政府，是一个严重错误，这不仅无助于解决分歧，还将制造更多的麻烦。而终结本次危机，并维持乌克兰充当俄罗斯与北约之间的缓冲器角色，这才符合华府的根本利益”。

乌克兰西倾趋势难以遏制，西方今后还会竭力推动新任总统强化与欧盟的关系，波罗申科也已表示认同。不过，与欧盟建立联系国的经济关系与加入北约的军事关系毕竟不同。对于前者，俄罗斯设法抵制，尽量干扰；对于后者，俄罗斯坚决反对，绝不容忍。

乌克兰于 1994 年成为独联体中首个北约和平伙伴关系国，1997 年提升为特别伙伴关系。今年 4 月 1 日乌议会批准乌军方与北约国家今年在乌克兰举行多场演习。4 月 3 日乌代行总统权力的议长图尔奇诺夫在国家第一电视台扬言，称越来越多的乌克兰居民支持加入北约，甚至说“乌克兰将不得不加快加入北约的进程”。这番话无非是充当西方的喉舌要挟俄罗斯，而不是从乌克兰人民和国家的根本利益出发。波罗申科已对加入北约持“不同意见”，态度似较模糊，看来他不会贸然行事。美国政府大谋士布热津斯基曾提出乌克兰“芬兰化”主张，涵义之一就是不加入北约。这种看法在国际上具有代表性。可以断言，乌克兰一旦加入北约，将会给国家带来更大灾难，届时国家分裂，恐就难免了。

总之，作为乌克兰的最大变数，今后能否保持政局稳定和经济发展，取决于新当选总统的内外政策，也取决于俄罗斯与美国、欧盟关系的调整状况。

（载《地缘与能源》，2014 年 6 月号）

丝路花初绽 高歌须稳进

丝绸之路经济带犹如和煦春风，扑面而来，令人陶醉。丝绸之路经济带昭示锦绣前程，鲜艳别致，催人向往。热门话题，冷静应对；深思熟虑，务实运筹；知难而进，铸造业绩。这是本文的中心意思。

一、丝绸之路经济带的提出，堪称远见卓识，可谓应运而生。这个“运”，是在经济全球化的强势推动下，得益于我国新一代领导人的睿智，纵观历史、洞察世界、把握全局，审时度势地产生了这种开拓性的主张。2013 年 9 月，习近平主席在哈萨克斯坦访问时首先提出共同建设丝绸之路经济带。同年 10 月，他在出访印度尼西亚时又“配套”提出与东盟国家共建 21 世纪海上丝绸之路。今年两会期间，李克强总理在《政府工作报告》中阐述今年重点工作时指出，将“抓紧规划建设丝绸之路经济带、21 世纪海上丝绸之路，推进孟中印缅、中巴经济走廊建设，推出一批重大支撑项目，加快基础设施互联互通，拓展国际经济技术合作新空间”。被称作“一带一路”的这些构想，是立足本国，协和周边，覆盖区域，着眼长远，从战略高度提出的。如何将理论和主张付诸实践，获得成功，则需要有一个探索、磨合、渐进乃至突破的过程。目前，围绕丝绸之路经济带的构想，处于深化认识、充分论证和积极运筹的初始阶段，真正搭建各相关国家之间经济互动合作平台尚需时日。

二、丝绸之路经济带乃是“一带一路”的优先、核心部分。之所以被称作战略构想，之所以越来越成为人们的共识，那是因为：其一，此构想旨在开拓国际合作的新空间、新领域，促进我国经济更加协调发展并与周边国家共同发展，堪称伟大中国梦的合理延伸。其二，中国经济与世界经济日益紧密，中国在与周边国家关系中几乎成为最大的市场国。况且我国的经济安全，国家安全面临不少新问题，需要通过主动参与区域经济合作加以解决，首先是要为便利贸易发展营造良好的外部条件。其三，我国改革开放由东向西纵深发展，需要合作的领域非常广阔，包含交通运输、能源开发、油气管道互联互通、产业投资，乃至教育、文化、旅游等诸多方面。其四，关于丝绸之路经济带的实质，习近平主席以加强“五通”做了精辟表述，这就是政策沟通、道路联通、贸易畅通、货币流通和民心相通。其五，此构想顺应当今世界经济、政治、外交格局的新变化，充分体现平等互信、包容互鉴、合作共赢的时代精神。时代的发展变化，各国的利益交汇，以及我国自身利益的需求，使得我国的外交从理论到实践都在不断地与时俱进、开拓创新。

三、丝绸之路经济带内涵丰富，寓意深远。基于地缘战略因素的区域合作，丝绸之路经济带既有经济方面的意义，又有政治方面的意义，还有国家安全方面的意义。经济方面的互动合作是基础和前提，但其内涵实际上远远超出经济范畴。如今国内各方面都在热烈憧憬并积极筹划丝绸之路经济带的美好未来。据今年3月15日国家发改委透露，丝绸之路经济带规划的出台虽然尚未有明确的时间表，但已进行一系列的地方调研，编制工作正式启动。鉴于丝绸之路经济带的建设是一个跨国长期工程，其成效取决于所覆盖国家协调政策并共同做出努力。应该承认，外部环境尚不完全明朗，可能合作的伙伴国家认识存在差别，步调也不一致。积极响应者有之，顾虑重重者亦有之，多处于权衡利弊从而逐渐走出朦胧状态。所以我们不能一厢情愿、急于求成，更说不上高歌猛进、胜券在握。

四、要重视丝绸之路经济带的空间起点。谈起丝绸之路，人们自然地会追本求源，做出侧重点有所不同的解释。丝绸之路的起点包括历史起点与空间起点两个范畴。所谓历史起点 ，即以丝绸贸易为代表的中西文化交流什么时候开始的；所谓空间起点 ，即以丝绸贸易为代表的中西文化交流是从什么地方为出发点的。我们要避免纯学术研究的视角，从实际出发，就成效考虑，更看重和把握新形势下丝绸之路经济带的空间起点。丝绸之路经济带从地理上涵盖整个欧亚大陆，东连亚太经济圈，西系欧洲经济圈，人口多达 30 多亿，其规模之大为历史上所罕见。目前我国已有西安、洛阳、郑州、重庆和连云港等城市加入这场起点之争，福建、郑州、宁夏、广西和宝鸡等地人大代表在今年 3 月“两会”期间也纷纷表示有意将所在城市打造成为丝绸之路经济带的起点、战略支点和物流端点，都希望在经济带建设布局中享有一席之地。连云港凭借自身独特的地理区位优势，以及与哈萨克斯坦铁路签署合作协议等一系列推进经济带建设的实际举措(我们目睹了令人欣喜的中国—哈萨克斯坦连云港物流合作基地)，因此承担起点城市具有得天独厚的条件。这是非常值得预期的。

五、丝绸之路经济带的提出，离不开上海合作组织和欧亚经济共同体的国际组织背景。上合组织现有六个成员国：中国、俄罗斯、哈萨克斯坦、吉尔吉斯斯坦、塔吉克斯坦和乌兹别克斯坦；五个观察员国：蒙古、印度、巴基斯坦、伊朗和阿富汗。欧亚经济共同体有五个成员国：俄罗斯、白俄罗斯、哈萨克斯坦、吉尔吉斯斯坦和塔吉克斯坦。海关联盟有三个成员国：俄罗斯、白俄罗斯和哈萨克斯坦。欧亚经济共同体和海关联盟中，除白俄罗斯外，都是上合组织成员。在中亚五个国家中，土库曼斯坦情况特殊，既不是上合组织成员，也没有加入欧亚经济共同体。丝绸之路经济带必然要涵盖上述列举到的一切国家。研究、借鉴上合组织的经验和教训，是构建丝绸之路经济带不可或缺的重要一环，尽管丝绸之路经济带的性质、功能和做法与上合组织并非雷同。

六、要认真借鉴却又不能硬性照搬上合组织的经验。就上合组织而论，多年来取得的进展和经验，对于构建丝绸之路经济带颇有参考价值。上合组织是随着中亚地区和整个国际形势的变化而形成的一种新的地缘战略组合，宗旨是维护该地区的和平稳定、促进社会经济发展与人文交流。这是上合组织各成员国的共同利益需要，也完全符合联合国宪章的要求。上合组织十多年来的探索和发展，经历了磨合期和考验期，如今进入成熟期。其特色表现为：一是凝聚作用，对于各成员国，它是一个平等对话友好合作的平台。二是威慑作用，这是对恐怖主义、极端主义和分裂主义“三股势力”而言。三是平衡作用，中俄关系、中亚各国与俄关系以及它们与中国的关系，都有一个利益平衡的问题。四是牵制作用，它是对外部任何侵略扩张势力的防范。五是吸引作用，这是对周边其他一些国家而言。上合组织存在的一些问题是发展中的问题，完善中的问题。上合组织不会按照“欧盟模式”发展。欧盟的宗旨是在成员国之间建立无内部边界的空间，长远目标是建立一个以它为核心的大欧洲。上合组织则是一个地区性多边国际合作组织。

上合组织成员国之间遇到的新课题，某种意义上也是对于构建丝绸之路经济带的挑战。例如，普京在2012年再度当选俄罗斯总统前提出了欧亚一体化的四步走战略，即海关联盟、共同经济空间、欧亚经济联盟直到欧亚联盟，那么丝绸之路经济带与欧亚联盟是一种彼此交错的关系还是齐头并进的关系？再如中亚一些国家，不仅相互之间在水源、边界等问题上存在争议，而且难免心存疑虑，担心如何才能摆正与中国和与俄罗斯的关系等等。

阿富汗局势的不稳定性，尤其是“三股势力”在中亚地区的严重存在乃至活动猖獗，无疑会对于丝绸之路经济带的构建产生干扰。因此，应对诸如此类的多种变数，特别是遏制“三股势力”的蔓延，是至关重要的。

七、丝绸之路经济带构想还具有防范性、自卫性和针对性的特点。举例来说。美国一方面加快推动跨太平洋战略经济伙伴协定（TPP）谈判进程，另一方面又宣布近期与欧盟正式启动跨大西洋贸易与投资伙伴协定（TTIP）谈判，拟于两年内完成并签订建立美欧自由贸易协议。TPP 谈判成员国已增至 12 个（美国、日本、加拿大、墨西哥、澳大利亚、新西兰、智利、秘鲁、越南、马来西亚、文莱、新加坡）。从 TPP 已结束的 16 轮谈判看，虽然在知识产权、环境、竞争和劳工等方面仍存在不少障碍，但也在若干领域弥合了分歧，确已取得进展。美国的意图若如期实现，最终将建成亚太自由贸易区（涵盖亚洲太平洋经济合作组织即 APEC 所有成员国）和美欧自由贸易区，从而使全球贸易版图发生巨大变化。这就有可能拆散东亚现有合作架构，架空亚太经合组织（APEC），打乱“10+X”为主的亚洲区域合作进程，从一个重要侧面给中国参与国际竞争设置阻力，遏制中国的和平崛起。丝绸之路经济带构想无疑含有另辟蹊径、别开生面的战略意图。

八、要处理好丝绸之路经济带与西方类似构想的关系。有的西方舆论认为，丝绸之路经济带覆盖的区域与美国的构想重合，美国在这一地区有新丝绸之路战略。对于美国的丝绸之路战略，我们固然要心中有数。美国早在 1999 年就已有“丝绸之路战略”，2006 年有过更新版。2011 年 7 月，美国国务卿希拉里·克林顿在印度金奈又提出了新丝绸之路战略，目标是以阿富汗为中心，在中亚和南亚形成广泛的地区交通和经济联系网络。其区域范围是中亚、阿富汗和南亚，涉及丝绸之路经济带之一隅。美国智库还提出要把新丝绸之路战略与从波罗的海经中亚到阿富汗的北方运输网连接起来，甚至设想使之进一步南下至东南亚。

丝绸之路经济带与美国新丝绸之路战略的本质差别在于，前者旨在将一片广大地区加以聚合，后者则蓄意使中亚国家疏远俄罗斯及中国。新丝绸之路战略对于中亚国家是有一定吸引力的。从另一角度看，中国和美国也共同参与一些地区合作机制和项目，这既可为新丝绸之路战略所用，也不妨纳入丝绸之路经济带。如中亚区域经济合作组织（CAREC），阿富汗区域积极合作会议（RECCA）等，均属此类情况。可见中美之间也还有某种合作空间。

此外，还有欧盟的“新中亚战略”、土耳其倡导的“突厥语国家联盟”、海湾国家合作理事会、南亚区域合作联盟等等。事实表明，它们各有其合理因素，有的还取得了某种进展。它们与丝绸之路经济带并非势不两立的竞争或替代关系。凡是有利于推动地区经济合作、维护地区安全之处，彼此就可以找到契合点，从而做到平等相待，扩大合作，互利互惠。

九、连云港应该也可能充分发挥自身的优势和强项。据悉，在今年3月全国“两会”上，连云港代表团递交了《关于将连云港建成辐射带动能力强的丝绸之路经济带东方桥头堡的建议》《关于设立连云港丝绸之路经济带自由贸易港区的建议》《关于加快把连云港港口建成中亚国家最佳出海口的建议》等若干与丝绸之路经济带相关的建议。应该肯定，连云港如果成为国家规划中的起点城市，那将对中国经济产生多方面的积极影响。诚如连云港代表团报告中所指出，连云港可以保持并加强“海上门户”地位，立足港口城市、陆桥城市、开放城市的综合优势，全面深化与陆桥沿线城市的交流合作，打造丝绸之路经济带东方桥头堡，推动中西部地区进一步开发开放，扩大中国与中亚乃至欧洲的深层次合作，全面提升中国的综合国力和世界影响力。这一番推介式的评价毫不夸大，应成为不懈努力的奋斗目标。

十、机遇与挑战并存，且可能相互转化。我们肩负着构建丝绸之路经济带的历史使命，要善于识别机遇、选择机遇、创造机遇和把握机遇。机遇，往往擦肩而过、稍纵即逝。搞得好，挑战会变成机遇；搞得不好，机遇也可能变成挑战。我们要未雨绸缪、成竹在胸，始终注意处理好得天独厚与事在人为、登高望远与脚踏实地、自身优势与对方需求以及国内条件与国际环境之间的辩证关系。与之相关，这里对几种说法略加评论。

其一，有人说构建丝绸之路经济带是中国一厢情愿。非也。事情的开局业已显示并将进一步证明，呼应者日渐其众，许多国家尤其是发展中国家热情溢于言表，对之寄予厚望。丝绸之路经济带的奠基、发展和最终完备，将成为体现中共十八大提出的“平等互信、包容互鉴、合作共赢”原则的一个范例。

其二，有人说丝绸之路经济带会自然形成。“自然形成”主要是就各国谋求经济发展的共同愿望而言，也意味着承认有利的地缘因素这一重要特点，但毕竟是一种过于乐观的理想化念头。为办成丝绸之路经济带，从我们国内来说，需要举国上下通力合作；从国际方面来说，只有聚合有关各国的正能量，化解各种天然的和人为的障碍，方能有所作为、大有作为。

其三，有人说丝绸之路经济带无非是大国博弈的游戏。“大国博弈”如今成为国际关系中的时髦话语，多少与冷战思维的流毒相关。也许这一说法给人留下的印象太深刻了，于是有人总是有意无意地将一切多边组织与多边活动都与大国博弈相提并论、等量齐观。这显然是一种误解。

其四，有人说丝绸之路经济带伴随着“中国威胁”。当今世界上确实有那么一些唯恐天下不乱的人，对中国的和平发展心怀叵测，对中国的世界地位提高如鲠在喉，因而无例外地竟然对中国倡议构建丝绸之路经济带的善意竭力加以歪曲。司空见惯，不足为奇，这丝毫无损中国维护和平、促进发展、推动合作的光明正大的形象。

（在连云港“一带一路”研讨会上的发言，2014 年 6 月 11 日）

避免将坠机事件政治化

鉴于中国日益提升的国际影响力，人们希望看到中国在缓解乌克兰危机，维护和平、促进发展方面发挥更大的作用。也就是说，要让中国承担更多的国际责任。

当前乌克兰局势客观上已发展成一个把世界几大主要力量都卷入的一个国际性事件，而由于中俄关系的特殊性，乌克兰局势需要中国作出审慎判断并采取审慎行动。怎样看待当前还在演变的马航空难事件？南方周末记者专访了中国著名的俄罗斯问题专家、国际自然和社会科学院院士、当代世界研究中心教授俞邃。

南方周末：您怎样看待此次马航飞机坠落与乌克兰当前局势的关联？

俞邃：俄罗斯普京总统 2014 年 7 月 18 日称："如果不是乌克兰当局在东部重启战事，这起空难不会发生。"这番话有把责任推给乌克兰当局之嫌，但也确有一定道理。话说回来，此次马航飞机坠落，不该是乌克兰局势必然酿成的恶果。既然乌克兰东部地区火药味如此之浓且为世人所共知，那么人们理所当然地会提出疑问：

马航 MH17 为什么就不能避开乌克兰战区上空？

又是谁同意让它使用该航道的？

甚至，其中有没有预谋者利用乌克兰局势，蓄意制造悲剧以栽赃他人？

南方周末：马航 MH17 航班被击之前，美国刚刚宣布对俄罗斯实施强硬的金融制裁政策。在航班被击落之后，希拉里和麦凯恩等在尚未展开调查之际强烈指责俄罗斯，加上美国官方不利于俄罗斯的表态，这是否意味着美国将借此机会，联合欧洲对俄罗斯实施更加强硬的制裁?

俞邃：自从乌克兰危机发生以来，美国便想方设法对俄罗斯实施名目繁多的制裁。“重启”美俄关系的承诺成“水中月、镜中花”。这次马航飞机坠落之后，美国又“不失时机”地对俄加大施压。

当包括联合国安理会在内的国际组织及广泛国际舆论主张对事态的原委进行调查之际，美国政界人士却急不可耐地做出种种断言。这起码是有违常理的。

俄罗斯外交部7月19日曾发表声明，号召乌克兰冲突双方允许国际专家对此次空难进行独立调查。应该说，态度是坦然的。

值得指出的是，荷兰方面的反应非常理性。例如荷兰首相吕特在演说中表示，灾难发生的原因尚不明确，在没有看到确凿证据之前，他不会进行任何猜测，说“现在有很多报道，但我们首先要拿出事实”。

欧洲一些大国的态度，与美国并不尽相同。例如德国总理默克尔、英国首相卡梅伦和法国总统奥朗德7月20日相互通话后表示：“如果俄罗斯总统普京未能立即支持客机残骸地调查，欧盟外长将在22日的会议上决定俄方要承担什么后果。”这种说法显然留有余地。况且，同日，普京分别与英国、澳大利亚、荷兰和德国领导人通电话，表示俄方愿为马航MH17客机空难调查提供必要帮助。

7月21日普京又与德国总理默克尔、英国首相卡梅伦、法国总统奥朗德、乌克兰总统波罗申科、荷兰首相吕特等共同发布消息称，一致同意国际独立调查委员会有权自由进入马航空难现场。

欧盟与美国的态度有同有异，这不禁让人联想起 2003 年伊拉克战争时德、法非议美国的行为，曾被美国领导人讽刺为“老欧洲”。

当今最为重要的是避免将坠机事件政治化。这对各方都是义不容辞的。

南方周末：这一事件会对当前乌克兰局势产生什么样的影响？

俞邃：马航飞机坠落事件对于业已复杂化的乌克兰局势，无异于雪上加霜，但这只是暂时起作用的因素，不要过于夸大。

乌克兰严峻局势的形成，有其自身内在与外在的双重原因。究其根本，是该国在艰难转型过程中，在经济发展与人民生活深陷窘境、寄厚望于加入欧盟却又受阻的背景下，反对派采取暴力政变最终酿成的局面，美欧是支持反对派的。民族因素、宗教因素、历史因素、地缘因素的负面影响迸发，外部作用尤其凸显。其实质是苏联解体的延续，是乌克兰 2004 年“橙色革命”的再版。

南方周末：此事件与中国的关联如何？中国应该如何面对这一事件？

俞邃：中国与这一事件的关联，与国际社会任何成员一样，并无例外。只不过，鉴于中国日益提升的国际影响力，人们希望看到中国在缓解乌克兰危机，维护和平、促进发展方面发挥更大的作用。也就是说，要让中国承担更多的国际责任。

从外交角度来说，面对马航坠机事件以及由此引起的后果，中国的立场可以归结为：其一，主张在对事件调查有结果之前，各方都不做臆测或预断，更要避免人为政治化。其二，坠机事件进一步表明，早日解决乌克兰危机是维持地区和平稳定的根本之策。希望相关各方采取冷静、克制态度，尽快停火，进行对话协商，寻求全面、持久、平衡的政治解决方案。其三，从根本上解决乌克兰危机，需要兼顾历史与现实，兼顾乌克兰国内各地区、各民族的正当权益与诉求，兼顾有关各方合理关切，实现各方的利益平衡。其四，我国秉持外交原则以及国际关系基本准则，也考虑乌克兰问题的历史经纬以及现实的复杂性，既坚持原则，又实事求是，采取的立场是客观、公正、公平、和平的。

（载《南方周末》，2014 年 7 月 24 日）

论中美俄三角关系

大国关系带来国际形势乃至世界格局的变化，而中美俄三角关系影响之巨尤甚，受到国际社会的格外关注。中美俄三者关系的架构及其相互间的作用，是本文论述的要点。

一、中美俄三角关系基本评估

1. 首先遇到定位问题。其一，美国为最大的发达资本主义国家，中国是最大的发展中国家，俄罗斯是最大的转型国家。换个说法，美国是守成大国，中国是新兴大国，俄罗斯是从原先守成大国苏联坠落、演变而来的新兴大国。其二，美国仍为唯一超级大国，标志是导致国际形势复杂多变的依然是美国政策影响下的地区热点，在很大程度上左右世界安全环境的依然是以美国为主要矛盾方面的大国关系。其三，俄罗斯具有超常的世界大国因素，标志是拥有与美国相当的核武库，拥有世界上22%左右的丰富资源（仅贝加尔湖淡水就占世界四分之一），拥有世界第一的版图，但经济总量远称不上世界大国。中国成为世界第二大经济体，但人均GDP排在世界80位之后，邓小平说过，中国既是大国又是小国。中国和俄罗斯可称作具有世界影响力的超地区大国。

当今中美俄三角关系仍是不等边的，并非有人所说的美中等腰三角形。切勿被某些国际媒体的“G2”恭维论忽悠。

2. 要放在全球背景下观察中美俄三角关系。其一，世界政治格局在变，突出的是“一超”美国实力下滑与维护其世界霸主地位的反差越来越大。其二，经济全球化态势在变，自从全球金融危机发生以来，八国（如今暂又回到当初的七国）集团的作用逐渐被二十国集团取代，其中金砖国家的地位凸显。其三，世界安全环境在变，“伊斯兰国”的出现与膨胀，使得反恐变得更加艰难。这三大领域的变化都涉及中美俄三角关系。近年来呈现这样的态势：美国是麻烦制造者，俄罗斯是举世瞩目者，中国是备受尊重者。

在当今世界大国关系中，相对而论，中美关系最为重要，在曲折中发展；中俄关系最为密切，在深化中发展；俄美关系最为复杂，在较量中发展。

3. 中美俄三者都处于时代主旋律的支配之下。和平与发展时代主题的确定与某种程度的共识认同，决定中美俄之间并非天然的敌我对抗关系。有人引用毛泽东的话“谁是我们的敌人？谁是我们的朋友？这个问题是革命的首要问题”，来鉴定大国关系，特别是怀疑甚至否定中国与美国构建新型大国关系。这就涉及对时代主题意义的认识。在以战争与革命为主题的时代，必须首先考虑与谁打仗、革谁的命。但在当今，如果我们接受和平与发展的时代主题观，那么首先考虑的应为谁是我们的合作伙伴，而不是去寻找敌人。当然，合作伙伴有真假之分，有全心全意与半心半意之分，对于虚假的甚至怀有敌意的合作伙伴，要予以防范，要与之适当斗争。就美国而论，它在二战期间曾与中国和俄罗斯（苏联）结成同盟，是合作伙伴。今天，对其霸权主义行径仍要坚决抵制和反对，但不能因此就认定它压根儿就是敌人而不能搞合作。

中美俄三者之间不仅因其某种矛盾性影响着世界，而且其难以摆脱的依存性亦即有时表现出的“合力”，对世界事务更会产生重大影响。三者相互间依存性加深，同时竞争性加剧；自主性加强，同时互补性日增。时代主旋律决定，它们调整相互关系的前提，乃是谋求、协调和平衡经济基础上的战略利益。

4. 中美俄三家都曾表示彼此要构建战略伙伴关系。主要原因是，冷战结束以来各家几乎无例外地都在奉行对内自强不息、对外竞争共处的方针。对内，将经济建设与变革置于首位，借助科学技术推动经济发展，以提高综合国力。对外，力求改善自己的处境，赢得尽可能有利的战略地位，为本国的发展创造良好的外部条件。当然，对于美国而论，还有一个维护霸主地位的问题。

中俄之间形成全面战略协作伙伴关系，中美之间酝酿新型大国关系，这些情况人们比较熟悉。而俄美关系被关注的，往往更多是如何在争斗。其实，俄美之间早已提出构建战略伙伴关系。2001 年 11 月俄罗斯总统普京访问美国和 2002 年 5 月美国总统布什访问俄罗斯，先后发布两国“新关系”联合声明和“新型战略关系”联合声明。其中宣称，俄罗斯与美国“已经克服了冷战的残余，任何一方都不把另一方视为敌人或威胁的来源”；“俄罗斯和美国摈弃已被证实无效的、只会加剧该地区冲突的‘大国’竞争模式。”美俄将进入关系友好的新时代，进入一个新纪元。

5. 中美俄大三角之间，客观上存在国际影响力之争，既相互借助又彼此防范，但侧重点存在明显差别。美国对俄罗斯防范多于借重，反之俄罗斯亦然；美国对中国防范与借重有时不得不注意保持平衡，中国对美国尽量做到彼此借重；中国和俄罗斯可以说是相互倚重。美国对俄罗斯、对中国都具有强势，但在三角关系中处于弱势。三角关系虽不应打牌联合一方反对另一方，但客观上存在利用矛盾为己所用的问题。中俄关系与中美关系既不取决于俄美关系，也不排斥俄美关系。美国对中俄同时施压，“两个拳头打人”，是缺乏智商的表现。俄美关系也不会一成不变，它们仍互有需要，在反恐尤其是应对“伊斯兰国”、防止核扩散、削减战略武器以及其他全球性问题方面，美国仍需要俄罗斯的配合。

6. 中美俄三者关系的发展趋势与特点截然不同。这不仅基于各自国情的差别，更取决于当局奉行的方针政策，取决于政治意愿或者说政治互信。意识形态因素对于中美俄三角关系的作用其实有限。就意识形态而论，现今俄罗斯与中国，并不比俄罗斯与美国贴近。俄罗斯以民族精神强烈著称，这成为俄国内各派的重要结合点。美国国际政治学者约瑟夫·奈 2015 年 5 月 17 日在日本《读卖新闻》发表题为《衰退让俄罗斯变得更危险》的文章，说“最终普京总统推进的是以怀疑西欧的文化和理性的特征的‘新斯拉夫主义’”，“俄罗斯的领导层大多是极端民族主义者”。前一句，让人难以认同，后一句则显然说过头。

二、中美关系的特点及其对俄罗斯的影响

7. 中国和平发展对于世界格局、国际秩序和发展模式三方面产生影响。发展模式的影响最让美国生畏。当今中国国际处境相对良好，备受外界尊重，一是得益于外交出彩，尤其是互信包容合作共赢理念抓住时代的本质特征，发挥作用力；二是提出“一带一路”等战略主张，与其他相关国家的利益契合。对此，美国心存疑虑，俄罗斯则予以适当配合。

8. 中美之间构建新型大国关系存在可能性，但难度甚大，过程将是曲折的。中国方面表现了诚意。第一步，阐述必要性，指出中美新型大国关系的实质内涵，用了三句话，叫做不冲突不对抗、相互尊重、合作共赢。第二步，阐述可行性，指出构建新型大国关系的有利条件，用了五句话，叫做政治意愿、经验积累、机制保障、民意基础和合作空间。第三步，阐述务实性，针

对美国方面提出的“坐而言不如起而行”，提出构建新型大国关系应从哪些重点方向运作，用了六句话，叫做加强高层沟通和交往，增进战略互信；在相互尊重基础上处理两国关系；深化各领域交流合作；以建设性方式管控分歧和敏感问题；在亚太地区开展包容协作；共同应对各种地区和全球性挑战。这六句话回应了美方试图纠缠的一些内容。

9. 美国当局对构建新型大国关系，态度暧昧。究其根本原因，这无异于要它放弃冷战思维，收敛霸权主义。中美关于新型大国关系的解释，仿佛台海两岸对待“九二共识”“各自表述”。美国从变相否定到勉强应承，至今仍在犹豫过程之中。预计2015年9月习近平主席应邀访美时，奥巴马总统至少要做出姿态，也许会有一个差强人意的新说法。

现今我们面临的任务是，如何通过说理斗争，让互信代替互疑，管控分歧代替扩大争执，消除麻烦代替制造事端。总之，优化中美关系，如习近平主席所说，事在人为。

10. 中国要与美国构建新型大国关系的意图以及会遇到哪些障碍，俄罗斯心知肚明。俄罗斯固然不希望中美之间过于接近，但也知晓中国方面不会以损害俄罗斯作为与美国发展关系的筹码，美国想借助中国遏制俄罗斯也根本行不通。俄罗斯除个别媒体有时就中美关系说三道四外，官方并未对构建中美新型大国关系公开表示非议。

11. 美国无论是民主党还是共和党当政，对华政策始终表现为“接触加遏制”的两重性。这与它对俄罗斯的政策颇为相似。这种缺乏远见的政策成为促使中俄接近的一个重要外部因素。俄美之间矛盾深厚，能坐在一起协商对话就很不错了，很难看到它们构建新型大国关系的前景，尤其是普京时代。

12. 由于美国不能恪守良性互动规律，致使中美关系曲折发展成为一种常态，俄美关系更是难以达到中俄关系那么高的境界。所谓良性互动规律性，指的是既要维护自身利益，又要尊重对方利益，缺一不可；合作与竞争同在，摩擦与妥协并存，合作要诚信，竞争要守规矩，摩擦要不导致对抗，妥协要适度；结果不是零和，也不是哪一家获益，而是互利共赢。

三、中俄关系的特点及其对美国的影响

13. 中俄关系是不断提升的。20 世纪 90 年代，自 1992 年 12 月之后，中俄关系从相互视为友好国家，发展建设性伙伴关系，到 1996 年确立平等信任的、面向 21 世纪的战略协作伙伴关系，被称作连续上了三个台阶。2001 年 7 月 16 日签署《中俄睦邻友好合作条约》，将中俄两国间关系所达到的水平与各领域的合作共识以法律的形式确定下来。这个以“世代友好、永不为敌”为核心的条约，是中俄关系史上乃至整个国际关系史上的辉煌篇章。如今中俄关系进一步提升为全面战略协作伙伴关系。

14. 中俄关系之所以能不断深化发展，多亏两国领导人具有远见卓识。两国都在致力于目标类似的国家振兴，改革的着眼点都是以扩大同国际社会的联系为方向，力求提高经济效益和科技水平，并在此基础上发展生产力，增强综合国力，优化人民的生活质量。两国都需要良好的稳定的外部环境，却又都受到来自美国的种种压力。

15. 中俄关系堪称新型大国关系的典范。表现为政治上互信，经济上互补，军事上互动，文化上互通，外交上互商。特色是不结盟而又实行战略协作（结伴不结盟），关系密切而不存在依附性，维护各自尊严和利益而不怀损害对方之心，根据是非曲直处理国际事务而不搞双重标准，有利益分歧而能通过平等协商解决。中俄关系影响力巨大，源于两国之间“四同”：同气相求、同心协力、同仇敌忾和同舟共济。

16. 中俄的国家利益和意识形态是存在差异的。对待国家利益差异——协调之，对待意识形态差异——超越之，处理得当，并没有造成国家关系的扭曲。两个大国之间的合作，既有共性问题，也有个性问题。在协作过程中发扬共性，尊重个性，尽量将个性融入共性之中，这正是中俄关系精髓之所在。

17. 中俄关系发展有强大动力，也有不少阻力。动力来自彼此国家安全利益与发展利益的诉求，阻力主要来自美欧大国与俄罗斯的复杂关系。中国外交既要珍惜、强化与俄罗斯的关系，这是基轴；又要不因与俄罗斯友好而影响与美欧合作相处，这就要求高超的外交艺术。

18. 中俄之间能做到的事情，中美之间照理也应该能够做到。中国正是参照中俄关系的经验，推动构建中美新型大国关系。美国在构建中美新型大国关系问题上态度逐渐有所变化，从实质否定到目前似乎开始敷衍应对，这跟中俄关系坚挺有关。

四、俄美关系的特点及其对中国的影响

19. 俄罗斯要走向振兴，需要与美国合作而不是对抗。但俄美“战略伙伴关系”的基础脆弱，一是缺乏像美国与北约盟友之间建立起来的那种军事政治领域的长效合作机制，二是没有像俄罗斯与中国之间那样的经济合作基础，三是俄美双方对恐怖主义威胁、对核扩散的认识有所不同，反恐重点和处理伊朗核问题上立场也不完全一致。

20. 普京的言行常常令美国震惊和反感。如上台之初《世纪之交的俄罗斯》一文，明确提出不走欧美道路；接着高呼“给我 20 年，还给你一个强大的俄罗斯”；随后指出苏联解体是 20 世纪最大的地缘政治悲剧，说“谁不为苏联解体而懊恼，谁就没有良心；谁想再回到苏联，谁就没有头脑”；后来又提出构建

“欧亚联盟”的战略构想。加之，针对美国的霸道行径，普京一再有力抨击。美国和西方一些大国必欲置普京于倒地而后快，却事与愿违。普京提出要弘扬俄罗斯的思想和价值观，包括爱国主义、强国意识、国家作用和社会团结，提出要从经济和道德两方面振兴俄罗斯，并竭力付诸实践。看来这些成为他的有力支撑点。

21. 俄罗斯为了国家振兴，前提是要确保国家统一，确保经济增速，确保政局稳定。美国的对俄政策恰恰有损这三个“确保”。冷战结束以来，美俄之间犹如演奏一部题为《较量》的交响乐，主旋律为“难得互信”，分为北约东扩、颜色革命、在东欧部署反导系统乃至扩大驻军的“三乐章”。普京对美国态度强硬，很大程度上是美国逼出来的。

常说北约、欧盟“双扩”，其实还要加上推扩所谓民主政治亦即“颜色革命”，构成“三扩”。美国支持欧盟东扩，既是要挤压俄罗斯，打破普京的“欧亚联盟”构想，又是要激化欧盟与俄罗斯的矛盾，为其作用。

22. 鉴于俄罗斯是一个欧亚大国，美国的战略重点无论仍在欧洲，或是向亚洲方向延伸，俄罗斯始终摆脱不了作为重点防范和打击的对象。俄罗斯虽说自己属于欧洲文明，要回归欧洲，但同时强调自己是一个欧亚大国，对本国亚洲部分的开发提上日程，加强对亚太地区的注意力，特别是与中国和印度形成了战略协作伙伴和全面合作关系。这种状况在很大程度上是把美国的注意力吸引到亚洲方向的一个重要原因。

23. 俄美之间互有战略需要，既彼此借助，又相互排斥，其主次之分将随着条件的变化而变化。彼此借助的因素是有条件地发挥作用，互相排斥的因素则是长远起作用。借助因素若占上风，则合作协调的趋势明显；排斥因素如起主要作用，则矛盾斗争方面突出。从长远看，民族利益、大国地位和世界影响等因素在俄美关系中将起根本性作用，这就决定了排斥面可能要大于借助面。

24. 俄美关系紧张致使双方都想增强与中国的合作。这种局面固然对中国有利，但中国光明磊落，从来不做乘人之危、幸灾乐祸的事。中国认为，包括俄美关系在内的世界局势缓和才符合中国和平发展、充分利用 20 年战略机遇期的需要，因而乐见并助推俄美关系改善。普京所谓“给我 20 年，还你一个强大的俄罗斯”旅程过半，不无焦急。俄罗斯并不希望与美国的关系无限期地紧张下去。奥巴马总统任期已为时不多，也未必愿意在他手里留下一个剑拔弩张的美俄僵局。可见，俄美关系缓解仍存有较大的回旋余地，而不会像有的媒体渲染的那样多少年也缓不过来。

（载《当代世界》，2015 年第 7 期）

如何看俄军在叙利亚空袭反恐

俄罗斯在叙利亚实施对恐怖组织空袭，引起国际社会关注，也带来一些争议。本文提供以下看法。

其一，俄罗斯是应叙利亚合法政权巴沙尔总统的要求采取行动，旨在打击恐怖主义组织。此说符合实际，无可非议。但也应该承认，普京更多是从本国利益出发，此举是经过深谋远虑的。9 月 30 日俄罗斯联邦院议决批准的第二天，便立即动作，足见早已成竹在胸。其实，2015 年 9 月俄罗斯就利用在地中海进行军事演习的机会，着手向塔尔图斯、拉塔基亚秘密部署军力。

俄罗斯议会内部并非没有普京的反对派，上院包括俄共在内的 162 名议员却能一致通过决议，证明俄各派公认参与叙利亚空袭是正当合理、完全必要的。从而也再一次证明，俄各派政治势力之间虽然存在权力分配与道路选择之争，但在维护国家利益、以大俄罗斯民族精神重振大国雄风方面，立场是相同或相近的。

另，俄罗斯已有数千人卷进“伊斯兰国”，极端势力正向俄高加索地区蔓延，形势逼人。俄当局决定采取“先发制人”打击，亦在情理之中。

其二，俄罗斯与叙利亚有着悠久的特殊密切关系。叙利亚前领导人、巴沙尔的父亲阿萨德从 20 世纪 70 年代开始当政的 30 年，叙利亚一直被苏联/俄罗斯视为“天然盟友”。巴沙尔上台后的 15 年，叙与俄的关系一如既往。但俄罗斯在叙拥有的战略地位，受到美国大中东计划的冲击而不断收缩。塔尔图斯港是当年苏联在中东遗留下的唯一军事基地，也是俄罗斯目前在海外的唯一海军基地。硕果仅存，却具有标志性意义。因此，俄这次参与叙空袭，可理解为战略防守性之举。另一方面，在美国筹组国际联盟空袭“伊斯兰国”历时一年、效果有限的情况下，俄罗斯又显示出以守为攻的态势。俄罗斯的底线是不出动地面部队，宣称空袭也有期限，但一旦卷入，就不会轻易退出，而是力图获得长远的最大好处。

其三，乌克兰危机发生以来，俄罗斯受到西方严厉制裁，处境被动，尤其是经济陷入困境。如今中东地区难民冲击西欧许多国家，使之难以招架，埋怨美国之声四起，这种局面为俄罗斯提供了可乘之机。俄挺身而出在叙打击恐怖组织，一定程度上有助于抑制难民潮向西欧涌流，从而得以设法缓解俄自身与西欧国家的关系。如果说美国在叙利亚反恐意在推翻巴沙尔政权用的是“假途灭虢”之计，那么俄罗斯采取的则是“围魏救赵”之计。

其四，俄罗斯谨言慎行，做法几乎无懈可击。避免授人以柄，事先向美方打过招呼。普京 2015 年 9 月 27 日接受美国媒体采访时就明确表示，俄方将支持叙利亚唯一合法政府，将向叙政府军提供武器援助、培训军事人员，还将向叙利亚人民提供人道主义物资。空袭前夕，俄也曾向美方发出通报。如此做作，让美国奈何不得，媒体甚至说俄空袭让美国忧心忡忡。佐证之一，共和党总统候选人杰布·布什斥责奥巴马软弱，扬言如果现在不做点什么阻止普京，那么不仅在叙利亚，甚至在世界其他地区都会引发许多问题。

其五，俄罗斯这次行动，直接意义上是打击恐怖主义组织，间接意义上是支持巴沙尔政权，长远意义上则是试图迫使美国改变、至少调整在叙利亚乃至中东的战略部署。美国处心积虑要搞掉巴沙尔，反恐真意受到质疑，处境被动。俄罗斯出击恐怖组织，理直气壮，与美国形成鲜明对照。俄空中打击准确度让恐怖分子胆战心惊，受到多方面的肯定和赞扬，伊拉克政府也表示欢迎。可见，普京打出了一张好牌，牵制美国，矮化美国，风头盖过美国，一个时期内可能被认为是在中东打击恐怖主义组织的主角。美国为夺回反恐主导权，或不得不考虑如何加重对“伊斯兰国”的打击。

其六，如何将反恐与对待巴沙尔政权区分开来，是俄美争议的焦点，也决定叙利亚局势的走向。美国白宫 2015 年 9 月 29 日曾发布消息称，在联合国大会期间普京与奥巴马的会谈中，两国元首达成共识，将协调打击“伊斯兰国”行动。问题是美国把反恐与搞掉巴沙尔两个问题搅和在一起，难以真诚合作，也必将削弱反恐成效。尤其是，叙利亚反对派与恐怖分子、极端势力合作，而美国又支持叙利亚反对派，反恐从何说起！俄主张组建由联合国主导的新的反恐国际联盟，包括伊拉克及叙利亚政府军、库尔德武装，以及伊朗、埃及等地区国家的部队。美国国务卿克里提出组成一个打击“伊斯兰国”极端组织的广泛联盟。两者如何结合，将充满较量。

其七，中国所持公正立场是解决问题的钥匙。这就是坚持通过政治手段解决叙利亚问题；坚持由叙利亚人民自主决定国家的未来；坚持推进包容性政治进程，尽快开启平等、包容、开放的政治对话；坚持在叙利亚实现全国和解和团结；坚持在叙利亚及周边国家开展人道救援。美国先后在伊拉克、利比亚和乌克兰等国采取推翻合法领导人的做法，后果是局势混乱，贻害各方。当今美国的唯一正当选择是，汲取在中东发动战争并客观上酿成“伊斯兰国”的深刻教训，呼应中国的主张，支持叙利亚危机政治解决，推动组建新的国际反恐联盟，与俄罗斯协调配合打击“伊斯兰国”。

（载《联合早报》，2015 年 10 月 17 日）

俄土角力为哪般

俄罗斯土耳其之间的冲突，使俄与美、法、土等国在合力打击“伊斯兰国”方面的互信与配合大受影响。如果俄土两国对该事件处理不当，“伊斯兰国”无疑将成为最大受益者。

正当中东地区反恐斗争如火如荼、俄罗斯空袭“伊斯兰国”凯歌频传之际，突然冒出了土耳其与俄罗斯之间的尖锐冲突。其起因、真相与后果，扑朔迷离，发人深思。

一、俄土角斗的起因

2015 年 11 月 24 日，俄军一架苏-24 战机在叙利亚执行空袭任务时，被土耳其军方击落。土方指责俄战机非法侵入其领空，俄方坚决否认。土方辩解，先是说“在 5 分钟内曾 10 次警告”，接着又说“该战机侵犯了土耳其空域 17 秒”。前言不搭后语，一时成为国际笑谈。

俄方当即作出强烈反应。普京总统表示，这起事件将严重影响俄土关系，谴责土方的行为是“背后捅刀”。11 月 28 日普京签署对土耳其实行制裁的总统令。12 月 3 日普京在国情咨文中指责“这一与恐怖分子的共谋”。

值得注意的是，俄方一开始就表态“不会对土耳其宣战”，但打击和制裁举措迅速展开。军事上，俄军第二天就轰炸了土耳其的“救援”车队，紧接着又对袭击俄军的“土库曼山地旅”所在地区实行猛烈轰炸，几乎全歼该旅数百武装力量。经济上，禁止从土耳其进口食品，停止办理前往土耳其旅游套餐。政治上，揭发土耳其总统家族与“伊斯兰国”石油走私的秘密交易。

土耳其方面一度并不示弱，土总理警告说俄方的空袭旨在切断叙利亚反对派在北部阿扎兹地区的补给线，空袭有利于“伊斯兰国”。后来，土方态度变软，土总统对击落飞机事件表示“遗憾”，土总理表示归还俄飞行员遗体，但仍拒绝道歉。

土方态度变软，有诸多原因。一是美国和北约其他国家并未坚决支持它的做法，美国表示此事件与美军“没有关系”，捷克总统甚至说“土耳其的行为是激进的”。二是俄罗斯的军事打击和经济制裁令土耳其畏惧。俄罗斯是土耳其第二大贸易伙伴、第一大进口来源国和第二大出口目的地。三是俄罗斯并没有动用中断向土耳其供气的“杀手锏”。

土耳其原先与俄罗斯关系正常，何以在俄罗斯竭力反恐之际制造严重事端？土耳其是北约成员国，境内驻有北约盟军并存放有北约战术核武器。乌克兰危机后，北约与俄罗斯剑拔弩张。难怪人们提出疑问：如果没有北约撑腰，安卡拉能独自叫板莫斯科吗？

二、俄土各自的地缘政治诉求与利益

俄罗斯与土耳其曾是一对“老冤家”，两百年十次交手，但当今两国关系不能再拿历史上的恩恩怨怨来做解释。

中东地区历来便是兵家必争之地。不仅是全球最便捷、经济的运输通道，也是最重要的能源产地。这对于俄罗斯和土耳其，具有同等意义，同样的吸引力。

中东国家原是俄罗斯前身苏联的“天然盟友”。苏联解体之后，俄罗斯曾奉行向西方“一边倒”外交方针，结果遭来西方不断压缩其地缘政治空间，致使俄罗斯在中东地区的原有阵地丧失殆尽。普京上台后，开始重视中东，形成主动、灵活的中东战略。此外，俄罗斯有 1,800 万至 2,000 万穆斯林，占俄罗斯人口的七分之一，民族因素也促使中东地区成为俄外交政策的优先方面。

事实证明，近几年在中东地区一些国家政治动荡导致政权更迭的过程中，俄罗斯从自己的战略利益出发，扮演中间人角色，在伊朗核问题、巴以冲突、叙利亚内战等中东热点问题上举措得当，赢得了相关各方的积极评价。当前俄罗斯在叙利亚反恐，更是风头正盛，陷美国于尴尬境地。

土耳其作为一个地区大国，冷战结束后将外交重点放在西方与中东。尤其是 2003 年埃尔多安政府执政以来，注意谋求利益平衡，最大限度地发挥其地缘战略优势，提升其在处理地区事务中的话语权。它一方面继续巩固和深化与西方关系，另一方面又加强同中东伊斯兰国家的关系，从而活跃于地区外交舞台。

但是，“阿拉伯之春”发生后，土耳其以地区大国和民主模式优越自居，采取了干预政策。它标榜支持民主，公然策应利比亚、埃及、突尼斯和叙利亚的反政府活动，导致与中东一些国家关系紧张乃至处于被孤立的状态。

三、俄土冲突对反恐形势的影响

欧亚大陆地缘政治历来复杂，有着众多的战略组合，譬如美法俄、俄土叙、俄伊土等三角关系。这些世界和地区大国虽然地缘战略目标迥异，但都已深深卷入叙利亚危机。各国当下的燃眉之急并不仅是“伊斯兰国”构成的安全威胁，而是牵扯到更深层的地缘战略问题。

从国际秩序演变和力量对比消长的历史视角看，中东目前的乱局是美国发动伊拉克战争受挫，全球战略收缩，对军事干预中东事务“心有余悸、力有不逮”的结果。然而，俄罗斯趁乌克兰问题陷入僵持状态之际，掉头剑指叙利亚，扩大了自身的战略回旋空间，美国的被动困窘显而易见。土耳其与俄罗斯军机的对抗恰恰说明，大国在中东的利益碰撞增多，中东地区秩序重塑充满了变数。“伊斯兰国”扩张势头在外部力量打压下暂时被遏制，但决不能低估其巨大潜在危险。要杜绝恐怖势力在中东蔓延，以目前这些大国各自秉持的“小算盘”来看，难以形成足够的打击合力。

俄罗斯外交部长拉夫罗夫曾坦言：“如果美俄双方军队能够做到通力合作，‘伊斯兰国’的覆灭将指日可待。”目前，俄土冲突将使反恐形势变得愈发不明。俄罗斯与北约本有望就打击“伊斯兰国”形成合力，俄土两国则有可能成为打击“伊斯兰国”的主力国家。然而，由于此次事件的发生，俄与美、法、土等国在合力打击“伊斯兰国”方面的互信与配合大受影响。如果俄土两国对该事件处理不当，“伊斯兰国”将成为最大受益者。

俄土冲突是中东反恐大局中的插曲。俄土冲突对中东反恐形势的影响程度，实际上取决于俄美关系状况。2015 年 12 月 15 日，美国国务卿克里与普京总统和拉夫罗夫外长达成共识，同意暂时搁置分歧，双方倡议国际社会共同努力协调叙利亚总统巴沙尔和反对派武装举行和谈。这将使俄土冲突的影响力逐渐降低。

（载《时事报告》，2016 年第 1 期）

反导系统：美俄又一格斗场

苏联解体、冷战结束 20 多年来，美国主导的北约在不同时期始终强势东扩，与俄罗斯争斗不休。近年来双方又在反导系统问题上展开较量。

2016 年 5 月 12 日，美国设在罗马尼亚南部德韦塞卢空军基地的反导系统宣布正式启动，并随时准备与北约在欧洲的反导系统接轨。5 月 13 日美国部署在波兰北部城市伦济科沃的陆基“宙斯盾”反导系统的基础建设举行开工仪式。美方称该系统是为应对来自伊朗的威胁，俄罗斯称这将严重危害俄战略安全。美俄之间的格斗又在升级。

一、美国部署反导系统其实是北约东扩的延续

人们记得，当年戈尔巴乔夫曾经设想，结束华沙条约组织之后，可以换取北大西洋公约组织的解散。结果完全落空。

叶利钦时期，1992 年 2 月，时任北约秘书长的韦尔纳曾表示：“北约同俄罗斯互为对手和敌人的时代已经过去，现在到了伙伴和合作的新时期。”

1997 年 5 月，俄罗斯与北约签署《俄罗斯联邦与北大西洋公约组织相互关系、合作和安全基本文件》。据此，建立了作为磋商论坛的北约-俄罗斯常设联合理事会。1999 年 3 月因发生科索沃战争，俄方宣布暂时中断同北约的一切关系。2000 年 3 月双方关系开始恢复正常。

普京时期，美国于2001年发生“9·11”事件，北约试图增强并在一定程度上实现与俄罗斯在反恐和其他领域的合作。

2001年11月，普京首次访问美国，与布什发布两国“新关系”联合声明。称俄罗斯与美国“已经克服了冷战的残余，任何一方都不把另一方视为敌人或威胁的来源”；提出要“建立保障俄美双方安全以及国际安全的新战略框架”。

2002年5月，布什首次对俄罗斯进行正式访问，与普京签署俄美《削减进攻性战略武器条约》和《俄美新战略关系联合宣言》。称“以2001年11月13日俄美新关系的联合声明为起点，走上了21世纪新关系的道路，忠于在友好、合作、共同价值、信任、公开性和可预见性的基础上发展相互关系的原则”。布什还说，他的俄罗斯之行使两国抛弃了冷战时代的互相猜疑，武器已经不再互相瞄准，美俄将进入关系友好的新时代。普京也说，美国已不再是俄罗斯的敌人，俄美关系将进入一个新纪元。

同年5月，美俄签署了关于建立北约-俄罗斯理事会的《罗马宣言》。被称作“20机制”的成立，规定俄罗斯在打击恐怖、防核扩散、军备控制等非核心事务领域的合作中，拥有与北约19个成员国“完全平等”的权利，但俄罗斯没有得到在对外军事干预、东扩和内部决策等北约核心问题上的“否决权”。

2008年8月，俄罗斯与格鲁吉亚发生军事冲突。北约谴责俄罗斯对邻国过度使用武力，宣布冻结北约-俄罗斯理事会各级别的活动。作为回应，俄方停止了与北约的多项合作计划。2009年4月北约-俄罗斯高层政治接触又正式恢复。

2014年乌克兰危机之后，北约与俄罗斯的关系再度中断。用北约一位副秘书长的话说，北约和俄罗斯关系已经达到冷战结束以来的最低点。

鉴于美国在反恐与其他一些重大国际问题上对俄罗斯仍有需要，2016年4月20日北约-俄罗斯理事会在布鲁塞尔总部举行了两年来第一次大使级会议，就乌克兰危机、管控军事冲突风险以及阿富汗局势等为题进行了对话，但未取得实质性结果。

此后，北约一方面做出要与俄罗斯谈判的姿态，另一方面仍在强化东扩势头。

2016 年 7 月 9 日北约秘书长斯托尔滕贝格表示“我们继续力求与俄罗斯展开建设性对话”，承认莫斯科在应对欧洲及其周边地区安全的挑战中“发挥重要作用”。他还强调说“俄罗斯不应该、也不能被孤立”。11 月 19 日斯托尔滕贝格出席马歇尔基金会在布鲁塞尔的一场活动时又表示：“我们无法孤立俄罗斯。所以必须与之展开对话。我与拉夫罗夫外长的会晤表明，俄对此敞开大门。”他还强调莫斯科是北约最大的伙伴，说这是“无从回避的”，“我们应就如何避免爆发军事冲突、如何努力才能在冲突时不让局势失控等问题展开交谈。在双方关系紧张的当下，这尤其重要”。俄媒体则认为，斯托尔滕贝格“一贯以表态自相矛盾著称”，他此前在接受德国之声广播电台采访时说，布鲁塞尔与莫斯科之间其实并不存在自苏联解体、冷战结束后一直被给予厚望的合作关系。他还在另一场合宣称，由于与俄罗斯紧张局势升温，数十万北约士兵将转入高度战备状态。

据报道，10 月下旬北约宣布将在“俄罗斯门口”的立陶宛、拉脱维亚、爱沙尼亚及波兰部署多国部队，这四支部队分别受加拿大、德国、英国和美国指挥。此外，北约还将快速反应部队人数增加两倍，提高到四万人，并设立了一支 5,000 人的先锋部队。这是北约启动东扩 20 年之后最大规模增加东欧军力部署。作为这项计划的一部分，美国国防部长卡特宣布，美军将在波兰东部部署一支 900 人“随时应战的部队”，另一支部队将配备坦克以及其他重型装备，可随时部署在东欧的任何一个地方。卡特称，这是显示美国仍然致力于欧洲加强威慑的重要信号。

北约最高领导人还声称：这四支部队的特征是基础坚实，多国组成，随时可以作战。四支部队的部署向外界发出这样一个信号：北约如一人，对其中一国发起攻击形同攻击全体成员国。四支部队将可随时得到北约四万军力支持，在必要时，可在相关国增加驻军。

20多年来北约东扩不仅吞噬了整个中东欧地区，而且不断向原苏联成员国方向渗透。美国在东欧一些国家部署反导系统，充实北约东扩内涵，其实是北约东扩另一种方式的延续。鉴此，美俄之间的较量将是旷日持久的。

二、美国在东欧部署反导系统经过一番周折

早在2007年1月，美国借口为了保护欧美免受来自伊朗的远程导弹攻击，便与捷克和波兰磋商部署先进的反导系统。美国计划在波兰设立导弹拦截系统，部署10枚地基拦截导弹，在捷克部署先进的反导雷达系统。美国政府希望在2007年内就此问题与有关各方达成一致协议，并于2011年或2012年建成上述导弹防御系统。这是美国首次在本土以外建立的反导基地。

美国此举在欧亚大陆引发激烈争论。北约秘书长为自身开脱说，许多国家，包括北约的邻国都试图发展或拥有弹道导弹。为此，导弹防御对北约的共同安全至关重要。导弹防御系统只是为了防御，不会破坏或削弱俄罗斯的战略核威慑力量。

捷克和波兰等国的民众不仅对反导系统带来的环境问题表示关注，而且认为在本国部署反导系统可能更容易成为袭击目标。其他欧洲国家也不同程度对该军事动向可能带来的环境与安全影响表示关注。

俄罗斯予以强烈抵制。俄方反复指出，美国声明部署反导系统的初衷是为了保护欧美免受来自伊朗的远程导弹攻击，但伊朗至今根本不具备远程导弹攻击的能力，既然前提都不存在，又怎

么谈得上防御！当时普京还提出，如果是针对伊朗，美国不妨把导弹防御系统改建到中亚的阿塞拜疆，还可以共同使用俄罗斯在那里的加巴拉雷达站。美方未予理睬。

普京后来又说过："多年以前，到处都盛传西方部署反导系统是为了抵御来自伊朗的核威胁。那么，眼下伊朗的核威胁在哪里？美国自己也已经跟伊朗签署了协议，美国也是该协议的倡议方之一。事实上，签署协议是正确的，我们也支持美国政府的这一立场。然而，尽管威胁已并不存在，反导防御系统的搭建却依然在进行。"

与此同时，俄方还采取直接抵制的行动。2007 年普京总统签署命令，决定暂停执行欧洲常规武装力量条约以及相关国际协议。2008 年针对美国计划在波兰和捷克部署反导系统，俄罗斯宣布将在加里宁格勒部署伊斯坎德尔导弹系统。

2009 年奥巴马就任总统之后，宣布放弃布什政府时期制定的东欧反导部署计划，并正式推出一项在欧洲分阶段部署反导系统的新计划。奥巴马此举曾引起各方的不同凡响。波兰和捷克媒体大呼这是"背叛"行为。

俄方则认为，美国正在发展机动的海基反导系统，不能移动的东欧反导系统对它来说根本没有用处。俄媒体还有一个形象说法：布什想给欧洲反导系统糊上一层厚厚的核对抗时代的印花壁纸，奥巴马现在提出换成薄的更现代的壁纸，但结实耐用程度丝毫不会逊色，奥巴马的布景完全可以称作"升级换代"产品。

随后又经过几年策划，奥巴马新计划于 2016 年 5 月 12 日和 13 日宣布在罗马尼亚和波兰开始落实。俄罗斯当局的反应十分强烈。5 月 13 日普京针对奥巴马新计划的谈话可归纳为 3 点：其一，美方单方面退出反导条约，走出破坏世界战略平衡的第一步。如今反导系统的启动又为违反《中导条约》制造条件，再一次冲击国际安全秩序。其二，在罗马尼亚和波兰部署的反导系统是美国战略核潜力的一部分，而不是防卫系统。美国可利用其导弹发射装置，在很短的时间内发射短程和中程导弹，给俄罗斯造成威胁。其三，美国在反导系统方面的做法将造成国际安全体系的震动，引发新一轮军备竞赛。俄罗斯不会参与其中，但将采取一切必要措施，保持国际战略力量的平衡，以避免大规模的战争冲突。

据不完全统计，过去十年美国在反导系统上的投入超过百亿美元。如耗资 22 亿美元的海基波段雷达、耗资 53 亿美元的空中激光武器，以及动能拦截导弹和多弹头杀伤武器等等。后来造价再次提高，据悉作为欧洲导弹防御系统的一部分，启动在罗马尼亚导弹拦截站耗资约 8 亿美元；第三阶段欧洲反导系统建设在波兰，计划项目造价 400 亿兹罗提，约合 131 亿美元。

三、美国部署反导系统导致与俄对峙加剧

针对北约东扩与美国在东欧部署反导系统，俄罗斯的应对办法是：

其一，在位于波兰和立陶宛交界的飞地加里宁格勒部署了具备核打击能力的伊斯坎德尔导弹系统。俄罗斯《观点报》网站 2016 年 11 月 18 日发表题为《“伊斯坎德尔-M”能让我们的很多邻国变清醒》的文章，其中引用陆军导弹和炮兵部队司令马特维耶夫斯基的话，说“导弹部队正在全面更新装备”，“先进的‘伊斯坎德尔-M’导弹系统从 2006 年起列装，并且具有很大的改进潜力，能使其在 2030 年前都保持在不输于外国同类产品的先进水平上”。文中尤其盛赞“伊斯坎德尔-M”能高精度摧毁 500 公里之内的目标，用于打击敌方的反导和防空系统、停在机场的飞机和直升机、指挥部以及其他设施。

11 月 22 日德国新闻电视频道网站报道称，长达数百公里的

作战半径实际上可使俄导弹部队彻底封锁波罗的海。一旦爆发危机，俄罗斯在最坏的情况下也可以封锁所有通往波罗的海三国的海上交通并切断可能的海上援助通道。

另据俄罗斯报纸网 2016 年 5 月 10 日报道称，作为对美国完善反导系统的回应，俄罗斯加速用“飞行轨迹难以预测”的最新式洲际导弹重新装备战略火箭兵。俄战略火箭兵司令谢尔盖·卡拉卡耶夫表示，该部队将在 2022 年前完成全面更换最新式装备的工作。用先进的“亚尔斯”洲际导弹列装部队是对美国在欧洲部署反导系统的回应。

据报道，“亚尔斯”导弹由莫斯科热工研究所在当前的俄主力导弹“白杨-M”基础上研制而成。该三级导弹长 43 米，最大射程 1.1 万公里。也就是说，最大射程比“白杨”导弹远 1,000 公里左右。“亚尔斯”导弹与“白杨”导弹的主要区别在于，“亚尔斯”配备 3 至 4 枚独立制导的分导弹头。此外，“亚尔斯”导弹还将替代 RS-18 洲际弹道导弹。2017—2018 年，“萨尔马特”导弹也将列装，它到 2020 年将替代 R-36M 导弹（北约代号为“撒旦”）。

其二，强化西部兵力部署以防范北约。据俄《独立报》2016 年 6 月 3 日报道，乌拉尔兵团将于今年年底在克林齐部署完毕，那里将建立靠西部边界最近的军事卫戍区之一，距白俄罗斯和乌克兰边界结合点约 60 公里。这样一来，俄罗斯西部和西南部将在一年半后建成强大的军事集群，足以化解来自北约和乌克兰的威胁。

其三，2016 年 5 月 12 日俄外交部和俄国家杜马均表示，鉴于美国在东欧部署新反导系统，莫斯科将保留退出《削减和限制进攻性战略武器条约》的权利。

其四，还有一种说法，如果双方发生军事冲突，俄罗斯可能选择对美国在欧洲部署的反导系统采取先发制人打击。

四、美国在东欧接着又在韩国部署反导系统是危险信号

美国为在东欧部署反导系统制造了各种借口，如今又在韩国部署“萨德”反导系统，令人担忧。

其一，美国将东欧部署反导系统纳入北约体系，这是与北约东扩同步运行的另一个轮子。美国一再强调部署反导系统是针对伊朗而并非俄罗斯，最近还进一步说明，伊核协议达成后，伊朗虽然丧失了发展核武器的能力，但其常规导弹并未停止发展。此说难以令人信服。有分析认为，美国通过此举，将进一步巩固在黑海地区的军事存在，同时为进入中东、高加索、中亚地区提供跳板。美方强调其反导系统不具拦截俄方导弹的意图，而俄方看重的是美方是否拥有这样的能力。若处理不当，双方不仅会再现军备竞赛，还将对整个欧洲的安全局势带来负面影响。

其二，近年来美国一直策划在韩国部署“萨德”反导系统。这不仅怀有针对中国的意图，也是与北约东扩相呼应的危险举措。对此俄罗斯明确表示反对。俄罗斯外交部长拉夫罗夫 2016 年 5 月 6 日说，就美国打算在东亚部署导弹防御系统，俄方寻求美国对此作出“不针对俄罗斯”的法律保证。7 月 24 日俄罗斯外交部发表声明，对美国关于在韩国部署导弹防御系统部件的提案表示担忧，认为此举可能会在该地周边地区引发军备竞赛，并指出“美国的意图昭然若揭，实质就是在地理上扩大其全球导弹防御系统的部署”。这意味着，反对美国部署反导系统又增加一大复杂因素。

其三，美国此举为下一任总统留下遗患，特朗普面临如何处理北约东扩与反导系统的问题。美国总统大选之后，媒体纷纷预测特朗普的外交政策，其中议论美俄关系的走势尤其热烈。人们注意到，普京与特朗普不乏相互赞美之词，普京且率先作出友好

姿态。特朗普为本国利益着想，看来对俄关系势必有所调整，问题是涉及北约东扩和在东欧部署反导系统，其态度将复如何？特朗普在竞选时所表示的不满于北约成员国免费享受美国提供的安全保障，认为以德国为首的欧洲国家应该做出回报，这些今后又将如何体现？此外，本文前面提到 2016 年 11 月 19 日北约秘书长斯托尔滕贝格表示的无法孤立俄罗斯，必须与之展开对话，承认莫斯科是北约最大的伙伴等等，又意味着什么？今后美俄关系调整的进度和限度究竟如何，人们将拭目以待。

（载《地缘与能源》，2016 年 12 月号）

英国脱欧公投引发的思考

英国脱欧公投引起强烈反响，带来一系列疑问。下面就此提出 10 个基本观点，供进一步研究参考。

（一）英国公投是卡梅伦搞的一次自投罗网的政治赌博。

酝酿公投历时三年多，卡梅伦的本意一是借助“脱欧公投”，博取党内“疑欧”派的支持，以赢得大选连任；二是借此作为与欧盟讨价还价的筹码，迫使欧盟通过“改革”，为英国继续留在欧盟获取更多权益。卡梅伦却匆忙决定于 2016 年 6 月 23 日举行公投，结果大为失算，事与愿违，卡梅伦被迫辞职。这暴露了英国乃至整个欧洲深刻的社会矛盾，表明相当大比例的公众对欧盟前途逐渐丧失信心。这不能怪罪英国民众。如有的媒体所说，“卡梅伦背黑锅一点都不冤枉”。

（二）英国脱欧是欧盟继债务危机之后蒙受的又一次沉重打击。

欧盟是历史悠久、影响巨大的利益共同体。利益共同体同时也应该是责任共同体。英国脱欧是由于利益与责任发生矛盾所致。从战略高度看，英国脱欧其实是一种倒退行为而不是进步举措。但这抹杀不了 1951 年成立至今 70 年从煤钢共同体发展到今天的宏大规模，欧盟作为一体化典范所取得的卓越成就和深远意义。倡导“一带一路”倡议构想的中国，会继续支持欧洲一体化进程。

（三）英国公投脱欧原因之一，是难民潮冲击。

难民潮的形成，从根子上说，与美国的中东战略有密切关系。从 2003 年美国无端发动伊拉克战争到近期处心积虑要搞垮叙利亚巴沙尔政权，中东局势动乱不止，人民蒙受苦难，滋生了恐怖主义“伊斯兰国”，形成了强大的难民潮冲击欧洲国家。英国前首相布莱尔当年曾竭力支持小布什发动伊拉克战争（布莱尔正在被追究责任，有可能被弹劾），因此，英国受到难民潮冲击一定意义上是自食其果。

（四）英国第二次公投的呼声依然存在，但难以指望，英国政府已明确表示拒绝。

有人寄希望于英国议会不予批准，但显然挽回不了英国脱欧的结局。试想，若否定这次脱欧公投，西方民主的脸面何在？万一再次公投而脱欧不成，欧盟与英国的谈判更会提高要价，英国会受到欧盟更多限制。这里有两点倒是值得关注：一是欧盟某些其他成员国（如荷兰、捷克）是否也跟着搞脱欧公投，尽管欧盟不会因此就散架；二是英国脱欧可能带来苏格兰、北爱尔兰脱英公投，带来英国本身解体的风险。

（五）英国脱欧后如何处理与欧盟的关系，存在未知数，将有一段较劲的过程。

卡梅伦在其最后一次欧盟峰会晚宴上表示，希望英国今后和欧盟保持最紧密的经济联系，而关于谈判英国退欧条款的事宜则交由他的继任者处理。英国退欧倡导者并未深思熟虑，他们与欧盟究竟建立什么样的关系。英国领导人既想尽可能维持对欧盟市场准入方面的便利，又想限制欧盟移民和劳工。然而，欧盟在峰会上重申，任何希望加入欧盟共同市场的国家都必须维护资本、商品、服务和工人自由流动这“四个自由”。

（六）英国脱欧后欧盟的政治重心将再度调整。

有不少媒体称，欧盟解体犹如苏联解体。此说有些言过其实，甚至不无幸灾乐祸的味道。欧盟的多国组合与苏联高度集权的政治体制，不能同日而语。英国脱欧的确是欧盟呈现颓势的一个信号，但德、法毕竟是欧盟的核心，加上意大利，它们会把欧盟撑持下去。况且，新欧洲的波兰和波罗的海三国等也都不愿欧盟解散。再说，英国退出欧盟，并非退出欧洲。英国还是北约成员国，将继续在欧洲发挥重要作用。当然，不可避免会遇到一个新问题，为北约出资仅次于美国的英国，今后是否、又如何为欧盟成员国的安全担责？

（七）英国退欧，让美国暴露矛盾心态。

欧盟的一体化进程，不仅欧元对阵美元，尤其是提出防务一体化目标，客观上是对美国霸主地位的一种挑战。美国既不愿意欧盟强大与之抗衡，又要利用关系特殊的英国在欧盟内部为之效劳，乃至起到“特洛伊木马”的作用。奥巴马 2016 年 2 月与卡梅伦通电时重申了美国的立场，支持英国留在一个强大的欧盟里。4 月 22 日他在与卡梅伦会晤之后举行的联合记者会上又表示，不认为欧盟会削弱英国在世界的影响力，相反，欧盟会加强英国的影响力，脱欧公投结果“将影响美国前景”。

（八）英国退欧，俄罗斯高兴。

这将有利于俄罗斯实现其削弱美国全球领导力、分化西方的长远目标。俄罗斯声明“不介入”，内心却窃窃自喜。普京给英国对脱欧原因做出诊断，一是因为不愿意牺牲本国利益，补贴贫弱经济体，供养其他国家和民族；二是人民对安全状况感到不满，移民潮使安全情势进一步恶化；三是欧盟过于官僚主义化，“欧洲议会通过的要成员国执行的决议，比苏联最高苏维埃通过的让加盟共和国执行的决议还要多”。欧盟的分化，无疑可以减轻其对俄罗斯的总体压力。

（九）英国脱欧对于中国，有利有弊，利大于弊。

利弊有可能转化，只要策略对头，可以趋利避害。利的一面：英国脱离欧盟会面临巨大经济压力，加上少了欧盟的条规限制，势必要与中国发展更密切的经济合作。例如脱欧前英国受制于欧盟在武器销售和高科技方面难以同中国深入合作，脱欧之后则可有可能更加开放自由的市场，与中国发展更多面的交流合作。如在产能合作上，中方的高铁、核电技术和英方在风电及可再生能源领域的优势可形成互补。从欧盟角度看，英国脱出后欧盟经济总量少了，更需要中国资金的注入，也更需要中国市场的支撑。

弊的一面：英国脱欧等因素导致国际金融市场动荡加剧，我国面临的外部环境不确定性增大，也给我国企业对外投资带来一定影响。尽管我们商务部门认为，“这种直接冲击是有限的”。

值得自豪的是，中国历来的做法具有务实性和远见性。中国既重视与欧盟总体的关系，又不断加强与欧盟成员国的双边关系，包括发达国家德、法、英（默克尔九次访华，习近平主席 2015 年 10 月访英开创中英“黄金时代”）。中国与中东欧国家形成 16+1 框架，乃十分明智之举，有利于推动贯彻实施“一带一路”倡议。

（十）英国脱欧改变不了世界战略格局。

英国脱欧，欧盟一体化进程受挫折，说明世界多极化与经济全球化是在曲折中发展。但世界战略格局的总体框架不会因此而动摇。

（载《中国战略观察》，2016 年第 8 期）

正告蔡英文当局

2017 年 3 月 14 日是《反分裂国家法》颁布 12 周年。《反分裂国家法》明确规定：世界上只有一个中国，大陆和台湾同属一个中国，中国的主权和领土完整不容分割。维护国家主权和领土完整是包括台湾同胞在内的全中国人民的共同义务。台湾是中国的一部分。国家绝不允许“台独”分裂势力以任何名义、任何方式把台湾从中国分裂出去。“台独”分裂势力以任何名义、任何方式造成台湾从中国分裂出去的事实，或者发生将会导致台湾从中国分裂出去的重大事变，或者和平统一的可能性完全丧失，国家得采取非和平方式及其他必要措施，捍卫国家主权和领土完整。

《反分裂国家法》具有划时代意义。它把祖国大陆多年来制定的一系列对台方针政策加以法律化，显示了反对和遏制“台独”分裂势力分裂国家，推进两岸关系发展、致力国家和平统一的决心和诚意。《反分裂国家法》像紧箍咒一样，钳制着民进党的“台独”图谋，令其战战兢兢而不敢越雷池一步。

蔡英文当政的 10 个月来，从人士安排到政策举措，巧立名目，千方百计搞所谓“去中国化”的“渐进‘台独’”，实质是在铤而走险，挑战《反分裂国家法》的底线。

“台独”是蔡英文当局的既定方针，妄图“台独”，手段卑劣。

一是存歹心。民进党的纲领就是一部深藏“台独”祸心的纲领，所谓“依照台湾主权现实独立建国”无异于明火执仗的赤裸裸表白。从李登辉到蔡英文，这一伙人不仅数典忘祖，而且认贼作父，力图依靠外部势力谋求“台独”。中国一再警告外部势力，不要向“台独”势力发出错误信号。

二是装糊涂。他们漠视“九二共识”，居然说1992年没有这种共识，只是一种“同意双方有歧见的精神”。事实是，1992年10月底至12月初，中国内地海协会与台湾海基会在香港举行会谈，会谈后又通过数次函电往来，最终形成了“海峡两岸均坚持一个中国的原则”的共识，后来被称为“九二共识”。“九二共识”的达成，推动了两岸关系的进一步解冻，促成了1993年在新加坡举行的意义深远的“汪辜会谈”。台湾前领导人马英九最近也站出来澄清，说明“九二共识”是台湾方面提出，大陆方面接受，不是大陆强加给台湾方面的。

三是玩欺骗。蔡英文当局惯于要弄“台独”花招，以为这样就可以愚弄人民，瞒天过海。诚然，这些年来居住在台湾的中国人承认是台湾人的比例增加，但这并不等同于他们就否认自己是中华民族的血脉，就是要支持“台独”。最近，3月12日孙中山先生逝世92周年之际，台湾发生两起值得重视的动向。一是成立了民生党，由年轻音乐人张穆庭任主席。创党宗旨是有效振兴台湾经济，解决台湾民生问题，坚持“九二共识”，完成国家统一。另一是561个社团政党结成“反独促统”大联盟。这些从一个重要侧面表明，随着蔡英文当局倒行逆施越来越不得人心，居住在台湾的中国人终将日益醒悟。

我们党和政府密切关注台湾的政治动向，适时给予蔡英文当局以严重警告。习近平总书记2016年7月1日的讲话庄严地指出：两岸关系和平发展是维护两岸和平、促进共同发展、造福两岸同胞的正确道路，也是通向和平统一的光明大道。坚持“九二共识”、反对“台独”是两岸关系和平发展的政治基础。我们坚决反对“台独”分裂势力。对任何人、任何时候、以任何形式进行的分裂国家活动，13 亿多中国人民、整个中华民族，决不会答应！习近平总书记的这番话，犹如雷霆万钧，使“台独”势力深受震慑，他们只能胆战心惊、面面相觑、哑口无言！

最近全国人大和政协两会期间，国台办主任张志军于 3 月 6 日接受媒体记者采访，他说过去一年台海局势最大的挑战就是那些“台独”势力蠢蠢欲动。他表示希望台湾各界和大陆一起筑起一个反对和遏制“台独”的铜墙铁壁，并警告说“台独”之路走到尽头就是统一。对于这一番义正辞严的话语，台湾当局报以苍白的咆哮之声，再次暴露了他们的心虚理亏。

我们要正告蔡英文当局：在《反分裂国家法》这支辟邪宝剑面前，“台独”只能是痴心妄想，若不悬崖勒马，那就准备自食其恶果吧！

（载《国际网》，2017 年 3 月 17 日）

解开朝核问题的症结

当前朝鲜半岛形势处于高危状态。一方面是联合国安理会多次发布涉朝问题相关决议，体现国际社会促使半岛无核化的坚定意志；另一方面是朝鲜当局恣意要搞核导试验，公然扬言要“随时进行核试”，“每周每月每年都要进行导弹试射”。可谓剑拔弩张，令人焦灼不安。

朝鲜自从 2006 年 10 月第一次核试验以来，历经十多年的六方会谈被搁置，朝鲜半岛局势愈演愈烈，发人深思。

人们记得，为解决朝核问题，曾经有过两次历史性机会。

一次是 1994 年。根据美朝《关于解决朝鲜核问题的框架协议》，朝鲜冻结其核设施，美国牵头成立朝鲜半岛能源开发组织，负责为朝鲜建造轻水反应堆并提供重油，朝方因此所蒙受的损失，由美国予以补偿，总价值约 40 亿美元。此外，美国还保证不对朝鲜首先使用或威胁使用核武器，放宽对朝鲜的贸易和投资限制等等。孰料后来的美国新政府将朝鲜纳入“邪恶轴心”“流氓国家”，并宣称对之可以采取先发制人打击，致使此协议名存实亡。

另一次是 21 世纪初。2002 年 10 月朝鲜方面向美国提出签署互不侵犯条约，表示如果美国方面承认朝鲜的自主权，保障不侵犯朝鲜，不对朝鲜的经济发展制造障碍，朝鲜愿意通过对话来解决问题。美国总统布什对于签署互不侵犯条约明确表示了决绝。据 2006 年 12 月 8 日消息，大多数美国人赞成美朝两国签署互不侵犯条约，并有一半以上的舆论赞成美国增加对朝鲜的粮食援助。

于是，朝鲜搞核武器在所难免：一半是无奈，一半是壮威，一半是真情，一半是要价。

然而，随着国际形势的发展，尤其是经中国大力斡旋，从2003年8月开始的六方会谈承诺了对朝鲜安全与发展利益的多方照顾，但朝鲜当局却百般抵制，对抗时代潮流，变得冒天下之大不韪了。

事实证明，朝鲜执意拥核，不仅为了自卫，而且怀有邪念；不但是对地区和世界和平的严重威胁，也是对中国现实和长远国家利益的巨大威胁。须知朝核爆炸地点距离中国边境只有数十公里！

随着朝鲜频繁核导试验和韩国部署“萨德”反导系统，朝鲜半岛局势日趋严峻，乃至有人提出战争迫在眉睫。此说当然不容附和。人们的共识是，二战之后之所以没有再次发生世界大战，因为出现了核武器。朝鲜半岛战端一启，谁也无法控制，后果将不堪设想。在近期中方与半岛核问题有关重要当事方的沟通接触中，各方都明确表示不希望看到冲突和战争。

解决朝核问题，和平协商是唯一办法。那就要讲条件，就得公开、公平、公正。

如今国际社会需要合力寻求和创造又一次解决朝核问题症结的新机会。有关各方都应保持冷静克制，缓和局势，而不是彼此刺激，火上浇油。

众所周知，中国在朝核问题上的底线是：其一，不管在什么情况下，半岛都不能有核，无论是北方还是南方，无论是自己制造，还是引进部署。其二，不能动用武力，那将使半岛生战、生乱，中国不会允许。其三，中国自身的正当国家安全利益必须得到有效维护和保障。

中方一再呼吁各方认真考虑中方提出的“双轨并行”思路

和“双暂停”倡议，以便标本兼治，综合施策，全面、平衡地考虑和照顾各方合理关切，共同推动朝鲜半岛核问题早日重返谈判对话轨道。

所谓“双轨并行”思路和“双暂停”倡议，笔者理解其具体内涵应包括以下诸点：

其一，坚持朝鲜半岛无核化，这一点绝对不能动摇。

其二，朝鲜自身选择什么社会制度和政权方式，由朝鲜人民自己决定，外界不应干预。

其三，对于朝鲜当局一意孤行搞核试验，必须给予包括经济制裁在内的严格制裁，但“有关措施无意对朝鲜平民造成不利的人道主义后果”（参见联合国安理会决议）。

其四，在朝鲜弃核的前提下，为其提供确实安全保障，并给以适当的经济补偿。

其五，作为半岛无核化的一环，相应地，韩国应取消“萨德”反导系统部署，美国应从韩国撤出军事基地与驻军。

可见，解决朝核问题，主要矛盾是美朝关系，主动权很大程度上还是操在美国手里。重启朝美对话至关重要。

中国与美、俄等相关国家协调行动，致力于和平解决朝核问题。中国认真执行联合国安理会对朝鲜实行制裁的决定，并于今年 2 月采取了暂停从朝鲜进口煤炭的重大举措。美国副总统彭斯 4 月 23 日称：“有了美国与中国新近的合作关系，朝鲜半岛无核化的目标依然可以和平地实现。”

值得一提的是，构筑六方会谈这个平台，历经艰辛，来之不易。解决半岛问题的前景，最终还只能在六方会谈的框架内实现。如今谈判的合作空间犹在，绝不要轻易放弃。

（载《中美聚焦网》，2017 年 5 月 4 日）

世界政党盛会彰显哪些特色

举世瞩目的中国共产党与世界政党高层对话会，以“构建人类命运共同体、共同建设美好世界：政党的责任”为主题，于11月30日至12月3日在北京举行，120多个国家近300个政党和政治组织领导人等约600名中外代表出席。在习近平总书记主旨讲话的引领和与会者热议的基础上，通过了凝聚共识的《北京倡议》。中国共产党与世界政党关系中史无前例的这次盛会，充满新意，彰显以下特色。

一是党际关系四项原则的生命力。独立自主、完全平等、互相尊重、互不干涉内部事务，是中国共产党提出的新型党际关系四项原则。其特点和优点就是不将意识形态因素纳入，从而化解了党际交往中的一大传统障碍。人所共知，意识形态差异产生于文明的多样性，而文明的多样性决定了政党性质的多样性。我们党历来认为，世界各种文明应该也可能长期共存，在竞争中取长补短，在求同存异中共同发展。习近平总书记在这次主旨讲话中再次强调指出，中国共产党历来积极学习借鉴世界各国人民创造的文明成果，以开放的眼光、开阔的胸怀对待世界各国人民的文明创造。正是由于超越意识形态差异，才有可能吸引那么多政党和政治组织领导人前来参加这次对话会。由此可见党际关系四项原则的强大生命力。

《北京倡议》证实了这个论断，其中指出，在推动构建人类命运共同体、建设美好世界的过程中，政府、政党、议会、社会组织、公民等都应发挥积极作用。政党作为国家政治生活的基本组织和重要力量，发挥着重要的政治引领作用。不同国家的政党应增进互信、加强沟通、密切协作，探索在新型国际关系的基础上建立求同存异、相互尊重、互学互鉴的新型政党关系。相互尊重，就是要相互尊重主权、独立和领土完整，尊重各自选择的发展道路和价值理念，超越社会制度、意识形态和文化传统差异，以更加开放和包容的态度推动国与国之间的交流合作，在追求自身利益的同时兼顾别国的利益和合理关切。

二是构建人类命运共同体的感召力。当今世界正处于大发展大变革大调整时期，各国之间的联系与依存越发紧密。与此同时，人类又遇到多方面的挑战，例如世界经济增长动能不足，贫富分化日益严重，地区热点此起彼伏，恐怖主义、网络安全、重大传染性疾病、气候变化等非传统安全威胁持续蔓延等等。如习近平总书记所说，没有哪个国家能够独自应对人类面临的各种挑战，也没有哪个国家能够退回到自我封闭的孤岛。人类只有抱团才能应对共同挑战，这个“团”就是命运共同体。这正是人类命运共同体引起包括政党在内国际社会广泛共鸣的基因。加之中国已为此作出示范，令人信服，中国共产党不仅是为中国人民谋幸福的党，而且也是为人类进步事业而奋斗的党。人类命运共同体强烈的感召力正由此而来。

《北京倡议》回应了这个论断，其中指出，本次高层对话围绕“构建人类命运共同体、共同建设美好世界：政党的责任”这一主题，就“习近平新时代中国特色社会主义思想”“新时代中国：新发展、新理念”“创新世界、中国贡献”“加强政党建设：政党的挑战和未来”“建设美好国家：政党的实践和经验”“共建‘一带一路’：政党的参与和贡献”“引领构建人类命运共同体：政党的角色和责任”等议题进行了广泛深入的对话交流，达成广泛共识，取得圆满成功。我们高兴地看到，习近平新时代中国特色社会主义思想强调，要推动构建人类命运共同体，这表明中国共产党既是为中国人民谋幸福的政党，也是为人类进步事业而奋斗的政党，不仅关注本国人民福祉，也具备世界眼光和大党担当。

三是和平发展合作共赢精神的凝聚力。中国高举和平、发展、合作、共赢的旗帜，倡导平等互信、包容互鉴、合作共赢的原则。中华民族有着古老而富有生命力的文明，一向以提倡包容、注重和谐与酷爱和平著称。我们党提出"一带一路"倡议，就是要践行人类命运共同体理念。"一带一路"要求共商、共建、共享，共商基于平等互信，共建基于包容互鉴，共享基于合作共赢。五年来共建"一带一路"已成为有关各国实现共同发展的巨大合作平台，也是这次高层对话的一项中心内容，显示了和平发展合作共赢精神的凝聚力正变得越来越强劲。

《北京倡议》启示了这个论断，其中指出，推动建设相互尊重、公平正义、合作共赢的新型国际关系是构建人类命运共同体、建设美好世界的必然要求。……公平正义，就是要推动各国权利平等、机会平等和规则平等，世界上的事情由各国政府和人民共同商量来办；坚持联合国宪章宗旨和原则，确保国际法平等统一适用，不能"合则用、不合则弃"；要根据事情本身的是非曲直决定立场政策，不拉帮结派、不搞双重标准。合作共赢，就是要摒弃零和游戏、你输我赢的旧思维，树立双赢、共赢的新理念，通过协商和合作，实现利益共享和共同发展。

四是新时代中国特色外交的吸引力。党的十九大提出将推动建设新型国际关系、构建人类命运共同体作为新时代中国特色大国外交总目标。最近五年中国的成功实践有目共睹。如实施共建"一带一路"倡议，发起创办亚洲基础设施投资银行，设立丝路基金，举办首届"一带一路"国际合作高峰论坛、亚太经合组织领导人非正式会议、二十国集团领导人杭州峰会、金砖国家领导人厦门会晤、亚信峰会等等。这一切充分体现了中国坚定不移地奉行独立自主的和平外交政策，尊重各国人民自主选择发展道路的权利，维护国际公平正义，反对把自己的意志强加于人。新时代中国特色大国外交，正义凛然，表里一致，对外部世界的吸引力与日俱增。

《北京倡议》体现了这个论断，其中指出，我们高度评价以习近平同志为核心的中国共产党和中国政府为推动构建人类命运共同体、建设美好世界所付出的巨大努力和作出的重要贡献。“一带一路”建设逐渐从理念转化为行动，从愿景转变为现实，建设成果丰硕。中国在“一带一路”建设过程中提出的思想理念也日益深入人心，“共商共建共享”原则被纳入联合国决议，政策沟通、设施联通、贸易畅通、资金融通、民心相通也为国际和地区合作提供了重要思路。实践证明，“一带一路”倡议顺应时代潮流，符合各国人民利益，为推动构建人类命运共同体提供了实践平台。

五是中国国际威望提升的震撼力。中国 2011 年成为世界第二大经济体，2013 年提出并推进“一带一路”倡议，2017 年举办中国共产党与世界政党高层对话会，这些都是中国国际影响力不断飙升的重大标志。在世界政党历史上，有过共产党与工人党国际会议，有过社会党国际会议，也有过民族主义政党的地区性会议，却从来没有过共产党与世界上各种类型政党的领导人坐在一起，共商人类命运未来的会议。新时代中国共产党在对外活动中，除注重政治内容外，还积极推进经济、科技、人文、环保等方面的合作与交流，推动国际事务中难点、热点问题的妥善解决。这次高层对话会进一步聚合与外国政党之间的认识共同点与利益汇合点，提升政党作为国际关系行为主体之一的地位，推动世界政党政治的健康化。中国共产党与世界政党高层对话会机制化，将进一步彰显中国国际威望的震撼力。

《北京倡议》认同了这个论断，其中指出，中国作为世界第二大经济体和世界上最大的发展中国家，其发展理念和成功实践对发展中国家消除贫困、加快发展具有重要的借鉴意义。政党对话在加深相互理解、交流治国理政经验、推动务实合作、增进政治互信等方面发挥着重要作用，国际社会应鼓励各国政党之间开展更多交流，搭建多种形式、多种层次的国际政党交流合作网络。我们倡议将中国共产党与世界政党高层对话会机制化，使之成为具有广泛代表性和国际影响力的高端政治对话平台。

（载《国际网》，2017 年 12 月 5 日）

世界局势与大国关系

世界局势与大国关系密切相关，大国关系对于世界局势的影响举足轻重。特朗普上台以来，利用美国的优越地位及其异乎寻常的政策举措，促使世界局势与大国之间的互动关系发生诸多新变化。本文从世界总体局势着眼，主要围绕人们最为关注的美中俄欧关系，谈几点看法。

（一）目前大国关系所处的世界局势背景

当前国际形势可以说总体上比较稳定，却又错综变幻，并在局部地区不时险象环生。无论是地区热点，还是大国关系，都出现了一些令人意想不到的新因素、新现象。这主要表现在：特朗普上台后反复无常的政策举措频繁制造事端，包括临近年底宣布承认耶路撒冷为以色列首都，产生诸多困扰；英国脱欧引发的欧盟内部纠葛仍在蔓延，也给英国自身带来麻烦；美国使用大量巡航导弹袭击叙利亚空军基地，继而或明或暗支撑叙利亚反对派，导致一度唱好的俄美关系陷入窘境；朝鲜半岛由于朝鲜频繁核导试验、韩国部署“萨德”反导系统，美国扬言不排除对朝鲜动用一切手段的可能性，使得局势紧张高危；“伊斯兰国”推动下的国际恐怖主义在多国发动袭击；俄罗斯反对派在一些城市闹事被夸大渲染；“一带一路”在联合国安理会决议中得到首肯，并通过 2017 年 5 月中旬在北京举行的盛大的“一带一路”国际合作高峰论坛，影响力进一步增长。另外，有些持续多年的热点在国际视野中被关注度依然甚高，如乌克兰危机、巴以冲突、拉美左翼受挫等等。

（二）在全球视野中体现美中俄欧互动关系

所谓全球视野，一是世界战略格局在变，连特朗普都意识到美国实力下滑与维护其世界霸主地位的反差越来越大，于是喊出“让美国再度强大”的口号和竭力采取减轻负担和增强国力的各种举措。二是经济全球化态势在变，英国脱欧与特朗普上台以及与民粹主义抬头相关的贸易保护主义对经济全球化形成强烈冲击，有人甚至宣称全球化寿终正寝，但全球化势头绝对不会因此而休止。三是世界安全环境在变，“伊斯兰国”引发恐怖主义空前猖獗，全球性的反恐变得非常严峻。这三大领域的变化导致美中俄欧四方面的互动——良性的和并非良性的互动——更加复杂、更加引人关注。

（三）中美俄欧四个方面当今各自的国际处境与相互关系

美国特朗普屡出奇招，迫于各种因素制约，外交不时变脸，方向发生扭曲，不少地方朝着美国传统手法回归。俄罗斯经济逐渐走出衰退，前三个季度连续实现增长，在叙利亚反恐、处理与土耳其、日本等国关系方面占得主动，强势外交不减。欧盟自身矛盾纠结，法国中间派马克龙当选总统给欧盟注入生机，英国保守党在六月上旬议会选举中失去绝对多数，据各方报道称欧洲人对欧盟支持率上升，欧盟总体外交呈现多副面孔。中国由“一带一路”向导，被认为战略引领作用在提升。

中美俄欧相互关系的态势则是：中美关系似呈峰回路转之势，特朗普上台后所谓“联俄抗中”迷魂阵的冲击波业已消散，两国关系仍在曲折中谋求对各自较为有利的方向发展。中俄关系互信稳定，被认为是处于历史最好时期，呈现更加积极的态势。美国试图利用叙利亚问题和朝核问题在中俄之间加进楔子，但俄官方心知肚明、保持冷静，中俄关系继续在深化中发展。中欧关系表现为多结构（东欧与西欧有明显差别）、多层次（涉及经济、人文等领域）、多样化（年轻一代的交往活跃），总体上是在平实中发展。美俄之间结构性矛盾深厚，一度友好高调唱衰，“二普”事与愿违，彼此仍在较量中发展。俄欧关系围绕乌克兰危机与对俄经济制裁问题，利益交换，各守底线，在拉锯中发展。美欧关系的传统纽带依旧，特朗普想多得便宜，相互在讨价还价中发展。

（四）特朗普当选后的一股冲击波体现了美国作为唯一超级大国的特殊影响力

他的举动诱发了孤立主义、民粹主义和逆全球化三种思潮一度泛滥。这三者是彼此联系、相互作用的。其要害是鼓吹排外的本国利益至上主义，迎合、怂恿并借助平民群体的逆反心态以达到特殊政治目的，责怪经济全球化让自己吃亏因而竭力加以诋毁。但这三种思潮毕竟是阵发性的，时有起伏，最终还是抵不过当今“大发展、大变革、大调整时代”的主流——经济全球化发展的大趋势、国家间相互依存性加深的客观现实和合作共赢原则的持久生命力。

特朗普上台并没有像有些媒体预测的那样引发多米诺骨牌效应。如 3 月 17 日荷兰大选结果，主流中右翼政党自由民主人民党（VVD）拿下议会 31 个席位，保持第一大党地位，而之前鼓吹退欧反穆并长期位于民调首位的极右翼政党自由党（PVV），最终只拿下 19 个席位。再如 5 月 7 日法国总统大选，结果中间派“前进党”的马克龙当选总统，而不是极右翼政党“国民阵线”候选人勒庞。6 月中旬马克龙的“前进党”又在议会选举中获胜。这些情况表明法国选民对法国未来方向与其在欧洲联盟核心地位作出决定，意味着他们将支持马克龙寻求欧盟改革及加强欧洲整合的政策。当然，我们既不能忽视由西欧德国、法国以及意大利等国主导、东欧波兰等国坚决支持的欧盟仍具有一定凝聚力，也不要低估民粹主义作祟、欧盟一些成员国离心倾向致使欧盟面临的险情。

（五）中美俄欧四个方面最重要的还是中美俄大三角关系

中美关系正在朝着有所改善的方向发展。习近平主席访美与特朗普总统会晤取得了良好的成果；特朗普访华签署了2,535亿美元贸易大单。中国方面在坚持原则性基础上的策略灵活性，带来美国对华态度的明显变化。特朗普不再认为中国操纵汇率，这对两国发展正常经贸关系非常之重要。中国与美、俄等相关国家协调行动，致力于和平解决朝核问题。美国副总统彭斯2017年4月23日曾经说过："有了美国与中国新近的合作关系，朝鲜半岛无核化的目标依然可以和平地实现。"

美俄关系在可预见的未来难以发生实质性变化。特朗普上台以来，对俄关系说得多做得少，雷声大雨点小。在人们关注的美俄关系有可能改善的领域，如在叙利亚和各地协调合作反恐、美国解除对俄经济制裁等方面，均无实质性进展。特朗普在克里米亚问题上，开始似乎对俄容忍，后来则基本上回到美国前政府的立场。特朗普当初表示佩服普京未必有假，但拗不过国内敌视俄罗斯的传统政治势力，结果与普京撕破脸皮，如媒体形容的"俄美恋情未开始即已终结"。2017年5月9日特朗普又把疑因"通俄门"被调查的美国联邦调查局局长科米撤职，引起舆论哗然和俄方强烈批评。而"通俄门"的调查深入，仍使特朗普心有余悸。这一切都是由于俄美之间深厚的结构性矛盾造成。尽管如此，双方仍存在改善关系的需要。据俄方通报，2017年12月14日普京在大型记者会上认可"美国在经济方面取得了很多成就"，强调"通俄门"是捏造，并表示俄美关系会正常化。会后普京与特朗普进行了电话交谈，就合作解决朝核危机等问题进行了沟通。2017年12月17日普京又与特朗普通电话，就美国中央情报局提供情报，帮助俄方及时阻止圣彼得堡恐怖袭击图谋致谢。2017年接近尾声，普京和特朗普三天之内两次通电话，互致谢意，令外界对俄美关系走向充满好奇。

人们关注的是，美俄之间为何不断出现矛盾和冲突？应该说，其纠结源于民族利益、大国地位和世界影响三大因素。从国内层面来看，特朗普亲近俄罗斯的主张缺乏社会根基，因而往往遇到强大的阻力。普京则截然不同，他无论是积极谋求与美国改善关系或者坚决抵制美国的压力，在国内都能得到广泛的认同。从双边关系层面来看，俄罗斯承认美国的超级大国地位与世界影响，例如为了处理阿富汗难题甚至在中亚曾对美国做出让步，但容不得美国对其颐指气使。而美国则不愿意看到拥有庞大核武库和丰富资源的俄罗斯，将成为实力足以与之抗衡的又一个苏联。从地区层面来看，乌克兰危机引发的俄美矛盾旧账未了，如今在中东等其他问题上引发的新账又来了。从全球层面来看，美国虽然霸主地位和世界影响力有所下降，但遏制俄罗斯崛起的能量和办法一定程度上还是具备的。面对这种情况，普京与特朗普应对两个关系的微妙心境，是可想而知的。

中俄关系在 2017 年又取得新进展，两国元首频繁会晤发挥了引领作用。两国存在政治上互信、经济上互补、文化上互通、军事上互动和外交上互商的全面优势。中俄关系的基础之所以坚实，一是政治互信的根基不会变，这是由冷战结束以来双方的国情与领导人的共识（包括治国理念与对当今世界的看法）决定的。二是全面战略协作伙伴关系的特色不会变，这是由彼此国家的利益需要与外部环境尤其是美国霸权主义施压决定的。三是以“一带一路”与欧亚联盟对接为纽带的协同发展愿景不会变，这是由各自振兴国家的长远目标决定的。中俄之间并非没有分歧，但两国领导人总是能够从大局出发，通过平等协商，弥合差异，协调行动，从而树立了大国之间合作共赢的典范。

中美俄大三角关系微妙。三者之间客观上存在国际影响力之争，既相互借助又彼此防范，但侧重点有明显差别。美国对俄罗斯防范多于借重，反之俄罗斯亦然；美国对中国防范与借重难以保持平衡，中国对美国尽量做到彼此借重；中国和俄罗斯可以说是相互倚重。中俄关系与中美关系既不取决于俄美关系，也不排斥俄美关系。当今美中俄三者的关系并不是处于同一水平。有文章不加区分地说“中、美、俄之间存在战略利益的差异和分歧，若不经过长期艰苦努力，难以协调和共存”，这样含混的论断不符合中俄关系、中美关系和俄美关系的现实状况。

（六）反恐成为当今大国之间合作的重要契合点

“伊斯兰国”猖獗和世界各地频频发生的恐怖袭击事件，严重危害各国人民的和平生活与生命安全，无不引起众怒。事实表明，如今反恐已成为一项全球性的、长期的、艰巨的任务，成为当今国际政治、全球治理中的一大难题。鉴此，所有国家尤其是相关大国，势必要采取某种彼此都能接受的方式，包括一定的利益让步和妥协，来进行反恐合作。当前尤其是在中东地区，必须齐心协力，精诚联合，而不能节外生枝，图谋私利，做出滋生叙利亚内战从而妨碍反恐、甚至助长恐怖主义气焰的有害行为。5月上旬俄罗斯、土耳其和伊朗敲定了一份在叙利亚建立四个“安全区”的协议，以推动叙利亚内战降温。据俄方认为，特朗普政府表示了有加入该协议的政治意愿，尤其是对在叙利亚南部与以色列、约旦边境处建立安全区有兴趣。此后俄美在叙利亚反恐方面的合作有所推进。双方对于“伊斯兰国”是否被击溃的评价不一，但反恐取得成效这一点都不否认。

（七）朝核问题成为当今检验大国关系的试金石

朝核问题的本质是朝美关系。人们记得，为解决朝核问题，曾经有过两次历史性机会。一次是1994年。根据美朝《关于解决朝鲜核问题的框架协议》，朝鲜拆除其核设施，朝方因此所蒙受的损失由美国予以补偿，总价值约40亿美元。此外，美国还保证不对朝鲜首先使用或威胁使用核武器，放宽对朝鲜的贸易和投资限制等等。孰料后来的美国新政府将朝鲜列入“邪恶轴心”

“流氓国家”，并宣称对之可以采取先发制人打击，致使此项协议名存实亡。另一次机会是21世纪初。2002年10月朝鲜方面向美国提出签署互不侵犯条约，表示如果美国方面承认朝鲜的自主权，保障不侵犯朝鲜，不对朝鲜的经济发展制造障碍，朝鲜愿意通过对话来解决问题。美国总统布什对于签署互不侵犯条约明确表示了决绝。据各方面信息，大多数美国人赞成美朝两国签署互不侵犯条约，并有一半以上的舆论赞成美国增加对朝鲜的粮食援助。

中国与美国在对待朝核问题上，有共同点，那就是朝鲜半岛无核化；又有差别，那就是要不要确保朝鲜作为一个主权国家的安全与发展。朝核试验对中国危害之大、之深，是不言而喻的。伴随朝核问题而来的是对中国构成严重威胁的“萨德”反导系统部署。为解决朝核问题，长期以来中方不仅是六方会谈的倡导者和推动者，是相关多方利益的斡旋者和协调者，而且根据形势的发展变化，不断地提出合理的主张。近期中方又提出切实可行的“双轨并行”思路和“双暂停”倡议。对此笔者的理解是：其一，坚持朝鲜半岛无核化，这一点绝对不能动摇。其二，朝鲜自身选择什么社会制度和政权方式，由朝鲜人民自己决定，外界不应干预。其三，对于朝鲜当局一意孤行搞核试验，必须给予包括经济制裁在内的严格制裁，但“有关措施无意对朝鲜平民造成不利的人道主义后果”（参见联合国安理会决议）。其四，在朝鲜弃核的前提下，为其提供确实安全保障，并给以适当的经济补偿。其五，作为半岛无核化的一环，相应地，韩国应取消“萨德”反导系统部署，美国应从韩国撤出军事基地与驻军。据报道，美国与朝鲜双边对话也有所动静。朝鲜政府官员与美国民间机构人士2017年5月8日开始在挪威奥斯陆举行非正式会谈，被认为可能是为正式对话作铺垫。联系到特朗普曾表示愿在“合适情况”与朝鲜领导人面对面会谈，值得给予关注。

（八）乌克兰危机依然是影响大国关系的重要因素

三年多前发生乌克兰危机以来，美欧与俄罗斯的较量始终在比耐力和韧劲。经多方努力形成的两次明斯克协议，没有得到认真落实。美国和欧盟从乌克兰危机获得的唯一好处，也就是造成了乌克兰与俄罗斯对抗，打掉了普京原本意义上的欧亚联盟构想，但美欧本身得到的实际利益并不多。俄罗斯受压最大，付出代价不小，但得益很可观。乌克兰则是凄惨的牺牲品和最大的受害者。当前乌克兰形势在更大程度上朝着有利于俄罗斯的方向发展。普京总统曾表示，将取消欧盟制裁与完成明斯克协议的进程联系在一起，在目前看来是"毫无意义"的；"我们平静地对待这个问题，相信俄欧关系迟早都会正常化。"2017 年 6 月 15 日普京在年度电视直播连线活动讲话中又表示，俄罗斯尽量不介入乌克兰国内政治进程。2017 年 12 月 14 日他在记者招待会上再次强调"俄罗斯人和乌克兰人是一个民族，基辅应当与顿巴斯达成共识，这样的问题通过斡旋是无法解决的"。俄罗斯与欧盟关系中的美国因素非常重要。特朗普的"北约过时论"（现已改口）与"'脱欧'伟大论"，意味着欧美"跨大西洋纽带"及西方反俄联盟出现裂痕。美欧关系与美俄关系是扭结在一起的。北约存在，就要发威，必然会削弱西方与俄罗斯关系改善的可能性。

（九）"一带一路"成为当今推进大国关系联系的纽带

"一带一路"是在和平与发展时代主题的辉映下，推进构建人类命运共同体的重大举措；是秉持合作共赢的理念，以实现政策沟通、设施联通、贸易畅通、资金融通、民心相通为宗旨，以共商、共建、共享为原则的战略构想。"一带一路"经过三年多的精心运作，由点及面，稳步推进，已有 100 多个国家和国际组织积极参与其中，50 多个国家同中国签署了合作协议，一批重要基础设施和互联互通项目得到落实。2016 年 3 月安理会第 2274 号决议首次纳入"一带一路"倡议内容之后，联合国 193

个会员国一致赞同“一带一路”倡议载入联大决议。2017 年 2 月 10 日联合国社会发展委员会第 55 届会议协商一致通过“非洲发展新伙伴关系的社会层面”决议，称欢迎并敦促各方进一步促进非洲区域经济合作进程，推进“一带一路”倡议等便利区域互联互通的举措，并将“构建人类命运共同体”理念首次写入联合国决议。2017 年 5 月 14—15 日在北京隆重举行的“一带一路”国际合作高峰论坛，嘉宾和参与方涵盖五大洲，有 29 位外国元首和政府首脑出席，70 多个国际组织领导人与会，引起举世瞩目，获得巨大成效。6 月 9 日上合组织成员国元首理事会第 17 次会议发表的《阿斯塔纳宣言》，充分肯定“一带一路”倡议对双多边合作、区域和世界经济发展的积极意义。各成员国领导人表示愿意继续积极响应和参与“一带一路”建设，使上合组织成为切实发挥“一带一路”建设的主要平台作用。11 月 30 日至 12 月 3 日在北京举行的中国共产党与世界政党对话会，有来自世界上 120 多个国家近 300 个政党和政治组织的领导人参加，会议通过的《北京倡议》指出：“‘一带一路’建设逐渐从理念转化为行动，从愿景转变为现实，建设成果丰硕。中国在‘一带一路’建设过程中提出的思想理念也日益深入人心，……实践证明，‘一带一路’倡议顺应时代潮流，符合各国人民利益，为推动构建人类命运共同体提供了实践平台，我们对此抱有热切期待和良好祝愿。”从以上可见，由于对“一带一路”的共识与支持，世界各国的合力在发挥重要作用。

（载中国国际问题研究基金会丛书《国际问题纵论文集》，2017/2018）

新冠病毒世界影响之我见

新冠病毒疫情在全球不断恶化以来，对其可能产生的世界影响评论如潮，众说纷纭。涉及前景的基本共识是，全球经济蒙受重创，世界格局发生重大变化，美国霸主地位遭到削弱，中美关系不会回到以前，我国面临严峻挑战。但也有一种不容忽视的明显倾向，那就是失之于过度反应，甚至提出诸如全球经济将要崩溃、全球化会终止、美中必有一战、中国危机四伏之类耸人听闻的说法。这里笔者从五个方面，简要地谈谈自己的基本观点。

（一）病毒疫情引发国际关系中各种矛盾凸显，这恰恰表明构建人类命运共同体主张的合理性与迫切性。

截至北京时间 2020 年 5 月 15 日，全球累计确诊病例达 4,428,126 例，死亡病例达 302,032 例。累计确诊病例最多的五个国家分别是美国 1,478,869 例（死亡病例 88,193 例）、俄罗斯 262,843 例、英国 236,711 例、西班牙 230,183 例、意大利 223,885 例。

新冠病毒在全球流行，科学界普遍认为病毒来自大自然，人类既要与之搏斗，又要与大自然和谐相处。面对来自大自然的侵害，人类的命运融合在一个共同体之中。

然而，美国总统特朗普为了谋求连任，由国务卿蓬佩奥充当急先锋，不择手段地将病毒疫情政治化，污名化中国，甩锅中国，纠集国际上以民粹主义为特征的反华势力，酿造追责中国、向中国索赔的恶毒气氛，致使国际关系中的各种矛盾远超出病毒疫情本身而凸显起来。

美国一味地渲染病毒源于中国武汉病毒研究所，这不排除是玩弄欲盖弥彰的把戏。国际上对病毒是不是美国制造的生物武器，疑问越来越多，且不乏论据。看来，我们在反击美国污蔑时，对病毒根源的说法尚需留有回旋余地。

美国政客制造事端、挑起矛盾的恶劣行径，改变不了人类是一个命运共同体的客观现实。其一，这次新冠肺炎疫情来势凶猛，只能迎难而上，共同应对。通力合作是对付病毒的唯一有效办法。这不仅关乎某一个国家人民生命安全和身体健康，还关乎全世界公共卫生安全。其二，中美两国人民坐在同一条遇到惊涛骇浪的船上，更需要彼此同情，相互理解，消除误会。至于病毒源自何处，暂时尚不清楚，这不妨碍我们共举抗毒的行动。尊重科学，信任专业，病毒源终究会水落石出。其三，全球处于抗击新冠肺炎疫情的关键时刻。这一切无疑要在具有权威性的世界卫生组织领导下进行。世卫组织在协调各国应对新冠病毒疫情的努力，为成员国提供公共卫生安全政策建议和专业技能培训，促进全球公共卫生治理坚持多边主义原则等方面，发挥了重要的、不可替代的作用。

人类命运共同体是相对于自然和社会两个层面而言。面对来自大自然的挑战，人类无疑是命运共同体。正如党的十九大报告所指出："我们生活的世界充满希望，也充满挑战。没有哪个国家能够独自应对人类面临的各种挑战，也没有哪个国家能够退回到自我封闭的孤岛。"

（二）病毒疫情对世界经济的消极影响难以估量，但不可能摧毁以经济全球化为表现形态的全球经济共生体系。

新冠病毒在全球蔓延，是一场涉及卫生、经济、政治、社会各领域的全球性多维度危机。综合各方面的估计，这次疫情给世界经济造成的危害远高于 2008 年到 2009 年的全球金融危机。世界上 90%的经济体将陷入衰退，既包括发达经济体，也包括新兴经济体和发展中国家。发达国家这个数字是-6.1%；发展中国家将下降2%。在IMF预测的国家里面，只有少数几个国家正增长，包括中国和另外几个国家。

另据英国《金融时报》2020年4月25日报道，世界贸易组织警告说，全球商品贸易今年将萎缩多达三分之一，跌幅超过金融危机时期。清华大学国家金融研究院院长朱民2020年4月21日称，这次疫情冲击了总供给和总需求两个层面。衰退是板上钉钉，但从现在来看，我们不认为会进入大萧条。

美国总统2020年5月14日在接受福克斯财经频道采访时称，新冠病毒疫情的暴发表明全球化时代已经结束。这之前媒体上也有人说，全球经济面临灭顶之灾，人类社会可能整体沦陷，于是全球化必然终结。其中主要论据是中西方将进入一个长期对峙的历史阶段，不会再现20世纪八九十年代至今那种你中有我、彼此难分的全球化。此说显然偏于武断。既然认为西方内部的两大力量板块即反对全球化的产业资本和支持全球化的跨国金融资本存在着尖锐的分歧，那么即使说它们在反华问题上站在同一战线上，也并不等同于全球化就会终结。

新冠病毒导致全球化脚步将以逆转态势放慢，但不会绝对终止。这可以讲出许多道理，笔者赞成这样的看法：全球化是一个历史性的过程，整个人类从工业社会到现代化就是一个全球不断一体化的过程。全球化是在投入产出、资源配置、规模效益成本约束与引导下，在市场规则推动下形成的，不是哪个政客和哪家民族利益所挡得住的。疫情确实会使一些国家短期内封境自保，但长期看全球分工和资源配置的好处明显，退回孤岛不现实也不明智。

牛津大学全球化与发展教授伊恩·戈尔丁认为，未来全球化会呈现出更多数字化、金融化、去产品化特征。经历疫情考验，全球化有望迈入更为多维包容的新阶段。他强调，疫情可能成为改变全球化的“一个因素”，但不会给全球化画上“句号”。

鉴此，所谓的撤资论、脱钩论、全球化终止论，都让人感觉有那么点情绪化，是短视的。在这个关键的历史抉择时刻，人类要汲取一战、二战与冷战的教训，共同努力维护好全球化的发展势头，加强国际协作，做好全球治理，努力建设真正意义上的人类命运共同体。

（三）美国经受病毒疫情的冲击特别巨大，国力遭受削弱，但不会导致国家解体，不至于从根本上动摇美国在今后相当长一个历史时期的世界霸主地位。

鉴于特朗普政府举措不当，罔顾人命，如今不仅病毒在美国肆无忌惮地扩散，而且经济状况江河日下。据美国劳工部2020年5月8日公布的数据，4月美国失业率飙升至14.7%，为20世纪30年代经济大萧条以来最高值。非农业人口环比减少2,050万人，创历史最高值。4月临时失业人数环比上涨10倍，达到1,810万人。

特朗普的举措无异于是一种自戕。其抗疫不力引发了美国国内多方面的抨击，于是竭力甩锅中国。公正舆论认为，他这样做是企图一石三鸟，既能争取美国国内外反华阵营的支持，又能转移国内视线、掩饰自身抗疫不力的事实，更意在诋毁中国的国际形象，压制中国日益扩大的国际影响力。2020年5月10日美国《时代》周刊网站刊登美国欧亚集团总裁伊恩·布雷默撰写的题为《中美对垒接下来将如何发展》一文，称新冠病毒的肆虐威胁到了特朗普竞选活动中的一支利箭——美国经济实力。美国经济遭受的打击对于特朗普及其连任前景来说将是非常糟糕的，但他本人又令局势雪上加霜。他先是对这一威胁不屑一顾，然后兜售未经核实的奇迹疗法，挑起与州长们的争斗，而且通常不愿就新冠病毒及其影响承担任何责任。迄今为止，特朗普成功躲过了任何实际上的政治危机；如今，这一场真正的“晴天霹雳”对特朗普造成了打击，摆脱困境绝非易事。

有人说，当下的美国正面临着其美元霸权建立以来前所未有的危机。任由现状持续下去，哪怕美国能战胜疫情，也将很快丢掉赖以为生的金融霸权。诚然，美国经受的打击空前严重，霸权地位势必日渐减弱，但是美国仍在科技、金融、军事领域占有制高点，仍拥有举世公认超强的综合国力、国际影响力和胁迫力。对此，我们绝对不能误判。

（四）美国借故病毒疫情全力围堵中国，导致中美关系将出现建交以来最严重的倒退，但美国难以与中国完全脱钩，其对华“接触+遏制”的传统政策还会继续以新的状况发挥作用。

如人们所说，病毒疫情带来的新常态特征很可能将使中美竞争比以前更加激烈。随着疫情持续恶化，特朗普有了越来越多的国内政治理由让与中国的斗争升级以避免国内的指责，从而就有可能从技术冷战和贸易对抗发展成真正意义上的冷战。有人说未来三个月是中美博弈的冲突点和窗口期，其实目前的局势已经昭然若揭。

美国的帝国主义本性决定其反华手段无所不用其极。如美国国务卿蓬佩奥 2019 年 4 月 15 日在美国得克萨斯州农工大学演讲时直白地说：“我们撒谎、我们欺骗、我们偷窃，我们还有一门课程专门来教这些。这才是美国不断探索进取的荣耀。”

当然美国也有公论。例如美国微软公司创始人、盖茨基金会联席主席比尔·盖茨 4 月 26 日接受美国有线电视新闻网（CNN）采访时回应美国政界盛行的“中国责任论”，他肯定中国应对新冠肺炎疫情的措施，批评外界针对中国的“不公正和错误指责”。

如今关于中美“脱钩”的议论较多。脱钩谈何容易，彼此在市场、科学、技术、金融和国际关系影响力等方面的相互依赖，是史无前例的。尽管新冠病毒疫情给全球经贸带来冲击，中国仍然在落实中美两国年初签署的第一阶段贸易协议。2020 年 3 月中下旬至 4 月中旬，中国企业共购买美国大豆 110 多万吨。

有人说，与“脱钩”和对抗相比，中美关系的另一种前景是“竞合”，即相互进行有限、可控的竞争，同时在多领域开展合作。此说是一种愿景，合乎情理。但应该指出，所谓“竞合”，从美国方面来说，其实这是美国一贯奉行的对华“接触+遏制”的传统政策的现代版。问题是，在新形势下“接触+遏制”两者的侧重发生巨大变化，遏制凸显、接触受限，但也不可能仅仅剩下“遏制”一面，而彻底摈弃“接触”的另一面。从这个意义上讲，中美关系“回不到以往”并非精准的科学解读。

有人说，中美之间的全面对抗将加快来临，这种对抗将发生于经济甚至军事领域，其规模和烈度都可能是空前的！笔者赞成这样一种分析：美国现在正处于疫情危机期，用对外战争是解决不了疫情问题的，也转移不了国内危机。何况美国现在四大军种全都中招，150 多座基地染疫，四艘航母和一艘核潜艇趴窝，美国现在还能打什么仗？

有人说，目前全球正在进行疫情阻击战、经济复兴战和舆论争夺战三大战役。对于美国借此掀起反华巨浪的本质来说，这是资本主义与社会主义的一场生死战。

我们相信，美国民众在生存危机中将能够逐渐辨别中国与美国在防控疫情上的成败是非，这将有利于改善中美关系的民意基础。不管大选后谁上台，美国政府都可能自顾不暇而调整内外政策，从而不得不谋求中美合作以缓解内困的可行性。

面对美国的胡作非为，中国人要有自信，不应自卑，不能被处于深重灾难的美国的所谓“话语权”吓倒。5 月 11 日英国前首相布莱尔说得比较实在，如今全球面临着经济、气候、全球疫情等问题，如果不跟中国有一定程度上的合作，自己是无法解决的。

（五）病毒疫情蔓延之后世界格局的形态会出现调整性的变化，但多极化的总趋势仍起主导作用。

基辛格 4 月 3 日在《华尔街日报》刊文说，疫情后的世界将与现在不再相同。新冠疫情大流行对全球化的颠覆效应及对世界大国的异常沉重冲击，将很大可能促成国际关系格局的根本性转变。他的这一说法比较含混，可以做各种各样的解读。

由于美国政府将世界第二经济体的中国置于主要竞争对手乃至头号敌人的地步，由于新冠病毒疫情凸显美中矛盾的全球影响力，于是“中美两极论”又死灰复燃。

世界两极格局论的要害在于罔顾世界全局，忽视世界上其他政治力量尤其是新兴国家的作用，从而否定久经考验的世界多极化的科学论断。这在某种程度上是被世界局势眼花缭乱的变动与美国恣意的政策渲染所蒙蔽，将中国摆在了与美国争夺世界霸主的位置，客观上迎合了西方反华、制华的需要。

还有一种时髦的“三巨头论”。这是俄罗斯媒体的说法。2020 年 4 月 16 日俄新社文章的要点是：其一，新冠危机将加速莫斯科–华盛顿–北京“三巨头”格局的形成。其二，与美国并肩的，可能是而且应该加上欧盟。这支力量的问题在于，它正在经历自我认同危机——已经意识到自己的未来不是美国的附属品，然而尚不具备独自发挥作用的意志与能力。其三，在短期内，在今后两三年里，正是美中俄这三位活跃的重量级玩家对世界秩序的重构产生决定性影响。

可以理解俄罗斯人的心态。“三巨头论”从某个角度看是符合现实的，但不足以成为世界战略格局的总定义。此说是从俄罗斯传统的世界多极化论后退。

美国为全力遏制中国，会继续拉拢俄罗斯。普京也将利用美中矛盾为其所用，主要是减轻和摆脱西方对俄罗斯的经济制裁，但不会以牺牲对华关系为代价。疫情期间俄罗斯与我国密切合作，两国关系继续加深。我们要充分借助俄罗斯因素，排除各种形式的干扰，包括警惕那种唱衰俄罗斯、唱衰普京、唱衰中俄关系的不良倾向。

还有必要谈一谈欧盟的作用。欧盟，尤其是其中的大国法国、德国，更不用说刚退出欧盟的英国，过去是、现在依然是美国的盟友。但是自从冷战结束以来，每当涉及国家利益问题时，它们与美国之间便出现矛盾和分歧，例如在对待伊拉克战争、《巴黎气候协定》、伊朗核协议等问题上。这次新冠肺炎疫情暴发之后，在对待世界卫生组织、对待病毒根源等问题上，欧盟及其各成员国并非与美国对华政策全然亦步亦趋。但是，在指责中国政治制度，甚至在追究所谓中国共产党责任方面，西欧传统发达国家又会与美国有着某种历史性的结合点。面对如此微妙的情况，我们要善于利用矛盾，化敌为友，区别对待。

（载《中国战略观察》，2020 年 5—6 期合刊）

第三部分

中俄-中美-俄美双边关系

构建中美新型大国关系知难而进

构建中美新型大国关系既有理论价值，更具实践意义，不仅涉及双边利益，而且势必会产生全球影响。构建中美新型大国关系，是愿景，却有难度。为了中美两国人民乃至世界人民的根本利益，必须知难而进。只要双方拿出决心和信心，保持耐心和智慧，既大处着眼、登高望远，又小处着手、积微成著，就一定能够完成这项事业。

一、远见卓识

我国改革开放30多年来，先后提出了时代主题观、国际新秩序观、新安全观、不同文明互补论、大国关系战略互动论等等，都是为构建新型大国关系作的铺垫。中俄全面战略协作伙伴关系的健康、稳定、深入发展，更是为新型大国关系提供了宝贵的经验。中美关系是当今世界最重要的双边关系，随着国际形势与世界格局的发展和变化，构建中美新型大国关系的问题迫切地被提上日程。

构建中美新型大国关系是中方率先提出的。2012年5月3日，胡锦涛在第四轮中美战略与经济对话开幕式上致辞时指出："当前，人类已进入21世纪第二个十年。我们的思想、政策、行动应该与时俱进，以创新的思维、切实的行动，打破历史上大国对抗冲突的传统逻辑，探索经济全球化时代发展大国关系的新途径。"同年7月，习近平在世界和平论坛开幕式致词中指出："中美正在积极探索构建相互尊重、合作共赢的新型大国关系，这符合中美两国和世界的共同利益，也将是国际关系史上的一个创举。中国将继续推动各大国客观理性看待彼此战略意图，尊重各自利益关切，加强在重大国际和地区问题上的协调合作，着力构建21世纪新型大国关系和国际关系。”

习近平于2013年3月1日当选国家主席之后，奥巴马总统祝贺习近平当选，希望构建健康竞争而非战略博弈的新型大国关系，习近平强调坚定不移维护和促进中美关系发展，同美方一道，扩大合作，管控分歧。

二、循序渐进

2013年6月7日，习近平主席与奥巴马总统举行的庄园会晤，别开生面，寓意深远。关于中美新型大国关系内涵，习主席用三句话作了概括：一是不冲突、不对抗。客观理性看待彼此战略意图，坚持做伙伴、不做对手；通过对话合作、而非对抗冲突的方式，妥善处理矛盾和分歧。二是相互尊重。尊重各自选择的社会制度和发展道路，尊重彼此核心利益和重大关切，求同存异，包容互鉴，共同进步。三是合作共赢。摒弃零和思维，在追求自身利益时兼顾对方利益，在寻求自身发展时促进共同发展，不断深化利益交融格局。

构建中美新型大国关系，有着深厚的时代背景。人类进入21世纪以来，经济全球化的特征越发鲜明，国家间的依存程度越发加深。中美各自的国家利益和国际责任决定了需要与时代相适应的新型关系。中国古话说“识时务者为俊杰”。令人高兴的是，中美领导人当机立断，其认识和决策不是滞后，而是富有前瞻性。

构建中美新型大国关系，有着坚实的依据。习近平主席在会晤奥巴马总统时，从政治意志、经验积累、机制保障、民意基础和合作空间角度，讲了五点依据。就中国方面而论，改革开放30多年来为发展同其他大国关系做了不懈努力，也积累了经验。从理论上看，中国领导人不是孤立地谈大国关系，而总是将其同世界格局、安全环境、国际秩序等问题紧密联系在一起。从实践上看，中国处理大国关系奉行不结盟、不对抗、不针对第三国原则；国家利益原则；不以意识形态划线原则；共同发展原则；面向未来原则等。特点是言行一致，实事求是，顾全大局，不卑不亢，开拓创新，知难而进。中国在理论与实践的结合上，形成了比较系统的有关大国关系的战略构想。

构建中美新型大国关系需要经历几个阶段。一是认识阶段。经过一年多的酝酿，如今两国元首对此欣然确认无疑。接下来，要把国家领导人的共识推广为全社会的共识，从而巩固和弘扬这一重要成果。二是实践阶段。这有一个探索途径、积累经验和逐步完善的过程。万事开头难。第一步取得共识是突破性进展，况且两国元首已就实际步骤做了初步安排，如提出双方团队将密切配合，确保新一轮中美战略与经济对话、人文交流高层磋商取得积极成果；双方同意加强经贸、能源、环境、人文、地方等广泛领域合作，深化全方位利益交融格局；改善和发展两军关系，推进新型军事关系建设；加强宏观经济政策协调，在两国经济发展过程中拓展合作，推动亚太地区和全球经济强劲、可持续、平衡增长。双方表示还要使网络安全成为中美合作新亮点。

三、把握尺度

如何构建中美新型大国关系，有一个可资借鉴的尺度，这就是中共十八大提出的“平等互信，包容互鉴，合作共赢”。平等是前提，互信是基础；包容是条件，互鉴是智慧；合作是手段，共赢是结果。平等、互信、包容则是“关键词”。

平等是指各自主权平等、合作伙伴地位平等和话语权平等。这种平等与各自的实力相关，要看到各自优势，彼此尊重。从平等意义上讲，政策保持“平衡”或者“再平衡”，是无可非议的。

互信，首先要有自信，就是确信需要对方的合作，也能够与之合作好。没有这种自信，就产生不了互信。

能否真诚合作从而达到共赢，包容至关重要。要承认和尊重对方的价值观、社会制度和道路选择，要善于求同存异，做到“己所不欲，勿施于人”，防止和克服任何傲慢与偏见。孔子曰“君子和而不同”。处理国家关系要有“君子”之风。因此，要客观理性看待彼此战略意图，尊重各自利益关切，加强在重大国际和地区问题上的协调合作。

总之，基于平等相待，方能做到名副其实的互信；唯有相互包容，才能真心实意地彼此借鉴；既然愿意合作，就要有共赢的思想准备和切实行动。中美新型大国关系的境界应该是：政治上互信，经济上互补，文化上互通，军事上互动，外交上互商。

建立中美新型关系，必须排除第三方的干扰。在双边关系中不针对第三国，在三角关系中不联合一方去反对另一方。只有这样，大国关系才有可能互动促进，保持相对平衡，最终形成一种各方受益、互不敌对、彼此借重的新型关系。

四、克服阻力

要把中美两国领导人的共识变成社会共识，智库和舆论的作用非同凡响。学界和媒体理应释放正能量，反对散布悖论。习近平提出的“管控分歧”显得特别重要。

其一，警惕渲染构建中美新型大国关系只是单方面的需求。

习近平这次访美时提出了“三问”：“我们需要一个什么样的中美关系？中美应该怎么样进行合作来实现共赢？中美应该怎么携手合作来促进世界和平与发展？”这就把构建中美新型大国关系的意图说得非常明白。可是，我们注意到美国詹姆斯敦基金会网站6月7日署名文章，说什么“‘新型大国关系’的理念是将中国所拥有的东西合法化，并提供另一条途径来替代西方所珍视的民主与资本主义之间的纽带”。这可应了中国一句老话：“以小人之心，度君子之腹。”

其二，不能同意将规划中美新型大国关系解读为“商讨如何划分对世界的影响力”。由此产生的新词“中美国”几乎成为一种时尚。这其实是冷战思维在作怪。常言道“旁观者清，当局者迷”，可是这岂不变成“当局者清，旁观者迷”了？

其三，不必回避中俄全面战略协作伙伴关系为新型大国关系提供了丰富经验，可资借鉴。例如不结盟而做到真正战略协作，关系密切而不存在依附性，维护各自尊严和利益而不怀损害对方之心，根据是非曲直处理国际事务而不搞双重标准，有矛盾分歧而能通过平等协商解决等等。这些特点正是中俄关系被称作大国关系楷模的依据。

其四，构建中美新型大国关系决不是由中美两家包揽全球治理。所谓全球治理，顾名思义，一是针对人类面临的全球性问题而不是个别性、局部性问题，二是这种治理不能仅仅靠某一家或者某几家去完成，更不能由谁来主宰。全球治理离不开各国自身的治理，也离不开联合国组织本身的治理。在全球治理过程中，摆正新兴大国与传统大国的关系尤其重要。面对核扩散、国际恐怖主义猖獗、全球金融危机、气候变化、环境保护以及各种自然灾害等重大问题，任何一个国家都不能独善其身，而必须同舟共济。

其五，构建中美新型大国关系，是愿景，却有难度。无可讳言，霸权主义惯性是最大阻力。要承认差异，坦然以对，不抱幻想，努力消除障碍。为了中美两国人民乃至世界人民的根本利益，必须知难而进。诚如习近平在与奥巴马会晤时所说，只要双方拿出决心和信心，保持耐心和智慧，既大处着眼、登高望远，又小处着手、积微成著，就一定能够完成这项事业。

（载《国际网》，2013 年 6 月 25 日）

中俄关系在深化中发展

冷战结束22年来，鉴于世界多极化、经济全球化和国际关系民主化的强劲推动，所有大国之间的关系都以不同方式、不同特点取得发展。如果说中美关系在曲折中发展，中日关系在纠结中发展，中印关系在磨合中发展，中欧关系在平实中发展，那么，中俄关系则是在深化中发展。

一、中俄关系深化发展的标志

稳定发展，平衡发展，持续发展，深化发展，是中俄关系的总趋势。

中俄关系发展的历程，是促进两国和两国人民睦邻友好、互利合作的历程，是维护地区稳定与世界和平的历程。中俄全面战略协作伙伴关系的形成和发展，是冷战结束后不同社会制度国家间求同存异从而建立共同安全、互利合作关系的成功实践。在两国领导人的共同努力下，中俄之间不断增强互信，深化合作，排除干扰，开拓进取，2013年两国关系又得到进一步提升。

政治互信愈益弥坚。其一，体现在行为选择上。习近平担任国家主席之后，于2013年3月下旬首访俄罗斯。普京3月22日在会晤时表示，习近平主席出访的第一个国家选择俄罗斯，显示了双方对发展俄中关系的高度重视以及这一关系的特殊性和战略性。习近平则强调，中俄互为最主要、最重要的战略协作伙伴，深化中俄全面战略协作伙伴关系，在两国外交全局和对外关系中都占据优先的战略地位。2013 年习近平主席与普京总统还曾在金砖国家峰会、二十国峰会、上海合作组织峰会、亚太经合组织领导人非正式会议等不同场合多次会晤，将两国关系全面深化发展的基础进一步拓展。

其二，体现在理论政策上。共识是，一方面，相互尊重国家主权、安全和领土完整，相互尊重各自选择的国家发展道路，支持对方致力于保持稳定、繁荣经济、改善民生的努力。另一方面，双方密切在国际和地区事务中协调配合，坚决维护两国共同战略安全，坚决维护联合国宪章宗旨和原则及国际关系基本准则，维护二战成果和战后国际秩序，维护国际公平正义，促进世界和平、稳定、繁荣。

其三，体现在物质共享上。全面扩大务实合作，把两国高水平的政治关系优势转化为实际成果，实现共同发展。

经济互补稳中图进。其一，经贸合作务实发展。根据两国领导人 2011 年的规划，2015 年中俄双边贸易额将提升至 1,000 亿美元，2020 年将达到 2,000 亿美元。在抵制国际金融危机影响的情况下，两国贸易额 2012 年又创历史新纪录，达到 881.6 亿美元，较上一年增长 11.2%。根据中国海关统计，2013 年前三季度达到 661 亿美元，与上一年基本持平，其中出口 356.5 亿美元，同比增长 9.4%，进口为 304.7 亿美元，同比下降 9.4%。预计全年两国贸易额会超过 882 亿美元，再创历史新高。增长幅度受到一定限制，主要由于中国进行结构调整，转型升级，以往从俄罗斯进口的传统产品如木材、纸浆、矿砂、化肥等进口量减少。这是双边贸易进入低速增长调整期的暂时现象。

其二，能源合作取得突破性进展。2013 年 10 月俄罗斯石油公司与中石化签署了价值 850 亿美元的石油合同，未来 10 年内每年将向中国增供原油 1,000 万吨。两国还将联合建立天津炼油厂，年加工量达 1,600 万吨，将于 2019 至 2020 年投产。俄罗斯天然气工业公司与中石油已就对华供气的价格公式基本达成一致，预计通过东线管道年供气量可达 380 亿立方米，如顺利，2018 年至 2020 年可实现供气。

其三，两国核能合作势头良好。双方同步推进核电站、空间堆、浮动堆、快堆以及在第三国建设核电站等一揽子合作。还支持两国企业在互利共赢的基础上，继续推动电力、煤炭、能效与可再生能源、铝业等领域的长期合作。

军事互动强势体现。2013 年 7 月 5 日至 12 日，在日本海彼得大帝湾举行“海上联合-2013”中俄海上联合军演。演习课目包括联合防空、联合解救被劫持船舶、打击海上目标、实际使用武器等。随着这类演习步入常态化机制化，中国海军的能力会不断增强。除此大规模海上联合军演外，2013 年 8 月上中旬还在车里雅宾斯克州举行联合反恐军事演习，双方分别派出 600 人参加。这是两国迄今最大规模的陆地联合反恐军演。中俄官兵还于 2013 年夏秋季节在西伯利亚及乌拉尔地区举行摩托化步兵、坦克编队等联合战术演练。

人文互通节节攀升。继中俄成功互办“国家年”“语言年”后，2012 年在中国“俄罗斯旅游年”框架内，双方共同举办了 200 多项活动，中国赴俄游客数量达到 34.3 万人次，同比增长 47%。2013 年年俄罗斯举办“中国旅游年”，两国赴对方旅游人数再创新高。这不仅有助于两国民众加深了解与友谊，也巩固了中俄关系的社会基础。双方还达成协议，重视青年交流，鼓励两国高校交往，增加互派留学生名额，决定 2014 年和 2015 年互办中俄青年友好交流年。双方还要加强卫生医药领域合作。中方感谢俄方对修复和保护中共六大会址给予的支持。中方支持俄罗斯叶卡捷琳堡申办 2020 年世博会。

外交互商融洽默契。在国际舞台上，面对错综复杂的国际地区形势，双方不断加强战略协作，在涉及彼此核心利益问题上相互给予坚定支持，在应对国际危机和地区热点问题上保持密切沟通。这不仅有效维护了两国利益，也为促进世界和平、稳定与繁荣发挥了重要作用。最近的一个重要实例，就是在解决叙利亚化学武器问题密切协调。

当然，中俄关系也不是尽善尽美，其发展仍有深厚的潜力和广阔的空间。例如，长期来两国以贸易合作为主，生产、投资合作不足。中俄经贸合作正从商品和资源贸易向技术和服务贸易转型。双方应秉持互利共赢的理念，使两国经贸合作向更为多样和多元的方向发展，办法是突出重点领域的合作，培育新的合作亮点，扩大地方合作交流。

二、中俄关系深化发展的动因

中俄关系之所以不断得到深化，原因是多方面的。其一，中俄两国都在致力于国家富强、民族振兴、人民幸福。中国称作“中国梦”，俄罗斯未尝不可称作“俄国梦”。中国自改革开放以来虽然经济发展比较迅速，但毕竟是一个人口多、底子薄的发展中国家。俄罗斯作为原先既成大国苏联的主要继承者，起点虽曾较高，但在经受多年周折之后，如今却不得不承担着某些类似发展中国家的复兴任务。从一定意义上讲，中俄都属于转型国家，改革的着眼点都是以扩大同国际社会的联系为方向，力求提高经济效益和科技水平，并在此基础上发展生产力，增强综合国力，提高人民的生活质量。普京总统现行的基本路线与内外政策——以维护政局稳定、保持社会和谐为基本目标的“可控民主”，以注重效率、兼顾公平为基本特征的社会市场经济，以“平衡性”为基本指导原则的全方位外交，与中国的治国方略与外交理念颇有相似之处。两国毗邻，真切地需要相互理解、同情和支持。

其二，中俄两国都认真汲取历史教训。双方深深懂得摆正意识形态位置的重要性，尊重各自的历史传统、价值观念和道路选择，不让意识形态因素影响国家关系的正常发展。两大邻国唯有和睦相处，加强合作，方能彼此得益，共同发展。鉴此，两国也就不存在根本的利害冲突。

其三，中俄两国都坚持奉行和平共处五项原则。60 年来(1953 年 12 月 31 日，周恩来总理在同印度政府代表团谈话时，首次提出了国家之间和平共处的五项原则)，和平共处五项原则以其鲜明的科学性、广泛的兼容性和坚实的稳定性，经久不衰，影响日益深远。中俄双方还不断赋予和平共处五项原则以新意，包括在此基础上提出的新安全观、互信、互利、平等、协商、尊重多样文明、谋求共同发展的“上海精神”、世界多极化与国际关系民主化论、维护联合国权威地位的主张、建立和平、稳定、公正、合理的国际政治经济新秩序的构想等等。

其四，面对复杂多变的世界局势和依然严峻的国际经济环境，面对外部霸权主义、恐怖主义等恶势力的骚扰打压，中俄需要更加紧密地加强全方位战略合作。

其五，领导人富有高超的政治智慧。两国历届领导人都重视发展彼此之间的关系，决心把两国关系不断推向更高的水平，更好地造福两国人民。他们都为建立和发展中俄平等互信、睦邻友好的全面战略协作伙伴关系而殚精竭虑。中俄之间有时也难免出现（尤其在经济领域）某种利益上的矛盾或差异，对之正视而不是回避，设法弥补而不是听之任之，这正是两国领导人严肃负责的态度。这不但没有造成国家关系的扭曲，相反，经过双方认真对待、平等磋商、及时磨合，两国关系依然一往无前地朝着共同追求的目标不断攀升。

中俄两个大国之间的合作，既有共性问题，也有个性问题。在协作过程中发扬共性，尊重个性，尽量将个性融入共性之中，是两国共同积累的宝贵经验。所以，中俄关系能做到在坚实基础上奠定关系，在互补基础上增强合作，在共识基础上应对世界，在互信基础上排除干扰，在成就基础上持续跨越。

三、中俄关系深化发展的影响

当今世界许多国家之间号称建立了战略伙伴关系或曰战略互惠关系，其中名副其实的中俄战略协作伙伴关系基础最为坚实，发展最为顺利，处于现阶段所能达到的最佳状态。当我国的东边和南边彤云密布的时候，我们更会觉得北边晴空万里之弥足珍贵。

中俄之间的良好关系，将带动独联体其他国家与中国的关系，反过来，中国与独联体其他国家（尤其是中亚国家）之间关系的发展，也会激励俄罗斯为谋求主导作用与中国的合作更望高处走。有人提出问题，中国在中亚究竟图的什么？中亚对于我国，一是安全需要，二是发展需要。安全方面我国应更多尊重俄罗斯的特殊作用。对俄罗斯在上合组织内维护安全方面的主导意识和刻意追求，我们能够理解。经济方面中国更多付出在所难免，义不容辞。俄罗斯有人对于构建丝绸之路经济带的构想存有某种疑虑，并不奇怪，也不难化解。

这里涉及普京提出构建欧亚联盟的问题。这一构想是在独联体难有作为的背景下，试图将原先俄罗斯与中亚几国的经济联盟扩大化。这当然并非朝夕就能做到的事情。欧亚联盟与上海合作组织会发生交叉现象，这是当今世界经济共同体普遍遇到的现象。处理得当，可以互补；处理失当，会引发摩擦。普京构建欧亚联盟的用意主要是、或者更大程度上是为了应对美国和欧盟扩张的压力，这是不言而喻的道理。2013 年接近年终的时候，乌克兰国内两大势力经过反复较量，决定暂停与欧盟签署联系国协定，这被认为是普京发挥影响力的一大成就。

人们在谈及中俄关系时，往往会联想到中美俄大三角关系。中俄关系、中美关系和俄美关系，三者之间客观上存在既相互促进又彼此制约的作用。良好的中俄关系将推动中美关系，反之，中美关系的进展也会推动俄罗斯更加重视与中国的关系。普京知道中国和美国想从对方得到什么，又能得到什么，明白中美关系“不会坏到哪里去也不会好到哪里去”，中国更不至于因美国而舍弃、牺牲俄罗斯，所以对中国比较放心。同样，美国人心里也明白，中国希望与美国构建新型大国关系是坦诚的，中国不存在“联俄反美”的政治需要与战略构想。中俄关系或中美关系并不取决于美俄关系的状况。但冷战结束 20 多年来，苏美两个超级大国一死一伤，以及反复无常的俄美关系，确实给中国提供了难得的战略机遇。我们要珍惜与俄罗斯形成的上升到安全战略高度的全面战略协作伙伴关系，通过深化双边关系，借重上海合作组织，在同是联合国安理会常任理事国的阵地上，扩大与增强与俄罗斯的精诚合作。我们同样要在与美国构建新型大国关系方面做出持续不懈的努力。我们还乐见俄美关系能够得到切实的改善。

中美俄大三角关系在中亚表现尤其明显。客观上存在主导作用之争。争，靠的是硬实力、软实力和巧实力。其实质性差别在于，俄罗斯要维系在中亚的传统地位和利益，美国觊觎冷战时期难以触及的欧亚大陆战略要地，中国则希望和中亚国家在平等互惠的基础上发展双边关系。不要随意接受西方媒体惯用的中国与俄美在中亚“博弈”的概念，否则似乎中国也同美国一样，蓄意损害俄罗斯的传统利益并谋求势力范围。

四、深化中俄关系引发的思考

当今世界的新型大国关系，是中俄两国领导人率先付诸实践的。最近一段时间国内学界与媒体关于什么是新型大国关系的讨论，非常之热烈。有的说“新型大国关系以合作共赢为核心”，有的说“新型大国关系是国家间的平等关系”，有的说“要倡导新型大国关系中的良性互动”，有的说“新型大国关系体现世界财富平衡原则”等等（参见《中国社会科学报》9月30日），这些议论都有一定的道理。可是，中俄新型大国关系可不是停留在口头议论上的，而是有目共睹、有口皆碑的。不结盟而能真正搞战略协作，关系密切而不存在依附性，维护各自的利益而不怀损害甚至颠覆对方之心，根据是非曲直处理国际事务而不搞双重标准，遇有矛盾分歧而能通过平等协商解决，都要与美国发展关系而同时又反对单边主义，主张和推进世界多极化而不谋求世界霸权，凡此中俄关系的诸多特色，成为被双方领导人公开赞誉为大国关系典范的重要依据。

值得关注的是，我国不同时期许多外交新理念的提出，都与中俄关系发展的成果密切相关。就近期来说，中共十八大报告中提出的“平等互信、包容互鉴、合作共赢”的主张，一定程度上得益于中俄关系的经验总结。例如，当初叶利钦并没有因为1991年5月江泽民访苏时未与之见面而耿耿于怀，中国领导人也没有被普京上台之初于2001年11月访问美国与小布什发表高调《联合声明》所激愤。如今倡导周边关系时的“亲、诚、惠、容”四字方针，构建“命运共同体”，也可以从中俄关系中看到先例。

中俄关系之所以稳定发展，的确与双方领导人都能采取包容的态度有关。“包容”较之几乎成为人们共识的“求同存异”一说，内涵有升华。如今不只是“存异”将“异”搁置起来，还要从“异”中得到借鉴。

还值得一提的是，我们常说发展国家关系（包括中俄关系）应超越意识形态差异，这并非轻视意识形态因素，而是不因意识形态问题与对方较劲从而损害国家利益。孟子说“大而化之谓之圣”。郑板桥有句名言叫做“难得糊涂”。在处理国家关系时，意识形态因素往往就得淡化一点，或者叫做糊涂一点。对于俄罗斯媒体上有时出现的对我国不友好言论，要区分究竟是个别的、偶然的、还是普遍的现象，究竟是民间的、学界的、还是决策层的声音。不要把一般性的议论都看成是决策层的授意，从而动摇我们与俄罗斯全面战略协作的根本原则。

人们经常把普京的总统任期与中俄关系的前景联系起来。普京两届总统和一届总理12年任期加之现时第三任总统期间的所作所为，表现为两个“有利于”，一是有利于俄罗斯的振兴、俄罗斯人民的福祉，二是有利于俄中关系的健康稳定可持续发展。至于2018年他还会不会连任，那是俄罗斯人民自己的事情，我们无需猜测，尽管不难做出判断。至少有一点可以肯定，他在台上对俄中关系的发展是大有裨益的。

人们还经常议论中俄关系将来会不会变坏。中俄关系归根结底取决于各自的国家利益。如今两国正在平行轨道上奋力实现各自的目标，彼此没有大的碰撞，各种内外因素使得双方比较合拍。我方曾表示希望见到一个强盛的俄罗斯，对方也曾表示希望看到一个强大的稳定的中国。有人问，一旦俄罗斯强盛之后，会不会重蹈霸权主义覆辙，使得两国关系倒退？俄罗斯方面也有人针对中国的和平崛起发出类似的疑问。抛开心怀叵测者、兴风作浪者不谈，这涉及政治互信的耐力和韧劲，取决于两国领导人的政治智慧和战略决策。可以断言的是，在可预见的今后相当长一段时间内，不会形成这种消极局面。

（载中国国际问题研究基金会丛书《国际问题研究报告》，2013/2014）

构建中美新型大国关系事在人为

构建中美新型大国关系主张的提出，已历两年半时间。我方之所以执着，无非是为了优化两国关系以造福两国人民，促进世界和平与发展以造福人类。美国总统和国务卿曾不止一次响应新型大国关系的说法，但总使人感觉遮遮掩掩，要么言不由衷，要么模棱两可。从美国媒体发表的多种评论亦可看出，多认为美国当局的态度暧昧，从变相否定到勉强应承再到按照自己的方式做出解释，其中包含不少误会、疑虑和扭曲。接近年终，不妨就此问题做一盘点。

我方自从提出构建中美新型大国关系以来，一再释放善意，深表诚意。2013 年 6 月 7 日习近平主席访问美国时，开门见山提出三个问题：我们需要一个什么样的中美关系？中美应该怎么样进行合作来实现共赢？中美应该怎么携手合作来促进世界和平与发展？这三个问题其实是为诠释中美新型大国关系做铺垫。习主席在反复说明构建中美新型大国关系的积极意图的同时，步步深入地阐述其必要性、可行性和务实性。

第一步，阐述必要性，亦即指出中美新型大国关系的实质内涵，用了三句话，叫做不冲突不对抗、相互尊重、合作共赢。这三句话反映国家之间正常相处的起码规则，简明扼要，无可厚非，让美方难以推却。

第二步，阐述可行性，亦即指出构建新型大国关系存在的有利条件，用了五句话，叫做政治意愿、经验积累、机制保障、民意基础和合作空间。原话是：第一，双方都有建设新型大国关系的政治意愿。第二，40 多年双方合作的积累，使两国合作具有很好的基础。第三，双方建立了战略与经济对话、人文交流高层磋商等 90 多个对话沟通机制，为建设新型大国关系提供了机制保障。第四，建设中美新型大国关系具有深厚民意基础。第五，未来两国有着广泛的合作空间。这五句话概括了中美建交以来取得的实质性和意向性进展。

第三步，阐述务实性，亦即针对美国方面提出的“坐而言不如起而行”，提出构建新型大国关系应从哪些重点方向运作，用了六句话，叫做加强高层沟通和交往，增进战略互信；在相互尊重基础上处理两国关系；深化各领域交流合作；以建设性方式管控分歧和敏感问题；在亚太地区开展包容协作；共同应对各种地区和全球性挑战。这六句话包含了美方试图纠缠的一些内容。

用中国习惯的形象说法，以上可解读为构建中美新型大国关系的“三、五、六”方针。正如美国前国务卿基辛格所说，“美中新型大国关系不是一个抽象的理论，需要双方不断为之注入具体的内涵。”

奥巴马总统对构建新型大国关系最近的一次回应，是 2014 年 11 月 12 日他在北京出席 APEC 会议期间与习近平主席会晤时的表态，说他非常重视习近平主席提出的主张和建议，赞同加强交流对话，增进了解互信，扩大互利合作，建设性管控分歧，共同推进美中新型大国关系。

另一方面，美国当局对于构建中美新型大国关系的态度，除领导人自身的表白而外，往往更多通过美国媒体折射出来，一些观点之谬实令人惊讶。

鉴于直到 8 月克里国务卿还在演讲中称，“我们正忙着试图给新型大国关系下个定义”，于是有人说华盛顿根本不了解中国呼吁建立“新型大国关系”背后的具体想法。8 月 27 日负责亚太经济合作事务的美国国务院一位高官说：“那是中国人提出的一个名词，不是美国提出的。因此我不确定我们是否完全认同它的具体解释。”

更有甚者，有的美国媒体竟然宣称“不冲突不对抗”意味着不允许美国帮助其盟国，继而剥夺了美国的盟国利益；“相互尊重”意味着美国不能批评中国国内事务，继而剥夺了美国的核心价值；“合作共赢”就是中美共治，而且是美国跟着中国共治等等。

7 月 17 日日本《朝日新闻》刊登美国前驻华大使芮效俭的访谈，他的说法虽较温和，但也似是而非、牵强附会。记者问：您如何理解美中新型大国关系？他回答：由两个大国联手制定规则并要求其他国家遵守的所谓“G2”体制，与我们所希望的完全相反。由于改变了地区的势力均衡，守成大国与新兴大国之间潜藏着爆发冲突的可能。有效管控两大国之间的竞争关系，就是构建新型大国关系的目标。

另有一些说法就更加离谱了。例如，9 月 18 日彭博社网站署名文章，分析美国缘何对中美“新型大国关系”提法采取回避态度。理由是美国不愿接受这样的世界：中国的影响力日益增强，而美国及其亚洲盟友的影响力日益衰弱。美国在如何描述美中关系问题上陷入两难境地，这反映出一个更大问题：面对中国的经济、军事和战略崛起，美国该如何应对？是将主导地位让与中国，还是抵制其挑战，抑或是在亚洲以某种方式共享权力？

再如，10 月 9 日美国《外交》杂志网站署名文章《不那么空洞的对话——中国“新型大国关系”口号的危险》称，2013 年 6 月奥巴马与习近平在安纳伯格庄园会晤，对其提出的“新型大国关系”口号做出肯定回应，从此掉入了陷阱。对“新型大国关系”这一提法的认可将中美两国的关系推向了危险的境地：间接地承认了美国的单边妥协，有悖于美国的外交价值观、原则及利益。

与我国本意背道而驰的这些奇谈怪论，当然无助于两国关系的改善。我们从美方的言行中可以得出几点启示：

其一，中国和美国之间能否真正构建新型大国关系，首先取决于政治意愿。奥巴马参加 APEC 会议与习近平主席在中南海畅谈之后，对方的确在认知方面前进了一步，如今的共识在于不是要不要构建新型大国关系，而是如何构建和构建怎样的新型大国关系。

其二，中美彼此之间关于新型大国关系的认识差异依然很大。如有的学者分析的那样，存在概念与意义分歧、责任分歧、侧重点分歧等等。美国国务卿克里所谓的"坐而言不如起而行"，难免唱高调自我标榜之嫌。美国有些人甚至对中国提出亚洲安全观、倡建亚洲基础设施投资银行、丝路基金都感到紧张不安。我国更多希望从宏观上、战略上对待这个问题，而美国往往拐弯抹角，含沙射影，生怕中国挤掉它的主导地位。

其三，中美关于新型大国关系的解释，仿佛像两岸对待"九二共识""各自表述"。如今我们面临的任务是，如何通过不懈努力，在坚持反对霸权主义和强权政治的同时，逐步做到让互信代替互疑，平等代替妄自尊大，包容代替歧视，双赢代替一己私利，消除麻烦代替制造事端，管控分歧代替扩大争执。

总之，优化中美关系，正如习近平主席 2013 年 6 月访美时所言，"事在人为"。

（载《国际网》，2014 年 12 月 29 日）

中俄关系五个特征

中俄全面战略协作伙伴关系的特征，概言之，政治上互信，经济上互补，军事上互动，文化上互通和外交上互商。2014 年是中俄（苏）建交 65 周年，两国关系在上述五个方面表现越发鲜明。

特征之一：政治互信彰显新提升。政治互信是全面战略协作的灵魂。2014 年习近平主席与普京总统五次会晤，他们的会谈进一步充实了中俄全面战略协作关系理念的内涵。他们认同，一年来密切接触，高度互信，坦诚沟通，加强顶层设计和战略引领，言必信，行必果；两国国内支持发展中俄全面战略协作伙伴关系的呼声越来越高，说明发展两国关系的方针顺应两国民心、顺乎时代潮流，是大势所趋。他们强调，加大相互支持，目的是扩大相互开放，相互给力借力，共同抵御外部风险和挑战，实现各自发展振兴。他们肯定，双方政治对话不断加深，能源合作进展顺利，经贸合作取得更多实际成果，在国际事务中密切协作，有力维护了世界和地区安全稳定。他们承诺，不管国际风云如何变幻，都要坚持把发展中俄关系作为本国外交优先方向，不断增进政治和战略互信，不断扩大和深化全方位合作。他们将政治互信进一步加以物质化，表示要更多开展战略性大项目联合研究开发、联合推广应用、联合生产制造，扩大双边贸易和投资规模，重点推进能源、科技、航空航天、交通基础设施、本币互换等领域合作，在军事、安全等领域多采取务实联合行动，在人文领域鼓励和支持联合办学、共同发展文化，在国际事务中开展更多共同行动，包括继续加强在上海合作组织、金砖国家、二十国集团框架内的协调和配合，携手推动国际货币基金组织份额改革，共同维护网络安全，完善全球治理，推动国际关系民主化等等。

中国一再强调要把握20年战略机遇期，普京所说“给我20年，还你一个强大的俄罗斯”，时间已过半。这表明，彼此都有紧迫感，越发需要加强和深化两国的全面战略协作伙伴关系。鉴于两国领导人的远见卓识和博大胸怀，使得体现政治互信的“四同”趋势更加明显。一曰同气相求。中国有句古话“同声相应，同气相求”。中国梦与俄国梦，其实都是致力于国家富强、民族复兴、人民幸福。尽管两国的传统和国情存在差异，但实现互通的“梦”可谓殊途同归。二曰同心协力。这表现在双边和多边合作之中。十多年来中俄在上合组织中卓有成效的合作，就是一个范例。三曰同仇敌忾。双方在反对霸权主义和强权政治，反对恐怖主义、极端主义和分裂主义，反对核扩散等方面，一贯携手并肩，有口皆碑。四曰同舟共济。面对外部风险和挑战、金融危机、气候变化、环境污染等，双方密切配合，共克危艰。如中国古语所云，“患难见真情”。中俄之间“四同”精神产生“四不”原则。一是不求名义上结盟，二是不存在彼此依附性，三是不干涉对方内政，四是不搞双重标准。

特征之二：经济互补呈现新局面。经济互补是全面战略协作的基础。双方领导人都强调要继续深挖巨大潜力，培育新的合作增长点，顺利推进战略性大项目合作。俄方积极响应中方建设丝绸之路经济带和海上丝绸之路的倡议，愿将俄方跨欧亚铁路与“一带一路”对接，创造出更大效益。

这一年两国加大能源领域的合作力度，签署大型天然气合作协议取得突破。5月，俄罗斯就通过东线向中国供应天然气达成一致，从2018年起，俄方开始通过天然气管道东线向中方供应采自东西伯利亚伊尔库茨克州科维克金气田和雅库特共和国恰扬金气田的天然气，合同期限是 30 年（10 月 13 日李克强总理访俄双方决定延长 10 年），输气量将逐年增长，最终达到年 380 亿立方米。继签署东线天然气合作协议之后，西线的天然气合作开始启动。

这一年年双边贸易额达到 900 亿美元，对实现 2015 年 1,000 亿美元的目标充满信心，到 2020 年实现 2,000 亿美元的目标也可预期。10 月 14 日李克强总理访俄，成果丰硕，双方签署近 40 项政府间和企业间合作协定，涉及能源、航天、高铁、核能、旅游、金融等众多领域。双方关注充分发挥两国间 100 多对友好省州、城市关系的作用，促进地方合作。2014 年首届中俄商务交流暨项目洽谈会的召开，推进双方的合作进入新的里程碑。

这一年双方致力于在创新基础上的合作。正在积极探讨高铁合作，卫星导航系统合作已经启动，联合研制远程宽体客机和重型直升机等大项目合作取得新进展。确认要推动双方相互开展大规模投资和加强高科技创新领域的合作，加强联合研发与生产，推进交通基础设施、航空领域等合作。10 月 14 日两国总理一起参加了第三届莫斯科“开放式创新”国际创新发展论坛，签署了系列重大涉及创新领域的合作协议。10 月 25 日以“协同创新共享机遇”为主题的创新论坛在上海浦东举行，目的是实施创新驱动发展战略，推进以科技创新为核心的全面创新。加强两国科技特别是高技术领域交流合作，为两国全面合作关系的巩固注入新的活力。

特征之三：军事互动进入新境界。军事互动是全面战略协作的气势。两例尤为突出。5 月 20 日至 5 月 26 日，中俄两国海军在中国长江口以东的东海北部海空域举行海上联合军事演习。双方均派出主力战舰参演，包括 14 艘水面舰艇、2 艘潜艇、9 架固定翼飞机及 2 个特战分队和 6 架舰载直升机。演习期间，双方对海上和空中目标进行火炮射击，演练联合保护海上交通线等课目。5月20日，习近平主席与普京总统出席演习开幕仪式。22日中俄联合舰队进行“锚地防御”演练。23日中俄联合舰队进行了联合解救被劫持商船、联合查证识别和联合防空等课目演习。24日中俄联合舰队进行了实弹射击演练。整个演习过程，举世瞩目，令人振奋。

8月24日至29日，“和平使命–2014”军演在中国内蒙古自治区的朱日和训练基地举行。中国、俄罗斯、哈萨克斯坦、吉尔吉斯斯坦和塔吉克斯坦等五国共计7,000余名士兵参加演习。俄方派出4架苏–25攻击机、8架米–8MT直升机和100件其他军事装备等。俄空军还进行苏–25强击机的轰炸任务，检验近年的新型军力，使演习更贴近实战。此次演习展现了中俄两国对中亚快速干预的能力，增强了中俄两国的世界威望。

军事合作的另一角度是军事技术合作。据报道，2014年俄罗斯向中国销售20多亿美元武器。俄罗斯可能向中国供应S–400防空导弹系统和苏–35歼击机的说法，更是引起国际媒体广为关注。

特征之四：文化互通展示新风貌。文化互通是全面战略协作的底蕴。按照《中华人民共和国文化部和俄罗斯联邦文化部2014—2016年合作计划》双方在音乐、戏剧、电影、造型艺术、民间创作、文物保护与修复、图书馆、博物馆和档案馆等各个领域继续加强交流与合作，继续保持文化高层互访和磋商，扩大两国青年文化艺术工作者的交流，鼓励和支持两国地方间文化往来。双方组织的一系列文化交流活动，五彩缤纷，光彩夺目，进一步促进了中俄在文化领域的高水平合作，加深中俄人民之间相互了解和友谊。

特别要指出的是，应习近平主席和普京总统的倡议，2014年和2015年中俄两国共同举办青年友好交流年。2014年3月28日在俄罗斯圣彼得堡隆重举办开幕式。中俄青年友好交流年包含

100 多项具体活动，涉及艺术、科学、教育、青年交流等领域。两国政府大力推动，提供更多机会，搭建广阔的平台。两国积极开展“百校万人”大学生交流活动，扩大互派留学规模，使双方留学生总数到 2020 年达到 10 万人。还积极促进两国青年艺术家联合展演，青年作家作品相互翻译，青年科学家、工程师合作研发，青年政治家、运动员、医生、新闻工作者、企业家互访交流等。

着眼于年轻一代，意义深远。正如习近平主席所说，青年是国家的未来，是中俄关系和中俄两国人民友谊的未来。他希望两国青年与时代同步，顺应中俄全面战略协作伙伴关系发展大势，把自己的梦想融入推动中俄两国共同发展、共同繁荣的事业中来，为中俄两国和两国人民的友好事业和美好未来作出积极贡献。

特征之五：外交互商取得新成果。外交互商是全面战略协作的神态。2014 年中俄双方共同应对一系列重大国际事件，保持了密切合作。作为联合国安理会常任理事国，中俄加强了在联合国、二十国集团、上海合作组织、亚太经合组织、金砖国家、亚信等框架内的合作，坚定支持联合国在国际事务中发挥核心作用，维护联合国宪章宗旨和国际关系基本准则，积极推动热点问题政治解决进程，促进国际政治经济秩序朝着更加公正合理的方向发展。

面对复杂多变的国际和地区形势，中俄加强了在双边及上海合作组织框架内的安全合作，维护两国和地区安全稳定。两国元首认为，在当前形势下，上合组织成员国要加强团结、互信、合作，推动安全和经济两个轮子同步发展，坚决打击“三股势力”，大力推动各领域务实合作，使本组织成为成员国稳定和发展的可靠保障。双方加强沟通协调，加大投入，引导上合组织始终朝着服务本地区国家共同利益的方向发展。中俄除共同组织了海上联合军演和上海合作组织成员国联合反恐军演外，还联手参加了叙利亚化武海运联合护航行动。

普京总统曾向习近平主席介绍俄方对乌克兰危机的看法和立场。习近平强调，有关方要追根溯源，从根本上去理顺和解决矛盾。中方主张政治解决乌克兰危机，呼吁乌克兰方面尽早开启包容性对话，达成全面解决危机的政治方案。普京表示，俄方重视和赞赏中方在乌克兰问题上的立场和主张，愿同中方保持沟通。

2015 年是世界反法西斯战争暨中国人民抗日战争胜利 70 周年。习近平主席和普京总统决定，为铭记历史，警示后人，共同举办庆祝活动，同世界各国人民一道，致力于维护二战胜利成果和战后国际秩序，决不允许法西斯主义和军国主义野蛮侵略的悲剧重演。两国元首要求双方有关部门落实好《中俄共同举办庆祝第二次世界大战胜利 70 周年活动计划》。

中俄关系新发展的影响是多层面的。一是自身影响。无论中国还是俄罗斯，由于双方关系持续稳定健康发展，都感到踏实、放心，足以一心一意地从事各自的国家振兴事业，共同防范外来风险而不存在担忧。二是相互影响。合作共赢如今已成为中俄两国的共同语言。两国“世代友好，永不为敌”，日益深入人心。据俄新网 10 月 9 日报道，俄“社会舆论”基金会此前公布的一项民调结果显示，78%的俄罗斯人认为中国是对俄友好的国家。三是地区影响。中国和俄罗斯同为上海合作组织成员国，公认是在充当主导。中俄还是金砖国家成员，作用举足轻重。四是全球影响。中国和俄罗斯不能仅仅被看作是地区大国。中国成为世界第二大经济体，俄罗斯资源潜力首屈一指，又是世界最大核武库国家之一。中俄举手投足，都会引起全球关注。任何怀有善意的国家都会把中俄友好合作看成是维护世界和平、促进人类进步的重要因素。

中俄各自独立发展却又并行不悖，经验难能可贵。双方皆为转型国家，都在探索和选择适合国情的发展道路，都需要良好的外部环境。中俄的国家利益和意识形态并非没有差异，对待国家利益差异——协调之，对待意识形态差异——超越之，这样就不会造成国家关系的扭曲。在协作过程中尊重个性，弘扬共性，尽量将个性融入共性之中，这恰恰是中俄关系堪称大国关系典范的精髓所在。

（载《国际网》，2015 年 1 月 6 日）

要解开构建中美新型关系的症结

习近平主席即将对美国进行正式访问。他与奥巴马会晤的良好气氛与可能达成多方面协议，有惯例佐证，且已有所披露，毋庸置疑。第七轮中美战略与经济对话和第六轮中美人文交流高层磋商，尚且被称作取得成果丰硕，更何况元首会晤。此次会晤无疑将标志着中美关系又向前推进一步，具有某种里程碑意义。但人们的期待的确也在升级，那就是要看美国的诚信会达到什么程度，通过构建两国新型关系所体现的一系列根本性敏感问题，能否取得突破性进展。

如今构建中美新型大国关系到了一个转折点，症结在美方，大致集中在四个方面：

一是美国能否表里一致地对中国持信任态度。互信是国家关系的基础。美国其实也知道，双方的共同利益远大于分歧，可是为了私利它从不放弃遏制中国的任何机会，于是分歧点往往被媒体蓄意炒成“头版头条新闻”。中方的鲜明态度一以贯之：需要互信，值得互信，能够互信。

举例来说。中国无论是政界或是学界，都认为美国是当今世界唯一超级大国。此论并非都是贬义。其中包含承认美国的综合国力依然超强，肯定美国在科技创新、服务业和商业管理水平、高等教育体系乃至标准化和规范化程度均属一流，因而实际上接受美国世界地位的特殊性，并在一定程度上顺应美国主导的国际秩序，只是坚决抵制霸权主义罢了。

反之，美国对中国，顾虑多，疑心重，生怕中国发展太快，取代自己的“老大”位置。于是乎，想方设法要给中国制造麻烦。可是麻烦搞多了，又难免伤害自己，因为美国与中国的战略利益尤其是经济联系太过密切了。

习近平主席2014年7月9日讲过，中美两国如何判断彼此战略意图，将直接影响双方采取什么的政策、发展什么样的关系。不能在这个根本问题上犯错误，否则就会一错皆错。2014年11月11日他又讲过，中美国情各异，历史文化、发展道路、发展阶段不同，应该相互理解，相互尊重，聚同化异，和而不同。两国难免存在一些分歧，但这不是两国关系的主流。两国政府要起到稳定器作用，妥善处理有关分歧。

正如有的舆论所反应，中国这么大，而美国媒体关于中国的报道只是那么几个议题和个别人，使得美国人获得的中国信息片面，削弱互信，误解增多。

美国对中国的信任一直停留在将信将疑的层面，这种状况在可预见的未来难以根本改观，对此我们心中有数。我方一直在不遗余力地增信释疑。而唯有增强互信，协议才能牢靠，从而将其转化为切实举措，产生互利成果。

二是美国能否开诚布公地切实管控分歧。美国也意识到分歧不是中美关系的主流，但总是利用分歧对中国施压。管控分歧难度大，却至关重要；为了务实合作，管控分歧尤其迫切。我方提出，要以建设性方式管控敏感问题，努力使中美关系更多更好地惠及两国和世界各国人民。

习近平主席多次向美国领导人提出要管控好分歧。2014年7月9日他讲过，历史和现实都表明，中美两国合则两利，斗则俱伤。中美合作可以办成有利于两国和世界的大事，中美对抗对两国和世界肯定是灾难。

举例来说。分歧之一，是南海问题。其实，在南海问题上美国并非争议当事方，与中国并没有直接利害冲突。有人就说，美国人关心的也许并不是在争议岛礁归属上的是非，而是担心中国要把美国势力从亚洲赶出去。

如今中国一些周边国家采取“安全靠美国、经济靠中国”的双重获利战略，不惜离间乃至伤害中美关系。中国有句俗话，别让人“当枪使”，有人却把美国“当枪使”，而美国为了私利也甘愿被“当枪使”。

美国口头上承认在南海没有领土主权声索，实际上美方与中方在维护南海航道开放与安全以保证商贸活动问题上拥有共同目标。中国一贯坚持与南海争议当事方通过直接对话协商解决问题，并逐渐取得进展。美方本应乐见其成，却又心怀叵测。看来南海问题今后仍是继续影响中美关系发展的一大症结。

三是美国能否言而有信地尊重中国发展道路的自主选择。尊重自主选择，是起码的国际关系准则。

中国提出的社会主义核心价值观，其实与美国有契合点。富强、民主、文明、和谐、自由、平等、公正、法治、爱国、敬业、诚信、友善，美国对哪一点有理由反对？要害在于中国的道路选择，亦即共产党领导的社会主义制度。

习近平主席2013年6月7日讲过，中国梦要实现国家富强、民族复兴、人民幸福，是和平、发展、合作、共赢的梦，与包括美国梦在内的世界各国人民的美好梦想相通。2013年12月4日他又讲过，中美在维护世界和平稳定、促进人类发展进步方面肩负共同责任，加强对话与合作是两国唯一正确选择。双方要牢牢把握两国关系正确方向不动摇，尊重彼此核心利益和重大关切，积极拓展务实合作，妥善处理敏感问题和分歧，确保中美关系持续健康稳定向前发展。

美国并非全然不信中国走和平发展道路，内心也知道“中国威胁论”之勉强张扬，但毕竟怀有种种顾忌，还是不时把“中国威胁论”作为推行“颜色革命”手段之一竭力加以利用。

英国《金融时报》2015 年 3 月 30 日发表一篇署名文章，谈到美国在意识形态与政治制度上西化中国，安全上通过强化同盟与支持中国的争端对手来牵制中国，军事上封锁高精尖技术与武器流向中国，经济上诱导中国进一步推行市场经济，文化与教育上通过人员交流与人才培养对中国进行渗透。这些并非言过其实，值得美国当局检点。

最近还见到国内一篇民意测验报道，颇有说服力。有人说，美国对中国的担忧更多源于对自己有可能走向衰弱的焦虑不安，而中国人追求的不过是在现存规则框架内获得与国家的力量和利益相符的话语权和空间。有人说，不喜欢美国动不动就对中国的内政、人权指手画脚，你美国的人权问题就尽善尽美吗？又有人说，美国唯我独尊，凡不听我的、不与我为伍的、不符合我利益的，都坚决打压。围堵打压，其实枉然，但美国决不会轻易改弦易辙。

四是美国能否心无旁骛地对待新型大国关系构想。与举行第七轮中美战略与经济对话和第六轮中美人文交流高层磋商的几乎同时，美国国内开展关于对华政策的大辩论，一些“唱衰”中国、“唱衰”中美关系论调不断浮现。这实质上是对构建中美新型大国关系势头的反弹。

当然也看到有识之士，如美国前助理国防部长傅立民撰文指出：“美中竞争是在两国经济相互依存的语境下发生的。如果中国衰落，我们美国人也会陷入萧条，而不是享受所谓的和平红利。”

习近平主席 2013 年 4 月 24 日讲过，建立中美新型大国关系需要双方一点一滴的实践和积累。2014 年 11 月 11 日他又讲过，现在中美新型大国关系的战略目标是清楚的，我们不能让它停留在概念上，也不能满足于早期收获，还要继续向前走。

如今中美关系已超出双边范畴而日益富有全球意义。估计奥巴马这次与习近平主席会晤时会在新型大国关系方面提高一点调门。尽管如此，看来美国总体上对待以上四点仍会保持唯我独尊、时进时退的常态。这就决定了发展中的中美关系摆脱不了曲折性这一固有特征。

（载《国际网》，2015 年 9 月 21 日）

哪些说法在干扰中美关系

随着中国的高速和平发展，“中国威胁论”屡见不鲜。鉴于中国发展进程中难免遇到困难，于是“中国崩溃论”时有所闻。这两种极端论调，都会直接或间接有损中美关系。

中美关系理应持续稳定发展。鉴此，需要化解国内外媒体较为流行的种种干扰性说法。

一曰中美守成大国与崛起大国固有矛盾论。此论源于“修昔底德陷阱”。

中美建交的30多年，恰恰与中国实行改革开放的岁月同步。两国在平行的轨道上发展，并没有相撞。美国作为超级大国，竭力维护霸权地位，主导国际秩序。中国则在传统国际秩序内，借助有利因素，朝向既定现代化目标奋进，但同时又与其他一些发展中国家协作，本着联合国宪章精神，提出改善国际秩序的主张，也是天经地义的。

中美建交30多年的历史，并没有落入“修昔底德陷阱”。否则中国怎么可能成为美国最大的贸易伙伴？双方又怎么可能相互派数万、数十万的留学生？

再说，频频出现的地区热点，以近期为例，乌克兰危机也好，中东乱局也罢，并非出自中美关系的“固有矛盾”。相反，正是由于中美协力并与他国合作，才较为有效地解决了伊朗核问题，且不断商讨应对朝核问题的办法。至于美国在南海制造事端，给中国施压，也只能说是人为的现行政策产物。

搬用老黄历，无异于自设陷阱。正是避免重蹈“修昔底德陷阱”覆辙，中方诚恳地一再呼吁构建中美新型大国关系。

二曰中美结构性矛盾不可调和论。所谓结构性矛盾，说白了，最突出的无非是社会制度差异。这个问题历史早已做出答案。二战期间不同社会制度的国家可以共同对付德意日法西斯，二战结束70年来不同社会制度的国家可以和平共处相安无事，而骚乱却常常出现在社会制度相同的国家之间。

美国不喜欢共产党执政的社会主义中国，更不愿意看到中国强大起来超过自己。这是顽固奉行霸权主义使然。但中国特色社会主义对美国并不构成直接威胁。中国倡导的24字社会主义核心价值观“富强、民主、文明、和谐、自由、平等、公正、法治、爱国、敬业、诚信、友善”，哪一点与美国的利益相冲突？中国处理国家关系，从60多年前提出和平共处五项原则，到今天进一步强调和平、发展、合作、共赢理念，又有哪一点是美国不能接受的？

中国的发展道路是中国国情所决定，是中国人民所选择。中国的成就再显著，从来没有把自己的发展模式强加于人，并不存在与“华盛顿共识”相对应的所谓“北京共识”。有人说，美国对“中国模式”的担忧，很大程度上是一种文化保守心理作祟，即对美国式自由主义的偏执信仰，而其实很多年前就已有美国国内学者提出应该对这种“专横强制的自由主义”进行反思了。这个说法符合实际。

至于有人认为中美关系中的分歧与矛盾目前已扩展到了太空、电子、网络等非传统领域。这些属于非战略层面的问题，需要在有效合作中加以协调管控。夸大其词，危言耸听，不足为信。

三曰构建中美新型大国关系虚拟论。其实，构建这样的平等互利关系，乃是彼此的需要，只不过由中国领导人倡导罢了。不冲突不对抗、互相尊重、合作共赢，这些是正常国家关系最起码的标准，美国无任何理由公开拒绝。经过多年磨合，美国领导人口头上的认同点逐渐有所增多，但其诚意仍值得怀疑。

中美两国之间当然存在诸多差别，例如通常说的价值观不同，民族信念不同，世界地位和作用也不一样。但这不应该妨碍双方在和平与发展这两个更重要的方面合作。

有人认为，妨碍新型大国关系的困难在于中美这样一对战略性关系缺乏基本的战略互信，“这在很大程度上是由于双方战略基础的缺失和战略定位的模糊而造成的”，即我们今天经常谈论的“信任赤字”问题。这可能是主因，但应说清楚，缺乏信任的是美国方面，不能“各打50大板”。

有人认为，中美关系中最大的问题是双方尚未形成成熟的相互让渡的利益观。同样应该说，问题主要出在美国。美国久居“领导地位”，从未形成照顾他国利益的习惯。而中国提出“相互照顾各自核心利益”，往往被美国误解或猜疑。

据报道，美国学界有人认为过去几年中美间出现了一些严肃的问题。一是中国缺乏透明性。二是中国对周边邻国所显示出的越来越强硬的姿态，而这些国家很多都是美国的盟国。由于中国的不透明性，使得美国及其盟友越来越把中国视为潜在的威胁。三是很多中国国有的媒体也不是很透明，对了解中国发生的事情没有太大的帮助。姑不论这类人的立场如何，其具有代表性的观点多少从侧面给我们提供了应如何加以应对的启示。

在两国关系发展过程中的民意非常重要。据芝加哥全球事务理事会2015年6月2日发布的民意调查显示，面对和平发展的中国，67%的美国民众主张与中国进行“友好合作和接触”，民主党和共和党领袖中持这一主张的比例分别达到87%和78%。相反，只有29%的美国民众主张应主动“制约”中国实力的增长，在民主党、共和党领袖中，这一比例则分别下降到22%和25%。应该说，从中可以看到落实中美新型大国关系的有利因素。

四曰中美围绕亚太地区领导权争夺论。美国在亚太拥有领导权，这在美国政界人士眼里似乎是无可非议、动摇不得的。美国有些人甚至对中国提出亚洲安全观、倡建亚洲基础设施投资银行、丝路基金都感到紧张不安。奥巴马在西点军校演讲时扬言美国领导世界一百年。所谓美国战略重心东移、亚太战略再平衡，无非是出于这种考量。

有人说，现在亚太国家发明了一种二元结构或者双轨结构，就是经济靠中国（中国几乎是每个东亚国家的最大贸易伙伴）、安全靠美国。的确，一些国家讲究实惠，“脚踏两只船”。美国生怕在潜移默化中丢掉亚太领导权，作为一招，蓄意在南海问题上给中国制造麻烦。前不久美国国务卿克里在与王毅外长会晤时表示，华盛顿相信外交途径可以解决南海争议。此说恐多为外交辞令。英国加入亚投行，带动其他的国家纷纷加入，惹得美国很不高兴，却也无可奈何。

有人说，世界上只有中国一个国家在跟美国缩小差距，其他国家跟美国的差距都在拉大，所以想让中美关系能有实质性改善，是做不到的。还认为，鉴于美国对中国军事现代化的担忧，在未来十年期内中美发生试探性军事摩擦的可能性高于朝鲜战争以来的任何时期。这个评估足以引起警惕，且要竭力避免，但看来也是反映了对中美构建新型大国关系的可行性过于信心不足。

五曰朝鲜核试挑起中美分歧论。中国在朝鲜核问题上的立场一贯基于三点：其一，确保朝鲜作为主权国家的安全与正常发展；其二，朝鲜半岛必须也只能无核化；其三，分歧应该也只能借助六方会谈通过和平协商解决。后两点中国与美国是一致的。正因为美国不接受第一点，导致朝核问题复杂化。朝核问题的症结在于朝美关系。

有人说，目前中美在朝核问题上的分歧被放大了，形成一种朝鲜核试直接挑起了中美矛盾的观感。中美之间在朝核问题上的合作面大于分歧面，例如2016年2月中美两国再次就扩大对朝制裁的方案达成一致。

六曰中国四面出击咄咄逼人论。当今中国外交呈积极进取态势，是有能力、有信心的表现。国外有人攻击中国外交“咄咄逼人”，居然也有中国专家以“四面出击”为题来形容中国外交！所谓“出击”，无非是攻击、打击的意思，且有四面树敌的暗示，用这样的词汇来形容中国外交，很不恰当。中国外交的每一举措，都紧紧围绕着维护和平、促进发展、增强合作、谋求共赢，体现一个负责任大国的身份。

有人说，我们从2013年提出了一个“奋发有为的外交战略”，从韬光养晦走向奋发有为，是韬光养晦执行不下去了，我们才讲只能是奋发有为。如此这般解释韬光养晦与奋发有为的关系，实在匪夷所思。

七曰为对付美国中国必须结盟论。不结盟政策是中国改革开放以来的传统政策，并非权宜之际。依据的和平发展这一时代主题观，基于实现中华民族伟大复兴的中国梦。我国有人一再鼓吹应与俄罗斯结盟，共同对付美国。这不是国策，而是冷战思维的产物。外国则有人鼓吹“亚洲减一”和“隐形同盟”对付中国，也不过是蛊惑人心的把戏。

八曰中国陷入亚太困局和孤独大国论。这与中美亚太争夺论相矛盾。既然足以与美国争夺，何来困局与孤独？既然陷于困局与孤独，何能与美国争夺？

中国并未出现有人所期待的困局和孤独。无论是1997年的亚洲金融危机，还是2008年的国际金融危机，中国不仅安然度过，而且如今成为世界经济增长的重要引擎。

有人企图利用TPP束缚中国的手脚。TPP12国的经济总量占全球40%，但成员国的贸易总量只占全球的25%。常识是，只要中国新产生的经济量和贸易机会在世界范围内表现突出，TPP

定难以回避某种方式向中国的需求和影响靠拢。

有人指出，一个自信、锲而不舍的中国遭遇一个不自信、焦躁易怒的美国，致使中美关系难题增多。此说发人深思。

（载《国际网》，2016年3月17日）

中俄树立新型大国关系典范

习近平主席 2016 年 9 月 9 日在人民大会堂会见俄罗斯联邦委员会主席马特维延科时说："中俄全面战略协作伙伴关系的高水平发展，为构建以合作共赢为核心的新型国际关系提供了有益经验。"这是对中俄关系典范意义的肯定。中俄建交 20 多年来，两国关系的级别不断提升，合作内涵不断丰富和加深，原因是双方致力于战略创新。我理解这正是其典范意义之所在。

一、从战略高度提升双边合作

中俄平等互信、面向 21 世纪的战略协作伙伴关系，是在 1996 年确定的。这之前，1992 年 12 月，俄罗斯总统访华，双方宣示"相互视为友好国家"，规定了"发展睦邻友好和互利合作"的目标。这是第一个台阶。

1994 年 9 月，中国国家主席访俄，双方建立"面向 21 世纪的建设性伙伴关系"。这被称作一种新型伙伴关系，是不对抗、不结盟、建立在和平共处五项原则基础上的长期、稳定的睦邻友好和互利合作关系。同年，双方宣布不将本国核武器瞄准对方。这是第二个台阶。

1996 年 4 月，俄罗斯总统访华，两国领导人一致同意发展"平等信任的、面向 21 世纪的战略协作伙伴关系"，建立两国领导人定期会晤机制，并在北京和莫斯科之间设置保密电话通讯线路。这是第三个台阶。

所谓战略协作伙伴关系，特点是目标长远、内涵全面、合作多维。两国要在平等互利基础上加强各个领域的长期合作，包括经济、政治、军事、科技、文化和其他领域；合作形式有官方的，也有民间的。作为联合国安理会的常任理事国，中俄两国领导人本着对世界和平与发展和对人类未来的历史责任感，要在国际事务中加强协调与合作。

此后，两国关系不断深化和发展。尤其是，2001 年 7 月 16 日签署《中俄睦邻友好合作条约》，将两国间关系所达到的水平与各领域的合作共识以法律的形式确定下来。这个以“世代友好、永不为敌”为核心的条约，是中俄关系史上乃至整个国际关系史上的辉煌篇章。再就是，2004 年 10 月，签署中俄国界东段补充协定，标志着经过双方 40 多年的不懈努力，边界线走向全部确定。两国间 4,300 多公里的共同边界，从此将成为两国人民和平、友好、合作、发展的纽带。

习近平就任党和国家最高领导职务之后，截至 2016 年 10 月与俄罗斯总统普京会晤多达 18 次，中俄关系的理念和实践一步步从战略高度加以发展。2014 年 5 月 20 日两国元首在上海签署联合声明，把两国关系提升为全面战略协作伙伴关系。这可以说是第四个台阶。

中俄两国还采取了其他战略创新的方式，突出的是从不同角度举办友好年。2006 年在中国举办“俄罗斯年”，2007 年在俄罗斯举办“中国年”；2009 年在俄罗斯举办“汉语年”、2010 年在中国举办“俄语年”；2012 年和 2013 年互办“旅游年”；2014 年和 2015 年互办“中俄青年友好交流年”；2016 年和 2017 年互办“媒体交流年”。通过这些生动活泼、激励人心的创新活动，增进了两国人民尤其是青年的相互了解和信任，为发挥中俄全面战略协作伙伴关系的潜力注入强劲的动力。

二、谋战略宏图树立大国榜样

中俄新型关系是建立在战略宏图基础上的非结盟关系，既不同于20世纪50年代中苏“兄弟国家”关系，又区别于当今世界其他大国之间的“盟友”关系。中俄两国面临着类似的历史使命，改革的着眼点都是以扩大同国际社会的联系为方向，力求提高经济效益和科技水平，并在此基础上发展生产力，增强综合国力，提高人民的生活质量。

两国领导人的治国理念颇有相近之处。中国要实现中华民族伟大复兴的中国梦，俄罗斯要实现重振大国雄风的俄罗斯梦。习近平提出了全面建成小康社会、全面深化改革、全面推进依法治国、全面从严治党的根本大计与创新发展、协调发展、绿色发展、开放发展、共享发展的战略构想。普京则形成了以强国富民为使命、以经济发展为前提、以民族精神为动力、以选择适合国情道路为方向、以优化外部环境为条件等一整套治国方略。

中俄两国都认真记取历史教训。双方都尊重各自的历史传统、价值观念和道路选择，不让意识形态因素影响国家关系的正常发展。双方都愿意把和平共处五项原则作为处理两国关系的唯一基础，决心成为平等互信的好邻居、好朋友、好伙伴，以求世代睦邻友好，共同发展繁荣。因此做到了在政治互信、经济互补、文化互通、军事互动、外交互商五个层面上，长期、多维、高端、深入地进行合作。

由于两国领导人的远见卓识和博大胸怀，形成了“四同”的氛围。一是同气相求，也就是志同道合。二是同心协力，表现在双边和多边合作之中。三是同仇敌忾，在反对霸权主义和强权政治，反对恐怖主义、极端主义和分裂主义，反对核扩散等方面并肩合作。四是同舟共济，面对金融危机、气候变化、环境污染等外部风险和挑战，双方配合行动。

经过双方多年来的共同努力，中俄关系呈现非常鲜明的特色。这就是：不结盟而又能实行战略协作，关系密切而不存在依附性，维护各自尊严和利益而不怀损害对方之心，根据是非曲直处理国际事务而不搞双重标准，有利益分歧而能通过平等协商解决。

中俄之间有时（尤其在经济领域）也难免出现某种利益上的矛盾或差异，两国领导人对之正视而不是回避，设法弥补而不是听之任之。两国在协作过程中注意发扬共性，尊重个性，尽量将个性融入共性之中。从这里我们可以看出中俄关系与中美关系的差别。如果说中国与美国构建新型大国关系的难度在彼此战略选择的不同，那么中国与俄罗斯之间的结合点则都是出于各自的战略需要。

三、以战略思维判断世界局势

中俄两国对于国际形势的共识，乃是战略协作伙伴关系的重要组成部分。其主要方面包括：

关于时代特征，双方确信，和平与发展是时代的主题，求和平、盼稳定、促发展是世界各国人民的共同愿望。

关于世界形势，双方认为，当今世界正发生着复杂、深刻的变化，但天下仍不太平。一些原有矛盾长期未得到解决，传统安全威胁和非传统安全威胁的因素相互交织，强权政治和单边主义给这个本不安宁的世界增添了新的不稳定因素，国际恐怖主义已成为全球性威胁和公害。

关于世界格局，双方表示推动世界多极化进程有助于建立一个稳定、民主、不对抗、公正合理的国际新秩序，这一趋势客观上符合所有国家的根本利益。

关于经济全球化，两国认为其重点应转向消除不平等和贫困，促进发展和社会保障，提高居民生活质量。必须改革国际经济金融体系，使其适应实体经济需要，增加新兴市场国家及发展中国家在全球经济治理体系中的代表性和话语权，以重振对全球经济治理体系的信心。

关于新安全观，双方认为必须摈弃“冷战思维”，反对集团政治，以和平方式解决国家之间的分歧和争端，不诉诸武力或以武力相威胁，以对话协商促进建立相互信任和了解，通过双边、多边协调合作寻求和平与安全。

关于国际关系民主化，双方主张承认和尊重世界文明的多元性，应当尊重各国的历史传承、文化传统和自主选择的社会政治制度、价值观、发展道路，反对干涉他国内政，放弃单边制裁，以及策划、支持、资助或鼓励更改他国宪法制度或吸收他国加入某一多边集团或联盟的行为。

关于建立国际新秩序，双方认为应将历史、文化、经济及社会政治制度的差异看作是建立国际经济政治新秩序过程中相互增益和相互完善的动力，主张把建立国际新秩序与推动国际关系民主化结合起来。

关于联合国的作用，双方一再声明，联合国在国际事务中起着不可替代的作用。在新形势下，必须建立一个以联合国为核心的应对新挑战与新威胁的普遍体系，以保障国际稳定、安全和可预见的发展。支持安理会进行合理、必要的改革，更好地履行《联合国宪章》赋予的职责。

中俄在一系列重大国际问题上的一致性，证实了两国之间形成全面战略协作伙伴关系的必然性和持久性，也是两国在世界上产生举足轻重影响的一个重要原因。

四、结战略伙伴应对全球挑战

2016 年 6 月 25 日中俄两国元首发表的联合声明，是双方作为全面战略伙伴应对全球挑战的现实写照。其举措表现在方方面面。

对于解决全球性问题，双方加强协调，反对通过非法的外部干预对任何国家实施政权更迭，反对在本国领土外使用国内法措施破坏国际法的行为。

对于二战成果，双方坚定捍卫，反对否定、歪曲和伪造二战历史的企图，维护联合国权威，坚决谴责为法西斯主义、军国主义及其帮凶开脱罪行和抹黑解放者的行为，尽一切努力防止世界大战悲剧重演。

对于恐怖主义，双方坚决谴责，强调任何恐怖行动都不能因意识形态、宗教、政治、种族、民族或其他动机而被原谅。认为当前局势令人担忧的原因不仅在于中东北非国家内部的政治和社会经济问题，也在于肆意干涉他国内政的行为，包括以“推动民主”为借口的干涉行为。

对于网络安全，双方竭力维护，推动构建全球信息网络空间新秩序，促进信息技术创新，推进数字经济发展，打造网上文化交流共享平台，共同倡导建设和平、安全、开放、合作的信息网络空间，构建网络空间命运共同体，让互联网更好造福两国人民和世界人民。

在气候变化问题上，双方高度评价 2015 年 11 月 30 日至 12 月 13 日举行的《联合国气候变化框架公约》第 21 次缔约方会议达成的《巴黎协定》。确认将开展积极和建设性工作，落实《联合国气候变化框架公约》第 21 次缔约方会议决议，推动《巴黎协定》的生效和实施。

在人权领域，双方持续开展合作，重视公民、政治、经济、社会、文化和发展权利。在促进人权的同时尊重文化和文明多样性，尊重传统价值观和不同发展模式；鼓励协作和建设性对话；反对将国际人权议程政治化和以人权为借口干涉他国内政。

关于多边组织，认为上海合作组织经过15年发展，已成为现代国际关系体系中维护安全、稳定和可持续发展的有效因素。双方确认恪守上合组织的开放性原则，致力于提升上合组织的政治和经济合作潜力，提高上合组织的国际权威。双方还与金砖其他成员国共同努力，本着开放、团结、平等、相互理解、包容、共赢的原则，将金砖国家合作提升至战略协作新水平。通过加强合作解决金融和经济问题，促进稳定发展，消除贫困、不平等和失业问题。

双方主张根据1982年《联合国海洋法公约》等规定，在国际法原则基础上维护海洋法律制度。所有相关争议应由当事方基于友好谈判协商和平解决，反对国际化和进行外部干涉。

双方正在落实中俄2015年5月8日《联合声明》中确定的丝绸之路经济带建设与欧亚经济联盟建设对接合作。主张在开放、透明和考虑彼此利益的基础上建立欧亚全面伙伴关系，包括可能吸纳欧亚经济联盟、上海合作组织和东盟成员国加入。

双方关注朝鲜局势，一方面，希望朝鲜民主主义人民共和国繁荣、成功发展，成为国际事务积极、建设性的参与者，包括和平利用核能和和平开发外空。另一方面，双方坚持实现半岛无核化目标，不接受朝鲜的核导战略。

关于叙利亚，双方支持阿拉伯叙利亚共和国的主权、独立、统一和领土完整，呼吁通过政治外交途径，通过不设前提条件和没有外部干涉的叙内部各派广泛对话，尽早消除恐怖主义威胁，停止叙内部武装冲突等等。

事实证明，新型的中俄全面战略协作伙伴关系，已成为世界和平稳定发展的重要基石。

（载《中国战略观察》，2016 年第 11 期）

美国不必顾虑中俄接近

美国总统大选之后，媒体纷纷预测特朗普的外交政策，其中关于美中、美俄关系的走势，议论尤其热烈。

鉴于2016年适逢《中俄睦邻友好合作条约》签署15周年和中俄战略协作伙伴关系建立20周年，中俄关系显得更加亲密，对此有些美国人士似乎感觉不爽。

其实，自从苏联解体、冷战结束以来，俄美之间也曾有过相当接近的经历，而中国倡导与美国发展友好合作关系更是坚持不懈。

人们记得，20世纪90年代最初几年，俄罗斯首任总统叶利钦曾竭力谋求与美国亲善。当时在一些人眼里，俄罗斯的对美政策甚至要高于对华政策。因为手捧衰颓不堪的俄罗斯，叶利钦指望选择美欧道路来振兴国家，热切希望得到美国和西欧大国的资金和技术援助。

然而，当时美国对俄罗斯颇不放心。一是担心叶利钦能否坐稳江山，政局会不会逆转，因为当时俄罗斯共产党的势力还相当强大。二是总觉得俄罗斯毕竟是由苏联脱胎而来的庞然大物，其核武库之巨大、国家版图之辽阔、自然资源之丰富，傲立全球，担心它一旦强盛起来，会成为又一个苏联。于是，美国对叶利钦的援助可以说是杯水车薪，口惠而实不至。也正是在这样的背景下，美国不断地推动北约东扩。叶利钦失望了。在普里马科夫先后担任外长和政府总理期间，俄罗斯加强了与中国的合作，1996年4月与中国建立了平等互信、面向21世纪的战略协作伙伴关系。

1999年3月美国发动科索沃战争，更使叶利钦对美国绝望。他在内外交困的境遇下，黯然辞去总统职务。普京横空出世。

普京是明白人，他深知要振兴俄罗斯，必须与美国合作。2001年11月他首次出访美国，与布什总统发布两国“新关系”联合声明。称俄罗斯与美国“已经克服了冷战的残余，任何一方都不把另一方视为敌人或威胁的来源”，提出要“建立保障俄美双方安全以及国际安全的新战略框架”。

随后，2002年5月，布什总统对俄罗斯进行正式访问，与普京签署俄美《削减进攻性战略武器条约》和《俄美新战略关系联合宣言》，称两国“走上了21世纪新关系的道路，忠于在友好、合作、共同价值、信任、公开性和可预见性的基础上发展相互关系的原则”。布什还说，他的俄罗斯之行使两国抛弃了冷战时代的互相猜疑，“武器已经不再互相瞄准”，美俄将进入关系友好的新时代。普京也说，美国已不再是俄罗斯的敌人，俄美关系将进入一个新纪元。

以上足以说明，普京一开始对美国是寄予厚望的，双方竟然采取了“新型战略关系”这样的高调。当时中国并没有因俄美之间的接近而心生疑窦，相反是乐见其成的。

2001年发生“9·11”事件后，俄美在反恐方面又有过合作。俄罗斯甚至同意美国在它的传统势力范围——吉尔吉斯斯坦和乌兹别克斯坦设立空军基地。

然而，此后美国的一系列举措激怒普京，引起反抗，两国关系日趋恶化。那就是北约进一步向原苏联版图推进，还先后在中亚等地策划“颜色革命”，接着又在东欧某些国家部署反导系统，还不时在中东挑战俄罗斯的既得利益等等。而2014年年初在乌克兰策动的基辅广场骚乱，事与愿违，导致民族历史渊怨复燃，给普京提供了拿回克里米亚的机会，乌克兰被肢解，其严重后果会蔓延久远。

在美俄关系日趋复杂化的过程中，中俄关系的确从多方面得到了新的发展。

中俄两国发展睦邻友好合作关系，是出于各自的利益需要，并非针对第三国，这是问题的本质。不过，话要说回来，倘若某个第三国对俄罗斯和中国图谋不轨，那么，毋庸讳言，中俄战略协作伙伴关系客观上存在防范与应对第三国威胁的作用。

中国在与俄罗斯发展关系的同时，真心实意地一再提出要在不冲突、不对抗、相互尊重、合作共赢基础上与美国建立新型国家关系。这已为举世熟知。

所以说，美国用不着顾虑中俄接近，这与俄罗斯不必担心中国与美国构建新型大国关系同一个道理。

值此美国领导人换届之际，普京与特朗普不乏相互赞美之词，并且普京率先作出了友好姿态。特朗普为本国着想，对俄关系势必有所调整，问题在于进度和限度。其前景正给人以某种期待。

当今美中俄三家的关系，对世界局势的影响是举足轻重的。三方应该也可能形成一种最佳结合状态，那就是本着合作共赢的原则，相互尊重，彼此借重，推进世界经济良性循环，合力应对各种自然灾害，携手打击公敌恐怖主义，建立和维护公正合理的国际秩序，从而既有利于自身，又有利于世界的和平、稳定与发展。

（载《中美聚焦网》，2016 年 12 月 7 日）

特朗普外交面临的制约因素

国际形势不断变化，世界格局也在调整。特朗普上台后，其奇特心态与颠覆性举措颇为令世人惊异。他试图力促美国振兴以维护世界霸业，但由于各种客观因素的制约，他不可能与世界大格局逆行。这里着重谈三个问题。

一、特朗普外交受制于一些宏观因素

特朗普就任总统以来，其外交走势的“不确定性”成为媒体议论最多的话题。英国《观察家报》2017 年 1 月 1 日题为《展望 2017》文章具有代表性，文章称：“不确定性是 2017 年的标签……最大的、新的促成因素就是唐纳德·特朗普。”这样的评估曾较为流行。

其实，对于任何一位美国总统来说，由时代特征和美国自身利益需要所规范的确定性只能会更多。这也就形成了对特朗普外交的制约。举其大者：

其一，外交服务于内政，特朗普外交围绕“让美国再度强大”这个总方针展开是确定不疑的。几个月来，特朗普总统或顺利，或受挫，已在竭力付诸实施。其基本原则是国家经济利益优先，而不过于看重意识形态。为此，他不惜得罪盟友，触犯群体。他一方面依然强调美日联盟的重要性，另一方面又断然废除跨太平洋伙伴关系协定（TPP），并没有迎合日本右翼势力竭力借助 TPP 反华的图谋。“禁穆令”遭遇内外强烈抵制，他并未善罢甘休，而是变相加以推行。

其二，“和平与发展”这一时代主旋律，是违背不了的。尽管当今世界矛盾交错、动荡多变，但是，和平是人心所向，发展是大势所趋，合作是最佳选择，共赢是理应结果，这个生命力极强的主流动向是任何人也不能罔顾的。人类继2008年遭遇全球金融危机冲击之后，如今又在经受恐怖主义的严重威胁。面对共同的大敌，美国不能不借助外部力量，与整个国际社会协作，对恐怖主义合力共讨之。

其三，世界多极化的内涵时有调整，但基本格局不会改变。美国仍为当今世界唯一超级大国，但复杂的国际事务已不能由自身被难题困扰的美国包揽。中国和平发展的成就巨大，影响日增，但也并非有人妄言的即将取美国地位而代之。英国脱欧对欧盟固然是沉重打击，但欧盟的重要性仍不容低估。版图为世界之最、资源极其丰富、拥有庞大核武库的俄罗斯，正在重新崛起。此外，日本、印度、巴西等国以及亚非拉各类多边组织的作用，都不可忽视。特朗普的外交只能在适应世界多极化的框架内运作。

其四，经济全球化经受挫折，但绝对不会休止。经济全球化一旦与本国利益发生矛盾，难免出现反弹，由此贸易保护主义势必抬头。但从长远看问题，经济发达国家的资本、技术和市场与经济欠发达国家的人力以及自然资源的结合，仍是不可逆转的常态。当今以“一带一路”为引擎的“合作共赢”理念，感召力日增，便是明证。2016年3月安理会第2274号决议首次纳入“一带一路”倡议内容之后，联合国193个会员国一致赞同“一带一路”倡议载入了联大决议。

其五，美俄之间的结构性矛盾深厚，难以根本排解。美俄关系的磨合过程相当复杂。美国在北约一些成员国同意增担军费的条件下，仍要强化被称作美欧关系“核心”的北约联盟，其矛头依然主要是针对俄罗斯。上任不几天的美国总统国家安全事务助理弗林因涉嫌与俄关系而辞职，引起轩然大波，美国反派势力仍在调查特朗普团队与俄罗斯的秘密交往。至于有人扬言未来会出现一个对抗北京的莫斯科—华盛顿轴心，更无异于天方夜谭。关于美俄关系，本文第二节还要详细讨论。

其六，美中之间难免发生摩擦，但相互尊重、合作共赢的原则不容动摇。中美建交以来取得的合作成果有目共睹。中美建交的 30 多年，恰恰与中国实行改革开放的岁月同步。两国在平行的轨道上发展，并没有相撞，更没有落入“修昔底德陷阱”。正如习近平主席所说，中美格斗，只会两败俱伤。令人欣慰的是，2017 年 2 月 10 日特朗普总统与习近平主席进行了友好通话，4 月 6—7 日习近平主席又应邀访美与特朗普总统举行富有成果的会谈。可见，什么“中美必有一战”，什么“准备打第三次世界大战”，已不是一般意义上的冷战思维，而是热战思维、好战思维。这既不符合美中两国人民的根本利益，也不符合世界发展大局。

二、处理美俄关系特朗普不能任性欲为

特朗普竞选总统过程中和当选总统之后，与俄罗斯总统普京相互以高调美言，都表示了改善关系的意愿。实际情况却是，说得多做得少，雷声大雨点小，显示了两国关系改善的艰巨性与局限性。

特朗普上台两个多月来，在人们关注的美俄关系有可能改善的领域，进展并不顺利。

其一，在叙利亚和各地反恐方面协调合作，这是美俄双方最感迫切、最有可能进行合作的方面，结果却反复无常。特朗普上台后，双方在叙利亚问题上表面合作、暗地较劲。尤其严重的

是，2017 年 4 月 6 日晚，由特朗普总统发布命令，美国航行在地中海东部的美国驱逐舰向叙利亚空军基地发射 59 枚“战斧”巡航导弹。据称这是为了报复叙利亚政府本周向平民实施的化学武器袭击。美国国务卿蒂勒森指责俄罗斯未落实 2013 年达成的销毁叙利亚化学武器的协议。这是美国首次对叙利亚政府军发动攻击。叙利亚谴责美国可耻入侵。俄罗斯认为是美国捏造借口对主权国家发动侵略。普京总统强调美国的做法违反了国际法，并严重损害了美俄关系。俄总理梅德韦杰夫甚至说俄美关系被推至战争边缘，这次空袭“完全摧毁了”俄美两国关系。2017 年 4 月 7 日法国《费加罗报》网站文章称，就在一周前，白宫还表示承认叙利亚的政治现实，不再认为推翻巴沙尔是美国外交政策目标之一，随后又改口了。

其二，美国解除对俄经济制裁，这是俄罗斯急切追求的，但依然无着落。特朗普上台后明确表示，他将把对俄制裁维持“一段时间”，并称一旦普京证明自己可以成为盟友，他将考虑解除这些对俄制裁。可见，美解除对俄制裁将颇费周折。

其三，是否恢复原先北约-俄罗斯理事会关系，这取决于上述两个方面的进展情况。俄罗斯曾表示希望特朗普通过说服北约减缓扩张步伐或是从俄边界附近撤军，来提升彼此之间的信任氛围。事实远非如此。北约华沙峰会决定加大北约在中东欧地区的存在，在波兰、立陶宛、爱沙尼亚和拉脱维亚共部署四个营的部队，由美国、德国、英国和加拿大分别承担领导责任。驻军计划将于 2017 年开始实施。

美国在东欧部署反导系统，也属于北约东扩的范畴。双方就部署反导系统问题进一步谈判，为时尚早。

其四，是否恢复 2009 年中断的削减和限制进攻性战略武器谈判，这也只有在合作反恐与取消对俄经济制裁理顺的前提下，才轮到这一步。

2016年12月13日美国有线电视新闻网网站的文章称，“特朗普已经改变了美国对中国和俄罗斯这两个对美国实力构成最大挑战的国家的外交政策”。基于此，不少媒体渲染特朗普要“联俄抗中”。现在情况越来越清楚，这种看法是站不住脚的。当今中美俄大三角关系具有特殊重要性，其中美中、美俄、中俄三个双边关系保持平衡而不是失衡，才是唯一正确的选项。

三、“合作共赢”方能推进中美关系发展

习近平主席2017年3月19日在会见美国国务卿蒂勒森时说，中美共同利益远大于分歧，合作是双方唯一正确选择。要从长远和战略角度看待中美关系，拓展合作领域，实现互利共赢。蒂勒森表示，美方愿本着不冲突不对抗、相互尊重、合作共赢的精神发展对华关系，不断增进美中相互了解，加强美中协调合作，共同应对国际社会面临的挑战。

合作共赢成为彼此共识，这是中美关系面临重要机遇的一个信号。合作共赢这个崭新理念，在习近平主席2017年4月上旬访美与特朗普总统会晤时从不同角度得到了进一步体现。

中美自从1979年建交以来，两国关系虽历经曲折但仍基本上保持良性发展，应该说这得益于合作共赢理念的特殊作用。

其一，合作共赢理念符合各自的国家利益需求。基于国家利益，中国要实现中华民族伟大复兴的中国梦，如今特朗普总统提出“让美国再度强大”不妨称作美国梦。中国梦与美国梦唯有相向而行，方能得以实现。怎样才能做到相向而行呢？那就是在不冲突不对抗、相互尊重的前提下合作共赢。因此，合作共赢堪称中美之“梦”对接的纽带。

不冲突不对抗，相互尊重，合作共赢，是从国家利益层面而不是从意识形态角度提出的。有人说，美中社会制度不同，压根

儿就难以做到相互尊重。这种片面性看法是把国家关系纯粹意识形态化了。相互尊重的主要内涵是尊重对方的国家主权和核心利益，尊重对方人民的意愿和道路选择，尊重对方的历史文化传统，这些是双方应该也完全能够做到的。

其二，合作共赢理念基于包容互鉴精神。从某种意义上说，鉴于国情差异，国家利益的确带有一定的排他性，因此彼此难免产生分歧。针对这种情况，中国曾先后提出求同存异和管控分歧的主张，意在不让分歧影响正常国家关系的发展。从中共十八大以来，中国进一步提出了包容互鉴的主张。也就是说，对于"异"，不仅要"存"，要包容，而且还可以从差异中寻找有利于自身发展的借鉴价值。

其三，合作共赢理念有望推动中美新型大国关系的形成和发展。中国领导人倡议构建中美新型大国关系，已历五年之久。中方之所以如此执着，无非是为了优化两国关系以造福两国人民，促进世界和平与发展以造福人类。中美关系的现状表明，构建新型大国关系业已具备一定的有利条件，那就是习近平主席曾经归纳的政治意愿、经验积累、机制保障、民意基础和合作空间。

其四，合作共赢理念符合当今时代的特征。中国领导人早在20世纪80年代就对二战后的时代特征做出判断，认为和平与发展是人类共同面临的两大问题。每个国家的国情可以不一样，但对于和平与发展的追求则是相同或相似的。例如中美之间，当今在反对国际恐怖主义和防止核扩散等方面的密切协作，表明了彼此在维护和平方面存在着共同需要；为克服全球金融危机所做的协同努力以及多年来双方在经济领域深层次的紧密合作，表明彼此在促进发展方面的一致诉求。

其五，坚持合作共赢理念将造福全人类。李克强总理在2017年3月结束的全国人民代表大会上所做政府工作报告指出："面对世界政治经济格局的深刻变化，中国将始终站在和平稳定一边，站在公道正义一边，做世界和平的建设者、全球发展的贡献者、国际秩序的维护者。”“我们愿与国际社会一道，致力构建以合作共赢为核心的新型国际关系，为打造人类命运共同体作出新的贡献。”在这些重要国际领域，中国与美国尤其存在着广阔的合作空间。这也是全人类的殷切期待所在。

综上所述，合作共赢理念是富有生命力的，因为它拥有科学含量，亦即合理性；它拥有可操作含量，亦即务实性；它拥有道德含量，亦即公正性。

（载《国际网》，2017年4月12日）

中俄关系深化发展又一年

稳定发展、平衡发展、持续发展、深化发展，这是中俄之间建立全面战略协作伙伴关系以来的总趋势。2017 年的两国关系又取得新进展，体现在理念和举措两大方面。中俄关系之所以能够不断地深化发展，基于政治上互信，经济上互补、文化上互通、军事上互动和外交上互商的全面优势。

一、两国元首五次会晤主导深化发展

习近平主席就任党和国家最高领导职务之后，至 2017 年 5 月与普京总统会晤 20 次，互致信函 50 余次。2017 年两国元首会晤五次，继续指引中俄全面战略协作伙伴关系走向更高水平，推进两国各领域的合作持续地深化发展。

第一次，2017 年 5 月 14 日在北京，普京总统来华出席“一带一路”国际合作高峰论坛。第二次，2017 年 6 月 8 日在哈萨克斯坦首都阿斯塔纳，出席上海合作组织峰会。第三次，2017 年 7 月 3 日在莫斯科，习近平主席出访俄罗斯。第四次，2017 年 9 月 3 日在厦门，出席金砖国家领导人第九次会晤和新兴市场国家与发展中国家对话会。第五次，2017 年 11 月 10 日在越南岘港，出席亚太经合组织领导人非正式会议。纵观这五次会晤，展示深刻的理念，围绕一系列重大问题达成共识，发出促进两国关系深化发展的践行指示。

其一，关于两国关系地位的评价。1. 中俄两国是好邻居、好朋友、好伙伴，中俄加强元首外交对发展双边关系具有重要引领和推动作用。中俄建立和发展的全面战略协作伙伴关系树立了相互尊重、公平正义、合作共赢的新型国际关系的典范。2. 2017 年以来中俄全面战略协作伙伴关系保持高水平发展，各领域合作取得一批新成果。两国高层交往频繁，政府部门及立法机构交流密切，双边贸易增长迅速、结构有所改善。3. 面对复杂多变的国际形势，中俄两国发挥了大国担当，致力于推动有关热点问题政治解决进程，对维护地区及世界和平稳定发挥了重要的压舱石作用。4. 中俄相互坚定支持走符合本国国情的发展道路，坚定支持对方在维护国家主权、安全、发展利益方面的政策举措。双方在重大国际和地区问题上加大政策沟通和行动协调，共同化解风险和挑战，共同促进世界和平、稳定、繁荣。5. 无论国际风云如何变化，都要全力把两国关系发展好、维护好。

其二，关于两国合作下一步安排。1. 2017 年是中俄友好、和平与发展委员会成立 20 周年和俄中友协成立 60 周年，双方制定丰富多彩的活动计划并积极落实，增进了两国人民相互了解和友谊，巩固了中俄全面战略协作伙伴关系的社会和民意基础。2. 要发挥双边合作机制作用，落实能源、航空航天、核电等重点领域合作项目，要密切人文和地方交流，增进两国人民相互了解和友谊。要加强两军交流合作，密切在国际多边场合协调和配合。3. 要加大在涉及彼此核心利益问题上的相互支持，积极推进“一带一路”建设同欧亚经济联盟对接合作，加紧开展互联互通等方面项目对接，促进两国毗邻地区共同发展。

其三，关于多边组织的作用。1. 两国要加强沟通和协调，坚定遵循“上海精神”，巩固成员国团结协作，维护地区安全稳定，加大务实合作力度，不断提升上海合作组织在国际和地区事务中的影响力，更多发挥上海合作组织在阿富汗国内和平与和解进程中的作用。2. 中俄要携手为上海合作组织自身发展以及助力“一带一路”建设同欧亚经济联盟对接创造良好条件。要同有关各方共同努力，增进上海合作组织成员团结协作，推动本组织在国际事务中发挥更大影响。3. 在当前形势下做强金砖合作，在国际事务中发挥更大作用，符合金砖国家共同利益，也是国际社会特别是新兴市场国家和发展中国家的期待。要巩固团结合作，全力推动金砖合作走深走实，开启金砖合作第二个“金色十年”。

其四，关于国际热点问题。1. 两国要加强相互支持，密切在重大国际和地区问题上的协作。2. 双方要保持战略协作，劝和促谈，妥善应对朝鲜半岛形势，推动各方通过对话谈判，妥善解决朝鲜半岛核问题。“萨德”问题关系地区战略平衡，中俄双方反对在韩国部署“萨德”反导系统的立场是一致的。双方一致同意坚持朝鲜半岛无核化目标，并密切沟通协调，妥善应对朝鲜再次进行核试验这一最新形势。3. 要共同促进世界经济持续稳定增长，推动国际和地区热点问题和平解决，完善全球治理体系，为世界和平稳定注入更多正能量。

从以上会晤可以看出新理念。例如强调无论国际风云如何变化，我们都要全力把两国关系发展好、维护好。再如彼此都认为中共十九大对于中俄关系也迎来新的发展机遇。如今很多俄罗斯专家学者开始关注和研究中国的发展模式，成立了专家智库团队，向媒体、公众和政府介绍中国模式值得借鉴的优点，以期通过学习中国模式来实现俄罗斯的伟大复兴梦想，实现“中国梦”与“俄罗斯梦”的完美结合。

两国总理 2017 年 11 月 1 日联合公报，也对两国关系发展做出综合性评价。认为当前中俄全面战略协作伙伴关系持续快速稳定发展，处于历史最好时期，呈现更加积极的态势。高度的政治互信和密切的战略协作是两国关系高水平的重要标志。成熟稳定的中俄关系不仅是实现两国各自安全和发展的保障，也是维护世界和平稳定的重要积极因素和建设性力量。

以上情况说明，中俄关系健康发展，朝气蓬勃，令人鼓舞。

二、两国关系深化发展的新举措

2017 年中俄关系深化发展，表现在多领域。

经济科技领域深化合作。两国总理 2017 年 11 月 1 日联合公报指出，2017 年以来，双边贸易回升势头强劲，相互投资稳步增长，能源、航空、航天、农业、基础设施建设等领域的战略性大项目合作取得积极进展。

2017 年双边合作的特点，一是经贸合作正加快实现从规模速度型向质量效益型的转变；二是深化新领域的合作，如能源、航空、军工技术等；三是双方关注区域合作，中国致力于振兴东北、发展新疆等边疆地区，俄罗斯重视远东地区的发展。

能源合作。2017 年前 7 个月，俄罗斯对中国石油供应额增长 38.5%。2017 年 7 月 4 日，在习近平主席访俄期间，中国石油天然气集团公司与俄罗斯天然气工业股份公司签订了《中俄东线购销合同的补充协议》，规定俄罗斯将从 2019 年 12 月开始通过“西伯利亚力量”天然气管道向中国供应天然气。这项合作对于中国改善能源结构、逐渐减轻大气污染特别是雾霾具有重要意义，同时，对于俄罗斯扩大向亚太地区的天然气供应，促进俄能源出口格局更趋平衡也是意义深远。

中俄东线天然气管道工程起点位于黑龙江省黑河市的中俄边境，途经黑龙江、吉林、内蒙古、辽宁、河北、天津、山东、江苏、上海等九个省区市，终点为上海市，全长 3,371 公里，是我国目前口径最大、压力最高的长距离天然气输送管道。这一工程对带动我国钢铁冶炼、制管、装备制造等基础工业的发展将产生积极推动作用，也将有力推动国内气田、管道、储气库、天然气利用项目等上中下游产业链协同发展。中国石油天然气集团公司2017 年 12 月 13 日宣布，随着中俄东线黑河—长岭段 11 个点段同时打火开焊，中俄东线天然气管道工程全面加速建设。2015 年 6 月开工建设，预计 2020 年年底全线贯通。建成投产后，每年将从俄罗斯引进 380 亿立方米天然气。

据悉，该工程是我国首条采用 1,422 毫米超大口径、X80 高钢级管材、12 兆帕高压力等级的世界上单管输量最大的跨境长输天然气管道工程。同时，这项工程也是中国石油“智能管道”建设的试点工程，借助“移动端+云计算+大数据”和互联网+机组的“智能工地”建设，整合数据信息，搭建从监理到承包商、再到业主共享的全生命周期信息系统的智能综合应用平台，实现信息协同和流程协同。这对提升我国清洁能源供应量，优化能源结构，实现节能减排，改善大气环境等，都将产生积极而深远的影响。

航天合作。2017 年 11 月 1 日中俄总理第二十二次定期会晤期间签署了《中华人民共和国国家航天局与俄罗斯联邦国家航天集团公司 2018—2022 年航天合作大纲》。双方对中俄航天领域的合作现状表示满意，强调要高效执行上述合作大纲，巩固与加强在运载火箭及发动机、月球与深空探测、对地观测、航天电子元器件、卫星导航、通信卫星系统、金砖国家航天合作等领域的长期互利合作。

高铁合作。上述中俄总理会晤确认，当前中俄两国合作提质升级、稳中向好、内生动力增强的势头正在不断巩固和发展。期间签署的航天合作大纲中，提出加强两国在高铁技术、装备、投资、融资的全方位合作，推动莫斯科至喀山高铁项目尽早启动。此外，中车长春轨道客车股份有限公司已与俄罗斯快速干线股份公司等单位共同成立高铁技术联合研发中心，旨在开展高铁列车耐高寒、节能等技术研究工作。

金融合作。据2017年11月2日报道，一个资本金将增加一倍达到20亿美元的中俄联合投资基金，将投资于“数十项协议”，这表明北京与莫斯科之间的金融关系正日益加深。

普京总统2017年12月14日还表示，2018年3月俄罗斯总统选举结果不会影响与中国发展关系。中俄双边贸易额很高，中国希望使用北方海路，俄方将给予支持。

人文领域深化合作。2017年是“中俄媒体交流年”收官之年，两国新闻媒体通过举办论坛、交流互访、联合采访等形式，挖掘创新合作潜力，拓展交流合作渠道，深化战略合作内涵，为推动中俄关系深入健康发展、促进两国发展战略对接、增进两国人民相互了解和友谊发挥自身独特的作用。

中国和俄罗斯彼此成为对方民众心目中最友好的国家之一。中俄人员往来每年超过300万人次，互派留学和交流人员每年超过8万人次，这个数字还将不断上升。人们的共识是，中俄关系为国际社会提供了文明交流超越文明隔阂、文明互鉴超越文明冲突、文明共存超越文明优越的最好范例。

两国总理2017年11月1日联合公报中还强调重视青年领域的交流与合作，认为应继续拓展两国青年交流的规模和领域，深化在青年创新创业领域的合作，让更多青年成为中俄睦邻友好的使者和创新伙伴。

军事领域深化合作。联合军演规格提高，方式多样。2017年9月举行的中俄“海上联合-2017”演习，中国海军舰艇编队于当地时间9月21日抵达俄罗斯加里宁格勒波罗的斯克军港，这是该系列演习自2012年以来举办的第六次。从三亚到波罗的海，全程约19,000公里。这种大跨度的远洋机动对中国海军的新装备是一次严峻考验，不仅能检验舰艇平台、舰载直升机和指挥信息系统可靠性，也能检验海军官兵的综合素质。

2017年12月11日至16日，中俄两军在北京举行“空天安全-2017”中俄第二次首长司令部联合反导计算机演习。演习目的是双方通过共同演练防空反导作战筹划、指挥、火力协同等内容，应对弹道导弹和巡航导弹对两国领土的突发性和挑衅性打击。此次演习虽然没有实兵参与，依然体现了实战的浓厚色彩，表明中俄双方战略协作能力有了更进一步的提高。

提供核心技术支持是一项新内容。俄罗斯已确认将与中国合作研发宽体飞机所需要的 PD-35 发动机。这款宽体飞机所用的发动机是目前比较先进发动机类型，航程能达到 1.2 万公里。如果这款宽体飞机能够搭载上新型发动机系统，再加上其所采取的气动设计，以及机身采用的复合材料等，能够直接降低飞机的运营成本。在此过程中还能够学习到的发动机研发核心技术，能够在未来的科技研发中起到重要的技术支持作用。目前，中俄军贸额所占双边贸易额比例并不高，仅占约 5%的份额。但俄军事技术合作在新时期发挥了重要的政治作用，因为它是中俄两国深化战略协作伙伴关系的重要纽带。

三、两国关系深化发展的宝贵经验

中国与世界各国建有各种合作机制，但做到元首、政府、议会、军队、执政党、中共中央办公厅和俄总统办公厅、地方、人民团体等合作机制全覆盖的，只有俄罗斯一家。中俄关系不断深化发展，积累了丰富的经验。

一是不断创新。“创新发展”理念已经体现于中俄关系之中。中俄出于各自的需要，基于战略互信，彼此都在精心维护和深化发展全面战略协作伙伴关系，并在此过程中有意识地设法创新。这里不妨简要回顾一下创新的历程。

第一次创新：构建战略协作伙伴关系。1996 年 4 月，俄罗斯总统访华，两国领导人一致同意发展“平等信任的、面向 21

世纪的战略协作伙伴关系”，建立两国领导人定期会晤机制，并在北京和莫斯科之间设置保密电话通讯线路。与之相适应，作为战略协作伙伴关系的一种多边组织形式，同年1996年成立“上海五国”组织并于2001年扩充为上海合作组织。2014年5月20日中俄两国元首在上海签署联合声明，又把两国关系提升为全面战略协作伙伴关系。

第二次创新：签订睦邻友好合作条约。2001年7月16日签署《中俄睦邻友好合作条约》，将两国间关系所达到的水平与各领域的合作共识以法律的形式确定下来。这个以“世代友好、永不为敌”为核心的条约，是中俄关系史上乃至整个国际关系史上的辉煌篇章。与之相适应，妥善解决了边界问题。2004年10月，签署中俄国界东段补充协定，标志着经过双方40多年的不懈努力，边界线走向全部确定。两国间4,300多公里的共同边界，从此将成为两国人民和平、友好、合作、发展的纽带。

第三次创新：举办多种形式友好年。2006年在中国举办“俄罗斯年”；2007年在俄罗斯举办“中国年”；2009年在俄罗斯举办“汉语年”；2010年在中国举办“俄语年”；2012年和2013年互办“旅游年”；2014年和2015年互办中俄青年友好交流年；2016年和2017年互办“媒体交流年”。通过这些生动活泼、激励人心的创新活动，增进了两国人民尤其是青年的相互了解和信任，为发挥中俄全面战略协作伙伴关系的潜力注入强劲的动力。

第四次创新：推行“一带一路”与欧亚经济联盟对接，从多角度、深层次共建人类命运共同体。

二是不断排除干扰。双方都注意尊重各自的历史传统、价值观念和道路选择，不让意识形态因素影响国家关系的正常发展。对待国家利益差异——协调之，对待意识形态差异——超越之。中共十八大提出的平等互信、包容互鉴和合作共赢，十九大提出的“一带一路”共商、共建、共享等广为人知的重要原则，实际上也成为中俄双方的共识。

三是不断维护和弘扬新型大国关系特色。这是中俄两国领导人历久精心锻造的，其内涵是：不结盟，而能真正成为全面战略协作伙伴；彼此关系密切，而不存在谁对谁的依附性；维护自身的利益与尊严，同时尊重对方的利益与尊严，而不怀损害甚至颠覆对方之心；根据是非曲直处理国际事务，而不搞双重标准；利益上的分歧不导致对抗，而能通过平等协商加以解决。

与其他大国关系一样，中俄关系中既有共性问题，也有个性问题。中俄的优势和特长在于能做到尊重个性，弘扬共性，尽量将个性融入共性之中。值得庆幸的是，中俄双方领导人总是高瞻远瞩，顾全大局，不断采取措施，增强互信，及时防止和避免种种消极因素对两国友好合作关系的干扰。正因为如此，中俄关系得以在坚实基础上奠定关系，在互补基础上增强合作，在共识基础上应对世界，在互信基础上排除干扰，在成就基础上持续跨越。

（载中国国际问题研究基金会丛书《国际问题研究报告》，2017/2018）

美俄关系缘何戏剧性变化？

最近一段时间，曾高调唱好的美俄之间较量不已，紧张对立颇有愈演愈烈之势。例如：

2017 年 7 月 26 日，美国众议院通过了关于对俄罗斯和伊朗等国实施制裁的法案，这将是 2014 年以来规模最大且最全面的制裁。在新的反俄提案中，旨在对俄罗斯的管道项目投资采取制裁，阻碍俄罗斯天然气工业公司的管道项目建设。俄外交部在其官网发布的声明说，美方自认为拥有特殊地位，傲慢地无视他国立场和权益，用臆造的“俄干涉美内部事务”等借口，执意采取反俄行动，并以讹诈手法企图限制他国与俄进行商业合作。俄罗斯将减少对美元和美国货币金融体系的依赖，以回应美国对俄罗斯实施的新制裁。8 月 3 日，俄总理梅德韦杰夫就此法案发表评论称，美挑起了全面的贸易战，改善与新一届美国政府关系的希望破灭了。

7 月 28 日，“鉴于华盛顿对俄罗斯的不友好政策”，普京总统宣布 755 名美国外交官必须离开俄罗斯。此后美国驻俄外交人员的总人数降到了 455 人左右，与俄罗斯驻美国的外交人员数量基本相当。另，自今年 8 月 1 日起，禁止美使馆使用其位于莫斯科西部“银松林”的度假屋及其位于莫斯科南部“旅行大街”的多所库房。同时俄方保留对美采取其他措施的权利。

8 月 31 日，特朗普政府命令俄罗斯驻旧金山领事馆必须在 9 月 2 日之前予以关闭。此外，美方还要求俄方关闭华盛顿大使馆以及纽约总领馆的两处附属建筑。

9 月 13 日，美国国土安全部发布强制行动指令，禁止联邦机构使用卡巴斯基的软件产品。理由是怀疑该公司参与间谍活动。俄驻美大使馆 14 日对美国政府的决定表示遗憾，认为此举背离两国共同的目标，延缓了改善俄美关系的前景。

9 月 14 日，俄罗斯与白俄罗斯“西部-2017”联合军演揭幕，将持续至 20 日。演习场地从俄罗斯科拉半岛开始，一直到白俄罗斯，主题是训练武装部队，以保障俄白联盟国家军事安全。俄罗斯方面一再表示，这场军演“纯属防御性质”，但北约方面宣称为“战争准备”。德国国防部长冯德莱恩说，军演意在“战略恐吓”。

曾几何时，特朗普与普京相互热烈示好，如今却又反目成仇。美俄关系如此反复无常，戏剧性变化，看来需要澄清几个问题。

第一个问题：特朗普与普京何以一度亲密相待?

应该说，当初他们彼此赞赏，表示亲近，确实发自内心，并非虚情假意。

从各自国情来说，苏联解体后的俄罗斯创伤累累，普京振兴国家的宏图比他预想的进展缓慢。在他看来，作风务实、重商主义的特朗普上台，对于改善俄罗斯外部环境不失为一个良机。而进入 21 世纪以来的美国连连受挫——经受“9・11”事件、为伊拉克战争付出沉重代价、2008 年的金融危机冲击更是导致国力下降。在特朗普心目中，这一切并非俄罗斯因素所致，于是试图一反前任做法，试图致力于与俄罗斯修好。

从国际环境来说，美俄面临诸多共同性的麻烦，例如经济全球化的负面影响、国际恐怖主义的挑衅、核扩散的威胁、气候变暖等自然环境恶化等等。美俄双方从自身国家利益出发，都需要不同程度地在这些方面协同采取应对措施。

总之，特朗普提出要让美国再度强大，普京竭力让俄罗斯提升为世界一流大国，都不可能在双方对抗中实现。这也许是他们的一种共识。

第二个问题：美俄之间为何不断出现冲突?

应该说，其纠结源于民族利益、大国地位和世界影响三大因素。

当初特朗普与普京热烈示好的时候，外界（包括美国和俄罗斯境内）怀疑其可靠性与持久性的就大有人在。因为常识说明，美俄之间存在着深厚的结构性矛盾。

从国内层面来看，特朗普亲近俄罗斯的主张缺乏社会根基，因而往往遇到强大的阻力。清查“通俄门”，至今仍是悬挂在特朗普头上的达摩克利斯之剑。普京则截然不同，他无论是积极谋求与美国改善关系或者坚决抵制美国的压力，在国内都能得到广泛的认同。

从双边关系层面来看，俄罗斯不得不承认美国的超级大国地位与世界影响，例如为了处理阿富汗难题甚至在中亚曾对美国做出史无前例的让步，但绝对容不得美国对其颐指气使。而美国则不愿意看到拥有庞大核武库和丰富资源的俄罗斯昂然崛起，成为实力足以与之抗衡的又一个苏联。

从地区层面来看，乌克兰危机（俄罗斯得益多且逐渐化被动为主动）引发的俄美矛盾旧账未了，如今在中东等其他问题上（美国野心大却往往举措拙劣处境被动）引发的新账又来了。

从全球层面来看，美国虽然霸主地位和世界影响力有所下降，但联合西方伙伴制约俄罗斯的能量和办法一定程度上还是具备的。

面对上述境况，特朗普和普京心境之微妙复杂，是可想而知的。

第三个问题：美俄关系中缺少什么黏合剂?

看来，缺乏的一是诚意，二是互信，三是远见。唯有诚意，方能互信，而诚信来源于远见卓识。

进入21世纪之初，美俄领导人早就联合表示要建立“新型战略关系”，声称彼此“任何一方都不把另一方视为敌人或威胁的来源”，美俄将进入“关系友好的新时代”。但豪言壮语始终未能兑现，没有做到、也很难做到像中俄之间那样言行一致、言而有信。

“和则两利，斗则两伤”，这个原则在当今国际关系中具有普遍意义。美俄之间也不例外。美俄关系不妨借鉴中俄关系中的优点，最起码的是在维护自身国家利益与尊严的同时，也要尊重对方的利益和尊严；国家间的矛盾分歧在所难免，但可以通过平等协商加以合理解决；此外，处理国际事务要根据是非曲直，而不搞双重标准。美国领导人并非不懂这个道理，但为了挽回颓势维护霸主地位，总是过高估计自己的能量，往往不惜孤注一掷，铤而走险。

第四个问题：美俄关系究竟会向何处去？

回顾冷战结束以来的20多年，俄美既在较量中合作，又在合作中较量。目前较量占据上风。至于对俄罗斯的经济制裁，虽说给俄方造成了不小的困难，但并未伤筋动骨，更没有动摇普京保持高达80%以上的社会支持率。况且，制裁是一把“双刃剑”，制裁方也未必无损。中国有一个成语，叫做“痛定思痛”。美俄双方折腾到了彼此难以忍受的地步，也许领导人（尤其是美国方面）不得不痛下决心，改弦更张，缓和关系。不要忘记，二战期间面对危险的共同敌人，美俄曾经并肩作战。

特朗普脑子里原本认为中国的蓬勃发展是对美国霸主地位最大的挑战，上台前后一再把主要矛头对着中国，不时流露借助与俄罗斯修好来遏制中国的意图。结果事与愿违，如今反过来却不得不在某种程度上借助中国去制约俄罗斯。事物发展的逻辑是，特朗普在国内外遇到的困扰越多，对改善中美关系越是有利。

笔者还是那句老话：从根本上说，俄美之间互有战略需要，既彼此借助，又相互排斥，其主次之分将随着条件的变化而变化。借助因素若占上风，则合作协调的趋势明显；排斥因素如起主要作用，则矛盾斗争方面突出。当今在反恐、防止核扩散、削减战略武器、气候变化以及其他全球性问题方面，双方仍存在合作的基础。美俄紧张状况毕竟有时段性，不可能无限度地蔓延下去。当然，美俄关系调整非常之艰难，何日再次转温，不妨拭目以待。

（载《中国战略观察》，2017 年 10—11 期合刊）

俄罗斯总统大选后的中俄关系

俄罗斯总统换届大选在即，人们最为关注的莫过于其结果将对中俄关系产生什么影响。笔者秉持乐观主义的看法。

（一）俄罗斯总统大选后对中俄关系的影响做出判断的依据

一是要看当选人所持治国理政方针对中国的利害；二是要看新当选人如何根据俄罗斯现状的需要处理与中国的关系；三是要看美国因素在中俄关系中的作用。普京当选可以说没有什么悬念，因而上述三点依据完全可以得到正面的回答。俄民调机构全俄舆论研究中心从2018年2月初到3月上旬连续公布的总统候选人支持率排行榜显示，位列榜首的普京支持率始终保持在69%左右。正如美国《华盛顿邮报》网站2018年3月9日文章所说，“年轻人是普京最大的粉丝”。普京2017年12月14日曾表示，2018年3月俄罗斯总统选举结果不会影响与中国发展关系。这里所说“不会影响”，意思是对两国关系的发展不会产生负面影响，两国关系将一如既往地向前推进。不妨补充一句，普京总统连任之后，对于中俄关系正面的积极影响还会更大更多。

（二）此次总统大选之后，俄罗斯将保持几点“不变”

这决定了与中国的友好合作关系将继续深化发展。一是两国都在致力于完成类似的振兴国家的历史使命，两国领导人的治国方略也颇有互通之处。二是两国领导人都能做到尊重各自的历史传统、价值观念和道路选择，不让意识形态因素影响国家关系的正常发展。三是双方都竭力谋求良好的国际环境，却遇到外部势力尤其是美国霸权主义的牵制和干扰，需要加强彼此之间的依托。俄美之间结构性矛盾特别深厚，俄美两国关系在可预见未来难以根本改善，而美国又对中国变换着花样反复无常地施压，这是促使中俄深化战略伙伴关系的最重大外部因素。

（三）中国与俄罗斯携手应对了彼此公认的21世纪开头20年的战略机遇期

这方面的合作理念仍将继续保持下去。21世纪走过来的18年，两国关系始终体现了真诚的富有成效的战略协作，树立了新型大国关系的榜样。中国后来倡导周边关系的“亲、诚、惠、容”方针，力推“一带一路”和力主构建人类命运共同体等重大战略决策，可以说是从中俄关系中得到借鉴。

（四）中俄两国关系深化发展的宝贵经验还会得到弘扬

其中最重要的一条就是不断创新。这里不妨简要回顾一下创新的历程。

第一次创新：构建战略协作伙伴关系。1996年4月，俄罗斯总统访华，两国领导人一致同意发展“平等信任的、面向21世纪的战略协作伙伴关系”，建立两国领导人定期会晤机制，并在北京和莫斯科之间设置保密电话通讯线路。与之相适应，同年1996年成立“上海五国”组织并于2001年扩充为上海合作组织。2014年5月20日中俄两国元首在上海签署联合声明，又把两国关系提升为全面战略协作伙伴关系。

第二次创新：签订睦邻友好合作条约。2001年7月16日签署，将两国间关系所达到的水平与各领域的合作共识以法律的形式确定下来。这个以“世代友好、永不为敌”为核心的条约，是中俄关系史上乃至整个国际关系史上的辉煌篇章。与之相适应，妥善解决了边界问题。2004年10月签署中俄国界东段补充协定，标志着边界线走向全部确定。两国间4,300多公里的共同边界从此成为两国人民和平、友好、合作、发展的纽带。

第三次创新：举办多种形式友好年。2006—2007年为国家年；2009—2010 年为语言年；2012—2013 年为旅游年；2014—2015 年为青年友好交流年；2016—2017 年为媒体交流年；2018—2019 年为地方合作交流年。通过这些生动活泼、激励人心的创新活动，增进了两国人民尤其是青年的相互了解和信任，为发挥中俄全面战略协作伙伴关系的潜力注入强劲的动力。

第四次创新：推行“一带一路”与欧亚经济联盟对接，从多角度、深层次共建人类命运共同体。俄罗斯新总统任期内势必要为在这方面的合作克服障碍，寻求新的突破。

（五）俄罗斯总统大选后，两国关系势必继续全面深化发展

政治上互信作为引擎，绝对不会撼动。2017 年两国元首有过 5 次会晤，今后双方还会一如既往地频繁接触，就双边和多边合作以及重大国际问题交换意见并协调行动。2017 年两国制定的发展经济、科技、能源、航天、交通乃至军事和人文领域等方方面面的合作规划，也会如愿向前推进。

（六）中俄经贸关系相对来说是弱项，双方势必要协同努力加以改善

政治关系与经济关系不平衡，中央积极性与地方积极性不平衡，大型项目合作与小型经贸来往不平衡，这种不尽人意的状况需要从根本上解决。原计划两国贸易额 2015 年目标 1,000 亿美元，2020 年达到 2,000 亿美元，结果由于经济结构调整缓慢、全球金融危机冲击、西方对俄罗斯制裁不断加深等因素影响，致使第一步计划未能如愿实现。不过，中国依然是俄罗斯第一大贸易伙伴。今后的努力方向一是经贸合作加快实现从规模速度型向质量效益型的转变；二是深化新领域的合作，如能源、航空、军工技术等；三是关注区域合作，2018 年开始的“地区合作交流年”就包含这方面的用意。两国总理 2017 年 11 月 1 日联合公报中所做的相关规划，务必也有望实现。

（七）双方会关注并不断弥合彼此之间存在的差异

中俄之间局部性的矛盾和分歧是存在的，这是国家利益差异和某些方面缺乏互信所造成。俄罗斯《独立报》2018 年 2 月 12 日题为《俄中关系需要手动操纵》的署名文章，可能具有一定代表性。那里说，两国关系如今已演变为“俄中全面战略协作伙伴关系”。考虑到两国军方的合作日益密切，甚至涵盖反导等敏感领域，所以某些专家还给上述定义再加上一句定语，即“具有联盟特点的”。接着文章指出，客观分析人士很容易发现，俄中关系其实存在严重的矛盾。中国专家给出的评价是“上热下冷”，这是非常正确的认知：两国领导人的会晤跟交谈取得了丰硕的成果，我们围绕国际问题进行外交立场的对表，就连对手都羡慕不已，军方交流频密且信任度提升；与此同时，我们在贸易和经济领域却乏善可陈。文章列举事例如 2017 年双边贸易额勉强达到 800 亿美元，自由贸易区的打造不断推迟，兴建莫斯科至喀山高铁、研发重型直升机和宽体客机等大型合作项目仍处于讨论阶段等等。得出的结论性看法是：令人感觉目前的停滞并非暂时现象，而是具有体制性特征。“下冷”倘若持续，势必影响“上热”。

再如 2017 年 5 月在俄罗斯贝加尔湖发生一起纠纷。据俄媒体 1 月 2 日报道，贝加尔湖畔伊尔库茨克地区数万民众在网上发起两份请愿，要求政府阻止中国企业在贝加尔湖畔建瓶装水厂。但俄政府方面对水资源出口是采取支持的态度。这说明并不是每个俄罗斯公民都了解国家发展战略，或被一时的疑虑所困扰。与此相关，双方有的媒体说一些怪话，也并不鲜见。这类问题并没有出现在战略层面，影响不了两国合作大局，但也要予以重视。

（八）总之，俄罗斯总统大选后的两国关系仍被看好

不结盟，而能真正成为全面战略协作伙伴；彼此关系密切，而不存在依附性；维护自身的利益与尊严，而不怀损害甚至颠覆

对方之心；根据是非曲直处理国际事务，而不搞双重标准；利益上的分歧不导致对抗，而能通过平等协商加以解决。中俄关系的这些特色将会继续发扬光大。双方领导人对两国关系的评价是可信的：当前中俄全面战略协作伙伴关系持续快速稳定发展，处于历史最好时期，呈现更加积极的态势。高度的政治互信和密切的战略协作是两国关系高水平的重要标志。成熟稳定的中俄关系不仅是实现两国各自安全和发展的保障，也是维护世界和平稳定的重要积极因素和建设性力量。

（载《国际网》，2018 年 3 月 18 日）

从战略上看一看美国对华经贸摩擦

中美建交将近40年了，虽有曲折，但一直在前行。如今两国经济捆绑在一起，说明利益交汇进入深层次，任何轻率举动都只会带来对彼此的伤害。最近特朗普当局一会儿宣称要打贸易战，一会儿又颁发什么“台湾旅游法”，一会儿又在南海所谓自由航行肇事，变换着花样对中国施压。常识告诉人们，打贸易战没有赢家，南海已不是美国任意主宰的地盘，“台湾旅游法”严重违反“一个中国”原则和中美三个联合公报规定，也只会引火烧身。

地产大王、亿万富豪、媒体巨人特朗普当上总统，是扭曲的美国新时代的产物。中国青年出版社两年前翻译出版了《特朗普自传——从商人到参选总统》一书，由特朗普与施瓦茨合著。封面上有这样一句话：“在强大的政治机器面前，他是一个不按规矩出牌的搅局者，是一个蔑视‘政治正确’的发声者。他是‘让美国再次伟大’的美国新当选总统。”这是特朗普其人的真实写照，是他当今在与中国关系中不断“搅局”的本性所在。

目前最引人关注的是双方在经贸方面的谈判。美国财长为首的高级代表团来过，公报称“双方在有些领域达成了一些共识，但在一些问题上还存在较大分歧。双方同意继续就有关问题保持密切沟通。”2018年5月15日刘鹤副总理率团去美国继续谈判。双方尚处在胶着状态。但由于我方采取了有理有利有节的应对，以及包括美国盟友在内的外部世界对美国做法的非议和否定，美国当局做出了某种缓和姿态，因而正呈现峰回路转之势。

特朗普采取的手段引起人们的深思。其一，他口口声声说尊重中国，与习近平主席如何友好，其实对中国是狠心动真格的。这是美国垄断资本集团的利益使然，对此我方要做多回合反复较量的思想准备。其二，相互妥协是唯一出路，关键是各自妥协到什么程度。美方的要价常常是不对等的，我方例如在金融、服务等行业的市场准入方面，要有深思熟虑，只能根据本国国情和外部条件成熟程度加以适当处理。其三，从美国这次突袭中兴的做法更可以看出，习近平总书记反复强调“创新发展”的极端重要性。

当今美国对华政策与美中关系的发展趋势，让人们感受到一幅图景，仿佛贯串在以下一系列中国成语之中：一己私利—大打出手—力不从心—弄巧成拙—损人害己—功亏一篑—痛定思痛—骑虎难下—峰回路转—同舟共济。所以说中美关系终究还是在曲折中继续发展。

这次美国挑起贸易争端，从表面上看是经济方面的举措，实质上是一种战略行为。特朗普竞选总统和上台后的口号是“让美国再次伟大”。他是一个商人，首先看重的是经济。在他心目中，中国成为世界第二大经济体之后的迅速崛起，是对美国本身利益和全球霸主地位的最严峻挑战。他认为当前俄罗斯的经济状况构不成对美国威胁，于是想亲近普京，借此集中火力对付中国。但美国精英集团所代表的传统反苏反俄势力牵制着他，由不得他个人的兴致。一直被“通俄门”困扰的特朗普，不得不也与普京对着干。

这里我们需要比较一下中国与美国发展关系同中国与俄罗斯发展关系有什么异同点。发展中俄关系是我国的战略需要，双方一直在战略高度运筹。发展与美国的关系也是中国的战略需要，所谓“重中之重”意味着中方一直也是将其放在战略合作高度加以运筹。但美国只能说是把我国作为战略对手，其战略目标是改变社会主义中国，做不到，至少要设法阻挠、延缓中华民族伟大复兴的进程，以免对其全球霸权地位构成挑战。中国提出要与美国构建新型大国关系，其实就是要推动美国的对华关系从策略性转向战略性，也就是要放在与俄罗斯同等的关系。“不冲突不对抗，相互尊重，合作共赢”，是起码的准则，美国却不能接受，症结在于认为共赢是中国要与美国分庭抗礼，是要取美国霸主地位而代之。

我们也需要比较一下俄罗斯与中国发展关系同俄罗斯与美国发展关系有什么异同点。从战略层面来看，俄罗斯发展与中国的关系同发展与美国的关系其实是等同的。这可以从普京上台初期的做法得到解释。2001 年 11 月普京访问美国和 2002 年 5 月美国总统布什访问俄罗斯，先后发布了两国“新关系”和“新型战略关系”联合声明。甚至称赞美俄将进入“关系友好的新时代”。从包括意识形态在内的文化层面来看，俄罗斯与美国的结合点未必少于、甚至要多于俄罗斯与中国的结合点。美国精英集团所代表的传统反俄势力，对普京坚持不走欧美道路、对普京采取的重振俄罗斯的治国方略是抵触的，因此对普京不放心、不称心，必欲置之倒地而后快。

中美关系与俄美关系往往是相互交织的，中美关系并不取决于俄美关系，但美国的做法常常影响俄中关系的走势。当今俄中美三家都存在着合作相处的主观需要与客观前提。如果美国当局仍将中俄视为打击对手而不是合作伙伴，那么“两个拳头打人”只会让美国自身的处境更加被动。所以，美国对中俄同时打压，无异于是一种使得中俄关系越来越紧密的催化剂。

（载《国际网》，2018 年 5 月 17 日）

“特普会”意味着什么？

2018 年 7 月 16 日举行的美国总统特朗普与俄罗斯总统普京会晤，在举世瞩目、议论纷纭中落幕。对于这次会晤，欢迎者有之，疑虑者有之，抵触者亦有之。

两个核大国领导人为弥合分歧，走到一起商量全球性问题，试图改善彼此之间的关系，这对于人类来说无疑是一件好事。世人以积极的心态加以关注，方合乎道理。

回顾冷战结束以来，由于各自的利害得失，美俄关系跌跌撞撞，既在合作中较量，又在较量中发展。最近几年，从乌克兰危机到围绕叙利亚巴沙尔政权的争议，美俄之间摩擦加剧，甚至剑拔弩张。

面对这种状况，特朗普总统说：“我们与俄罗斯的关系从来没有如此糟糕过”，“为了建设更光明的未来，我们不能总纠结于过去”。普京总统说：“现在是就各种国际问题和敏感事务展开彻底讨论的时候了。”显然，这样的声音是明智可取的。

此次会晤之前，双方各有所备，却又似乎底气不足。特朗普一方面表示与普京会晤将“不会坏……可能还有好事发生”，另一方面又说他将带着“低预期”参加峰会。俄方则有言在先，其外交部发言人声称，“建议各位别抱太大希望，不要期待任何突破性成果，应该用务实的态度对待这类会晤”。

关于这次元首会晤的基本目标，双方外长预先做了解释。拉夫罗夫外长 2018 年 7 月 14 日表示，期望赫尔辛基会谈能够商定重启被中断的重要问题联络渠道，这将成为两国领导人会晤的理想成果。蓬佩奥国务卿 15 日原则上表示，改善与俄罗斯的关系对各方都有好处。

会晤还是有成果的，有虚有实。所谓“虚”，彰显了合作意向，双方都表示“满意”，认为“坦诚”，有“建设性”。俄罗斯借助成功举办足球世界杯，国际形象大为改善，也增添了“特普会”的某种和谐氛围。

所谓“实”，双方就美俄双边关系、“通俄门”事件、核裁军、朝鲜半岛、叙利亚、以色列、伊朗、克里米亚等重大问题交换了意见。会晤未按惯例发表联合声明，所以被认为没有实质性成果。美俄关系的经验教训一再警示，即使发表联合声明，谈判桌上得到的东西往往也是不算数的。

对于“特普会”的评价，可说是五花八门。

有人说，“特普会”只是“会一会”而已。此说未免过于轻描淡写了。如果事情像特朗普所说的那样，这次会谈“是一个更长过程的开端”；像普京所说的那样，“虽然一次会晤不能解决两国间所有问题，但这是朝着正确方向迈出的第一步”，那么其积极意义和国际价值还是不应抹杀的。

有人说，“特普会”的成果是在压力之下取得的。此话不假，压力有时会转化为动力。特朗普备受“通俄门”的困扰，正如路透社 16 日赫尔辛基电文所云，“对于特朗普来说，此次峰会充满国内政治风险”。然而，特朗普为自己的行为做出的解释却是：“这次美俄领导人会面不是仅仅为了双方国家的利益，而是为了全世界的利益。”

有人说，“特普会”是普京的一场胜利。此说源于强烈的抵触情绪，未免牵强附会。美国国内有人在骂特朗普“叛逆”“敌我不分”“向普京投降”。试问美国的国家利益失去什么了吗？没有。诚然，俄罗斯方面为尽快摆脱被西方制裁的困局，这次会晤之后也许可以得到些微的喘息机会。

有人说，美俄会晤意在联合抗华。就此，美国媒体抛出了“即将到来的美俄联合抗中”的论调。但中国人深知中俄全面战略伙伴关系之真诚与坚实，对这类冷战思维产生的腔调嗤之以鼻。

至于欧盟有人出于对美俄关系改善的担忧，警告特朗普不要背着欧盟与俄罗斯暗中交易，那也就是针对特朗普向欧盟说了一些狠话做出的反应。

总之，这次“特普会”还是意味深长的。从宏观上讲，意味着当今世界处于大变革大调整大发展时期，一切国家尤其是大国之间的争端，唯有通过平等协商加以解决，而不应诉诸武力或以武力相威胁。特朗普提出要让美国再度强大，普京竭力让俄罗斯提升为世界一流大国，双方都意识到不可能在彼此对抗中实现。美俄之间的结构性矛盾深厚，双方还在比耐心和韧劲，两国关系改善的途径依然是漫长曲折的。但最终只能选择在同一个地球村和平共处。这让人想起普京总统 2018 年 5 月 31 日在回答中国中央广播电视总台台长访问时说过的话：“我认为，理智终将获胜……我们会与所有合作伙伴实现关系正常化，包括与美国。”

（载《中美聚焦网》，2018 年 7 月 25 日）

中美关系中的两个“必然”

有事好商量，不打贸易战。这是经过中方有理有利有节艰难斗争之后，2018 年 5 月 19 日中美双边经贸磋商联合声明的主旋律。这项声明充满智慧和建设性，但毕竟只是一个框架。鉴于特朗普是一个“不按规矩出牌的搅局者”，况且他背后有一股势力牵制着他，今后难免还会出现新的变数。

习近平主席的特使刘鹤副总理 5 月 20 日在分析中美经贸磋商获得成效的原因时，谈到两国合作发展的大方向是必然的，但两国在发展过程中产生一些矛盾也是必然的。这里，笔者谈谈“合作发展”与“产生矛盾”两个“必然”的由来及其相互之间的关系。

中美建交的 40 年，也就是中国实行改革开放的 40 年。这期间两国关系的发展是持续不断的，但又是曲折的。“在曲折中发展”，几乎成为中美关系的代号和图解。由合作之绝对必要，带来“发展”，这是主流；由矛盾之客观存在，导致“曲折”，则是支流。后者伴随着前者，也从属于前者。

中美之间合作发展的大方向是由双方各自的国家利益乃至全球的现实需要决定的。习近平主席的口号是“实现中华民族伟大复兴的中国梦”，特朗普总统的口号是“让美国再次伟大”，双方都是要使得自己的国家更加富强。一个在亚洲，一个在美洲，照理说应该并行不悖。关键是彼此如何看待，尤其是美国把中国放在什么位置。

美国在当今世界上的特殊地位及其对国际秩序的巨大影响

力，是历史形成的，对此中国并不否认。当然，现存国际秩序存在许多不合理的地方，中国积极倡导甚至引领国际社会对之进行调整和完善，则是无可非议的。美国由经济、科技、军事等综合实力体现的超级大国身价，是客观存在，对此中国是认同的。当然，根据联合国宪章和国际法基本准则，对于美国政府的种种越轨霸道行为进行抵制和斗争，也是天经地义的。

中国在和平发展的道路上迅速崛起，其成就为世人有目共睹。这样的崛起，并不是以排斥美国为前提条件，相反，恰恰是在谋求与美国真诚合作的过程中形成。中美之间的互补性之强、相互依存性之深，从举世无双高达 6,000 多亿美元的经贸额便可见一斑。至于美国方面出现贸易逆差（常被美国夸大），那是由于包括美国自身原因在内的诸多因素造成，不应把责任都推给中国，从而作为向中方施压的理由。美国《华尔街日报》网站 5 月 20 日发表了一篇题为《不要因对华贸易赤字心烦意乱》的文章，实际上批评美国当局夸大贸易逆差。况且，中国领导人早已说过，如果美国多卖给中国高新科技产品，那么逆差问题也就可以迎刃而解。

中美之间的合作还展现在广阔的世界舞台上。从处理复杂多变的国际关系（如朝鲜半岛无核化问题），到应对伤害人类的自然生态环境（如气候变化与瘟疫流行），中国与美国长期以来一直进行着举世瞩目、较有成效的合作。

中美之间产生矛盾，主要矛盾方面在美国。中国一再强调要与美国建立基于“不冲突不对抗，相互尊重，合作共赢”原则的新型大国关系，亦即类似中俄关系那样高层次的战略协作伙伴关系，美国却总是变换着手法加以回避。根源在于美国战略上不是把中国当作合作伙伴，而是定位为不得不有所选择地合作的竞争对手。

“中国威胁论”在美国颇有市场，原因甚多，除敌视中国者外，也有误解的成分。出于霸主心态，对中国的担忧主要表现在两大方面。一是担心甚至恐惧中国发展模式的外溢效应。这无疑是妨碍彼此政治互信的最重大因素。的确，中国根据自身国情采取的发展模式，在探索中取得了显著的成就和进步，并且备受外界尤其是广大发展中国家的推崇。但中国一贯主张各国人民的道路自主选择，从来没有像“华盛顿共识”那样去标榜什么“北京共识”。我国领导人一再严正声明并且言而有信，不会输出自己的模式。

担心的另一方面是，中国的迅速发展会不会取代美国的全球战略地位。关于这一点，我国领导人倡导“一带一路”乃至构建人类命运共同体的政策宣示，或是中国与美国之间的具体实力差距，都做出了否定的回答。当然，也必须坦然承认，挑战和打击美国的霸权主义和强权政治种种行径，不仅是可能的，而且是应该的。

从中美关系的曲折历程还可以得出一个重要启示，那就是要充分认识和妥善运用国家关系良性互动的规律。

任何国家关系之所以能够获得顺利发展，无不受到一种无形的良性互动规律的支配。这个规律是由起点、过程和结果三部分构成。起点：维护自身的尊严和利益，同时尊重对方的尊严和利益，缺一不可。过程：合作与竞争同在，矛盾与妥协并存；合作要诚信，竞争要守规矩，矛盾要不导致对抗，妥协要适度。结果：互利共赢，而不是哪一家单方面获益。

中美建交以来的曲折历程表明，什么时候美国方面的政策举措符合这个良性互动规律，两国关系就比较顺利地发展，什么时候美国方面在任何一个环节违背此规律，两国关系就出现挫折。

5 月 19 日中美经贸双边磋商联合声明可以说是双赢的一个标志性信号，一定程度上体现了良性互动规律。可是，美国往往言而无信，节外生枝、出尔反尔的可能性极大。从媒体上也可以听到一些杂音，有人偏偏热衷于议论这一次磋商结果中国和美国究竟谁赢谁输，给业已迈出的可喜一步帮倒忙。

人们期待在这次中美经贸双边磋商之后，会有进一步佳音传来。人们也担心客观存在的“不确定性”，会不会带来某种不如人愿的反复。美国的传统做派让这种担心几乎成为一种常态。政策制定者和执行者的使命，应该是弘扬“发展合作”这个“必然”，缩小“产生矛盾”这个“必然”。这是中美双方根本利益的需求所在。可是，对于麻烦制造者美国当局来说，不择手段、反复无常地遏制中国的和平发展，则是其本质上的“必然”。

（载《中国战略观察》，2018 年第 8 期）

点赞中美和平合作之声

由中共中央对外联络部主办的第十一届中美政党对话，于2019年11月18日在北京举行。来自美国共和、民主两党和重要智库、企业，以及中央政策研究室、商务部等单位，共约50名中外代表出席，围绕"中美政党与中美关系"主题进行了讨论。接着，19日上午举行中美企业家圆桌会，前来出席第十一届中美政党对话的美国共和、民主两党代表团，以及中国有关部委、地方政府、智库、企业代表共70余人参加。政党对话和圆桌会议频频传出两国关系应该和平合作的呼声和建议，引起人们的密切关注和热烈反响。

中美政党对话启动于2010年。作为增进中美相互了解和信任、促进两国关系健康稳定发展的一个机制化平台，曾经发挥发了独特的作用。所谓"独特"，从既有实践可以看出，一是加强政策理念沟通和对国际形势的认识，增进彼此的了解；二是就如何改善两国关系表述各自的主张和建议，寻求结合点与共同着力点；三是与工商界广泛接触，采取召开企业家圆桌会议、去地方访问等方式，推进两国之间的经贸合作。

在这次11月18日的政党对话中，中共中央对外联络部部长宋涛，美国民主党代表、商务部前部长骆家辉及美国共和党代表、住房和城市发展部前部长杰克逊，双方的表态展示了重要契合点，令人感觉仿佛在贸易战喧嚣中听到一曲琴瑟之声，犹如在反中乱港的荒漠上绽露一片绿洲。

其一，共同宣示中美关系之重要性。中方说，建交40年来，中美关系既取得了历史性进展，又面临新的挑战和抉择。维护好、发展好中美关系，符合两国和两国人民的利益，也符合全世界各国的利益。美方说，美中关系是当今世界最重要的双边关系，两国关系发展如何，对整个世界有直接的影响。美中关系也是互利的，中国的繁荣符合美国的利益，美国保持繁荣也符合中国的利益。

其二，一致认定合作互利是双方的共同目标。中方说，两国政党政治家要按照双方领导人达成的共识，引领中美关系顺应时代发展大势，加强合作而不是对抗，彼此融合而不是脱钩，扩大交往而不是隔阂，通过对话协商，解决双方之间的矛盾和分歧。美方说，强劲的美中关系有利于全世界，当今世界面临的很多问题仅靠中国或美国一家是解决不了的，我们希望通过政党对话助力中美互利合作，双方通过坦诚对话，探讨如何化解分歧。我们的目标是进一步加强美中关系，这不仅对美中两国人民至关重要，而且对整个世界也非常重要。

其三，双方都把希望着眼于两国人民，主张尽快结束使得双方蒙受损失的贸易战。中方说，希望通过中美政党对话机制，推动中美关系行稳致远，给两国人民带来更多利益，为人类美好未来作出新的贡献。美方说，美中两国政党和领导人都应以增进民众福祉为目标，促进互利合作，妥善处理分歧。希望早日结束美中经贸摩擦，避免损害美中关系长远发展的根基。

11 月 19 日的企业家圆桌会议，是 18 日政党对话的延续和务实体现。此次中美企业家圆桌会由中国经济联络中心与美国东西方研究所共同主办。中美双方代表围绕会议主题“开放创新共享未来：新时代中美经贸合作的机遇和挑战”，以及下设的“中美建交 40 年经贸合作”“创新与发展”“中美地方及企业合作”三个分议题畅所欲言，分享在中美贸易中取得的成功经验，为促进中美深入开展互利合作、消除两国经贸分歧建言献策。与会代表一致认为，中美在经贸领域仍存在广阔的合作空间，各方应齐心协力推动两国经贸关系稳定向好发展，共同维护两国人民根本福祉。

中国有句古话，叫做“十年磨一剑”。中美政党对话作为国家外交的组成部分，经过十年的经验积累，既为改善和推进两国关系做出了贡献，也对今后的发展提出了紧迫要求。那就是：

其一，要增强互信。正如中共中央对外联络部副部长郭业洲在19日企业家圆桌会议上主旨演讲所指出，解决“信任赤字”比解决“贸易赤字”更急迫、更重要。中美经贸合作历来是双赢的，这是被数据反复证明的事实。中美企业家要共担责任，努力做大全球经济蛋糕。美国东西方研究所所长威廉·帕克在开幕式上也表示，在当前背景下，美中双方需要了解对方国家高层的决策，也需要了解公众的想法，因而，美中两国间的政党交流对促进两国人民的交流和互信是至关重要的。“虽然我们会有分歧，但更重要的是我们可以探讨共同之处，这将有助于美中关系在未来取得更大的成功。”

其二，要把握和遵循良性互动规律。常识说明，国家关系存在着良性互动的规律，那就是要求处理好起点、过程与结果的关系。起点：维护自身的利益和尊严，同时必须尊重对方的利益和尊严，缺一不可。过程：合作与竞争同在，摩擦与妥协并存，合作要诚信，竞争要守规矩，摩擦要不导致对抗，妥协要适度。结果：互利共赢，而不是哪一方获益。

其三，要换位思考。曾见证中美建交过程的美国总统国家安全事务前副助理K. T. 麦克法兰，在接受记者采访时回忆了20世纪70年代担任美国国务卿基辛格助手时的工作经历。她说：“我非常希望美中两国关系能在未来一直保持强劲、稳健的发展态势。我认为中联部举办两国政党对话非常重要，双方来自政府、政党、智库以及商界的人士坐在一起共商未来如何合作，研讨如何促进两国关系的健康发展，进而了解对方眼中的自己是什么样子，这一点也是当年基辛格博士特别重视的。”是否坚持做到换位思考，这将决定政党对话以及相关活动的成效和生命力。

（载《国际网》，2019 年 11 月 22 日）

从中美关系存在国际共识说开去

新冠病毒疫情在全球扩散以来，由于美国特朗普政府污名化、妖魔化中国，造谣生事，胡作非为，致使日益紧张的中美关系越来越成为人们关注的焦点。在媒体纷乱的评说中，我们也能见到一些美国著名学者发表的比较清醒客观的论述，从中可以产生不少涉及如何认识中美关系的联想和启示。

例一：2020年6月28日，日本《读卖新闻》发表美国哈佛大学教授约瑟夫·奈的文章《与中国的合作无法避免》。其中称："眼下的问题是，美国在任何一方面都表现得很失败。在与新冠疫情的斗争中，特朗普政府不是站在一线推进国际合作，而是谴责中国是病毒源头，甚至打算退出世卫组织。""在选战中拿中国问题踢皮球是国内政治，而非外交政策。全球大流行尚未结束，新冠肺炎疫情也不会是人类最后一场瘟疫。此外，美中两国加起来排放了全球40%以上的温室气体。任何一个国家都无法凭一己之力化解这一新型的国家安全威胁。""全球当前两大经济体美国和中国的关系命中注定就是既竞争又合作。对美国来说，眼下其例外主义的特质不仅包括维护人权等价值观，还包含着与中国共同提供全球公共产品的责任。这种事情才是今年大选之前美国选民应当讨论的道义问题。"

约瑟夫·奈2019年1月11日曾在北京接受过记者采访，当时他提出这样的看法：我不认为中美两国之间会爆发战争，我甚至不认为两国会走向冷战。他强调说：我想让人们意识到，即使两国之间存在竞争，我们依然可以合作。两国关系会有紧张之时，但也必须开展合作。

人们较早熟悉约瑟夫·奈教授，是因为他曾提出过著名的“软实力”概念。约瑟夫·奈所说的“软实力”，主要包括文化吸引力、政治价值观吸引力及塑造国际规则和决定政治议题的能力。其核心理论是：“软实力”发挥作用，靠的是自身的吸引力，而不是强迫别人做不想做的事情。2012 年 4 月 25 日，约瑟夫·奈还来北京大学做了关于“软实力”的报告。

例二：2020 年 6 月 30 日，著名日裔美籍学者弗朗西斯·福山接受《新京报》专访，他不认同特朗普政府一直试图妖魔化中国。他在最近的文章和采访中，都直接使用“无能”、“肆无忌惮”和“根本不懂法治”这样的语言来形容特朗普。当《新京报》记者问：您认为中国和美国之间会彻底分离吗？福山答：不，我不认为两国之间会停止彼此的依赖，两国的经济生存都太依赖彼此了。我的确认为，彼此会有某种“解除同伴”关系，但无论特朗普是否胜选，彼此都依然会相互依靠。《新京报》问：您认为全球化会死吗？或者能死吗？福山答：我不觉得全球化能死。所有人的繁荣与全球化之间的关系紧密相连。我的确认为全球化的规模缩小了，但不至于死。许多公司正在重新审视供应链，审视它的脆弱性，那些由极端化的全球化形式所带来的问题。变化一定会产生的。《新京报》问：如果冲突是不可避免的，那么一种健康的关系应该怎样？福山答：当然要保持开放的对话，让两国人民相互沟通。特朗普政府一直试图妖魔化中国，他这么做的原因，我猜是想让大家的注意力从他们自身糟糕的抗疫表现上转移开来。我认为这是非常愚蠢的，不必要的、没有帮助的、不健康的。中美之间有很多议题需要讨论，防止冲突升级，完全没有必要故意煽动对立情绪，此类事情必须要尽快停止。

人们早先熟知福山教授，是他 1989 年在美国期刊《国家利益》发表了《历史的终结》一文。冷战结束以后，如何评价资本主义制度和社会主义制度及其命运，成为东西方理论界普遍关注的现实问题。在这一背景下，福山抛出了所谓的“历史终结论”，即“共产主义失败论”。在他看来，苏联解体，东欧剧变，冷战结束，标志着共产主义的终结，历史的发展只有一条路，即西方的市场经济和民主政治。这样的结论当然站不住脚，后来，他也在新著作中进行某种反思。

例三：2020年6月30日，香港《南华早报》网站刊登题为《为什么美中供应链脱钩将更多是呜咽，而非巨响》一文，作者为美国卡内基国际和平研究院高级研究员黄育川（他曾在世界银行、亚洲发展银行和多个国家的政府部门和公司担任顾问）和该研究院初级研究员杰里米·史密斯。文章的要点是不赞成夸大美中脱钩。他们指出，中国出口市场的多样化以及美中双边贸易的减少表明，某种程度的经济脱钩正在发生。而考虑到美中关系的糟糕状态、关税的持续存在以及由新冠疫情揭示的供应链紧急情况，更大程度的脱钩几乎是不可避免的。虽然未来脱钩的程度是很多推测的主题，但有理由相信，更大胆的预测可能过头了。

例四：2020年7月8日，美国《国家利益》双月刊网站发表加利福尼亚大学圣迭戈分校和平与安全研究中心主任埃里克·加茨克教授的文章《中国没有制造新冠病毒去攻击美国及其他任何国家》。其公正性一目了然。针对特朗普等人一再把新冠病毒称作“中国病毒”，作者提出，甚嚣尘上的指责声中缺失一种基本逻辑：中国希望通过这种病毒“武器”得到什么呢？

以上四则信息说明，美国学者尽管存在不可避免的阶级局限性，有人甚至维护、宣扬过冷战思维；但当他们一旦摆脱冷战思维，从现实主义出发，超越意识形态争议，不带偏见地观察世局，同样也可以对包括中美关系在内的国际问题得出比较公正的答案。

我们共产党人在观察、研究和判断国际形势与中美关系时，毫无疑义，更应该坚持马克思主义的立场、观点和方法。这里提出四方面的思考。

其一，观察与研究国际关系，要站在时代的高度，这既是立足点、出发点，也是落脚点。和平与发展这个时代主题的确定，是对人类社会发展做出的科学判断，也是我国实行改革开放战略的理论基础，得到二战结束以来70多年总体国际关系演变的印证，并由此产生了构建人类命运共同体的历史使命。如今病毒弥漫，理所当然地派生出构建人类卫生健康共同体这一分支主张。时代主题和平与发展和由此产生的人类共同使命，并没有因为美国霸权主义肆虐而失去意义。其实，联合国原本就应该是人类命运共同体的载体，“己所不欲勿施于人”被译成英文镌刻在联合国大楼里。问题在于联合国宪章精神总是受到干扰和破坏。这表明时代赋予的构建人类命运共同体使命任重道远，而不是要从和平与发展时代观倒退回去。从根本上说，那种完全否定全球化以及认同中美彻底脱钩等观念，都是短见的、偏激的，因为违背了和平与发展时代观。

其二，研究国际问题，要运用唯物辩证法，不能孤立地、片面地看问题。例如全球化问题，当今确实存在逆全球化的潮流，确实人们在全球化问题上存在着较大分歧，但要看主流与支流、长远与暂时。逆全球化也许在一段时间内甚嚣尘上，甚至令人昏眩，但国家间利益密切交织、产业链供应链“剪不断、理还乱”形成的全球化，毕竟是长远起作用的。再如中美关系，两国之间存在对立统一性。社会制度、价值观念、政策取向等方面存在着人所共知的对立性，但谋求经济发展以及应对全球气候变化、防控病毒、反恐等方面又存在着无可否认的同一性。特朗普反复无常的恶劣举措，必然有得有失，且往往失大于得，这是事物的两重性。多行不义必自毙，他逃脱不了否定之否定规律的支配，即将到来的美国总统大选对他无疑是又一场严峻考验。

其三，中美之间的竞争与合作，如同一枚硬币的两面，是不会截然割裂的。这实质上是全球化在中美双边关系中的深刻反映。现任美国政府调整国家安全战略，重新聚焦大国竞争，把中国当作首要的战略竞争者，这是事实，但绝不意味着是明智之举。中美关系最切实的前景应该是竞争与合作并存，即相互进行有限、可控的竞争而不是敌对，同时在多领域开展互利合作。人们喜欢说，遏制中国是现在美国民主共和两党、朝野各界最大的共识，唯一的区别就是如何遏制。这个结论源于美国对华“遏制+接触”的传统政策。这一基本政策今后仍将长期起作用，这是定数。美国政府或遏制与接触两手并用，或有时侧重某一面，这是变数。如今中美关系“不会回到过去”的说法几乎成为国内外的一种共识。但如果拿这一结论来认定美国当局今后会根本放弃“遏制+接触”的对华两手政策，则是不能成立的。所以笔者在《新冠病毒世界影响之我见》一文中曾指出，中美关系“不会回到过去”的含混说法，并非对两国未来关系精准的科学解读。

其四，必须保持国家利益的大局观和清醒的头脑，跳出狭隘的民族主义、民粹主义窠臼，弄清挑战与机遇的关系。挑战与机遇始终是并存的。挑战显眼，几乎一目了然。机遇往往是潜在的，要精心洞察、勇于探索和竭力创造。方法对头，挑战可以转化为机遇，反之亦然。我们固然必须高度警惕在当前疫情的重压下，美国向中国可能采取的全面对抗，如有人所说“这种对抗将发生于不仅经济甚至军事领域，其规模和烈度都可能是空前的”。我们也不要习惯于只注重中美关系中的负面因素去做文章，尽管有理有据，但片面性毕竟会对读者产生误导，带来的更多是恐慌。基于我国与美国“合则两利、斗则俱伤”的精神及斗争要“有理、有利、有节”的原则，我们更需要的是不断寻求并提出推进中美关系朝向健康方向发展而又迫使美方不得不考虑接受的积极倡议。

（载《国际网》，2020 年 7 月 16 日）

美国离间中俄关系焉能得逞

特朗普为谋取连任，利用新冠病毒疫情造谣生事，千方百计甩锅中国、打压中国，无所不用其极。离间中国与俄罗斯之间的关系，则是其肮脏手法之一，不可能得逞。中俄全面战略协作伙伴关系在共同防疫过程中恰恰不断地得到加强。

美国离间中俄关系挖空心思、不择手段。

想拉俄罗斯重返 G8 集团。七国集团成立于 20 世纪 70 年代，成员包括美国、英国、加拿大、法国、德国、意大利、日本。组成 G7 目的在于由西方发达国家统治世界。俄罗斯 1997 年被拉入，成为八国集团（G8）。2014 年乌克兰危机爆发、克里米亚并入俄罗斯之后，美国指责莫斯科“违反了国际法”，七个国家拒绝参加原定在俄罗斯举行的 G8 峰会，转而举行 G7 峰会，将俄罗斯排除在外。2020 年的 G7 峰会原定于 6 月在美国总统度假地戴维营举行，由于各种原因，峰会被推迟到 9 月。特朗普早些时候宣布，会邀请普京参加会议，表示“我认为他是一个重要因素”。俄罗斯已明确表示不参加美国主导的扩大的 G7 峰会。

2014 年乌克兰危机之后数年来，俄罗斯成为美国和西方国家制裁打压的主要对象。普京硬是顶住西方压力，堪称俄罗斯政坛获得总统继续连任机会的一棵常青树。特朗普上台后不久，就宣称会利用一切可能的手段来重新调整美国与俄罗斯的关系。他着眼于经济，认为俄罗斯在经济上对美国构不成威胁（两国每年贸易额在 200 亿美元左右徘徊），而是把世界第二经济体中国当作主要对手加以打压，并且竭力拉拢俄罗斯与之配合，扬言他对普京“仰慕已久”。特朗普甚至不顾国内“通俄门”的追逼，一再向普京示好，不遗余力地离间中俄关系。

想与俄罗斯联手把中国卷进《新削减战略武器条约》谈判。这一条约是美俄双方2010年4月8日签署的，将于2021年2月5日到期，双方近几个月一直在对是否续约进行谈判。美方别有用心，多次要求中国加入这一条约，遭到中国拒绝和俄罗斯抵制。《纽约时报》称，中国目前的核弹头数量约为300枚，与美俄相比要少得多，美国的核弹头数量约为中国的20倍。

特朗普与普京通话套近乎。7月23日特朗普与普京通电话，报道称双方详细讨论了战略稳定与军控问题，确认迫切需要就包括《新削减战略武器条约》在内的相关问题举行双边磋商。两国领导人还就伊朗核问题进行了讨论。双方强调需共同努力维护地区稳定与全球核不扩散机制。双方还表示愿推动俄美经贸协作，并积极评价两国在抗击新冠疫情中的合作。另据美国白宫发表的声明，特朗普与普京在通电话中，讨论了在抗击疫情的同时重启全球经济的重要性，以及重要的双边和全球问题。

想拉俄罗斯加入所谓“反华联盟”。7月23日美国国务卿蓬佩奥刻意选择在加州尼克松纪念图书馆，发表了被外界称作“冷战宣言”的疯狂反华演说。他在讲话中特别提到了2022年的特殊性——尼克松访华促使中美关系正常化50周年，声称“要结束与中国‘盲目接触’的旧模式，这样的模式肯定不能成功，因此决不能恢复”。他到处游说，企图拼凑“反华联盟”；拉俄罗斯参加G7峰会，便怀有此心。

编造俄罗斯与中国在美国总统大选中唱对台戏。特朗普为了赢得此次总统大选采取的一个最主要的竞选策略，就是拼命攻击中国，把新冠病毒说成是“中国病毒”，将由他的工作失职导致的美国疫情大失控说成是中国“害的”，称中国“不希望”特朗普这位“美国历史上对中国最强硬的总统”连任，并在为此

“干涉”美国的大选。另一方面，拜登所在的民主党阵营，自2016年特朗普当选美国总统以来就一直指控特朗普是靠俄罗斯人对美国选举的“干涉”才赢得了总统宝座，并为此对他发起了长达三年的“通俄门”调查。滑稽可笑的是，仿佛中国与俄罗斯在美国总统大选问题上的“对立”，也可被特朗普当作一张牌为离间中俄关系所用。

俄罗斯对美国的挑拨离间心中有数，态度鲜明。

诚然，俄罗斯与美国仍保持一般性的正常国家关系。例如前面提到《新削减战略武器条约》双边谈判，俄方还表示愿意在新冠疫苗研发和生产方面向美国提供帮助，但美方以“政治原因”为由拒绝。8月12日俄罗斯边防安全人员同美国海岸警卫队人员还在白令海（属于太平洋北部的边缘海）的俄罗斯边境地区举行小规模联合军演等等。

人们较普遍认为，当前美国对俄罗斯的心理十分矛盾。为了对付中国，想跟俄罗斯改善关系，却又担心俄罗斯一旦经济复苏会给美国构成更严重的战略威胁。比起中国，美国心理上更害怕俄罗斯。美国除了从经济上对俄罗斯进行制裁，并不敢在军事上对俄罗斯进行过分的挑衅。

俄罗斯不断反击美国离间中俄关系的做法。

针对蓬佩奥拼凑“反华联盟”的叫嚣，7月24日俄罗斯总统新闻秘书佩斯科夫对记者说：“我想重申总统的话，即莫斯科永不加入反对谁的同盟，我们不会缔结针对某国的联盟。一切联盟，无论一体化联盟还是政治联盟，都应旨在发展睦邻和互惠关系。中国是我们的盟友、伙伴，是我们发展特殊伙伴关系的国家。”同日，俄罗斯外交部发言人扎哈罗娃称，俄方认为蓬佩奥呼吁打造“反华联盟”是企图离间莫斯科和北京。她强调，莫斯科打算继续加强与北京的合作，将这一合作视为稳定国际局势的最重要因素。她称蓬佩奥的言论包含了“对中国及其社会政治制度和领导层的粗鲁话语”。还说：“华盛顿挑起与北京的紧张关系不仅有损于美国和中国，而且令整个国际形势严重复杂化。”7 月 25 日俄罗斯科学院美国和加拿大研究所首席研究员弗拉基米尔·瓦西里耶夫表示，蓬佩奥的表态是企图在对华战争中利用俄罗斯，华盛顿企图在莫斯科和北京之间打入楔子，把阻碍俄中加强政治经济伙伴关系作为目标。俄罗斯战略研究所专家谢尔盖·叶尔马科夫说，华盛顿在玩挑拨离间两个对手的低级政治游戏，这无非是美国的“分而治之”政策。7 月 26 日佩斯科夫再次发表评论，说中国是俄罗斯的伙伴和盟友，俄永远不会通过结盟反对某国。

7 月 29 日俄联邦共产党领导人根纳季·久加诺夫撰文更是痛斥蓬佩奥。文章指出，美国挑拨中俄关系居心叵测。近来，美国政府的真正嘴脸日益暴露，反共、仇俄、反华的忿恨情绪令之变得狰狞不堪。中国在共产党的领导下，继续建设社会主义且相当成功。它满怀信心，不断战胜新冠疫情。与多数大国不同，中国今年的经济仍将保持正增长。中国领导人向全球展现了如何消除极端贫困、怎样发展高新技术。北京拥有在世界经济、科技发展、创新领域中占据翘楚地位的一切机会。中国提出的国际关系模式吸引力与日俱增。在中国所倡导的“人类命运共同体”理念中，所有原则都极具前景——各国人民为共同福祉而平等合作。在引领国家迅猛前行中，中国共产党发挥了核心作用。中国所提出的世界文明发展道路，对各国人民并非威胁，但对于充满掠夺企图心的帝国主义者而言可谓眼中钉。敌人对中国的攻击可谓不择手段。他们大肆诽谤、打贸易战、不遗余力煽动分裂、在中国与邻国之间挑起纷争。看来，美国战略家们在其阴险图谋中，给俄罗斯安排了特殊角色。他们将在莫斯科与北京的关系中制造嫌隙，并预言俄罗斯能从改变地缘政治方向中受益良多。俄罗斯不应重蹈覆辙，也不能沦为美国地缘政治游戏中的筹码。

针对美国政府对TikTok的非法做法，8月8日，俄罗斯外交部官网发布俄外交部发言人扎哈罗娃就美国禁用TikTok的相关评论，表示美国对社交媒体TikTok采取不合理的限制性行动，违反了美国的国际义务，包括确保自由和广泛传播所有形式的信息，确保受众自由选择信息来源，并促进在这一领域的相关合作。美国禁止其公民使用中国公司“字节跳动”旗下的TikTok，继而强迫“字节跳动”将TikTok出售给美国公司。这是美国为争夺国际信息空间主导权开展不正当经济竞争的又一例证。美国当局的行为违背自由市场经济的基本原则，违反世贸组织的规则。他们试图将放肆打压中国竞争对手的行为正当化，并以保障国家安全为由，意图对其进行吞并。

针对美国退出《中导条约》的意图，8月4日俄罗斯外交部在美国退出《中导条约》一周年之际发布消息，指出美国退出《中导条约》的做法导致中程和中短程导弹领域不再受到任何限制，而且给整体安全稳定带来的威胁成倍增长。如果美国在亚太等地区部署核导弹或常规导弹，俄方将迅速作出反应。俄罗斯外交部发言人玛丽亚·扎哈罗娃8月20日称，美国希望在亚洲地区部署针对中国的中短程导弹，这可能会破坏地区和世界局势的稳定。

面对严峻的新冠病毒疫情，面对美国当局倒行逆施，中俄全面战略协作伙伴关系得到进一步增强（最近消息，8月23日俄罗斯外长表示，俄准备与中国以及中国公司华为在5G技术上开展合作）。这是由两国各自的国家利益与对人类社会肩负的共同使命感决定的。习近平主席和普京总统都给予充分肯定。7月23日以视频会议方式举办中俄执政党对话机制第八次会议，习近平主席同普京总统分别向会议致贺信。习近平说，新冠肺炎疫情暴发以来，中俄守望相助、同舟共济、共克时艰，反对外部干涉，赋予两国合作新的战略内涵，充分彰显了中俄人民的深厚友谊，体现了新时代中俄关系的高水平和特殊性。疫情在全球蔓延再次表明，人类是休戚与共的命运共同体，各国必须团结合作、共同应对。中俄作为负责任的世界大国和联合国安理会常任理事国，要继续加强战略沟通与协调，为携手应对各种风险和挑战、反对霸权主义和单边行径、维护世界和平稳定、捍卫国际公平正义、推动构建人类命运共同体作出新的更大贡献。普京在贺信中表示，俄中关系已达到前所未有的高水平，堪称当今世界国家间协作的典范。双方在解决地区和全球现实问题上协同努力，共同推动维护国际安全和稳定。统一俄罗斯党与中国共产党定期交流经验，推动双边各领域互利合作项目，并克服新冠肺炎疫情影响，利用远程交流的新形式，继续积极推进相关合作。相信此次会议将开展丰富有益的讨论，提出新思想新倡议，进一步巩固俄中全面战略协作伙伴关系。

（载《国际网》，2020 年 8 月 25 日）

中俄关系经受新考验赢得新进展

中俄全面战略协作伙伴关系每年都在经受新考验，每年又都有新发展。2020 年中俄关系面临的特殊挑战，一是新冠病毒甚嚣尘上且被政治化带进国际关系领域，二是商人特朗普当道倒行逆施搅乱了世界秩序。中俄关系之所以依然获得新发展，乃因植根于和平发展合作共赢的共识，基于践行互信、互利、平等、协商、尊重多样文明、谋求共同发展的“上海精神”。随着两国关系密切程度的不断增强，其国际影响也越发显著，越发深远。

一、中俄持续沿着“五互”轨迹前行

政治互信、经济互补、文化互通、军事互动和外交互商，这“五互”是中俄两国自从建立战略协作伙伴关系以来并肩前进的轨迹。2020 年又呈现新风貌。

（一）政治互信

这方面的提升可以从习近平主席和普京总统的评语中看得出来。这就是：1. 中俄在新冠肺炎疫情最艰难的时刻相互支持、相互帮助，为新时代中俄关系增添了战略内涵。2. 俄中关系已经达到了前所未有的高度，在各个领域都建立了牢固、稳定、重要且有效的合作关系；两国拓展合作没有禁区。3. 两国相互依托，在军事领域方面的合作非常密切。俄中在理论上存在建立军事同盟的可能性，但实际上两国战略互信和协作水平已经达到相当的高度，以至于双方原则上并不需要这样的同盟。4. 普京总统面对俄罗斯经济与中国经济之间的反差，表现大度，对中国持赞许态度。他说："就其经济实力和政治影响而言，中国正积极地朝着超级大国的地位迈进。"

（二）经济互补

尽管新冠肺炎疫情给全球产业链、供应链造成一定冲击，但中俄贸易仍表现出较高的韧性。据初步统计，2020 年 1—9 月，中俄贸易额 788.43 亿美元，同比下降 2.0%。其中中国对俄出口为 358.87 亿美元，同比增长 0.1%；自俄罗斯进口为 429.56 亿美元，同比下降 3.8%。随着人员和货物往来逐步恢复，两国贸易额仍加速回升。2020 年前 9 个月，俄中农工产品贸易额比去年同期增长 9%，达到 38 亿美元。上半年，中方对俄医疗器械、纺织原料、电子电器等出口额均实现两位数增长，自俄能矿、农产品进口量持续扩大，俄首批牛肉已输华。疫情推动跨境电商快速发展，中欧班列在俄逆势加速发展。两国首个合作建设的物流中心——别雷拉斯特物流中心 7 月底正式投入运营。2020 年前 10 个月，大部分中国汽车制造商在俄罗斯市场的销量都比去年同期有显著增长。其中，吉利在俄销售量（11,757 台）同比增加 62%，哈弗销量（13,251 台）增加 55%，奇瑞销量（7,855 台）增加 60%，长安销量（5,589 台）增加 226%，一汽销量（2,205 台）增加 97%。值得重视的是，俄方在石油、天然气和核能领域全面支持中国的能源战略，双方正在能源和其他经济领域实施一些大型合作项目。在科技领域，俄方与中国以及中国公司华为在 5G 技术上开展合作。12 月 17 日探月工程嫦娥五号任务取得圆满成功，俄罗斯科学家纷纷表示赞赏和支持，认为中国成功地确定了本国高水平的航天项目，进入可完成任何使命的航天大国俱乐部，21 世纪将启动开发月球，中国将为获取"月球大陆"宝藏打开大门。

（三）文化互通

目前中国在俄罗斯的留学生48,000人，俄罗斯在中国的留学生20,000多人。另有35,000两国公民参加了不同的短期教育项目。文化艺术交流精彩纷呈。俄罗斯传统的全国“艺术之夜”活动已经举办了八届。2020年度的所有活动在11月3日至4日期间举办，全部以在线形式呈现。在该活动框架内，全国知名博物馆、展厅、音乐厅、剧院、图书馆举行一系列文化活动。俄罗斯国民还可以从各地区展会和活动中在线了解中国文化。特别是莫斯科的俄罗斯国家儿童图书馆，这里可以阅读和讨论中国传统童话故事。车里雅宾斯克造型艺术国家博物馆举办中国节日传统讲座，展示中国20世纪50年代的招贴画并由专家讲解其特点。鄂木斯克“利别罗夫中心”国家州立艺术博物馆将举办中国国画技术培训班、中国写生与书法讲座以及围棋推介会。弗拉基米尔州儿童和青年科学图书馆也将举行中国写生与书法讲座。科斯特罗马“罗曼诺夫兄弟之家”历史博物馆在线举办“天朝艺术品鉴：了解中国文化”讲座。克里米亚东部刻赤历史文化自然保护区博物馆可以在线欣赏中国实用装饰艺术模型，看到骨质和木制艺术品，景泰蓝花瓶等。

（四）军事互动

双方定期举行海上和地面联合军演，不断相互交流军事建设领域最好的经验。普京总统强调指出，中俄在军事技术合作领域已达到很高的协作水平，最主要并非只是交流产品或买卖军事产品，而是交流技术。军事合作另一重大举措是，经两国元首批准，12月15日两国国防部长签署了《关于延长2009年10月13日〈中华人民共和国政府与俄罗斯联邦政府关于相互通报发射弹道导弹和航天运载火箭的协定〉有效期的议定书》，宣布将《协定》延长十年，强调两军愿在此基础上加强务实合作，进一步充实双边关系内涵。此协定对增进战略互信、避免战略误判具有积极意义。《协定》顺利实现延期，体现了两国新时代全面战略协作伙伴关系的高水平和特殊性，表明了两国致力于共同维护全球战略稳定的决心，为维护国际军控体系、维护世界和平与安全注入了正能量。俄国防部长绍伊古称，在当前形势下，俄罗斯和中国需要共同采取措施，以避免在军事活动中发生意外事件，阻止将俄罗斯和中国拉入军备竞赛的企图。

（五）外交互商

这已是常态化。2020 年尽管受到新冠病毒疫情的干扰，两国全方位的双边合作和在国际事务中的协作依然越来越紧密。面对错综复杂的国际环境，中俄在联合国，在上合组织，在金砖国家和 20 国集团等平台，多边领域的协调形成合力，成效显著。

二、中俄同心协力应对新冠病毒疫情

面对严峻的新冠肺炎疫情，中俄相互理解，相互支持。为克服新冠肺炎疫情影响，双方定期交流经验，利用远程交流的新形式，继续积极推进相关合作。

富有创意的是 7 月 23 日以视频会议方式举办了中俄执政党对话机制第八次会议。习近平主席同普京总统分别向会议致贺信。习近平指出，新冠肺炎疫情暴发以来，中俄守望相助、同舟共济、共克时艰，反对外部干涉，赋予两国合作新的战略内涵，充分彰显了中俄人民的深厚友谊，体现了新时代中俄关系的高水平和特殊性。疫情在全球蔓延再次表明，人类是休戚与共的命运共同体，各国必须团结合作、共同应对。中俄作为负责任的世界大国和联合国安理会常任理事国，要继续加强战略沟通与协调，为携手应对各种风险和挑战、反对霸权主义和单边行径、维护世界和平稳定、捍卫国际公平正义、推动构建人类命运共同体作出新的更大贡献。普京在贺信中表示，俄中关系已达到前所未有的高水平，堪称当今世界国家间协作的典范。双方在解决地区和全球现实问题上协同努力，共同推动维护国际安全和稳定。统一俄罗斯党与中国共产党定期交流经验，推动双边各领域互利合作项目，并克服新冠肺炎疫情影响，利用远程交流的新形式，继续积极推进相关合作。相信此次会议将开展丰富有益的讨论，提出新思想新倡议，进一步巩固俄中全面战略协作伙伴关系。

疫情期间俄罗斯媒体纷纷发表文章，通过中国与美国和欧洲国家的形势对比，称赞和支持中国的疫情防控工作。认为中国应对新冠病毒更为成功，是因为中国政府有公信力，公民有责任感。

有意思的是，美国当局利用新冠病毒疫情，演出了一场针对中俄关系的双簧戏。特朗普为了赢得总统大选，拼命攻击中国，把新冠病毒说成是“中国病毒”，将由他的工作失职导致的美国疫情大失控说成是中国“害的”，称中国“不希望”特朗普这位“美国历史上对中国最强硬的总统”连任，并在为此“干涉”美国的大选。另一方面，拜登所在的民主党阵营，自 2016 年特朗普当选美国总统以来就一直指控特朗普是靠俄罗斯人对美国选举的“干涉”才赢得了总统宝座，并为此对他发起了长达三年的“通俄门”调查。双方的做派令人啼笑皆非，仿佛中国与俄罗斯在美国总统大选问题上立场对立，从而各为其所用。

对于特朗普在病毒问题上甩锅中国，俄罗斯态度鲜明，12 月 17 日俄罗斯总统普京在莫斯科举行一年一度的大型记者会上被问到中国是否该为新冠疫情负责时，普京明确表示，没有任何证据支持这种说法。全世界要做的不是追查谁要为新冠病毒来源负责，而是团结起来抗疫。普京称，对于新冠病毒的来源有很多传言，但我们要做的不是寻找责任方，而是联合起来解决问题。他还表示，应对因新冠疫情处境困难的国家解除制裁和贸易限制。

三、美国离间中俄关系无法得逞

特朗普为谋取连任，千方百计离间中俄关系，可谓挖空心思，不择手段。

自从2014年乌克兰危机以来，俄罗斯成为美国和西方国家制裁打压的主要对象。普京硬是顶住西方压力，堪称俄罗斯政坛获得总统继续连任机会的一棵常青树。特朗普上台后不久，就宣称会利用一切可能的手段来重新调整美国与俄罗斯的关系。他着眼于经济，认为俄罗斯在经济上对美国构不成威胁（两国每年贸易额在200亿美元左右徘徊），而是把世界第二经济体中国当作主要对手加以打压，并且竭力拉拢俄罗斯与之配合，不遗余力地离间中俄关系。

特朗普与普京通话套近乎。他一再向普京示好，扬言他对普京"仰慕已久"。7月23日特朗普与普京通电话，报道称双方详细讨论了战略稳定与军控问题，确认迫切需要就包括《新削减战略武器条约》在内的相关问题举行双边磋商。两国领导人还就伊朗核问题进行了讨论。双方强调需共同努力维护地区稳定与全球核不扩散机制。双方还表示愿推动俄美经贸协作，并积极评价两国在抗击新冠疫情中的合作。另据美国白宫发表的声明，特朗普与普京在通电话中，讨论了在抗击疫情的同时重启全球经济的重要性，以及重要的双边和全球问题。

美国想与俄罗斯联手把中国卷进《新削减战略武器条约》谈判。这一条约是美俄双方2010年4月8日签署的，将于2021年2月5日到期，双方一直在对是否续约进行谈判。美方别有用心，多次要求中国加入这一条约，遭到中国拒绝和俄罗斯抵制。针对美国试图借助战略武器谈判向中国施压，普京表示，如果要谈安全，要让中国加入《新削减战略武器条约》，就不应忘记英法也拥有核武器。《纽约时报》也称，中国目前的核弹头数量约为 300 枚，与美俄相比要少得多，美国的核弹头数量约为中国的 20 倍。

针对美国退出《中导条约》的意图，8 月 4 日俄罗斯外交部在美国退出《中导条约》一周年之际发布消息，指出美国退出《中导条约》的做法导致中程和中短程导弹领域不再受到任何限制，而且给整体安全稳定带来的威胁成倍增长。如果美国在亚太等地区部署核导弹或常规导弹，俄方将迅速作出反应。俄罗斯外交部发言人玛丽亚·扎哈罗娃 8 月 20 日称，美国希望在亚洲地区部署针对中国的中短程导弹，这可能会破坏地区和世界局势的稳定。

针对特朗普想拉俄罗斯重返八国集团，提出意在排斥中国的扩大七国集团领导人会晤，俄罗斯不予理睬。七国集团（G7）成立于 20 世纪 70 年代，成员包括美国、英国、加拿大、法国、德国、意大利、日本。组成 G7 目的在于由西方发达国家统治世界。俄罗斯 1997 年被拉入，成为八国集团（G8）。2014 年乌克兰危机爆发、克里米亚并入俄罗斯之后，美国指责莫斯科“违反了国际法”，七个国家拒绝参加原定在俄罗斯举行的 G8 峰会，转而举行 G7 峰会，将俄罗斯排除在外。2020 年的 G7 峰会原定于 6 月在美国总统度假地戴维营举行，由于各种原因，峰会被推迟到 9 月，尽管后来并没有开成，但特朗普早先就宣布将邀请普京参加会议，表示“我认为他是一个重要因素”。

诚然，2020 年俄罗斯与美国仍保持一般性的正常国家关系。例如俄方表示愿意在新冠疫苗研发和生产方面向美国提供帮助，美方却以“政治原因”为由拒绝。8 月 12 日俄罗斯边防安全人员同美国海岸警卫队人员还在白令海（属于太平洋北部的边缘海）的俄罗斯边境地区举行小规模联合军演等等。

人们较普遍认为，美国对俄罗斯的心理十分矛盾。为了对付中国，想跟俄罗斯改善关系，却又担心俄罗斯一旦经济复苏会给美国构成更严重的战略威胁。比起中国，美国心理上更害怕俄罗斯。美国除了从经济上对俄罗斯进行制裁，并不敢在军事上对俄罗斯进行过分的挑衅。

四、俄罗斯坚决抵制美国拼凑“反华联盟”

美国国务卿蓬佩奥 7 月 23 日刻意选择在加州尼克松纪念图书馆，发表了被外界称作“冷战宣言”的疯狂反华演说。他在讲话中特别提到了 2022 年的特殊性——尼克松访华促使中美关系正常化 50 周年，声称“要结束与中国‘盲目接触’的旧模式，这样的模式肯定不能成功，因此决不能恢复”。他到处游说，企图拼凑“反华联盟”。

针对蓬佩奥拼凑“反华联盟”的叫嚣，7 月 24 日俄罗斯总统新闻秘书佩斯科夫对记者说：“我想重申总统的话，即莫斯科永不加入反对谁的同盟，我们不会缔结针对某国的联盟。一切联盟，无论一体化联盟还是政治联盟，都应旨在发展睦邻和互惠关系。中国是我们的盟友、伙伴，是我们发展特殊伙伴关系的国家。”同日，俄罗斯外交部发言人扎哈罗娃称，俄方认为蓬佩奥呼吁打造“反华联盟”是企图离间莫斯科和北京。她强调，莫斯科打算继续加强与北京的合作，将这一合作视为稳定国际局势的最重要因素。她称蓬佩奥的言论包含了“对中国及其社会政治制度和领导层的粗鲁话语”。还说：“华盛顿挑起与北京的紧张关系不仅有损于美国和中国，而且令整个国际形势严重复杂化。”7 月 25 日俄罗斯科学院美国和加拿大研究所首席研究员弗拉基米尔·瓦西里耶夫表示，蓬佩奥的表态是企图在对华战争中利用俄罗斯，华盛顿企图在莫斯科和北京之间打入楔子，把阻碍俄中加强政治经济伙伴关系作为目标。俄罗斯战略研究所专家谢尔盖·叶尔马科夫说，华盛顿在玩挑拨离间两个对手的低级政治游戏，这无非是美国的“分而治之”政策。7 月 26 日佩斯科夫再次发表评论，说中国是俄罗斯的伙伴和盟友，俄永远不会通过结盟反对某国。俄媒体称，美国像遏制并打倒苏联那样遏制中国是行不通的。

值得一提的是，7 月 29 日俄联邦共产党领导人根纳季·久加诺夫撰文更是痛斥蓬佩奥。文章指出，美国挑拨中俄关系居心叵测。美国政府的真正嘴脸日益暴露，反共、仇俄、反华的忿恨情绪令之变得狰狞不堪。中国在共产党的领导下，继续建设社会主义且相当成功。它满怀信心，不断战胜新冠疫情。与多数大国不同，中国今年的经济仍将保持正增长。中国领导人向全球展现了如何消除极端贫困、怎样发展高新技术。北京拥有在世界经济、科技发展、创新领域中占据翘楚地位的一切机会。中国提出的国际关系模式吸引力与日俱增。在中国所倡导的“人类命运共同体”理念中，所有原则都极具前景——各国人民为共同福祉而平等合作。在引领国家迅猛前行中，中国共产党发挥了核心作用。中国所提出的世界文明发展道路，对各国人民并非威胁，但对于充满掠夺企图心的帝国主义者而言可谓眼中钉。他们大肆诽谤、打贸易战、不遗余力煽动分裂、在中国与邻国之间挑起纷争。看来，美国战略家们在其阴险图谋中，给俄罗斯安排了特殊角色。他们将在莫斯科与北京的关系中制造嫌隙，并预言俄罗斯能从改变地缘政治方向中受益良多。俄罗斯不应重蹈覆辙，也不能沦为美国地缘政治游戏中的筹码。

针对美国和西欧一些国家干涉香港事务，普京表示，俄方坚定支持中方在香港特别行政区维护国家安全的努力，反对任何破坏中国主权的挑衅行为，相信中方完全有能力维护香港长期繁荣和稳定。

五、中俄关系新发展的国际影响力日增

面对严峻的新冠肺炎疫情和美国当局的倒行逆施，中俄全面战略协作伙伴关系进一步增强。这是由两国各自的国家利益与对人类社会肩负的共同使命决定的。中俄关系新发展的意义体现在多方面。

一是双边性意义。拜登已表态，俄罗斯是美国最大威胁，中国是美国最大竞争对手。这在客观上进一步推动中俄继续相互支持和依托。俄罗斯人对拜登上台后的俄美关系不抱幻想。中国人也清醒，尽管拜登上台后比起特朗普的反华手法可能有所变化，不排除恢复与中国的对话机制，但是美国民主党在中国南海、东海、台湾、新疆、西藏等问题上，其态度的恶劣程度可能不亚于共和党。不妨设想一下，一旦美国在台海挑起事端，中国采取统一祖国的军事行动，那时主持正义的俄罗斯才是给予中国有力支援的希望大国。

二是地区性意义。中俄关系尤其在上合组织内的作用凸显。例如，俄罗斯一直与印度友好，而中俄关系会在不小程度上影响印度的对华举措。据报道，12 月 14 日俄斯外交部长拉夫罗夫表示，印度正受到西方国家操纵加入“反华游戏”并背弃莫斯科。他说，随着西方国家试图让印度参与反华游戏——诸如美国领导的“印太战略和四方安全对话”，印度已经成为西方国家坚持不懈、咄咄逼人、阴险狡诈的政策的一个目标。俄罗斯的这种立场无疑是对印度反华势力的牵制。

三是全球性意义。中俄是当今世界战略格局中举足轻重的两个大国。中国以经济优势尤其受到重视，俄罗斯则以军事强项令人生畏。中俄关系的深化发展，是削弱美国世界霸主地位、塑造

世界新格局与新秩序的强大合力。

（载中国国际问题研究基金会丛书《国际问题研究报告》，2020/2021）

拜登上台与中美关系

拜登当选总统后，人们非常关注他的对华政策与特朗普的倒行逆施、胡作非为会有什么差别，并发表了各种各样的议论。不少文章和讲话客观冷静，剖析形势，抒发见解，起到了为党和政府献计献策的作用。但也有人情绪化、走极端，甚至骂骂咧咧，例如称特朗普是疯狗，拜登是毒蛇，把眼下特朗普对华采取的恶劣行径按在拜登头上编制成视频传播。另一方面，有人居然附和西方反华势力的腔调，将外交部发言人的义正词严诬称为“战狼外交”。诚如鲁迅先生所说，“辱骂和恐吓决不是战斗”。一味地泄愤的说法和做法，无助于认识问题和解决现实问题。

本文提出拜登上台对中国的利和弊，是相对于特朗普的所作所为而言的。鉴于拜登的温和从容与特朗普的桀骜不驯风格截然不同，况且拜登团队声明要改变特朗普离奇退群以及发动贸易战等做法，因此人们在极度厌恶特朗普的疯狂打压之下，自然地寄希望于拜登能在对华关系上带来某种缓和性的回归。针对这种心态，有人则大声疾呼不要对拜登抱幻想。理由大致有三：一是遏制中国是美国民主共和两党的共识，拜登不会例外；二是特朗普给拜登挖了一个个反华深坑，拜登很难跳得过去；三是拜登势必吸取特朗普的教训，重新弥合被特朗普破坏了的与昔日盟友的关系，从而一起来对付中国，这一招会比特朗普更加险恶。

这里首先需要说明，什么是幻想？如果认为拜登会放弃美国的世界霸主地位，那是幻想；如果认为拜登不想遏制中国前进的步伐，那是幻想；如果认为拜登会与中国结成类似中俄那样的全面战略协作伙伴关系，那更是幻想。但是，如果认为拜登为了摆脱美国自身的困境，调整一下特朗普采取的“搬起石头砸自己的脚”的反华举措，回到与中国对话的平台，那是一种预判和期待，比较切合实际，并不是什么幻想。当然，要迫使对方做好这一步，不能急于求成，必须经过耐心且艰难的协商谈判，必须进行有理有利有节的坚韧斗争。

笔者倒是觉得，美国应该在中国问题上丢掉幻想。其幻想之一，要中国放弃根据本国国情确立的、14 亿人民衷心拥护的中国特色社会主义道路。幻想之二，离间百年来中国人民与中国共产党在革命战争时期和和平建设时期凝成的血肉联系。幻想之三，遏制中国日益走向辉煌的和平发展进程。君不见，正是在中国共产党领导下，如今创造了亿万人民脱贫的世界史诗般奇迹！而蓬佩奥之流叫嚣拼凑什么“反华国际联盟”，白日做梦，痴人说梦，业已彻底破产！

人们熟知，美国历届政府，无论是民主党人还是共和党人当总统，对中国一贯采取的是“遏制+接触”的政策。差别仅仅在于，有时两者并重，有时侧重某一方面。特朗普尤其强化遏制一面，对中国极限施压，甚至扬言要与中国彻底脱钩，事实证明这根本行不通。所以说，美国政府对华奉行“遏制+接触”政策，过去是、今后依然是一种常态。

我们从拜登的讲话中察觉到，他把中国定性为竞争对手，他的团队表示要重新审视和放弃贸易战，拒绝与中国脱钩的主张等等。有鉴于此，人们较普遍认为，与中国打了 40 年交道的政治家拜登，对付中国的手法将有别于奸商特朗普。日本有的媒体将其手法称作竞争与合作并举的“复合型战略”。笔者多年来一再提出这样的观点：竞争与合作如同一枚硬币，是两国关系的一体两面；从这个意义上讲，中美关系“不会回到过去”的含混说法，并非对两国关系未来走势精准的科学解读。

至于拜登将注重把昔日盟友联合起来对付中国，看来势在必行，它们之间存在不言而喻的结合点，的确会给我国增添麻烦。对此我们有过经历，心中有数。再说，美国的这些盟友毕竟有其自身的利益需要，不可能在任何时候、任何问题上都与美国亦步亦趋。奥巴马时期曾提出战略重心东移，打造“TPP”（跨太平洋伙伴关系协定，又称“经济北约”），意在结伙遏制中国。恰恰在此期间，中德、中法一直保持着比较正常的良好国家关系，英国与中国有过“黄金时代”。如今连美国反对欧洲国家与俄罗斯（拜登称之为美国的主要威胁）合作铺设“北溪-2”天然气管道，也无法得逞。德国总理默克尔就明确表示，德国支持“北溪-2”天然气管道项目的建造工作，并认为美国的制裁是不可接受的。

中国提出的与美国不冲突不对抗、相互尊重、合作共赢的倡议，是保证两国关系健康稳定发展的正确轨道。“和则两利、斗则俱伤”，是经过历史反复验证的真理。面对猖獗的新冠病毒疫情，中国的制度优势更加凸显。中国无意把自己的制度推销给别人，更没有取代美国世界地位的打算。美国唯一可选的出路，只能是同中国一道，践行平等互信、包容互鉴、合作互惠。

中美关系不会跟着任何幻想走。合作不可避免，竞争并不可怕，但合作要诚信，竞争要守规矩。拜登在总统竞选获胜后曾向美国人民呼吁“必须停止把对手当作敌人”。这个主张也应该适用于美国的对华关系。

最后，就拜登上台对我国的利与弊，谈几点结论性看法：

其一，拜登上台后从美国的利益出发，对华做法势必有所调整，恢复对话就算正常。美国对我将继续奉行“遏制+接触”的传统政策。不时强化遏制，在经济、科技、人权以及国际领域对我继续施压是必然的，不足为奇，关键首先是做好我们自己。我国与美国打交道今后依然是头等大事，美国主观上不肯宽容中国强势崛起，客观上却又不得不有限忍受。拜登上台后，两国关系仍将在胶着中曲折发展。

其二，中美关系并非取决于美国领导人的个性，但是也不要低估这一因素的作用。没有区别，就没有政策。既然拜登与特朗普之间存在某种差别，我们就应该区别对待，以争取对我最佳结果。当然，这并不意味着无端地迁就妥协退让。自从中国实行改革开放、经济不断腾飞以来，特朗普之前的美国几届总统虽然也都千方百计遏制中国，不时挑起事端，但也都还能坐下来对话，在台湾问题上没有冲破中美三个联合公报的底线。拜登上台后，台湾问题依然是两国关系中的一大焦点，只要我们把握原则坚定性与策略灵活性的巧妙结合，色厉内荏的美国在台湾问题上翻不了天。

其三，我国娴熟的多边外交会削弱甚至瓦解拜登联合盟友遏制中国的有效程度。特别是近年来由于特朗普实施“美国第一”和退群政策，使跨大西洋联盟的矛盾和裂痕加深。我与其传统盟友西欧几个大国尤其是德、法及东边的日本，保持并力求改善与发展关系，至关重要。

（载《中国战略观察》，2021 年 1—2 期合刊）

中俄关系在逆境中深化发展

中俄关系去年面临特殊挑战，一是新冠病毒甚嚣尘上且被政治化带进国际关系领域，二是特朗普搅乱了世界秩序。人们却喜见中俄关系经受住了严峻考验，获得新的发展。政治互信、经济互补、文化互通、军事互动和外交互商，这是中俄两国自建立战略协作伙伴关系以来并肩前进的轨迹。2020 年又呈现新风貌。

政治互信，这是根本。用两国领导人的话说，中俄在新冠肺炎疫情最艰难的时刻相互支持、相互帮助，为新时代中俄关系增添了战略内涵。拓展两国合作没有禁区，没有上限。

经济互补，这是基础。尽管新冠肺炎疫情给全球产业链、供应链造成一定冲击，但中俄贸易仍表现出较高的韧性。据初步统计，2020 年 1—9 月，中俄贸易额 788.43 亿美元，其中中国对俄出口为 358.87 亿美元，同比增长 0.1%；自俄罗斯进口为 429.56 亿美元，同比下降 3.8%。但随着人员和货物往来逐步恢复，两国贸易额仍加速回升。中俄农工产品贸易额前九个月比上年同期增长 9%，达到 38 亿美元。中方对俄医疗器械、纺织原料、电子电器等出口额上半年均实现两位数增长，自俄进口的能矿、农产品持续增加，俄首批牛肉已输华。两国首个合作建设的物流中心——别雷拉斯特物流中心去年 7 月底正式投入运营。尤其是，双方正在能源和其他经济领域实施一些大型合作项目。俄方还与中国以及中国公司华为在 5G 技术上开展合作。

文化互通，这是纽带。目前中国在俄罗斯的留学生 4.8 万人，俄罗斯在中国的留学生 2 万多人。另有 3.5 万两国公民参加了各种短期教育项目。文化艺术交流精彩纷呈。俄罗斯传统的全国“艺术之夜”活动已经举办八届，2020 年度的所有活动去年 11 月初以在线形式呈现。俄罗斯国民还可以从各地区展会和活动中在线了解中国文化。

军事互动，这是保障。双方定期举行海上和地面联合军演，不断交流军事建设领域最好的经验。普京总统强调指出，中俄在军事技术合作领域已达到很高的协作水平，最主要并非只是交流产品或买卖军事产品，而是交流技术。军事合作的另一重大举措是，双方签署了《关于延长 2009 年 10 月 13 日〈中华人民共和国政府与俄罗斯联邦政府关于相互通报发射弹道导弹和航天运载火箭的协定〉有效期的议定书》，延长十年。这体现了两国新时代全面战略协作伙伴关系的高水平和特殊性，表明了两国致力于共同维护全球战略稳定的决心。

外交互商，这是渠道。尽管受到新冠疫情和复杂国际环境的干扰，两国全方位的双边合作和在国际事务中的协作依然越来越紧密。中俄在联合国、上合组织、金砖国家和二十国集团等多边领域的协调形成合力，成效显著。

特别值得关注的是，这一年两国同心协力应对新冠肺炎疫情，俄罗斯坚决抵制美国特朗普政府离间中俄关系与拼凑“反华联盟”。

为克服新冠肺炎疫情影响，双方定期交流经验，利用远程交流的新形式，继续积极推进相关合作。俄罗斯反对特朗普在病毒问题上甩锅中国，普京总统曾明确表示“没有任何证据支持这种说法”。俄媒体也纷纷发表文章，通过中国与美国和欧洲国家的疫情形势对比，称赞和支持中国的疫情防控工作，认为中国应对新冠病毒更为成功，是由于中国政府有公信力，公民有责任感。

俄罗斯用一系列言行回应了美国政府的反华行径。针对特朗普想与俄罗斯联手把中国卷进《新削减战略武器条约》谈判，普京表示，如果要谈安全，要让中国加入该条约，就不应忘记英法也拥有核武器。针对美国退出《中导条约》的意图，俄外交部指出，如果美国在亚太等地区部署核导弹或常规导弹，俄方将迅速作出反应。针对蓬佩奥拼凑“反华联盟”的叫嚣，俄方发言人一再表示，打造“反华联盟”是企图离间俄中关系，中国是俄罗斯的伙伴，是彼此发展特殊伙伴关系的国家。

中俄全面战略协作伙伴关系在新形势下进一步增强，乃因植根于和平发展合作共赢的共识，基于践行互信、互利、平等、协商、尊重多样文明、谋求共同发展的“上海精神”。中俄关系还有很大的合作空间，这对于中俄两国和两国人民都是福音。

（载《环球时报》，2021 年 1 月 13 日）

美俄关系能够重启吗?

2021年1月26日美国总统拜登与俄罗斯总统普京通话，就今年2月5日到期的《新削减战略武器条约》延长至2026年2月5日，无附加条件达成一致。据报道，他们还讨论了双边关系发展和一些全球热点问题，其中包括两国在抗击新冠疫情和经贸等领域的合作、美国单方面退出《开放天空条约》、伊朗核问题全面协议，以及俄方有关召开联合国安理会五常峰会的倡议等。声明说，两国领导人同意继续保持“透明且持续”的沟通。于是，引起人们普遍感兴趣的问题是：美俄关系能够重启吗?

可是，到了3月初，情况骤变。3月2日，美国联合欧盟，利用俄罗斯反对派纳瓦内利被判入狱事件，强化了对俄罗斯的制裁。美国国务院、商务部、财政部分别发布对俄制裁措施：对俄罗斯7名高级官员实施冻结在美资产、限制发放签证等，其中包括俄联邦安全局局长、总统办公厅第一副主任、总检察长、国防部副部长；以“生产化学武器”等为由，把14家俄方企业、机构以及多家科研机构列入实体清单，实施贸易限制；禁止包括美国进出口银行在内的美联邦金融机构向俄罗斯提供贷款、信用担保或者其他财政援助；把俄罗斯列入国防产品和防务服务禁止国名单，禁止对俄武器出口，但不包括航天领域部分商业太空合作。此次美国对俄罗斯采取的制裁行动，被认为是拜登政府上台之后对俄罗斯实体及官员所采取的第一轮惩罚。美方还表示，将会加强与欧盟在对俄政策上的合作，这说明拜登政府打算以“强硬”政策的方式处理美俄之间的问题。

俄罗斯方面则发声反制。3 月 2 日当天，俄方全面回应美欧制裁，俄外长拉夫罗夫表示将对美欧进行反制裁，俄总统新闻秘书佩斯科夫说美欧对俄制裁不会达到目的。俄外交部发言人扎哈罗娃宣称，美方的制裁决定是荒谬的胜利，是一次敌意攻击，不会影响俄罗斯的政策。俄罗斯不会忍气吞声，会在互惠原则基础上作出反应，但反应无须对等，俄罗斯或将很快对美欧做出同等制裁。俄外交部网站称，美国政府“在国内问题上陷入困境，试图再次寻找外部敌人”，这种政策只会导致被美方带到冰点的俄美关系更加恶化。俄联邦军事技术合作局新闻处讽刺说，美方禁止对俄出口武器“令人不解”，美国从未向俄罗斯交付过任何武器，当然也没有类似计划。美国军事装备上一次运抵，还是在苏联卫国战争期间按照租借法案实施。俄外交部新闻发言人扎哈罗娃还表示，“俄罗斯的反制裁已经‘在路上’”。

值得注意的是，美国白宫发言人珍·普萨基 3 月 2 日在例行记者会上承认，最新制裁并非对付俄罗斯的特效武器，也不会结束美俄关系目前的困难局面。美方预期并准备好面对美俄关系接下来的挑战。“虽然我们在一些领域存在分歧，但在其他领域还是伙伴国”。她补充说，如果伊朗核问题谈判恢复，俄罗斯仍将是关键参与国之一。

从以上美俄双方制裁与反制裁的举措与言论可以看出，美国霸凌中留有一定余地，俄罗斯口硬行缓中包含着某种期待。尽管这类政治游戏在俄美关系中屡见不鲜，但毕竟使得两国关系如何重启变得扑朔迷离。

所谓关系重启，无非是指两国关系能否回到正常化以及如何走向正常化。从当今和平与发展的时代特征、经济全球化主流趋势、地缘政治因素、新冠病毒疫情肆虐以及美俄各自的复杂国情来看，美俄关系的重启将具有以下几个特点。

其一，重启的不可避免性。这是从原则意义上讲。冷战结束

30 年过程中，美俄关系时而比较正常，时而又趋于紧张。普京上台之初的 2001 年和 2002 年，俄美曾达成建立战略合作关系的协议，声称两国从此已不再是敌人，俄美关系将进入友好合作的新纪元。这样声言，是因为俄罗斯要走向振兴，需要与美国处好关系，而美国在军控、反恐等问题上也需要与俄罗斯合作。美俄关系后来恶化，主要由于美国肆无忌惮地把北约东扩进入到原苏联版图，并一而再地搞所谓“颜色革命”，格鲁吉亚和乌克兰完全被拉了过去。而 2014 年乌克兰危机又导致俄罗斯乘机夺回克里米亚，从此双方形成旷日持久的制裁与反制裁严峻局面。至于后来美国渲染大选中的“通俄门”，俄罗斯指责美国在俄策动骚乱，无非是由此派生出来的现象。

正如俄罗斯驻美国大使安东诺夫 2 月 19 日参加美国智库外交关系委员线上会议时所说，俄美关系正在经历有史以来最困难的时期之一，即使在有利的环境下也很难克服美国当局近年来做出的反俄决定所带来的后果。但俄方仍然希望改善与美国的关系，提高双方合作潜力。俄罗斯总统新闻秘书佩斯科夫也曾表示，只要美国有意愿，俄罗斯准备与美国总统拜登及其新政府进行对话，化解两国之间的重重分歧。这是代表普京总统伸出的橄榄枝。

其实美俄领导人心中都明白，两国关系僵局对彼此并没有好处，但又都要彰显强势，维护自己的尊严。不久前俄罗斯民意调查机构“社会舆论”基金会进行的民调结果显示，超过 60% 的俄罗斯人认为，俄高层应努力改善与美国的关系。可见，两国关系必须重启这条原则的基础并没有丧失意义，症结在于重启的气候与时机。

其二，重启的局限性。这是从活动范围来说。美俄之间的确存在着深刻的结构性矛盾。美国要维系全球霸主权势，俄罗斯要谋求世界大国地位，在欧洲、中东、非洲乃至拉美，彼此碰撞不断。这主要涉及地缘政治，与意识形态因素的关系并不大。

美国看透俄罗斯，军事上仍是“巨人”，经济上却是“矮子”，甚至认为俄罗斯在走向无可挽回的衰落。同时美国也承认，普京雄心勃勃，果敢刚毅，决不甘心受制于人。普京为了国家振兴，竭力确保国家统一、经济增速和政局稳定，而美国对俄政策恰恰是要破坏这三个方面。美国总想让俄罗斯顺从于它，分化瓦解、经济施压，最近又利用纳瓦利内事件，千方百计给普京制造麻烦。在当今重大国际事务中，如面对叙利亚局势、伊朗核协议乃至朝鲜核问题等等，美俄分歧严重。这些都使重启两国关系受到严重制约。

作为美俄关系改善的标志性成果，双方曾签署《反导条约》《中导条约》《新削减战略武器条约》三大军控条约。如今前两者已过期，仅剩今年2月到期的《新削减战略武器条约》获得延长五年。加之2020年11月美国正式退出《开放天空条约》，俄罗斯随后启动退出《开放天空条约》的国内程序，从而给带动双边关系重启的空间大为缩小。

其三，重启的可塑性。这是就发展前途而论。回顾冷战结束以来的三十年，俄美既在较量中合作，又在合作中较量，较量一直占据上风。经济制裁虽说给俄方造成严重困难，但并未伤筋动骨，更没有动摇普京较高的社会支持率。尽管美国千方百计唱衰对方、挤压对方，超级核大国俄罗斯仍拥有与美国平等对话的足够资本，否则美国怎么可能把俄罗斯称作“主要威胁”？

《华盛顿邮报》曾指出，美国对俄罗斯的这些制裁主要是象征性的。俄罗斯总统发言人佩斯科夫也说，这种制裁没有影响，也没有意义。拜登试图把联合欧洲作为对付俄罗斯的一张王牌，其作用当然不可小觑，但也有一定限度。北约与俄罗斯对峙，有时剑拔弩张，更多不过是显示自身的威慑力，也是迎合东欧某些国家的所谓安全需要，并无多大的实质性意义。西欧一些国家由于自身能源短缺，热衷于与俄罗斯联合铺设天然气管道“北溪二号”线，美国想打断却非易事。

面对俄罗斯强大的军事实力和中国经济的迅猛发展，拜登声称俄罗斯是主要威胁，中国是主要竞争对手。美国政府举起两个拳头打人，又试图离间俄中关系，非但无法得逞，反而增添了俄罗斯加强与中国全面战略协作以抵制美国压力的信心。

况且，世界在变，美国和俄罗斯自身也在变。美国国内的分裂状况治愈程度如何，俄罗斯反对派会形成什么气候，这类变化也会影响两国关系的重启。普京对拜登强调说，俄美在维护世界安全与稳定方面负有特殊责任，两国关系正常化符合两国乃至国际社会的利益，这是事实。至于新冠病毒疫情猖獗、气候变化、地区热点等等，无不涉及美俄自身利益，也会促使它们不得不共同面对。

前面提到俄罗斯驻美国大使安东诺夫参加美国智库外交关系委员线上会议的讲话，他在那里还说，不应对俄美关系快速改善抱有太高期待，现在对俄美关系做出任何预测都为时过早。前一句是大实话，后一句无非是外交辞令。就拜登未来四年的美俄关系，似可得出这样几点看法：其一，美国寄希望于针对普京的“颜色革命”是无法成功的，美俄两个最大的有核国家也不可能发生正面战争。其二，围绕克里米亚问题的争论难以休止，两国紧张关系势必持续下去。但拜登政府在不断向俄施压成效不大的尴尬局面下，或许不得不权衡利弊，寻求较为合适的脱身台阶，也为自己留下一笔说得过去的政绩，所以不排除在其执政中后期对俄关系出现间歇性的缓和迹象。其三，从长远来说，美俄之间对抗绝对没有出路，竞争与合作并存才是比较合理的常态，只是难以保持平衡，竞争可能处于高度，合作往往处于低度。

（载《国际网》，2021 年 3 月 18 日）

中美关系中的俄罗斯因素

最近一段时间，美俄关系特别紧张，制裁与反制裁加码，相互驱逐外交官成为热门话题。俄罗斯联邦安全会议副主席梅德韦杰夫 2021 年 4 月 23 日称，近年来俄美关系实质上已重回冷战时代。西班牙媒体也发文指出，如今的美俄关系已经陷入了 41 年（苏联入侵阿富汗）以来最糟糕的时刻。微妙的是，拜登总统却在气候峰会上两次称赞普京总统作出的贡献，并约定两人 6 月会面。

人们不免产生联想，美俄之间如此眼花缭乱的较量，对于纠结中的美中关系有何启示与影响？

中美关系中确实存在着俄罗斯因素。美方与中方对待俄罗斯的心态是不一样的，因此俄罗斯因素对于美中双方的效用也是不同的。

中俄彼此都希望成为好邻居、好伙伴，原因是两家都在集中精力治理和振兴自己的国家，都需要有一个安全的国际环境。因此，自苏联解体、俄罗斯独立以来，双方一直在协同努力，相向而行，不断增进合作。其主要标志性成果，一是 1996 年 4 月结成了平等互信、面向 21 世纪的战略协作伙伴关系。二是同年 4 月共同发起建立上海五国机制，并于 2001 年 6 月转变、发展为上海合作组织。三是于 2001 年 7 月签订了《中俄睦邻友好合作条约》。此外，两国还在联合国以及金砖国家、20 国集团等国际组织框架内，协调行动，推进世界和平与发展事业。

值得重视的是，中俄将 20 世纪 60—80 年代两国之间摩擦、对抗的历史教训，转化为当今平等互信、包容互鉴、合作互惠的精神财富。两国始终秉持不结盟、不对抗、不针对第三国的原则，也就是说，中俄关系的发展和巩固不存在针对美国的命题。

在美俄关系延续过程中，俄罗斯因素对中国的影响并无特殊可言。本世纪初面对恐怖主义猖獗，美俄两国一度曾密切关系，相向而行，中国认为这有助于世界和平与发展，不存在顾忌。后来美俄关系越来越变成相背而行，以至于今天势不两立，中国不认为这对于各自国家和世界是什么好事。美国上届特朗普政府试图借助示好俄罗斯来遏制中国，俄罗斯也没有上当。

从目前拜登政府的现行政策来看，对俄罗斯态度似乎更趋强硬，但面对刚强不屈的普京却又显得无可奈何，不得不时而说一些模棱两可的降温话语。拜登对华政策似乎在做某种微调，却又不足以说明是要从根本上吸取特朗普对华愚蠢做法的教训。显然，拜登政府在处理对华关系时并非不考虑俄罗斯因素，而是自视太高，远未清醒，还想拉开与特朗普对俄政策的距离。

中国与美国对待俄罗斯因素截然不同的态度，酿成的结果是中国借助了俄罗斯因素正面、积极的作用，而美国却不得不吞下俄罗斯因素负面、消极作用的苦果。

如今国际上涉及中美关系中俄罗斯因素的说法纷纭，突出的有两点。

有人说，美俄之间的敌对已经持续数年，两国矛盾难以化解，有可能发生一些擦枪走火事件，乃至有可能打响牵连中国的核武战争。此说虽有敲响警钟之意，但未免危言耸听。人所共知，美国和俄罗斯都拥有数千枚核弹，发生核战争意味着什么？能拿人类生命当儿戏吗？毁灭对方与毁灭自己有何差异？

有人说，美国的做法会推动中俄结盟。值得美国关注的并非中俄是否结盟，而是美国双拳打人的反作用。当今中俄之间的全面战略伙伴关系，其深度和意义远胜于人们习惯说的所谓结盟关系，不会受美国左右。俄罗斯总统普京 2020 年 10 月 22 日在瓦尔代国际辩论俱乐部年会上所说，俄中在理论上存在建立军事同盟的可能性，同时说明，俄中两国战略互信和协作水平已经达到相当高度，双方原则上并不需要这样的同盟。这些是实话。

笔者想就中美关系中相关的俄罗斯因素，提出几点看法。

其一，中美俄三者关系的发展趋势与特点的确不同。这不仅基于各自国情的差别，更取决于当局奉行的方针政策，取决于政治意愿或者说政治互信。美俄关系不取决于中国因素，中美关系也不取决于俄罗斯因素。

其二，中俄倡导并践行“互信、互利、平等、协商、尊重多样文明、谋求共同发展”的“上海精神”。这意味着中俄都不会成为对方与美国发展关系的障碍。

其三，处理好大国关系，决定性因素在于首先做好自己。所有大国都应摆正自己的位置。相互之间应该平视，而不是俯视或仰视。冷战思维、零和理念在当今时代都不可取。

（载《中国战略观察》，2021 年 5—6 期合刊）

第四部分

俄罗斯内外政策与国际组织

回应普京战略趋势“八问”

以 2014 年 2 月 18 日基辅广场事件为标志，乌克兰危机持续百日之久。引起人们关注的不仅是乌克兰局势本身，而且更大程度上是危机背后的俄罗斯与西方大国的关系尤其是俄美关系，并由此产生普京会不会调整战略的问题。

首先要弄清什么是普京的战略。他的有关长篇论述无法引证，这里只选择几段也许尚算切题的话。早在叶利钦宣布辞退由普京接任之初，普京于 1999 年 12 月 30 日发表了一篇著名的纲领性文章《千年之交的俄罗斯》，那里指出：“俄罗斯过去是，将来也还会是一个伟大的国家。它的地缘政治、经济和文化的不可分割的特征决定了这一点。……当今世界上一个国家的实力与其说表现在军事方面，不如说表现在它能够成为研究和运用先进技术的领先国家，能够保障人民高水平的生活，能够可靠地保障自己的安全和在国际舞台上捍卫国家的利益。”时隔 14 年，他在 2013 年 12 月 12 日致联邦会议国情咨文中指出：“俄罗斯的责任不仅是成为全球和地区的保证之一，也要一贯地维护自己的价值观，包括在国际关系领域”；“我们不侵犯任何人的利益，不强迫任何人接受庇护，不打算教任何人如何生活。但我们要争取成为领袖，捍卫国际法、敦促尊重国家主权、独立和各民族的多样性”。①

① 普京：《普京文集 2012—2014》，北京：世界知识出版社，上海：华东师范大学出版社，2014 年版，第 520—521 页。

笔者曾就普京的治国方略亦即战略构想，归纳为这样 10 句话：以国家利益为核心，以强国富民为使命，以经济发展为前提，以民族精神为动力，以强有力政权为依托，以团结全社会为手段，以历史教训为借镜，以选择适合国情道路为方向，以优化外部环境为条件，以重振大国地位为目标。

上述文段堪称普京战略的核心内容，应该一以贯之体现于他所承诺的“给我 20 年，还你一个强大的俄罗斯!”口号之中。如今人们提出，在经历乌克兰危机之后，普京会不会调整战略，且议论纷纭。看来这与澄清以下八个问题密切相关。

第一，乌克兰危机带来新冷战吗？

有人说，克里米亚并入俄罗斯将引发与欧美间在政治、经济、军事上的全面冷战。也有人说，冷战根本就没有结束。

冷战一词有特定的涵义。它指的是从 1947 年杜鲁门主义出台至 1991 年苏联解体期间，以美国为首、由北约支撑的西方集团与以苏联为首、由华约支撑的东方集团两者之间存在的长期政治（包括社会制度与意识形态）和军事对峙局面。这段时期虽然分歧和冲突不止，但彼此都竭力避免世界大战，其对抗往往表现为局部代理人战争、科技和军备竞赛、外交角斗等“冷”方式。

新冷战的说法并非自今日始。早在北约东扩、科索沃战争、伊拉克战争、美国在原苏联版图推行“颜色革命”、俄罗斯与格鲁吉亚武装冲突、美国在东欧部署反导系统以及叙利亚事件等发生时，就曾广为传播，人们耳熟能详。

乌克兰危机发生后，俄美总统都曾对新冷战说法表示异议。普京说：“我不认为这是新冷战的开始，这对任何一方都没有好处，我相信冷战不会发生。”（5 月 24 日在康士坦丁国家会议宫接受外媒采访时的谈话）奥巴马说：“这并不是另一场冷战。毕竟，俄罗斯不同于苏联，并没有领导任何国际集团，也没有主导全球意识形态。”（3 月 26 日在布鲁塞尔美术宫发表关于美欧关系的演讲）媒体也有此议，如美国外交学会网站 3 月 21 日文章，说俄罗斯与西方面临的不是冷战局面，乌克兰问题并非全球范围内的大国间地缘政治竞争，只是地区性问题。

诚然，冷战思维至今仍有市场。有霸权主义，就有冷战思维。乌克兰危机并非终点，不排除今后还会发生让人产生冷战联想的局面。但经济全球化之“热”，毕竟与冷战之“冷”难以兼容。

第二，克里米亚“回归”改变世界地缘政治吗？

正当乌克兰危机激化、3 月 16 日克里米亚举行公投的时候，莫斯科卡内基中心于 3 月 19 日发表评论，率先提出国际舞台上的新对抗时代已经来临，俄罗斯与西方关系恢复正常的基础已经不复存在。法国《费加罗报》4 月 21 日文章也宣称，克里米亚归俄使得“全球平衡遭到破坏”。这些言辞，源于对乌克兰危机影响力的过度判断。

应该承认，如果说苏联解体是一次特大地震，那么乌克兰危机则是苏联解体的余震。这种余震几乎从未间断过。2008 年俄罗斯格鲁吉亚军事冲突以及南奥塞梯和阿布哈兹宣布独立，就是影响较大的余震。鉴于克里米亚归俄是苏联解体的延续，可视之为原苏联版图地缘政治的变动，最多说欧洲地缘政治的变动，谈不上某些媒体所渲染的冷战结束后世界地缘政治的大变动或者正在打乱国际秩序。这次乌克兰危机之影响，暂时大于长远，政治大于经济，地区大于全球。

乌克兰危机的国际影响，概言之：其一，独联体一些国家的疑虑增多，普京构建欧亚联盟会遇到新的难题。美国外交学会网站 3 月 21 日文章说，普京采取的领土收复主义会在俄罗斯族人不占多数的俄联邦地区点燃分裂主义火焰，则言之过分。其二，俄罗斯与美国关系又一次受重创，修复起来需要较长的过程。其三，俄罗斯与欧盟的关系紧张一段之后，会在不同层面上逐步调整。其中与东欧更多是安全因素引起的政治关系，与西欧主要是发展因素引起的经济关系。其四，俄罗斯与中国关系将更加紧密。这已被普京6月访华双边关系取得的巨大成果所证实。

第三，普京想分裂乌克兰吗？

有人说，俄罗斯绝对不会允许一个亲西方的乌克兰出现，甚至会不惜以分裂乌克兰为代价。乌方也曾多次指责俄罗斯试图在吞并克里米亚之后再划走乌克兰一块领土。这些话多少是在赌气。

俄罗斯关于乌克兰的底线基于两点：一是要乌搞联邦制，二是乌不能加入北约。俄外交部4月7日声明具有代表性："俄方不止一次地指出，不在乌克兰进行切实的宪法改革，在宪法改革框架内通过联邦化保证乌所有地区的利益、保持其不结盟地位和巩固俄语的特殊作用，就很难指望乌克兰实现长期稳定。"乌克兰新总统波罗申科已明确表示可以放权，但不同意搞联邦制；对于加入北约，态度较为慎重。

乌克兰东部地区几个州工业发达，地位重要。在乌当局得到西方支持大力"反恐"的背景下，顿涅茨克州和卢甘斯克州于5月11日举行了关于独立问题的公投，宣告成立"顿涅茨克人民共和国"和"卢甘斯克人民共和国"。俄罗斯表示尊重乌东部两州公投结果，多层含义，既显示尊重本国人民意愿、维护国际法的姿态，又为日后应对可能发生的突变埋下伏笔。

地缘因素和历史因素决定了乌克兰不可能完全倒向欧盟或俄罗斯任何一方，独立自主、"骑墙"中立才是乌克兰的最佳选择。这已成为包括美国高层智囊如前国务卿基辛格、前国家安全助理布热津斯基等人的共识。

与欧盟建立联系国的经济关系与加入北约的军事关系毕竟不

同。对于前者，俄罗斯设法抵制，尽量削弱；对于后者，俄罗斯坚决反对，绝不容忍。俄罗斯拥有制约手段，例如天然气供应。尽管如此，欧盟将于6月27日与乌克兰签署联系国协定剩余条款，包括双边全面深入自由贸易区协定，已征得普京同意。可是，乌克兰若加入北约，那只能给国家带来极大灾难。

第四，普京战略将“彻底向东”吗？

面对美国和欧盟的经济制裁，俄罗斯采取不屑一顾的态度，甚至认为制裁可能更有利于本国国民团结和经济发展。但也不要低估制裁给俄带来的损害。俄官方承认，制裁若升级，将摧毁三分之一的卢布价值，财政与货币政策十年的进展将毁于一旦。今年前三个月俄900亿美元资本外逃，高于2013年全年的630亿美元（俄外汇储备为4,900亿美元）；俄今年GDP增长预测仅为0.2%等等。俄第一副总理舒瓦洛夫承认，针对俄罗斯的隐形制裁可能比公开宣布的制裁更可怕。

于是有人提出，俄罗斯今后要“彻底向东”。俄应该彻底放弃对西方国家残存的幻想，下定决心战略东移，与亚洲的中国、日本、韩国、印度、印度尼西亚等国家建立更加紧密的经济联系，尤其是中国。这些话有一定道理，但也未免把俄罗斯与西方经济关系的恶化说绝了。

从七国集团（G7）领导人6月4日发表的声明来看，虽继续“警告”俄罗斯，但同时留有对话余地。在诺曼底，普京仍与西方大国领导人举行了“建设性”的双边会谈，虽然时间短暂。德国《明镜》周刊6月6日文章用语幽默，说在法国，G7似乎又回到了G8，俄罗斯总统刚被G7赶出门，现在又被西方“追求”。

俄罗斯作为一个欧亚大国，不会放弃全方位外交。俄原已存在亚太战略。这在2013年普京总统国情咨文中说得很明白：“俄罗斯转向太平洋和我们远东地区的迅猛发展，不仅能为我们的经济提供很多机遇和新天地，还为贯彻积极的对外政策提供了新的手段。”[①]往日苏联历届领导人都一再强调必须开发西伯利亚和远东地区，否则谈不上国家富强和振兴。其实总是知难而退。今后的俄罗斯，就不能不动真格了。

第五，北约与俄罗斯不再存在“伙伴”关系吗？

北约是冷战时期的产物，理当随着华约解体而终结。但却反其道而行之，造成恶果累累。北约东扩，意在挤压俄罗斯的战略空间。双方曾谋求改善关系，也有过实际步骤，几起几落、反复无常。

2002 年 5 月 14 日，北约 19 个成员国外长和俄外长在冰岛首都雷克雅未克举行北约-俄罗斯常设联合理事会会议，通过了建立双方新型关系的文件，以北约-俄罗斯理事会取代北约-俄罗斯常设联合理事会，以平等合作的“20 机制”取代“19+1 机制”，并在军控、打击恐怖主义、处理地区危机等领域以“平等的伙伴关系”进行合作。

2008 年 8 月俄格冲突发生后，北约冻结了与俄的政治接触和军事合作，关系随之中断。2009 年 6 月 27 日，俄与北约在希腊举行部长级磋商，决定恢复双方政治与军事合作。同年 12 月 4 日，俄罗斯-北约理事会大使级会议在布鲁塞尔举行，确定下一步军事及政治协作计划，并商定在俄罗斯-北约框架内建立专门的阿富汗工作组，声称“俄与北约将不再相互视为威胁”。在 2010 年 4 月 19 日举行的俄罗斯-北约理事会大使级例行会议上，双方除了讨论美国在欧洲部署战术核武器问题外，还介绍了各自的新军事战略学说，意味着彼此政治对话上升到新的更高水平。2010 年 11 月 1 日俄罗斯外长拉夫罗夫说，“莫斯科不觉得北约

---

① 普京：《普京文集 2012—2014》，北京：世界知识出版社，上海：华东师范大学出版社，2014 年版，第 520 页。

还在把俄罗斯当作敌人”。2011 年 5 月 19 日北约秘书长拉斯穆森说：“我们的目标是在北约和俄罗斯之间发展真实的战略伙伴关系。”

俄罗斯与北约关系是随着俄美关系变化的。上述扭曲现象，在乌克兰危机之后还会延续。

第六，普京还想构建欧亚联盟吗?

实现克里米亚“回归”，是俄罗斯在这次乌克兰危机中的最大受益。西方实际上默认既成事实。但俄罗斯将为此付出代价，尤其在独联体内留下阴影。

在联大就乌克兰问题表决时，哈萨克斯坦和土库曼斯坦投弃权票，塔吉克斯坦、吉尔吉斯斯坦和乌兹别克斯坦未参加投票。哈与俄最为亲近，总统纳扎尔巴耶夫 4 月 18 日发表谈话称，要从乌克兰事件中记取教训。哈不能不从克里米亚事件产生联想，因其北部和东部各州也是以俄罗斯族人为主。

吉尔吉斯斯坦承认克里米亚 3 月 16 日公投结果的合法性，却避谈并入俄罗斯的合法性。塔吉克斯坦未回应俄方表示的两国“对乌克兰事态立场一致”。乌兹别克斯坦强调“对乌克兰事态可能对该国主权和领土完整造成现实威胁，表示极为担忧”，呼吁“不要以武力或使用武力威胁任何国家的领土完整和政治独立”。

普京首任总统后于 2000 年 7 月 8 日发布题为《俄罗斯国家：强国之路》的国情咨文，称“俄罗斯唯一的选择是做大国”。此为何意？这在 2012 年他再次当选总统前提出的欧亚一体化构想中得到诠释。欧亚一体化分四步走：即海关联盟、共同经济空间、欧亚经济联盟直到欧亚联盟。

如今俄、哈、白俄签署了经济联盟。据国际文传电讯社 6 月 11 日消息，白俄罗斯外长马克伊称，签署欧亚经济联盟条约是迈出的积极一步，但白俄并未感到“心情愉快”，主要是所签署条约的内容并不完全是三方先前申明的内容。该条约将没有任何限制和例外规定，但所签条约在电力、石油、天然气、药品、医疗用品、汽车运输、服务等诸多领域存在限制和例外规定。

乌克兰当局在危机时刻曾提出考虑退出独联体，这是报复俄罗斯的一着狠棋。果真如此，普京设想的欧亚联盟将是一只“跛脚鸭”。不过，乌克兰要退出独联体，不能不考虑自身将为此付出高昂代价。

从几个国家的经济联盟到整体的欧亚联盟，“路漫漫其修远兮”！

第七，俄美关系会决裂吗？

苏联解体22年多来，美俄之间一直在合奏《较量》交响乐，其主旋律就是“难得互信”。

关于俄美关系曲折历程，不必细说了。俄美关系不可能走向决裂，从长远看，还得逐步有所调整、有所缓解、有所改善。原因是：其一，美俄各自的国家利益都需要良好的相互关系。双方都需要在伊朗和叙利亚问题上，在全球反恐问题上，在削减战略武器和防止核扩散等问题上合作。乌克兰危机发生后，美俄太空合作并没有被取消，美国军方自1995年以来使用“宇宙神-5”2型运载火箭的发动机为俄罗斯制造，也不可能放弃。普京依然被邀请去法国出席了6月6日的盟军二战诺曼底登陆70周年纪念活动，并与奥巴马见面交谈。其二，俗语说“以牙还牙，以眼还眼”，事情总要有个“度”。“斗则两伤、和则两利”，对此美俄领导人都心知肚明。其三，冷战结束以来美俄关系一波三折，声称“新型战略关系”有之，剑拔弩张亦有之，从来没有过“风调雨顺”，最终还是要坐到谈判桌上来。骤然变暖的权宜性、不时降温的必然性和冷暖之间的相对性，几乎成为俄美关系的发展轨迹。

乌克兰危机发生之后，俄美领导人在逞强好胜的同时，也不乏谋求与对方改善关系的用意。今年1月17日普京在索契接受媒体采访时，讲了一大段要和美国改善关系的话。奥巴马何尝不想朝向有利于本国的方向改善美俄关系？他的相关言论，只是时间早晚，我们不妨拭目以待。

第八，中俄会走向结盟吗？

俄罗斯与美国等西方大国关系紧张的同时，与中国的关系亲密度进一步上升。普京5月20日起对中国进行两天国事访问并出席在上海举行的亚信第四次峰会，尤其是中俄就长期天然气合作签订了价值4000亿美元的大单，受到国际社会的高度重视。中俄的一系列影响全球的战略合作，引发世界上不少国家的敏感反应，于是俄中是否结盟的话题又被一些媒体热炒。

法新社今年5月18日引述专家的话称，目前俄中两国的政治合作已经达到顶峰，只差签署联盟条约了。日本外交学者网站5月30日刊登题为《中俄正在走向正式联盟吗？》的署名文章，旁征博引，高谈阔论。据俄罗斯《剖面》杂志5月20日报道，俄国际关系学院沃斯克列先斯基教授认为，中俄能否结成联盟，特别是军事联盟的问题，根本不在议事日程之上。

这里让人记起一些报刊关于中俄是否结盟的讨论。影响较大的是2012年3月10日《环球时报》为一次研讨会开列的标题：“中国不能孤独对抗美国 中俄军事结盟势在必行”。有的说结盟还是不结盟，绝不应成为一成不变的教条。有的说，中国恐怕要采取比较灵活的方式处理联盟问题。有的说，我们必须要考虑结盟问题，否则在今后的战争当中，无论政治对抗，还是军事对抗，光靠单打对付美国构建的全球联盟网，我们根本不可能战胜。这些说法曾引起社会舆论的广泛非议。

应该承认，尽管俄罗斯与美国曾提出构建新型战略关系，中国与美国正提出构建新型大国关系，但是美国对中国和对俄罗斯采取了相似的“接触+遏制”的政策。美国成为导致中美关系在曲折中发展、俄美关系在较量中发展的主要矛盾方面，从而也促使中俄关系越来越紧密。

中俄关系的前提是维护自身的国家利益同时尊重对方的国家利益，基础是平等互信、包容互鉴、合作共赢，原则是不结盟、不对抗、不针对第三国。经过双方的共同努力，如今形成了被称作大国关系典范的全面战略协作伙伴关系。

（载《当代世界》，2014 年第 7 期）

如何看待普京的保守主义?

命题的依据大概是普京自己说过他是“带保守主义倾向的务实主义者”。先看看普京当政14年来的言论和作为，再评说他奉行的什么主义，避免抽象化。

一、从俄罗斯所处的历史时期来看

我们面对的俄罗斯，改革始终在曲折中发展，道路一直在碰撞中探索。俄罗斯能否增强综合国力从而走向振兴，主要看经济形势；俄罗斯的发展道路是否选择得当，关键在普京时期。

普京再次担任总统之后，“新普京时代”的说法大为流行。2012年2月经济管理出版社出版了以《新普京时代》为题的集体撰写的专著。2012年3月9日《环球》杂志发表题为《俄罗斯进入新普京时代》的文章。与此同时，“新普京时代的俄国可能走势”“新普京时代的基本政策走向”“新普京时代的俄罗斯未来发展”“新普京时代下俄罗斯外交战略浅析”“新普京时代危机征候与治理选择”“新普京时代，俄罗斯能否成为超级大国?”等提法，不一而足。

我认为，自从苏联解体、俄罗斯独立以来，经历着“破、乱、治、兴”的过程，体现为两个时代。一是叶利钦时代，其主要标志是破和乱，尽管也力求治理，但力不从心。二是普京时代，其主要标志是治和兴，尽管还处于从治向兴的艰难过程之中。梅德韦杰夫担任总统的四年，仍是普京充当主角，构不成梅德韦杰夫时代。因此，从进入21世纪以来，俄罗斯就是处于普京时代，从中可以划分为几个时期或者阶段，但并无普京新旧时代之分。

二、从普京所说的“国家方针”来看

我把它归纳为三个方面。其一，治国方略：以国家利益为核心，以强国富民为使命，以经济发展为前提，以民族精神为动力，以强有力政权为依托，以团结全社会为手段，以历史教训为借镜，以选择适合本国国情道路为方向，以优化外部环境为条件，以重振大国地位为目标。其二，基本路线：以维护政局稳定、保持社会和谐为基本目标的“可控民主”，以注重效率、兼顾公平为基本特征的社会市场经济，以“平衡性”为基本指导原则的全方位外交。其三，价值观：普京曾将“爱国主义、强国意识、国家作用和社会团结”列为俄罗斯价值观的四点内容。从意识形态角度。还可以进一步说，他把当今俄罗斯社会存在的三种主要思潮——自由主义、社会主义和民族主义加以融合和取舍，有所选择、有所侧重地运用于经济、政治和外交领域。以上这些，构成了普京道路或者说普京主义的特点。

前些年在国务院发展研究中心欧亚发展研究所年会上，经贸大学秦宣仁教授要我回答：“普京是不是一个机会主义政治家?”我即席解读为：他是一位善于抓机会而不谈主义的政治家。

三、从普京与俄共的关系看问题

普京在与俄共的关系中，包含着斗争、合作、利用三种因素。斗争，那是因为政治思想路线和具体方针政策的某些方面存在着差异。合作，因为彼此存在着许多共同点，即在国内主张政局稳定，民族关系和谐，致力于发展和振兴经济，提高人民生活水平；在国际上维护和增强俄罗斯的大国地位，反对任何外来势力的侵害。利用，即相互借重，因为双方都懂得，任何摩擦、对抗都会造成政局动荡，对哪一方都不利。俄共前副主席库普左夫曾当我们的面说过，普京拿走俄共许多主张，俄共这个反对派不好当。事实是，普京愈是成功，俄共的社会基础愈是缩水。个人13年前还曾在《现代国际关系》2001年第6期公开发表文章称，看来，普京和俄共越是从俄国家利益和人民意愿出发，来制定自己的战略和策略，就越有可能增加和扩大彼此之间的共同点。两者的根本结合点将是经过相互制约，选择一条适合俄国情的发展道路。因此，随着时间的延续，不排除出现一种非常值得注意和研究的新现象，那就是不以人们意志为转移的、相互交织和渗透的俄共普京化与普京俄共化。

四、从普京采取的路线性质来看

在国际共运历史上，“中间路线”往往被看作是机会主义、修正主义的同义语。其实，相对于历史上的极左路线（绝对坚持苏联模式）和剧变后的极右路线（无条件照抄西方模式）来说，“中间路线”可能恰恰是从本国国情出发的一种正确选择。马克思主义的口号是既要反右，也要反左，党中央还提出，既要防止右，更要警惕左。“三个代表”思想好就好在“代表最广大人民的根本利益”，左和右都无法代表“最广大”，而只能维护“一小撮”。在当今世界，中间路线往往可以表述为“第三条道路”。任何一种社会管理模式，都在寻求足以体现其最佳效果的办法，这就是对于各自历史而言的“第三条道路”。社会主义也不会例外。广而言之，在和平与发展时代主题中，乃至在国际上普遍认同的“共处”“对等”“互惠”“双赢”等原则中，处处时时闪耀着“中庸之道”。普京执政以来之所以比较成功，说明他选择了“中间路线”。可惜，人们在评论这一点时，心怀疑虑，往往带着贬义。本人（2003 年）曾将普京与其前任的差别作了这样的归纳：注重国情而不硬套西方模式，举措果断而不刚愎自用，稳中图进而不反复无常，力戒动荡而不恣意树敌，头脑清醒冷静，手法柔中有刚，尽管经济政策运作中仍有摇摆现象，处理对美关系中有时显得豪气不足（这一方面如今有明显进步！）。

普京对苏联解体的看法也足以说明他坚持中间立场：“谁不为苏联解体而懊悔，谁就没有良心；谁想回到过去的苏联，谁就没有头脑。”

五、从普京的外交“平衡性”方针来看

普京外交政策平衡性包括在全球范围内实行欧亚平衡，在西方实行欧美平衡，在亚洲实行中国印度平衡，在朝鲜半岛实行韩国朝鲜平衡等若干层次。（其态势大致是：第一，俄与独联体的关系在其外交蓝图中的地位更显突出，俄对独联体其他国家的关系被看作是“外交中的内政，内政中的外交”。第二，在对美国和西欧的关系中，将排序作了调整，现将西欧放在了前头。第三，对亚太地区特别是对中国、印度、日本、朝鲜半岛和东盟国家，外交势头空前加强。第四，俄对非洲和拉美国家的外交也在有重点地扩大，手段趋于灵活）。当然，欧亚相比，欧洲排序毕竟在前，这也就是普京所说的俄作为一个欧亚大国，首先是一个欧洲文明国家的缘故。所以，从具体运作来看，俄外交政策平衡性中仍会有所侧重。

六、从普京处理对中国的关系来看

所谓中俄新型关系，概言之，就是两国有着共同的利益、相似的目标、对世界形势非常接近的认识以及对和平稳定国际环境的一致渴求，而并非取决于社会制度和意识形态的异同；双方都愿意把和平共处五项原则作为处理两国关系的惟一基础，在保持不结盟、不对抗、不针对第三国的前提下，决心成为平等互信的好邻居、好朋友、好伙伴，以求世代睦邻友好，共同发展繁荣。

中俄两国历届领导人都曾称赞俄中关系是大国关系的典范。本人的理解是：1. 不结盟而又实行战略协作；2. 关系密切而不存在依附性；3. 维护各自尊严和利益而无颠覆对方之心；4. 有利益分歧而能通过平等协商解决；5. 根据是非曲直处理国际事务而不搞双重标准。6. 都要与美国发展关系而又都反对单边主义；7. 都推进世界多极化而不谋求世界霸权。应该说，俄中关系体现了大国之间良性互动的规律性。这个规律由起点、过程和结果三个环节构成。起点：维护各自的国家利益，但必须同时尊重其他国家的利益，两者缺一不可。过程：竞争与合作同在，摩擦与妥协并存，竞争要守规矩，合作要诚信，摩擦不要导致对抗，妥协要适度。结果：双赢、共赢，而不是任何单方面获益。

党的十八大报告中提出的“包容互鉴，平等互信，合作共赢”，在中俄关系中得到较充分的体现。

综上所述，是否可以把普京自己说的他是“带保守主义倾向的务实主义者”（而不是“带自由主义倾向的务实主义者”）解读为更多考虑俄罗斯的传统和国情又要面对现实世界与时俱进，美言一下，用我们惯用的话说，他是试图将本国国情与时代特征相结合。普京清楚，戈尔巴乔夫严重的自由主义、叶利钦以激进方式表现的自由主义乃是“前车之鉴”。普京与中国堪称“志同道合”。如果给他加上的帽子不当，无异于在说我们自己。

这里介绍一下普京上台之初，2000年下半年我在与中国社科院两位同志合写的一本书《普京：能使俄罗斯复兴吗?》结束语：

20世纪，一位47岁的小个子弗拉基米尔——列宁，领导布尔什维克党，通过武装起义，打破并着手改造一个旧俄国，结果以其开拓性的辉煌载入人类史册。

21世纪，又一位47岁的小个子弗拉基米尔——普京，在尚未形成自己政党支柱的条件下，试图整治和改造一个“乱”俄罗斯，结果会谱写怎样的篇章，人们将拭目以待。

（2014年2月20日在一次研讨会上的发言要点）

俄罗斯局势及其对外关系几点评析

俄罗斯局势与中俄美关系是人们普遍关注的问题，尤其在乌克兰危机发生之后。本文侧重从主要方面谈几点看法。

一、俄罗斯局势与中俄关系要放在全球背景下来观察

一是世界政治格局在变，突出的是“一超”美国实力下滑与维护其世界霸主地位的图谋反差越来越大；二是经济全球化态势在变，自从全球金融危机发生以来，八国集团的作用逐渐被20国集团取代，其中金砖国家的地位凸显；三是世界安全环境在变，“伊斯兰国”的出现与膨胀（11月17日库尔德高层称“伊斯兰国”已拥兵20万之多）使得反恐更加艰难。这三大领域的变化都与俄罗斯有着直接的牵连，而中俄关系的发展又会在很大程度上影响世界战略形势。

二、盘点俄罗斯2014年局势，或利或弊，有不少新动向

一是“创收”。美欧心怀叵测却弄巧成拙，让俄罗斯拿回了克里米亚。再加上成功举办索契冬奥会，普京总统的社会支持率飙升。克里米亚从1954年赠给乌克兰到2014年回到俄罗斯，整整60年，中国话叫做“甲子轮回”。

二是“创伤”。西方制裁步步升级，俄罗斯经济严重受损。卢布贬值（卢布汇率年初1美元兑换31卢布，现在1美元兑47

卢布，贬值20%以上）、资金外逃（俄有4,400多亿美元外汇储备，外逃1,200亿美元）、经济下滑（今年俄GDP增长0.5%—0.6%）等等，已成定势。不过，制裁的严峻程度是一回事，普京能否顶住则是另一回事。况且制裁是一把“双刃剑”（据11月30日信息，油价降低使俄罗斯每年损失1,000亿美元，而西方国家因乌克兰危机对俄进行制裁也使其损失400亿美元），西方国家业已自食恶果，日子也不好过。如今彼此较量的是耐力和韧劲。

三是“创始”。作为欧亚经济联盟的核心部分，俄罗斯、白俄罗斯和哈萨克斯坦于5月29日签署相关条约。这是构建欧亚联盟的重要一步，尽管存在诸多未知数，尤其是乌克兰危机给普京总统的原先构想出了大难题。

四是“创新”。这主要表现在俄中战略协作的内容越加丰富。两国继签署了东线长达30年（10月13日李克强总理访俄双方决定延长10年）的天然气合作协议之后，西线的天然气合作又开始启动；被称作“开放式创新”的2014浦江创新论坛10月25日在上海举行，两国还将在近期签署国际信息安全领域合作的协议等等。正如普京总统11月6日接受中国主要媒体采访时所说：“今天，我们的关系达到了平等互信的全面战略协作伙伴关系的新水平。”

三、乌克兰危机致使俄罗斯成为全球关注的焦点

针对普京总统的豪迈口号“给我20年，还你一个强大的俄罗斯!”美国等西方国家的潜台词则是“不用20年，要让你俄罗斯既乱又衰”，从而对俄步步紧逼，采取了弱化其综合国力、挤压其战略空间的方针。它们以为在乌克兰挑起事端，对俄足可“牵一发而动全身”，于是制造了乌克兰危机。普京的“强硬”，其实是强烈爱国主义驱使，这既有民族团结的社会支撑，很大程

度上又是被西方“逼”出来的。普京原本希望与美国建立和发展正常的合作伙伴关系，这有充分的历史见证。“给我20年”旅程已过半，普京不无焦急。转型过程中的俄罗斯，特别是在2014年，政治经济总是不平衡。目前政局稳定（议会四大党空前团结），而经济却遇到巨大困难，普京依然信心十足，毫不示弱，一再放言美国休想制服俄罗斯。最近普京又被美国《外交政策》杂志评选为“全球百名思想家”，俄民众认为他“当之无愧”。看来这一切不仅由于民族情绪高涨，物质潜力巨大，经得起周折，还得益于普京巧妙地运用了经济不足政治补、国内不足国际补的办法。

四、2014年的中俄关系进一步深化发展

乌克兰危机成为俄罗斯更加倚重中国的催化剂（推动天然气协议尽快达成），也是中俄战略协作伙伴关系稳固性的检测器。这一年两国外交配合越发密切，联合军演别开生面，能源合作着眼长远，文化交流趋于多维。俄罗斯民意越来越认同与中国友好，源于政治互信达到新高度，经济互补进入新阶段，军事互动展示新境界，文化互通呈现新风貌，外交互商取得新成果。习近平主席说，他与普京“保持密切沟通，就发展中俄关系加强顶层设计和战略引领，栽培中俄友好合作常青树”收获了丰厚果实。两国关系的发展仍有深厚的潜力和广阔的空间。APEC会议期间普京来华，侧重落实两方面。一是国内方面的合作，涉及加强能源合作以及高铁、高技术、航天、金融等领域合作，期间有关部门签署了一系列双边合作协议，包括《关于通过中俄西线管道自俄罗斯联邦向中华人民共和国供应天然气领域合作的备忘录》《中国石油天然气集团公司与俄罗斯天然气工业公司关于经中俄西线自俄罗斯向中国供应天然气的框架协议》。二是国际方面的

合作，提出要安排好《中俄共同举办庆祝第二次世界大战胜利70周年活动计划》，以便共同维护第二次世界大战胜利成果和战后国际秩序。

五、中俄各自独立发展却又并行不悖，经验难能可贵

双方都是转型国家，都在探索和选择适合国情的发展道路，都需要良好的外部环境，双方的治国理念与举措也确有相似之处。普京采取的以维护政局稳定、保持社会和谐为基本目标的“可控民主”，以注重效率、兼顾公平为基本特征的社会市场经济，以“平衡性”为基本指导原则的全方位外交，值得赞赏。中俄的国家利益和意识形态并非没有差异，对待国家利益差异——协调之，对待意识形态差异——超越之，由于处理得当，所以不会造成国家关系的扭曲。从理论上讲，两个大国之间的合作，既有共性问题，也有个性问题。在协作过程中尊重个性，弘扬共性，尽量将个性融入共性之中，这恰恰是中俄关系堪称大国关系典范的精髓所在。

六、中俄关系客观上继续推促中美关系发展

在当今世界的大国关系中，相对而论，中美关系最为重要（但不要被国际媒体的“G2”恭维论麻痹），中俄关系最为密切，俄美关系最为复杂，态势是中美关系在曲折中发展，中俄关系在深化中发展，俄美关系在较量中发展。中俄关系发展有强大动力，也有不少阻力。动力来自彼此国家的利益需要，阻力主要来自美欧与俄罗斯的纠结关系。中国外交既要珍惜、强化与俄罗斯的关系，这是基轴；又要不因与俄罗斯友好交往而影响与美欧和平共处。这就要求高超的外交艺术。中美俄大三角之间，客观上

存在国际影响力之争，但竞争不是争斗，更不是对抗。中俄关系与中美关系既不取决于俄美关系，也不排斥俄美关系。美国对中俄同时施压，是缺乏智商的表现。美国在构建中美新型大国关系问题上态度逐渐有所变化，从实质否定到表面应付再到目前似乎开始注意落实，这跟中俄关系坚挺有关。俄美关系也不会一成不变，它们仍互有需要，在反恐尤其是应对“伊斯兰国”、防止核扩散、削减战略武器以及其他全球性问题方面，美国仍需要俄罗斯的配合。北约新任秘书长延斯·斯托尔滕强调北约仍准备与莫斯科建立建设性的关系，便是一种信号。

七、中国在国际关系中处境优越，备受尊重

这得益于一是外交出彩，尤其是互信包容合作共赢理念抓住时代的本质特征，获得成功。二是“财大气粗”，“一带一路”中国“带路”，颇有那么点味道。

（载《国际网》，2014 年 12 月 8 日）

金砖上合“双峰会”检验美国对策

金砖国家和上海合作组织双峰会结束不久，人们听到的固然更多是赞扬之声，但也有另类议论，仿佛这两个会议与美国的利益格格不入，甚至提出其矛头是不是针对美国的问题。其实并非如此，应该看到美国与这两个组织之间是存在着合作空间的。当然，这首先要看美国持何态度，更取决于美国能否收敛霸权主义图谋。

相互衔接的金砖国家与上合组织两大峰会，主旋律在于经济与安全并举，增强金砖国家的合作，深化上合组织的发展，推进“一带一路”的建设，巩固二战的胜利成果，维护以联合国为核心的国际秩序。可见，两会的宗旨和结果都构不成对美国利益的损伤。

金砖五个成员国，除俄罗斯当今与美国疙瘩较多却也并非不共戴天而外，其他四国与美国的关系均属正常。何况，7 月 10 日美国国务卿克里也曾表示，不赞同认为俄罗斯对美国国家安全构成现实威胁的评估。当前，金砖国家合作面临全球增长缓慢带来的经济下行压力，于是峰会把“金砖国家伙伴关系——全球发展的强有力因素”作为会晤的主题，竭力构建新型全球发展伙伴关系，要让发展成果公平惠及地球每个角落。既如此，当然也会惠及美国。

启动新开发银行是这次金砖国家的一项重要内容，峰会决定年内将全面运作并启动首批合作项目。这将不仅为金砖国家以及其他新兴市场国家发展提供金融支持，而且为全球经济金融治理改革增添动力。金砖国家应急储备机制已完备各项手续，不仅增强了金砖国家间利益纽带，也为全球金融安全网增加了新层次。其作用涉及全球，自然也就与美国的利益相关。

金砖国家各成员国又都是20国集团的成员，与美国在一个大集体中“共商世事”。当今各种地区性合作组织彼此交叉和交融，有利于国家间的经济互补。金砖国家与20国集团的关系，不是对立的关系，搞得好，金砖国家的势头会胜过美欧传统发达大国，在一定程度上起到引领作用。

至于上合组织，仍坚持奉行互信、互利、平等、协商、尊重多样文明、谋求共同发展的“上海精神”。安全方面更是上合组织关注的首要问题。这次峰会批准了《上合组织成员国打击恐怖主义、分裂主义和极端主义2016年至2018年合作纲要》，提出要尽早启动反极端主义公约起草工作，加快成立应对安全威胁与挑战中心。这与美国的构想并不相悖。再说，最近在伊朗核问题取得实质性进展，参与谈判六国中的上合组织成员中国、俄罗斯与美国配合尚算默契，也是一个成功的例证。

经济方面，峰会批准了《上合组织至2025年发展战略》，发表了《乌法宣言》及其行动计划、《金砖国家经济伙伴战略》等文件。习近平主席在“双峰会”上指出，“一带一路”建设的倡议是开放的，也是包容的，愿与各国发展战略规划实现对接。那么，人们自然会联想到“一带一路”与美国“新丝路”的关系。

美国早在1999年就有“丝绸之路战略”，2006年还有过更新版。2011年7月，美国国务卿在印度金奈又提出了新丝绸之路战略，目标是以阿富汗为中心，在中亚和南亚形成广泛的地区交通和经济联系网络。其区域范围是中亚、阿富汗和南亚。美国智库还提出要把新丝绸之路战略与从波罗的海经中亚到阿富汗的北方运输网连接起来，甚至设想使之进一步直达东南亚。丝绸之路经济带与美国新丝绸之路战略的动因和手法虽然差异明显，却也在地缘与目标方面形成某种交集。中国和美国共同参与一些地区合作机制和项目，这既可为新丝绸之路战略所用，也不妨纳入丝绸之路经济带。可见彼此存在一定的合作空间。当然，对此俄罗斯难免会心存芥蒂。这就需要在各自战略构想“对接”过程中，进行诚意协商和加以有效协调。

上合峰会通过了启动印度、巴基斯坦加入程序决议，接纳白俄罗斯为本组织观察员国，阿塞拜疆、亚美尼亚、柬埔寨、尼泊尔为对话伙伴国。美国也许会有所不快，但至少对于例如印度（美国将其当作牵制中国的特殊力量）成为上合组织正式成员，未必会有多大反感。

上合组织峰会还发表了《关于世界反法西斯战争暨第二次世界大战胜利 70 周年的声明》。国际社会期待中国将于 9 月初举行的中国人民抗日战争暨世界反法西斯战争胜利 70 周年纪念活动。这对于当年的同盟国美国来说，二战胜利理所当然是应该同庆的了。

中国既是金砖国家和上合组织的成员国，又是“一带一路”构想的倡导者，还是构建中美新型大国关系的推动者。中国可以起到上述两个组织与美国沟通合作的桥梁作用。这一点也许会在今年 9 月习近平主席对美国的国事访问中进一步得到体现。

值得一提的是，7 月 13 日美国《赫芬顿邮报》刊登文章，评介国家战争学院教授莱尔·格尔茨坦的新著《与中国半路会合：如何化解美中新对抗》。这对美国当局来说，无异于一副清醒剂。文章指出，在挑战华盛顿日益强硬的共识时，著作者主张承认中国发挥更大作用，“根据的不仅是全球和地区权力对比变化的现实，还有对北京意图的一种正面判断。不要忘了，中国没有海外军事基地，已 30 多年没大规模动武”。文章还说，目前支配美国外交政策的是一种两党共识，即华盛顿说什么就是什么。这在冷战结束不久美国统治地位近乎巅峰时都行不通。如今应对中国这样的崛起大国，这种法子绝不可能奏效。正如格尔茨坦在书尾所言，“对美国来说，除了半路与中国汇合，没有其他可行的办法”。他是对的。

总之，金砖国家和上合组织“双峰会”无论其意图或是成果，非但不应理解为一味排美，而且要看到这是为美国今后如何与之应对、沟通、合作提出了新的命题。

（载《国际网》，2015 年 7 月 30 日）

普里马科夫——普京内外政策示范者

2015 年 6 月 26 日逝世的俄罗斯前总理普里马科夫，是一位杰出人物。习近平主席出席金砖上合“双峰会”在与普京总统会见时表示对普里马科夫逝世的悼念，这很不寻常。普里马科夫是将叶利钦向西方“一边倒”外交转为全方位的推助者，是平等互信、面向 21 世纪俄中战略协作伙伴关系的奠基者，是与美国谋求单极独霸对俄施压政策的交锋者，还是也许不被人们介意的普京现行内外政策的示范者。

这里，从外交、经济和政治三个方面，说明普里马科夫的高明之处。

一、外交：将“一边倒”转向全方位

普里马科夫于 1996 年 1 月至 1998 年 9 月担任俄罗斯联邦外交部部长。他任职期间扭转了叶利钦前期向西方“一边倒”的外交倾向，改为奉行“多方位外交”，堪称拨乱反正。

其一，普里马科夫参与制订并实现俄中战略协作伙伴关系。苏联解体、俄罗斯独立后，俄中关系被称作连续上了三个台阶，这就是 1992 年 12 月两国宣布“互相视为友好国家”，1994 年 9 月两国间建立了“面向 21 世纪的建设性伙伴关系”，1996 年 4 月 24 日至 26 日，叶利钦总统再次访华，两国元首签署了《中俄联合声明》，宣布两国将发展“平等互信、面向 21 世纪的战略协作伙伴关系”。

1996年中俄关系升级，具有质变的内涵，意义深远，可以说从此开启了中国外交“结伴不结盟”之先河的时代外交与新型国家关系的特色。普里马科夫作为奠基人之一，功不可没。

普里马科夫生前多次访华，长期致力于中俄关系发展，为此做了大量卓有成效的工作。他还曾担任中俄友好、和平与发展委员会俄方荣誉主席，被称为“中国人民的老朋友”。他高度赞赏中国发展模式，也始终认为俄罗斯应走不同于西方的经济发展之路。

其二，普里马科夫针对美国独霸采取了维护国家尊严的强硬态度。他强调俄罗斯具备各种前提来保持并加强其大国地位，坚定地在世界舞台上捍卫自己的国家利益。他就任总理后，更是扩大对外合作，积极参与国际安全的活动，为国内继续进行改革创造有利的外部条件。他强调，美国不认为俄罗斯是“平等伙伴”，只把俄看作是一个具有核潜力的地区大国。俄罗斯的大国自尊和民族感情不能容忍世界事务只由美国一家说了算。他认为，既然捍卫国家利益是俄外交的立足点，那就理所当然地要在国际舞台上同一切违背、损害俄利益的行径作斗争，于是他强烈抵制单极世界。1997年年底他在访问拉美国家时，有一段弘扬世界多极化的著名谈话，指出“世界面临着两种选择”：或是出现单极世界，剩下的一个超级大国成为唯一的一极，世界上的事都围着它转，而它利用这些事件谋求自己的利益；或是出现多极世界，它主要是以经济潜力为基础。

普里马科夫还在外交舞台上留下一段令人难忘的佳话。1999年3月24日，他正在访美途中，当得知美国决定发动科索沃战争，立即下令专机在从大西洋上空调头回国。这一壮举甚至被许多人视为俄罗斯对美政策的分水岭。

其三，普里马科夫曾积极倡议建立俄中印大三角战略合作。他出于抗衡美日同盟的考虑，提出这样的建议。我国虽没有呼应结盟的涵义，但还是接受了他的基本主张，此后形成了中俄印三国外长定期会晤机制，从 2002 年开启至今已历 13 年。他的这个倡议是很有战略眼光的。

其四，普里马科夫还在其他国际问题上宣示俄罗斯的坚定立场。例如他多次在记者会上痛批北约东扩，力陈俄罗斯在波黑、科索沃、伊朗、伊拉克等重大国际问题的主张。人们认为在他身上再次看到久违了的苏联强国的影子。

普京总统在葬礼上说，普里马科夫是一个真正的爱国者，对俄罗斯无限忠诚并时刻捍卫俄罗斯的利益。

二、经济：制止危机按国情搞经济

苏联解体后，叶利钦奉行向西方一边倒的方针，结果造成俄罗斯内外交困的严峻局面。经济一落千丈，国内生产总值、国民收入和工业总产值三大指标分别跌落 18%、19%和 20%。

普里马科夫是在国家危难之际，于 1998 年 9 月—1999 年 5 月出任俄罗斯政府总理，当时俄罗斯经济形势非常严峻，金融危机对俄几乎造成致命打击，整个国家陷入政治、经济、社会的全面危机之中。普里马科夫面临的首要任务是找出经济危机的病根，对症下药，加力治理。

他坚持市场经济方向，同时加强国家的宏观调控，否定过去照搬西方模式的错误做法。他指出，政府应在许多方面对经济进行干预和调控，包括稳定卢布汇率，使银行系统恢复正常，加强国家财政，发展生产，调节物价，加强对外汇出境的监控等。针对国内外特别是西方国家怀疑和指责现政府要回到苏联计划经济的论调，他反复说明加强国家干预并不等于重新采取行政命令的办法。他还进一步指出：俄早些时候推行的经济自由化政策是个错误，没有考虑到社会方向性，经济政策失误是造成俄目前困难的主要原因。政府的目标显然是要建立适合俄国情的、行之有效的市场经济。这是路线性质的政策调整。

他坚持发展对外经济联系的方针，继续从国外引进资金和商品，但强调要着重发展民族工业。他就职时便向国家杜马提出，国家可以向国外借贷，但要有重点，不能只依靠借贷，应该首先通过发展本国工业来积累资金。他还强调指出，政府应当是关心俄罗斯及其人民利益的政府，为稳定局势、维护银行信贷体系等所采取的一切行动，都应当有利于民族经济的发展。1999 年俄联邦预算的两大特点便是积极支持发展本国产业和适应社会与民众的需要。那时俄经济出现复苏迹象，其主要原因之一就是由于国货竞争力提高而出现的进口替代趋势的加强以及货币主义政策的降温。

他表示迫需国外的贷款援助，但决不拿国家主权作交易。当时西方七国向俄罗斯提供的援助清单总额说是 434 亿美元，其实扣除旧账、虚账，剩下的不过是几十亿美元，可谓口惠而实不至，杯水车薪。普里马科夫曾多次谈到，俄需要国外贷款，在俄目前的困难时期，国际经济组织的支持对俄“尤其重要”。同时，他严正指出，俄决不能因此听任别人指手划脚。美欧大国对俄罗斯的消极旁观和口是心非态度，激起俄不满，“惟有自救”的呼声在俄日益强烈。

上述经济决策开始带来俄经济的变化，使得俄经济露出“稳定”“复苏”迹象。1998 年后 3 个月工业生产的月平均增长速度为 3.1%，创近年来生产增长的最高纪录。

特别值得称道的是，普里马科夫在反危机过程中，毫不妥协地开展反对侵吞国家财产的斗争，甚至敢于触碰叶利钦总统亲信们的既得利益。

普京总统在葬礼上说，俄罗斯人永远记得普里马科夫担任总理的时期，他把俄罗斯从最严重的危机中拯救出来。

三、政治：摒弃政党私利谋求政局稳定

为了克服经济危机，全力抓好经济，普里马科夫力争保持政局稳定，实行稳中求变、求发展的方针。为此，他审时度势，争取各方支持，采取或提出了一系列重大举措。

他摒弃党派之嫌，以国家利益为重，顶住各种压力，组建包括俄共成员在内的联合政府。事实证明，这样做比较合民心、出成效。按当时第一副总理马斯柳科夫的说法，由知识丰富、懂经济的人所组成的内阁是一个有工作能力、团结一致的班子，“能使经济形势好转”。

他顾全大局，协调政府同总统、议会之间的关系。此项工作最为棘手，他上下贯通，左右斡旋，让1999年国家预算草案在国家杜马和联邦委员会空前顺利地获得通过。

他提出倡议，消除引发政局动荡的主要症结。1999年1月22日他致函国家杜马主席，建议三大权力机构发表声明，自愿临时放弃行使部分宪法权利，以利于在总统选举前的关键一年保证国内政治稳定。具体做法是：总统不解散杜马，也不行使解散政府的权力；政府不向杜马提出就是否信任政府的问题进行表决的动议；杜马不提出对政府的不信任案，并停止讨论任何弹劾总统动议。对此建议的主流反应是充分肯定其合理性和必要性。联邦委员会主席称：“如果不实行总理的主张，其他所有方案都将一无所获，会使形势进一步加剧。”联邦委员会副主席科认为总理的主张“是非常迫切的，甚至可以说是英明的”。俄共领导人久加诺夫表示“非常重视”普里马科夫的建议，愿意就此问题进行“具体的对话”。叶利钦总统责成总理和总统办公厅主任兼俄安全会议秘书拟出总统、议会和政府保证俄政局稳定的联合声明草案，召开安全会议讨论。

俄罗斯安全会议于当年2月5日讨论通过了上述政治声明草案。普里马科夫的建议受到公众欢迎，认为他“不仅承担了稳定金融经济形势的任务，而且承担了稳定政治形势的任务”。

普里马科夫显示了驾驭国内外重大事务的丰富经验和应变能力，俄政局因之趋于相对稳定，经济形势也显露好转迹象。他提出的符合国情民意的诸多战略构想以及坦然的个人进退安排，曾受到俄罗斯社会各界的推崇和赞誉。一些人一度把他视为叶利钦的继任者。然而，他与叶利钦的矛盾日趋公开化。他与左翼反对派关系比较密切最终成为这一较量的“人质”。不少人认为，叶利钦担心普里马科夫的人气越来越高，功高盖主，于是只让他干了八个月的政府总理。

普京总统在葬礼上说，普里马科夫是一个伟大的公民，在曾经任职过的每个岗位上，他都能够平静、高效地解决最困难的问题并发挥出最大的作用。

四、作用：从示范普京到支持普京

克里姆林宫发言人佩斯科夫在公布普里马科夫去世消息时说，普京与普里马科夫相识，他们志同道合，普京总是希望在全球议题上听听普里马科夫的看法。

普京执政后，其内外政策的许多理念与举措与普里马科夫颇有相似之处。普京还发挥普里马科夫在国际事务的专长，几次给他指派外交任务。例如2003年2月，普里马科夫作为普京的特使突访伊拉克，与萨达姆·侯赛因会晤，试图阻止伊拉克战争爆发。尽管这次外交努力并没有成功。

2011年7月普里马科夫就利比亚问题对德国《明镜》周刊发表的谈话，也很有代表性。他指责北约陷入了死胡同，提出似乎没有人问问自己真正重要的问题：这场战争走向哪里？卡扎菲之后将会怎样？我们真的已经忘记在伊拉克发生了什么吗？当记者问及普京总理批评利比亚决议是“号召进行十字军东征”，而此后不久梅德韦杰夫总统驳斥这样的措辞是“不允许的”，莫斯科到底是不是在以一个声音说话呢？普里马科夫为其领导人开脱，说普京并不打算否定联合国决议，梅德韦杰夫也曾着重指出，北约的袭击不在决议范围内。两人都有一个立场，它们的差异是最小限度的。

2014 年 9 月普里马科夫在一次接受“周六消息”电视节目采访时，强调指出，美国在与具有现实危险性的“伊斯兰国”激进组织进行的斗争中少不了俄罗斯。

普里马科夫逝世后，俄罗斯国内外媒体纷纷赞扬他以捍卫俄罗斯利益而著称，坚定且务实，不乏灵活性；还赞扬他作为资深科学院院士的学术贡献，历数他在俄罗斯对外政策、国际冲突和危机理论、世界文明进程、全球性问题、发展中国家社会经济和政治问题研究方面的丰硕成就。

综上所述，笔者认为，普里马科夫是叶利钦时期俄罗斯最有作为、最具影响力的一位总理，也是苏联和俄罗斯历史上的一位富有远见卓识的学者型政府总理。他的建树，对于俄罗斯人民来说，无疑是一笔宝贵的财富。

（载《中国战略观察》，2015 年第 7 期）

俄罗斯人眼中的“一带一路”

“一带一路”倡议堪称拓展国际合作的新平台。那么，俄罗斯如何看待“一带一路”？又认为这与普京倡导的欧亚联盟是一种什么关系？

一、“一带一路”与俄罗斯利益攸关

评说多种多样，大致包含以下诸点：

其一，新丝绸之路离不开俄罗斯。新丝绸之路项目的一条线路将经过俄罗斯首都，然后通往白俄罗斯的方向。因此，这可促进欧亚经济联盟成员国更大程度的一体化，对俄罗斯是十分有利的。强国富民是普京总统首要的战略考虑。2014 年 5 月他明确宣布俄罗斯支持中国“一带一路”倡议。2015 年 4 月，俄罗斯政府宣布加入亚投行。这一系列决定，既有审时度势的战略考虑，也有经济重心转移到东部的经济发展需要。中俄两国建立稳定的全面战略协作伙伴关系，能够不断推动双方在科技、军工、农业、森林加工、能源等领域的密切合作。

其二，现有的世界银行和亚洲开发银行都不能满足包括俄罗斯在内的亚太发展中国家的巨大资金需求。中国设立 400 亿美元的丝路基金以及法定资本为 1,000 亿美元的亚洲基础设施投资银行——亚投行，这是对现有的国际金融体系进行有益的补充。俄罗斯是位列中印之后的亚投行第三大股东，可以获得相应份额的投票权及管理方面的一系列重要地位。由于西方对俄罗斯金融、能源、国防等关乎经济命脉的领域实施制裁，俄罗斯经济下行风险不断加大。对俄罗斯来说，无论是“一带一路”的建设，还是亚投行的筹建，都将为其走出经济困境创造有利条件并提供有力支撑。

其三，俄罗斯在亚洲基础设施投资银行问题上，目的十分明确，就是要借助这一新的金融机构，获得更多金融支持，以开发俄罗斯的远东地区，同时希望能让俄罗斯亚洲落后部分的基础设施项目获得资金来源，以及能在亚洲和俄罗斯基础设施项目之间找到结合点。俄罗斯远东地区资源丰富，但人力资源有限，自然条件艰苦。俄罗斯必须把俄远东地区开发与国际合作结合起来。普京总统想借俄罗斯地处欧亚大陆的地缘优势搭上亚太经济发展的快车，将东西伯利亚地区和远东地区作为俄罗斯经济发展的重心。2004 年 10 月签订《中俄东段边界补充协议》之后，中国东北地区与俄罗斯远东地区之间的合作有了积极进展。

其四，中国是俄远东最大、最密切的邻国，可以成为俄方最可靠、最理想的合作伙伴。俄中两国领导人和政府为两个最大的新兴经济体的合作发挥了主导协调作用。俄政府制定其东部地区的开发政策使中国资本进入俄罗斯远东地区更规范化、制度化和可持续。中国在工业化方面取得很大成就，一大批优质产能企业在满足中国西部开发条件下仍可以“走出去”，寻求新的市场。而俄罗斯希望实现工业生产本地化，这为两国产能合作创造难得机遇。两国在工程设备、电力冶金、建材、资源、能源加工等方面开展互利合作，都具有各自客观需求，双方之间有利益的契合点。

其五，中国长江中上游地区与俄罗斯伏尔加河流域的合作也在积极推动。中国企业家已经开始租赁俄罗斯远东地区的土地，经营农业项目，包括粮食、蔬菜和养殖业。在高科技领域也有成果。中国陕西省与俄罗斯的合作已经落实。占地四平方公里的

“中俄丝路创新园”第一期工程已在开工建设。创新园有两个基地，分别位于陕西的西咸新区沣东新城科技统筹示范基地和俄罗斯的斯科尔科沃创新中心。两个基地可将两国的科研成果转化为产品，使两国科研单位和企业在园区内进行科技创新与合作。中国的北斗集团有限公司和中兴通讯股份有限公司已报名加入。

其六，从长远看，中俄双方还可借助共建“一带一路”，进一步加强同沿线国家的经济融合，促进本国经济结构调整，提高抗击金融风险能力，增强经济发展后劲。中俄两国已经抓住共建“一带一路”的难得机遇，2015 年双边贸易额达到 1,000 亿美元，2020 年达到 2,000 亿美元的目标，是完全可以实现的。

二、俄罗斯人具体评说“一带一路”

支持与疑虑皆有，前者是主流，且是长期起作用的因素。积极正面的议论如：

其一，中国提出的“一带一路”倡议为全球经济，首先是亚欧大陆的经济谋划了一个光辉的前景。“一带一路”为俄罗斯发展提供了契机，也为亚欧大陆内陆国家的基础设施发展提供了契机。在相关国家的大力配合下，未来亚欧地区必将迸发出更大的经济发展活力，成为世界经济发展的领头羊。中国和俄罗斯是毗邻的两个大国，这为两国扩大基础设施的合作提供了区位优势。俄罗斯政府提出了远东发展战略，然而，远东地区公路、铁路等基础设施相对滞后，没有基础设施的发展，俄远东地区经济的发展就无从谈起。俄罗斯需要在“一带一路”框架下加强与中国的合作。目前，两国已开启中俄原油管道、西线天然气输送等项目，还计划加强在俄罗斯油气开采领域的合作，俄罗斯在高铁建设和西伯利亚铁路改造方面也有意吸引中国投资。中俄两国在远东地区基础设施建设领域拥有广阔的合作发展前景。

其二，“一带一路”倡议是全方位的发展规划，勾勒出的不仅仅是中国的发展蓝图，更代表亚洲乃至是世界的发展方向。规划的顺利实施可以重塑世界经济结构的格局，完善全球金融秩序。“一带一路”沿线国家迫切需要发展基础设施，而中国在基础设施建设方面有自己独到的经验，拥有必要的工具和技术。“一带一路”的合作是十分务实且互惠互利的提议，对中国和参与国家都非常有利，俄罗斯也将因此受益。俄罗斯舆论的共识是，“一带一路”倡议以其高度包容性，展现出与包括俄罗斯在内的欧亚国家发展战略的良好契合性与兼容度。

其三，丝绸之路计划是从亚洲到欧洲的快速交通要道，其中俄罗斯是一个重要的中转站。俄罗斯利用的机会是，充当中国输往欧洲货物的过境运输国。如果需要，可将境内的跨国运输线路改造成现代化的大型运输走廊。积极利用新的通道不仅能给俄罗斯带来更多的直接收入，还能推动沿线地区经济的发展。“一带一路”项目的实施，将促进沿线国家发展制造业、服务业。双方已达成共识，将围绕欧亚高速运输走廊若干区段的建设项目展开研究，首先是在莫斯科—喀山的高铁项目上进行合作。双方还签署了在高铁运输领域展开合作的备忘录。

其四，中国的经济实力能够确保它成为丝绸之路经济带建设中的非正式领军者。“一带一路”构想的基础是实现中国与合作伙伴的双赢。对俄罗斯而言，参与该项目实施既是机遇也面临挑战，成为丝绸之路经济带的“主要参与者之一”。

负面或近乎负面的议论如：

其一，途经哈萨克斯坦的欧亚运输线路的更新，其主要缺点在于运输者对西伯利亚大铁路的兴趣势必会下降。后者因为众多历史遗留下来的问题，比如货物运输能力有限、速度慢、价格过高等，已在与前者的竞争中处于下风。未来，随着欧亚运输线路发展的风生水起，将会对我们振兴西伯利亚以及远东的计划产生消极影响。

其二，随着中国新一轮海外投资热潮的兴起，中亚国家参与上合组织的积极性将有所下降。对中国而言，上合组织吸引力的下降可以通过夯实自身在中亚的经济存在加以弥补，但俄罗斯则不具备这样的可能。中国对哈萨克斯坦的投资会让俄罗斯处于两难境地。吉尔吉斯斯坦也面临同样的问题，在当地，不同利益之间的冲突也会非常尖锐。

其三，除了加入新丝绸之路项目，莫斯科别无选择。但重要的是，即便是在现今国家经济形势因乌克兰危机以及与西方冲突而恶化的背景下，俄罗斯在与中方围绕经济问题展开对话时也不能以弱者自居。俄罗斯在经济上逊色于中国，但在国际舞台上仍是地位相当的大国。

其四，俄罗斯有的群体对“一带一路”还表露了其他疑虑。如担心俄罗斯境内华人越来越多，内心深处存有一些不安全感；疑虑中亚国家向中国越来越靠拢，担心中国未来会取代俄罗斯成为中亚地区的主导国家。

三、“一带一路”与欧亚联盟的关系

在2015年6月举行的第19届圣彼得堡国际经济论坛上，普京总统表示，俄中两国致力于将欧亚经济联盟发展战略同“丝绸之路经济带”建设对接，这将给双方和地区带来巨大发展机遇。对此，俄罗斯人的解读是：

其一，欧亚联盟与“一带一路”实现战略对接，将对欧亚政治稳定与经济发展带来重大意义和影响。这是俄罗斯智库对俄中战略合作的宏观思考。欧亚联盟与“一带一路”各有不同的方向和目标。欧亚联盟旨在打造共同的法律基础，而“一带一路”将在交通运输、工业制造和基础设施建设等领域的投资作为核心目标。中国不是竞争对手。

其二，2015 年 5 月 8 日俄中签署《关于丝绸之路经济带建设与欧亚经济联盟建设对接合作的联合声明》，俄方愿与中方密切合作，推动落实该倡议。认为中方支持俄方积极推进欧亚经济联盟框架内一体化进程，并将启动与欧亚经济联盟经贸合作方面的协议谈判。8 月 2 日中俄博览会聚焦“丝路带”新机遇，在上述联合声明框架下，充分发挥平台作用，促进东北亚地区尤其是“一带一路”沿线国家和地区的务实合作和共同繁荣的中俄深层次对接合作。

习近平主席 2015 年 5 月的哈、俄、白三国之行，在俄、白分别签署了 250 亿美元和 157 亿美元大单，加上去年年底李克强总理访问哈萨克斯坦时签订的 320 亿美元（今年确定产能合作项目 236 亿美元）的合作大单，中国与三国在经贸、能源、航天、金融、投资、基础设施等各个领域合作的协议金额超过 600 亿美元。这些表明，“一带一路”建设与欧亚联盟建设的对接在成功地推进，是切实可行的，对接的前景广阔。

其三，对俄罗斯来说，欧亚经济联盟是开放的，目的是为了推进地区整合，并更有效地与一切有可能的伙伴国发展联系。受西方对俄制裁和国际油价下跌影响，俄罗斯经济发展面临巨大压力。同时，俄罗斯基础设施发展也相对滞后，经济发展的动力不足。“一带一路”与欧亚经济联盟成功对接首先有利于俄罗斯经济的恢复和发展。普京总统指出，这两大发展战略的对接有助于加强双方在高科技、交通和基础设施等领域的合作，这也是在促进欧亚地区一体化方面迈出的关键步伐。同时还将给亚洲、欧亚地区乃至欧洲带来发展机遇。

其四，也有一种看法认为，中国提倡的“一带一路”倡议与俄罗斯的欧亚联盟构思有某些重叠之处，这对于遭受欧美制裁、经济陷入困境的俄罗斯来说，既顾虑深度参与“一带一路”

会影响乃至拖延其构建欧亚联盟的计划，又担心减少对“一带一路”的参与可能累及俄罗斯经济，故显得有那么点左右为难。

（载《国际网》，2015 年 8 月 21 日）

非凡20年：从“上海五国”到上合组织

2001年6月15日上海合作组织成立，至今15年。它的前身是1996年4月26日形成的“上海五国”会晤机制，加在一起20岁。这里就上合组织的使命、特点和意义，综述几点看法。

一、上合组织是在苏联解体后的非常时期、转型国家汇集的特殊地区和各国经济振兴渴求安全保障的紧迫条件下，经过集体努力形成的一大创举，显示了各成员国之间的凝聚力。

上合组织从解决边界问题起始，以维护共同安全为主轴，进而注入经济合作与人文交流等方面的内涵，上合组织最初应运而生，多认为是“三股势力”猖獗引起的，这是事实。不过，时过20年，人们的认识得到升华，进一步感受到上合组织的诞生其实是和平与发展时代主题推动的，是世界多极化和国际关系民主化趋势引产的，当然也是各成员国的安全和发展利益的共同诉求决定的。有人说这是北约东扩胁迫的，这是一种看法，见仁见智，但上合组织并不存在与北约的对抗性。

二、上合组织作为一个新生事物，经历了磨合期和考验期，如今进入成熟期。上合组织的机制是有步骤地加以完善的，作用是逐渐增强的。为实现它的宗旨，各成员国进行了卓有成效的协同努力，体现了个别与整体利益上的一致性。作为一个从会晤机制转向合作机制的新生事物，肩负着各成员国人民的重托，蕴含着世界各国爱好和平、追求发展的人民的期望，充满朝气与活力。上合组织如今越来越被更多的人所认识和理解，堪称国际安全与合作领域的一颗璀璨明珠，辉映欧亚，举世瞩目。

三、上合组织之所以具有凝聚力，基于各成员国存在着共性：

其一，共同的愿望。这就是国家要独立，政局要稳定，经济要发展，生活要提高。为此都希望有一个良好的国内稳定和国际和平环境。

其二，共同的认识。这就是肯定和平与发展为时代两大主题，和平是条件，发展是目标。面对来势汹汹的经济全球化，力求使之具备平等、互惠、共赢、并存的特性。

其三，共同的忧患。这就是对全球霸权主义，对民族分裂主义、宗教极端主义和国际恐怖主义深恶痛绝，高度警惕这两大祸源对国家安全的严重威胁。

其四，共同的合作基础。这就是在处理双边和多边关系中一致遵循和平共处五项原则。唯此才说得上国家不论大小主权一律平等，才有可能彼此成为“好邻居、好伙伴、好朋友”。

以上因素成为上合组织成员国保持相互理解、同情和支持的根本保证。

四、上合组织经久不衰，还由于它从一开始便确定了合理的政治基础，这就是遵循和平、合作、开放、不针对第三国的原则，发扬互信、互利、平等、协商，尊重多样文明、谋求共同发展的“上海精神”。这是时代的高尚精神，是人类社会新境界的精神。这些原则精神，适应了世界发展的主流趋势，适应了各成员国面临21世纪战略机遇期的需要。

五、上合组织积累了丰富的经验。其中最重要的是：

作为指导思想的新安全观，是要摈弃冷战思维，反对集团政治，以和平方式解决国家之间的分歧和争端，不诉诸武力或以武力相威胁，以对话协商促进建立相互信任和了解，通过双边、多边协调寻求和平与安全，不以任何借口干涉他国内政。

作为确定新型国家关系的诸多原则，包括一是国家利益原则，即着眼于自身长远的战略利益，同时也尊重对方的利益，两者兼顾。二是平等互利原则，也就是双赢、共赢原则。三是共同发展原则，即排除经济关系中的歧视做法，在平等互利基础上加强交流与合作，促进共同发展与繁荣。四是求同存异原则，不使社会制度、意识形态、价值观念的差异成为发展正常国家关系的障碍。简言之，就是睦邻互信、平等互利、友好协作、共同发展。

六、上合组织影响日增，源于它效法了中俄关系之间形成的特色。这就是：不结盟而能真正实行多边性战略协作；彼此之间关系密切而不存在依附性；各自维护尊严和利益而不怀损害他国之心；根据是非曲直处理国际事务而不搞双重标准。有利益矛盾和政策分歧而能通过平等对话协商解决。做到了各成员国政治上互信，经济上互补，文化上互通，军事上互动，外交上互商，五位一体。上合组织的产生和发展，得益于各成员国领导人的远见卓识与诚信合作。

七、上合组织究竟发挥了什么作用，又能发挥什么作用，客观上有一个衡量的尺度。简言之，一是威慑作用，这是针对“三股势力”而言。二是凝聚作用，对于各成员国，它是一个平等对话友好合作的平台。三是平衡作用，中俄关系、中亚各国与俄关系以及它们与中国的关系，都有一个利益平衡的问题。四是牵制作用，它是对外部任何侵略扩张势力的防范。五是吸引作用，这是对周边其他一些国家而言。事实证明，对于上海合作组织作用的任何怀疑、贬低甚至遏制，都是站不住脚的。

八、上海合作组织仍然存在着深入发展与扩张发展的两重性，彼此有着一定的内在联系。从某种意义上说，内涵与外延两种发展方式，前者侧重于“质”，后者侧重于“量”。深入发展亦即内向发展，是增强上海合作组织凝聚力和生命力的基础，属于第一位的。只有组织内部的基础打牢，经验积累，才能使扩张发展带来积极的成效，产生良性循环，否则会适得其反。在扩张发展方面要防止“贪大”而弄巧成拙；在深入发展方面要防止“求全”而顾此失彼。最好是发扬优势，选择重点，尊重共性。由于各成员国的利益诉求不尽相同，上合组织曾经遇到过、今后还可能遇到某些困难或障碍，我们应冷静对待、慎重处理，对于它的发展前景抱乐观主义态度。

九、上合组织的性质明确，它不是“东方北约”。上合组织从一开始就昭示，它不会军事联盟化。北约是一个军事集团，其军事集团的特征在瓦解南斯拉夫、攻击利比亚的侵略行动中表现得淋漓尽致。把上合组织比作北约，风马牛不相及。上合组织也不会按照“欧盟模式”发展。上合组织的经济合作不是以欧盟为目标。欧盟的宗旨是在成员国之间“建立无内部边界的空间”，长远目标是建立一个以它为核心的大欧洲。上合组织则是一个地区性多边国际合作组织。

十、回首上合组织的历程，某些国际舆论曾经对它有过三种“唱衰”的杂音。一是“窒息论”，这是在上合组织形成之初的悲观论调。二是“逊色论”，这是在美国借反恐之机把触角伸到中亚之后出现的说法。三是“夭折论”，这是在发生所谓“颜色革命”之后对上合组织命运的判断。事实证明，对于上合组织作用的任何贬低、遏制都是苍白无力的。如今“夭折论”已没有市场，“窒息论”和者甚寡，但“逊色论”仍在流传。

对于任何一个国际组织，都不能苛求它万能。上合组织存在的一些问题是发展中的问题，完善中的问题，对此要做具体分析。

下面兼谈几点认识。

一、国家安全看周边，地区安全看多边，全球安全看地区。一个地区性国际组织的作用，往往通过比较显示出来，其影响力从不同角度和不同层面辐射出来。上合组织的作用则非常凸显。

对于一国本身来说，它将阻止外来敌对势力的渗透，有利于维护国家的统一；它倡导多方面的合作，会给国家的发展带来裨益。对于双边和多边关系来说，它不仅解决了历史遗留下来的边界问题，而且为形成长远的睦邻友好、互利合作关系奠定了基础。对于地区来说，它通过共同打击跨国邪恶势力，有助于消除地区热点的隐患。对于全球来说，包括两个联合国安理会常任理事国在内的上合组织，有力地推动世界多极化发展，并为建立国际新秩序发挥开拓性作用。

二、上合组织的使命具有长期性。这是因为：其一，恐怖主义越来越成为构成全球性威胁的严重问题。其二，中国“一带一路”倡议的提出，产生与上合组织其他成员国自身构想对接，尤其是与普京力主的欧亚经济联盟对接的现实问题。其三，中亚地区交汇着汉儒、伊斯兰、斯拉夫和印度文化，源远流长。不同文化之间加强交流，对于增进相互了解、维护地区稳定和促进共同发展是不可或缺的途径。

三、俄罗斯方面提出了公民社会与公众外交在推动上合组织发展中的作用问题。“9·11”事件后，美国等西方势力加大了对上合组织覆盖地区非政府组织的利用和支持，将其作为推广“民主”的重要手段。鉴此，要高度警惕，要防范国际恶势力利用非政府组织对我国和对上合组织整体的破坏。俄罗斯和中亚的非政府组织大致有宗教性非政府组织、民族主义非政府组织等七个类型，有良莠之分。普京总统说过：“西方一直试图利用非政府组织来诋毁俄罗斯政权、破坏俄罗斯国内稳定，这种活动从未停止。”俄罗斯外交部2015年也曾明确指出：“俄罗斯高度评价并支持那些进行建设性及社会需要的工作的组织活动，但我们永远都不会容忍外国机构指导和公开干预我国事务。”

（载《中国战略观察》，2016年第6期）

当前考验俄罗斯的几桩大事

国际形势依然复杂多变，俄罗斯的内外处境尤其备受关注。下面就当前考验俄罗斯的三桩大事，谈谈看法。

一、如何看俄罗斯与乌克兰关系恶化

乌克兰危机已历经两年半时间，明斯克协议始终没有落到实处，俄乌关系一直紧张。俄乌势不两立是西方刻意制造的。美国和欧盟几个主要国家不惜以牺牲乌克兰国家利益为代价，搞垮俄乌之间的传统关系，摧毁普京的欧亚联盟构想。结果并非完全如其所愿。乌克兰的损失特别惨重，彻底丢掉了克里米亚，乌东地区被撕裂，国家变得支离破碎；经济状况日下，国际处境尴尬，一时也无法加入欧盟。俄罗斯虽受西方制裁遇到难题，但一直能够顶住，政局保持稳定，经济足以自理，民众生活基本上保持常态，因在叙利亚反恐得分、美国反而有求于俄致使其国际地位增强，普京的威望居高不下。如今俄罗斯又在离间美欧、分化欧盟方面逐渐取得成效，这从俄与希腊、土耳其和斯洛伐克等国关系的改善，可见一斑。而美国和欧盟，所能得到满足的也就是乌克兰与俄罗斯的对立加深，打掉了普京原本意义上的欧亚联盟构想。

乌克兰绝对吞不下丧失克里米亚这枚苦果。尽管乌安全部顾问尤里·坦吉特宣称“乌克兰没有采取武力获取或收复领土的行动，将来也不会”。但还是要想办法出口气。最近两国关系紧张的来龙去脉大致如下：

据俄罗斯联邦安全局8月10日称，一群乌克兰破坏分子8月7日潜入克里米亚，企图制造“恐怖袭击”并导致俄两名官员丧生。之后，俄罗斯国家电视台发布录像，显示俄方已抓捕到乌破坏分子。乌克兰总统波罗申科回应称，俄罗斯的指控荒唐至极，并认为俄方是在有意挑衅，企图制造更大事端。

另据报道，8月10日俄罗斯曾指控乌方在克里米亚的亚美尼亚斯克市附近的“极其重要的基地”发动军事袭击。乌克兰总统波罗申科反驳俄称这种指控是“疯狂的”。这场争吵形成的紧张气氛，被认为达到自2014年克里米亚并入俄罗斯以来的最高程度。

随后，事态又在升级。据8月12日信息，俄罗斯在克里米亚部署S-400防空导弹系统，还在乌克兰东部边境部署了大约四万名士兵，坦克、装甲运兵车以及空军作战部队。面对俄军事部署，波罗申科下令将乌东及克里米亚边境提升至最高警戒。美国驻乌克兰大使杰佛里·皮雅特为乌克兰帮腔，称“俄罗斯频繁诬告乌克兰，以分散对其非法行为的关注”，说美国没有看到任何支持俄罗斯控告的证据。

8月15日，俄罗斯与德国外长在叶卡捷琳堡举行会晤，俄外长拉夫罗夫表示愿意进行和谈，但同时警告基辅不要轻举妄动，称莫斯科依然愿意投入由欧盟从中斡旋、目前暂时陷入停滞的和谈计划。

8月22日，乌克兰总检察长在记者招待会上说，俄当局和武装力量领导层的多名代表被怀疑“犯有危害乌克兰国家安全罪”，网站上公布的名单中有20名军人和官员，并准备提出俄总统和总理“涉嫌犯罪的材料”。

同日，乌克兰外交部政治司司长阿列克谢·马克耶夫表示：“俄罗斯与乌克兰两国关系目前已经冷却至极限。”但同时又称乌克兰并不打算断绝与俄罗斯的外交关系。之前，俄外长拉夫罗夫也表示俄无意同乌断绝外交关系。

8月25日，俄国防部长绍伊古表示，俄罗斯在当日开始实施大规模临时军演，军队在俄罗斯与乌克兰及波罗的海国家交界区进入全面战斗模式。据悉，这场军演范围涵盖克里米亚半岛军区，俄罗斯与乌克兰还有北大西洋公约组织成员国爱沙尼亚、拉脱维亚和立陶宛的交界区，以及从乌拉尔山延伸至中西伯利亚的领土。外界认为这一军事行动使俄乌两国边界本已非常复杂的局势变得更加紧张，俄乌两国随时都有可能爆发一场失控的战争。

另据路透社报道，俄罗斯、德国和法国三国领导人近日决定，9月4日到5日间于中国杭州举行G20峰会期间会面，讨论乌克兰局势。

俄乌进一步争执的焦点是如何解决乌东部问题。为落实新明斯克协议，能否停火已属很难，兑现新协议中的政治安排则更难。乌东部两个自行成立的“共和国”尚未放弃独立要求，当前看不到“按照乌克兰法律举行地方选举”和“恢复乌克兰政府对整个冲突地区国家边界的完全控制”的可行性。而将临时性特殊地位法变为永久性法律及允许东部民间武装控制区组建地方政权和警察队伍等内容，则是乌克兰执政联盟中一些政党无法接受的。加之，肇事者美国在总统大选之后也难以改弦易辙，看来俄乌之间的争斗仍将旷日持久。

二、如何看俄罗斯与我国在南海联合军演

中俄两国海军定于9月12—19日在南海相关海空域举行代号为“海上联合-2016”的联合军事演习。中国国防部新闻发言人曾表示，这是两军例行性的演习，旨在巩固发展中俄全面战略协作伙伴关系，深化两军务实友好合作，增强两国海军共同应对

海上安全威胁的能力，不针对第三方。消息发出后，引起关注，振奋者有之，疑虑者亦有之。

中俄“海上联合”系列军事演习自 2012 年开始，此后每年一届，轮流在中俄附近海域举行。2012 年的演习在青岛附近黄海海域开展。2013 年演习地点是远东符拉迪沃斯托克附近的日本海。2014 年在长江口以东的东海北部海空域举行。2015 年的演习分为两个阶段，第一阶段在地中海海域，第二阶段的实兵演习在彼得大帝湾海域、克列尔卡角沿岸地区和日本海海空域进行。

中俄海上联合军演，业已形成机制，属于常态化。问题是，这次轮到干扰纷呈的南海，不免引起各方的议论和猜测。

据美国《华尔街日报》网站 8 月 1 日报道，中俄联合军演释放的信号，是两国对于南海事务将加强军事合作的征兆，可能是回应美日澳等域外军事力量意图干预南海事务的行动。日媒称，美韩两国刚刚决定在韩国部署新型陆基战区反导弹系统“萨德（THAAD）”。而中俄两国都极力反对“萨德”，只从这一点来看中国想要牵制美国的目的很明显。美日媒体做出此类反应，坦陈了它们的心态，倒也不难理解。

笔者的看法是：其一，这次海上联合军演说明，中俄全面战略伙伴关系在不断地深化。所谓“全面”，包括政治互信、经济互补、文化互通、军事互动、外交互商五个领域。海上军演属于军事互动的一个环节。这表明两国在维护各自核心利益方面的认知、认同与相互支持。

其二，联合军演是国际上的普遍做法。中国与美国就有过或者将继续举行联合军演。例如美国已正式邀请中国参加“环太平洋-2016”联合军事演习，中国也已确认将派军舰参演。如果将中美联合军演理解为针对俄罗斯或其他国家，同样是说不通的。不难预料，中俄海上联合军演时，怀有战略目的和战术目的的美日侦察机将聚集南海相关海空域抵近侦察。但可以判断，中美联合军演时俄罗斯未必会如法炮制。

其三，中俄南海联合军演同时也会对企图侵犯中国主权安全的外部势力起到必要的威慑作用。不能不承认，这次例行军演客观上是对所谓南海仲裁及“萨德入韩”做出的某种反应。对于俄罗斯来说，一定意义上也有其自身的考量，因为俄罗斯在欧洲受到挤压。

其四，中俄这次南海联合军演，的确应该引起美国当局的反思。美国实力虽在下滑，但从未放弃强权意识和霸道作风，而且总是习惯于“两个拳头打人”。它一方面强化对俄罗斯施压，另一方面回避或者说表面应付中国致力于真诚合作而提出的构建中美新型大国关系的主张，不时给中国制造麻烦。这种缺乏明智的做法促使中俄之间的战略协作关系日益加深。此外，中俄南海联合军演也该引起其他某些国家领导人的深刻反思，它们是否值得在南海问题上被当枪使而乐意尾随美国无理取闹？

其五，由中俄海上联合军演得不出结论，说什么中俄正在或者准备结盟。最近一个时期学界和媒体都有人不断炒作中俄会结盟的话题。习近平主席一再明确指出，中国政府坚定奉行不结盟政策。

三、如何看俄罗斯的国家杜马选举

今年 9 月 18 日俄罗斯将举行国家杜马选举。5 年前亦即 2011 年，俄罗斯国家杜马 450 名议员选举结果如下：统一俄罗斯议员 238 人，议席比例 52.88%，选票比例 49.29%。俄罗斯联邦共产党议员 92 人，议席比例 20.46%，选票比例 19.20%。公正俄罗斯议员 64 人，议席比例 14.22%，选票比例 13.25%。俄罗斯自由民主党议员 56 人，议席比例 12.44%，选票比例 11.68%。

这次例行选举是对俄罗斯政治现状的一次民意检验，是对统一俄罗斯党竞选纲领所体现的普京未来几年发展战略的预示，也是对 2018 年总统大选的信号性前奏。

这次选举有自身的特点。政治上，这是克里米亚拿回之后的一次选举。克里米亚回归成为俄罗斯各种政治力量的粘合剂，其核心是俄罗斯民族精神，或者说大俄罗斯主义。这个资本够普京吃一辈子。普京深谋远虑，借此强化对青年一代的爱国主义教育，成效明显、影响深远。经济上，这是民众对于社会现状满意度下降的一次选举。这在一定程度上会降低投票率，会影响统俄党的得分，但不至于从根本上动摇普京赖以依托的政治支柱。外交上，这是在受外界持续制裁从而奋起抗争状态下的一次选举。外部压力反而增强俄罗斯民众的凝聚力。

这次选举会出现几个变与不变。政党格局不会变，前四位政党的排序不会变，统俄党强势所体现的普京的地位不会变，亲西方的强硬反对派无所作为的局面不会变。也有变的方面，一是参选政党数目增多，从上届 7 个政党增加到这次 14 个政党。二是人员变化较大，现任杜马 450 议员有三分之一将不再参选。三是年轻化，公俄党和自民党候选人平均年龄分别为 32 岁和 37 岁。

从这次国家杜马选举可以看出，普京惯用的治理国家和笼络人心的手法比较成功，那就是经济不足政治补，国内不足国际补。

展望下一步，俄罗斯杜马选举之后会着手准备 2018 年总统大选。普京的政治地位将再次经受检验，看来不会遇到严重挑战。俄罗斯经济形势难以很快好转，症结在于结构调整，即使油价上涨也不足以治本，但当局会竭力保障民众的基本生活，逐渐缩小困难的程度。俄外交强势会持续，但也要力争改善与西方国家首先是欧盟国家的关系，以便构建尽可能有利于国家振兴的外部环境。

（载《国际网》，2016 年 9 月 2 日）

上合组织面临的挑战与风险

一、上海合作组织在“上海五国”基础上成立17年来，经历了启蒙期、磨合期和成熟期。我们在讨论上合组织面临的挑战与风险时，有一个认识前提，那就是不可忽视上合组织面临的良好机遇。机遇与挑战是并存的，而且可能相互转化，因此要善于在维护和发展机遇的基础上，应对挑战和风险。

二、当今上合组织面临的最大风险之一，依然是国际恐怖主义、民族分裂主义和宗教极端主义“三股势力”的威胁。“伊斯兰国”带动下的国际恐怖主义势力在全球尤为猖獗。中国有句成语，叫做百足之虫，死而不僵。“伊斯兰国”非但不僵，其实未死。要高度警惕“伊斯兰国”在新形势下变相的罪恶活动，严防对上合组织的破坏。

三、当今世界在某些大国政府推动下，促使民粹主义和保守主义抬头，干扰着经济全球化进程。这对上合组织及其成员国的负面影响不可低估。

四、上合组织成员国不要把双边关系中的矛盾和分歧，例如领土争端和战略差异，带进上合组织内部，搅乱上合组织的正常运作。

五、要防范全球霸权主义对上合组织的干扰和破坏。尤其要警惕它们处心积虑扶植和利用名目繁多的非政府组织，对上合组织及其成员国采取“颜色革命”之类的颠覆破坏活动。

六、国际上一些背景复杂的媒体，不时对上合组织进行歪曲和攻击，离间上合组织成员国之间的关系。对此要经常保持警惕并适时加以回击。

七、为了应对方方面面的挑战和风险，上合组织要进一步强化合作基础，发扬互信、互利、平等、协商，尊重多样文明、谋求共同发展的“上海精神”。上合组织成员国在维护自身国家利益的同时，必须尊重合作伙伴的国家利益，坚持平等互惠而不是损人利己甚至以邻为壑。各成员国要竭力维护上合组织的整体利益，从而也才能更好地维护自身的利益。

八、上合组织是面向世界的，要与其他多边国际组织处理好关系，例如亚太经合组织、二十国集团等等，注意保持竞争性与协作性之间的利益平衡。这将有助于上合组织应对面临的挑战与风险。

（在“上海合作组织”索契国际论坛书面发言提纲，2018 年 4 月 17 日）

上合组织堪称全球治理范本

6月10日结束的上海合作组织成员国元首理事会第十八次会议（以下简称“青岛峰会”）新闻公报称，成员国领导人讨论了“在国际政治和世界经济矛盾日益凸显的背景下”上合组织下一步发展的首要任务。6月8日中俄联合声明中也曾指出：“当今世界冲突高发，地缘政治矛盾激化，建设性协作空间压缩，经济保护主义抬头。”

对当前国际形势的这种判断，意味着全球治理的任务是何等的繁重。

从理论上讲，全球治理是顺应世界多极化与经济全球化趋势而提出的旨在对全球事务进行共同管理。全球治理涉及方方面面，尤其突出的是安全领域、经济领域和人文领域。而这三者恰恰是上合组织最为关注、成就最为显著的方面。

安全是生存基础。上合组织成立之初，解决了成员国之间的边界问题，这首先为共同协调参与全球治理奠定了安全基石。

上合组织的前身“上海五国”早在1996年成立之初，便率先明确提出反恐主张。2001年上合组织首次峰会又签署了《打击恐怖主义、分裂主义和极端主义上海公约》。上合组织17年来，各成员国通过紧密合作，制止了数百起恐怖袭击事件，抓捕了大批国际恐怖主义的成员，摧毁了很多在本地区设立的恐怖主义组织培训基地。

上合组织还高度重视并应对了本地区生产毒品与恐怖犯罪的合流趋势，处理了跨国有组织犯罪、走私枪支及其他影响本地区社会稳定的恐怖案件。还防止和打击利用互联网将一些信息通信技术大量用于宣传恐怖组织、分裂主义和极端主义。

习近平主席在青岛峰会上指出："尽管各种传统和非传统安全威胁不断涌现，但捍卫和平的力量终将战胜破坏和平的势力，安全稳定是人心所向。"青岛峰会新闻公报也指出："上合组织将继续在有效应对安全挑战和威胁方面保持协调。峰会通过的《上合组织成员国打击恐怖主义、分裂主义和极端主义 2019 年至 2021 年合作纲要》将进一步推动成员国加强该领域务实合作，上合组织地区反恐怖机构应发挥更大作用。"

经济是物质纽带。经济是国家利益的最直接体现。上合组织内的经济合作始终有序地进行。尽管也存在某些需要克服的难点和弱点，但引发矛盾和冲突的贸易保护主义则是与上合组织格格不入的。

目前上合组织成员国的人口、经济规模和贸易总量分别占全球的 40%、17.5%和 30%。这次青岛峰会再次强调完善全球经济治理体系、坚持巩固和发展以世界贸易组织为核心的多边贸易体制、建设开放型世界经济十分重要。提出要致力于为贸易投资创造有利条件，共同推动贸易便利化，促进电子商务合作，发展服务业和服务贸易。新闻公报强调指出："各方重申继续加强政策沟通、设施联通、贸易畅通、资金融通、民心相通，发展安全、能源、农业等领域合作。"新闻公报还提及哈萨克斯坦、吉尔吉斯斯坦、巴基斯坦、俄罗斯、塔吉克斯坦和乌兹别克斯坦重申支持中华人民共和国提出的"一带一路"倡议，肯定各方为共同实施"一带一路"倡议、促进"一带一路"和欧亚经济联盟对接所做的努力。人们注意到，在这个表态中没有印度。

习近平主席在青岛峰会上指出："尽管单边主义、贸易保护主义、逆全球化思潮不断有新的表现，但'地球村'的世界决定了各国日益利益交融、命运与共，合作共赢是大势所趋。"

人文是精神支柱。这里尤其涉及如何对待文明之间的差异问题，包括历史传统、文化渊源和宗教信仰等等。上合组织创始成员国基于尊重不同文明的信念，通过密切人文交流，加深了各国人民特别是青年之间的相互理解和支持。

习近平主席在青岛峰会上指出："尽管文明冲突、文明优越等论调不时沉渣泛起，但文明多样性是人类进步的不竭动力，不同文明交流互鉴是各国人民共同愿望。"在青岛峰会新闻公报中，成员国领导人重申，人文合作对深化人民之间的相互理解、信任和友谊发挥着作用，支持在文化、教育、科技、卫生、旅游、体育等领域开展多层次合作。

上合组织被赞誉为是一种以共同倡导、安全先行、互利协作为特征的新型区域合作模式。那么，其创新的核心动力是什么呢?

一是各成员国坚信并遵循"上海精神"。互信、互利、平等、协商、尊重多样文明、谋求共同发展的"上海精神"，成为各成员国的强大凝聚力，也可以说是为当今世界全球治理开出的一副药方。

习近平主席在青岛峰会上以《弘扬"上海精神" 构建命运共同体》为题发表演讲，他指出："上海合作组织始终保持旺盛生命力、强劲合作动力，根本原因在于它创造性地提出并始终践行'上海精神'，主张互信、互利、平等、协商、尊重多样文明、谋求共同发展。这超越了文明冲突、冷战思维、零和博弈等陈旧观念，掀开了国际关系史崭新的一页，得到国际社会日益广泛的认同。"

在"上海精神"引领下，上合组织不仅在安全、经济、人文等合作领域取得丰硕成果，在机制建设方面也迈出历史性步伐。如今上海合作组织拥有八个成员国、四个观察员国、六个对话伙伴，成为维护地区安全、促进共同发展、完善全球治理的重要力量。

二是各成员国能做到彼此相向而行。诚然，各成员国都是为维护和增强各自的国家利益加入上合组织。它们彼此之间的政策主张（尤其是涉及经济领域）并非没有差异，况且“一带一路”与欧亚经济联盟如何做好对接也还在探索过程之中。但是由于各国领导人的远见卓识，秉承平等协商原则以求同舟共济，从而使得上合组织能做到健康稳定地向前发展。

与上合组织青岛峰会同日，在加拿大魁北克举行七国集团（G7）峰会。那里的景象却是另一番模样。七国集团（G7）同样承担着全球治理的使命，尤其在维护公正合理的国际经济秩序方面。然而这次 G7 峰会的争吵不休与上合组织青岛峰会的和衷共济，形成鲜明对照。

三是合力将上合组织打造成为命运共同体。构建人类命运共同体是全球治理的终极目标。上合组织树立了命运共同体的范例。上合组织的成功实践表明，各国秉持共商共建共享的全球治理观，定能为全球治理体系改革和建设作出新的更大贡献。

青岛峰会新闻公报中明确指出，成员国领导人强调应继续共同致力于维护上合组织地区的安全与稳定，“推动建设新型国际关系，确立构建人类命运共同体的共同理念”。

上海合作组织经历了磨合期和考验期，如今进入成熟期。这三个时期都是以其全球治理的功能作为检验标准。

由此我们可以得出这样的认识：上合组织自身的发展与全球治理乃是一体两面；全球治理是所有国家的共同使命，上合组织成员国走在了前头；全球治理要由联合国主导，上合组织则是联合国的得力帮衬；上合组织对全球治理的独特贡献，仍在发扬光大，将永载史册。

（载《国际网》，2018 年 6 月 20 日）

俄罗斯对外战略：沿革与走势

2018 年 5 月普京进入为时六年的他本人第四次总统任期。俄罗斯未来的内外政策尤其是对外战略备受关注。对外战略建立在本国国情及其国际处境的基础之上，具有长期性、全局性、多维性和相对稳定性的特点。普京历来以坚定灵活应对外部世界见长，他的对外战略经过了当政 18 年的磨炼与考验。俄罗斯今后对外战略的走势，不妨用信守初衷、秉持原则、弘扬特色和应对变局四句话加以概括。

一、信守初衷

对外战略服务于国内发展战略的需要，这对俄罗斯来说亦不例外。普京不仅确认，而且一以贯之地践行。

普京 18 年前上台之初，曾发表过一篇引起轰动的纲领性文章，题为《千年之交的俄罗斯》。该文加上他后来不同时期通过国情咨文、对选民讲话，以及答记者问等方式，展示了俄罗斯对外战略的宗旨与内涵。

概言之：其一，认为俄罗斯不属于代表当代世界最高经济和社会发展水平的国家，称大概这是俄罗斯近 200—300 年来首次真正面临沦为世界二流国家，抑或三流国家的危险。其二，将国家、民族利益作为一切方针政策的立足点和出发点。为此，要弘扬俄罗斯思想和价值观，包括爱国主义、强国意识、国家作用和社会团结。其三，内部的目标高于外部的目标，认为俄罗斯在世界上的地位直接取决于能否顺利解决国内问题。普京说，如果某些国际方案对俄公民没有好处，那么无论听起来多么响亮，多么动听，俄罗斯不应该参与。其四，要建立适合俄罗斯国情的发展模式，绝对不走西方的发展道路，俄罗斯不能成为美国或英国的翻版。普京批评其前任时期照搬“外国课本上抽象模式和公式”付出太大代价，强调“机械照抄别国的经验是没有用的”。其五，俄罗斯的外交政策是同安全战略联系在一起的。将国内安全、周边安全和国际大环境安全结合起来，通过修改安全战略和军事学说，带动外交政策的调整，提高核遏制潜力，捍卫国家主权，维护民族尊严，增强大国地位。普京要求建立符合俄国家利益的国际关系，承担与国力相称的国际义务。其六，反对单极世界、推进多极化以建立多极世界。

以上六个方面，堪称构成普京对外战略的初衷，至今依然坚定地信守。

2018 年 5 月 31 日普京在回答中国中央广播电视总台台长访问时，再次表明了不忘初衷。他说：“作为一个坚持国际法原则、尊重伙伴利益的国家，我们自然同时也会确保自身利益，我们会重点关注我们在国际舞台上的地位。”他在回答西方制裁问题时又说：“我寄希望于积极良好的关系。但是对目前的什么限制，还有制裁，我们并不觉得惊讶，也吓不着我们，也永远不会让我们放弃独立和主权的发展道路。……我们明白，西方国家正试图通过这些限制和制裁达到一个目的，那就是遏制我们的发展。”

普京对外战略的初衷，源于他的治国方略。普京当选第一任总统时，笔者曾根据他的言行，将其治国方略归纳为以下十点：以国家利益为核心，以强国富民为使命，以经济发展为前提，以民族精神为动力，以强有力政权为依托，以团结全社会为手段，以历史教训为借镜，以选择适合本国国情道路为方向，以创造良好外部环境为条件，以重振大国地位为目标。

二、秉持原则

俄罗斯对外战略体现为多方位外交。多方位外交基于两点，一是国家利益原则，这与俄罗斯作为一个欧亚大国的地缘因素有关；二是对世界多极化的认识，这与俄罗斯自身在当今世界中的定位构想有关。俄罗斯自 1990 年 6 月 12 日宣告独立以来，其外交经历了从“一边倒”向多方位转变的过程。

普京将多方位外交进一步提升到“平衡性”原则高度加以运作。其结构态势大致为：其一，俄罗斯与独联体其他成员国的关系在其外交蓝图中的地位最为凸显，俄罗斯将其看作是“外交中的内政，内政中的外交”。其二，在对美国和西欧的关系中，排序作了调整，将西欧放在了美国前头。其三，对亚太地区特别是对中国、印度、日本、朝鲜半岛和东盟国家，外交地位大为提升。其四，对非洲和拉美国家的外交也有重点地扩大，手段更趋灵活。

进一步说，平衡性本身还分为若干层次。在全球实行欧亚平衡，在西方实行欧美平衡，在亚洲实行中国印度平衡，在朝鲜半岛实行韩国朝鲜平衡等等。不过，从具体运作来看，这种平衡的某些环节仍有相对性。例如欧亚相比，欧洲排序毕竟在前，这也就是普京所说的俄罗斯作为一个欧亚大国，首先是一个欧洲文明国家的缘故。但后来亚洲的分量变成加重了。

外交政策平衡性是由俄罗斯进入新转折时期的国家利益决定的。利益平衡性决定了政策平衡性。俄罗斯力图振兴，首先着眼于把经济搞上去，要求有一个可靠的安全环境，为此必须面向世界，着眼全局，而不能再像以往那样外交仅仅瞄准某些国家。

在世界多极化和经济全球化背景下，俄罗斯面对外来压力，出于平衡性的需要，既要斗争又得妥协。以美国为首的西方国家，对俄罗斯采取弱化其综合国力、挤压其战略空间的方针，迫使大国自尊心极强的俄罗斯领导人普京非坚决抵制不可。另一方面，俄罗斯要从衰落中崛起，又必须创造良好的外部环境，特别是要从西方发达国家引进资金。这种矛盾状况和复杂心理，决定了普京在同美国等西方大国打交道中，一直采取硬软结合的两手对策。

这里探讨一个问题。有媒体说，如今在西方频频对俄罗斯制裁施压的情况下，俄罗斯的外交完全转向了东方。此说难免有失偏颇。俄罗斯作为一个欧亚大国，不会放弃多方位外交。俄罗斯的确存在一个亚太战略，这在 2013 年普京总统致联邦会议国情咨文中说得很明白："我相信，俄罗斯转向太平洋和我们远东地区的迅猛发展，不仅能为我们的经济提供很多机遇和新天地，还为贯彻积极的对外政策提供了新的手段。"① 俄罗斯一个时期的外交重点转向东方，色彩比较浓厚，但不会脱开"平衡性"指导原则。不要把它与西方经济关系的恶化说绝。

三、弘扬特色

普京主政以来，坚守国家利益原则，激发民族团结精神，其外交必然具有强烈的自主个性。面对经济全球化热浪，尤其是经受美国单边主义冲击，俄罗斯处于弱势地位，在外交中有时又不能不带有某种妥协色彩。

务实性是普京外交的最大特色。务实，也就是从实际出发，因而显得比较灵活。如普京上任伊始所言，俄罗斯处于最困难的一个历史时期，境遇如此，外交怎么办？当时，在普京授意下，

---

① 普京：《普京文集 2012—2014》，北京：世界知识出版社，上海：华东师范大学出版社，2014 年版，第 520 页。

俄罗斯政策咨询机构——外交与国防政策委员会撰写了一篇关于俄罗斯战略的长篇报告。其中“俄罗斯对外政策面临21世纪的挑战”章节，提出要确立符合俄罗斯利益和力量的外交战略，采取有选择地参与国际事务的新战略构想。该报告蕴涵的韬光养晦原则和随着国际形势变化从适当战略收缩到采取战略攻势的演变，可以从后来俄罗斯的一系列外交实践中得到验证。

普京外交的务实性，植根于国家发展战略。他认为，俄罗斯在国际舞台上的威望以及俄罗斯国内的政治与经济形势，都取决于在多大程度上文明而有效地利用自己的外交资源。更为重要的是，普京巧妙地将俄罗斯国内存在的三种主要思潮——自由主义、社会主义和民族主义，加以融合和取舍，有选择、有侧重地运用于经济、政治和外交领域。

普京外交的又一特色是兼容性。这同样是出于国家利益的需要，也是国际形势发展变化使然。改善对美关系无疑是俄外交最重要的、也是最棘手的任务。美国为防范俄罗斯崛起，成为又一个苏联，对其采取了既利用又限制的政策。普京的应对办法是“学会了坚决地但是决不发生对抗地维护自己的利益”。基于外交随机应变，俄美元首曾签署《俄美关于削减进攻性战略力量条约》《俄美新战略关系联合宣言》等系列文件，俄罗斯还与北约一度形成了“北约20”机制。美国则在车臣问题上减少对俄干涉，承认俄罗斯是市场经济国家。后来，俄罗斯还增强了与美国宣称的所谓“邪恶轴心”伊朗、伊拉克和朝鲜问题上的合作。俄罗斯先后采用的这些做法，既不倒向美国，也不对抗美国，而是维护自身国家利益的外交兼容性所驱使。

顺便提一下，俄罗斯与美国合作反恐，并非仅仅因为发生了“9·11”事件。在此之前，普京已产生反恐国际联合的构想。2001年1月26日他在俄外交部讲话中曾经指出，俄罗斯遇上一系列的尖锐问题，“特别想指出国际恐怖主义和任何流派的、绝对是任何流派的原教旨主义的危险性”。他预言一个恐怖主义的“国际”正在形成，后来“伊斯兰国”果然成为现实。最近几年俄罗斯在叙利亚针对“伊斯兰国”采取的果断行动，影响力超越了美国，大大提升了自身的国际声望。

俄罗斯外交又一个特点是它的隐蔽性。这往往不被人注意。俄罗斯强烈的大国欲望路人皆知，但在舆论宣传中却时有收敛。普京说过，俄罗斯对国际局势施加影响的手段客观上并不是自己所希望拥有的那么多。怎么办？少说大话，多做实事。这是普京高明之处。他颇为担心自己的国家被世人瞧不起，指出俄罗斯外交方面的中心任务之一是“促进国外积极地看待俄罗斯，而目前这方面的情况远不是很好的”。普京一直默默地在奋力兑现上台时的豪言壮语：“唯一现实的选择是做一个强国，做强大而自信的国家。”俄罗斯并不把促进世界多极化挂在嘴边，有人误以为他放弃了多极化构想。其实绝非如此。2018 年 6 月 8 日俄中联合声明中，还明确提出要“促进更加公正合理的世界多极秩序的形成”。

四、应对变局

俄罗斯未来对外战略的走势，主要是优化外部环境，妥善处理与周边国家关系、大国关系和地区热点问题，提升自身在国际多边组织中的作用。

在与周边国家关系中，占首位的是独联体其他成员国。构建新型欧亚联盟为普京孜孜以求。但 2014 年乌克兰危机后，普京的欧亚联盟总体构想严重受挫。鉴于上海合作组织的成功运作，这将有助于欧亚经济联盟与“一带一路”的合作与对接。2018 年 6 月 8 日俄中联合声明指出：“通过共同实施 2018 年 5 月 17 日在阿斯塔纳签署的《中华人民共和国与欧亚经济联盟经贸合作协定》等，继续推进‘一带一路’建设和欧亚经济联盟对接；将在开放、透明和考虑彼此利益的基础上，探讨构建‘欧亚伙伴关系’，促进地区一体化进程。”

俄罗斯面对的大国关系，类型多样，情况复杂。

首先，力求缓和与美国的关系。当初特朗普与普京彼此赞赏，表示亲近，确实各有所求，发自内心。从美国方面来说，进入新世纪以来连连受挫——经受“9·11”事件、为伊拉克战争付出沉重代价、2008年的金融危机冲击更是导致国力下降。在特朗普心目中，这一切并非俄罗斯因素所致，更不是普京的责任，况且俄美贸易额不过200亿美元多一点，冲击不了美国，于是试图致力于与俄罗斯修好，以便联手对付崛起的中国。从俄罗斯方面来说，普京振兴国家的宏图比他预想的进展缓慢。在他看来，重商主义的特朗普上台，对于减缓因乌克兰危机引起的西方经济制裁、改善俄罗斯外部环境不失为一个良机。总之，特朗普提出要让美国再度强大，普京竭力让俄罗斯提升为世界一流大国，都不可能在彼此对抗中实现，这也许是让他们拉近距离的一种共识。但是美国传统的反苏反俄势力容不得特朗普为所欲为。今年5月25日普京还在为同美国之间的麻烦关系表示惋惜，说俄罗斯想要改善两国间的关系，但是却被围绕着美国总统特朗普的诸多政治争执所连累，甚至可以说是被“挟持为人质”。

美俄关系中缺少粘合剂，一是诚意，二是互信，三是远见。特朗普在今年6月加拿大蒙特利尔七国集团“G7”会议期间，又提出要让俄罗斯返回“G8”。普京深知其人反复无常，并不领情。

回顾冷战结束以来的20多年，俄美既在较量中合作，又在合作中较量。目前俄美关系处于制裁与反制裁的严峻时期。普京2018年5月31日在回答中国中央广播电视总台台长访问时说：“我认为，理智终将获胜，所有非法的限制，损害世界经济发展的政策，将逐渐消解。而我们会与所有合作伙伴实现关系正常化，包括与美国，以及其他听命于美国、对我们实施制裁的那些国家。”

俄罗斯非常重视与欧盟的关系。欧盟本身并不是铁板一块。今年 5 月德国总理默克尔和法国总统马克龙接踵访俄，谋求改善关系。匈牙利等东欧国家与俄罗斯的关系也有所缓解。最近因美方强征关税引发美欧矛盾激化，这也有助于松动俄欧关系。

2014 年乌克兰危机是引起俄罗斯与欧盟关系紧张的重大起因。这里值得提及一件事。根据俄罗斯和乌克兰 1997 年签署的《俄罗斯乌克兰暂定黑海舰队地位条约》，俄黑海舰队租用乌克兰塞瓦斯托波尔军港 2017 年到期。2010 年两国又达成协议，将俄罗斯黑海舰队驻地塞瓦斯托波尔租用期限延长 25 年，届时若无争议还可顺延 5 年。也就是说，那时俄罗斯并没有理由和迹象要拿回 1954 年赠给乌克兰的克里米亚。2014 年基辅广场事件，却给俄罗斯提供了机会。美国和西欧一些大国以牺牲乌克兰利益的手段，达到了破坏普京欧亚联盟构想的目的。

俄罗斯一直注意加强与印度的关系。俄罗斯是中国可靠的全面战略伙伴，与印度也是传统友好国家。面对印度与中国之间存在的领土纠纷，俄罗斯奉行对华对印友好并举而不得罪任何一方的做法，并且曾发起建立了俄中印三国外长对话机制。同时，俄罗斯竭力遏制印度与美国的关系。这仍将是俄罗斯今后的方针。

俄罗斯也想与日本改善关系。因南千岛群岛（日本称“北方四岛”）的归属问题，双方迟迟未能签署和平条约。“北方四岛”是二战期间由美英提议并经国际协议确定，将其作为惩罚日本侵略者的战利品划归当时苏联的。1956 年苏联曾同意将齿舞、色丹两岛退给日本，今天俄罗斯能答允的也就是如此，最多加上共同经济开发的因素。日本则要求连同国后、择捉，四岛同时“归还”。这是很难做到的事情。俄日今后的相关谈判，也只能保持胶着状态。

深化俄中关系是俄罗斯的首选。中俄关系之所以能持续发展，基于政治上互信、经济上互补、文化上互通、军事上互动和外交上互商的全面优势。近五年来，习近平与普京会面多达 20 次，这样的互动频率在国际关系史上实属罕见。2018 年 6 月 8 日普京再次访华，双方签署了联合声明，将两个关系提升到又一个新高度。

2018 年 5 月 31 日普京总统在回答中国中央广播电视总台台长访问时说："我们作为邻邦，在近几十年来建立了当今世界独一无二的关系。这种关系的确是建立在互利的基础之上。"6 月 15 日习近平主席在应约与普京总统通话时说："中俄两国彼此互为牢固稳定依托，相互给予坚定有力支持，维护了两国主权、安全、发展利益，捍卫了地区及世界和平稳定和公平正义。"这里的"独一无二论"和"依托论"，足以说明当今中俄关系堪称不结盟的超盟友关系。

俄罗斯今后在应对和处理地区热点问题中，无论是充当主角或是配角，都将尽量展示其大国地位和世界影响。

如在叙利亚，俄罗斯为伸张正义，同时也是要维护自身在中东地区的传统利益，曾投入大量军力，以超越美国的态势打击恐怖主义，数次化解了美国造成的巴沙尔合法政权的危机，有效地保持了该地区局势的相对稳定。今后俄罗斯依然会竭力强化与土耳其、伊朗等国的合作，尽量改善与中东其他各国的关系，保持在叙利亚乃至整个中东地区的主导作用与和平维护者的形象。

再如在朝鲜半岛无核化和伊朗核协议问题上，俄罗斯一直是两处"六方会谈"的成员国，而且作为联合国安理会常任理事国，拥有特殊的发言权和影响力。俄罗斯将会继续与中国和朝鲜方面协调行动，为解决朝鲜半岛无核化和东北亚地区局势稳定做出贡献。

俄罗斯在国际多边组织如欧亚经济联盟、上海合作组织、金砖国家、二十国集团（G20）中的作用，虽不均衡，但凭借其地缘政治优势和灵活的外交战略，将随着它的综合国力增长而得到进一步的发挥。

（载《当代世界》，2018 年第 7 期）

"一带一路"国际合作高峰论坛影响深远

首届"一带一路"国际合作高峰论坛已过去一年，第二届高峰论坛即将举办。首届高峰论坛业已透过五大特性展示出世界意义。这就是：试验性、独创性、开拓性、动员性和挑战性。

一是试验性。这是一块国际试验田，是为构建人类命运共同体迈出新步的试验田，是具有全球影响的试验田，是可能产生深远历史意义的试验田。如果没有经济实力做后盾，没有言而有信的国际声誉，没有足够的话语权，没有透明度很高的国际谋略，是搞不了这样的试验田的，也不是当今所有大国或大国集团都能主办的。

试验性将表现为初创阶段、考验阶段和成熟阶段。六年过去，初战告捷，"一带一路"仍处于初创阶段与考验阶段之间。之所以称作"试验性"，就是要考虑可能出现的多种结果。不要把取得的初步成就说得太满。面对日益兴旺的"一带一路"，支持者有之，疑虑者有之，抵制者亦有之。这是不奇怪的。但支持是大势，是主流，对于"一带一路"高峰合作论坛的不断进取、再接再厉和获得成功，我们是满怀信心的。

二是独创性。这包括理念独创、实践独创和战略独创。理念独创，如共商、共建、共享；政策沟通、设施联通、贸易畅通、资金融通、人心相通。"三共""五通"生动地刻画了合作共赢的途径和方法。实践独创，是将"一带一路"与各国自身的发展战略相对接。战略独创，是将"一带一路"的推进与构建人类命运共同体结合起来。

理念独创之核心主要包含五个关键词：第一是“视野”。“共商”，首先要以全球视野来审视所处的国际环境以及各国彼此之间的依存关系。面对当今世界大变局，联合国安理会第2274号决议对“一带一路”予以首肯。第二是“诚信”。“共建”，首先必须做到诚信。诚信是合力的源泉。诚信足以让利益共同体与责任共同体两者有机协调，从而决定命运共同体的前途。习近平主席强调：“‘国不以利为利，以义为利也。’在国际合作中，我们要注重利，更要注重义。只有义利兼顾才能义利兼得，只有义利平衡才能义利共赢。”第三是“包容”。“共建”就要力求寻找彼此的共同点和结合点，实现优势互补，就得承认并且处理好彼此之间存在的主观条件、利益诉求之差别。要包容，除“己所不欲勿施于人”而外，还要从差异中寻找有利于自身发展的借鉴价值。第四是“创新”，这是共建中最重要的一环。在基础建设、经贸合作、文化交流等领域，都需要拓展合作新空间，构建产业新体系。致力于创新发展，方能树立务实求真的典范，义利统一的典范，包容互鉴的典范，合作共赢的典范。第五是“共赢”，也就是共享。合作共赢原则的高尚性、公正性、普适性，如今被越来越多的国家认同与推崇。首届高峰论坛有30个国家元首和政府首脑出席“一带一路”国际合作高峰论坛，今年与会者还会更多，便是佐证。

三是开拓性。“一带一路”的参与者，第一不是以社会制度划线，既不是社会主义国家阵营也不是资本主义国家阵营；第二不是以意识形态和政党性质划线，既不是共产党工人党阵营，也不是民族主义政党或其他政党阵营；第三不是以国家发达程度划线，既不是发达国家阵营（如“七国集团”），也不是发展中国家阵营。

这种开拓性可以说是史无前例的，是随着世界多极化、经济全球化、社会信息化的不断发展而融汇形成的。利益交融与合作共赢势必成为所有参与振兴国家之“梦”的对接纽带。

四是动员性。倡导“一带一路”六年来，中国的朋友圈越来越大，已经有124个国家和29个国际组织同中方签署了共建“一带一路”合作文件，明确投出了支持票和信任票。首届高峰论坛形成的五大类279项成果，绝大部分已完成或可转为常态化工作，其余成果也在有序地推进落实。

举世瞩目的是最近欧盟重要成员意大利，不顾美国反对，成为首个签署“一带一路”倡议谅解备忘录的G7国家。前天，3月23日，中国意大利联合公报第八点指出：双方重申支持中国-欧盟全面战略伙伴关系，愿共同致力于深化中欧和平、增长、改革、文明四大伙伴关系。双方支持全面落实《中欧合作2020战略规划》，支持“一带一路”倡议与欧盟“欧亚互联互通战略”对接。双方确认中欧正在进行的富有雄心的投资协定谈判是一项核心优先工作。双方强调支持中欧地理标志合作保护协定谈判取得务实进展。

不管你承认与否，当今世界还没有哪一个国家提出的哪一种具有全球战略意义的主张，能像“一带一路”这样具有的动员性、感召力和震撼面。

五是挑战性。“一带一路”顺乎世界变局的发展大势，给世界经济注入活力，对旧秩序产生冲击力，对于全球霸权主义、单边主义、贸易保护主义、民粹主义，都具有挑战性。所以美国等西方的一些恶势力，蓄意唱衰、干扰、破坏“一带一路”，不断抛出所谓“债务陷阱论”“地缘政治工具论”“夭折论”之类的邪说。诚然，“一带一路”要实现与各自本国战略对接遇到的难题，也是一种挑战。

其实，面对“一带一路”日益扩大的影响，反对者无异于蜀犬吠日，奈何不得。如果说古代“丝绸之路”已成为千秋万代脍炙人口的佳话，那么“一带一路”作为当今各国利益聚合的平台，则以其时代精神产生的巨大魅力，牵动世界战略格局，涉及全球治理，振奋广大发展中国家，吸引一批发达国家。它将成为“百年未有之大变局”新时代的独特音符，奏响人类和平发展合作共赢前景的畅想曲。

最后，关于“一带一路”国际合作高峰论坛的世界意义，可否用这样一段话来加以概括：在弘扬和平发展时代主题观的基础上，以构建人类命运共同体为总命题，“一带一路”国际合作高峰论坛正在竭力开辟以合作共赢为主旋律的国际关系新纪元。

（载《国际网》，2019 年 4 月 8 日）

增强上合组织在全球治理中的作用

复杂多变的国际形势使得全球治理的任务越发繁重、越发迫切。人们关心的是，被普遍看好的上海合作组织在全球治理中应该和能够发挥怎样的作用。

在冷战后形成的国际组织中，从参与全球治理意义上来说，上合组织堪称最为成功的一个跨地区组织。上合组织所覆盖的人口占全球一半、版图占欧亚大陆四分之三的地区，展示了长期安全的相对稳定性，尽管依然存在着不容低估的隐忧。我们固然不必对上合组织的成就过度赞美，但也没有任何理由像西方某些媒体那样找茬儿唱衰它。上合组织成立之初，笔者曾经用过这样一句评语加以鉴定：上合组织的意义首先在于它的存在。今天不妨还可以这么说。

为了说明上合组织在参与全球治理中应该和能够发挥的作用，首先必须厘清当今世界局势发生了哪些变化。鉴于世界力量对比加速演变，传统热点与非传统安全难题交织，我想对当今国际形势变幻的主要方面做以下解读。一是资本主义制度弊端滋生的经济困扰与利益冲突，引发美国挑起贸易摩擦，英国“脱欧”一波三折，法国掀起“黄马甲”运动等等。二是中国扩大开放推动世界合作共赢，中国特色大国外交开创新局面。中国特色社会主义发展模式备受世界关注，同时也引起西方一些国家的顾忌和防范。三是发展中国家的道路选择处于徘徊之中，非洲国家较普遍看好中国，拉美多国大选政治版图生变，右翼势力抬头。四是与大国干预、单边主义和民粹主义势虐相关，地区热点难以消除，例如朝鲜半岛局势虽发生积极变化，但疑点仍多，障碍犹存；中东地缘博弈依然纷繁交错，矛盾迭起。五是大国关系微妙，但不能一概而论。有中俄关系这样的典范，也有中美关系之反反复复；有美俄关系之近乎冷战，也有美欧传统盟友之间的反目；有印度那样的左右逢源，也有日本对中国的态度趋于比较务实。六是非传统安全威胁上升，如恐怖主义、武器扩散、跨国犯罪、毒品走私、非法移民、环境污染、疾病蔓延、网络安全、洗钱等全球性问题。人类环境的严重恶化，也给国家生存与发展构成了现实威胁。网络安全的极大隐患，越来越直接威胁主权国家的安全。

总之，全球治理面临社会层面与自然层面。上合组织的责任侧重于社会层面，但也要在自然层面尽其责任。

上合组织本身就是为全球治理应运而生，当然承担着参与全球治理的繁重任务。反对恐怖主义、分裂主义和极端主义“三股势力”是上合组织的初衷，至今仍是它的强项。做好上合组织的事情，这本身就是对全球治理的一份贡献。上合组织作为地区性的命运共同体，其成员国较好地做到了将利益与责任两者保持平衡。上合组织应该也可能成为全球治理的榜样。

上合组织要在参与全球治理中发挥更大的作用，看来奉行“三自一包”非常之重要。

一是自知之明，也就是要审时度势，摆正位置。清醒地认识自身在参与全球治理中的使命和能量，哪些是应该做而且能够做的，哪些是应该做却难度很大的，哪些则不属于上合组织的职能范围。从全球治理的角度来看，也不要把扩员的好处看得过分，因为扩员本身存在着利与弊的两重性。不要由于非适度地扩员，带来内部掣肘又受外部牵制的因素。

二是自强不息，也就是要不断总结经验教训，扬长避短。既要把握上合组织自身的优势，加以弘扬；又要认清自己的短板，加以弥补。

三是自我革新，也就是要革除弊端，创新发展。要对上合组织中业已形成的规章制度和具体办法不断加以审视和调整，推陈出新，革旧鼎新。

“一包”，就是包容互鉴。无论是处理上合组织成员国之间的关系，或是应对与其他国际组织的关系，都需要包容互鉴。包容互鉴是求同存异的升华，意味着从求同存异上升为“求同尊异”，也要善于从“异”中得到某种借鉴。

这里涉及另一个问题，亦即如何评估上合组织的历史成就与现实能量。

上合组织是冷战结束后面临传统与非传统威胁交织，侧重安全领域应运而生的；是适应经济全球化态势，经济合作成为重要领域而逐渐展开的；是为增强互信，而在人文领域不断加强交流的。作为一个新生事物，上合组织经历了磨合期、考验期和成熟期，如今进入成熟期的创新阶段。

上合组织发挥的积极作用是始终如一的。一是威慑作用，这是对“三股势力”而言。二是凝聚作用，对于各成员国，它是一个平等对话友好合作的平台。三是平衡作用，中俄关系、中亚各国与俄关系，以及它们与中国的关系，加上后来加入上合组织的印度巴基斯坦关系及印巴与其他成员国的关系，都有一个利益平衡的问题。四是牵制作用，它是对外部任何侵略扩张势力的防范。五是吸引作用，这是对周边一些国家而言。

上合组织是当今世界发展最为稳定的一个多边组织，称得上是欧亚命运共同体、人类命运共同体的一个样板。人类命运共同体由利益共同体和责任共同体构成。上合组织取得的成就和存在的问题，都要从安全、经济、人文三方面的利益和责任去做分析。安全领域，利益比较相近，分歧相对较小。差异在于各自付出成本的多少，俄罗斯与中国客观上难免还有一个谁充当主导或合作主导的问题；但这是可以协调的。人文领域，无所谓成本，营造友好气氛，尊重文明多样性就可以了，没有多大矛盾。而经济领域，就有一个成本与收益的问题，排他性比较明显，往往成为矛盾的焦点。“一带一路”与各国发展战略对接，其难度恰恰在于成本与收益的计较。

基于构建人类命运共同体的总目标，为了最大限度地发挥上合组织在全球治理中的作用，需要保持三点基本认识：其一，作为一种软实力，尤其要弘扬“上海精神”。“互信、互利、平等、协作、尊重多样文明、谋求共同发展”，是上合组织的精神支柱，是一笔巨大的精神财富，谁也难以反对，生命力强，意义深远，值得大力弘扬。其二，国际组织并非越大越好，上合组织的历史经验证明，深入发展比起扩大发展，更为切实，更为重要，理应处于优先地位。其三，上合组织总体上是令人满意的，但对其期望值也不要过高到脱离实际。作为一种实践样板，尤其要做好“一带一路”与“一带一盟”的对接。不能让标榜“美国优先”的单边主义、保护主义向上合组织领域渗透。

习近平总书记提出的“放眼世界，我们面对的是百年未有之大变局”这个论断，让我们懂得参与全球治理的关键所在。就宏观而论，从纵向来看，我们不妨参考美国历史学家伊曼纽尔·沃勒斯坦的说法：迄今为止，在全球范围内出现了三个世界性大国，即17世纪的荷兰、19世纪的英国和20世纪的美国。也有一种看法，加上18世纪的法国。当今国际上人们较普遍认定，21世纪将是中国领军的世纪。这引起美国精英阶层的惶恐不安，于是千方百计地遏制中国的和平崛起。“修斯底德陷阱”学说表面上往往多被否定，但实际上作用力依然很大，尤其表现在美国和西方一些舆论对中国和平崛起的反常态度上。身处上合组织之中，我们对此要心中有数。

（载《国际网》，2019年6月10日）

推进人类命运共同体的又一宣言

在巴西举行的金砖国家领导人第十一次会晤，意味着金砖合作步入第二个“金色十年”。习近平主席在会晤时的讲话，使用了“所有人造福所有人”这句既通俗又富有哲理的话，来解读金砖国家参与全球治理从而构建人类命运共同体的使命。这次讲话贯穿着三大要素：契合世界发展潮流、提升金砖国家表率作用和贯彻联合国宪章宗旨。

（一）进一步阐明世界大变局之具体内涵

习近平主席曾经指出，当今世界正经历百年未有之大变局。此次讲话进一步强调，如今正处在世界经济发展和国际格局演变的关键时刻。

冷战结束以来的 28 年，国际形势的变化经历了三个阶段。第一阶段基本上是围绕超级大国苏联“死亡”打转的八九年，西方竭力消化、扩大苏联解体的成果，从北约不断东扩，直到发动科索沃战争。第二阶段基本上是围绕另一个超级大国美国“受伤”打转的八九年。从“9·11”事件、伊拉克战争到国际金融危机，美国接连受到创伤。第三阶段，基本上是围绕新兴国家群体性崛起、与守成国家之间的竞争日益加剧打转的八九年。七国集团在全球经济总量中所占比重，从二战结束时的 70%，如今下降到 44%，而在新兴国家所占 56% 当中金砖国家份额约为 27%。估计到 2035 年新兴经济体和发展中国家所占比例将上升到 70% 左右。

苏联和美国两个超级大国“一死一伤”，导致世界战略格局发生重大变化，多极化更富新色彩。由中国、俄罗斯、印度、巴西和南非组成的金砖国家，正是世界多极化的产物，反过来又在推动世界多极化进一步发展。

与世界多极化趋势相呼应，经济全球化也在发展。当今世界进入了新一轮科技革命和第四次工业革命时期。习近平主席这次讲话着重指出，新科技革命和产业变革方兴未艾，强调新兴市场国家和发展中国家的崛起势头不可逆转，为全球经济治理体系变革注入强劲动力。

（二）突出金砖国家的特殊地位和重大作用

习近平在讲话中，用“携手”“合作”“共谱”这样亲密的词汇来表述金砖国家之间的关系，说明金砖国家互信之深厚，担当之重大。他指出，保护主义、单边主义愈演愈烈，治理赤字、发展赤字、信任赤字有增无减，世界经济中不稳定不确定因素明显上升。这需要大家正视并有效地加以应对。他特别强调指出，金砖国家的发展壮大，带动了国际格局调整的速度、广度、深度，正在从根本上改变世界政治经济版图。

习近平主席寄希望于金砖国家在全球治理和构建人类命运共同体过程中，发挥表率作用。金砖国家客观上确实存在这方面的优势，因为它们绝大多数还是上海合作组织成员国，同时还都是G20成员国。

习近平主席的主张反映了与会各国领导人的共同愿望。大家一致表示，当前形势中保护主义、单边主义抬头，对各国主权、安全构成威胁。金砖国家应本着战略伙伴关系精神，加强沟通协作，维护公平、透明、开放的多边贸易体制，捍卫新兴市场国家和发展中国家共同利益。共同表示要支持各国自主选择发展道路，相互尊重主权，反对外来干涉，致力于通过对话解决争端，为维护国际战略安全稳定发挥更大作用。还提出各国应采取更多便利化措施，扩大相互贸易和投资，加强科技创新、数字经济、能源、金融、互联互通、生物多样性保护等领域合作，加强人文交流。五国领导人同意，齐心协力，加强金砖合作机制，实现共同发展繁荣。

（三）将构建人类命运共同体与联合国核心地位结合起来

为做好全球治理，实现人类命运共同体，习近平主席讲话中着重指出，要维护联合国宪章宗旨和原则，维护以联合国为核心的国际体系，反对霸权主义和强权政治，建设性参与地缘政治热点问题解决进程。

联合国的成立及其宪章的精神，原本是二战后人类命运共同体的一种表现形态。联合国宪章第一章第二条第三点称："各会员国应以和平方法解决其国际争端，避免危及国际和平、安全及正义。"第二条第四点更是明确规定："各会员国在其国际关系上不得使用威胁或武力，或以与联合国宗旨不符之任何其他方法，侵害任何会员国或国家之领土完整或政治独立。"

联合国就是最大的多边主义集体。倡导多边主义和国际关系民主化恰恰是联合国宪章的基本要求。实行全球治理是各国利益的一个重要结合点，也是实现联合国宪章精神的时代举措。

当今在新形势下，维护联合国在全球治理中的核心地位越来越重要。任何国家、任何人，都不应在得意时凌驾于联合国之上，在失意时置身于联合国之外。

本着联合国宪章精神，人类命运共同体就是把各国的命运与世界的命运连接在一起。"所有人造福所有人"，则是构建人类命运共同体的唯一可取手段。

应该指出，命运共同体是由利益共同体和责任共同体组成，否定任何一面都构不成命运共同体。而中国，一向言之有信，从高质量共建"一带一路"推动对外合作，到举办中国国际进口博览会主动扩大进口，都是中国进一步完善对外开放体系、构建人类命运共同体的实际步骤。

我们从习近平主席讲话中可以看到实行全球治理进而构建人类命运共同体的几个关键词句：其一，营造和平稳定的安全环境，这是基础。只有治理才能稳定，也只有稳定，才能形成命运共同体。其二，谋求开放创新的发展前景，这是实质。这次会晤的主题就围绕创新经济和科技合作，特别是推进金砖国家新工业革命伙伴关系建设，突出强调金砖国家在贸易和投资、数字经济、互联互通等领域的合作。其三，促进互学互鉴的人文交流，这是办法。犹如上海合作组织所倡导的“上海精神”，尊重多样文明，谋求共同发展。

（载《国际网》，2019 年 11 月 19 日）

普京主政 20 年的成就与缺憾

自从普京 1999 年 12 月 31 日以总理代总统身份，从叶利钦手里接过权柄，2000 年 3 月当选总统，迄今已在俄罗斯主政 20 年。起初宪法规定，总统任期为四年且不得连任三届，于是他在 2008—2012 年改任政府总理。这期间他对俄罗斯社会的主导作用依然不言而喻。随后，2012 年和 2018 年他再次当选并连任总统，任期改为 6 年，法定任职到 2024 年。眼下俄罗斯正在酝酿修改宪法，取消总统任期限制，并就此将于 4 月 22 日举行全民投票，这意味着将为普京提供再度连任总统的可能性。

早在普京上台伊始，笔者曾就俄罗斯的发展轨迹提出过一个观点，那就是破—乱—治—兴。叶利钦破了苏联，带来了内乱，普京面临着治理和振兴国家的使命。普京主政 20 年的事实证明，他非常成功地解决了乱的问题，卓有成效地对国家进行了治理，且治中有兴，但振兴国家的目标尚未如愿实现。给人的深刻印象是，这位杰出政治家怀有一种国家不兴决不甘休的顽强劲头。

下面从历史简要回顾、普京的初衷及其实际运作的结果，谈谈普京在俄罗斯主政 20 年的巨大成就与某些缺憾。

一、普京上台之初的俄罗斯状况

普京上台之初，俄罗斯陷入内外交困。20 世纪 90 年代俄罗斯国内生产总值下降 50%，仅相当于美国的十分之一。1998 年危机之后，人均 GDP 降到 3,500 美元，为“七大国”平均水平的五分之一。俄经济结构发生变化、劳动生产力极低、投资下降、不重视新产品的开发、居民实际货币收入不断减少，导致俄罗斯人的收入还不到美国的10%。“影子经济”猖獗，在国内生产总值中的比例高达40%，而发达国家不会超过15%—20%。俄罗斯很大一部分企业和单位参与影子经营活动，掩盖巨额收入，把资金转移到国外和进行走私，苏联解体以来至少有2,000亿美元流向国外。

作为私有化条件下金融资本和工业资本结合的产物，爆发起家的“新财阀集团”对国家影响力增强，成为足可在政坛兴风作浪的特殊势力，对国家的经济和政治造成直接的威胁。

各派力量政治斗争不断干扰经济工作，联盟中央与地方主体的关系紧张，政府经济方针政策多变。加之税收不足，国债增多，财政状况恶化，犯罪现象严重，社会秩序混乱，两极分化加剧，人民的不满情绪越来越强烈。据1998年俄《独立报》的一篇社会调查称，90%的俄罗斯人对国家局势的评价非常悲观，近一半的居民坚信新政府不可能阻止社会经济局势和金融局势进一步恶化。工人静坐、游行和截断铁路运输现象频频发生，口号具有明显政治性质，且呈旷日持久、全国联网之势。

车臣问题尤其敏感复杂。1996年11月俄政府总理和车臣联合政府总理签署哈萨维尔尤特协议，确定五年后即2001年在车臣境内就其地位问题举行全民公决。车臣当局总是不时地借机标榜独立性而引发骚乱。

独联体经济不景气，合作难度大。独联体国家一体化水平只相当于苏联时期的三分之一。俄罗斯难以保住工业的最大市场，即国内市场和独联体国家市场。苏联解体后，俄拥有原苏联65%—70%的固定资产，而这期间俄独立自主生产的产品只有原来产品总量的40%—60%。军工综合体如果没有独联体国家的配套产品，俄只能生产18%的武器和军事技术装备。没有独联体伙伴的参加，俄就不能生产出核潜艇、宇宙飞船、飞机、汽车、农业机械、高技术产品，以及四分之一的机械制造业产品。

外部安全环境变差。俄罗斯于 1997 年跻身于西方“七国集团”，这并没有消除西方大国对俄罗斯的疑虑，它们给俄罗斯的经济技术援助杯水车薪，口惠而实不至。北约加紧东扩，挤压俄罗斯的战略空间，不仅将东欧国家拉走，发动科索沃战争，还进一步向原苏联成员国渗透，把俄罗斯逼到墙角，迫使叶利钦不得不将原先奉行的倒向西方外交改为全方位外交。

由此普京得出的结论是：俄罗斯正处于数百年来最困难的一个历史时期，真正面临沦为世界二流国家，抑或三流国家的危险。

对照以上情况，今日俄罗斯的面貌却截然不同了。

二、普京上台后的最初承诺与构想

普京接班，叶利钦在离开克里姆林宫时，把掌控俄罗斯战略核力量的“核钥匙”交到普京手上，对他说：“请照顾好俄罗斯。”普京可以说是不负所托、信守承诺的。

普京总统上台之初，便酝酿其治国方略。大致内容有：其一，弘扬俄罗斯思想和价值观，包括爱国主义、强国意识、国家作用和社会团结。提出要从经济和道德两方面振兴俄罗斯，他说，对于一个强大的国家来说，公民不能没有尊严感，整个国家不能没有民族自豪感，这是看待俄对内对外政策的基础。其二，建立强有力的国家政权体系，认为俄罗斯复兴的关键就在于国家政治领域。其三，创造有效的经济即多种所有制基础上的市场经济，加强国家的宏观调控。他说，没有国家调节，就不会有国家的强大；但调节不是给市场的脖子上套索，而是对市场的支持，是为各经营主体创造平等的条件。其四，制订长期发展战略，以便在相当短的时间内消除持续已久的危机，为经济和社会快速和稳定发展创造条件。他强调“俄罗斯已经没有时间晃来晃去了”，“再不能容忍”国家富裕但居民贫穷的局面继续下去了。其五，认为“团结俄罗斯社会”具有特殊意义，说“现在一切都取决于我们能否认清危险程度，能否团结起来，能否承担起长期而又艰巨的工作”。

普京总统的战略构想贯穿于内外政策的实践之中。其一，关于政权机制，他指出国家政权机制现已严重荒废，作风涣散，缺乏纪律性。他还对政府工作提出批评，认为最主要的问题是失去完成所开创的事业的国家意志和坚定信念，当官的已忘记什么是公职纪律。他还严厉批评多年来关于同犯罪现象作斗争仅仅是空谈。其二，关于车臣问题，普京多次表示，车臣人民深受极端主义势力及俄罗斯最近几年所推行的政策之害，决心改变1996年从车臣撤军的错误做法。其三，关于政党关系，普京认为新世纪的一个基本特征不是意识形态的斗争，而是只要人民还贫穷，无论以何种党派原则的纯洁性——右翼或左翼——为借口，都是无法开脱的。他说，无论是左派掌权，还是右派掌权，谁也不能有任何特权。其四，关于经济失误，普京指出这些年俄在政治和社会经济动荡、剧变和激进改革中已精疲力竭，为照搬“外国课本上抽象模式和公式”付出太大代价，而“机械照抄别国的经验是没有用的”。他强调俄不能成为西方式的国家，不能成为美国或英国的翻版。其五，关于对外关系，普京本着“内部的目标高于外部的目标”的原则指出，如果某些国际方案对我们的公民没有好处，那么无论听起来多么响亮，多么动听，我们都不应该参与。他强调说，切实的国家利益，其中包括经济利益，理应成为俄罗斯外交家的法则。

总之，贯穿普京方针政策的精髓是：以国家利益为核心，以强国富民为使命，以经济发展为前提，以团结全社会为手段，以民族精神为动力，以强有力政权为依托，以历史教训为借镜，以选择适合本国国情道路为方向，以创造良好外部环境为条件，以重振大国地位为目标。

此后20年普京的实践表明，他做到了言行一致，言必行、行必果。

三、20年来普京的主要成就与缺憾

普京主政20年来，致力于重振俄罗斯的大国地位与世界影响，对内加强联邦政府的权力，整顿经济秩序，加强军队建设；对外努力改善国际环境，拓展外交空间，维护本国利益，在国际舞台上恢复了世界性强国地位。诚如俄罗斯《观点报》网站2019年12月31日文章所说：普京时代是俄罗斯历史上浓墨重彩的一章，这20年改变了俄罗斯命运。

20年来，普京为振兴俄罗斯，不忘初衷，全力以赴，一以贯之，因而始终保持着极高的社会支持率。包括俄共在内的反对派政党，对他的各种举措较多采取配合协作的做法，存在异议时也就是在议会中投一投弃权票。

普京的政绩有目共睹。

他维护了国家统一，打破了西方瓦解苏联之后进一步瓦解俄罗斯的迷梦。美国等西方国家竭力阻挠普京欧亚联盟计划的实施，不惜以牺牲乌克兰国家利益为代价，制造紧张局势，挑起事端，却为普京拿回克里米亚、化被动为主动提供了机遇。

他保持了政局稳定。他做到郑重地对待国家历史，既毫不留情地批判苏联时期的错误，又理直气壮地传承苏联时期良好的经验成果，乃至包括将深得人心的苏联国歌旋律加以恢复。他采取不造成过大人员伤亡的办法平定了车臣战乱（俄军共消灭车臣非法武装分子1万多名，俄军有1,500名将士阵亡，3,000多人受伤），化除了地区分离主义的危险。

他击溃了寡头干政，绘制了复兴工业乃至发展整个经济的蓝图。国有企业相继创办且站稳脚跟。他调整政权结构，整治腐败，完善了政党建设，实行了军队改革。叶利钦时期忽视作为政权支柱政党的重要性。在普京主持下，统一俄罗斯党不断发展壮大，从政权党变成执政党，成为普京主政的强有力依托。

他关注民众生活，方针明确，尽力保障人民的福利，在严峻形势面前领导人带头降薪，甚至做到百姓的福利增长超过 GDP 增长。

他恢复了主权大国地位，增强了国际影响，发挥了能动外交的作用。他与习近平主席一道将俄中全面战略合作伙伴关系推进到新时代，不仅在双边层面收获丰硕成果，更为维护世界和平安全发挥着中流砥柱的作用。两国关系中成果丰硕，例如普京主政以来，俄罗斯境内有约 100 所国立大学开设了汉语课程，其中将汉语列为第一外语的大学就有 40 多所。学习汉语的大学生、研究生人数过万。目前学习汉语的俄罗斯人数很快要赶上在俄居住的华侨华人。

对美国，谋求合作，抵制压力，破除了西方针对俄罗斯及其盟友国家的“颜色革命”。2001 年“9・11”事件后，普京曾支持美国在阿富汗行动，也没有阻挠美军驻扎在中亚。但对于美国施压，坚决抵制；对于美国离间中俄关系的图谋，及时防范。美国在中东频频制造事端，先后搞掉伊拉克、利比亚等国的领导人，把这些国家搞得一团糟，还大动干戈要推翻叙利亚的合法领导人巴沙尔・阿萨德，由于普京的努力而未能得逞。普京坚持不走欧美道路，要走出一条适合俄罗斯国情的道路，这是美国等西方国家对他恨之入骨、必欲望置之倒地而后快的根本原因。

他竭力抵制北约东扩的威胁，同时又满怀诚意与欧盟国家改善关系。双方排除外部干扰，致力于“北溪 2 号”天然气管道的大规模工程，便是明证。

发展经济未能让普京如愿以偿，这是普京的最大缺憾。在普京当政的前八年，俄罗斯的经济成就相当辉煌，经济增速高达7%，位居世界前列。2008 年金融危机是一次冲击，2009 年增长只有 2%。2014 年乌克兰事件之后，受西方持续的严厉制裁，经济遭受沉重打击，出现连年负增长局面。2018 年俄罗斯 GDP 约为 1.66 万亿美元，折合 11.5 万亿元人民币，在世界各国排名进不了前十。但情况在逐渐好转，2019 年 GDP 增长 1.3%。俄罗斯农业丰收，大量出口，是历史上罕见的。

俄罗斯经济发展之所以迟缓，有内因和外因。内因主要是结构调整难度大，对此俄官方和学界学者的基本看法一致，认为这是俄罗斯最近改组政府后需要正视的第一位的问题。外因则是受到西方持续多年的严酷经济制裁。俄罗斯人生活水平提高确实比较缓慢，但由于俄罗斯的社会福利保障系统比较完善，教育、医疗，以及住房、水电煤气等生活所需免费或十分廉价，所以人们的衣食无虑，生活自在，秩序井然。

值得赞誉的是普京一直保持着很高的社会支持率。这主要来源于他任期内民生的显著提高和俄罗斯重获世界发言权的事实。大多数俄罗斯人经历了苏联解体的苦痛，对西方国家感到极大的失望，因此他们不再相信亲西方的民主派政治家，而这些人在普京任内受到了很大的打压。普京沉着、果断、干练、务实的风格，在处理国内外突发事件中驾驭全局的能力，博得了各界人士的好感和信赖，被认为是众望所归的新型领导人形象。俄罗斯莫斯科市长索比亚宁评价普京："真正的男子汉和一名强有力的领袖"。传记作者克罗波克评价普京："从许多方面来看，普京是俄罗斯民族意识的具体体现。在过去 100 年中，我们从来没有一个领导人能够像普京一样如此接近俄罗斯的魂！"

鉴于上述情况，可以得出以下几点简要的结论性看法：

其一，普京主政 20 年来始终得到俄罗斯绝大多数人的支持，说明他的做法合乎国情，赢得民心，也适应世界潮流。俄罗斯国情比较特殊，探索适合俄罗斯的发展道路将是一个漫长的过程。普京业已初步达到目的并将继续完成其历史使命。

其二，普京打造的强势俄罗斯，日益具有世界影响力，成为世界和平与发展的一大稳定因素，推进了世界格局多极化发展的积极趋势。

其三，有人罔顾俄罗斯全貌，仅仅拿经济缺憾这一面说事，从而否定普京的成就与俄罗斯大国地位的提升，甚至唱出“俄罗斯将长期停滞下去”的悲观论调。这如果不说是偏见，至少也是不严肃的。

（载《中国战略观察》，2020 年 3—4 期合刊）

第五部分

中国和平发展与中国特色大国外交

“一国两制”的光辉典范
——香港回归十周年感言

20世纪90年代非同凡响，世界上发生了一系列惊天动地、扣人心弦的大事。其中，1997年7月1日香港回归，蔚为壮观。十年过去，喜见在祖国怀抱中奉行“一国两制、港人治港、高度自治”的香港辉煌，不禁心潮澎湃！

谈及香港，抚今追昔，人们悲喜交集。从1841年英国武力侵占香港开始，一百多年来，为赢得这块宝地回归，中华民族无数志士仁人为之奋斗牺牲，始终壮志未酬。中国历届政府都曾试图收复香港，但所有努力均告失败。

二战结束后，殖民主义在世界范围内开始土崩瓦解，然而，香港的地位依旧。1949年中华人民共和国成立，昭示一个新时代诞生，这为香港回归奠定了坚实基础。随着我国国力日趋强盛、香港新界租期行将届满，以及国际形势出现有利变化，至80年代初，香港回归问题提上议事日程。尽管如此，中国政府与英国当局的有关谈判，从联合声明、基本法起草，到预委会、筹委会、临时立法会、行政会形成，却无不充满艰辛。由于有伟人邓小平掌舵，秉持宏图大略，将原则坚定性与策略灵活性巧妙结合，方获如愿以偿之结果。

香港回归这一壮举，结束了中国人的屈辱历史，恢复了国家的神圣主权，标志着香港同胞成为祖国这块土地上的真正主人。

收复香港的百余年历史充分说明，落后必挨打，弱国无外交。只有在“立党为公、执政为民”，忠实地代表全国各族人民利益的中国共产党领导下，坚持社会主义，才能最终实现中华民族几代人为之奋斗的夙愿。

香港回归具有划时代的意义。它是祖国和平统一大业的一座丰碑，为随后澳门顺利回归，为未来祖国的完全统一，树立了光辉范例。

香港顺利回归且平稳过渡，是史无前例的“一国两制”伟大构想的成功实践。十年来，中央政府坚定不移地贯彻“一国两制”方针，严格按照香港基本法行事，全力支持香港特别行政区行政长官和政府依法施政，保障香港居民依法享有的各项权利和自由，广泛团结香港各界人士，共同维护和促进香港的繁荣、稳定和发展。同时，大陆与香港在经济、文化、科研等领域共促发展的合作越来越密切。

香港回归后，凭借本身足够的财政储备和稳健的金融体制，成功地击退了亚洲金融风暴的冲击。基本法保留了香港世界贸易组织成员的身份，使其具有新的发展空间。香港仍保留着自由港的特色和国际贸易、金融、航运中心的地位，继续被公认为亚洲乃至全球最具发展活力的地区之一。

香港回归后，其民主和选举制度更加开放，更加透明。回归前，港督是由英国委任，香港人无权参与；而今，行政长官经选举委员会选举产生，全部立法会议席也都由选举产生。中央赋予香港的高度自治权是名副其实的，特区与中央的关系理应保持畅通和谐。香港必须坚持行政主导的政治体制，必须按照循序渐进的原则引入民主机制。

曾记否，“唱衰”之声一度鹊起，有人对“一国两制”满怀狐疑。香港回归前夕，西方主流媒体如美国《时代》周刊，曾宣称 1997 年是“香港的死亡”。还是这家刊物，今年 6 月 18 日发表文章称，香港作为正在崛起的内地的一部分，会继续保持繁荣；日益自由和开放的内地，可以给予香港很多机会。路透社 6

月 17 日也报道说，十年前有人预言香港充满活力的经济将会被中国挤垮，然而，在香港感受来自中国内地的激烈竞争的同时，它的经济依然在繁荣发展，尤其是过去三年更是 20 世纪 80 年代以来发展最快的时期。

事实证明，十年后的今天，香港原有的社会、政治、经济制度和生活方式不仅未变，反而经济更繁荣，社会更和谐，法制更健全。

香港十年的业绩，显示了香港特区政府治理香港的卓越能力，展现了中央政府对香港社会的强有力支持，辐射了香港对于内地不断增强的影响力，反映了香港民众日益加深的对国家和民族的认同感与自豪感，体现了国际社会和香港各界对香港未来发展的信心。

香港，正满怀豪情，在探索中昂首阔步前进。

（载《当代世界》，2007 年第 7 期卷首语）

把握世界局势 展示外交战略
——党的十八大报告对外关系部分研读

党的十八大报告第十一节《继续促进人类和平与发展的崇高事业》，以两千余字之精辟，透析了当今世界局势与我国安全环境，概括了建国之后特别是改革开放30多年来的外交政策理念，诠释了未来对外工作的明确方向，从而也回答了有关中国对外战略的一系列深层次问题。

一、洞察世界大局奠定外交战略基础

外交战略的合理制定必须以对国际形势的准确判断为基础。个人领会，党的十八大报告对国际形势的看法集中体现在三大方面。

其一，既认为国际形势总体稳定，又指出世界仍然很不安宁。面对复杂多变险象环生的国际形势，做出“总体稳定”这样的判断是要有足够理论勇气的。这个判断之所以正确，因为它符合以和平与发展为主题的时代精神，体现了国际形势发展的主流，其深层道理是基于置信在可预见的未来能够避免世界大战的发生。鉴此，人们无须杞人忧天，惶惶不可终日。之所以指出世界仍然很不安宁，这是对当今世界许多复杂现象和紧迫事件的清醒认识，这就是：国际金融危机影响深远，世界经济增长不稳定不确定因素增多，全球发展不平衡加剧，霸权主义、强权政治和新干涉主义有所上升，局部动荡频繁发生，粮食安全、能源资源安全、网络安全等全球性问题更加突出。凡此种种，人们不能掉以轻心，不可丧失忧患意识。“总体稳定”与“仍不安宁”这两方面都是“当今世界正在发生深刻复杂变化”引起的。值得关注的是，报告在谈到“发生深刻复杂变化”时，加进了“文化多样化、社会信息化持续推进”的内容。人所共知，以文化为主体的世界文明是多种多样的，经济领域应该也可能推行一体化，文化领域则不然，它涉及宗教信仰、历史渊源等多种因素，不可能实行一体化。各种文明之间应当是求同存异、相互借鉴而不是水火不容、吞食兼并的关系。当今世界上的地区热点频发，如西亚北非连续出现的动荡，都是与强权政治嗜好者将自己的社会制度、意识形态和价值观强加于人的霸道行径密切相关。

其二，肯定国际力量对比朝着有利于维护世界和平方向发展。主要依据是世界多极化、经济全球化深入发展，新一轮科技革命孕育新突破，全球合作向多层次全方位拓展，新兴市场国家和发展中国家整体实力增强等等。笔者认为，如果说对于经济全球化是“双刃剑”这一点已得到较为广泛认同的话，那么围绕“世界多极化”是否存在、是否深入发展的争议就格外值得重视。人们注意到，自 2008 年爆发波及全球的金融危机以来，随着美国综合国力和影响力下降，无视美国仍是唯一超级大国、仍对于世界局势有着举足轻重影响的所谓“无极论”“碎片论”名噪一时，乃至扬言这将形成群龙无首、混乱无序的局面。美国得意时奉承“单极世界”，美国倒霉时渲染“无极世界”，一体两面，无非是唯美国马首是瞻，都是在否定世界多极化深入发展的客观现实。此外，也还有另一种倾向，就是在谈及世界格局时不恰当地把中国抬举到与美国平起平坐、共管世界的地位，标榜“G2 论”，从而有意无意为“中国威胁论”提供理论支柱。

其三，中国人民与世界各国人民“同声相应、同气相求”。报告生动地说：“人类只有一个地球，各国共处一个世界。历史昭示我们，弱肉强食不是人类共存之道，穷兵黩武无法带来美好世界。”进一步指出：“要和平不要战争，要发展不要贫穷，要合作不要对抗，推动建设持久和平、共同繁荣的和谐世界，是各国人民共同愿望。”这番话集中反映了世界各国人民、特别是发展中国家人民的强烈呼声。这说明，唯有如此，方能改变以大欺小、以强凌弱、以富压贫的世界旧秩序；还说明，人心所向乃是构建持久和平、共同繁荣的和谐世界的深厚思想基础和感情基础。时至今日，仍有不少人怀疑我国关于构建“和谐世界”的主张，症结在于忽视了其中“持久和平、共同繁荣”的内涵界定，而将其误解为“大同世界”了 。

二、外交战略内涵体现时代主题精神

从总体看，党的十八大报告中关于国际战略的论述是在确认和平与发展这一时代主题的背景下提出的。与十七大相比，有以下新的进展：

其一，党的十七大曾提出“高举和平、发展、合作的旗帜”，这次增加了“共赢”，成为继续“高举和平、发展、合作、共赢的旗帜”，目的是坚定不移致力于维护世界和平、促进共同发展。这表明，面对全球经济危机的冲击，处于同舟共济状态的各国更加期盼共赢；大家也更加认同唯有共赢才是诚信合作的必然结果。事实证明，国际经济旧秩序之要害恰恰在于有碍共赢的原则，而由发达资本主义大国主导的经济全球化更是迫使发展中国家对共赢孜孜以求。

其二，提出要在国际关系中弘扬平等互信、包容互鉴、合作共赢的精神，目的是共同维护国际公平正义。报告详细诠释了“平等互信、包容互鉴、合作共赢”12 个字的内涵，把这些年来我国在和平发展基础上产生的外交主张和理念做了完整的、系统的归纳，非常有新意。

基于平等相待，方能做到名副其实的互信。因此就必须遵循联合国宪章宗旨和原则，坚持国家不分大小、强弱、贫富一律平等，推动国际关系民主化，尊重主权，共享安全，维护世界和平稳定。

唯有相互包容，才说得上真心实意地彼此借鉴。因此就必须尊重世界文明多样性、发展道路多样化，尊重和维护各国人民自主选择社会制度和发展道路的权利，相互借鉴，取长补短，推动人类文明进步。

既然愿意合作，就要有共赢的思想准备和切实行动。因此就必须倡导人类命运共同体意识，在追求本国利益时兼顾他国合理关切，在谋求本国发展中促进各国共同发展，建立更加平等均衡的新型全球发展伙伴关系，同舟共济，权责共担，增进人类共同利益。

由以上可见，“平等互信、包容互鉴、合作共赢”应该成为当代人类的普世价值，大力加以弘扬。

其三，将“发挥负责任大国作用”与独立自主外交联成一体。完整的话是：“中国将坚持把中国人民利益同各国人民共同利益结合起来，以更加积极的姿态参与国际事务，发挥负责任大国作用，共同应对全球性挑战。”我想，这里提出“负责任大国作用”包括几层意思：1. 我们不否认自己是一个大国，这与以往邓小平所说的中国既是大国又是小国，情况发生了变化，中国的经济发展了，综合国力提高了，是一个当之无愧的大国了。2. 这与中国历代领导人一贯强调的“中国要对人类有较大的贡献”，是一脉相承的，是在新时期、新条件下的一种新颖说法。3. 中国一贯以言而有信著称于世界，事实业已证明，中国在对外经济合作、参与国际组织活动乃至维和方面，切实地体现了是一个负责任的大国。4. 这决不像超级大国发言人曾经表现过的扭曲心态，似乎中国充当负责任的大国就是要围绕它的利益跟着它的政策亦步亦趋。5. 作为负责任的大国，中国理直气壮地宣示：坚决维护国家主权、安全、发展利益，决不会屈服于任何外来压力；根据事情本身的是非曲直决定自己的立场和政策，秉持公道，伸张正义；主张和平解决国际争端和热点问题，反对动辄诉诸武力或以武力相威胁，反对颠覆别国合法政权，反对一切形式的恐怖主义；反对各种形式的霸权主义和强权政治，不干涉别国内政，永远不称霸，永远不搞扩张。

三、拓展多边合作显示融入世界决心

中国离不开世界，世界也离不开中国。十八大报告从战略的高度，展示了中国走向世界、融入世界的决心和主张。

其一，对国际经济合作尤其重视。当今世界经济因素越来越显示其特殊重要性。中国加入世贸组织、逐渐融入世界经济体系之后，切身感受到经济合作领域存在的问题和弊端。所以，中国提出的主张是有的放矢的，也是身体力行的。这包括：1. 中国始终不渝奉行互利共赢的开放战略，通过深化合作促进世界经济强劲、可持续、平衡增长。2. 中国致力于缩小南北差距，支持发展中国家增强自主发展能力。3. 中国加强同主要经济体宏观经济政策协调，通过协商妥善解决经贸摩擦。4. 中国坚持权利和义务相平衡，积极参与全球经济治理，推动贸易和投资自由化便利化，反对各种形式的保护主义。

其二，明确宣示对外关系三个主要方面的交往原则。前些年中国有关方面在谈及我国外交方针时，不成文地出现过周边国家是首要，发展中国家是基础，大国关系是关键的提法。这次则以代表大会报告这样的最高层面予以肯定：1. 改善和发展同发达国家关系，拓宽合作领域，妥善处理分歧，推动建立长期稳定健康发展的新型大国关系；2. 坚持与邻为善、以邻为伴，巩固睦邻友好，深化互利合作，努力使自身发展更好惠及周边国家；3. 加强同广大发展中国家的团结合作，共同维护发展中国家正当权益，支持扩大发展中国家在国际事务中的代表性和发言权，永远做发展中国家的可靠朋友和真诚伙伴。

其三，再次强调参与多边事务的积极态度。中国越来越重视多边活动，这是与发挥负责任大国作用密切相联系的。我们的主张是：1. 支持联合国、二十国集团、上海合作组织、金砖国家等发挥积极作用，推动国际秩序和国际体系朝着公正合理的方向发展；2. 扎实推进公共外交和人文交流，维护我国海外合法权益；3. 开展同各国政党和政治组织的友好往来，加强人大、政协、地方、民间团体的对外交流，夯实国家关系发展社会基础。

由以上可见，建立在和平发展基础上的中国外交，是弘扬传统、与时俱进和务实创新三者紧密结合的全方位立体外交。

（载《当代世界》，2013 年第 1 期）

邓小平对美政策一以贯之

2013年8月22日是邓小平诞辰110周年。从中国方面来说，毛泽东和周恩来是中美关系的奠基者，邓小平则是中美关系的开拓者。

国际人士特别关注的是，崛起的中国在迅速发展，当初邓小平制定的对美政策今后会不会发生变化？变化会有的，那只应是顺向的变化，良性的变化，在曲折中发展的变化。论据是，邓小平相关的构想和主张得到当今中国领导人的传承与弘扬。举例来说：

其一，邓小平认为，要透过时代背景看中美关系。他指出，现在世界上真正大的问题，带全球性的战略问题，一个是和平问题，一个是经济问题或者说是发展问题。这就是说，当今时代不再以战争与革命为主题。维护和平，促进发展，离不开世界上最大的发达国家美国，也越来越需要世界上最大的发展中国家中国。这恰恰是中美关系只能变好而不能变坏的国际大背景。当今现实生活一再证明，如克服金融危机，防止核扩散，反对恐怖主义等等，成为中美之间合作的结合点与支撑点。

其二，面对冷战结束以来复杂多变的国际形势，邓小平提出要在和平共处五项原则基础上建立国际政治经济新秩序。互相尊重主权和领土完整、互不侵犯、互不干涉内政、平等互利、和平共处，这些原则过去是、现在是、今后依然是中国外交政策的基石，当然也应该是构建中美新型大国关系的基石。

其三，邓小平认为中美关系正常化的前提是相互尊重。1989

年 10 月他在会见美国前总统尼克松时说："考虑国与国之间的关系主要应该从国家自身的战略利益出发。着眼于自身长远的战略利益，同时也尊重对方的利益。"他还把相互尊重的原则加以政策化，确定增加信任，减少麻烦，发展合作，不搞对抗的方针。由此可见，习近平主席提出的构建中美新型大国关系的原则——不冲突、不对抗，互相尊重，合作共赢，与之是一脉相承的。

其四，邓小平确信中美之间可以做到和睦相处。1989 年 12 月他在与来访的美国总统特使谈话时表示，"中美两国之间尽管有些纠葛，有这样那样的问题和分歧，但归根到底中美关系是要好起来才行"；"中国威胁不了美国，美国不应该把中国当作威胁自己的对手"。这样的信念在习近平主席与奥巴马总统会晤时，多次做过详尽的表达。

其五，诚然，如同反对恐怖主义一样，邓小平毫不含糊地表明中国坚持反对霸权主义。值得注意的是，他的表述是"谁搞霸权主义我们就反对谁，谁侵略别人我们就反对谁"，并没有将霸权主义帽子固定地套在谁的头上。为了贯彻实施联合国宪章宗旨和国际关系基本准则，推进国际关系民主化，霸权主义也好，恐怖主义也好，不反对当然是不行的。

涉及中美关系，有一些疑问需要回答。例如：

有人说：中国与美国社会制度不同，因此无法保持和发展友好合作关系。这不成其为理由。二战期间，当时的苏联与美国结成同盟，抗击法西斯，又该怎么解释？

有人提出，中美关系应定位在"非敌非友"层面。"非敌"，可以肯定，因为无论从经济全球化"你中有我，我中有你"的局面来看，或是从各自国家的发展战略来看，都没有理由成为敌人。"非友"，则未必，因为对"友"可以有不同理解，把"友"等同于"盟友"，当然不现实；但将"友"理解为"合作伙伴"（中美双边贸易额已高达五千多亿美元），何尝不是如此！

有人问，为什么中美关系一会儿被称作合作伙伴，一会儿又被称作竞争对手？合作与竞争是一体两面。合作是前提，竞争是表现形式。在合作中竞争，在竞争中合作。合作诚信，竞争守规矩，结果互利共赢，就有可能产生良性互动。

有人喧嚣，中国崛起对于美国是威胁。此说离奇。美国面临严重金融危机，中国以救助方式购买巨额美国债券，美国前国务卿希拉里·克林顿访问中国时不无感慨地将两国关系称作“同舟共济”，对此人们记忆犹新。前不久，习近平主席在亚信第四次峰会上积极倡导共同、综合、合作、可持续的亚洲安全观，主张努力走出一条共建、共享、共赢的亚洲安全之路。这其实有利于美国在亚太的利益存在。

（载《国际网》，2013 年 8 月 28 日）

习近平出访新意与美俄关系

2013 年 9 月 3 日至 13 日习近平主席从参加了圣彼得堡 G20 峰会期间，与其他金砖国家领导人会晤；先后访问了中亚四国，出席了上海合作组织峰会。这些活动的内涵与美国和俄罗斯都有一定关系，但并不是针对它们任何一家。

俄罗斯、中国和美国在这次圣彼得堡 G20 峰会上的作用各有特色。峰会的主题是促进经济增长和创造就业岗位，俄罗斯虽与“财大气粗”暂无缘，却是展示东道国身份的堂堂正正的“主角”。峰会在很大程度上成为宣示中国理念、提供中国方案和传递中国信心的论坛，如有的媒体所说，中国像是推动全球经济更加平衡及可持续增长的地地道道的“主角”。叙利亚形势备受关注，美国被叙利亚问题牵累，受到与会许多国家的质疑，仿佛成了另一层意义上的隐隐约约的“主角”。

习近平主席 9 月 5 日在圣彼得堡与金砖国家其他领导人非正式会晤中，就金砖国家合作以及重大国际和地区问题交换意见、协调立场。习近平指出，面对各种风险和挑战，金砖国家要加强团结合作。事实上取得不少可贵的共识，如称：包括二十国集团成员国在内的主要经济体应该加强宏观经济政策协调，合力推动世界经济强劲、可持续、平衡增长；有关发达国家要采取负责任的经济和货币政策，特别是在实施退出量化宽松货币政策时要充分考虑到其外溢效应；要进一步推动国际金融体系改革，当前急需落实国际货币基金组织 2010 年确定的份额和治理改革方案；要加快建成金砖国家开发银行，并早日建立金砖国家应急储备安排。与会领导人重申反对贸易保护主义，愿同其他各方一道，推动世界贸易组织多哈回合谈判取得积极进展。金砖国家要加强沟通和协调，维护共同利益。金砖国家推动随后举行的二十国集团峰会取得了积极成果。西方有的媒体传言，如今真正的金砖国家唯有中国，此说有点言过其实，难免又为“中国威胁论”增添佐料。

习近平主席访问中亚四国，分别把与这些国家的关系提升为全面战略伙伴关系或战略伙伴关系，标志着相互关系的深化和发展。这种关系乃是基于“互信、互利、平等、协商、尊重多样文明、谋求共同发展”的“上海精神”，意思是具有全面性、长远性和多维性，而不是权宜之计。这样做不是针对俄罗斯，而恰恰是从率先形成的中俄全面战略协作伙伴关系中得到借鉴。这样做也不是针对美国，早在 1997 年中美两国领导人就曾共同设想并公开提出致力于建立面向 21 世纪的战略伙伴关系，后来并非由于中方原因而搁浅。奥巴马就任总统之后，双方提出采取积极、合作、全面的方针，近年来双方又认同构建新型大国关系，其涵义应与战略伙伴关系相似。“不结盟、不对抗、不针对第三国”原则既适用于上合组织成员国内部所有的双边关系，也适用于上合组织与其他国家之间的关系。

习近平主席 9 月 7 日在哈萨克斯坦纳扎尔巴耶夫大学演讲时指出：“中国不谋求地区事务主导权，不经营势力范围。”这是坚持走和平发展道路的中国，向国际社会的发出的庄严承诺。在上合组织内，外界总有人猜疑或者唯恐不存在中俄之间的主导权之争。其实上合组织各成员国的作用是互补性的，而且情况也还会有变动。比方说，安全方面，由于历史传统、地缘因素与自身实力，俄罗斯的作用理所当然地较为突出；经济方面，鉴于各成员国目前状况的差异，中国的作用大家公认较为明显。上合组织各成员国唯有发挥所长，竭诚合作，方能产生集体的最大效益，正像这次《比什凯克宣言》中所说：“成员国将继续加强本组织框架内的合作，将其提升至崭新水平，将上合组织地区建成持久和平、友好繁荣的和谐地区。”

习近平主席 9 月 7 日在哈萨克斯坦纳扎尔巴耶夫大学发表演讲时，提出共建“丝绸之路经济带”的宏伟构想。这一主张对于完善和巩固中国与中亚各国的经济关系从而带动政治关系，无疑将会起着重要的纽带作用。共同建设“丝绸之路经济带”，要求相关各国协商制定区域合作规划和措施，旨在打通从太平洋到波罗的海的运输大通道，逐步形成连接东亚、西亚、南亚的交通运输网络，从而推动各方贸易和投资便利化。据悉，早在 2008 年 2 月，来自包括俄罗斯、伊朗、土耳其、中国在内的 19 国交通部部长和高级官员在日内瓦签署一个意向书，决定在今后数年投入 430 亿美元，激活古丝绸之路和其他一些古老的欧亚大陆通道。共建“丝绸之路经济带”这样的创新合作模式会使得欧亚各国经济联系更加紧密、相互合作更加深入、发展空间更加广阔。

这次上合组织元首《比什凯克宣言》针对“当前国际关系正经历重大演变，不稳定、不确定因素明显增加”的复杂性，严正指出：“应当在平等、尊重主权和领土完整、不干涉内政、不使用或威胁使用武力的原则基础上通过政治外交手段和平解决国际和地区争端。”还强调指出：“成员国对西亚北非局势包括叙利亚局势深表关切，主张这一地区应在不受未经联合国安理会授权的外部干涉特别是武力干涉的情况下，实现和平、稳定、繁荣和进步。”这里着重说一点，俄美在叙利亚问题上的分歧，乃是各自利益需要所决定。美国通过伊拉克战争未能达到“大中东计划”的终极目标，那就想在叙利亚做续篇文章。俄罗斯在中东的阵地不断受损，执意要维护在叙利亚的传统利益。俄美在叙利亚问题上的矛盾，是长期存在分歧的延续。进入新世纪以来，俄美关系仅仅在反恐方面有过利益上的某种契合点，采取过比较接近的配合行动，但是，由于美国惯于搞双重标准以及乘机向俄罗斯传统势力范围中亚地区渗透，双方的争斗不可避免地持续发展。普京继巧妙处理斯诺登棱镜门事件得分之后，在应对叙利亚化学武器问题成了又一赢家。不无讽刺意味的是，俄罗斯内外出现了要奥巴马把诺贝尔和平奖转让给普京的言论。

常言道“三十年河东三十年河西”，冷战结束后对于美国来说，可谓“十年河东十年河西”。苏联解体后的十年，美国着力于消化与扩大苏联解体的成果，颇为得心应手，是多么的得意！进入新世纪，美国经受“9·11”事件、伊拉克战争和金融危机等连续冲击的第二个十年，捉襟见肘，是多么的狼狈！进入第三个十年，美国的日子将会怎么样呢？预测多认为更不可能为所欲为，不会那么悠然自得。再看，1999年科索沃战争是北约合伙干的，2003年发动伊拉克战争时北约出现分歧，被美国划成老欧洲与新欧洲，这次北约索性不介入对叙利亚的打击。美国的忠实伙伴不再一意顺从（尽管美国驻英国大使否认与英国关系受损），美国自身也举棋不定，总统与国会演双簧。这说明：美国的霸权主义未变，主导世界的图谋未变，但自身能量在变，外部条件在变。当然，我们不会否认美国仍是当今唯一超级大国，因为导致国际形势复杂多变的依然是美国政策影响下的地区热点，在很大程度上左右世界安全环境的依然是以美国为主要矛盾方面的大国关系。

（载《国际网》，2013年9月18日）

查克·哈格尔先生，请多了解中国！

近日获悉，2014 年 4 月 5 日美国国防部长查克·哈格尔先生在访问日本时，针对中国说了一些令人感觉与两国元首倡导构建中美新型大国关系相悖的话语。他在说到“中国肩负重大责任，中国是个大国”之后，话题一转，声言“我将与中国人谈的是对他们邻国的尊重。威逼、恫吓只会导致冲突的非常致命的东西”。说这番话，旁敲侧击，显然是为日本欲将钓鱼岛继续据为己有帮腔。

看来查克·哈格尔需要更多了解中国。尽管笔者撰写本文时查克·哈格尔已踏上中国国土，却也为时不晚。既然话头是由钓鱼岛问题引起，那就先说几句关于钓鱼岛的事。

中日自从 20 世纪 70 年代恢复邦交正常化以来，两国领导人本着搁置争议的默契，基本上平和相处达 40 年之久。2012 年 8 月日本当局如何将钓鱼岛实行所谓“国有化”挑起事端，此后安倍政府又如何变本加厉地越走越远，世人有目共睹，无须赘述。

查克·哈格尔先生如果有暇，不妨熟悉一下国际关系史。1943 年 12 月 1 日，在第二次世界大战转入战略反攻的关键时刻，世界反法西斯战争的主要盟国——中美英领导人在开罗举行会议，商议对日作战和战后对日处理等重大问题，发表了具有历史意义的《开罗宣言》。宣言明确宣布使日本所窃取于中国之领土，如东北各省、台湾、澎湖群岛等，归还中国；其他日本以武力或贪欲所攫取之土地，亦务将日本驱逐出境。

1945 年 7 月 26 日同盟国进一步发表《促令日本投降之波茨坦公告》，重申“开罗宣言之条件必将实施，而日本之主权必将限于本州、北海道、九州、四国及吾人所决定其他小岛之内”，宣布“欺骗及错误领导日本人民使其妄欲征服世界者之威权及势力，必须永久剔除”。

查克·哈格尔先生如果再阅读一下诸如日本著名历史学家井上清教授等有识之士关于钓鱼岛是中国固有领土的专著，则更好。

查克·哈格尔先生若有暇，还不妨看一场电影。一位名叫克里斯蒂-里比的美国人制作了《神秘中国》系列纪录片，其中一部名叫《钓鱼岛真相》，由蒙纳瑞克斯好莱坞制作，不久前在洛杉矶上映。制片人在接受采访时称，由于对中国不了解，西方人对中国有偏见。他说希望能揭露真相：“钓鱼岛是中国的，几个世纪前就是。我希望通过电影向美国传达一个信息，美国政府应该鼓励他的日本盟友，立即归还钓鱼岛，并就战争罪行向中国道歉。”

令人费解的是，日本现当局一再否定二战侵略历史，自我美化，难道熟知惨痛的“珍珠港事件”的美国军事首长就不能“痛定思痛”吗？在当今美日关系中缺少了对日本右翼势力的管控，不仅听任自流，还向其出售现代化军事装备，这总不能用“符合美国利益”来做解释吧！中国有句成语叫做养虎遗患，含义是很深刻的。

值得欣慰的是，中美双方领导人正在致力于构建中美新型大国关系。这需要方方面面出力。查克·哈格尔先生中国之行，应是其中一项重要内容。

中美新型大国关系是不冲突、不对抗，相互尊重、合作共赢的关系。前提是要相互了解。

查克·哈格尔先生也许不太了解中国。踏上中国国土的过程，也是了解中国的过程，因而也是消除陈见和偏见的过程。了解中国，自然尊重中国，因而也会得到中国人民的尊重。尊重不能祈求，而是双向的。

查克·哈格尔先生一下飞机便被邀请参观“辽宁”号航空母舰，我想总会感受到中国方面的诚意。

查克·哈格尔先生也许误会了中国。说中国是个大国，肩负重大责任，这没错。中国是一个言而有信的负责任的大国，这有事实为证。例如，中国如何与美国协同处理朝鲜核问题、伊朗核问题，中国又如何根据联合国交付的使命活跃在世界维和舞台上，凡此种种，都足以说明中国对于自己承担的国际义务是非常尽责的。

中国坚持与邻为善、以邻为伴的睦邻友好互利合作政策，奉行平等互信、包容互鉴、合作共赢原则，是一以贯之的。这一切，查克·哈格尔先生通过对中国的访问，通过对中国逐渐深入的了解，一定会产生新鲜的正确的感受。但愿他此次中国之行，能为构建中美新型大国关系助力，提供正能量。

（载《中美聚焦网》，2014 年 4 月 9 日）

约瑟夫·奈先生差矣

据日本共同社2014年4月19日报道，美国哈佛大学教授约瑟夫·奈先生接受专访发表了一些涉及中国的不友好言论，读后深感诧异。

访谈者首先就美国对于钓鱼岛问题的立场做了自己的诠释。他说，美国政府表示在钓鱼岛主权问题上不持立场是指“对19世纪末发生了什么不持特定立场”，那是“很久以前的事”；而1972年冲绳回归日本时美国把对钓鱼岛的施政权还给了日本，因此适用于日美安保条约。甚至还用教训的口气，说什么“中国不要对此产生误判”。

人们从上述这番话里不难看出：其一，访谈者无法否认钓鱼岛是中国的固有领土，只是用“不持立场”虚晃一枪，采取了躲开历史的办法。其二，访谈者漠视美国自身参与签署的严正的国际法，避谈曾明确宣布日本必须将包括钓鱼岛在内在所占领土归还中国的《开罗宣言》和《促令日本投降之波茨坦公告》。其三，既然对历史“不持特定立场”，那就说明承认中日在钓鱼岛问题上确实存在着争议，而中国坚持的原则就是要日本承认存在着争议（日本当局矢口否认），并在此基础上通过谈判协商合理解决争议。中国的立场是光明正大的，约瑟夫·奈先生无法否定这一点，只是出于自己设计的特殊需要，偏袒右翼势力日益膨胀的日本而已。打个比方，盗贼被抓之后，不管他盗谁和怎么盗的，既然赃物在他手里，就算是他的了，还要诉诸武力加以“安保”，世界上竟有这种逻辑！

接着，访谈者为正在热议中的构建中美新型大国关系泼冷水，发表了匪夷所思的言论。先是说，中国提倡建立的美中新型大国关系，“谁都不知道中国的真正用意是什么，这是一种口号”。

可是，约瑟夫·奈先生忘了，奥巴马总统却是明白的。例如2013年3月14日晚，新当选国家主席的习近平应约同奥巴马通电话。奥巴马指出，美中两国正面临确立未来方向的历史性机遇，美方希望同中方共同努力构建基于健康竞争而非战略博弈的新型大国关系。同年6月7日，奥巴马总统与习近平主席会谈时表示，中美都希望建立一种合作关系。两军关系是可以取得具体进展的领域，是推动建设美中新型大国关系的例证。当前美中双方面临着把两国关系推向更高水平的独一无二机遇，我将致力于不错失这一良机。

人所共知，习近平主席曾用简短语言概括了新型大国关系的内涵，即不冲突不对抗、相互尊重、合作共赢。遗憾的是，约瑟夫·奈先生居然把中国领导人所说的意思解读为中国谋求“美中两国的霸权（G2）”，甚至扬言“美国不会容忍中国的霸权主义”。究竟谁在世界上搞霸权主义，世人当然是很清楚的。

最后，约瑟夫·奈先生还不忘记在日本面前指责中国的现行外交政策。说什么2008年金融危机后中国觉得自身经济日渐强盛，美国则走向衰落，因而放弃了从邓小平时代起执行的低调外交政策，其结果是恶化了与日本等周边邻国的关系，还得出结论“自信越强，所处的境遇就越差。这是中国面临的一大困局”。作为一位著名学者，怎能罔顾现实和中国一贯奉行的和平外交政策呢？

新加坡《联合早报》4月22日有一篇主题为“美国视中国为敌将加速衰落”的文章，约瑟夫·奈先生不妨一读。那里说，美国对中国的判断，并不是根据中国历史上的或者当代的国际行为，而是根据美国根深蒂固的意识形态。美国人相信一个崛起中的大国必然要挑战现存大国，并且还要把自己的思维强加给他国。美国如果不能纠正对中国的战略误判，不能节制其无限的战略贪婪，看来也不可避免地会落入这个逻辑，更快地走上衰落之路。

写到这里，笔者还想起，在约瑟夫·奈先生所著《软实力》一书中，曾经用肯定的语气引证了一位瑞典外交官对他说的话："任何国家都想推广自己笃信的价值观，我认为美国作为世界上最富有的国家，其一揽子软实力计划中最授人以柄的就是露骨的双重标准和不稳定性。"我欣赏约瑟夫·奈先生在这里的务实态度，并希望他继续本着这样的态度来了解和对待中国。

（载《中美聚焦网》，2014 年 5 月 5 日）

宏图大略·辩证理论·远见卓识

——纪念邓小平同志诞辰110周年

2013年8月22日是世纪伟人邓小平诞辰110周年。邓小平的一生波澜壮阔，他的才能、智慧和韬略，理论、业绩和风范，构成了一部丰富多彩的百科全书。从这位伟大战略家有关重大国际问题、并且得到历史充分验证的光辉论述中，可以看到他是怎样一位高瞻远瞩洞察世界、宏图大略把握世界、远见卓识影响世界的辩证法大师。

（一）关于时代主题：确认和平与发展是时代两大主题，又指明至今一个问题也没有解决。

正确认识我们所处的时代，对于国家战略的制定乃至道路的选择是至关重要的。邓小平始终密切关注世界风云的变化。20世纪进入80年代以后，美苏两个超级大国依然争夺激烈，军备竞赛还在延续，地区冲突和局部战争此伏彼起。然而，邓小平却敏锐地洞察到，时代的主流在发生转移，“和平”成为人心所向，够得上打世界大战资格的“两超”存在致命弱点，第三世界国家崛起使得和平力量空前壮大。同时，他深刻地了解到，科学技术突飞猛进，经济全球化势头强劲，而社会主义各国的经济普遍滞后，南北之间的差距拉大，“发展”成为迫切需要。在这样的背景下，从1984年起，他一再阐述和平与发展已成为当代世界的两大问题，认为这对于社会主义中国乃是千载难逢的良机，必须抓紧利用。

邓小平指出：“现在世界上真正大的问题，带全球性的战略问题，一个是和平问题，一个是经济问题或者说是发展问题。和平问题是东西问题，经济问题是南北问题。概括起来就是东西南北四个字。南北问题是核心问题。”[①] 可以说，与党的十一届三中全会确定改革开放路线相适应，和平与发展时代主题的揭示，是基于战争与革命时代主题认识上的一次理论飞跃，并被写进了党的十三大政治报告之中。

邓小平的认识是不断深化的。1988 年 12 月他在与外宾谈话时指出：“当今世界上主要有两个问题，一个是和平问题，一个是发展问题。和平是有希望的，发展问题还没有得到解决。”[②] 1992 年初，他进一步指出：“世界和平与发展这两大问题，至今一个也没有解决。”[③] 冷战结束以来世界局势不断出现的种种复杂现象，从北约东扩酿成的 1999 年科索沃战争瓦解南斯拉夫到 2003 年美国挑起伊拉克战争导致目前伊拉克内乱，由美国次贷危机以及国际经济失衡和国际货币体系缺陷引起的全球金融危机后遗症迄今犹在，都足以证明和平与发展确实“一个问题也没有解决”。这是告诫人们，维护和平与促进发展，任重而道远。

（二）关于世界格局：承认存在超级大国的现实，又指出世界多极化趋势在发展。

世界多极化的论点，最早也是邓小平提出的。他从“完全由两个超级大国主宰世界的时代已经过去”、第三世界国家在国际事务中“政治分量越来越重、作用越来越大”等多角度考虑，于 80 年代中后期明确提出未来的世界是一个多极的世界。1990

① 邓小平：《邓小平文选》（第三卷），北京：人民出版社，1993 年版，第 105 页。

② 邓小平：《邓小平文选》（第三卷），北京：人民出版社，1993 年版，第 281 页。

③ 邓小平：《邓小平文选》（第三卷），北京：人民出版社，1993 年版，第 383 页。

年 3 月他的一次谈话更为具体，他说："美苏垄断一切的情况正在变化。世界格局将来是三极也好，四极也好，五极也好，苏联总还是多极中的一个，不管它怎么削弱，甚至有几个加盟共和国退出去。所谓多极，中国算一个。中国不要贬低自己，怎么样也算一极。"[①] "多极化论"从此流传，以至今天成为世界上许多国家领导人的共识。

苏联解体之后，在世界范围内，也包括中国，多极化理论一再经受争议。这主要由于美国"单极世界论"的干扰。如今无论人们对于世界格局的认识还存在怎样的差异，但有一点是相同或相似的，即美国虽是唯一超级大国，但不等同于单极世界。以金砖国家为标志的新兴国家的崛起，进一步证实了世界格局多极化论断的正确性。世界多极化是不以人们意志为转移的客观趋势，仍在以各种形态不断地发展和深化。

（三）关于战争与和平：断定世界大战可能推迟甚至避免，不否认冷战结束，又指出可能出现另外两个冷战。

邓小平作出世界大战有可能推迟甚至在较长时期避免的判断，有一个发展过程。1984 年 10 月他在会见联邦德国总理时称："1974 年你来访问，我们曾经谈到战争危险，现在我们对这个问题的看法有一点变化。我们感到战争危险仍然存在，仍要提高警惕，但防止新的世界战争的因素在增长。"[②] 1985 年 6 月他进一步指出："在较长时间内不发生大规模的世界战争是有可能的，维护世界和平是有希望的。"[③] 1988 年 6 月他又说道："现在

---

① 邓小平：《邓小平文选》（第三卷），北京：人民出版社，1993 年版，第 353 页。

② 邓小平：《邓小平文选》（第三卷），北京：人民出版社，1993 年版，第 82 页。

③ 邓小平：《邓小平文选》（第三卷），北京：人民出版社，1993 年版，第 127 页。

国际形势看来会有个比较长时间的和平环境。我们都是第三世界国家，要紧紧抓住经济建设这个中心，不要丧失时机。”[①] 这些论断给予全党和全国人民以莫大的鼓舞和信心，可以聚精会神地从事改革开放和现代化建设。

基于上述认识，邓小平在形势发展的关键时期，果断地调整了我国的国际战略和外交政策，实现了关于对战争与和平问题的认识以及当年针对苏联霸权主义威胁搞的“一条线”战略的“两个重要的转变”。

然而，邓小平从来没有忽视国际形势的多变性与严峻性。面对世人交口称赞的“冷战结束”，他严肃地发出新的冷战开始的警示。1989 年 11 月他在与外宾的谈话中指出：“我希望冷战结束，但现在我感到失望。可能是一个冷战结束了，另外两个冷战又已经开始。一个是针对整个南方、第三世界的，另一个是针对社会主义的。”[②] 邓小平的预言，完全被冷战后包括最近发生的叙利亚事件、乌克兰危机、巴以冲突等在内的国际热点所证实。

（四）关于国际秩序：倡导建立国际政治新秩序，又强调必须与构建国际经济新秩序相辅相成。

建立国际政治经济新秩序的问题，也是邓小平最早展示在全世界面前。冷战结束前夕，鉴于苏联东欧地区形势复杂化、美国霸权主义甚嚣尘上，以及国际上出现种种新的复杂因素，邓小平于 1988 年 9 月首先提出在和平共处五项原则基础上建立国际政治新秩序的任务。同年 12 月 21 日他在会见外宾时做了解释，说：“世界上现在有两件事情要同时做，一个是建立国际政治新秩序，一个是建立国际经济新秩序。关于国际经济新秩序，早在

---

① 邓小平：《邓小平文选》（第三卷），北京：人民出版社，1993 年版，第 270 页。

② 邓小平：《邓小平文选》（第三卷），北京：人民出版社，1993 年版，第 344 页。

1974年我在联合国发言时，就用了很长时间讲这个问题。这个问题我们一直在提，今后也还要提。"[①] 这无疑是从世界战略格局的高度出发，也表明了中国改革开放和现代化建设的迫切需要。

邓小平始终把建立国际新秩序与坚持和平共处五项原则紧密联系在一起。他说："处理国与国之间的关系，和平共处五项原则是最好的方式。其他方式，如'大家庭'方式，'集团政治'方式，'势力范围'方式，都会带来矛盾，激化国际局势。"[②] 他还将和平共处五项原则的作用加以发挥和延伸，说"现在进一步考虑，和平共处的原则用之于解决一个国家内部的某些问题，恐怕也是一个好办法。根据中国自己的实践，我们提出'一个国家，两种制度'的办法来解决中国的统一问题，这也是一种和平共处"。[③]邓小平关于建立国际新秩序的主张，极大地推动了国际关系民主化思想的传播。

（五）关于国家关系：确认要从维护自身的国家利益出发，又强调必须尊重对方的国家利益。

邓小平特别关注处理同其他国家特别是同大国的关系，并将原则坚定性与策略灵活性加以结合。1989年10月他在会见美国前总统尼克松时说："……考虑国与国之间的关系主要应该从国家自身的战略利益出发。着眼于自身长远的战略利益，同时也尊重对方的利益。"[④] 关于如何具体解决国家关系中遇到的难题，

---

① 邓小平：《邓小平文选》（第三卷），北京：人民出版社，1993年版，第282页。

② 邓小平：《邓小平文选》（第三卷），北京：人民出版社，1993年版，第96页。

③ 邓小平：《邓小平文选》（第三卷），北京：人民出版社，1993年版，第96页。

④ 邓小平：《邓小平文选》（第三卷），北京：人民出版社，1993年版，第330页。

他早在 1982 年会见印度客人时就讲过，边界问题“即使一时解决不了，可以先放一放，在贸易、经济、文化等各个领域还可以做很多事情，发展往来，增进了解和友谊，双方合作仍然有广阔的前景。”①

邓小平是双赢、共赢原则的奠基者。他把面向未来原则称作“卓识远见”。1984 年 3 月他在会见日本客人时说：“去年我们两国的领导人在东京作出了一个具有卓识远见的决策，就是把中日关系放在长远的角度来考虑，来发展。”“看得远些广些，有利于我们之间的合作。这种合作不是只对一方有利，而是对双方、对两国、对两国人民都有利。”② 1989 年 12 月他又对来访的美国总统特使说过：“中美两国之间尽管有些纠葛，有这样那样的问题和分歧，但归根到底中美关系是要好起来才行。”“中国威胁不了美国，美国不应该把中国当作威胁自己的对手。”“两国相处，要彼此尊重对方，尽可能照顾对方，这样来解决纠葛。只照顾一方是不行的。双方都让点步，总能找到好的都可以接受的办法。”③

邓小平的这些理论和主张，在当今大国关系可能出现的良性互动中得到了验证。他先后处理同苏联、俄罗斯的关系，更是一个突出例子。80 年代后期，他审时度势，着眼人民，面向未来，亲自推动中苏两党两国关系正常化，提出了使双方得益的“结束过去，开辟未来”的明智主张，为后来中俄关系的顺利发展奠定了基础。

---

① 邓小平：《邓小平文选》（第三卷），北京：人民出版社，1993 年版，第 19—20 页。

② 邓小平：《邓小平文选》（第三卷），北京：人民出版社，1993 年版，第 53 页。

③ 邓小平：《邓小平文选》（第三卷），北京：人民出版社，1993 年版，第 350—351 页。

（六）关于“两制”关系：提出要借鉴和吸取人类文明在资本主义发展阶段的成果，又强调要根据本国国情而不能照搬。

社会主义是在同比它形成早得多的资本主义并存的条件下发展的。如何处理社会主义与资本主义之间的关系，这对于贯彻执行党的基本路线和实行改革开放政策具有决定性意义。邓小平指出：“社会主义要赢得与资本主义相比较的优势，就必须大胆吸收和借鉴人类社会创造的一切文明成果，吸收和借鉴当今世界各国包括资本主义发达国家的一切反映现代社会化生产规律的先进经营方式、管理方法。”[①]

如何吸收和借鉴外国的经验，对于市场经济的态度，是一个考验。他针对一些同志的顾虑，明确地指出：“改革开放迈不开步子，不敢闯，说来说去就是怕资本主义的东西多了，走了资本主义道路。要害是姓‘资’还是姓‘社’的问题。判断的标准，应该主要看是否有利于发展社会主义社会的生产力，是否有利于增强社会主义国家的综合国力，是否有利于提高人民的生活水平。”[②] 邓小平关于“两制”的理论，从根本上纠正了过去将社会主义与资本主义断然割裂的错误观念，而社会主义初级阶段的提出则意味着承认社会主义与资本主义两者之间的衔接性。

借鉴外国经验有一个立场和方法问题。邓小平有句名言叫做：“世界上的问题不可能都用一个模式解决。”[③] 他指出：“我们的现代化建设，必须从中国的实际出发。无论是革命还是建设，都要注意学习和借鉴外国经验。但是，照搬别国经验、别国

---

① 邓小平：《邓小平文选》（第三卷），北京：人民出版社，1993 年版，第 373 页。

② 邓小平：《邓小平文选》（第三卷），北京：人民出版社，1993 年版，第 372 页。

③ 邓小平：《邓小平文选》（第三卷），北京：人民出版社，1993 年版，第 261 页。

模式，从来不能得到成功。这方面我们有过不少教训。”① 他身体力行，认真地从苏联模式社会主义汲取教训，巧妙地借鉴人类文明在资本主义阶段的成果，从而树立了社会主义国家改革的成功范例。

（七）关于意识形态：主张超越意识形态分歧处理国家关系，又警示要防止外部势力的“西化”“分化”图谋。

邓小平积数十年革命实践和国际活动的经验，提出了意识形态因素不应当是决定国家关系的主要因素，国家关系不应以意识形态定亲疏的思想。对待意识形态差异和分歧，解决办法是求同存异，尊重各自的选择，谋求在共同利益基础上的合作。1989年1月31日他与外宾谈话时指出：“……不去计较历史的恩怨，不去计较社会制度和意识形态的差别，并且国家不分大小强弱都相互尊重，平等相待。这样，什么问题都可以解决。用这样的思想来处理国家关系，没有战略勇气是不行的。”② 崇高的思想境界产生卓越的政治主张。邓小平倡导的有关精神正在变成国际关系中影响日增的互利共赢原则。

事实上，举世闻名的和平共处五项原则和我们党在新时期提出的关于党际关系的四项原则，都不包含意识形态内容。邓小平关于不计较意识形态差别的思想，为中国共产党同世界上各类政党发展友好关系开辟了广阔天地。

国家关系超越意识形态差异，不等于忽视国际关系中的意识形态斗争。邓小平一再警示要防止敌对势力在中国搞“西化”“分化”。他所主持制定的党的基本路线“一个中心，两个基本点”，恰恰说明了他对意识形态问题的高度重视。“一个中心”抓住了时代主题，搞经济建设；“两个基本点”反映了世界对立

① 邓小平：《邓小平文选》（第三卷），北京：人民出版社，1993年版，第2—3页。

② 邓小平：《邓小平文选》（第三卷），北京：人民出版社，1993年版，第330页。

统一性。“对立性”是指存在资本主义与社会主义两种社会制度、资产阶级与无产阶级两种意识形态之间的对立。“坚持四项基本原则”正是针对这种情形。“统一性”是指进入信息时代、科学技术高度发展的今天，世界各国之间的联系和依存性大大加深。“坚持改革开放”正是适应这种情况。“一个中心”与“两个基本点”是辩证关系，缺一不可；“两个基本点”本身又是辩证关系，不能一手硬一手软。党的这个基本路线恰恰是抵制和反对和平演变的强大武器。

顺便一提，戈尔巴乔夫时期的苏联曾有过国家关系非意识形态化与国际关系非意识形态化之争，后者引起严重的思想混乱成为导致苏共垮台、苏联解体的一个重要因素。

（八）关于社会主义历史教训：正视苏联东欧剧变的严重后果，又肯定世界社会主义必将有美好的前景。

邓小平曾指出，苏东剧变“问题首先出在内部”。[①] 同时他谈到外部因素，说“整个帝国主义西方世界企图使社会主义各国都放弃社会主义道路，最终纳入国际垄断资本的统治，纳入资本主义的轨道。现在我们要顶住这股逆流，旗帜要鲜明。”[②] 基于对事物内因和外因相互关系的科学分析，他在考虑苏东剧变对我国影响的时候，注意力主要放在如何把我们自己的事情办好。

苏东剧变发生后，西方国家加大对中国的经济政治压力，试图让中国步苏联东欧后尘。邓小平严正指出：“中国人民不怕孤立，不信邪。不管国际风云怎么变幻，中国都是站得住的。”[③]；

① 邓小平：《邓小平文选》（第三卷），北京：人民出版社，1993 年版，第 344 页。

② 邓小平：《邓小平文选》（第三卷），北京：人民出版社，1993 年版，第 311 页。

③ 邓小平：《邓小平文选》（第三卷），北京：人民出版社，1993 年版，第 329 页。

“只要中国社会主义不倒，社会主义在世界将始终站得住。”①

邓小平不仅以建设中国特色社会主义的伟大理论和实践来证明社会主义的生命力，而且一再告诫人们不要对社会主义前途丧失信心。1992 年他的“南巡讲话”留给后人以不朽的遗嘱：“社会主义经历一个长过程发展后必然代替资本主义。这是社会历史发展不可逆转的总趋势……一些国家出现严重曲折，社会主义好像被削弱了，但人民经受锻炼，从中吸取教训，将促使社会主义向着更加健康的方向发展。因此，不要惊慌失措，不要认为马克思主义就消失了，没用了，失败了。哪有这回事！”②

在中国走向世界的进程中，邓小平始终把我国社会主义建设同世界社会主义的前途密切联系在一起。如今的中国以及世界上为社会主义事业奋斗的一切进步力量，正以辉煌的成就谱写社会主义新篇章。

（九）关于外交政策：奉行独立自主和平外交政策，坚持和平共处五项原则，又坚决反对霸权主义。

同任何国家一样，中国并不是孤立存在于世界。没有和平的国际环境，就不可能有国家的和平崛起。中国人民以诚实的劳动建设自己的祖国，热爱和平，需要和平。邓小平精辟地指出：“我们的现代化建设要取得成功，决定于两个条件。一个是国内条件，就是坚持现行的改革开放政策。如果改革成功，会为中国今后几十年的持续稳定发展奠定基础。还有一个是国际条件，就是持久的和平环境。我们奉行反对霸权主义、维护世界和平的外

---

① 邓小平：《邓小平文选》（第三卷），北京：人民出版社，1993 年版，第 346 页。

② 邓小平：《邓小平文选》（第三卷），北京：人民出版社，1993 年版，第 383 页。

交政策。……我们这种独立自主的外交政策，最有利于世界和平”① 他还明确宣告：“我们坚持独立自主的和平外交政策，不参加任何集团。同谁都来往，同谁都交朋友，谁搞霸权主义我们就反对谁，谁侵略别人我们就反对谁。我们讲公道话，办公道事。”②

中国永远同第三世界国家站在一起，坚决反对霸权主义和强权政治——这方面邓小平历来旗帜鲜明。

（十）关于国家统一：提倡一国两制，又坚持体现中央权威的原则不能变。

邓小平关于“一国两制”的伟大构想，已通过香港、澳门回归付诸实践。“一国两制，港人治港，高度自治，50 年不变”，这些话被香港同胞称作“17 字真言”。

关于香港的制度，邓小平有言在先：“现在香港的政治制度就不是实行英国的制度、美国的制度，今后也不能照搬西方的一套。如果照搬，造成动乱，那是很不利的。这是个非常实际的严重问题。”③

对于香港回归后可能出现的复杂局面，邓小平早有预见。他曾说：“难道香港就不会出现危害香港根本利益的事情吗？能够设想香港就没有干扰，没有破坏力量吗？我看没有这种自我安慰的根据。……所以保持中央的某些权力，对香港有利无害。”④ 他还说过：“在香港驻军还有一个作用，可以防止动乱。那些搞动乱的人，知道香港有中国军队，他就要考虑。即使有了

① 邓小平：《邓小平文选》（第三卷），北京：人民出版社，1993 年版，第 156 页。

② 邓小平：《邓小平文选》（第三卷），北京：人民出版社，1993 年版，第 162 页。

③ 邓小平：《邓小平文选》（第三卷），北京：人民出版社，1993 年版，第 267 页。

④ 邓小平：《邓小平文选》（第三卷），北京：人民出版社，1993 年版，第 221 页。

动乱，也能及时解决。”①

如今香港的现状的确提出了“留意香港极端派勾结外部势力”的严峻问题。这恰恰证明了邓小平预见的正确性、决策的果断性和举措的必要性。

（十一）关于领土争议：主张搁置争议、共同开发，又强调维护我国主权不能有丝毫动摇。

邓小平针对国与国之间领土问题上的具体争议，提出了“搁置争议、共同开发”的明智主张。令人敬佩不已的是，他曾将“一国两制”与“共同开发”有机地联系起来。他说：“‘一国两制’，是从我们自己的实际提出来的，但是这个思路可以延伸到某些国际问题的处理上。好多国际争端，解决不好会成为爆发点。我说是不是有些可以采取‘一国两制’的办法，有些还可以用‘共同开发’的办法。”②

冷战结束后，随着经济因素的作用上升，资源的利用和开发越来越受到重视，主权属于中国的一些本来不应存在争议的问题，也变得尖锐起来。统一认识的办法只能是平等协商，统一行动的办法只能是“搁置争议、共同开发”，但我国的主权不容退让。尽管以“搁置争议、共同开发”的原则处理领土争议特别是海洋开发争端尚未在世界上完全得到普及，但是显然没有比这一原则更受欢迎和尊重、更为行之有效的办法。一些目光短浅的政治家蓄意作难，看来终究逾越不了这个公正合理的选择。

（十二）关于中国与世界：摆正中国位置，既宣示中国属于世界，又说明世界也离不开中国。

邓小平从全人类的文明成果中汲取养分来变革中国、发展中

---

① 邓小平：《邓小平文选》（第三卷），北京：人民出版社，1993年版，第75页。

② 邓小平：《邓小平文选》（第三卷），北京：人民出版社，1993年版，第87页。

国。在此过程中他所开创的建设中国特色社会主义的理论和实践，不仅给中国人民带来福祉，也有利于人类社会的进步。他坚决维护国家民族的根本利益，同时一如既往地尽可能对人类作出较大贡献。

与之相关，邓小平对中国国情的了解十分透彻，始终把中国的位置摆正。他说："中国是个大国，又是个小国。所谓大国就是人多，土地面积大。所谓小国就是中国还是发展中国家，还比较穷，国民生产总值人均不过300美元。中国是名副其实的小国，但是又可以说中国是名副其实的大国。联合国安全理事会常任理事国，中国算一个。中国这一票是第三世界的，是名副其实属于第三世界不发达国家的。"①

这意味着：其一，中国具有大国和小国的两重性。看到大国的一面，不能夜郎自大；看到小国的一面，不要妄自菲薄。其二，这个估量是我们制定国内和国际战略的立足点与出发点，说明中国处于社会主义初级阶段，是一个发展中国家。其三，大国的一面与小国的一面可以相互转化。中国正在以习近平同志为总书记的党中央坚强领导下，通过举国上下齐心努力，为实现中华民族伟大复兴的中国梦而奋斗，使自己尽快成为名副其实的真正大国，从而也会对人类作出更大的贡献。

世界上对邓小平伟大贡献的好评如潮，这里引用日本《时报》1997年2月26日大公撰写的纪念文章中的两句话。他说"邓小平的理论和决策，不仅使中国人民受益，而且惠及亚洲，惠及整个世界""邓小平的影响力，不仅超越他生活的时代，而且超越他生活的国度"。

（载《国际关系研究》，2014年第5期）

---

① 邓小平：《建设有中国特色的社会主义》（增订本），北京：人民出版社，1987年版，第81页。

质询沈大伟先生

据美国之音电台网站2015年2月28日报道，美国乔治·华盛顿大学政治学和国际关系学教授沈大伟2月27日在美国智库布鲁金斯学会上高谈阔论，抛出了“中国存在‘国际身份’定位危机”的奇特说法，同时还对中国外交进行多方面的歪曲和指责。这不仅令人诧异，且不能不对这位“美国著名中国问题学者”提出质疑。

观点之一：中国对自己在全球的定位，在国际事务中扮演何种角色的看法是自相矛盾，含混不清的，存在相当严重的定位危机。

何谓“定位危机”？沈大伟先生说法本身就是故弄玄虚。是不是放弃中国独立自主的和平外交而与美国外交政策亦步亦趋，才不算定位危机？中国对于自己在国际上的地位和作用，历来态度是鲜明的。简言之：其一，中国是一个发展中国家；中国的发展离不开世界，世界的发展也离不开中国；中国应该对人类做出较大的贡献。其二，中国坚持走和平发展道路，高举“和平、发展、合作、共赢”旗帜，致力于构建持久和平、共同繁荣的世界。其三，中国倡导、奉行并坚持和平共处五项原则，与世界上所有国家发展友好合作关系，截至2014年底，中国与67国家建立了伙伴关系，“全球伙伴关系网”基本成形。其四，中国与周边国家关系，主张与邻为善、以邻为伴，采取“亲、诚、惠、容”方针。凡此种种，难道还不明白？定位危机何在？

尤其让人难以接受的是，沈大伟先生对中国不怀善意，无端歪曲。声称中国的国际定位危机反映在外交行为没有连贯性，一方面，中国领导人参加二十国集团、联合国等会议、在全球事务中进行调停斡旋，似乎扮演着“负责任的大国”角色，另一方面，人们又可以看到中国外交部发言人、中国网上民族主义者的好战言论，中国在领土问题与邻国产生争议，以及中国在偏远大陆为了获得资源而进行的“新殖民主义”等。沈大伟先生居然重复美国媒体经常出现的这些低俗论调，未免过于降低了自己的“学者”身价。

至于他断言“中国国内关于中国应对扮演何种国际角色的争论从2008年就开始，目前还在继续”，只不过是根据中国学界某些无足轻重人士的闲言碎语，随意做出的判断而已。

观点之二：强调说美国不应该被中国所谓的“新型大国关系”所欺骗。这种论调无异于在为中美关系帮倒忙。关于构建中美新型大国关系，习近平主席一而再、再而三地作出善意解释。例如，最简单的说法，就是不冲突不对抗，互相尊重，合作共赢。难道这是欺骗？再如，在北京APEC峰会期间，习近平主席与奥巴马总统进一步谈到构建新型大国关系，涉及六个方面，包括加强高层沟通和交往，增进战略互信；在相互尊重基础上处理两国关系；深化各领域交流合作；以建设性方式管控分歧和敏感问题；在亚太地区开展包容协作；共同应对各种地区和全球性挑战。难道这些也是欺骗？

沈大伟先生为了自圆其说，作出的注解和结论是：其一，“中国在美中关系上采用的策略是战术性的。他们只是‘敷衍’或是‘冻结’美国”。其二，美国现在要管理好两国的“战略竞争”关系，而在全球治理方面，中国还不是美国的好伙伴。其三，说什么从“周边外交”到“新亚洲安全观”到“亚洲基础设施投资银行”，中国一步步在挑战二战后美国领导的国际政治、经济和安全体系，“我们看到一个更具‘修正主义’姿态的中国

(a more revisionist China)”。沈大伟先生如此这般的言论，无异于利用学者身份，干扰和破坏有望日益改善的中美关系。

观点之三：说中国领导人习近平上台后推出了“奋发有为”的外交新政，抛弃了前领导人邓小平“韬光养晦”的战略。不无遗憾的是，沈大伟先生并没有弄懂邓小平所说韬光养晦与有所作为之间的关系。人们时常把韬光养晦与有所作为两者割裂开来，似乎韬光养晦的时候就难以有所作为，而有所作为的时候就无需韬光养晦。其实，邓小平讲的是既要有韬光养晦的谋略，又要产生有所作为的成果。在这方面，习近平无疑是在创造性地继承着、发展着。请沈大伟先生在研究中国时注意，中国奉行的传统原则是：任何时候都应善于守拙韬光养晦，任何时候又都要开拓进取有所作为，两者是辩证统一的关系。

（载《国际网》，2015 年 3 月 3 日）

中国外交传承创新十大原则

新中国建立以来，从毛泽东到习近平，我国领导人把握运筹国内与国际两个大局，坚持走和平发展道路，倡导和平共处五项原则，奉行独立自主和平外交，经过几个历史时期的传承、发展和创新，在外交方面积累了丰富的经验和成果。其中处理国家关系所形成的诸项原则，堪称我国外交政策之精髓。作为学习和研究心得，笔者将其归纳为十点，这里着重就改革开放以来的情况作一简述。

（一）国家利益原则

这是国际关系中通常遵循的最基本原则，但邓小平有新解。1989 年 10 月 31 日他在会见美国前总统尼克松时说过："……考虑国与国之间的关系主要应该从国家自身的战略利益出发。着眼于自身长远的战略利益，同时也尊重对方的利益。"习近平 2013 年 7 月 30 日在中央政治局就建设海洋强国研究第八次集体学习时指出："我们爱好和平，坚持走和平发展道路，但决不能放弃正当权益，更不能牺牲国家核心利益。"

与此同时，我国历届领导人都明确表示，中国的发展离不开世界，世界的发展也需要中国，并强调中国要对人类做出较大的贡献。这就是说明，中国的国家利益与人类的共同利益是密切相联的。习近平 2013 年 3 月 19 日在出席金砖国家领导人第五次会晤前夕接受媒体采访时说："中国是讲爱国主义的，同时我们也是具有国际视野和国际胸怀的。随着国力不断增强，中国将在力所能及范围内承担更多国际责任和义务，为人类和平与发展作出更大贡献。”

我们时常听到有人津津乐道于“没有永恒的朋友，只有永恒的利益”的说法。此说确实反映了某种历史现象，但并非真理。其要害在于会助长民族利己主义或大国沙文主义。而我国领导人所倡导的平等互信、合作共赢，体现为利益常驻且友谊常青，这才是符合时代精神的理性口号。

（二）维护世界和平、促进共同发展原则

这是新中国建立以来一以贯之的原则。无论是维护世界和平，还是促进共同发展，都要在国际事务中提倡和贯彻民主原则。维护世界和平，是促进共同发展的必要前提；促进共同发展，又是维护世界和平的重要保证。

党的十八大报告强调指出，中国将始终不渝走和平发展道路，和平发展是中国特色社会主义的必然选择。习近平主席2012年11月17日在十八届中共中央政治局第一次集体学习时强调：“必须坚持开放的发展、合作的发展、共赢的发展，扩大同各方利益的汇合点，推动建设持久和平、共同繁荣的和谐世界。”2013年3月23日他在莫斯科国际关系学院演讲的题目就是《顺应时代前进潮流 促进世界和平发展》。“一带一路”倡议的提出，恰恰符合维护和平、促进发展、增进合作的宗旨。

维护和平、促进发展，必须应对各种挑战。习近平主席2013年9月13日指出，“三股势力”、贩毒、跨国有组织犯罪威胁着本地区安全稳定。受国际金融危机影响，各国经济发展都不同程度遇到困难，进入调整期和恢复期。对这些挑战，任何一个国家都难以独自应付。我们必须加强合作，联合自强。

维护和平、促进发展，必须贯彻实施“互信、互利、平等、协作”的新安全观，既要维护本国安全，又尊重别国安全关切，促进人类共同安全。安全不是孤立的、零和的、绝对的，没有世界和地区和平稳定，就没有一国安全稳定。

（三）平等互信、合作共赢原则

这是从和平共处五项原则衍生出来的，是经过多年外交实践得出的新结论。平等互利原已包含在和平共处五项原则之中，适用于一切国家。

习近平主席2014年6月28日在和平共处五项原则发表60周年纪念大会上指出，新形势下，和平共处五项原则的精神不是过时了，而是历久弥新；和平共处五项原则的意义不是淡化了，而是历久弥深；和平共处五项原则的作用不是削弱了，而是历久弥坚。从周边关系角度来看，“亲、诚、惠、容”方针的提出，正是和平共处五项原则的深入、细化和发展。

本着平等互信、合作共赢精神，中国对外关系日益全面拓宽。例如，中俄关系发展迅速，中欧关系发展也较平稳。又如，2000年1月中美签署关于中国加入世贸组织的双边市场准入协议，曾被称之为“双赢的结果”。再如，习近平主席2015年1月6日同哥斯达黎加总统索利斯举行会谈，双方共同宣布中哥建立平等互信、合作共赢的战略伙伴关系，同意紧紧把握政治互信和互利合作两个轮子，带动中哥关系持续向前发展。

总之，平等是前提，互信是基础，合作是办法，共赢是目的。鉴此，我国外长今年2月24日在联合国总部主持安理会国际和平与安全公开辩论会上提出，要和平，不要冲突；要合作，不要对立；要公平，不要强权；要共赢，不要零和。

（四）不结盟、不对抗、不针对第三国原则

这是在中国与俄罗斯构建平等互信、面向21世纪的战略协作伙伴关系时率先提出的。邓小平早已明确指出，中国的对外政策是独立自主的，是真正的不结盟。改革开放以来在党的历次代表大会报告中，都一再强调我国始终不渝地奉行独立自主的和平外交政策，还曾严正声明不同任何大国或国家集团结盟，不搞军事集团，不参加军备竞赛，不进行军事扩张。

习近平主席2014年7月15日在金砖国家领导人第六次会晤上再次指出，中国外交有原则、重情谊、谋公正。对大国关系，中国主张不冲突不对抗、互相尊重、合作共赢，共同走和平发展道路。

中国奉行结伴而不结盟的方针，行之有效，成就斐然，影响深远。目前中国与70多个国家结成伙伴关系。不结盟而能战略协作，这是冷战结束以来国际关系中的一大创举。

（五）包容互鉴、多样性原则

早先提出了多样性原则，党的十八大更以包容互鉴的提法加以丰富。多样性与包容互鉴，两者是互联互通的，相互尊重是前提。我国领导人一再强调，要尊重世界的多样性，各国都有权选择适合本国国情的社会制度、发展战略和生活方式。世界是丰富多彩的。如同宇宙间不能只有一种颜色一样，世界上也不能只有一种文明、一种社会制度、一种发展模式、一种价值观念。各个国家、各个民族都为人类文明的发展作出了贡献。应充分尊重不同民族、不同宗教、不同文明的多样性。世界发展的活力恰恰在于这种多样性的共存。

习近平主席2014年3月27日在联合国教科文组织总部发表演讲时进一步指出，文明因交流而多彩，文明因互鉴而丰富。文明交流互鉴，是推动人类文明进步和世界和平发展的动力。推动文明互鉴，需要秉持正确的态度和原则。他在谈到各国自主选择发展道路时，提出了著名的“鞋论”。

值得一提的是，较之求同存异，包容互鉴的内涵有新发展。对于“异”，不仅“存”之，而且可“鉴”。

（六）不以意识形态划线原则

这是从冷战时期中国与苏联关系中得出的经验教训，是我国领导人确定改革开放方针之时于20世纪80年代着重阐述的原则。邓小平1989年10月31日在会见美国前总统尼克松时说过：

"不去计较历史的恩怨，不去计较社会制度和意识形态的差别，并且国家不分大小强弱都互相尊重，平等相待。这样，什么问题都可以解决。用这样的思想来处理国家关系，没有战略勇气是不行的。"

习近平主席2014年7月9日在第六轮中美战略与经济对话和第五轮中美人文交流高层磋商联合开幕式上详尽而中肯地谈到中美关系时指出："中美两国历史文化传统、社会制度、意识形态不同，经济发展水平各异，双方存在不同看法、在一些问题上存在分歧和摩擦在所难免。中美是两个各具特色的国家，在很多方面肯定有差别，有差别才需要沟通和合作。我们双方应该坚持从大处着眼，把握构建新型大国关系总目标，认清两国共同利益远远大于分歧；应该相互尊重、平等相待，尊重彼此主权和领土完整，尊重彼此对发展道路的选择，不把自己的意志和模式强加于对方；应该善于管控矛盾和摩擦，坚持通过对话协商、以建设性方式增进理解、扩大共识。只要我们双方坚持相互尊重、聚同化异，保持战略耐心，不为一事所惑，不为一言所扰，中美关系大局就能任凭风浪起、稳坐钓鱼台。"

当然，处理国家关系不以意识形态划线，并非无视意识形态领域的斗争。在当今国际舞台上，意识形态斗争不仅存在，而且有时非常之激烈，非常之尖锐。推行强权政治的人从来没有忘记将意识形态作为侵略扩张的武器，近年来在世界各地对别国搞"颜色革命"是屡见不鲜的。

我们不把自己的社会制度和意识形态强加于人，也决不允许别国把他们的社会制度和意识形态强加于我们，这一原则还体现在党际交往之中。

（七）面向未来原则

这个原则被邓小平称作"卓识远见"。他在1984年3月25日对来访的日本前首相中曾根康弘说："去年我们两国的领导人在东京作出了一个具有卓识远见的决策，就是把中日关系放在长远的角度来考虑，来发展。第一步放到 21 世纪，还要发展到 22 世纪、23 世纪，要永远友好下去。这件事超过了我们之间一切问题的重要性。”他接着又说：“看得远些、广些，有利于我们之间的合作。这种合作不是只对一方有利，而是对双方、对两国、对两国人民都有利。”

习近平主席多次从长远角度谈到如何发展中国与非洲、与拉美的关系，称颂中国与这些国家“正站在新的历史起点上”。至于与周边国家的关系，他在 2013 年 4 月 7 日曾以《共同创造亚洲和世界的美好未来》为题，指出“亲仁善邻，是中国自古以来的传统。亚洲和世界和平发展、合作共赢的事业没有终点，只有一个接一个的新起点”。

（八）发展中国家优先原则

邓小平 1984 年 5 月 29 日在与来访的巴西总统菲格雷多谈话时指出：“中国的对外政策，主要是两句话。一句话是反对霸权主义，维护世界和平，另一句话是中国永远属于第三世界。中国现在属于第三世界，将来发展富强起来，仍然属于第三世界。中国和所有第三世界国家的命运是共同的。中国……永远站在第三世界一边。”中国永远属于第三世界，是我们对外政策的一个基础。这是由我国处于社会主义初级阶段、是一个发展中国家的特殊地位所决定的。

习近平主席 2014 年 5 月 31 日至 6 月 6 日对特立尼达和多巴哥、哥斯达黎加和墨西哥进行国事访问。舆论客观地评价习近平的拉美之行，认为是中国对发展中国家关系的深入和拓展，向世界展示了不同规模、不同国情国家之间友好合作的范例。2014 年 7 月 15 日他在金砖国家领导人第六次会晤的讲话中指出，对金砖国家合作，我们尤为重视，列为外交优先领域。

（九）反霸权主义原则

这个原则已载入新中国外交史册。前面提到邓小平将反对霸权主义与中国属于第三世界并列为我国对外政策的主要内容。他还说，中国人民和各国人民“都不愿看到任何国家和任何国家集团再推行新的霸权和强权”；“各国的事务应由本国政府和人民决定，世界上的事情应由各国政府和人民平等协商，反对一切形式的霸权主义和强权政治”。后来，面对经济全球化问题，我国领导人既表示支持并积极参与这一进程，同时又强调必须保护主权国家的经济安全，消除国际贸易中各种形式的歧视，防止利用货币金融杠杆将损害别国合法民族利益的政治经济条件强加于人的企图。

习近平主席 2014 年 3 月 28 日在德国发表演讲时又一次指出，几十年来，中国始终坚持独立自主的和平外交政策，反对霸权主义和强权政治，不干涉别国内政，永远不称霸，永远不搞扩张。我们在政策上是这样规定的、制度上是这样设计的，在实践中更是一直这样做的。

鉴于霸权主义是世界最危险的战争策源地，是危害世界和平、安全和稳定的根源，所以我们坚决反对。但我们并不是把霸权主义与某个特定国家固定联系在一起。用邓小平的说法，谁搞霸权主义我们就反对谁，谁侵略别人我们就反对谁。

（十）联合国核心作用原则

将我国领导人相关的话概括起来，那就是：要坚决维护联合国宪章的宗旨和原则，继续发挥联合国及其安理会在处理国际事务、维护世界和平方面的积极作用，确保全体会员国平等参与国际事务的权利；安理会在维护国际和平与安全方面负有首要责任，安理会是国际集体安全机制的核心；任何国家或国家集团在处理国际事务中，都不应对联合国采取需要时则利用之、不需要时则抛弃之的态度；在涉及国际和平与安全的重大问题上绕开安理会自行其是的做法，是与广大会员国的意志背道而驰的。

习近平主席 2014 年 7 月 15 日在出访拉美四国前夕接受四国媒体联合采访时再次强调说，我们将更加积极有为地维护世界和平，倡导共同、综合、合作、可持续的安全观，致力于通过协商谈判和平解决争端。我们坚定维护以联合国为中心的战后国际秩序，积极参与联合国维和行动和地区安全对话合作。

笔者认为，以上十大原则是我们党道路自信、理论自信、制度自信的产物，是我国领导人宏图大略、远见卓识、与时俱进的成果。

（载《当代世界》，2015 年第 4 期）

中国与世界关系的深刻变化

习近平总书记在分析世界大势时深刻指出："中国与世界的关系在发生深刻变化，我国同国际社会的互联互动也已变得空前紧密，我国对世界的依靠、对国际事务的参与在不断加深，世界对我国的依靠、对我国的影响也在不断加深。""中国的发展离不开世界，世界的发展也需要中国。"习近平总书记的重要论述，是对中国与世界关系深刻变化这一宏大主题进行的深邃而全面的战略思考。当今中国与世界的关系正在并将继续发生深刻变化，其态势、特征、动因和影响备受关注，值得探究。

一

近代以来，中国长期处于国际体系的边缘地带，不仅在国际上毫无影响力、发言权，而且频遭侵略、备受欺辱。1949 年新中国的成立，标志着中华民族开始自立于世界民族之林，为中国在世界上赢得应有的地位奠定了重要基础。党的十一届三中全会拉开了改革开放大幕，30 多年来，中国经济发展突飞猛进，经济总量跃升世界第二位。尤其是经受了 2008 年国际金融危机严峻考验之后，相对于资本主义国家制度弊端频现，中国的社会制度和管理模式显示了自身巨大的优越性。不仅保持经济持续稳定健康地发展，而且在上海合作组织、金砖国家等区域组织中发挥独特的引领作用，在亚洲相互协作与信任措施会议、亚洲基础设施投资银行等国际机构中展示备受赞誉的首创精神。随着我们沿着中国特色社会主义道路前进日益取得辉煌的发展成就、中国和平发展的坚定信念不断深入人心、与世界的互动交流更加频繁和密切，中国开始走向国际舞台的中心，对世界的影响也愈来愈大。

中国综合国力的提升和与世界关系的深度融合促使中国在处理全球和地区问题方面日益发挥积极作用。近年来，中国遵循《联合国宪章》的宗旨和原则，积极承担联合国安理会常任理事国的责任，在全球性问题突出的领域主动提出中国方案，贡献中国智慧。在应对气候变化问题上，中国根据自身国情、发展战略和国际责任担当，确定到 2030 年的自主行动目标，为低碳减排事业作出了积极努力，在国际上产生巨大示范效应。非洲埃博拉疫情发生后，中国迅速向西非地区派出医疗队并建造治疗中心，为疫情防控提供了有力支援，得到国际社会尤其是非洲国家的广泛好评。在维护国际和平与安全方面，中国是联合国安理会常任理事国中派出维和人员最多的国家。最近，习近平总书记宣布，中国将加入新的联合国维和能力待命机制，充分体现了中国维护世界和平的决心和对联合国维和行动的坚定支持。在解决伊朗核问题和朝鲜半岛核问题的国际努力中，中国也发挥了建设性作用。“一带一路”合作倡议的提出，更是中国通过自身发展推动世界发展的典型案例。据估算，“一带一路”沿线国家总人口约 45 亿，经济总量约 21 万亿美元，分别占全球的 60% 多和 29%。“一带一路”合作倡议适应沿线国家共同需求，唤起它们蓬勃的参与热情，堪称拓展国际合作的崭新平台。

二

中国的发展对世界作出的积极贡献，从理论到实践，突出体现在世界格局、国际秩序和发展道路三大方面，可以称之为中国与世界关系深刻变化的基本特征。

20 世纪 80 年代，邓小平同志提出世界格局多极化的观点和建立国际政治、经济新秩序的主张，阐明世界上的问题不可能都用一种模式解决的看法。世界格局多极化观点，是摆脱一两个超级大国主宰世界的锐利思想武器；国际新秩序论，意味着推动以国家无论大小、强弱、贫富，主权一律平等为内涵的国际关系民主化；发展模式多样性主张，强调的是各国人民有权根据本国国情选择价值观、社会制度和发展道路。此辉煌“三论”，不仅是中国对世界局势的精准判断，而且指明了国际社会未来的发展方向。

从世界格局与国际形势来看，当今世界的主流趋势是：其一，随着以金砖国家为代表的新兴经济体和发展中国家的群体性崛起，世界多极化趋势进一步发展且呈现新风貌，成为不可阻挡的时代潮流。其二，虽然美国仍是当今世界唯一的超级大国，导致国际形势复杂多变的依然是美国政策影响下的地区热点，在很大程度上左右世界安全环境的依然是以美国为主要矛盾方面的大国关系，但美国独霸世界日益力不从心。其三，国际关系民主化、构建公正合理的国际政治经济新秩序的呼声愈发高涨，锐不可当。

从发展道路来讲，中国共产党领导中国人民开辟的中国特色社会主义道路，是在汲取苏联社会主义模式失败教训的基础上、将本国国情与时代特征紧密结合、在探索中前进并不断加以完善的社会主义发展道路。国外媒体评价说，中国发展道路既融入国际社会，又不依附于西方；既借鉴人类优秀文明成果，又坚持独立自主的道路；既促进顺势的发展，又显示逆势的承受力，取得了巨大成功。如今，许多渴望自立自强的发展中国家表示出对中国发展道路的浓厚兴趣，而那些在世界上竭力推行“颜色革命”的霸权主义者，却对中国发展道路深怀畏惧，这从不同角度体现出中国发展道路对世界产生的巨大影响和深远意义。

三

中国与世界的关系发生深刻变化，就动因而论，既有客观因素，也有主观因素，后者尤为重要。

客观因素主要指时代背景。和平与发展这一时代主题的揭示和确认，决定了当今世界各国都不能不把发展经济作为中心任务，不能不把合作共赢作为处理正常国家关系的准则。同时，随着世界多极化、经济全球化、社会信息化不断发展，各国利益交融、兴衰相伴、安危与共，日益形成了你中有我、我中有你的命运共同体。在这一时代背景下，中国本着和平、发展、合作、共赢的原则，与世界上 80 多个国家建立了各种类型的战略伙伴关系，特别是提出与美国构建新型大国关系，这一努力具有深远的意义和广阔的前景。

中国与世界关系的深刻变化，更源于中国的外交实践。顺应历史发展的潮流，中国外交在传承新中国优良外交传统基础上不断开拓创新。从毛泽东主席提出“中国应当对于人类有较大的贡献”，到习近平总书记提出构建人类命运共同体；从 60 多年前倡导和平共处五项原则，到今天提出合作共赢原则；从当初主张不结盟，到今天缔造结伴不结盟、构建各种类型的战略伙伴关系；从新中国建立之初提出睦邻友好、互利合作方针，到今天提出亲诚惠容周边外交理念；从强调求同存异，到今天升华为包容互鉴、聚同化异；从主张对亚非拉国家提供无私的、力所能及的帮助，到提出在国际关系中贯彻正确义利观。这些原则和主张与时俱进，彰显了中国特色大国外交的气派，得到国际社会特别是发展中国家越来越广泛的认同。

大国关系是透视中国与世界关系的一个重要角度。中俄关系是当今大国关系的典范。其特色在于：不结盟而能实行战略协作，关系密切而不存在依附性，维护各自尊严和利益而不怀损害对方之心，根据是非曲直处理国际事务而不搞双重标准，有不同利益分歧而能通过平等协商解决。对待国家利益差异——协调之，对待意识形态差异——超越之。在协作过程中尊重个性，弘扬共性，尽量将个性融入共性之中，这是中俄关系的精髓所在。在中美关系中，中国倡导在不冲突不对抗、相互尊重、合作共赢基础上构建新型大国关系，提出保持高层和各级别密切交往；拓展和深化经贸、两军、反恐、执法、能源、环保、基础设施建设等领域务实合作；密切人文交流，厚植支持两国关系的社会基础；尊重彼此在历史文化传统、社会制度、发展道路、发展阶段上的差异，努力使之成为相互借鉴和共同进步的动力；继续就亚太地区事务深化对话合作；共同应对各种地区和全球性挑战，充实中美关系战略内涵，为国际社会提供更多公共产品。中美构建新型大国关系不可能一蹴而就，但只要在坚持中砥砺前行，终将推动中美关系再上新台阶，对全球的和平发展产生深远影响。

四

国际社会中，由衷赞叹中国取得巨大成就并期望从中获益者有之，担心中国成为强有力竞争对手因而企图干扰中国前进步伐者亦有之。“中国机遇论”属于主流，“中国威胁论”“中国崩溃论”等杂音也不少见。赞赏中国成就，多出于善意，但对一些过誉之处，我们要保持清醒。例如，宣扬中国与美国平起平坐、共同主宰世界的所谓“G2 论调”，既不符合实际，也会起麻痹作用。我们不能忘记，中国的经济总量虽已位居世界第二，但人均国内生产总值仍处于世界 80 位之后。

宣扬“中国威胁论”“中国崩溃论”等论调者，或出于误解、疑虑，或出于心怀叵测、恶意攻击。多年来，“中国威胁论”“中国崩溃论”在不同阶段、以不同形式出现。事实又如何呢？中国越来越强大，坚定不移走和平发展道路的决心从未动摇，从未对任何国家使用或威胁使用武力，“中国威胁论”在事实面前早已不攻自破。中国经济社会持续健康发展，安然度过1997年亚洲金融危机和2008年国际金融危机，成为当今世界经济增长的重要引擎。显而易见，崩溃的不是中国经济，而恰恰是“中国崩溃论”本身。这两种谬论如出一辙，根本目的都是为了遏制中国的发展，对此，我们一定要心中有数，保持战略定力。

中华民族历来爱好和平，信守“和为贵”的文化传统。近代以来，中国蒙受了外国侵略和内部战乱的百年苦难，使中国人民深知和平之宝贵，最需要在和平的环境中进行国家建设。更为重要的是，中国是一个社会主义国家，这一性质从根本上决定了中国将坚定不移奉行独立自主的和平外交政策，走和平发展道路。

习近平总书记指出：“中国梦同世界各国人民的美好梦想息息相通。”世界在变，中国在变，中国与世界的关系也在发生深刻变化。中国人民基于实现中国梦而选择的和平发展道路，是要营造一个良好的周边环境与国际环境，在安全、稳定条件下推进社会经济发展；是要本着崇高的以人为本的和平目的，造福中华民族，也造福人类社会；是要采取和平的方式并经过和平的途径，达到自己的发展目标；是要维护世界和平与稳定，促进人类发展与进步。伴随着中国综合国力的进一步增强，中国对世界的贡献将愈来愈大，世界也将愈来愈瞩目中国。

（载《求是》，2015年第23期）

“中国外交转型”一说值得商榷

“中国外交转型”如今成为一个热门话题，充斥报刊网络媒体。这涉及如何评估当前我国外交性质的原则问题，颇值得斟酌。

学界一些人士希望与时俱进，在学术上有所创新，这是可以理解的，甚至是值得赞扬的。不过，研究问题还是要求实，要严谨，不能失之偏颇。

据不完全统计，自2005年以来，尤其是最近一两年，谈论中国“外交转型”的文章有百篇之多。“中国外交转型”“中国外交新转型”“中国外交重转型”“中国外交大转型”“中国外交演绎转型”“中国外交渐进转型”“中国外交现代转型”“中国外交思想转型”“中国周边外交转型”“中国外交模式转型”“中国外交制度转型”“中国外交战略转型”“中国外交全面转型”等等，众说纷纭，不一而足。但有几点是含混不清的。一是定义转型的标准是什么，向何处转型？二是转型包含哪些具体内容？三是“转型”从什么时候算起？早在十年前就有人提出这个论点，如《世界经济与政治》2005年第6期署名文章《达尔富尔危机：中国外交转型的挑战与契机》。近年来说法就更是庞杂了。

这里举几篇较有影响的文章为例。

《学习与探索》2008年第5期署名文章《论中国外交转型》称，改革开放30年来，中国的对外关系领域处于持续而重大的转型之中。从中国与邻国及周边地区、第三世界、西方世界、多边组织及机制之间的关系，到中国国防现代化、非传统安全问题的应对，再到中国中央政府的对外援助和国内各地方的国际化进程，直至全球化观念在中国的植根进程，以及国际关系理论研究的转型等十个不同的方面，可以透视出：中国外交已经由政治意识形态统治一切、隔绝于国际市场之外逐步转变为熟悉国际市场动作、受国内经济重心之引导。在大国外交的背景下，中国的外交转型是一种由简单到复杂、由低级到高级、由线性思维到多维度观念、由传统的斗争哲学到新时期的“以两手对两手”“和而不同”等复杂战略的转换过程，是中国从国际体制外的自我封闭者甚至对抗者到进入国际体制内和大国关系结构中的重大利益攸关方的提升过程——作者这里的“转型”指的是“改革开放30年来”的转型。

《世界经济与政治》2012年第5期署名文章《建设性领导与中国外交转型》称，在全球化的过程中，中国先后经历了两次外交转型。第一次转型发生在20世纪50年代，其核心是从屈辱外交向革命外交转型，目的是在世界舞台上赢得国家主权独立和尊严。20世纪80年代开始的中国改革开放启动了中国外交的第二次转型，中国外交从革命外交向发展外交转型，目的是为中国现代化赢得良好的国际环境和周边环境。随着中国日益深入地融入到全球化进程中，特别是中国的经济总量在2010年超过日本成为第二经济大国后，作者认为，中国外交需启动第三次转型，其核心是从发展外交向领导外交转型。中国在国际舞台上日益成为扮演建设性领导者角色，但中国不会挑战或者取代美国作为全球领导者的角色，而是从中国国情和能力出发，在全球经济和社会问题上努力做一个建设性领导者——作者这里的“转型”指的是“三次转型”，而今是“从发展外交向领导外交转型”。

《国际关系研究》2014年第4期署名文章《国际格局转变与中国外交转型》称，中国特色大国外交之路的开启和中国外交战略转型基于以下两点：一是当今世界的变化；二是中国自身的变化。外部环境的变化和中国自身的变化，正在重塑中国与外部世界的关系，所谓开启大国外交就是顺应国内外的重大变化，提升中国外交的能力和水平。这要求中国外交在战略上更加具有国际视野，更加前瞻，更加主动，更具有创造性，即所谓的“战略调整”或“转型”。2013 年以来的中国外交已开始逐步体现出这种走向大国外交的“转型”——作者这里的“转型”指的是“2013 年以来”的“战略转型”。

《社科纵横》2015 年第 8 期署名文章《中国梦与中国外交战略转型》称，要实现中国梦，中国外交必须从内向型向内外均衡型转变、从内敛型向自信型转变、从被动型向责任型转变。中国梦外交战略的内容包括，在国际体系层次上建立一个公平正义的国际秩序，在单位层次上构建一种和平、发展、合作、共赢的国家间关系，在个人层次上建立以人为本的“为民外交”——作者这里的“转型”是从哲理上来说的。

境外媒体还有另一种解释。如 2014 年 9 月 19 日《联合早报》发表题为《转型中的中国外交》的署名文章，称“对于正在建构与西方大国相平等的大国身份的中国而言，处世之道的转变尤为重要。中国就自身事务与国际相协调的时代正在过去，‘走自己的路，休管他人评说’将成为中国的新行为模式。”

值得一提的是，有一家报纸 2013 年 1 月 4 日曾以《未来十年的中国外交转型》为题，刊登了专场讨论。2014 年 6 月 12 日该报又以《中国外交的转型及其困境》为题，再次组织专场讨论。某些发言实在令人诧异，例如，有的说“我们有外交大战略吗？我觉得没有”。有的说，“要把敌友分清楚，我认为敌和友没法分清。现在这些困境主要是我们自己的困境，是我们自己给自己设立了困境”。没有外交战略，分不清敌友，谈什么“外交转型”！还有人甚至说，“从美国的经验看，不仅要做一个大国、强国，还要做一个善意的大国”。原来转型就是效法美国吗？

笔者认为，谈论“转型”有必要考虑几个基本前提：

其一，鉴于对外政策是国内政策的延续，那么党的十一届三中全会之后，随着国内以经济建设为中心、改革开放方针的确立，与之相适应的中国外交无疑是一次重大转型。那是在确认和平与发展成为时代主题的前提下，转型特征表现为：外交围绕实现四个现代化这个中心运作；处理国家关系超越意识形态差异；党际关系采取四项原则加以拓宽，交往对象不限于原先的共产党和工人党；在加强国家双边关系的同时，更加重视多边关系；反霸权主义并不固定化，提出谁推行霸权主义就反对谁，谁搞侵略就反对谁等等。尽管如此，以和平共处五项原则为基石，奉行独立自主的和平外交，以及立足于发展中国家的战略，并没有改变。

其二，党的十八大以来的国内方针是深化改革和扩大开放，外交上也就出现了与“深化”“扩大”（并非质变）相适应的积极进取的新风格、新气派，从而使得中国走和平发展道路、全面建成小康社会、既造福本国人民又造福全人类的旗帜更加鲜明。具体表现为：“从毛泽东主席提出要对人类作出较大贡献，到习近平总书记提出构建人类命运共同体；从60多年前倡导和平共处五项原则，到今天提出合作共赢原则；从当初主张不结盟，到今天缔造结伴不结盟、构建各种类型的战略伙伴关系；从新中国建立之初提出睦邻友好、互利合作方针，到今天提出亲诚惠容周边外交理念；从以往强调求同存异，到今天升华为包容互鉴、聚同化异；从主张对亚非拉国家提供无私的、力所能及的帮助，到提出在国际关系中贯彻正确义利观。”

因此，最好将现行中国外交理解为在传承发展优良传统基础上不断开拓创新。况且同样，以和平共处五项原则为基石，奉行独立自主的和平外交，以及立足于发展中国家的战略，并没有改变。

其三，如今有人围绕政治体制改革问题，无视中国国情，大肆鼓吹以照搬西方宪政为标志的所谓转型。如果外交上也跟着强调“转型”，那么国际政策作为国内政策的延续，会被误认为“外交转型”一说是对“宪政论”的呼应，实为不妥。

《世界和平论坛》2014 年 8 月 17 日发表了一篇题为《中国外交开始全面转型　既有思维定势将逐渐谢幕》的署名文章，其中阐述“转型”的论点比较全面，具有一定代表性。这里，笔者就该文提出的六个论点（奋发有为将代替韬光养晦成为中国外交政策的基调，实质性结盟将代替不结盟政策，引领它国将代替不当头政策，中邻关系将代替中美关系成为中国外交的重中之重，中华民族的伟大复兴等同于成为超级大国，“外交为实现民族复兴服务论”将代替“外交为经济建设服务论”），并结合其他一些文章的类似论点，谈谈自己的看法。

其一，“奋发有为将代替韬光养晦成为中国外交政策的基调”。

一个时期以来，不少人把韬光养晦与有所作为割裂开来，强调如今减少了韬光养晦，增加了有所作为的比重。将韬光养晦与有所作为加以量化，固然新奇，却匪夷所思。这涉及邓小平当年提出的“二十八字”方针，今天是否还管用的问题。

苏东剧变之时，人心惶惶，担心多米诺骨牌效应，希望中国起来当头。在这种情况下，邓小平利用不同场合，包括与外宾谈话，先后讲了 28 个字：冷静观察，稳住阵脚，沉着应付，善于守拙，决不当头，韬光养晦，有所作为。这 28 个字是分别说的，但背景是相同的。

28 个字包含几个层面。“冷静观察，稳住阵脚，沉着应付”，指的是态度，属于第一层面。“善于守拙，决不当头，韬光养晦”，指的是谋略，属于第二层面。“有所作为”指的是结果，属于第三层面。28 字是有机整体，无论国际形势如何复杂多变，都应该长期起指导作用。

争议最大的是如何理解和处理韬光养晦与有所作为的关系。原因在于对词义的理解和看问题的角度不同。古今中外，举凡称得上卓有成就的战略家，无不善于韬光养晦，只是表现形式不同而已。韬光养晦不等于庸碌无为，而是蕴含着有所作为的深度涵养与顶层设计。有人公然说“韬光养晦的极端就是不介入，就是没有原则、没有外交”，“这就成了中国外交自己造成的困境”。还有人说，现今的中国外交“是把邓小平的韬光养晦和有所作为进行了重新塑造”。这些无论是咄咄逼人的还是含糊其辞的说法，都是经不起推敲的。

其二，“实质性结盟将代替不结盟政策”。

“不结盟、不对抗、不针对第三国”是我国对外关系的基本方针，是与俄罗斯构建战略协作伙伴关系时率先提出的。这个方针适用于与美国在内的其他国家的关系。“三不”方针是结束冷战思维的一大标志，不能动摇也不会动摇。中国与俄罗斯关系日益深化，有人硬是武断地将其贴上“实质性结盟”的标签，未免牵强附会。这不仅难免让人误解“结伴不结盟”的真实性，而且还会挑起与美国等西方国家的事端。

其三，“引领它国将代替不当头政策”。

我国积极进取的外交取得显著成就，世界地位和影响不断提升，尤其是“一带一路”倡议提出之后，国际舆论赞许中国是在一些地区组织中发挥引领作用。西方有的媒体甚至渲染中国在取代美国，如今年 5 月 19 日德国一家媒体称，“中国已取代美国在拉美的地位”。我们切不可上当，更不能自诩。上面提到的所谓“从发展外交向领导外交转型”，无非是“当头”思想作祟。美国最忌讳中国“当头”，所以处心积虑地遏制中国，其战略重心东移的用意亦即在此。

其四，“中邻关系将代替中美关系成为中国外交的重中之重”。

在我国外交中，重视周边关系与重视大国关系是并行不悖的。曾经形成这样三句话：周边国家关系是首要，发展中国家关系是基础，大国关系是关键。有人认为这个表述“似是而非”“模棱两可”。其实这三句话很有道理。国家利益无疑首先着眼于周边安全，战略上必须立足于发展中国家，而要有效解决问题还得更多靠大国之间协作。

值得注意的是，照搬西方观点仍大有人在，这可算是国内学界某些人的一种通病。例如，日本外交学者网站2014年12月22日发表题为《中国的外交大转型》一文，作者美国兰德公司国际防务高级分析员蒂莫西·希思称，“最近闭幕的中央外事工作会议证实，中国强调要切实发展与邻国的关系，而不是与美国和其他大国的关系，这预示着中国外交将出现大转型。”还说，“优先发展与周边国家的关系必然意味着，中国与美国，以及其他大国关系的战略优先性将降低。”

其五，“中华民族的伟大复兴等同于成为超级大国”。

首先要搞清什么是超级大国。中国领导人一再表态，“永远不做超级大国”，这并非说中国不要强大，而是不搞霸权，坚决否认“强必称霸”论。那种将中华民族伟大复兴等同于成为超级大国的说法，至少是犯了常识性的错误。

其六，“外交为实现民族复兴服务论”将代替“外交为经济建设服务论”。

国家利益包括安全利益与发展利益。民族复兴的内涵离不开经济因素，而且是在确保安全的前提下首先发展经济。安全与发展两者不能割裂，不能抽调经济建设的内涵去谈民族复兴。民族复兴与经济建设不存在谁取代谁的问题。

（载《国际网》，2016年1月4日）

从所谓“鹰派”“鸽派”争议谈起

最近一个时期，凤凰卫视数次安排中国战略文化促进会常务副会长罗援与中国前驻法国大使吴建民对话，唇枪舌战，被媒体炒得沸沸扬扬，称作“鹰派”“鸽派”之争。究竟是怎么回事？以2015年7月20日《寰宇大战略》栏目为例，他们二位关于美国亚太战略的看法，根据文字实录观点大致如下。

罗援认为：1. 现在西方国家在我们周边对我们进行战略遏制，最大的问题就是现在中国崛起，它们要遏制中国的崛起。2. 美国要把六艘航空母舰派到亚太地区，把水面舰艇60%派到亚太地区，把它海外作战飞机的60%派到亚太地区，那么我们希望美国给我们一个解释，是针对谁？你说美国不是在遏制中国，我们愿意相信这句话，但我们要听其言观其行。3. 美国是通过它的代理人在跟我们对抗。4. 现在西方媒体说是中国打破了现状，我们首先要问，谁先打破了现状？比如现在我们讲的在东海设立防空识别区，你美国、日本在20世纪50年代就设了防空识别区，那不叫打破现状吗？

吴建民予以反驳，认为：1. 我觉得你这个说法有些从框框出发不行，还要实事求是的看，讲遏制，西方当然有人想遏制中国，但是你说这是整个西方的一致政策，我不赞成。把西方看成铁板一块，一棍子打死那是一种愚蠢的说法。把当年的美苏关系等同于今天中美关系，这是一个极大的误判。误判连下来的话，那就是中美一定要打仗，那非斗得你死我活不可。如果是这样了，我们还为什么跟美国建立新型大国关系？2. 你讲美国重返亚太，这个不对，美国从来就没有离开亚太，什么重返？美国重返亚太并非单一针对中国。如果觉得美国的举动就是针对中国，没有办法只有对抗，这是对形势的一种误判。3. 美国作为唯一超级大国，当然要重视亚太这个地方。说它就是针对我的，不一定，就看你如何应对。4. 美国军方的言论并不能代表整个美国。你要认为是整个美国，那好，中国人只要横下一条心跟美国打吧，那我们和平崛起还有吗？5. 美国通过他的代理人跟我们对抗，那么谁是我们的代理人？

网上有读者评论，吴建民的主要观点，和平是主流，决不能因为领土争端发生战争而打断和平发展进程。罗援的主要观点，以战止战，才能保证发展进程，而不是一味追求和平而放弃战争手段。

这会让人觉得，他们两位也许出于职业本能，偏执一词，仿佛在演京剧《三岔口》。不过，面对美国咄咄逼人的霸道行径，却不能理直气壮地予以回击，则是令人费解的。

其实，道理并不复杂。其一，美国战略重心东移的结论基于美国人自己说的“亚太再平衡战略”，美国实际上的军事部署也是这么干的，怎么能随意否认呢？其二，美国战略重心东移，旨在遏制中国和平发展，是昭然若揭的，我们绝不能掉以轻心，必须严加防范，包括准备从军事上应对。不过，美国把中国作为主要靶子，倒也并非唯一靶子。笔者曾将美国战略重心东移的特点归纳为四个方面：被迫性（全球主宰逐渐力不从心）、相对性（重心转移还会时有调整变化）、制华性（首先针对中国）和多元性（怀有其他目的）。其三，我们看清美国战略重心东移的本质，并没有因此就放弃与美国构建新型大国关系的努力。其四，中国与美国在南海问题上并不存在直接的利害冲突，美国唆使、利用第三者牵制中国，而第三者则狐假虎威，比喻说这是借助“代理人”与中国对抗，亦未尝不可。其五，我们为捍卫国家核心利益，抗衡美国霸权主义，要能立于不败之地，就不仅要占据国际法和舆论的制高点，还必须拥有强大的军事实力做后盾，不怕战争威胁，准备打仗一手。

从上述二位的争论，渲染什么“鹰派”“鸽派”，耸人听闻，是没有意义的。尽管他们在媒体亮相十分频繁，谈不上他们就被公认是中国对外关系的正式代言人，倒是提醒我们要看到研究国际问题的方法论的重要性。

由此联想到当今学界和媒体在国际形势一些重大问题上，存在着截然相反的说法。这里举几个例子。

1. 我国领导人千方百计、不遗余力地推动构建中美新型大国关系，另一方面有人总是强调中美势不两立，居然发表《中国有多少本钱可以跟美国叫板?》这类文章。

2. 我国政府为改善中日关系，坚持有理有利有节，可谓仁至义尽，另一方面有人反复强调中日必有一战。

3. 我国支持俄罗斯人民在普京总统带领下力图振兴国家，中俄关系堪称大国关系典范，却有人渲染俄罗斯将要崩溃，唱衰中俄关系，唱衰普京，竟然发表《有没有普京，俄罗斯都会强硬》的文章。

4. 当前俄美关系紧张，但并非没有回旋余地，例如美国不得不与俄罗斯某种程度上在中东合作反恐；但有些舆论往往过于强调俄美之间剑拔弩张，甚至暗示可能爆发世界大战。

5. 对朝鲜，存在美国势在必打和根本打不起来两种截然相反的观点。

6. 欧盟一体化进程影响深远但目前遭遇挫折，如今主流舆论则是对欧盟前景十分悲观。

7. 蔡英文上台给两岸关系带来麻烦，但也有这样的文章《蔡英文当选对两岸未来未必非福》。

8. 中国为解决南海问题，提出双轨方针，得到东盟多数国家的支持。有的文章却强调南海问题“陷入死结”，甚至妄言“亚洲国家几乎无一例外都对中国怀有深深的或者说是战略的不信任和忌惮情绪”。

等等等等。这些都需要我们冷静地作出客观的回答。

（载《国际网》，2016 年 5 月 30 日）

中共十八届六中全会引发的思考

中共十八届六中全会备受关注。在国内，党心民心聚合，翘首仰望；在国外，被中共奋发自强精神吸引，拭目以待。

人们关注的焦点更多不在于中共为什么要全面从严治党，而是有哪些新举措足以达到预期目的。

全会浓烈的全面从严治党氛围，让人感觉决心之大、信心之足，是迫不及待的，是胸有成竹的。

贯彻全面从严治党的关键一步，是确立习近平在党中央和全党的核心地位。这是四年来辉煌业绩的必然体现，而且是由下而上推动形成的结果。这预示着，中国将迎来一个新时代。

何谓全面从严治党？从深度看，要排除险情，任务艰巨；从广度看，问题多多，覆盖面很宽。中国领导人常说，党风问题关系到党的生死存亡。中国共产党要能成功地率领13亿人民实现中华民族伟大复兴，唯有自强不息。自强其实就是自救。

这些年来，在改革开放取得巨大成就的同时，严重影响党在人民群众中的威信、使得人民群众深恶痛绝的，莫过于腐败繁衍。腐败削弱党的执政基础，腐败降低党的执政能力，腐败动摇党的执政地位。

历史一再证明，人民群众的信任、拥护和支持，是党执政的牢固基础和力量源泉。党的执政能力首先体现在党的各级领导特别是中央领导。近9,000万党员，从领导干部到普通党员，每个人都是党的细胞，不同程度上都对党的执政状况负有责任。人民群众固然主要是从党的方针、政策及其成效来评价党，但更经常的却是透过党员、特别是担任领导职务的党员的形象来看待党。

全国各族人民希望在党的带领下全面建成小康社会，实现建党和建国“两个一百年”的宏伟目标。党的执政地位能否稳固，关键就看人民的态度。党是舟，人民是水，水可以载舟，也可以覆舟。

自从实行改革开放以来，在以经济建设为中心的新形势下和在推广市场经济的新条件下，中共党内不断地出现了许许多多的优秀人物，他们甘当人民的公仆，言行一致，鞠躬尽瘁，死而后已。但也有不少腐败堕落的干部，他们利欲熏心，贪污受贿，自我毁灭。这帮败类，恰如明代吕坤所言：“鉴不能自照，尺不能自度，权不能自称，囿于物也。”

全面从严治党，是在发展社会主义市场经济条件下更好地预防腐败的必由之路。人所共知，市场经济是由多种所有制成分亦即多种利益集团构成，其中私人利益集团随着它们在国家经济生活中的作用增大，不可避免地要借重权势，寻求政治上的代理人。这样一来，它们往往就不择手段地对当权者进行拉拢和利诱，加之一些党的干部受拜金主义、享乐主义的腐蚀，政治上不坚定，于是“权钱交易”的恶劣现象层出不穷。这是新形势下党反腐倡廉的最大难点所在。共产党人绝对不能说在市场经济条件下一切皆物化，症结在于“只一念贪私，便化刚为柔，塞智为昏，染洁为污”。

苏联共产党是前车之鉴。苏共执政70多年，却未能摆脱由兴而衰、寿不过百、被历史抛弃的厄运。其中一个重要原因，就是从群众中来到群众中去，变成从群众中来到官僚特权阶层中去，人民公仆成为人民劳动成果的蚀耗者。

执政党要管好国家，必先管好自身。不作为是危险的，小作为是无用的，唯有大作为才能立于不败之地。

“观今宜鉴古，无古不成今”。中共经过艰辛探索和实践，且借鉴苏共的教训，积累了执政的成功经验。简言之，那就是坚持以改革的精神加强党的建设。

经验表明，全面从严治党，反腐防腐，必须具备党纪监督、法律监督和人民监督，三者结合，从而使监督机制化。六中全会通过的《关于新形势下党内政治生活的若干准则》和《中国共产党党内监督条例》，是党内监督机制化的保障。

反腐倡廉，人民群众高兴，贪官污吏惊恐万分，抵制的暗流不可小觑。中共领导的风格是知难而进，攻坚克难。弘扬红军长征的艰苦奋斗精神，用意即在此。

鉴于多年来反腐的实战成果，人们对于中共领导全面从严治党的决心和信心，已很少怀疑。六中全会强调的是坚持思想建党和制度治党相结合，务求自我净化、自我完善、自我革新、自我提高。相信在全面从严治党过程中，还会根据形势的发展和经验的积累，增加后续措施，从而营造风清气正的政治生态。

中国人民喜欢得到历史验证的三句话：有困难，有办法，有希望。

（载《中美聚焦网》，2016 年 11 月 11 日）

合作共赢的典范启示

习近平主席于6月17日至24日对塞尔维亚、波兰和乌兹别克斯坦进行国事访问，并出席上海合作组织成员国元首理事会第十六次会议，获得圆满结果，以合作共赢为核心的中国特色外交再显辉煌。王毅外长的相关文章已做了全面、精准的阐述。这里笔者侧重从理论角度，就习近平主席此行全面展示的合作共赢范例，简要地谈几点认识。

其一，合作共赢朝向全方位深入发展。习近平主席出访期间，同以上三国签署了数十项合作协议，涉及互联互通、贸易、产能、能源、金融、科技、文化、旅游等各领域。国家之间的关系是一个有机体。政治互信如同骨骼，经贸合作如同血脉，人文交流如同神经，上述方方面面的具体合作项目，则犹如有机体的细胞组织。政治互信、经济互利、人文互鉴，三位一体，打造合作共赢的品牌。

值得指出的是，在铺设合作共赢道路的过程中，习近平主席总是强调对方国的长处和优势，不忘对方曾经给予中国的支持和帮助。例如，他指出，新中国成立初期，波兰为中国经济社会发展特别是在采矿、制糖、航运等领域提供了大量支持和帮助；波兰是中东欧地区较早同中国建立战略伙伴关系、第一个加入亚洲基础设施投资银行的国家。他指出，20世纪80年代，在中国实行改革开放政策的关键时期，塞尔维亚人民的成功实践和经验，为中国提供了宝贵借鉴；2009年塞尔维亚成为第一个和中国建立战略伙伴关系的中东欧国家。他指出，中西文化在中亚彼此交融，乌兹别克斯坦从中发挥了重要桥梁作用；当前共建“一带一路”是中乌合作的亮点和主线；中方赞赏乌方率先成为亚洲基础设施投资银行创始成员国。

以德报德，上善若水，和衷共济，这成为合作共赢的精神支柱，堪称构建新型国家关系的灵魂。

其二，合作共赢寓于三大共同体理念之中。从各自的国家利益出发，同时尊重对方的国家利益，从而形成利益共同体。厘清复杂的国际形势，联手应对来自安全、经济等多方面的挑战，从而形成责任共同体。尊重各自的道路选择，向往人类美好的未来，从而形成命运共同体。

上述三大共同体，利益兼顾，责任分担，方能做到同命运、共呼吸。

命运共同体之所以值得提倡并成为可能，正是因为无论国际形势如何风云变幻、各国自身如何发展变革，大家都充分理解和尊重彼此选择的道路，坚定支持彼此核心利益和重大关切，致力于深化彼此政治互信和互利合作。

其三，合作共赢促使双边关系与多边关系紧密结合。双边良性关系的要领在于：维护和平而不制造冲突，促进发展而不阻碍进步，增进合作而不勾心斗角。双边关系不应针对第三者。习近平主席此访最突出的成果之一，就是同上述三国领导人一致决定将双边关系定位提升为全面战略伙伴关系。这是中国同三国关系史上具有划时代意义的里程碑。也向世界表明：即使在欧盟经受英国公投冲击的背景下，中国依然可以与欧盟成员国发展良好的双边关系。同时，中国又十分重视与欧盟的整体关系。2014 年习近平主席访问欧盟总部期间，同欧盟领导人一道决定打造中欧和平、增长、改革、文明四大伙伴关系，确立了新时期中欧合作的战略方向。

中国推动上合组织发展，更是将双边关系与多边关系结合的范例。

国家之间建立战略伙伴关系，是一大创举。冷战时期唯有结盟才算战略关系，而今不结盟却能构建战略伙伴关系。习近平主席此行是又一次普及新型国家关系的重大实践。

其四，合作共赢标志着中国的发展理念正在走向世界。中国提出了创新发展、协调发展、绿色发展、开放发展和共享发展的理念。这充分体现在开放包容、合作共赢的“一带一路”倡议之中。“一带一路”乃是合作之带、共赢之路，将彼此的战略构想加以对接，使得全面战略伙伴关系物质化。习近平主席这次出访，将这些理念融进国际范畴，竭力推进重点领域项目，与各方携手打造“绿色、健康、智力、和平”四大指向的丝绸之路。

其五，以合作共赢为核心的上海合作组织显示巨大生命力。上合组织成立 15 年来，之所以能成为地区和国际合作睦邻友好、高效合作、开放共赢的典范，得益于“互信、互利、平等、协商、尊重多样文明、谋求共同发展”的“上海精神”。

“上海精神”符合联合国宪章宗旨，适用于推进中美新型大国关系，也有助于改善矛盾迭起的俄美关系。

上合组织不仅成为“一带一路”和欧亚经济联盟建设对接的平台，而且将成为东连东盟、西经东欧与西欧相接的大平台。

上合组织扩容的做法稳健。此次塔什干峰会批准签署印度、巴基斯坦加入上合组织义务备忘录，意味着印巴两国为加入上合组织迈出关键一步。

当今反恐形势严峻，任务繁重，愈亦显示上合组织成立的预见性、作用的重要性和影响的深远性。

（载《中国战略观察》，2016 年第 9 期）

习主席三项外事彰显大国风范

2017 年 7 月 3 日—8 日，习近平主席应邀访问俄罗斯和德国，在汉堡出席 G20 峰会。这三大外事活动以及他在峰会期间与多国领导人举行的多边（金砖国家）和双边会晤，充分展示了中国外交的大国风范。

其一，所有双边与多边活动都是本着“和平、发展、合作、共赢”的原则进行运作。维护和平，集中体现在反对恐怖主义、防止核扩散的坚定立场。促进发展，积极倡导要把经济共同繁荣的蛋糕做大。秉持合作，竭力主张将各国的发展战略加以有效“对接”，也就是这次峰会确定的主题“联动”。实现共赢，一再倡导开放、包容，反对保护主义和孤立主义。

其二，所有双边和多边活动都是朝向构建人类命运共同体的目标前进。习近平主席提出了坚持建设开放型世界经济大方向，为世界经济增长发掘新动力，使世界经济增长更加包容，继续完善全球经济治理。这被称作“中国方略”。

其三，所有双边和多边活动无不展示中国作为一个大国，勇于担当、言而有信和锲而不舍的风格。

习近平主席访俄，将中俄关系再次推向新高度。

近五年来，习近平与普京已经会面超过 20 次。这样的互动频率在国际关系史上实属罕见。

这次两国元首签署了《中华人民共和国和俄罗斯联邦关于进一步深化全面战略协作伙伴关系的联合声明》《中华人民共和国和俄罗斯联邦关于当前世界形势和重大国际问题的联合声明》，

批准了《〈中华人民共和国和俄罗斯联邦睦邻友好合作条约〉实施纲要（2017 年至 2020 年）》并见证了《中华人民共和国外交部和俄罗斯联邦外交部关于朝鲜半岛问题的联合声明》。两国有关部门负责人互换了 15 项双边合作文件，涉及经贸、农业、能源、基础设施建设、金融、文化等领域。

人们关注的焦点之一是经贸关系。习近平主席这次访问被认为优先方向从能源转向投资。据俄罗斯《消息报》报道，俄中两国的企业签署了近 30 个文件，总价值 100 亿美元。在能源和基础设施领域达成具体协议表明，双方领导人已确认 2019 年启动“西伯利亚力量”天然气管道，并同意在俄罗斯设立公司，实现高速列车生产本地化。此外，俄罗斯直接投资基金与中投公司向俄中投资基金（RCIF）注资 10 亿美元。而在对俄罗斯远东的投资中，中国企业占据主导位置。在目前阶段，中国对交通、物流、农业、石油化工和自然资源加工的投资已超过 30 亿美元。2016 年，俄中两国的商品贸易额超过 660 亿美元。预计 2017 年双边贸易可能超过 800 亿美元。

人们在国际问题上尤其关注的是中俄双方对朝鲜半岛局势的看法。两国外交部发表的相关联合声明，强调中俄是朝鲜半岛的近邻，地区局势发展攸关两国国家利益。中俄双方将密切协调，尽全力推动一揽子解决包括核问题在内的半岛问题，实现东北亚持久和平与稳定。其中，一是指出双方对朝鲜 7 月 4 日宣称发射弹道导弹表示严重关切，认为此举严重违反安理会有关决议，双方对此均不能接受，强烈敦促朝鲜严格遵守安理会决议有关要求。二是指出该地区政治军事形势紧张升级，可能引发武装冲突，国际社会应采取集体措施，通过对话协商和平解决。双方反对任何导致紧张和加剧矛盾的言行，呼吁有关国家保持克制，避免挑衅行动和好战言论。三是双方以中方关于朝鲜暂停核导活动和美韩暂停大规模联合军演“双暂停”倡议、实现朝鲜半岛无核化和建立半岛和平机制“双轨并行”思路，以及俄方解决朝鲜半岛问题分步走设想为基础，提出了共同的具体倡议。与此同时，认为朝鲜的合理关切应得到尊重。还强调指出在东北亚地区部署“萨德”系统严重损害包括中俄在内的域内国家战略安全利益，无助于实现朝鲜半岛无核化目标和地区和平稳定。双方反对部署上述系统，敦促有关国家立即停止并取消相关部署。

这次中俄诸项联合声明，以尽可能完美的方式，反映了双方政治上互信、经济上互补、文化上互通、军事上互动、外交上互商，所达到的新境界和新高度。

有人问：为什么说当今是“中俄关系最好历史时期”？一言以蔽之，用习近平主席在普京总统向他授勋仪式上的一句话来做诠释：“我和普京总统商定，无论外部环境如何变化，中俄关系都不会受到影响。”

也有人问：中俄如此密切的关系，中美之间能否做到？答案是：中国提出与美国构建新型大国关系，其实也就是类似这样的模式。

习近平访问德国，是要同德方拓宽两国合作和互联互通轨道，推动中德全方位战略伙伴关系不断迈上新台阶。中国既立足于发展中德关系，又着眼于加强中国与欧盟的关系。中方欢迎德国企业积极参与“一带一路”建设，希望德方能够发挥中德关系在中欧关系中的“领头羊”和“稳定器”作用，推动中欧关系保持高水平发展。默克尔表示，德方重视中国在国际事务中发挥的举足轻重的作用，赞赏中方支持多边主义，德方愿同中方一道，推动中欧关系发展。

对于习近平主席访德的成果和影响，不少德方人士作出了客观公正的评述。

《欧洲新报》总编辑范轩 7 月 7 日对记者说，习主席此次对德国的访问不仅带来了大国的智慧与担当，还更多地带来了老朋友的坦诚和厚道，将促使德中本身就以高速运行的各项务实合作再度得到提升。

德国全球与地区问题研究所研究员帕斯卡尔·阿布称，去年和今年，中德先后举办二十国集团峰会，在推动全球治理、推行多边机制、力主自由贸易和坚持气候变化承诺等方面协调立场，相互支持。当这些理念现在被一些国家质疑甚至放弃时，“德中的共同立场显得尤为难得和让世界放心。这不仅有利于两国，也有利于国际社会”。

本届汉堡 G20 峰会以“塑造联动世界”为主题。由于成员构成兼顾了发达国家和发展中国家，以及不同地域平衡，G20 现已成为共同应对全球性问题的有效多边机制。

“塑造联动世界”，命题十分高明。联动是基于发展的需要，所有联动要以开放为前提；开放的成效取决于包容，所以包容就必然要求反对保护主义和孤立主义。默克尔总理 6 月 29 日在议会讲话中谈及 G20 峰会时，称当前任何国际性挑战都已跨越国界，有人希望通过保护主义和孤立主义解决全球性问题，必会犯下巨大错误。

汉堡峰会开启了全球经济治理新动能。如习近平主席所说，那就是本着杭州峰会确定的包容增长理念，处理好公平和效率、资本和劳动、技术和就业的矛盾；继续把经济政策和社会政策有机结合起来，解决产业升级、知识和技能错配带来的挑战，使收入分配更加公平合理。再就是，更加重视在教育培训、就业创业、分配机制上交流合作。这些工作做好了，有利于经济全球化健康发展。

今年 5 月中旬，中国成功举办“一带一路”国际合作高峰论坛。与会各方本着共商、共建、共享的精神，在促进政策沟通、设施联通、贸易畅通、资金融通、民心相通上取得丰硕成果。这不仅与二十国集团的宗旨高度契合，而且是对此次峰会的有益启示。

此次 G20 峰会也有令人遗憾之处。19 个国家在峰会上重申了支持《巴黎协定》的态度，唯独美国仍坚持其退出的立场。19：1，这个结果既凸显了美国在这个问题上尴尬的孤立处境，也为本次峰会留下一道靓丽中夹杂着雾霾的风景线。

G20 峰会期间习近平主席参加了金砖国家领导人非正式会晤，并先后与韩国、新加坡、英国、法国、美国和日本领导人举行双边会晤。通过这些会晤，展示了中国致力于和平、发展、合作、共赢的诚意，也表明了由中国积极倡导从而形成的全面合作伙伴关系或曰全面战略伙伴关系越来越得到尊重、普及和提升。

（载《中国战略观察》，2017 年第 8 期）

新时代中国特色外交与世界政党对话盛会

一

对于中国来说，2017 年是弘扬人类命运共同体之年，推进“一带一路”建设之年，优化双边关系之年，促进多边合作之年，改善外部环境之年，树立正大形象之年，增强国际影响之年。一言以蔽之，是为中国走和平发展道路积极营造良好外部环境之年。

本文拟将新时代中国外交做一图示，从而解读习近平总书记所说的“全方位、多层次、立体化的外交布局”。

图示之一：中国领导人的外交思想境界。这可以从四个方面观测。

勤于探索。鉴于中国共产党是为中国人民谋幸福的政党，也是为人类进步事业而奋斗的政党，中国领导人总是在思索当今世局的演变规律。对时代特征的判断至关重要。习近平总书记指出，世界正处于大发展大变革大调整时期，据此，认为人类应该顺应时代发展潮流，齐心协力应对挑战，开展全球性协作，这就为构建人类命运共同体创造有利条件。

精于策划。中国领导人基于对和平、发展、合作、共赢原则的执着，不断谋划如何推动建设相互尊重、公平正义、合作共赢的新型国际关系。竭力借助“一带一路”推进人类命运共同体，也就是要创建持久和平、普遍安全、共同繁荣、开放包容、清洁美丽的世界。

勇于倡导。中国领导人在上合组织、金砖国家、亚太经合组织乃至 G20 会议上，本着平等互信、包容互鉴、合作共赢的精神，一再倡导“共商、共建、共享”原则，不断提出各种新建议、新办法。

敢于担当。中国发挥负责任大国作用，积极参与全球治理体系改革和建设，不断贡献中国智慧和力量。这从今年成功举办首届“一带一路”国际合作高峰论坛、金砖国家领导人厦门会晤等，又做出巨大付出，就可以看得很清楚。

图示之二：中国外交面临的局面。中国致力于扩大同各国的利益交汇点，外交侧重四大方面。

处理大国关系。推进大国协调和合作，构建总体稳定、均衡发展的大国关系框架。如今中美关系在转折中发展，中俄关系在深化中发展，中日关系在磨合中发展，中印关系在协调中发展，中欧关系在平实中发展。

改善周边环境。中国按照亲诚惠容理念和与邻为善、以邻为伴方针，竭力与周边国家保持睦邻友好、互利合作的关系。个别国家在领土领水问题上挑战中国主权这样的核心利益，中国在坚持原则的同时仍以极大耐心与之和平协商，使得相互关系缓和下来。

加强与发展中国家关系。中国秉持正确义利观和真实亲诚理念加强同发展中国家团结合作。当今无论非洲还是拉丁美洲的许多国家，与中国的关系气象一新。

应对地区热点。中国在尊重文明多样性、尊重自主选择发展道路的基础上，根据是非曲直处理国际事务，应对热点问题。例如在朝鲜半岛无核化问题上，中国竭尽全力，不仅是六方会谈的倡导者和推动者，更是相关多方利益的斡旋者和协调者，而且根据形势的发展变化不断地提出合理主张。

图示之三：中国外交的新时代风格。这从不同角度展现。

自信而不是孤傲。中国的自信基于实现中华民族伟大复兴的坚强信念。中国一贯反对孤立主义与保守主义，已与 80 多个国家结成伙伴关系，并主张广交朋友。11 月 30 日至 12 月 3 日以《构建人类命运共同体、共同建设美好世界：政党的责任》为题，在北京成功举办了中国共产党与世界政党高层对话会，就是例证。

进取而不是示威。中国举国上下，正秉持创新发展、协调发展、绿色发展、开放发展和共享发展的理念，奋发图强，加速改变自己的命运，丝毫不构成对任何国家的威胁。

竞争而不是格斗。任何一个国家都要为自身谋利，因此国家之间存在着一定的竞争性是合乎常理的。竞争与合作是一体两面，中国历来守规矩，从不损人利益，以邻为壑。

包容而不是软弱。中华文明的传统美德在今天大为弘扬，中国是豪迈地奉行和而不同精神的示范者。

中国国力增强、外交成功，因而国际影响力增强，这是世界和平之幸，是全球发展之幸。对此有人却心怀不满。美国消费者新闻与商业频道网 2017 年 12 月 19 日文章称，“西方越来越提防中国共产党”。同日美国《华盛顿邮报》网站文章更有意思，说“几十年来，历任华盛顿政府都在为更强大的中国努力。现在中国强大了，美国以及全球其他国家却不再确定这是它们想要的”。

中国领导人明确昭示，我们不“输入”外国模式，也不“输出”中国模式，不会要求别国“复制”中国的做法。中国向来是言行一致的。我国就是要与世界各国通力合作，努力建设一个远离恐惧、普遍安全的世界，一个远离贫困、共同繁荣的世界，一个远离封闭、开放包容的世界，一个山清水秀、清洁美丽的世界。试问：这里何错之有？对中国提防什么？岂不是老毛病冷战思维又在作祟？

二

作为新时代中国特色外交的一大成果，举世瞩目的中国共产党与世界政党高层对话会以“构建人类命运共同体、共同建设美好世界：政党的责任”为主题，于2017年11月30至12月3日在北京成功举行。120多个国家近300个政党和政治组织领导人等约600名中外代表出席会议。在习近平总书记主旨讲话的引领和与会者热议的基础上，通过了凝聚共识的《北京倡议》。中国共产党与世界政党关系中史无前例的这次盛会，充满新意，彰显特色。

一是构建人类命运共同体的感召力。当今世界正处于大发展大变革大调整时期，各国之间的联系与依存越发紧密。与此同时，人类又遇到多方面的挑战，例如世界经济增长动能不足，贫富分化日益严重，地区热点此起彼伏，恐怖主义、网络安全、重大传染性疾病、气候变化等非传统安全威胁持续蔓延等等。如习近平总书记所说，没有哪个国家能够独自应对人类面临的各种挑战，也没有哪个国家能够退回到自我封闭的孤岛。人类只有抱团才能应对共同挑战，这个“团”就是命运共同体。这正是人类命运共同体引起包括政党在内国际社会广泛共鸣的基因。加之中国已为此作出示范，令人信服中国共产党不仅是为中国人民谋幸福的党，而且也是为人类进步事业而奋斗的党。人类命运共同体强烈的感召力正由此而来。

《北京倡议》回应了这个论断，其中指出，本次高层对话围绕“构建人类命运共同体、共同建设美好世界：政党的责任”这一主题，就“习近平新时代中国特色社会主义思想”“新时代中国：新发展、新理念”“创新世界、中国贡献”“加强政党建设：政党的挑战和未来”“建设美好国家：政党的实践和经验”

"共建'一带一路'：政党的参与和贡献""引领构建人类命运共同体：政党的角色和责任"等议题进行了广泛深入的对话交流，达成广泛共识，取得圆满成功。我们高兴地看到，习近平新时代中国特色社会主义思想强调，要推动构建人类命运共同体，这表明中国共产党既是为中国人民谋幸福的政党，也是为人类进步事业而奋斗的政党，不仅关注本国人民福祉，也具备世界眼光和大党担当。

二是和平发展合作共赢精神的凝聚力。中国高举和平、发展、合作、共赢的旗帜，倡导平等互信、包容互鉴、合作共赢的原则。中华民族有着古老而富有生命力的文明，一向以提倡包容、注重和谐与酷爱和平著称。我们党提出"一带一路"倡议，就是要践行人类命运共同体理念。"一带一路"要求共商、共建、共享，共商基于平等互信，共建基于包容互鉴，共享基于合作共赢。五年来共建"一带一路"已成为有关各国实现共同发展的巨大合作平台，也是这次高层对话的一项中心内容，显示了和平发展合作共赢精神的凝聚力正变得越来越强劲。

《北京倡议》肯定了这个论断，其中指出，推动建设相互尊重、公平正义、合作共赢的新型国际关系是构建人类命运共同体、建设美好世界的必然要求。公平正义，就是要推动各国权利平等、机会平等和规则平等，世界上的事情由各国政府和人民共同商量来办；坚持联合国宪章宗旨和原则，确保国际法平等统一适用，不能"合则用、不合则弃"；要根据事情本身的是非曲直决定立场政策，不拉帮结派、不搞双重标准。合作共赢，就是要摒弃零和游戏、你输我赢的旧思维，树立双赢、共赢的新理念，通过协商和合作，实现利益共享和共同发展。

三是新时代中国特色外交的吸引力。党的十九大提出将推动建设新型国际关系、构建人类命运共同体作为新时代中国特色大国外交总目标。最近五年中国的成功实践有目共睹。如实施共建

“一带一路”倡议，发起创办亚洲基础设施投资银行，设立丝路基金，举办首届“一带一路”国际合作高峰论坛、亚太经合组织领导人非正式会议、二十国集团领导人杭州峰会、金砖国家领导人厦门会晤、亚信峰会等等。这一切充分体现了中国坚定不移地奉行独立自主的和平外交政策，尊重各国人民自主选择发展道路的权利，维护国际公平正义，反对把自己的意志强加于人。新时代中国特色大国外交，正义凛然，表里一致，对外部世界的吸引力与日俱增。

《北京倡议》体现了这个论断，其中指出，我们高度评价以习近平总书记为核心的中国共产党和中国政府为推动构建人类命运共同体、建设美好世界所付出的巨大努力和作出的重要贡献。“一带一路”建设逐渐从理念转化为行动，从愿景转变为现实，建设成果丰硕。中国在“一带一路”建设过程中提出的思想理念也日益深入人心，“共商共建共享”原则被纳入联合国决议，政策沟通、设施联通、贸易畅通、资金融通、民心相通也为国际和地区合作提供了重要思路。实践证明，“一带一路”倡议顺应时代潮流，符合各国人民利益，为推动构建人类命运共同体提供了实践平台。

四是中国国际威望提升的震撼力。中国 2011 年成为世界第二大经济体，2013 年提出并推进“一带一路”战略，2017 年组织中国共产党与世界政党高层对话会，这些都是中国国际影响力不断飙升的重大标志。在世界政党历史上，有过共产党与工人党国际会议，有过社会党国际会议，也有过民族主义政党的地区性会议，却从来没有过共产党与世界上各种类型政党的领导人坐在一起，共商人类命运未来的会议。新时代中国共产党在对外活动中，除注重政治内容外，还积极推进经济、科技、人文、环保等方面的合作与交流，推动国际事务中难点、热点问题的妥善解决。这次高层对话会进一步聚合与外国政党之间的认识共同点与利益汇合点，提升政党作为国际关系行为主体之一的地位，推动世界政党政治的健康化。中国共产党与世界政党高层对话会机制化，将进一步彰显中国国际威望的震撼力。

《北京倡议》认同了这个论断，其中指出，中国作为世界第二大经济体和世界上最大的发展中国家，其发展理念和成功实践对发展中国家消除贫困、加快发展具有重要的借鉴意义。政党对话在加深相互理解、交流治国理政经验、推动务实合作、增进政治互信等方面发挥着重要作用，国际社会应鼓励各国政党之间开展更多交流，搭建多种形式、多种层次的国际政党交流合作网络。我们倡议将中国共产党与世界政党高层对话会机制化，使之成为具有广泛代表性和国际影响力的高端政治对话平台。

五是党际关系四项原则的生命力。独立自主、完全平等、互相尊重、互不干涉内部事务，是中国共产党提出的新型党际关系四项原则。其特点和优点就是不将意识形态因素纳入，从而化解了党际交往中的一大传统障碍。人所共知，意识形态差异产生于文明的多样性，而文明的多样性决定了政党性质的多样性。我们党历来认为，世界各种文明应该也可能长期共存，在竞争中取长补短，在求同存异中共同发展。习近平总书记在这次主旨讲话中再次强调指出，中国共产党历来积极学习借鉴世界各国人民创造的文明成果，以开放的眼光、开阔的胸怀对待世界各国人民的文明创造。正是由于超越意识形态差异，才有可能吸引那么多政党和政治组织领导人前来参加这次对话会。由此可见党际关系四项原则的强大生命力。

《北京倡议》证实了这个论断，其中指出，在推动构建人类命运共同体、建设美好世界的过程中，政府、政党、议会、社会组织、公民等都应发挥积极作用。政党作为国家政治生活的基本组织和重要力量，发挥着重要的政治引领作用。不同国家的政党应增进互信、加强沟通、密切协作，探索在新型国际关系的基础上建立求同存异、相互尊重、互学互鉴的新型政党关系。相互尊重，就是要相互尊重主权、独立和领土完整，尊重各自选择的发展道路和价值理念，超越社会制度、意识形态和文化传统差异，以更加开放和包容的态度推动国与国之间的交流合作，在追求自身利益的同时兼顾别国的利益和合理关切。

（载《中国战略观察》，2018 年 1—2 期合刊）

中共十九大将成为创新发展新里程碑

中国共产党全国代表大会是每隔五年绘制下一阶段中国国家发展宏图、统一全党和全国人民意志的最重要的会议。即将召开的十九大必将成为中国和平发展具有划时代意义的新里程碑。

据笔者浅见，这次大会将呈现以下标志性特点：

其一，它将是在最高层面确认习近平在全党核心地位的庄严大会。

自从中共十八大以来，由习近平主政，仅数年时光，中国在政治生态、经济状况和对外关系等方面都发生了惊人的积极变化。习近平治国理政的思想和实践，成功地推动了中国的历史变革。崇高的奋斗目标、杰出的领导才能、卓越的事业成效和朴实的亲民作风，使他赢得了全党和全国各族人民的信赖、尊敬和爱戴。

以党的全国代表大会方式确认习近平的核心地位亦即领袖地位，将是隆重之举。大会是否通过组织形式的变更来加以体现，成为人们的一大关注点。

中华人民共和国 1949 年成立以来，有过几次重大的历史性转折。从 1949 年至 1978 年的 30 年，经过反复的艰辛探索，确立了社会主义政治方向与经济基础，其主要奠基人是毛泽东。从 1978 年至 2017 年的 40 年，以改革开放的辉煌塑造了中国特色社会主义，其主要奠基人是邓小平。以党的十八大为起点，至 2049 年中华人民共和国成立 100 周年，将是以恢弘气势建成中等发达国家的又一个 30 年，其主要奠基人则是习近平。

其二，它将是十八大以来治国理政卓著成就的总结大会。

习近平在中国共产党十八大当选为总书记后，第一次与中外记者见面，就公开宣示“中国梦”的实质内涵。他说：“我们的人民热爱生活，期盼有更好的教育、更稳定的工作、更满意的收入、更可靠的社会保障、更高水平的医疗卫生服务、更舒适的居住条件、更优美的环境，期盼孩子们能成长得更好、工作得更好、生活得更好。人民对美好生活的向往，就是我们的奋斗目标。”

将近五年来，为实现上述使命取得了非凡成就：腐败分子受到严惩，人民生活显著改善，国威军威大振，国际地位提高。应该说，这得益于“四个全面”的重大决策：全面建成小康社会是目标，全面深化改革是手段，全面依法治国与全面从严治党是保障。将近五年来，围绕上述使命获得的宝贵经验，集中体现在有机结合的“五大发展”理念。其中创新发展是龙头，协调发展是基础，绿色发展是条件，开放发展是动力，共享发展是成果。

其三，它将是国家迈向创新发展新阶段的誓师大会。

中国共产党决心引领中国人民继续阔步前进。崇高的志向产生于道路自信、理论自信、制度自信和文化自信。这“四个自信”不是空谈，而是源于深厚的心灵底蕴。十九大报告涉及的内容将非常全面，不难设想，最受人们关注的可能是以下三大方面：

一是如何在确保经济持续稳定健康发展的同时，从根本上解决“贫困”问题。2017 年上半年，中国 GDP 同比增长 6.9%。IMF 预测未来中国经济还有提升空间。但中国仍然是一个发展中国家，中国人均 GDP 世界排名 2016 年处在第 75 位。经过多年的改革开放，中国贫困人口已减少 2 亿多，但现在还有 2700 万贫困人口。根据脱贫攻坚计划，既要完成到 2020 扶贫对象脱贫、贫困县摘帽和解决区域性整体贫困问题的任务，同时也要为2020年后的扶贫开发建立可持续的制度奠定良好基础。任务既艰巨又光荣。

二是如何使反腐常态化，并从民主制度保障上逐渐根本解决。人们期待十九大将兑现习近平所说的“把权力关进制度的笼子里”。

三是进一步强军。这是维护国家安全和发展利益、早日实现祖国统一的需要，也是维护地区乃至世界和平事业的需要。

其四，它将是展示勇于担当的大国外交风范的大会。

当今世界正处在大发展大变革大调整时期。基于这样的时代观，习近平提出了构建人类命运共同体的主张。命运共同体是利益共同体和责任共同体的有机结合。和平、发展、合作、共赢，这是中国坚决奉行的一贯方针。当然，维护和平不是搞绥靖主义，国家主权绝对没有妥协的余地。促进发展并非一味地施舍，专做赔本交易。倡导合作不是乞求谁，而是彼此相向而行。谋求共赢出于诚意，绝不是忽悠谁。

中国正以“一带一路”为纽带推进经济全球化，以软实力的特殊方式参与全球治理。笔者最近欣然读到美国时代出版公司出版、由熊玠教授（James C. Hsiung）主编的《习近平时代》。中共十九大将是中国进入这个时代的新的明证。

（载《中美聚焦网》，2017年8月11日）

中共十九大的理论创新与历史地位

十九大令我振奋不已。研读习近平同志报告的体会，尚在融汇过程之中。这里简要谈几点看法。

（一）党的十九大的一个重大特色是理论创新

1. 从1980年到1991年，邓小平同志不下20次提出要搞清楚“什么是社会主义”。习近平总书记的报告明确地、精辟地、开拓性地回答了什么是新时代中国特色社会主义。“新时代中国特色社会主义思想”这个理论提法，包含着丰富的、系统的、深刻的内容，是在党的十届三中全会以来改革开放成就基础上对最近五年来光辉实践的科学总结。2. 1956年党的八大曾提出我国的主要矛盾是“人民对于经济文化迅速发展的需要同当前经济文化不能满足人民需要的状况之间的矛盾”。那么60年之后的今天进入的“新时代”，“中国社会主义主要矛盾已经转化为人民日益增长的美好生活需要和不平衡不充分的发展之间的矛盾”。3. “新时代”的纲领亦即总任务是：“实现社会主义现代化和中华民族伟大复兴，在全面建成小康社会的基础上，分两步走在本世纪中叶建成富强民主文明和谐美丽的社会主义现代化强国。”4. “新时代”的新理念与新举措包括：“四个伟大”——伟大斗争、伟大工程、伟大事业、伟大梦想；“四个全面”——全面建成小康社会、全面深化改革、全面依法治国、全面从严治党；“四个自信”——道路自信、理论自信、制度自信、文化自信；“四个意识”——政治意识、大局意识、核心意识、看齐意识；“五大发展”——创新发展、协调发展、绿色发展、开放发展、共享发展等等。

以上这一切，基于坚持辩证唯物主义和历史唯物主义，紧密结合新的时代条件和实践要求，以全新的视野深化对共产党执政规律、社会主义建设规律、人类社会发展规律的认识，进行艰辛理论探索，取得的重大理论创新成果。

中国特色社会主义的蓬勃发展，让愚蠢的西方媒体惯于渲染的所谓中国共产党执政地位是否存在合法性，早已不攻自破。相反，中国模式越来越吸引着世界，并引起对资本主义制度弊端的批判与反思。

（二）党的十九大标志着中国进入“习近平时代”

中华人民共和国从1949年成立以来，有过几次重大的历史性转折。中国革命时期，将马克思主义基本原理与本国国情相结合，产生了毛泽东思想。从1949年至1978年的30年，经过反复的艰辛探索，确立了社会主义政治方向与经济基础，其主要奠基人是毛泽东。（1951年8月我来北京出席中华全国学生第十五届代表大会时，朱德总司令到会讲话，留给我最深刻印象的一句话是“你们很幸运，生活在毛泽东时代。”）随着时代主题向着和平与发展转化，将马克思主义基本原理与本国国情和时代特征相结合，产生了邓小平理论。从1978年至2017年的40年，以改革开放的辉煌塑造了中国特色社会主义，其主要奠基人是邓小平。当今，随着时代的大发展大变革大调整，将马克思主义基本原理与本国国情和新世纪时代特征相结合，产生了习近平新时代中国特色社会主义思想。以党的十八大为起点和十九大为新标志，至2049年中华人民共和国成立100周年，将是以恢弘气势建成富强、民主、文明、和谐、美丽的社会主义现代化国家的又一个30年，其主要奠基人是习近平。

（三）党的十九大将推动中国进一步迈向世界中心

中国特色大国外交是新时代中国特色社会主义思想的组成部

分。基于对时代特征“大发展、大变革、大调整”的判断，提出构建人类命运共同体的主张。构建人类命运共同体是新时代我国外交战略构想的核心理念，是我国大国特色外交的一面旗帜，也是我国参与全球治理变革的终极目标。“一带一路”倡议成为构建人类命运共同体的纽带，通过共商、共建、共享，达到政策沟通、设施联通、贸易畅通、资金融通、民心相通。构建人类命运共同体这个豪迈口号的提出，是与中国和平发展的强劲势头和国际地位的急剧提高相适应的。人类命运共同体是利益共同体与责任共同体的总和，为之奋斗，任重道远。

（在中联部机关侨委会上的讲话，2017 年 10 月 23 日）

国外民众眼中的中国形象缘何持续攀升

最近一个时期，国外一些民调机构、智库和媒体普遍不乏客观报道，认为中国的形象在持续提升。据美国一项最新调查，近几年美国民众对中国持正面看法的人数比重在不断增大，2016年至2018年分别为44%、50%和53%，今年较2016年上升近10个百分点。其他民调机构、智库和媒体从不同角度也有类似报道。例如，俄罗斯社会舆论基金会研究显示，62%的俄罗斯人认为中国是俄罗斯“最亲近和友好”的国家，高于俄传统“头号伙伴”白俄罗斯（60%）。再如，美国智库大西洋理事会2018年2月报告认为，中国凭借其成功的对非政策和从不在合作中夹带政治意图的务实做法，已成为在非洲最具影响力的大国。又如，“拉美晴雨表”调查报告显示，2017年拉美民众对中国的好感度达到60%，较2016年上升3个百分点，直追美国和欧盟的67%和64%。

在党的十九大召开之后“中国威胁论”再度喧嚣的时候，中国的形象却更加积极、正面，这不禁发人深思。

国家形象是国家力量和民族精神的表征，是主权国家重要的无形资产，是综合国力的集中体现。一些媒体认为，中国形象提升得益于中国在全球影响力、经济发展潜力、政府和媒体公信力等方面的“得分”持续上涨。这种说法是有道理的。笔者想着重指出以下四点。

其一，中国坚持走和平发展道路，国力迅速增长，中国的可敬程度在增加——这是中国形象提升的首要因素。

自力更生、奋发图强，这是新中国传统的座右铭。改革开放

40年来，在党中央领导下，举国上下团结奋战，中国成为世界第二大经济体，经济实力、科技实力、国防实力、综合国力进入世界前列。中华民族迎来了从站起来、富起来到强起来的伟大飞跃。中国看待世界的眼光，由仰视变成平视；世界看待中国的目光，满含着惊讶与赞叹。

中国从来没有以牺牲别国利益来发展自己。中国还是穷国时，穷而不贱；富起来了，富而不骄；走向强大了，强而不霸。中国领导人明确向世界宣示，我们不“输入”外国模式，也不“输出”中国模式，不会要求别国“复制”中国的做法。中国自信而不孤傲，让人崇敬而不生畏。

其二，中国的和平发展战略与政策切合本国国情，也符合时代发展的要求，其可信程度在增加——这是中国形象提升的又一重要因素。

习近平总书记的治国理政理念，通过各种渠道广为传播，已逐渐被世人了解和接受。中国的先人早就提出了“天行健，君子以自强不息”的思想，强调要“苟日新，日日新，又日新”。如今的中国，坚持道路自信、理论自信、制度自信、文化自信，这是自强不息的根本。中国提出协调发展、创新发展、绿色发展、开放发展、共享发展，这是解决问题的办法。这些极具创新性的理念与主张，充分体现了习近平新时代中国特色社会主义思想的精髓，越来越获得国际社会的广泛赞许。

中国强调并践行在深化改革中创新发展，这完全适应并推进以经济全球化为主要导向的世界潮流。正如习近平总书记所指出：“中国全面深化改革，不仅将为中国现代化建设提供强大推动力量，而且将为世界带来新的发展机遇。”

其三，中国外交遵循和平发展合作共赢原则，着眼于构建人类命运共同体，其可盼程度在增加——这是推动中国形象提升尤其显著的因素。

近年来，中国积极参与国际事务，频频亮出令国际社会称道的“中国态度”。中国倡导构建人类命运共同体，发起“一带一路”，推动创办亚洲基础设施投资银行、设立丝路基金，为解决当今世界发展中的难题提供了中国方案、贡献了中国智慧。中国竭力构建健康稳定的大国关系框架，开创了周边睦邻友好合作新局面，推动了同发展中国家合作提质升级。在此过程中，中国已经同100多个国家、地区和国际组织建立了不同形式的伙伴关系。

人类命运共同体是国家之间利益交汇的最高形态，“一带一路”则是当今国家利益交汇的有效途径。这不仅会被世界历史的进程一再证实，而且将越来越成为谋求国家和平发展的有识之士的普遍认知。

其四，中国领导人尊重不同文明，伸张正义，主持公道，言而有信，其可亲程度在增加——这是中国形象提升的富有独特意义的一个因素。

中国领导人虚怀若谷、亲诚惠容的大国风范，以维护和平、促进发展、增强合作、谋求共赢为己任的大国担当，其魅力之大之深，业已成为国际社会公正舆论的一种美谈。

习近平总书记说：“茶的含蓄内敛和酒的热烈奔放代表了品味生命、解读世界的两种不同方式。但是，茶和酒并不是不可兼容的，既可以酒逢知己千杯少，也可以品茶品味品人生。”习近平总书记形象的比喻告诉世人一个道理：文明没有高下、优劣之分，只有特色、地域之别。文明差异不应该成为世界冲突的根源，而应该成为人类文明进步的动力。这样的思维和表述，对于其他国家和人民极具感染力和凝聚力。

世界上总有一股势力，总是借助媒体扭曲中国的形象。这也许会暂时迷惑一些人，但不可能持久。如今处于信息化时代，中国光明正大的形象总会从不同角度折射出来。

（载《学习时报》，2018年4月16日）

改革开放40年的中国政党外交盛况

我国改革开放40年来，政党外交获得巨大进展。政党外交既是改革开放政策的产物，又是推进改革开放的一个特殊领域，成为我国国际影响力飙升的一大重要标志。

以党的十一届三中全会为起点，我国的政党外交大致经历了四个阶段。

20世纪80年代，为开拓期。这期间，着重总结历史经验教训，放眼未来发展，富有创见地提出了党际关系四项原则——独立自主、完全平等、互相尊重、互不干涉内部事务。政党外交服从于以经济建设为中心的战略决策，在此四项原则基础上，打破过去以意识形态划线、为了“支左反修”仅仅与某些共产党与工人党建立联系和发展关系的传统做法，开始拓展党际关系领域，进行了卓有成效的初步实践。

20世纪90年代，为应变期。这期间，致力于摆脱苏联解体、苏共垮台带来的外部困扰，审时度势，沉着进取。邓小平在讲话中先后提出了应对变局的28字方针：冷静观察、稳住阵脚、沉着应付、善于守拙、决不当头、韬光养晦、有所作为。全党以此为指导思想，紧紧围绕经济建设这个中心，进一步扩大党际交往，为中国特色社会主义营造良好的外部环境。

新世纪前十年，为活跃期。这期间，与时俱进，扩大优势，政党外交形成了全方位、宽领域、多角度、深层次的可喜局面。中国共产党与世界上160多个国家的400多个政党和组织建立了联系和往来，其中多数为执政党和参政党。

党的十八大以来，为弘扬期。这期间，运筹帷幄，高瞻远瞩，在习近平新时代中国特色社会主义思想指引下，以构建人类命运共同体为目标，以遵循“共商、共建、共享”法则的“一带一路”为纽带，把政党多边外交推向了全球规模，形成了政党外交全面拓展的新局面。

40 年来政党外交的成就，主要体现在四个方面：理论丰富了，办法多样了，经验积累了，影响扩大了。中联部是党中央相关方针的倡议制定者与坚定贯彻执行者，是政党外交的载体与实践者，贡献巨大，功不可没。

一是理论丰富了。党的十一届三中全会确定以经济建设为中心，党的对外交往目标就是要全力为“一个中心”——经济建设服务。党际关系四项原则正是为适应这样的任务而提出的。党际关系四项原则与国家关系和平共处五项原则，是处理国际关系的一体两面，相辅相成，相得益彰。

党际关系四项原则的独特之处在于超越意识形态分歧。我们党提出超越意识形态差异来发展与不同类型政党之间的关系，是有足够的理论勇气的。这是理论上的也是实践中的一大创新发展，从而带来了政党关系的历史性转折。

意识形态差异产生于文明的多样性，而文明的多样性决定了政党性质的多样性。习近平总书记多次强调指出，中国共产党历来积极学习借鉴世界各国人民创造的文明成果，以开放的眼光、开阔的胸怀对待世界各国人民的文明创造。正是由于超越意识形态差异，才有可能吸引世界上那么多的政党和政治组织领导人欣然前来参加 2017 年 12 月的中国共产党与世界政党高层对话会。

超越意识形态差异，指的是这种差异不应成为政党之间交往的障碍，犹如不同文明可以互补而不是冲突对抗同属一个道理，并非否认当今世界存在意识形态领域的斗争。反之，意识形态领域的斗争仍然非常尖锐，美国霸权主义从来没有放弃使用这一武器，而是借此竭力推销自己的发展模式和价值观，对其他国家进行颠覆破坏活动。

党的十八大以来，从原先曾提出推动构建持久和平共同繁荣的和谐世界，进一步倡导构建人类命运共同体。与之相适应，提出了平等互信、包容互鉴、合作共赢的原则。包容互鉴，不仅含有求同存异的意思，而且较之求同存异深入一步。其实质非但存“异”，而且从“异”中亦可取得借鉴。这一理论丰富了党际关系四项原则的内涵，也解除了与执政党和在野党并行接触的某些障碍。这是党际关系理论上的又一大创新发展，带来了政党外交与政府外交的有机结合。

二是办法多样了。遵循党际关系四项原则，40 年来我国的政党交往对象变得越来越广泛。出现了这样的盛况：与共产党、工人党、社会党、工党、保守党等传统政党的关系有新发展，与绿党等新兴政党关系取得突破，与欧洲议会主要党团、政党国际组织的关系也有新拓展。中国共产党还同发达资本主义国家的主要政党如美国的共和党和民主党、日本的自民党等进行接触与对话。

40 年来党际交往的平台日趋多元化。外国政党代表团来华访问，中国共产党代表团应邀出访，经常不断，十分活跃。中国共产党还积极参与外国政党的党代会、党报节等多边活动，主动承办政党国际会议。

三是经验丰富了。党际交往的内容持续深化，不但有参观考察、理论研讨、政治对话、经济科技文化合作研讨，也探讨治国理政、兴邦立国之策，以及国际和地区热点难点问题的解决之道，还商谈促进国家关系发展的新途径，探讨加强各自党建的新方法。

政党外交作为国家总体外交的一部分，是一种特殊意义上的软实力。改革开放 40 年来，对于政府外交而言，政党外交不仅起到了配合作用和补充作用，甚至展示了不可替代的开拓作用。例如，为了做好对未建交国家的工作，就是借助政党关系先行的。中国作为一个社会主义大国，需要的是一种多层次多结构的立体外交。发挥政党外交以及民间外交的优势，会越发体现立体外交的特点。这是与我国的综合国力增强及其在世界上的地位提升相称的。

四是影响扩大了。如今政党外交的规模从双边的、多边的、区域的扩展到全球性的。世界政党高层对话业已机制化。这里要特别“提到”于 2017 年 11 月 30 日至 12 月 3 日在北京举行、120 多个国家近 300 个政党和政治组织领导人等约 600 名中外代表出席的中国共产党与世界政党高层对话。

在世界政党历史上，有过共产党与工人党国际会议，有过社会党国际会议，也有过民族主义政党的地区性会议，却从来没有过共产党与世界上各种类型政党领导人的会议。上述中国共产党与世界政党高层对话会，是历史上首创的一次中国共产党与世界各类政党聚会的模式，引起国际社会的强烈反响。这次对话会具有非凡特色，那就是彰显了构建人类命运共同体的感召力，激发了和平发展合作共赢精神的凝聚力，增强了新时代中国特色大国外交的吸引力，体现了中国国际威望提升的震撼力，证明了新型党际关系原则的生命力。

党际交往正处于一种崭新国际背景。党的十九大强调指出，中国共产党是为中国人民谋幸福的政党，也是为人类进步事业而奋斗的政党。中国共产党始终把为人类作出新的更大的贡献作为自己的使命。借助“一带一路”推动建设新型国际关系、构建人类命运共同体，已成为新时代中国特色大国外交的总体目标。政党外交就是要围绕这个中心加以运作。我们走中国特色社会主义和平发展道路与奉行“四个自信”——道路自信、理论自信、制度自信和文化自信，通过政党外交与民间外交广为传播，可以收到良好的效果。中国改革开放 40 年来产生的世界影响，体现在对世界格局、国际秩序和社会发展模式等方面。中国发展道路亦即中国发展模式的国际影响特别引起关注，这也恰恰是美国当局尤其是特朗普上台后最忌讳的一个方面。开展政党外交难免会遇到阻力。从外部来看，西方尤其是美国霸权主义干预；从一些国家本身来看，民粹主义作祟。对此我们心中有数。

（载《中国战略观察》，2018 年第 12 期）

改革开放40年：中国与世界

改革开放40年庆祝会表明了什么?

相传拿破仑曾说过一句关于中国的名言："中国是沉睡的狮子，它一旦被惊醒，世界会为之震动!"可以说，这个预言被中国共产党的诞生，被中华人民共和国的成立，被改革开放40年的中国奇迹一再证实了。还不妨说，习近平主席在改革开放40年庆祝大会上的讲话，仿佛认同了这个论断，因为他说："改革开放是我们党的一次伟大觉醒。"

这次改革开放40年庆祝大会，是"醒狮中国"彰显成就、总结经验的大会，吹响了奋发前行的号角，向世界传递了四点信息。

第一点，自豪地告诉世界，中国人民历经艰难所选择的这条路走对了。

对于中国各族人民而言，12月18日庆祝会犹如盛大的节日。面对40年来在中国特色社会主义道路上创造的辉煌奇迹，大会充满着豪气，洋溢着志气，彰显着底气。

中国之所以能做出这样的道路选择，那是因为执政的中国共产党不仅把握了国家的前途和命运、体悟了人民群众的期盼和需求，而且善于总结建国以来的经验教训，洞察时代潮流的基本走势。

在总结经验教训方面，例如冲破长期"左"的错误的严重束缚，果断地结束“以阶级斗争为纲”。这是一个探索和创新的过程，颇费心力。

在洞察世界潮流方面，例如做到了重视人类文明在资本主义发展阶段的成果，不再拒绝而是借鉴市场经济。但是，从计划经济向市场经济转变，并非完全扬弃计划，也不是罔顾国情生搬硬套西方国家的市场经济。这是又一个探索和创新的过程，颇费心力。

选择的道路对不对，要由实践检验，要由中国人民认可。就像习近平主席 2013 年在莫斯科国际关系学院演讲时所说的那样：“鞋子合不合脚穿着才知道，一个国家的发展道路，只有这个国家的人民才知道。”

第二点，坦诚地告诉世界，中国人民取得巨大成就是举国上下齐心协力拼出来的。

中国改革开放 40 年来取得的成就让世界震惊，让其他国家羡慕并表示钦佩。这是值得庆幸的，也是应该感谢的。勤劳勇敢的中国人民为此做出了艰辛的努力，付出了巨大的代价。为了赢得新的成功，中国人民今后还会保持和发扬实干苦干的精神。

中国人民为什么乐于拼命苦干呢？因为在历史上遭人奴役、饱经沧桑的中国人民，懂得我们国家大、人口多、底子薄，懂得如何改变自己的命运，如何才能过上共同富裕的日子。而党和政府奉行的便民惠民利民政策，让人民有了获得感、幸福感和安全感。“两个一百年”的宏伟目标，更是成为 13 多亿中国人民共同的追求。如今中国各族人民正在沿着“创新发展、协调发展、绿色发展、开放发展、共享发展”的康庄大道，携手并肩，高歌猛进。

中国人民不会忘记世界上许多友好国家和国际友好人士对中国改革开放事业的同情和支持，并且希望今后继续与之密切合作。

第三点，恳切地告诉世界，中国人民还要坚定不移地沿着这条路走下去。

这是中国人民的信仰、信念和信心所在。奋斗宗旨业已明确，这是信仰；稳定与发展并进，这是信念；改革开放定将更上一层楼，这是信心。

中国人民不会沉湎于既得成就，深知在前进道路上仍布满荆棘，因此将一如既往地奋力拼搏、知难而进。

尽管中国已经取得举世瞩目的巨大成就，但我们仍不时听到对中国发展道路的怀疑甚至非议。这也不奇怪。中国有句俗语：你走你的阳关道，我过我的独木桥。在当今世界，究竟谁走的是和平发展、合作共赢的阳关道，谁过的是单边主义、保护主义的独木桥，这毕竟要用事实来说话。

第四点，庄严地告诉世界，中国人民是完全可以信赖的合作伙伴，和平崛起的中国并不可怕。

中国改革开放的40年，是洋溢着和平发展氛围的40年。中国人民深知，中国的发展离不开世界，世界的繁荣也需要中国。40年来，中国始终坚持独立自主的和平外交政策，始终不渝走和平发展道路、奉行互利共赢的开放战略，坚定维护国际关系基本准则，维护国际公平正义。这些都是世人有目共睹的。

在这次庆祝会上，习近平主席再次强调指出，中国发展不对任何国家构成威胁，中国无论发展到什么程度都永远不称霸。言之凿凿，掷地有声。庄严的誓言势必会从今后中国外交的崇高行为中进一步得到验证。

孔子说“四十而不惑”。中国改革开放的40年，绝对是“不惑”之年。这是坚定方向的40年，坚定步伐的40年，坚定付出从而坚定获益的40年。胜利导航，归功于党的领导。创造奇迹，力量源于人民。改革开放，绝对不会犹豫止步。

如何看改革开放40年的世界影响?

中国实行改革开放40年，成就斐然，举世公认。但如何评估由此产生的世界影响，则需要冷静客观，一旦像美国总统特朗普以及某些西方媒体那样蓄意“误判”，则会引起种种纠结。

中国实行改革开放的目的，是谋求国富民强，让13亿人民都能过上好日子。中华人民共和国诞生以来，经过几代人数十年的艰辛探索，终结了历史上任人宰割的悲惨局面，找到一条根据中国国情合理发展的中国特色社会主义道路。中国举国上下为此齐心协力，世界上的友好国家和友好人士也乐见其成。

邓小平1984年曾说过：“中国是个大国，又是个小国。所谓大国就是人多，土地面积大。所谓小国就是中国还是发展中国家，还比较穷……”40年来，中国的确发生了根本变化，但距离中国人民追求的目标还相当之远。中国成为世界上第二大经济体，经济总量也就是美国的60%左右，而人口却是美国的四倍多。拿人均GDP来说，2018年中国排在世界的第70位，中国正在为2020年之前实现全民脱贫进行攻坚奋斗。

勤劳朴实的中国人民固然庆幸业已取得的成就，但秉性从来不喜欢夸大事实，深知任重道远。

在世上有些人眼里，中国似乎已是一个成熟的发达大国，认为中国正在与美国并驾齐驱甚至要取代美国的世界主导地位。于是“中国威胁论”不胫而走。

事实究竟是怎样的呢？致力于民族振兴同时又不忘尽可能对人类做出较大贡献的中国，恰恰是谋求和平、促进发展、推动合作的积极倡议者和认真实践者。正是中国，率先提出了著名的和平共处五项原则，并明确地将时代主题定义为和平与发展，迄今仍是唯一宣布不首先使用核武器的大国。正是中国，公开声言摒弃冷战思维，奉行不结盟政策，先后与80多个国家建立了“结伴不结盟”的合作伙伴关系，并提出要在不冲突不对抗、互相尊重、合作共赢的基础上与美国建立新型大国关系。正是中国，提倡在国际关系中奉行“平等互信、包容互鉴、合作共赢”的公平正义原则，并借助以共商、共建、共享为法则的“一带一路”，推动构建人类命运共同体。

诚然，中国改革开放40年来的国际影响是巨大的，它是积极的，不应该做出任何负面解读。这主要表现在对世界格局、国际秩序和社会发展模式三大方面。对世界格局的影响，意义在于打破了冷战时期的美苏两极格局和冷战后美国谋求的单极格局，提升了广大发展中国家的作用，推动世界事务由世界各国共同商办而不是由哪一两家说了算。对国际秩序的影响，并非否定现有国际关系中的一切既成规则以及美国作为唯一超级大国的特殊地位，重点在于伸张国家无分大小、强弱、贫富，主权一律平等。对社会发展模式的影响，实质在于中国以自身的某种示范，尊重不同文明，推进文明互补，尊重各国人民按照本国的国情选择发展道路。

以中国不久前宣示的对非洲政策为例。习近平主席提出了“五不”原则，即不干预非洲国家探索符合国情的发展道路，不干涉非洲内政，不把自己的意志强加于人，不在对非援助中附加任何政治条件，不在对非投资融资中谋取政治私利。中国不仅这样说，而且付诸行动。如果世界各大国都能做到这一步，事情就好办多了。

有人拿当今中美关系与冷战时期美苏两个超级大国的关系作类比，说当今世界处于中美争夺的两极世界格局。这个论断脱离实际，不能成立。

今天的中国与美国，与当年的苏联与美国，存在很大差别。一是就综合国力而论，中国的作用力和影响力远不及当年与美国几乎平起平坐的庞然大物苏联。二是今天中国坚持奉行不结盟政策，不存在由苏联把持的华沙条约组织那样多边结盟的军事政治组织。三是中国坚持走和平发展道路与遵循和平共处方针，在中国身上从来没有、也绝对不会发生像苏联 1968 年出兵入侵捷克斯洛伐克、1979 年入侵阿富汗那样的事件。四是中国能够理性地处理意识形态差异，苏共当年仅仅限于跟其他国家的共产党和工人党发展关系，并把它们用作扩张的工具，而当今的中国共产党依据独立自主，完全平等，相互尊重，互不干涉内部事务的党际关系原则，做到了与世界上所有政党和政治组织建立与发展关系，包括与美国的共和党民主党一直保持着交流协商。

习近平主席曾对特朗普总统说过："我们有一千条理由把中美关系搞好，没有一条理由把中美关系搞坏。"这是有历史和现实根据的。这需要两国领导人勇于担当，需要两国人民密切配合，需要两国媒体相向而行。

（载《中国战略观察》，2019 年第 2 期）

新中国70年外交之精髓

中华人民共和国成立70年来，始终将国内与国际两个大局加以统筹，经历了从昂然站起来、逐渐富起来到开始强起来的光辉过程。新中国70年外交的成就辉煌，得益于奉行五大原则和具有五大特性。

这五大原则是：

其一，独立自主。新中国成立之初，针对美国和各种外部势力的封锁，毛泽东提出了以“另起炉灶”、“打扫干净屋子再请客”和“一边倒”三大政策为标志的独立自主外交原则。后来随着国际形势的发展变化，为营造良好的外部环境，确保独立自主外交的实施，他先后提出过在当时历史条件下影响深远的“中间地带论”“三个世界论”等战略构想。到了邓小平时代和习近平新时代，秉持世界多极化与经济全球化的理论，将独立自主外交上升为以和平发展合作共赢为旗帜的独立自主和平外交。

其二，和平共处。1953年12月31日周恩来在北京会见印度政府代表团时，首次提出著名的和平共处五项原则，随后将这些原则推向国际社会。作为中国外交基石的和平共处五项原则，问世65年来经久不衰，和者日多，彰显强大的生命力。当今世界上所出现的处理国际关系的诸多原则中，影响最大、最能引起共鸣和反响最强烈的，莫过于言简意赅的和平共处五项原则。正是由于忠实地奉行和平共处五项原则，中国用实际行动证明：还是穷国时，穷而不贱；富起来了，富而不骄；走向强大了，强而不霸。

其三，包容互鉴。和平共处五项原则最早的解读是运用于社会制度不同国家之间，后来引申到包括社会制度相同的国家之间。再后来，进一步提出国家关系不能以意识形态划线，维护各自国家利益需要求同存异。从中共十八大开始，又从求同存异上升到包容互鉴，亦即从“异”中也可以得到借鉴。这个原则运用到政党之间，中国共产党提出了党际关系四项原则——独立自主、完全平等、互相尊重、互不干涉内部事务，如今中国共产党与世界上 140 多个国家的 600 多个政党和组织建立了不同形式的交往与联系，从而促进了国家关系的发展，也有利于世界的和平与稳定。

其四，合作共赢。中国一贯主张，不仅要维护自身的尊严与利益，同时也要尊重他国的尊严与利益。合作要诚信，竞争要守规矩。难免发生摩擦，但要善于妥协。结果不是谋求单方面的利益，而是双赢共赢。基于合作共赢原则，中国倡议共建“一带一路”，发起创办亚洲基础设施投资银行，设立丝路基金，举办两届“一带一路”国际合作高峰论坛等等。

其五，命运与共。这是新中国 70 年来对人类命运的一贯认识。于是先后提出了要对人类作出较大贡献、与邻为善以邻为伴、建立持久和平共同繁荣的和谐世界和构建人类命运共同体等主张。习近平总书记多次谈道：“人类生活在同一个地球村里，越来越成为你中有我、我中有你的命运共同体，没有哪个国家能够独自应对人类面临的各种挑战，世界各国要开展全球性协作，共同构建人类命运共同体。”

这五大特性是：

其一，时代性。毛泽东时代（1949—1978 年），以毛泽东思想为指导，我国外交更大程度上体现以革命与战争为主题的时代特征。邓小平及其后续时代（1978 年—2012 年），很大程度上体现了和平与发展为主题的时代特征，但仍然蕴含战争与革命时代主题的某些内涵。习近平时代（2012 年以来），适逢“百年未有之大变局”。习近平总书记在中共十九大报告中强调指出：“世界正处于大发展大变革大调整时期，和平与发展仍然是时代主题。同时，世界面临的不稳定性不确定性突出，人类面临许多共同挑战。”基于此，要全面推进中国特色大国外交，形成全方位、多层次、立体化的外交布局。

其二，协和性。对此习近平总书记有明确的解读。他说：“亲仁善邻、协和万邦是中华文明一贯的处世之道，惠民利民、安民富民是中华文明鲜明的价值导向，革故鼎新、与时俱进是中华文明永恒的精神气质，道法自然、天人合一是中华文明内在的生存理念。”还说：“我们应该推动不同文明相互尊重、和谐共处，让文明交流互鉴成为增进人民友谊的桥梁、推动人类社会进步的动力、维护世界和平的纽带。我们应该从不同文明中寻求智慧、汲取营养，为人们提供精神支撑和心灵慰藉，携手解决人类共同面临的各种挑战。”

其三，传承性。新中国 70 年的外交，始终传承着独立自主的和平外交，并通过十个方面加以体现：国家利益原则，维护世界和平、促进共同发展原则，平等互信、合作共赢原则，不结盟、不对抗、不针对第三国原则，包容互鉴、多样性原则，不以意识形态划线原则，面向未来原则，发展中国家优先原则，反霸权主义原则，联合国核心作用原则。这十大原则是道路自信、理论自信、制度自信、文化自信的产物。

其四，创新性。例如曾提出“一国两制”构想、“亲、诚、惠、容”的周边外交理念等。习近平新时代更是坚持奉行正确的义利观，义利兼顾，倡导共商、共建、共享，推进“一带一路”，构建人类命运共同体，从而既创造自身发展的机遇，又作为软实力推进经济全球化与全球治理。

其五，普适性。中国外交中倡导的不同文明互补论，各国人民有权选择自己的社会制度和发展道路论，国家无分大小、强弱、贫富主权一律平等论，这些对于任何一个主权国家都是适用的。强调大国之间应当是一种彼此受益的互不敌对、互不对抗的新型关系，也是合乎常理的。基于此，如今中国已经同 100 多个国家、地区和国际组织建立了各种形式的合作伙伴关系，并借助世界政党因素，致力于构建以合作共赢为核心的新型国际关系。

（载《国际网》，2019 年 9 月 30 日）

“一带一路”推进人类命运共同体建设

2012年11月，中共十八大报告中明确提出倡导人类命运共同体的主张。2013年9月和10月习近平主席分别提出构建“新丝绸之路经济带”和“21世纪海上丝绸之路”亦即“一带一路”的倡议。后者成为推进人类命运共同体建设的开创性平台。

一

人类只有一个地球，各国共处一个世界。人类命运共同体主张的提出，旨在谋求本国利益时兼顾他国合理关切，在致力本国发展中促进各国共同发展。

“一带一路”是中国政府根据国际和地区形势深刻变化，以及中国发展面临的新形势、新任务，致力于维护全球自由贸易体系和开放型经济体系，促进沿线各国加强合作、共谋发展而提出的战略构想。

“一带一路”的作用在当今世界的几大时代特征中反应出来。

一是经济全球化。“一带一路”倡议的提出，离不开经济全球化的背景。马克思说过：“创造世界的趋势已经直接包含在资本的概念本身中。”资本从它诞生之日起，就力图把它的关系推向全世界，要求把生产变成国际的生产，把市场变成国际的市场。“一带一路”是推动经济全球化朝向公正合理方向转移的重大举措。经济全球化是一种客观趋势，发达资本主义国家仍在其中起主导作用。不过，要承认，经济全球化是一把“双刃剑”，既会给世界经济带来活力、促进世界经济持续增长，也将使各国，尤其是发展中国家的经济安全面临风险和挑战。“一带一路”是经济全球化态势下的产物，旨在设法与经济全球化相适应，弘扬其积极面，遏制其消极面，拿出行之有效的对策，力争在承认经济发展模式多样化的基础上，建立一个统一开放、利益均衡和非歧视性的世界市场，形成和完善国际通用的经济活动准则和惯例。当今某些国家、某些组织或是某些头面人物，由于一己私利没有从经济全球化中获得满足而采取抗争手段，逆反全球化势头时有强烈表现。但这些毕竟是局部性、间歇性的，终究成不了大气候，阻挡不了经济全球化的总趋势。中国始终将经济全球化看成是实行改革开放的一大前提，谋求在公正合理的规则基础上与国际社会接轨，从来没有因为发达资本主义国家主导而否定经济全球化本身。

二是世界多极化。“一带一路”是从一个独特的角度，为推进世界格局多极化、谋求建立公正合理国际新秩序所做的努力。进入 21 世纪以来，超级大国美国尽管接连遭受挫折，开始走下坡路，但依然有条件、有可能在很大程度上维系世界霸权。而“一带一路”奉行的“合作共赢”精神，倡导的“共商、共建、共享”原则，对于世界上包括发达资本主义国家在内的所有国家其实都是适用的，是应该得到肯定的。当然，这在客观上也是对全球霸权主义、贸易保护主义和单边主义的批判和否定。“一带一路”越是遭到来自美国霸权主义的阻挠，就越发说明它的公正合理性及推进世界多极化的重大时代意义。

三是国际关系民主化。“一带一路”蕴含着国际关系民主化的精髓内涵。“一带一路”依据的“合作共赢”原则，追求的政策沟通、设施联通、贸易畅通、资金融通、民心相通具体目标，体现了国家无分大小、强弱、贫富主权一律平等的时代精神，切合世界各国尤其是广大发展中国家的利益需求，所以备受欢迎。

二

构建人类命运共同体是时代的召唤，是人类的期盼，更是酷爱和平的中国人民孜孜以求的前景。自从新中国诞生以来，随着时代脚步的前进，中国领导人在不同时期先后提出了和平共处五项原则，提出了和平与发展为主题的时代观，提出了互信、互利、平等、协商、尊重多样文明、谋求共同发展的新安全观与新发展观，提出了促进持久和平、共同繁荣的和谐世界主张，提出了平等互信、包容互鉴、合作共赢的原则。“一带一路”则是推动构建人类命运共同体的实践平台。

“一带一路”构想的提出，符合中国作为世界第二大经济体的地位，一定程度上体现了中国的话语权在逐渐提升。“协调发展，创新发展，绿色发展，开放发展，共享发展”，这不仅是对中国国内而言，也是面向世界的。“一带一路”作为一种合作纽带，是中国领导人着眼于人类的共同命运，竭力奉献，艰难付出，在新时期为维护和平、促进发展所采取的一项创新举措。

“一带一路”提出六年来的事实证明，它正在超越欧美开创全球化造成的贫富差距、地区发展不平衡，正在推动建立持久和平、普遍安全、共同繁荣的和谐世界。“一带一路”显示了人类命运共同体的特征。

中国古代伟大的思想家、教育家孔子有一句名言，叫作“君子和而不同，小人同而不和”。对待“一带一路”的态度，足以说明，什么是“和而不同”，什么是“同而不和”。

“一带一路”覆盖广大地区的众多国家。这些国家的历史渊源、文化传统、社会制度、经济水平、风俗习惯等等，存在着这样和那样的差异，也就是存在着“不同”。可是，它们能够被

“一带一路”所吸引而自愿地“和”在一起。这个“和”，不只是一般意义上的和平共处，而是包含着丰富的实质性内容。那就是本着相互尊重、合作共赢的原则，在政策、设施、贸易、资金等领域相互沟通，而且在运作过程中分享优质产能、共享合作成果，从而形成一个政治互信、经济融合、文化包容的命运共同体。

另一方面，也有“同而不和”的现象。有人总是标榜“同”，其实并不“和”。他们同声宣称信仰自由、民主、博爱，遵守《联合国宪章》，遵守国际法基本准则，遵守 WTO 章程等等，但实际上，惯于以大欺小、以强凌弱、以富压贫，为谋求一己私利，不惜损害他国，制造矛盾，挑起争端。他们对“一带一路”或心怀叵测，或冷眼旁观，甚至蓄意唱衰、干扰、破坏“一带一路”，不断抛出所谓“债务陷阱论”“地缘政治工具论”“夭折论”之类的邪说。在“一带一路”这面镜子面前，君子与小人泾渭分明。

三

人类命运共同体是相对于自然和社会两个层面而言。面对大自然，人类无疑是命运共同体。例如应对气候变化，各国理应休戚与共、通力合作。但由于责任分担引起争议，总是磕磕碰碰，蹒跚而行。突出的是对 1997 年《京都议定书》的不同态度，以至于从 2009 年的哥本哈根世界气候大会成果寥寥到 2015 年的巴黎气候变化大会艰难取得进展，费尽多年的周折。

从社会层面来看命运共同体，更为复杂。例如面对恐怖主义，各国出于共同命运，本该义无反顾，同心协力加以应对。但由于责任分担问题，加之有人怀有自身特殊目的，反恐心不专，节外生枝，造成矛盾多多、困难重重。

人类命运共同体由利益共同体与责任共同体合成，两者是否协调，决定着命运共同体的前途。习近平主席说："'国不以利为利，以义为利也。'在国际合作中，我们要注重利，更要注重义。只有义利兼顾才能义利兼得，只有义利平衡才能义利共赢。"

"一带一路"之所以能够推进人类命运共同体的建设，因为它倡导的是一种平等参与的新型关系，能够与各国的发展战略对接起来，从而展示出强大的生命力和感召力。六年来，"一带一路"由点及面，稳步推进，至 2019 年年初，中国已与 124 个国家和 29 个国际组织签署了 172 份共建"一带一路"合作文件，一批重要基础设施和互联互通项目得到落实。举世瞩目的是欧盟重要成员意大利，不顾美国反对，成为首个签署"一带一路"倡议谅解备忘录的 G7 国家。

可喜的是，2016 年 3 月安理会第 2274 号决议首次纳入"一带一路"倡议内容之后，联合国 193 个会员国一致赞同"一带一路"倡议载入联大决议。

"一带一路"是超越国界的创新发展。我们在看到成就的同时，也密切关注来自方方面面的挑战与风险。"一带一路"应该是也只能是在全球治理中前行。

全球治理的使命是繁重的。面对世界多极化、经济全球化、文化多样化和社会信息化潮流，各国间的联系和依存日益加深，但也面临诸多共同挑战。粮食安全、资源短缺、气候变化、网络攻击、人口爆炸、环境污染、疾病流行、跨国犯罪等全球非传统安全问题层出不穷，对国际秩序和人类生存都构成了严峻挑战。诚然，"一带一路"要实现与各自本国战略对接遇到的难题，也是一种挑战。

"一带一路"倡议在实施中还会遇到棘手的领土主权之争。对此我国区分具体情况，提出了"搁置争议、共同开发"这样公正处理的主张。此外，一个国家内部政局的稳定性也会影响

“一带一路”进程。对此我国历来致力于促进事态和解，并秉持“亲、诚、惠、容”的方针以身作则。至于成为人类公敌的恐怖主义，更是“一带一路”的严重障碍。我国借助上海合作组织以及其他途径，竭力打击恐怖主义，则是世人有目共睹的。

“一带一路”任重道远，构建人类命运共同体更是长远目标。如果说古代“丝绸之路”已成为千秋万代脍炙人口的佳话，那么“一带一路”作为当今各国利益聚合的平台，则以其时代精神产生的巨大魅力，牵动世界战格局，涉及全球治理，振奋广大发展中国家，吸引一批发达国家。举世瞩目的“一带一路”国际合作高峰论坛，正是在竭力开辟以合作共赢为主旋律的国际关系新纪元。中国有一句家喻户晓的说法：道路是曲折的，前途是光明的。可以深信，随着“一带一路”示范性的积极意义日益凸显，随着各国对“一带一路”的理解和认同逐渐加深，在“和而不同”原则精神的引领下，“一带一路”将为推进人类命运共同体的建设作出史无前例的卓越贡献。

（载《交流》，2020 年 3/4 期）

辉耀史册的新中国特色外交

2020 年是中国人民抗日战争胜利暨世界反法西斯战争胜利 75 周年，是联合国成立 75 周年。二战结束四年之后中华人民共和国的诞生，从根本上改变了世界战略格局。新中国的大国外交尤其富有特色，这是通过外交的传承、发展和创新不断提升国际地位的 70 多年，是活力四射、享誉全球、威震邪恶的 70 多年。我国领导人在沉着应对复杂世界、昂首阔步走向世界的同时，总是能做到高瞻远瞩洞察世界，宏图大略把握世界，远见卓识影响世界。新中国外交 70 多年的历程，可用色彩斑斓、睿智勇略、气势恢宏 12 个字加以概括。

新中国 70 多年外交，与中国特色社会主义的探索、形成与发展相适应，大致可分为三个时代。

一

毛泽东时代（1949—1978 年），以毛泽东思想为指导，我国外交更大程度上体现以革命与战争为主题的时代特征，同时与我国较为低下的综合国力实际状况相关；但也展现新中国日益攀升的世界地位与举足轻重的国际影响力，并对和平与发展的时代主题作出某种反应。

常言道，弱国无外交。新中国成立之初，一穷二白，但穷而不弱；备受帝国主义威胁与遏制，但昂然挺立，外交成就卓著。这 30 年奠定的外交基础是：1. 独立自主的和平外交；2. 睦邻友好、互利合作的外交；3. 立身第三世界、依靠第三世界和支援第三世界的外交；4. 反对霸权主义和强权政治的外交；5. 要对人类作较大贡献的外交。

毛泽东关于国际战略的恢宏构想与巧妙运筹，在处理重大外交事务中的卓越理论与丰富实践，至今依然熠熠生辉、令人叹服。他那驾驭全局、处变不惊，举重若轻、挥洒裕如，藐视强敌、充满自信，扎根民众、百折不挠的崇高形象，牢牢地树立在人们的记忆之中。

毛泽东时代中国外交的辉煌成就，与饱受侵略和凌辱的中国人民从此昂然"站起来"紧密相呼应。

其一，奠定了独立自主和平外交的基础。坚持独立自主原则，决不屈服于任何外来的压力。新中国成立前夕，针对美国对华封锁政策，毛泽东就曾大声疾呼："封锁吧，封锁十年八年，中国的一切问题都解决了。中国人死都不怕，还怕困难吗？老子说过：'民不畏死，奈何以死惧之'。"（《别了，司徒雷登》）新中国成立之初，提出"另起炉灶"、"打扫干净屋子再请客"和"一边倒"三大外交政策，发展与社会主义国家的合作，立足第三世界，坚定站在广大发展中国家一边。为营造良好的外部环境，确保独立自主和平外交的实施，他先后提出过在当时历史条件下影响深远的"中间地带"论、"三个世界"论等战略构想。这期间，中国恢复了在联合国的地位，与120多个国家建立了外交关系。特别是，运用"乒乓外交"，打开了中美关系的大门，小球带动大球，乃至美国总统尼克松找上门来。这成为中国乃至世界外交史上的一大杰作。

其二，铸就了和平共处五项原则这座不朽的丰碑。1949年6月毛泽东在新政治协商会议筹备会上的讲话，在《论人民民主专政》一文中，都曾提出："团结国内国际的一切力量击破内外反动派，我们就有生意可做了，我们就有可能在平等、互利和相互尊重领土主权的基础之上和一切国家建立外交关系了。”1953 年 12 月 31 日周恩来在北京会见印度政府代表团时，首次提出著名的和平共处五项原则，随后从 1954 年开始将这些原则推向国际社会。

作为我国外交基石的和平共处五项原则，问世 66 年来经久不衰，和者日多，彰显强大的生命力，成为推动世界朝向和平发展迈进的引擎。其本质特征表现在理论和实践两个方面。其理论意义在于它具有丰富的科学内涵，一是完整性，二是兼容性，三是稳定性。其实践意义在于它可以能动地加以运作，一是务实性，二是普适性，三是动员性。当今世界上所出现的处理国际关系的诸多原则中，影响最大、最能引起共鸣和反响最强烈的，莫过于言简意赅的和平共处五项原则。

其三，树立了反抗外来侵略的崇高榜样。毛泽东着眼于人民，深信力量寓于人民之中。他多次同亚非拉人士谈话，指出世界和平的取得，主要依靠各国人民的斗争；强调全世界各国人民的正义斗争，都是相互支持的。他提倡不怕鬼、不信邪，反对霸权主义和强权政治。从 1949 年 4 月对付英国军舰暴行，到后来对待美国的种种威胁，无不如此。新中国成立不到一年，毫不动摇地敢于迎战世界上最强大的帝国主义国家。尽管美国侵略者在朝鲜战争中打着联合国的旗号，使用了除原子弹以外当时所有的现代化武器，但是美军司令克拉克不得不低头承认，他是“美国历史上第一个在没有取得胜利的停战协议上签字的美国司令官”。随后，中国还全力支援越南人民赢得了抗法、抗美战争的胜利。

毛泽东一贯反对大国沙文主义和大党主义。人们熟知，从斯大林到赫鲁晓夫，毛泽东是如何坚持原则同他们打交道的。对内，他严肃地告诫：“中国人民在国际交往方面，应当坚决、彻底、干净、全部地消灭大国主义。”（《纪念孙中山先生》，1956 年 11 月）与此同时，毛泽东崇尚和发扬国际主义精神。《纪念白求恩》是其经典之作。他的儿子牺牲在朝鲜战场。他给中国人民志愿军的指示是：要爱护朝鲜的一山一水一草一木，不拿朝鲜人民的一针一线。(1951 年 1 月 19 日给中国人民志愿军的指示)

其四，为各国被压迫人民提供了锐利的思想武器。毛泽东的许多著名论断，国内外人们迄今耳熟能详。例如："战略上要藐视敌人，战术上要重视敌人"（ 1948 年 1 月 18 日《关于目前党的政策中的几个重要问题》）"帝国主义主义和一切反动派都是纸老虎"。(1946 年 8 月他在与美国记者安娜．路易斯．斯特朗的谈话)"捣乱，失败，再捣乱，再失败，直至灭亡。"（《丢掉幻想，准备斗争》）这是对反动派行为遵循的逻辑的生动写照。这些精辟论断，寓意深刻，激扬斗志，鼓舞了一代又一代人。

毛泽东时代的中国外交，是举世公认的世界伟人毛泽东、周恩来联手运作的。毛主席外交大手笔之神奇，周总理外交工笔画之精妙，珠联璧合，巧夺天工，无以复加。

二

邓小平及其后续时代（1978 年—2012 年），以党的十一届三中全会为标志，以邓小平理论及其进一步加以丰富的"三个代表"重要思想和科学发展观为指导，很大程度上体现了和平与发展为主题的时代特征，同时也与我国国力大增、逐渐从国际权力结构边缘向权力结构中心转移相关，但仍然蕴含战争与革命时代主题的某些内涵。

邓小平及其后续时代中国外交的辉煌成就，与走上中国特色社会主义道路的祖国逐渐"富起来"紧密相呼应。

其一，外交理念不断地发展创新。基于以经济建设为中心的任务，这 30 多年的外交旨在优化环境、扩大影响、树立形象和趋利避害。从十一届三中全会，经过十二大（1982 年 9 月），到十三大（1987 年 10 月）之后，例如提出：1. “一国两制”构想；2. 国家间关系超越意识形态；3. 提出独立自主、完全平等、互相尊重、互不干涉内部事务的党际关系四项原则。从十四大（1992 年 10 月）到十五大（1997 年 9 月）之后，例如提出：1. 在今后一个较长时期内，争取和平的国际环境，避免新的世界大战，是有可能的（十四大报告）。这里将传统提法“推迟”改为“避免”。2. 互信、互利、平等、协作的新安全观，实质是超越单方面安全范畴，以互利合作寻求共同安全。后来成为上海合作组织各成员国认同的“上海精神”：互信、互利、平等、协商，尊重多样文明，谋求共同发展。3. 不同文明互补。各国文明的多样性是人类社会的基本特征，也是人类文明进步的动力，都为人类文明的发展作出了贡献。世界各种文明应该也可能长期共存，在竞争中取长补短，在求同存异中共同发展。从十六大（2002 年 11 月）到十七大（2007 年 10 月）之后，例如提出：1. 高举和平、发展、合作旗帜；2. 与邻为善、以邻为伴；3. 构建持久和平共同繁荣的和谐世界。

其二，在国际战略层面形成了一个包括世界观、认识论和方法论的科学体系。关于世界观：1. 时代主题观，提出和平与发展为时代主题；2. 战争和平观，指出世界大战可以推迟甚至避免；3. 世界格局观，确认世界多极化；4. 国际秩序观，提倡在和平共处五项原则基础上建立国际政治经济新秩序；5. 社会制度观，强调必须借鉴和吸取人类文明在资本主义阶段的成果来发展社会主义。关于认识论：1. 自我认识论，确认中国处于社会主义初级阶段，是一个发展中国家；2. 世界多样化与国际关系民主化论，强调不同文明互补，各国人民有权选择自己的社会制度和发展道路，国家无分大小、强弱、贫富主权一律平等；3. 本国国情与时代特征结合论；4. 大国关系互动论，强调大国之间应当是一种彼此受益的互不敌对、互不对抗的新型关系；5.

机遇挑战并存论，提出要善于识别机遇、选择机遇、创造机遇和把握机遇。关于方法论：1. 维护国家利益与对人类作贡献的关系；2. 外交布局中大国与发展中国家的关系；3. 不结盟与战略协作的关系；4. 党际交往以及民间外交与国家外交的关系；5. 求同存异与坚持原则的关系。

其三，外交领域取得实质性新进展。1. 立足第三世界国家，增强同广大发展中国家的团结和合作。面对锐不可当的经济全球化，我国与其他发展中国家尽量拓宽合作领域并切实提高合作效果，越来越变得不仅具有经济价值，而且更富有政治意义。2. 致力于建设国际政治经济新秩序，推动大国关系发展。从中苏关系正常化到与俄罗斯建立平等互信、面向 21 世界的战略协作伙伴关系；与美国、欧洲国家、日本、印度、巴西等大国的关系都取得新进展，并在全球范围内开启了“结伴不结盟”的创新过程。3. 加强区域合作，把周边国家的交流推向新水平。我国与俄罗斯以及上海合作组织其他相邻成员国之间的交往密切，与东盟的关系也不断改善。4. 积极参与多边外交活动，2001 年加入世贸组织，2008 年成功举办 29 届夏季奥运会。中国作为联合国安理会常任理事国积极参与国际事务，并成为在“五常”中派出维和部队最多的国家。5. 实现了香港和澳门的顺利回归。6. 遵循党际关系四项原则，加强同各国各地区政党和政治组织发展交流和合作。这期间我国与世界上 140 多个国家的 600 多个政党和组织建立了不同形式的交往与联系，从而促进了国家关系的发展，有利于世界的和平与稳定。7. 广泛开展民间外交，扩大对外文化交流，增进人民之间的友谊，推动国家关系的发展。还接受国外的经验教训（例如美国支持非政府组织在一些国家搞“颜色革命”），将国内非政府组织（NGO）统管起来。

作为一位世纪伟人，邓小平享有崇高的世界声誉。一位外国领导人说过这样的话：我们生活在大变革时代，只有极少数特别杰出的、非凡的人物不仅能改变伟大民族的历史进程，而且能改变当今整个世界的历史进程，“邓小平就是这样的伟人”。

三

习近平时代（2012 年以来），适逢“百年未有之大变局”（习近平语），以党的十八大和十九大为标志，以习近平新时代中国特色社会主义思想为指导的新时代中国特色大国外交，高举和平发展合作共赢旗帜，围绕推进构建人类命运共同体总纲运作，取得突破性新进展。

习近平时代中国外交的辉煌成就，与弘扬中国特色社会主义的祖国日益“强起来”紧密相呼应。

其一，评估世界局势和作出外交总体规划。习近平主席 2015 年出席联合国大会和 2017 年访问联合国日内瓦总部期间发表讲话时，都曾明确指出：人类生活在同一个地球村里，越来越成为你中有我、我中有你的命运共同体，没有哪个国家能够独自应对人类面临的各种挑战，世界各国要开展全球性协作，共同构建人类命运共同体。要实现这一目标，世界各国应该共同走和平发展道路，共同推动建设相互尊重、公平正义、合作共赢的新型国际关系，建设持久和平、普遍安全、共同繁荣、开放包容、清洁美丽的世界。他在党的十九大报告中又强调指出：“世界正处于大发展大变革大调整时期，和平与发展仍然是时代主题。同时，世界面临的不稳定性不确定性突出，人类面临许多共同挑战。”他提出要求：“全面推进中国特色大国外交，形成全方位、多层次、立体化的外交布局，为我国发展营造良好外部条件。”

面对复杂多变的世界局势，习近平总是及时地提出鲜明的合理主张。例如联合国成立 75 周年之际，他强调指出，当今世界正经历百年未有之大变局，突如其来的新冠肺炎疫情对全世界是一次严峻考验。全球性威胁和挑战需要强有力的全球性应对。联合国应该主持公道、厉行法治、促进合作和聚焦行动。要做到大小国家相互尊重、一律平等，任何国家都没有包揽国际事务、主宰他国命运、垄断发展优势的权力，更不能在世界上我行我素，搞霸权、霸凌、霸道。各国关系和利益只能以制度和规则加以协调。要践行多边主义，以对话代替冲突，以协商代替胁迫，以共赢代替零和，把本国利益同各国共同利益结合起来，努力扩大各国共同利益汇合点，建设和谐合作的国际大家庭。

其二，展示习近平新时代中国特色大国外交的风格。习近平新时代中国特色大国外交是根据时代新特征和中国改革开放 40 年来的新国情所下的定义。它是大国尊严、大国战略、大国担当和大国气派综合体现的一种外交体系。

大国尊严，就是立足中国，放眼世界，将国内与国际两个大局统筹兼顾。我们坚持捍卫国家核心和重大利益，同时加快海外利益保护能力的建设。坚定维护中国共产党领导和我国社会主义制度安全，坚决反对和遏制“台独”分裂活动，坚决防范和打击反华势力渗透、颠覆和破坏活动，坚定维护国家主权安全、领土完整。中国不惹事也不怕事，任何国家都不要幻想可以随意损害中国利益。

大国战略，就是高举和平、发展、合作、共赢的旗帜，坚持平等互信、包容互鉴、合作共赢的原则、倡导构建人类命运共同体，借助共商、共建、共享推进“一带一路”，从而既创造自身发展的机遇，又作为软实力推进经济全球化与全球治理。在国际交往中奉行正确的义利观，义利兼顾，对发展中国家义利并举，以义为先。“亲、诚、惠、容”则是中国周边外交的理念。还提出丰富发展模式多样化的“鞋论”（习近平 2013 年 3 月 23 日在莫斯科国际关系学院的演讲：“鞋子合不合脚，自己穿了才知道。一个国家的发展道路合不合适，只有这个国家的人民最有发言权。”）等等。基于上述原则精神，如今我国已经同 100 多个国家、地区和国际组织建立了各种形式的合作伙伴关系，并借助世界政党因素，致力于构建以合作共赢为核心的新型国际关系。

大国担当，是与我国自身国际地位的提升相称的。中国被认为在一些重大国际事务起着引领作用，这是对中国贡献的赞许和肯定。同时，我们防范化解各种风险挑战，不做超出自己能力的事，不犯颠覆性错误。中国还是穷国时，穷而不贱；富起来了，富而不骄；走向强大了，强而不霸。

大国气派，不是讲究排场，更不是沽名钓誉，而是贵在真诚奉献。我们坚持走中国特色社会主义道路，坚持全方位外交，向发展中国家提供力所能及的援助，树立讲信义、重情义的形象，保持战略定力，不惑于纷乱现象，不畏于艰难险阻，正所谓“千磨万击还坚劲，任尔东西南北风”。2020 年 9 月 3 日习近平在纪念中国人民抗日战争暨世界反法西斯战争胜利 75 周年座谈会上的讲话，针对国际上一股反华仇华的丑恶风气，提出了令人振奋的 5 个“绝不答应”。他说：任何人任何势力企图歪曲中国共产党的历史、丑化中国共产党的性质和宗旨，中国人民都绝不答应！任何人任何势力企图歪曲和改变中国特色社会主义道路、否定和丑化中国人民建设社会主义的伟大成就，中国人民都绝不答应！任何人任何势力企图把中国共产党和中国人民割裂开来、对立起来，中国人民都绝不答应！任何人任何势力企图通过霸凌手段把他们的意志强加给中国、改变中国的前进方向、阻挠中国人民创造自己美好生活的努力，中国人民都绝不答应！任何人任何势力企图破坏中国人民的和平生活和发展权利、破坏中国人民同其他国家人民的交流合作、破坏人类和平与发展的崇高事业，中国人民都绝不答应！

其三，习近平新时代中国特色大国外交取得丰硕成果。党的十八大以来，以习近平同志为核心的党中央开创性提出全球治理观、发展观、安全观、文明观、正确义利观、构建人类命运共同体等外交新理念，并且深入参与和引领全球治理，努力谋求大国关系总体稳定与均衡发展，增强与发展中国家的团结合作，塑造更加良好有利的周边环境，从而竭力推进建设新型国际关系。在习近平外交思想指引下，中国特色大国外交做到了理论与实践紧密结合，顶层设计与社会智库有效沟通，双边外交与多边外交同步运作，国家外交与政党外交、民间外交彼此呼应。其成果体现在方方面面：将中国梦和世界梦紧紧相连，发挥负责任大国的作用，积极推动经济全球化，在倡导构建人类命运共同体的大框架下推进构建人类卫生健康共同体（已向世界卫生组织提供 5000 万美元援助，并宣布两年内还将提供 20 亿美元国际援助，用于支持受疫情影响的国家特别是发展中国家抗疫斗争以及经济社会恢复发展）。为实施共建“一带一路”倡议，发起创办亚洲基础设施投资银行，设立丝路基金，举办两届“一带一路”国际合作高峰论坛、亚太经合组织领导人非正式会议、二十国集团领导人杭州峰会、金砖国家领导人厦门会晤、亚信峰会。还采取一系列具体措施，推动全球治理体系变革，加强对发展中国家的援助，支持多边贸易体制，促进自由贸易区建设等等。这一切充分显示了我国的国际影响力、感召力、塑造力进一步提高，同时又为我国改革发展稳定创造了有利条件。

综上所述，新中国建立 70 多年来，中国在外交方面传承发展，守正创新，有融乃强，积累了丰富的经验。由此可以得出下面几点结论性看法：

其一，新中国从成立迄今的外交战略，我们可以从不同角度观察其传承、发展、创新特色：

1. 从敌我友关系来看：经历了“一边倒”“两个拳头打人”“一条线、一大片”“谁搞霸权主义就反对谁，哪里有霸权主义就在哪里反对”的过程，直到后来“与邻为善、以邻为伴”，谋求建立持久和平、共同繁荣的和谐世界，构建人类命运共同体。

2. 从战略格局构想来看：经历了“两个中间地带”论、“三个世界”论，到“世界多极化”论。

3. 从外交政策定位来看：经历了独立自主外交、独立自主和平外交到以和平发展合作共赢为旗帜的独立自主和平外交。

4. 从外交政策的内涵来看：紧扣共同安全与共同发展两大方面，不仅重视双边关系，而且越来越着力于多边关系。

其二，中国外交理念业已形成一个体系，其基石是和平共处五项原则，杠杆是独立自主的和平外交政策，道路是和平发展，旗帜是和平、发展、合作、共赢，远景是构建人类命运共同体。基于此，新中国70多年来，中国领导人处理国家关系所形成的诸项原则，堪称中国外交政策之精髓。这就是：1. 国家利益原则；2. 维护世界和平、促进共同发展原则；3. 平等互信、合作共赢原则；4. 不结盟、不对抗、不针对第三国原则；5. 包容互鉴、多样性原则；6. 不以意识形态划线原则；7. 面向未来原则；8. 发展中国家优先原则；9. 反霸权主义原则；10. 联合国核心作用原则。这十大原则是我们党道路自信、理论自信、制度自信、文化自信的产物。

其三，摆正意识形态与国家利益的关系。从主张国家之间的关系超越意识形态差异到提出求同存异；又从求同存异上升到包容互鉴，亦即从“异”中也可以得到借鉴。习近平指出：“我们应该推动不同文明相互尊重、和谐共处，让文明交流互鉴成为增进人民友谊的桥梁、推动人类社会进步的动力、维护世界和平的纽带。我们应该从不同文明中寻求智慧、汲取营养，为人们提供精神支撑和心灵慰藉，携手解决人类共同面临的各种挑战。”①

① 《习近平在联合国教科文组织总部发表演讲》，新华社巴黎2014年3月27日电。

其四，党和政府做到了妥善处理与时俱进与保持优良传统的密切关系，全球安全与周边安全的协调关系，大国之间竞争与合作、摩擦与妥协的辩证关系，反对霸权主义与反对恐怖主义的兼顾关系，发展与美国国家间关系与反对强权政治并行不悖的关系。

新中国 70 多年的外交，是中国人民在中国共产党领导下独立自主、奋发图强的 70 多年，维护世界和平、促进人类进步的 70 多年，充分展示中华民族优秀文化传统的 70 多年。正如习近平 2019 年 5 月 15 日在亚洲文明对话大会开幕式上的主旨演讲中所指出："亲仁善邻、协和万邦是中华文明一贯的处世之道，惠民利民、安民富民是中华文明鲜明的价值导向，革故鼎新、与时俱进是中华文明永恒的精神气质，道法自然、天人合一是中华文明内在的生存理念。"

综上所述，中国在对外关系中取得卓越成就从而引起举世瞩目，源于中华民族振兴的强烈诉求和宏伟目标的外交动力，源于积极推进构建人类命运共同体的外交潜力，源于登高望远的传承性与开拓创新的外交魅力。

（载《战略态势观察》，2020/2021）

第六部分

回忆—访谈—演讲—书评—其他

当今世界局势与中国外交战略
——在白俄罗斯科学院的学术演讲

尊敬的白俄罗斯科学院诸位领导，
尊敬的诸位研究所所长，
尊敬的诸位专家学者：

我很高兴，今天有机会与白俄罗斯科学院的专家学者们进行学术交流。我的演讲涉及当今世界局势、文明对话与全球治理、中国外交战略等几方面的内容。

第一个问题：关于当今世界局势

中国有一句广为流传的通俗古诗：“年年岁岁花相似，岁岁年年人不同。”世界局势这朵花，叫作“复杂多变”。

以刚过去的一年为例。其一，危及几乎所有国家的全球金融危机逐渐缓解但仍未走到尽头，表现脆弱的全球经济复苏尚待时日，包括令人忧虑的“货币战争”在内的后遗症丛生。其二，唯一超级大国美国的颓势未减，仍抱霸主心态在困惑中进行某些政策调整，却又成效甚微。其三，大国关系不断调整，特别是新兴市场大国与传统发达大国在合作中博弈并显示自身地位明显提升，世界格局多极化呈现新的态势。其四，以防核扩散和反恐为主要内涵，一些地区热点（如朝鲜核问题、伊朗核问题）久拖不解反而趋于复杂化，新的热点又在西亚北非频发，联合国和有关地区组织维和的作用亟须增强。

回顾冷战结束后的20年，我们可以发现，前10年亦即20世纪90年代，国际形势基本上围绕超级大国苏联解体进行运作，美国等西方国家竭力从消化苏联解体成果到扩大苏联解体成果，包括加快北约东扩步伐乃至发动科索沃战争。后10年亦即21世纪第一个10年，基本上围绕另一个超级大国美国在经受严重挫折——“9·11”事件、伊拉克战争和金融危机冲击情况下进行运作。

中共十七大曾经对国际形势做过评论，认为当今世界正处在大变革大调整之中。和平与发展仍然是时代主题，求和平、谋发展、促合作已经成为不可阻挡的时代潮流。世界多极化不可逆转，经济全球化深入发展，科技革命加速推进，全球和区域合作方兴未艾，国与国相互依存日益紧密，国际力量对比朝着有利于维护世界和平方向发展，国际形势总体稳定。世界仍然很不安宁。霸权主义和强权政治依然存在，局部冲突和热点问题此起彼伏，全球经济失衡加剧，南北差距拉大，传统安全威胁和非传统安全威胁相互交织，世界和平与发展面临诸多难题和挑战。

我想，对于国际形势，我们要跟踪研究，用发展的眼光看问题；要温故知新，用历史的眼光看问题；要把握规律，用辩证的眼光看问题。

从理论上讲，世界局势之所以复杂多变，与以下几个因素息息相关，其中贯穿着辩证关系。

（一）“和平与发展”时代主题与“天下并不太平”的关系

时代主题规定着人类社会的主要活动内容，体现了时代的基本发展趋势。“和平与发展”是我们当今时代的主题，意思是世界要和平，人民要合作，国家要发展，社会要进步。爆发传统意义上的世界大战可能性变小，这从一个重要方面证实了和平与发展成为时代主题的确定性。但是，由于霸权主义和强权政治肆虐，由于恐怖主义猖獗，由于领土、资源、民族、宗教因素引发热点，导致天下并不安宁。加之，日趋激烈的国际竞争充斥经济、政治、军事、科技、文化、环保等各个领域，核扩散的危险性仍在增加。不难看出，国际形势中存在着与“冷战结束”一说相悖的矛盾性。

（二）世界多极化与单边主义的关系

所谓世界格局，指的是具有不同程度世界影响的力量和力量中心的结构性状态。冷战时期，被认为是苏联和美国两极格局，多极化趋势已经在发展。冷战结束后，美国成为唯一超级大国，多极化进一步发展，新兴市场大国崛起更是重要标志。美国竭力推行单边主义，仍想构建单极世界，但力不从心，不得不借助各种形式进行多边合作。尽管如此，当今导致世界局势复杂多变的依然是美国政策影响下的地区热点，在很大程度上影响国际安全环境的依然是以美国为主要矛盾方面的大国关系。

（三）发达国家主导的经济全球化与发展中国家的关系

经济全球化是在市场化和信息化条件下，随同经济一体化和经济自由化应运而生的。鉴于生产要素的全球自由流动主要是在资本主义制度内进行，所以全球化在很大程度上导致资本主义的影响向全球扩张。目前主要是西方几个经济大国控制着全球化进程，并试图将其变成主宰国际社会的工具。面对经济全球化这一世界潮流的挑战，发展中国家不能无所作为。要力争在承认经济发展模式多样化的基础上，建立一个统一开放、利益均衡和非歧视性的世界市场，形成和完善国际通用的经济活动准则和惯例。只有致力于加速自身的经济发展，缩小本国经济同世界先进水平的差距，有效地维护国家的经济主权和经济利益，才得以在经济全球化进程中生存和发展。

（四）世界多样性与国际关系民主化的关系

各国人民有着不同的经济发展水平、文化背景、社会制度和价值观念，延续着不同的生活方式，这是世界多样性的体现。各国不分大小、贫富、强弱，都是国际社会的平等成员，应相互尊重，平等协商。国际关系民主化要求各国无例外地都遵守联合国宪章的宗旨和原则以及公认的国际关系基本准则，任何国家都无权把自己的意志强加于人。强权国家实行政治霸权，使得弱小国家难以维护自己的权益，为某些极端势力求助于恐怖手段准备了条件。只有反对一切形式的霸权主义和强权政治，才说得上国际关系民主化。

（五）国家利益原则与“双赢”“共赢”原则的关系

国家之间的摩擦和斗争往往由于利益不平衡产生。平等互利原则就是要保持这种利益平衡，也就是双赢、共赢原则。解决重大国际事务中的平等协商，也属于平等互利原则。随着经济因素作用飙升，国家之间涉及市场与资源的争夺日益激烈，但同时，谋求合作、借助互补性的势头也越发突出。国家之间出现良性互动的可能性是存在的。这种良性互动是由起点、过程与结果三个环节构成。起点——维护各自的国家利益，同时必须尊重他国的利益，两者缺一不可。过程——竞争与合作同在，矛盾与妥协并存。合作要诚信，妥协要适度，竞争要守规矩，摩擦要不导致对抗。结果——双赢、共赢，而不是任何单方面获益。

（六）国家之间和平共处与意识形态的关系

和平共处五项原则（互相尊重主权和领土完整，互不侵犯，互不干涉内政，平等互利，和平共处）于 20 世纪中叶由中国首先提出，并与印度和缅甸共同倡导。这反映了二战结束之后、殖民主义瓦解过程中广大新独立国家维护主权成果和建立国际新秩序的强烈愿望，融会了试图运用软实力防御任何强大外来侵略势力的卓越智慧，体现了和平与发展开始成为时代主题所产生的强大动力。和平共处五项原则继承和发展了联合国宪章的精神，高度概括了国际法中最主要的基本原则，反映了新型国际关系最本质的特征。它不仅适用于社会制度不同的国家，也适用于社会制度相同的国家。和平共处五项原则并不包括意识形态。国家之间实行和平共处，解决意识形态分歧的办法是求同存异。

（七）人权与国家主权的关系

人权问题是人类社会发展到一定历史阶段的必然产物。人权与主权的关系如今成为反对霸权主义斗争中的焦点问题之一。冷战结束后，美国为了谋求世界霸权，越发充当人权“卫道士”，蓄意将人权与主权割裂开来，使人权问题绝对化，主张废弃和限制主权，以“人权高于主权”理论来构建所谓的“世界新秩序”。其实，人权也指由个人组成的人民为其主体的集体人权，如自决权、发展权等，人权与主权不可分割。“人权高于主权”论和“人道主义干预”论模糊了人权与主权的本质关系，这是冷战结束后新干涉主义、单边主义的重要标志。

（八）非传统安全与传统安全的关系

传统安全威胁通常是指领土、主权、人口、资源等受到外敌的侵犯，是指军事威胁、外部入侵、领土蚕食、情报刺探等方式。非传统安全威胁的范围更为广泛，涉及领土、资源、政治、经济、军事、文化、科技、信息、生态环境领域，乃至疾病蔓延、跨国犯罪、走私贩毒、非法移民、海盗、洗钱等方面。其产生既有社会原因，也有自然原因。非传统安全问题不仅是某个国家存在的个别问题，而且是关系到其他国家乃至整个人类利益的问题。非传统安全问题比传统安全问题具有更强的社会性、跨国性和全球性。

非传统安全威胁日益突出有其深刻背景。被当初两极对抗所掩盖的非传统安全问题（如环境污染、恐怖主义等），在冷战后暴露。经济全球化固然有助于实现资源的优化配置，使各国有可能从世界的共同进步中获取更多好处，但同时也扩大了不平等和贫富差距，诱发一些犯罪活动国际化与全球恐怖主义网络化。对于非传统安全威胁，不能采取单一的军事手段，而是要综合运用政治、经济、外交、法律、科技等手段加以应对。为此，国际社会应采取多样的方式进行合作。

（九）反对恐怖主义与反对霸权主义的关系

恐怖主义是时代的一股逆流，已具全球性。它不择手段，惨无人道，伤害无辜，破坏社会稳定，闹得世界不安宁。恐怖主义在一定意义上是派生出来的，包括经济全球化的负面影响及一些宗教激进主义的驱动，某种条件下还是对霸权主义的报复行动。既不能用恐怖主义来反对霸权主义，也不能用霸权主义来反击恐怖主义。以暴制暴只能将受害人降到与施害人同等的道德水平，也只会陷入恶性循环。

当今恐怖主义日益网络化、国际化甚至全球化，任何一个国家都难以独自应付。国际社会只有联合起来，才可能有效地对付恐怖主义的威胁。反对恐怖主义必须治本。应在缓和地区及国际紧张局势、消除贫困和加强反恐合作三方面同时开展工作，从政治、经济、文化和社会等多方面采取措施，以彻底铲除恐怖主义。

（十）联合国维和核心地位与地区安全组织作用的关系

联合国是国际多边机制的核心，是实践多边主义的重要舞台。面对各种威胁与挑战，联合国的作用只能加强，不能削弱。要坚决维护联合国宪章的宗旨和原则，继续发挥联合国及其安理会在处理国际事务、维护世界和平方面的积极作用。任何国家或国家集团在处理国际事务中，都不应对联合国采取需要时则利用之、不需要时则抛弃之的态度。

联合国需要进行合理的改革，目的是提高工作效率，解决各方最关切的问题，加强联合国在国际事务中的主导作用，增强应对新威胁和新挑战的能力，更好地反映广大发展中国家的共同呼声和需要。

国家安全–地区安全–世界安全是相互贯通的，维护世界和平与安全的机制需要网络化。面对严峻的国际形势，地区安全组织的作用在上升。应当鼓励联合国继续加强与其他国际和地区组织的联系与合作，完善以联合国为中心，各机构相互配合和补充的多边机制。

第二个问题：关于文明对话与全球治理

我们这个地球村展示这样一幅图景：和平是人心所向，发展是大势所趋，改革是必由之路，竞争是通用手段，合作是最佳选择。正是在这样的背景下，文明对话与全球治理渐渐成为当今国际关系中的热门话题。

（一）关于文明对话

自从2002年联合国大会宣布每年的5月21日为“世界文明对话日”以来，文明对话在当今业已蔚然成风。原因是文明对话有助于人们沟通思想、消除隔阂和协调行动。

文明对话之所以具有世界意义，由于它存在着坚实的基础。

物质文明、精神文明和政治文明，是人类文明的三大领域。科技进步使得地球变小，推动着人类的物质文明发展。各个国家、各个民族千百年积累起来的、并随着时代发展继续加以完善的道德风范，丰富着人类的精神文明。二战后和平共处五项原则的提出并不断得到弘扬，则是人类政治文明升华的一种体现。这一切，都是世界性的，涉及所有国家的安全和发展利益。

人类文明从其发生之时起，便是多元的。各国文明的多样性是人类社会的基本特征，也是人类文明进步的动力，都为人类文明的发展作出了贡献。没有多样性也就不成其为世界。各种文明应该也可能长期共存，在竞争中取长补短，在求同存异中共同发展。与经济不同的是，文明不可能“一体化”。文明不能唯我独尊，不能强加于人。尊重他国文明，恰恰是对本国文明的尊重。文明的平等性否定了文明的优劣之分。

文明对话之所以具有世界意义，还由于它取得了一定程度的全球共识。

近两年发生的全球金融危机，威胁着几乎所有国家。文明对话取得的共识是：谁也不能独善其身，而应该同舟共济。

当今世界是一个发展不平衡的世界。文明对话取得的共识是：国家不分大小、强弱、贫富，都是国际社会的平等成员；要反对以大欺小、以强凌弱、以富压贫。各国人民有权根据本国的国情和自己的意愿，选择社会制度和发展道路。

周边国家之间往往因领土和资源引起纠纷。文明对话取得的共识是：应该与邻为伴而不是以邻为壑，睦邻友好、互利合作、共同繁荣是最佳选择。

文明对话之所以具有世界意义，还在于它已经并将继续产生深远的影响。人类将在文明对话中相互借鉴，从中完善自身社会变革，探索新的发展模式，设法解决面临的全球性棘手问题。

中华民族有着古老而富有生命力的文明，一向以提倡包容、注重和谐与酷爱和平著称。中国是文明对话的积极倡导者和努力实践者。

文明对话，理论易，实践难。要防止文明对话的表里不一，要扫除文明对话的人为障碍。例如有人渲染“文明冲突论”，此论早已被20世纪两次世界大战引发的根源所否定。“文明共处论”被越来越多的人所接受，则是理所当然的。

（二）关于全球治理

全球治理作为西方国际政治学的一种理论，早已出现。1990年德国政治家勃兰特（曾担任联邦德国总理和社会党国际主席）率先提出这个概念。他指的是建立和发展多边的规则和管理体系以促进全球相互依存和可持续发展。此后，“治理”的概念和理论被广泛地使用在国际关系和全球化理论的研究之中。近年来，特别是发生国际金融危机之后，全球治理成为当今世界最强烈的政治呼吁之一，其实质是试图探讨如何把全球化的世界当作一个集体的存在来共同治理。纵观 20 年历史，这方面的议论颇多，收效甚微。

全球治理，顾名思义，一是针对人类面临的全球性问题而不是个别性、局部性问题；二是这种治理不能仅仅靠某一家或者某几家去完成，更不能由谁来主宰。全球治理离不开各国自身的治理，也离不开联合国组织本身的治理。全球治理也不是无所不包，更不能成为干涉主权国家内政的借口。就全球治理的机制而论，联合国组织和一些地区组织，应成为全球治理和地区治理直接的或间接的平台。在全球治理过程中，摆正新兴市场大国与传统发达大国的关系尤其重要，它们之间要保持权利与义务的平衡。民族特征、宗教信仰、文化传统和社会制度，不应成为在全球治理中合作的障碍。面对核扩散、国际恐怖主义猖獗、全球金融危机、气候变化、环境保护以及各种自然灾害等重大问题，多边主义才能适应全球治理的需要。全球治理有一个磨合的复杂过程，有一个逐步走向成熟的艰难过程。基于人类的共同期盼，作为对全球治理的回应，中国领导人提出了构建持久和平、共同繁荣的和谐世界的主张。

第三个问题：关于中国外交战略

中国改革开放 32 年来，在中国外交理念中，弘扬传统、与时俱进和务实创新三者是紧密结合的。

中国外交理念业已形成一个体系，其基石是和平共处五项原则，杠杆是独立自主的和平外交政策，旗帜是和平、发展、合作，远景是推动建设持久和平、共同繁荣的和谐世界，道路是和平发展，办法是互利共赢。改革开放 30 多年来中国外交的成功实践，体现在世界观、认识论和方法论三大方面。

关于世界观，形成了五个基本观点。

一是时代主题观。邓小平于20世纪80年代初首先做出了和平和发展成为当今时代主题的论断，后来又告诫说和平与发展两大问题至今一个也没有解决。从党的十六大以来，又提出高举和平、发展、合作的旗帜。和平是条件，发展是目的，合作是手段。

二是战争和平观。邓小平于1985年6月提出在较长时间内不发生大规模世界战争是有可能的，维护世界和平是有希望的。后来他又多次说过，看来会有个比较长时间的和平环境，要紧紧抓住经济建设这个中心，不要丧失时机。

三是世界格局观。世界格局走向多极化，也是邓小平在冷战结束前提出的。直到党的十七大，仍坚持“世界多极化不可逆转”的提法，并且强调指出“经济全球化深入发展，科技革命加速推进”。

四是国际秩序观。邓小平于1988年9月首先提出在和平共处五项原则基础上建立国际政治新秩序的任务。后来中国共产党不断丰富国际新秩序的内容，提出了以“必须摈弃‘冷战思维’，反对集团政治，必须以和平方式解决国家之间的分歧或争端，不诉诸武力或以武力相威胁”等为主要内涵的“新安全观”，同时主张和平变革，促进国际政治民主与文明的发展。

五是社会制度观。承认社会主义（更不用说初级阶段）必须充分运用人类社会在资本主义发展阶段所取得的各种文明成果，树立了建设有中国特色社会主义的理论与实践。

关于认识论，形成了五个基本论断。

一是自我认识论。强调中国处于社会主义初级阶段，是一个发展中国家。前者是我国国内发展战略和各项政策的基点，后者是我国制定国际战略和对外政策的基点。

二是世界多样化与国际关系民主化论。强调文明互补，主张各国人民有权根据本国国情和自己的意愿，选择社会制度和发展道路。国家不分大小、强弱、贫富，主权一律平等。国家之间关系的正确选择便是根据和平共处各项原则，友好相处，互利合作，促进发展，共同繁荣。

三是本国国情与时代特征结合论。中国共产党历来强调要把马克思主义与中国的具体实践相结合，随着国际形势的变化，进一步提出了还要将本国国情与时代特征紧密结合。

四是国家关系互动论。大国之间的竞争与合作同在，摩擦与妥协并存，主张加强对话，形成一种各方受益、互不敌对、彼此借重的新型关系。

五是机遇挑战并存论。外部条件也存在两重性，要居安思危，扩大机遇，应付挑战，趋利避害。策略运用得当，挑战可以转化为机遇；反之，机遇也可能变成挑战。

关于方法论，涉及五个主要方面的关系。

一是维护国家利益与对人类作贡献的关系。中国从来都是把自身的发展同世界的发展联系在一起。尽管中国是一个发展中国家，仍在力所能及范围内给予国际正义事业以支持。对于一切国际事务，都从中国人民和世界人民的根本利益出发，根据事情本身的是非曲直，决定自己的立场和政策。

二是外交布局中大国与发展中国家的关系。中国积极参与大国协调，同时倚重和支持发展中国家，努力促进发展中国家和发达国家之间的联系与合作。

三是不结盟与战略协作的关系。冷战结束后，我国不拘泥于传统观念，在坚持不结盟的前提下，同许多国家建立了带有战略涵义的各种关系，强调双边关系的健康标志在于不针对第三国，三角关系的合理运行在于不打牌，即联合一方反对另一方。

四是党际交往与国家外交的关系。按照独立自主、完全平等、互相尊重、互不干涉内部事务四项原则，通过加强党际联系和交往来推动国家关系的发展。同时，还借助各种社会和学术团体的公众外交，配合国家总体外交。

五是原则坚定性与策略灵活性的关系。两者结合，既维护国家利益，又推进国家之间互利合作关系的发展。

中国在对外关系中取得举世瞩目的成就，源于中华振兴的强烈诉求和宏伟目标，源于登高望远的传承性和与时俱进性。

一是坚定走和平发展的道路。和平发展，就是要营造一个良好的周边环境与国际环境，在安全、稳定的条件下加速社会经济发展；就是要本着崇高的以人为本的和平目的，造福于中华民族，造福于全人类；就是要采取和平的方式并经过和平的途径，全面建设小康社会，避免来自内外的冲突和对抗；就是要维护世界和平与稳定，促进人类发展与进步，亦即我国几代领导人所倡导的“中国应当对于人类有较大的贡献”。中国之所以选择和平发展的道路，是由中华民族的根本利益决定的，是中国社会主义国家性质决定的，也是当今时代的发展潮流决定的。

二是奉行独立自主的和平外交政策。“对内和谐发展，对外和平合作”，意味着外交政策是和平性的。这是把和平共处五项原则政策化，其中包括睦邻友好互利合作这样的传统口号。随后发展为“以邻为伴、与邻为善”和“双赢、共赢”。可以看出，中国外交中注入了文化传统因素“和为贵”“和而不同”“以人为本”等等，反映了当今世界各国人民在维护和平、促进发展和推动合作方面“同声相应，同气相求”。

三是确立不同角度对象国的地位，亦即周边国家关系是首要，大国关系是关键，发展中国家关系是基础。中国奉行全方位外交，提出要积极营造和平稳定的国际环境、睦邻友好的周边环境、平等互利的合作环境、互信协作的安全环境和客观友善的舆论环境。处理国家关系的原则系统化，包括国家利益原则、平等互利原则、不结盟原则、反对霸权主义原则、不以意识形态划线原则、共同发展原则、面向未来原则、多样性原则和联合国核心作用原则。

四是提出并推动建设以“持久和平、共同繁荣”为内涵和谐地区、和谐世界的主张。

这里，就目前国际社会和媒体围绕中国的几个争议问题，谈谈自己的看法。

一是关于中国模式问题。新中国成立之初，由于诸多复杂原因，我国曾经学习苏联模式；经过数十年的不断改造，初步形成了今天的中国特色社会主义。“中国特色社会主义”，这是根据中国国情和时代特征，既借鉴人类文明在资本主义发展阶段的成果，又改造曾经效法的苏联模式，两方面结合，取得的独创性成果。中国特色社会主义还在探索与形成过程之中，取得显著成效但仍需进一步完善，大方向明确但也还存在某些不确定因素。鉴此，我国领导人采用“中国发展道路”这个概念。

中国模式在世界上受重视，并不是我国有意推销。中国模式不等于北京共识，宣扬北京共识是夸大其词，如同夸大华盛顿共识一样，是有害的。

有些媒体的确是把中国模式作为“中国威胁论”的翻版来谈论的。我国和平发展的成就愈大，“中国威胁论”往往调子愈高，且不断出现新版本。从要求中国做“负责任的大国”，到攻击中国“过于自信”“傲慢”；从抬举中国“与美国共管世界”、渲染“中国和平崛起”的扩张性，到蓄意鼓吹中国不再是发展中国家，这些都是从不同角度对中国不怀好意。同时，我们也注意到，“中国机遇论”正在逐渐成为正义呼声的主流。

二是关于韬光养晦问题。韬光养晦的本意是志存高远，但又谦虚谨慎。邓小平是在特定历史条件下提出“韬光养晦”的。20年前苏联发生剧变，社会主义受到沉重打击，世界上普遍看好中国，认为“只有中国才能救社会主义”，要中国扛大旗的呼声四起。邓小平告诫我们不能沾沾自喜，更不可不自量力，而要有自知之明，要韬光养晦，扎扎实实地把自己的事情办好，从而对人类做出较大的贡献。由于媒体不适当地渲染“韬光养晦”，国外不少人要么假借误会胡乱加以评说，要么别有用心地歪曲和诋毁“韬光养晦”的真意。

其三，关于构建和谐世界问题。人类需要和平生活，期盼共同繁荣。我国领导人提出了构建持久和平、共同繁荣的和谐世界的主张。“持久和平、共同繁荣”是和谐世界的内涵界定。可是，有人把和谐世界随意夸大，误解为“大同世界”，结果只能产生适得其反的效果。

各位专家学者：最后，我想就中国—白俄罗斯关系说几句话。

2010 年 12 月 24 日胡锦涛主席在祝贺卢卡申科再次当选总统的贺电中说，中白是好朋友、好伙伴，两国政治上高度互信，在涉及对方核心利益的重大问题上相互坚定支持；在经贸、科技、军技、人文等领域平等合作，成果丰硕；在国际和地区事务中密切协调与配合，维护了两国的共同利益。中方高度重视对白关系，愿与白方一道，为推动两国关系不断迈上新台阶共同作出不懈努力。

我们两国领导人将我们两国关系定位为战略伙伴关系，传统友好、全面合作和高度互信的关系。我们两国关系堪称当今世界国家关系的典范。之所以如此说，那是因为我们两国真正做到了不结盟而能实行战略协作，关系密切而不存在依附性，维护自身尊严和利益而不怀损害对方之心，遇有差异能够通过平等友好协商解决，根据是非曲直处理国际事务而不搞双重标准。

我们深信，我们两国必将在坚实基础上携手前进，在互补基础上增强合作，在共识基础上应对世界，在互信基础上排除干扰，在成就基础上持续跨越。

谢谢大家。

（明斯克，2011 年 6 月 24 日）

赵（毅敏）老逝世十周年祭[①]

赵老离世，倏忽十载。往事历历，留下厚爱。教诲永存，音容犹在。思之念之，心潮澎湃。

岁月苦短，时不再来。膝下子女，鬓发斑白。后生学子，亦趋老迈。欣然聚首，追思缅怀。

赵老一生，极不寻常。出身农舍，门第书香。少年立志，远涉重洋。留法转苏，顿显锋芒。

回国伊始，隐蔽伪装。秘密交通，迎来送往。抗日烽火，燃遍故乡。义愤填膺，投入战场。

艰险历尽，斗志昂扬。疾书宣言，堪称绝唱。身陷囹圄，气宇轩昂。健康受损，意志成钢。

惟党是从，几度改行。任军政委，兼管地方。纠“左”之偏，紧跟中央。共运活动，色彩多样。

三九年初，回到延安。主持鲁艺，任副院长。解放报社，当秘书长。文化新闻，谱写华章。

解放战争，再起烟瘴。辗转北南，神采飞扬。中南军政，核心成员。执掌宣传，成就辉煌。

八大二会，选进中央。同年赴捷，参与办刊。任务繁重，面对霸权。团结斗争，不卑不亢。

“文革”期间，蒙受祸殃。恢复工作，耄耋在望。呕心沥血，

① 2012年6月2日在职工之家举行中联部老领导、作者的恩师赵毅敏同志逝世十周年追思会。作者在聚会时朗读了前一天突击撰写的祭文。

风范一贯。百岁永别，神态安详。

赵老毕生，襟怀坦荡。“临风挺立，不畏雪霜”。淡泊名利，宽厚慈祥。扶掖后辈，语重心长。

吾侪追随，心情舒畅。回首既往，思绪激荡。举酒一杯，倾诉衷肠。赵老安息，伏维尚飨。

（2012年6月1日）

1959年本文作者（右）随赵老（左）摄于捷克与德国的边境城市。赵毅敏时任中共中央候补委员、中联部副部长、中共驻各国共产党与工人党合办的刊物《和平和社会主义问题》编辑部代表（编委）。本文作者是该刊工作人员。

在中联部侨联第八次代表大会上的讲话

感谢各位代表对我们的信任，感谢陈凤翔副部长的指导性讲话，感谢上级侨联代表和各位负责同志莅临指导。

我们深感侨联工作的重要性和特殊性。侨联最富有生命力。只要经济全球化的趋势不减，党和政府改革开放的政策不变，随着国家日益振兴，新归侨和新侨眷势必不断增加，且呈良性循环。侨联最富有凝聚力，因为“爱国主义”是每一个有良知的侨胞永恒的核心价值观。

侨联的意义在于客观存在，侨联的作用则在于主观努力。

我们将根据侨联的章程和党所规定的方针，本着有利于增强团结、有利于增长知识和有利于增进健康的原则，做该做的事情，做能做的事情。既不好高骛远，又不无所作为；不求轰轰烈烈，但得扎扎实实。

“组织起来、活跃起来”，这是党对侨联工作的期望。我部新侨眷据估计不下百户，有不少人表示关注侨联，也愿意加入。如何组织起来？首先要摸清情况。恳请部领导和党委考虑，以什么方式在较短的时间内，对此做一个确切的统计，然后再筹划下一步。

多年来我部侨联就是一个团结、和谐、温暖的集体，历届委员们都显示了无私奉献的精神，并积累了丰富的工作经验（刚才施辉业同志详细谈到）。第八届侨联委员会将紧紧依靠部领导、部机关党委和上级侨联组织的关怀和领导，依靠休干局和本部各有关部门一如既往的关心和支持，群策群力，兢兢业业，更多发挥年轻同志的作用，把事情尽可能办得好些，以不辜负大家的委托和期待。

谢谢。

（2012年9月4日）

人民教师朱建章

江苏南通地区有一位老师，先后在海门、南通、如皋等数县的六所中学担任领导职务，品德高尚，业绩非凡，有口皆碑。他的名字叫朱建章。教师节来临之际，我们更加怀念他。

朱老师1906年生在海门的一个农民家庭，就读并毕业于张謇创办的通州师范学校。1941年加入中国共产党之后，担任海启（东南）行署督学、学区主任等职。抗战胜利后奉命创办和领导东南中学，解放后历任海门中学党支部书记兼总务主任，金沙中学党支部书记兼校长，平潮中学党支部书记兼校长，如皋师范副校长、党支部书记，如皋县江安中学党支部书记兼校长等。他在教育领域的奉献，几乎惠及整个南通地区。

我是1949年暑期参加南通专区大中学生夏令营之后，由如东中学转去南通县平潮中学读书并担任学生会主席。时任校长的朱建章老师，对我言传身教，大力栽培，严格要求，介绍我加入中国共产党，为我的人生指引航向。我在平中短短一学期，朱老师的人格魅力却在我心中竖立了一座永恒的丰碑。常言道"一日为师，终身为父"，更何况百日！

在平中，朱校长那时也就四十岁刚出头，却显得老成干练，豁达大度。当时平中师生的思想状况比较复杂，学校基础设施也很欠缺，朱校长一方面着力抓教学与校舍建设，另一方面注重做思想工作团结人，把学校管理得井然有序。他思维缜密，举止儒雅，处事审慎，顾全大局，以其朴实无华的风格，善于包容的涵养，将学者风范、长者风范和领导者风范融为一体，从而赢得全校教职员工的信任和尊重，受到全校学生的敬佩和爱戴。

前不久我读到由朱老师后代和学生集体撰写的《人民的校长朱建章》一书，他当年的同事和学生异口同声称赞他是“校长榜样、教师楷模”。这让我了解到朱老师更多的感人事迹。

他忠诚于教育事业。工作变动频繁，却从不计较个人得失，一切听从党组织安排。

他勤奋办学。1949 年 1 月 31 日海门解放，他遵照南通专署指示，将县立海门中学、私立海门中学与他所在东南中学三校合一，创办新的海门中学，其后夜以继日地主持整顿修缮简陋校舍，使之大为改观。解放初期平潮中学规模很小，他四处奔波，筹集资金，节约开支，开辟了平潮中学分部（二院）。1958 年底到江安中学，正逢“大跃进”困难时期，他继承和发扬“抗大”优良传统和校风，因陋就简，攻坚克难，努力培养又红又专、廉洁奉公的人才。

他以人为本。遇有师生中出现的不良行为，态度鲜明，但从不上纲上线。他总能和风细雨，换位思考，寻找双方沟通的结合点，使当事人心悦诚服。有一位老师背着沉重的历史包袱，不肯在履历表上实写，一再与组织上顶牛。朱校长一视同仁对待他，语重心长开导他，令其感动，终于化解了这位老师的疑虑。

他严以律己。江安中学一度高考成绩欠佳，朱校长主动承担责任，设法弥补理科师资薄弱环节。在平潮中学有一次见学生打架，他错怪了为劝架抓住别人手的一位同学，事后弄清真相，找那位学生表示道歉。

他爱生如子。平潮中学用房紧缺，朱老师租住一小间民房。远道而来的一位女生要求寄宿，朱老师主动让她与师母同住，自己搬到学校与一位职员合住“地板裂缝、中间部分凹陷”的宿舍。在如皋师范，隆冬之夜他常到学生宿舍查铺，抚摸衣着，给盖被子。对家庭经济困难者倍加关照，不让辍学。

他艰苦朴素。经常穿的是两件中式的由朱师母自织的土布褂子，一件白底蓝色方格，一件灰青色。只是在重要场合，才穿一穿卡其布中山装。朱校长的敬业精神和道德操守，为人师表。他是一位真正的人民教师，一位名副其实的平民教育家。

朱老师暮年有一句自励的话语："我虽老了，能力有限，但就是一堆垃圾，也要发挥它肥田的作用，何况我是一个共产党员呢！"这正是他高尚人格的总结性写照。

（载《新民晚报》，2014 年 9 月 12 日）

全球视野·辩证思维·时代精神
——读《岛屿战争论》受到的启示

面对朱文泉上将这样一部博大精深的军事巨著，尽管选择自己较为熟悉的角度来做点评，仍不免诚惶诚恐，仿佛在经受一场考试。

《岛屿战争论》气势之恢宏，内涵之厚重，文笔之精彩，令我惊叹不已。作者的全球视野、辩证思维和时代精神，尤其给我以深刻启示。鉴于我国海洋安全日益备受关注，今天我们来研讨《岛屿战争论》的理论价值与实践意义，是十分必要的。这里，我侧重就其中与当今世界局势相关的某些现实问题，从宏观上谈几点不成熟的看法。

论著蕴含“五性”

其一：开拓性

这部论著，立足岛屿，放眼全球；诉说战争，致力和平；心系当今，预示未来。将古今中外战例典故熔于一炉，以史为鉴，博古通今，继往开来，堪称拓荒之作，实属罕见。作者妙笔生花，将“古为今用”（孙子兵法）与“洋为中用”（克劳塞维茨战争论）有机结合，借鉴之，效法之，且站在新时代高度超越之，从而显示“中为洋用”的客观效应。诚如前中央军委副主席迟浩田上将在序言中所说，此巨著“不仅填补了我军军事理论的一个空白，而且对世界岛屿战争研究也是一个积极推动”。

开拓性的亮点遍布全书各篇，试举数例。

谈及战争，作者认为，当一个国家执行扩张和霸权的政治路线时，几乎必然导致战争；当强国周边出现敌对的新生政权时，强国往往会加以干预而引发战争；当一国国内出现尖锐政治矛盾，特别是有外国干预的“影子”时，也容易发生战争；当新兴的大国与没落的大国发生矛盾，需要冲破旧的政治、经济秩序时，双方都不肯让步，也可能爆发战争。如此高屋建瓴的归纳，恰恰是对当今世界诸如科索沃战争-伊拉克战争-阿富汗战争、利比亚-叙利亚-也门乱局、从中亚到乌克兰先后发生的所谓“颜色革命”等现实情况的生动写照，也是将克劳塞维茨的著名论断“战争无非是政治通过另一种手段的继续”加以淋漓尽致的诠释和发挥。

谈及主权与战争的关系，作者亦有高见，认为主权内涵及外延的不断发展，若处理不妥，也可能引发冲突和战争，并以“经济主权”、“文化主权”和“司法主权”加以详述。从而揭示了当今世界诸多矛盾的症结所在。

谈及安全，作者洞察历史，剖析现状，提出新颖的三种安全圈学说：边界安全圈、边界安全缓冲圈和集体安全圈。这可用来解释当今世界双边关系与多边关系愈来愈密切不可分，上海合作组织等多边组织出现的历史必然性，以及中国新型外交愈来愈重视多边活动的道理。

其二：谋略性

军事方面，全书贯穿着的谋略之精、之深、之巧。给我印象特别深刻的是这样一段构成谋略基础的观点：战略的重要任务之一，在于认识时代特点，了解世界格局走向，分析交战双方的总体形势、面临的有利条件和不利条件，结合本国的国情军情，对战争进行精心的设计。强调战争随着时代的变化而变化，作为将领则要不断学习研究时代的变化，探讨战争的发展趋势和走向，寻求适应变化的规律和方法，力求引领潮流，不断胜任本职，打赢下一场战争。作者首倡的名言“不战而和人之兵”，乃是“不战而屈人之兵”在和平与发展为主题新时代的合乎逻辑的升华。

基于经济全球化、国际法与战争的关系，作者别开生面地提出未来战争演进过程将从“政治—战争”两个阶段演绎为“政治—非武力斗争—战争”三阶段。未来战争始于无人、战于无形、斗于无声、处于无疆的“四无”形态。

谈及未来战争的各种借口，万变不离其宗，就是利益。作者形象地描绘道，站在身后的，隐在地下的，藏在更深层次的，还是利益。这里让人联想到人们往往津津乐道的“没有永恒的朋友，只有永恒的利益”的说法。此说确实反映了某种历史现象，但并非真理。其要害在于会助长民族利己主义或大国沙文主义。而我国领导人所倡导的、《岛屿战争论》所弘扬的“平等互信、合作共赢”，体现为利益常驻且友谊长青，这才是符合时代精神的理性口号。

其三：理论性

本著作理论性贯穿方方面面。如谈及文化，认为文化虽不是直接战斗力，却影响战斗力主体精神和能量的释放。因而在一定程度上，可以把文化视为一支军队战斗力的源泉。除了对战争有影响外，文化对政治、经济、外交等活动都会产生影响。忽视了文化的差异，外交活动就可能碰壁，政治决策就可能犯忌，经济贸易就可能犯错。人心的顺应，最彻底的是文化的融合。这类论断，有助于我们理解习近平主席所说：人民有信仰，民族有希望，国家有力量。

谈及义务与权利的关系时，分析透彻，认为没有无义务的权利，也没有无权利的义务。追求权利与义务的平衡，谋求权利与义务的统一，是一个艰巨而漫长的时代过程，也是国际法斗争的主要抓手。如今国际法是治世之法，又是未了之法。但权威性不足、公正性有限以及相对滞后，对世界有点管不住。因此，要不断修改和完善现有国际法规，补充制定新的国际法规，强化国际司法机制，完善责任追究机制，改进联合国主导的集体安全机制，增强国际法规的权威性、公正性；要努力提高世界各国的法律素质，增强守法意识，提高懂法、用法水平。只有这样，国际法才能成为真正的世界“管理者”，人类才能实现理想的世界大同。

谈及国家与民族特征，也很简明扼要。说正如人有个性一样，一个国家或民族也有他的个性。这种个性的形成，是一个国家或民族其生存环境、发展历程等方面的差异所致。这个论断有助于我们理解我们党先后提出的“求同存异”“包容互鉴”原则。

其四：务实性

当今人们非常关注我国周边形势。作者通过对东北亚阴影区、东海阴影区和东南亚阴影区形势的剖析，刻画出我国海洋安全面临的现实问题。警示说，上述三处集中的阴影区，随着时间的推移，引发争端的因素越来越多，呈现出“老问题未解决、新争端日益增多”的扩散局面。

针对当今世界频繁发生的“非暴力政权更迭”，作者指出这是由于西方国家实施“和平演变”、“颜色革命”和打着“人权”“民主”旗号煽动别国平民，用和平和非暴力的手段达成推翻政府、更迭政权的目的。这让人立即联想起前些年的南斯拉夫、中亚各国和如今的乌克兰。

关于争议较大的宗教问题，作者阐明，宗教作为一种意识形态，是人类认识世界，掌握世界的一种方式。宗教与恐怖主义没有必然联系，然而，在当代国际社会中，却有许多带着宗教色彩或打着宗教旗号的恐怖主义活动，这其中一个重要原因是恐怖主义利用了宗教，来证明其从事活动的“必要性”与“合法性”。

这让人立即联想起中东局势。

作者还用较多篇幅谈及执政党与国家利益的关系。认为任何一个执政党（者）在执政过程中护拓国家利益，这是无可厚非的。但是，如果执政党（者）不是为了国家利益，而是为了一党私利、执政者之利，把国家拖入战争，甚至不惜以牺牲和损害国家利益来维护党派利益或执政者利益，完全成了权力的俘虏，这是必须高度警惕和坚决反对的。——乌克兰基辅广场暴乱的发生，以及随后使国家深陷危机，恰恰印证了这种状况。

其五：前瞻性

全书开宗明义，认为 21 世纪是海洋世纪，相关国家都制定了海洋发展战略，以争取更多的生存和发展空间。作者郑重提出，要全力维护和平，时刻警惕战争，要以充分的战争准备制止战争，以磨砺甲兵拥抱和平。还谈到，随着先进科学技术在军事领域的广泛运用，新型战争将不以人的意志为转移走上历史舞台。始于无人、战于无形、斗于无声、处于无疆的“四无”战争，是未来新型战争的基本形态。——不难看出，美国在伊拉克、利比亚和叙利亚，都曾试图采用“四无”战争。

谈及未来世界格局，作者指出，新旧势力的激烈较量、科学技术的飞跃进步、经济与文化的全球化急剧发展和复杂作用、跨国间价值取向的增多及广泛化构成等因素，是今天已大致形成并将主要推动未来国际格局演变的重大事态，未来可能的新对手，将多是由它们所引发。

关于经济全球化带来的后果，作者指出，全球化的交互效应，使得非国家行为体的作用迅速增大，随着超越国家之上的思想、文化、宗教、历史等交流的频繁与深入，一些国际无政府主义、极端主义、反社会主义等势力有了一定的滋生空间，催生一些无国界、无政府的新的全球或地区性暴力组织，用各种方式挑战人类社会现有的物质文明成果等等。这些论述也都符合当今世界的实际情况。

论著彰显“五力”

其一：思辨力

辩证法贯穿全书，军事、政治、历史、哲学、文化，相互交错，融为一体，足以让人耳目一新。军事学说本身更是充满辩证法，战争论，本质是和平论，如何打赢战争，本质就是如何赢得和平，持久和平也就是世界大同的真谛所在。

例如作者对传统安全与非传统安全的分析，有独到之处。认为两者之间的差异在于，一是性质不同，二是成因不同，三是影响范围不同。还指出，有形的安全威胁会引发战争，无形的安全威胁也可能成为战争的推手。信息技术的广泛运用和信息网络化的发展，使信息安全问题成为国家安全的一个新要素。

再如作者指出，对自然的争夺，往往是战争，包括岛屿战争的真正原因。当今国际斗争的焦点，核心依然是围绕资源的争夺，又无不与海洋和岛屿相关。财富取之于海，危险也来自海上。涉及海洋权益，作者提出当今不仅要求海权与陆权的平衡，至少需要海权、陆权、空权、天权、信息权等诸多兵种之间寻求平衡。

凡此种种，正是体现了我国领导人倡导以互信、互利、平等、合作为核心的新安全观的科学依据。

其二：吸引力

《岛屿战争论》12 篇，犹如军事学术网络，纵横交错，环环相扣。我们看到的是一幅幅历史画卷，一篇篇作战蓝图，一波波世局变幻。典故多多，言之凿凿，寓道理于故事之中，读来引人入胜。诗词歌赋、乐队指挥，都被用作比喻，画龙点睛，妙趣横生。如第一章“天际抖落的珍珠”中，岛之渊、岛之容、岛之魂，充满诗情画意，对祖国的热爱，对自然的关注，对环保的珍惜，跃然纸上，简直就是一部精美的文学作品。对于祖国大好河山，爱之愈深，保护之心愈切。令人沉醉在字里行间，并非发思古之幽情，而是更多对未来人类社会的希冀与遐想。作者引证陆游以证明自己："汝果欲学诗，功夫在诗外。"

其三：震撼力

完成此书时，作者年已逾古稀。阅读500多本参考书，辛勤耕耘2000多个日日夜夜，厚积薄发，方有神来之笔。常言道："板凳要坐十年冷，文章不写一字空。"作者，乃儒将也，身体力行，堪称楷模。

从内容看，引证一例。如谈及美国与苏联的关系，认为20世纪尤其是进入80年代，面对苏联咄咄逼人的战略进攻态势，美国改变了70年代初期实行的战略收缩政策，重新采取强硬姿态，同苏联展开全面争夺。里根担任美国总统后，提出了所谓的星球大战计划，企图通过以高技术为核心的新一轮军备竞赛，拖垮经济力量相对落后的苏联。苏联没有看透这一点，在长达40多年的军备竞赛和战争准备中，超出了国家的经济承受能力，最终导致国家经济崩溃、走向解体。同时指出，美苏两国的军备竞赛，虽然拖垮了苏联，但美国的日子也不好过，高强度的军备竞赛也埋下了债台高筑的祸根。——苏联解体，教训深刻。冷战后出现了两个超级大国"一死一伤"的局面，给中国的和平崛起提供了千载难逢的战略机遇期。

其四：感召力

人类经过两次世界大战的浩劫，无不期待持久和平。党中央20世纪80年代作出和平与发展成为时代主题的论断，进入21世纪又倡导构建持久和平、共同繁荣的和谐世界。在这样的背景下，作者呼吁"放开胆量求大同"，是有根据的；认为世界大同理念与推动全球可持续发展具有同等地位，是合理的。作者之所想所念，与习近平主席 2015 年 4 月 22 日在纪念万隆会议 60 周年期间提出的建设“人类命运共同体”也是吻合的，很有感召力。鉴此，呼吁“莫拿国运赌战争”，也就水到渠成了。

如果说中国早期出现过“大同世界论”，带有空想色彩，那么，如今的大同世界论，可以称之为“新大同论”。作者的论据是，在欧洲一体化、亚洲一体化之后，美洲也将一体化，最终结果将是国家的数量越来越少，最终实现全球一体化——统一的金融秩序、平衡的政治生态、多元的文化氛围，大家和谐共处。这就是未来的“大同世界”。也就是说，犹如社会主义，经历了从空想到科学，从苏联社会主义实践到苏联模式失败，再到中国特色社会主义的成功探索。

其五：影响力

中国特色社会主义必然产生中国特色社会主义的军事学说，《岛屿战争论》堪称应运而生。作者一系列真知灼见，对于我国海洋安全，会起到警示作用、献策作用和运筹作用。这是为我国制定海洋安全战略的一部极好的参考书。

至于该书的世界反响，从各国政界和舆论界乃至联合国机制的评价中，已见端倪。

历史上，凡经典之作，往往需要经过漫长的岁月考验，让人们逐渐认识、认知、认同。如今《岛屿战争论》不仅在国内，而且在国际社会赢得很高赞誉。我深信，随着时间的推移，这本巨著定将实至名归，越来越广为传播，越来越深入人心。

最后，被作者的学者风范所感动，不揣冒昧，赠即兴拙作一首：

写罢雄文逾七旬，
豪情纵笔志惊群。
图书五百细研读，
昼夜三千润苦勤。

深邃思维犹静水，
飞扬词采若行云。
疾呼世界大同者，
乃是中华上将军。

附：朱文泉上将和诗

七律

依韵酬中联部俞邃院士《岛屿战争论》诗

窃以为，拙著乃予在海边转悠50多年幸运捡到的一枚美丽的贝壳而已。出版后得到俞老赋诗谬赞，至为感激。

皓首涵青气愈神，
七年沥血著经文。
沿湖跬步捡珠贝，
纵目环球说楚云。
虽未锦囊添妙策，
但期麟阁画殊勋。
冀希放牧南山下，
鼓角齐喑无举军。

（2015年5月9日）

友情逾越半世纪

我是一位年届八旬的老人了。我和俄罗斯的故事，多半是绵延半个多世纪的老故事，但这些故事让我珍惜，令我难以忘怀，不禁使我联想到中国人民与俄罗斯人民世世代代友好相处的美好未来。

一、铭记——莫斯科的桩桩好事

第一件事，发生在 1958 年。我第一次到莫斯科，是 1958 年 9 月 16 日。当时我去捷克斯洛伐克的首都布拉格公干，路过莫斯科。我们乘坐的是 TY-104 飞机。我在当天的日记中写道：我先上的飞机，透过窗户看到手持拐杖的中国地质部部长何长工送别苏联科学院院士、著名地质学家、地质部长安特列诺夫(Антренов)，他们握手拥抱，气氛非常热烈。安特列诺夫部长进机舱之后，座位就在我的对面。我喜出望外，又有点紧张。我腼腆地第一次用俄语与这样的外国大人物交谈。他温和地打量着我这个 20 岁多一点的后生，询问我的经历，完全是一副慈祥长者的样子，让我感觉亲切。我还在日记中记载，TY-104 飞机大而稳，我没有丝毫不适。到伊尔库茨克天气变冷，奥姆斯克更冷。抵达莫斯科是下午 4 点 25 分，北京时间为 9 点 25 分，时差 5 小时。

下飞机之后，我由使馆接待人员梅文岗引领，住进机场附近的一个旅馆。我好奇地观赏周围的风光，感觉特别新鲜，建筑装饰别致，人们穿着讲究，相比北京，给人以繁华的景象。当晚我去餐厅进餐，一位中年女服务员绽露“阿姨”般的神态，提醒我先要脱去大衣和帽子，并帮我挂好。这让我首次领教了俄罗斯人的高雅文明习惯。

我到达布拉格之后，时隔一个月，10 月 17 日，据说也就是我曾乘坐的那架 TY-104 飞机，在从北京飞往莫斯科时失事。由著名文学家郑振铎先生率领的中国访阿富汗、阿联文化代表团 10 人，外交部、外贸部负责干部 6 人和外宾 49 人，不幸遇难。听到此噩耗我们大家悲痛的情景，至今历历在目！

第二件事，发生在 1960 年。这年 1 月 1 日，我因事从布拉格去莫斯科，元旦的钟声是跨越边境时在火车上听见的。到达莫斯科之后，我想去莫斯科大学看望朋友。我第一次自己乘坐莫斯科的公交车。我手头兑换的卢布是大票面的。我在车上掏出卢布准备买票，有点不知所措。一位站在我身边的小学生，大约十岁多一点，见此光景，毫不犹豫地主动拿出零钱为我买了一张车票。我惊异而又感激地看着他，急忙还他钱，他摇摇手，说声“再见”，就快步下车了。我目送他的背影直到被人流阻挡。此事已过去 54 年了，这位小朋友的形象一直在我眼前浮现。我时不时想起他，时不时与亲友谈起这件往事。算起来这位小朋友如今也该年过甲子啦！我还幻想过，如果当时有他的住址存着该多好，我一定会利用后来多次去莫斯科的机会，设法找到他，报答他！

第三件事，发生在 1986 年。那年的 5 月，我到中国驻莫斯科大使馆工作。按照规定和工作需要，所有年轻馆员都要学会开车，而我的年龄和职务，属于可免之列。我的年轻同事们都在兢兢业业地学开车，其中就有高玉生（当时是三等秘书，后来成为中国驻土库曼斯坦、乌克兰等国大使和上海合作组织副秘书长）。有一个假日，他兴致勃勃地开车带着我，到莫斯科的奥林匹克村去参观并购物。半路上，一只车胎破裂憋气了，由于他是生手，并没有察觉，仍一个劲儿地朝前奔驰。后面一位驾车的俄罗斯工人师傅叫嚷着提醒，我们却没听见。这位师傅一直跟踪我们到目的地，开始我们颇觉诧异，但见他手指着我们憋气的车轮说："你们看，好险呀!"我们这才恍然大悟，真是惶恐不安，感激万分。他二话没说，动手帮忙，将备用车轮换上。然后，他似乎也如释重荷，微笑着与我们握手道别。

第四件事，发生在1999年。我的夫人施蕴陵，北京大学教授，一直没有去过圣彼得堡。1999年9月我们到俄罗斯科学院远东研究所参加国际学术活动，一位在圣彼得堡工作的朋友邀请我们去那里看看。他委托一位俄罗斯司机鲍里斯师傅带领我们游览。这位经历过卫国战争、年近60岁的朋友，想尽办法让我们多看多转，陪伴我们参观了夏宫、皇村一带所有名胜古迹与景点。他为人质朴，做事勤快，态度温和，给人以极大的愉快。据说第二年他就退休了。我想，他的行动恰恰体现了俄罗斯劳动人民对中国的真切友情。

二、庆幸——难得会见加加林

1961年4月12日，尤里·加加林胜利地完成了人类破天荒的宇宙飞行。这一天被定为国际宇航节。加加林实现宇宙航行的当月，访问了原捷克斯拉伐克首都布拉格。加加林给我们留下深刻而美好的印象，正是在这个时候。一连串的事情是我和夫人共同的或分别的亲身经历。

当时，我在布拉格的国际刊物《和平和社会主义问题》杂志编辑部工作，我的夫人在莫斯科苏联科学院化学物理研究所进修。4月12日加加林登上太空的同一天，我的夫人乘坐TY—104飞机前去布拉格探亲。4月27日—29日加加林访问布拉格，我俩一同参加了欢迎仪式，共睹了这位轰动世界的传奇人物的风采。4 月 29 日我的夫人与加加林同机返回莫斯科，本子上留下了加加林的签名。机舱内没有其他中国乘客，于是，加加林的签名被作为一位中国人的独家珍贵文物保存至今。(见图 1)

图 1

我在日记上曾经这样记载："4 月 12 日 ，吾妻来布拉格的当天，苏联空军少校、年仅 27 岁的尤里 · 阿历克谢维奇 · 加加林，驾驶'东方-1 号'飞船，飞向距离地球三百多公里的太空，绕地球一周，历时 108 分钟，胜利地完成了人类破天荒的宇宙飞行，开辟了人到其他星球去旅行的新纪元。这确是一件特大喜讯。"日记中还写道："当天下午，编辑部举行隆重集会，庆贺世界上第一位宇航员加加林的辉煌业绩。会议由主编阿历克谢 · 鲁缅采夫院士主持，编辑部全体成员出席。鲁缅采夫和即兴发言者情绪都非常激动，一致强调指出这一史无前例壮举的伟大意义。"关于加加林这次宇宙飞行，事后知道，也曾遇到过险情：在返回地面进入大气层时，乘坐的下降装置无法与飞船分离，周折了 10 多分钟才得以脱离危险。

布拉格人群欢迎加加林的盛况，我在日记中也曾有所描述："4 月 27 日，布拉格春光明媚。加加林应邀前来布拉格访问，这是完成宇航后出访的第一个国家，成为轰动世界的新闻。捷克斯拉伐克人民欢喜若狂，人群挤满大街广场，到处是加加林的画像和‘加加林万岁’的欢呼声，布拉格沉浸在旗帜和花束的海洋之中，比欢迎外国总统还要隆重热烈。”

加加林4月29日从布拉格返回莫斯科时，机场上滞留的情景亦很感人。飞机原定中午12时许启航，结果由于贵宾陷入欢送者的重围，根本无法脱身，直到下午两点才起飞。我的夫人登机后，同其他乘客一样，与加加林握手。加加林还主动地从前舱走过来，向鼓掌的人们致意。当走到我夫人座位面前时，也许发现是一位中国人，所以显得格外亲切和彬彬有礼。我夫人拿出随身带的本子，加加林高兴地签上名字，反而说了一声“谢谢”。

加加林的签名弥足珍贵。几十年来我们的住处几经搬迁，但始终小心地将其收藏着。签名的纸张已经变黄，墨迹却依然清晰。

我们手头还保存着当年鲁缅采夫院士赠送的一张辑有加加林从太空向地面传话的录音唱片。唱片外包装的正面印着地球图像、加加林头戴宇航帽的照片和签名，标注12-IV-1961 CCCP；背面印着用俄文、英文、法文、德文、中文、西班牙文和阿拉伯文书写的“尤里·加加林在宇宙飞行”。（见图2）

图2

从唱片中可以听到加加林的声音：“能见度良好”“一切正

常”“自我感觉非常好”……

半个多世纪过去，弹指一挥间。每当翻开纪念册见到加加林的图片和签名，或者收听加加林发自太空的声音；每当访问莫斯科，在加加林大街抬头凝视这位宇航开拓者的勃发英姿，不禁往事钩沉，浮想联翩，感慨万千……

1999 年 9 月我们在莫斯科参观宇航中心，事后才知道加加林夫人就住在那里的一幢房子里，失去拜望机会，一直感到遗憾。

三、感激——在俄罗斯获得荣誉

1999 年中国国庆节前夕，我由夫人陪同，应邀专程前往莫斯科，接受俄罗斯科学院远东研究所授予我荣誉博士学位，并出席庆祝中华人民共和国成立 50 周年题为《中国、中国文明与世界——过去、现在、未来》国际学术研讨会。我们到达莫城之后，季塔连科院士告诉我，我还当选为国际自然和社会科学院院士。我有幸出席了颁发两项证书的隆重仪式。(见图 3)

图 3

据主办方称，授予国外学者荣誉博士学位一般都是在学术委员会小范围举行，但是，这次为我举行的双重授衔仪式，特意安排在有 18 个国家 100 多位代表出席的国际会议闭幕式上。时间是 9 月 24 日下午，地点在俄罗斯科学院远东研究所会议大厅。仪式分两段进行，先是授予荣誉博士。远东研究所所长季塔连科院士（俄中友好协会主席、俄汉学家协会主席）介绍了我的简历和学术成就，接着学术委员们登上主席台当场表决，一致通过后，按照惯例，请全场起立，主席宣布结果，并向我提出今后是否继续献身科学以造福人类的问题，得到肯定回答后，鼓掌四起，主席给我颁发荣誉博士证书，并在胸前别上徽章。这之后，会议主席请国际自然和社会科学院代表致辞，宣布俞邃教授因其在国际问题研究领域的“卓越成就和突出贡献”，于 1999 年 9 月 9 日当选为该科学院欧亚学部院士，并向我颁发院士证书、证件和爱因斯坦头像金质证章。全场又一次响起热烈掌声。本人致谢时说，这不只是我个人的荣誉，也是体现了对中国学者的友好情谊。我还说，送旧迎新的世纪钟声即将敲响，我深信共同的战略利益，相似的奋斗目标，对世界和平与发展承担的历史使命，将促使我们两国人民和两国学者携手并肩迈向辉煌的 21 世纪。随后，我在大会上用俄语作了题为《冷战后的世界格局与中俄关系》的专题演讲。

会议间歇，我们兴致勃勃地参观了远东研究所画廊，那里悬挂着 21 位荣誉博士的大幅照片，他们当中有中国人、美国人、日本人、韩国人、意大利人等。

国际自然和社会科学院〔МЕЖДУТАРОДНАЯ АКАДЕМИЯ НАУК О ПРИРОДЕ И ОБЩЕСТВЕ（МАНПО）〕是 20 世纪 90 年代中期成立的一个跨国科学机构，据其章程称，它是“由俄罗斯联邦和外国在自然科学和社会科学领域工作的最具权威性的、最卓越的学者和专家组成”（является международным творческим общественным объединением ноиболее авторитетных, выдаюшихся ученых и специалистов Российсой Федерации и зарубежных стран, работающих в области наук о природе и обществе.); "目前世界上已有 20 个国家的 300 多位学者和专家被选入，其中有各种奖金获得者，各国的科学院院士（俄罗斯的、美国的、意大利的及其他），科学发现者，主持科研组织和高校的科学博士和教授，人文科学和自然科学领域科研方向的奠基者。"〔объединяет более 300 ученых и специалистов из 20 стран мира, среди них лауреаты различных премий, академики национальных академий наук (Российской, Нью-Йоркской, Итальянской и пр.) , авторы научных открытий, доктора наук и профессора ведущих научно-исследовательских организаций и вузов, основатели научных направлений в области гуманитарных и естественных наук. 〕

顺便讲一个小插曲，说明知识分子在俄罗斯社会上如何受到尊重。俄罗斯名胜古迹的门票价，外国人要远高出本国公民。我们回国的前一天去参观克里姆林宫，我出示院士证件，便享受了俄罗斯公民的待遇。

四、惦念——俄罗斯的诸位师友

数十年来，我先后在布拉格、莫斯科和北京，结识了许多俄罗斯朋友。他们有的是师长，有的是同龄人，也有的是晚辈。与几代俄罗斯人和睦相处，是非常开心的。

先说在布拉格。1958 年 9 月至 1962 年 11 月，我在那里与俄罗斯人相处四年多，不受当时政治气候的影响，结下了深厚友谊。

西班牙语老师戈罗霍娃（Горохова），她的先生戈罗霍夫是在编辑部工作的一位学者。由戈罗霍娃老师执教，1960 年 10 月 8 日开设西班牙语课，持续两年，最后采用了莫斯科国际关系学院二年级的教材。这位老师尽心尽职，讲课认真细致，考虑到现实工作需要，尤其重视口语运用，因为编辑部同事中有许多拉美朋友。相对来说，西班牙的发音比较单纯，较为易学。多亏戈罗霍娃老师，让我又多了一门交际工具。有趣的是，1996 年 6 月我到美国去访问，在一家墨西哥餐馆吃饭，我用西班牙语赞扬饭菜如何可口，老板听了得意之至，居然给了我们优惠。他还问我在哪里学的西班牙语，我告诉他，是一位俄罗斯女老师教我的。

汉学家杰柳辛，编辑部民族解放运动部主任张仲实先生的副手。他很年轻，对中国了解也较深刻。我们之间接触频繁，三教九流，典故笑话，无所不谈。后来他在俄罗斯科学院东方学所工作，我们在莫斯科见过面。1991 年 5 月，我作为工作人员随从江泽民主席访问莫斯科时，在中国大使馆又遇见杰柳辛。他悄悄地把我引到一位老人面前，啊，原来是令人尊敬的鲁缅采夫院士！时隔近 30 年，这位耄耋之年的著名学者，恳切地谈到当年在布拉格与中共代表赵毅敏共事的是是非非，并为中国改革开放取得的巨大成就深表赞佩。后来我在接待齐赫文斯基院士访华时听他说，这位经常去中国使馆做客的老朋友，于 1991 年谢世。

汉学家丘巴罗夫，我的业务同行。我们经常彼此请教，讨论一些词汇的涵义。有一次谈到俄文 великий（伟大的）的用法。中国文章里经常出现“伟大的事业”“伟大的贡献”“伟大的领袖”之类的说法。他说，在他们国家，活人没有称 великий 的。我觉得有道理，但又有点纳闷，我说在《真理报》见过德国人的文章，称呼当时苏联领导人“великий борец за мир”（伟大的和平战士）和“великий друг”（伟大的朋友）。他无言以对。又有一次，他问我“大呜（wu）大放”是什么意思？我告诉他，那是“大鸣（ming）大放”，发扬民主畅所欲言的意思。汉字

“呜”和“鸣”，涵义不同，写法就差那么一小点，确实太让外国人为难了。在当时政治生态条件下，相互“逗趣”甚至“抬杠”，朋友之间也是免不了的。

我和上述两位汉学家多次同行，集体外出参观。我在日记中记载，1959 年 7 月 5 日我们一起参观了二战期间捷克斯洛伐克最大的纳粹集中营泰雷津（Terezín）。阴森的监狱和残酷的刑场让我们深感战争的恐怖、法西斯的野蛮，也深感我们两国人民作为二战盟友的珍贵。

再说在莫斯科和北京。我曾与三位研究历史与国际关系的学者密切交往，他们是齐赫文斯基院士、季塔连科院士和米亚斯尼科夫院士。

我与齐老相识于 1986 年。1992 年我率中国国际交流协会代表团访问俄罗斯，正值齐老夫人患重病，我曾专程去拜望他，留给我印象最深的是彼此就我们两国改革不同结局的原因做了探讨。1993 年齐老率俄罗斯汉学家代表团访华，由我全程陪同，在前往山东曲阜等地一路畅谈。前述 1999 年 9 月我在俄罗斯科学院远东研究所接受荣誉博士证书之后的第二天，齐老还曾邀请我和夫人到他家中做客，热情款待，亲切交谈。(见图 4)

图 4

2013 年上海举办第五届世界中国学论坛，齐老荣获世界中国学研究贡献奖。作为通讯评议专家之一，对此我感到由衷高兴。齐老如今 97 岁高龄，我祝福他老人家攀登健康长寿新高峰！

季塔连科院士是与我年纪相仿、在莫斯科和北京频繁接触的老朋友。在我心目中，他是一位孜孜不倦的卓越的学者，又是一位致力于中俄友好的著名的社会活动家。而米亚斯尼科夫院士，则以其治学严谨、为人谦逊和举止儒雅的风度，给我和许多中国朋友留下美好的印象。

（《我们和你们——中国和俄罗斯的故事》及其俄文版《Мы и Вы——Истории о Китае и России》，五洲传播出版社，2015 年 1 月）

国际形势让人想起李光耀

当今中国的和平发展与复杂多变的国际形势，刚落幕的中国和美国第七轮战略与经济对话，都让人联想起过世百日、被习近平主席称作“先贤”的李光耀先生。

其一，在中国政治体制问题上让人想起李光耀。他曾指出，中国有自己的方式，绝不可能发展为一个西方概念下的民主国家。他说，中国会小心、逐步地进行改革，包括党内民主。他认同19世纪法国历史学家泰纳（1828—1893）在其著作《现代法国的起源》中所说，适宜一个民族的社会和政治形态，是由民族的性格和历史决定的。新加坡之所以取得辉煌成就，本身就是这么做的。李光耀曾经批评西方说：“如果新加坡决定发展成为像西方国家如英国的两党制政治，新加坡必然走向平庸，因为最优秀的人才不会选择从政，参选得冒很大风险，竞选活动变得非常不文明，甚至卑鄙恶毒。”

李光耀“将心比心”，认为中国现在的首要选择，中国人民最重要的首项选择是国家复兴。中国有自己5000年来的文化与历史，相信中央强大，国家才能安全；中国共产党领导层会尝试所有一切的方法，但绝对不会尝试一人一票多党制的民主制度。他甚至说，中国民众教育普遍比较低落，民粹主义相当强烈，一旦中国成为民主体制的国家，中国的经济会崩溃。当美国等西方国家借1989年春夏之交的政治风波制裁中国时，他却站出来力挺中国，说“此类举措与人权问题无关，是为维护国家稳定的必要手段。”

坦言之，美国在对华政策上的缺失，要害恰恰在于对中国根据本国国情坚持社会主义发展模式格格不入。中美之间最需要的是政治互信，而互信的核心则是尊重对方的文化传统、价值观念、发展模式与道路选择。此次刚落幕的中国和美国第七轮战略与经济对话取得了为双边稳定护航的大量成果。但愿在此基础上，今后能增强互信，减少波折。

舆论界较普遍认为，李光耀是全球少有的敢于公开肯定中国模式或者公开为中国辩护的重要政治人物，而且没有人有资格能够反驳他。

其二，在中国走和平发展道路问题上让人想起李光耀。他特意指出，中国为了强调本身的发展是遵循一条和平的道路，特地将“和平崛起”的口号改为“和平发展”。他说过，中国仍然有机会维持两位数字的增长，因为中国从出口到转为内需经济模式，这个机会仍然很高。因为中国过去太重视出口，关于内需的部分，基点非常的低，中国转型成内需市场的概率，还是相当的高。在他看来，中国改革开放 30 多年来经济高速发展，国际地位不断增强。由美国金融业引发的全球金融和经济危机，不但重创了美国经济实体，也因为殃及世界各国，进一步打击了美国的国际形象。而世界其他新经济体的崛起，如中国、印度、巴西，都意味着国际大格局将发生重大调整。

他预言，中国将最终在 GDP 会超越美国，但又尖刻地指出“中国的创新能力可能永远比不上美国，因为中国的文化本来就不容许思想和意见自由的交流”。这个说法显然存在片面性，但也引起我们的思考和警惕。

还值得一提的是，当西方有的媒体将中国和平发展取得成说成是“中国威胁”时，李光耀秉持公正立场予以驳斥。2007 年 12 月他在著名财经杂志 Forbes Asia 上发表的时评专栏中，指出世界对中印两国的不同态度，他质问道，如果目前是印度的发展领先于中国，欧美国家是否也会以同样的态度支援中国？“我对此相当怀疑。他们对‘黄祸’仍存有恐惧。”他认为，在对外政策方面，中国会继续“低调地”强大起来，使影响力提升，但必要时也会展现力量。

其三，在中美关系问题上让人想起李光耀。他认为中美关系既存在合作也存在竞争，竞争是必然的，纠纷却不是。如果美国要维持在太平洋地区的超级强国地位，如何处理好中美关系显然是关键中的关键。他认为和平发展的中国不但影响力越来越大，也日益赢得亚太地区大多数国家的友谊和信任。

针对很多人认为美国重返亚洲是要防堵中国，他说当今美中关系和过去美国和苏联的关系是完全不同的，因为中美之间并非冷战关系，并不是当时跟苏联的一种零和游戏的关系。中国本身也不是苏联，因为中国过去苦了这么多个世纪，中国志在国家的利益，而不是在改变世界。说美国人不该把中国当敌人，也不该把冷战的思维从苏联转到中国身上。

李光耀也讲过一些引起争议的话。如说当今中国已崛起为亚洲无可匹敌的力量，美国应当维持亚洲地区的平衡。如果美国没有意识到亚太地区是未来的经济活动中心而失去了在这里的经济优势或是在太平洋地区的领导力，它就会失去其世界范围的领导地位。这些话似有充当美国谋士之嫌，但从新加坡角度来看，其实也不难理解。

其四，在一些国际问题判断上让人想起李光耀。关于日本与中日关系，他曾预言日本正在慢慢“走向平庸”，早在 1996 年就预测中国经济将超越日本，成为世界第二大经济体。他还说过，在日本战后出生的一代人于 15 至 20 年后掌权时，日本中断与美国盟约而自行发展军力的可能性不能被排除。2015 年安倍推动集体自卫权意在让日本脱离和平宪法，与李光耀的预言不无吻合之处。

关于伊斯兰极端主义与恐怖主义，他认为，当今世界的主要分歧不是社会主义国家与西方式民主国家的分歧，也不是西方与东方的分歧，而是伊斯兰恐怖分子与美国、以色列及其仆从者的分歧，以及伊斯兰极端主义与非极端的、温和的伊斯兰主义之间的斗争。伊斯兰教的激进思潮之所以愈演愈烈，在很大程度上要归因于全球化进程。在这个进程中，那些不太成功的民族被边缘化，他们缺乏安全感，感觉自己被世界疏远了。而且由于全球化主要由美国主导和推动，所以激进分子就把美国视为对伊斯兰世界的一大威胁，此外，美国坚定不移地支持以色列也加剧了他们对美国的仇视情绪。但即便中东问题得以解决，伊斯兰世界的恐怖主义还会继续存在。这些见解确有独到之处，相当精辟。

关于台湾，他凭借自己的影响力促成了两岸首次汪辜会谈，奠定两岸关系稳定器的“九二共识”。他曾对李登辉说：“美国人不可靠，台湾不应该相信美国保护。”当被问到“台湾调查显示，支持独立比要统一的人更多”时，李光耀直言这毫无意义：台湾是中国的核心利益，对美国则不是。假如台海出现战事，“即使中国在第一战打输了，也会返回来打第二轮、第三轮、第四轮，不断地打，直到胜利”。

关于香港，他认为他对新加坡反对派的看法跟对香港年轻人的看法差不多。说那些人没有生于动荡因而不理解为什么要纪律严明，他们不是英国人而做着英国梦，想要改变却不知道要变到哪里去。真正靠谱有为的年轻人，是关注新技术、新产业这些真正改变世界力量的人，而不是上街闹革命的人。

当今美国与古巴改善关系，这也让人联想起李光耀。新加坡国立大学亚洲研究所所长郑永年教授在今年 3 月 23 日李光耀逝世当天发表的一篇文章中称：“二战以后反殖民的独立国家，他可能是最后一位政治强人了，跟他同辈的伟大政治人物，他是最后一位了，再也没有了。”此话或许有失偏颇。应该说还有一位，那就是古巴的菲德尔·卡斯特罗。

其五，在回顾世界著名政治家时让人想起李光耀。他是一位透明度很强的政治家，国际上对他的争议甚少，尽管评论他的角度有所差异。

李光耀之所以能创造新加坡经济持续繁荣、政局历久稳定、社会秩序井然与外部环境和顺的奇迹，一方面由于他有高超的治国才能，国家独立后并没有全盘沿袭宗主国的制度，而是走出了一条符合国情、独具特色的新加坡道路；另一方面在于他应对复杂国际关系的非凡智慧，能够时时处处把握新加坡的国家利益原则，在西方的世界跟亚洲的世界、东西的世界跟中国的世界中求取平衡，在大国夹缝中左右逢源。

李光耀观察问题和处理问题善于运用辩证法，不走极端。所以撒切尔夫人曾赞赏说："我观察这个人几十年，他的预言从来就没有错过。"

刘禹锡在《陋室铭》中写道："山不在高，有仙则名。水不在深，有龙则灵。"新加坡国家虽小，却因李光耀这样的大政治家而辉耀世界。他确是一位了不起的人物，但也正如毛泽东常说的："人无完人，金无足赤。"李光耀一生的成就与弱点，都值得我们深入研究与借鉴。

（载《国际网》，2015 年 6 月 29 日）

深入耶路撒冷

2015 年 9 月旅游日记：9 月 21 日凌晨到达以色列伊始，便去耶路撒冷。犹太教、伊斯兰教和基督教世界三大宗教都把耶路撒冷视为自己的圣地。1947 年 11 月联合国大会通过了关于巴勒斯坦分治的第 181 号决议，规定耶路撒冷由联合国管理。1948 年 5 月第一次中东战争爆发后，以色列占领了耶路撒冷西区，城东区由约旦控制，1967 年第三次中东战争时以色列占领全城。1980 年 7 月以色列议会通过法案，将耶路撒冷定为以色列“永恒和不可分割的”首都。多数国家都将大使馆设在特拉维夫。1988 年 11 月，巴勒斯坦建国，定都耶路撒冷，包括中国在内的近 100 个国家予以承认。根据巴勒斯坦和以色列 1993 年在挪威首都奥斯陆达成原则宣言，双方将在和谈的最后阶段，即 1996 年 5 月以后对耶路撒冷的地位问题举行谈判。此前双方均不得采取改变人口结构等措施以改变圣城现状。以色列却多次征用圣城土地，兴建犹太人定居点，企图通过征地计划造成耶路撒冷犹太化的既成事实。耶路撒冷是巴以冲突的中心。有感：

耶路撒冷，浑然神秘。三大宗教，汇源圣地。
纠葛弥久，曲折离奇。弱肉强食，霸者恣意。
二战甫息，陡升争议。联合国上，庄严决议。
罔顾之流，各怀玄机。五次搏杀，血染泪洗。
私欲驱使，刻骨分歧。困扰中东，对立巴以。
谈判频仍，欺人自欺。黑手操纵，从中渔利。

拉宾惨死，警钟凄凄。土地和平，难以交替。
痛心热点，此伏彼起。当今环球，亟待治理。
人类依存，命运一体。举世团结，力拔山兮。
清除邪恶，伸张正义。和平发展，怡然可期。

（2015 年 9 月 21 日）

苏联解体 24 周年感怀[①]

苏联解体，廿四年矣。仰天长叹，痛惜不已。
马列大业，毁及根基。悲愤之情，难以压抑。
原因何在，亟待梳理。兴师动众，学界热议。
各抒己见，引发争执。右论难忍，左得出奇。
模式僵化，毋须怀疑。戈氏罪责，岂容包庇。
究其实质，两制关系。历史规律，唯有遵依。
文明成果，人类传递。终极目标，并非梦呓。
社会主义，必然可期。且看中国，昂然奋起。

（2015 年 12 月 26 日）

① 1991 年 12 月 21 日，苏联各共和国领导人发表《阿拉木图宣言》，宣告苏联结束、成立独联体（既不是国家也不是超国家实体），这意味着苏联实际上解体。12 月 25 日，戈尔巴乔夫总统宣布辞职，苏联国旗从克里姆林宫降落，这标志着苏联形式上解体。12 月 26 日，苏联最高苏维埃共和国院开会，通过解散苏联的决定，这从法律上确认苏联解体。

我与季塔连科院士

俄中友协主席、俄罗斯科学院院士、著名汉学家和东方学家季塔连科，2月25日逝世，享年82岁。

季塔连科于1985年担任俄罗斯科学院远东研究所所长，随后不久接替年事已高的齐赫文斯基院士出任俄中友协主席。我于1986年5月去中国驻苏（俄）使馆工作，与之相识。此后不断进行学术交流与合作，增进了解与信任，建立并保持深厚友谊长达30年之久。

1993年春，应俄中友协之邀，我率中国国际交流协会代表团访俄，季塔连科主持请我作学术报告。我记得很清楚，欢送宴会上他向我提出朝鲜可能出现核问题，希望中国方面施加影响。我表示朝核问题的症结在朝美关系。这是我与他第一次、也是罕见的一次观点“碰撞”。

1993年秋，齐赫文斯基院士率俄中友协代表团回访，之后经与季塔连科商议，于1994年给我来信，建议由季塔连科院士、米亚斯尼科夫院士和我三人合作，以“中俄关系与亚太未来”为主题，撰写一本专著，以便从学术角度促进中俄友好的发展。章节都做了分工。可惜鉴于当时两国关系还没有成熟到今天这样的程度，写作计划被搁置。不过，后来我与季塔连科在博鳌论坛、金砖国家智库会议及中俄双边战略对话时，都曾就亚太问题充分互信地交换意见，一定程度上做了弥补。

1999 年 4 月 6 日，季塔连科给我来信，称鉴于齐赫文斯基院士和中国有关方面的推荐，俄罗斯科学院远东研究所学术委员会决定选举我为“东北亚和平与发展”国际科学委员会委员和授予我荣誉博士证书。同时邀请我赴莫斯科在授予荣誉博士专门会议上发表演讲并出席题为《中国、中国文明与世界：过去、现在与未来》的第十届国际科学研讨会年会。

9 月 24 日当我到达莫斯科进入会场坐下时，季塔连科才告诉我，我于 9 月 9 日当选为国际自然和社会科学院院士。我感到意外高兴。当我站在了有 18 个国家百余名专家学者参加的国际会议主席台接受联合授衔的时候，我内心充满对季塔连科和齐赫文斯基两位著名学者的感激。

根据程序，授衔仪式有一段简短的庄严问答，令人难以忘怀。季塔连科与我一问一答。问：您准备永远维护和平的理想和加强我们两国人民之间的友谊吗？答：是的。问：您准备永远致力于繁荣科学吗？答：是的。本人是用毕生的行动实践自己的诺言。

2009 年 10 月香港凤凰卫视制作了一部题为“皇牌大放送：邻家大哥记忆——中苏关系 60 年纪事”的大型节目。俄方由季塔连科院士主讲，中方我谈得较多。有的场景，编者将我俩分别访谈编成对话，甚至观点交锋。但这并没有影响我们之间的友谊与合作，事后我们谈起时均开怀大笑。

2015 年抗日战争暨世界反法西斯战争胜利 70 周年之际，中俄双方学术机构于 6 月共同筹划在北京举行大型学术研讨会。季塔连科院士因病未来。我的担心变得越发沉重。几乎与此同时，世界中国学论坛秘书处在上海筹划评奖事宜，季塔连科院士于 11 月 20 日荣获第三届世界中国学贡献奖。作为评委，我感到由衷欣慰。

最后，我想用季塔连科院士 70 寿辰时我的贺信要点，来结束这篇短文：

您是一位孜孜不倦的卓越的学者。您治学严谨，求真务实，无论国际风云如何变幻，总是保持冷静思考，勇于探索，勤奋笔耕，在国际关系理论特别是有关亚太问题研究方面，有着独特的建树。

您是一位致力于中俄友好的著名的社会活动家。您数十年如一日，始终不渝地为我们两国和两国人民的友好奔走呼号，自担任俄中友协主席以来更是不断地开创新局面。中俄睦邻友好合作关系得以顺利发展，其中就有您的独特贡献。中国学者和中国人民亲切地记得您的名字。

您是一位为人真挚的朋友。您谦虚和蔼，豁达大度，对人坦诚相待。您结识了世界上许多国家的朋友，也赢得了来自各方友人的尊重和信赖。

（载《新民晚报》，2016 年 3 月 30 日）

郎平的战略思维与辩证理念

里约奥运会今天闭幕了。中国女排历经艰险、奋力拼搏，在郎平卓越指挥下勇夺冠军，令举国上下沉浸在无比欢乐之中！郎平担纲中国女排主教练组建新军三年多来，苦心磨砺，开拓进取，先后在世界三大赛中由亚军到冠军再冠军，业绩之辉煌，极具震撼力。成就郎平的原因甚多，其非凡的战略思维和辩证理念尤其值得称道。

郎平的战略思维，集中体现在她上任伊始便提出的“大国家队”构想。这一战略构想又贯穿着处理以下十大关系的辩证理念。

其一，当今与长远的关系。2013 年国际排联公布的世界排名，中国仅列第五位。面对如此窘境，郎平决意立足当下，着眼长远。她不仅考虑 2016 年里约奥运会，而且放眼 2020 年东京奥运会。她精心培养大队伍，亲临国内女排联赛观察、选拔，成就两套优秀班底，乃至出征里约时选拔都很为难。她大胆启用新手，老队员只保留魏秋月、徐云丽和惠若琪三人。

其二，教练与队员的关系。作为主教练，她做到严格与包容结合。训练时一丝不苟，非常“苛刻”，被外国人称作“伟大的教练”；她以高情商对队员人性化的尊重，被队员称呼“郎妈妈”。她勇于担当，强调“队伍是主教练责任制，不管是好还是不好，我都应该承担责任。”世界排联终身名誉主席魏纪中说：“郎平很会调教和培养运动员，不单单是使用运动员。郎平最大的贡献是带出这个队伍，教出了这个队伍。”

其三，团队与个人的关系。她当然重视队员的个人能力，如对朱婷的使用；同时，更强调团队的整体作用。她曾说：“中国女排靠团队技术著称。中国女排只有最好的团队，没有最好的个人。”她把老队员当作助手，说：“我们的老队员一直在帮助我们给年轻球员做工作，大家团结起来，拧成一股绳，一起往上走，能做到困难的时候靠在一起，难能可贵。”中国女排堪称一支“复合型的训练团队”。

其四，主力与替补的关系。郎平培育的这支队伍，主力与替补只是相对而言，正所谓“超级替补”。两套阵容多次同时出征。这次进入前四时还提醒大家：“咱们老四，另外三个队，咱们都是人家的手下败将，从现在开始咱们从零开始往上奔，有百分之一的希望就要做百分之百的努力！”与荷兰队半决赛时，12人都上场。她把每个队员的强项凝聚发挥，从而有效地战胜对手。

其五，大局与细节的关系。郎平既有全面战略布局，又注意训练和比赛的每个细节。她要求队员一个球一个球打好。她善于抓主要矛盾，舍弃一些无关痛痒的国际赛事。她奉行的作战原则是“不在一城一地之得失，而在有生力量之消长”。她做到了既举重若轻，又举轻若重。

其六，顺境与逆境的关系。她知己知彼，摆正位置，保持淡定，强调“立足自己，做好自己”。出征里约之前她的表态实事求是，说争取奖牌，也许奖牌拿不到。谈到这次在里约奥运遇到的种种考验，她笑笑说：“什么都是经历，吃点苦是好事，不够美好的经历也是积累。”赛后她直言：“这场比赛打得很艰难，队员们赢了比赛非常不容易。我们就把注意力放在了比赛本身，发挥出全部的实力。这样，就算出局回家，我们也能不带遗憾。”

其七，主场与客场的关系。事物有两重性，矛盾会转化。例如巴西队占有天时地利人和，但也背负沉重的包袱。中国女排每次发球全场嘘声四起，郎平之前都跟姑娘们讲过：“就要做到他们越嘘我，我越要发好，抛好球，击准它！”面对实力强劲的巴西队，中国女排姑娘们并没有丧失斗志，反而打出了精气神。

其八，心态与实力的关系。思想过硬，技术过硬，这是郎平对队员的基本要求。她说：“比赛是训练成果的检验，解决问题还是要通过专心的强化训练。比赛中更注重场上经验、队员之间的配合。”郎平的心理调节能力超强。由于队伍比较年轻，心态的波动导致小组赛发挥并不理想，但她不抱怨，更没有指责，而是根据年轻队员的心理特点，及时对症下药，让她们在进入淘汰赛前彻底静下心来。

其九，勇与谋的关系。人们都说“铁榔头”郎平有颗“大心脏”。唯有宏图大略，运筹帷幄，方能如此。她说：“赛前我告诉球员，不要去追求结果，我们可以接受任何结果，只要你们打出自己的水平。”她总是在关键时刻，调兵遣将，扭转战局。国家体育总局副局长蔡振华说：“她能把每个人的作用发挥到淋漓尽致。根据对手的情况，她通过运动员的特点然后去使用，我个人认为有勇有谋这是最重要的。”

其十，偶然与必然的关系。四分之一决赛逆袭巴西、半决赛“复仇”荷兰和决赛战胜塞尔维亚，三场比赛看起来惊险、刺激，似乎有些偶然，其实背后是郎平孜孜以求、苦心钻研的必然结果。正所谓水到渠成、瓜熟蒂落。

关于女排精神，郎平也有辩证的解释。她说：“女排精神的传承一直都在，我觉得不是赢球有女排精神，输球没女排精神。我们的训练很刻苦，要看到整个努力的过程。”的确，如有的媒体所说，没必要觉得“女排精神”就是中国体育制造出来的幻象，而是完全可以将其视为我们所拥有的一笔宝贵财富，值得珍惜和发扬。

拥有战略思维与辩证理念的郎平，满怀雄心壮志，又保持谦虚谨慎。一位从运动员到主教练获得奥运会冠军的女性，当今世界绝无仅有。人们称颂她是大师级帅才、神奇人物、伟大的教练，均不为过。

（载《新民晚报》，2016 年 8 月 22 日）

贺张德广同志

（2016 年 12 月 18 日）

欣然又获金奖章，讴歌一曲慨而慷。
殷殷外交半世纪，节节岗位铸辉煌。
出使哈俄立殊勋，首任上合秘书长。
搏击顽疾绘人生，主导学会再独创。
退避视野勤思考，扶掖后者真智囊。
跨越古稀迎耄耋，笑览期颐巅峰光。

注：为祝贺 2016 年 12 月 16 日哈萨克斯坦国庆日向张德广同志颁发哈萨克斯坦外交成就 25 周年纪念奖而作。张德广，1941 年 2 月出生于山东济宁。1965 年从北京外国语学院俄罗斯语言文学系毕业后，在外交部工作。从翻译、随员、秘书做起，先后担任中国驻美国大使馆参赞、中国驻哈萨克斯坦首任大使、外交部欧亚司司长、外交部副部长、中国驻俄罗斯大使、上海合作组织首任秘书长、中国国际问题研究基金会理事长、欧亚经济论坛秘书长，2007 年 7 月至今任中国中亚友好协会会长。1999 年 12 月 10 日俄罗斯总统叶利钦亲自授予“友谊勋章”，2001 年 12 月哈萨克斯坦总统纳扎尔巴耶夫授予“一级友谊勋章”，2003 年 10 月俄罗斯总统普京亲自颁发“促进俄中友谊特殊贡献奖证书”。2003 年 2 月俄罗斯社会科学院授予院士称号，2004 年俄罗斯科学院远东所授予名誉博士称号，2009 年国立莫斯科大学授予名誉教授称号。

《从南师附中走出的院士》序

《从南师附中走出的院士》一书，堪称南师大附中历程非凡、人才荟萃和影响深远的缩影。一所中学涌现如此之多的著名学者，的确难能可贵，但尚不足以反映学校成就的全貌。南师大附中历代培养出的优秀学子，是难以胜数的。他们离开母校之后，或继续深造，或直接就业，在学界、政界、军界、医界、教育界、文艺界和工商界，毕生为祖国、为人类奉献自己的精力和才智，业绩累累，各领风骚，不禁令人肃然起敬。此乃感言之一。

院士校友们的成功之路，得益于母校“嚼得草根，做得大事”的著名校训。这是母校造就人才的要诀与精神支柱。凡成功者，无不秉持校训，自少年始便刻苦勤学，锲而不舍，牢牢把握自己的命运。此校训的内涵，与中国古训“宝剑锋从磨砺出，梅花香自苦寒来”；“千淘万漉虽辛苦，吹尽狂沙始到金”，以及“天行健，君子以自强不息”，是息息相通的。法国生物学家巴斯德说过：“立志、工作、成功是人类活动的三大要素。立志是事业的大门，工作是登堂入室的旅程，旅程的尽头就是成功。”附中学子们深明其义，身体力行。此乃感言之二。

南师大附中师资实力雄厚，德艺双馨。老师们尽全力传道授业解惑，教书育人结合，如启功所云“学为人师，行为世范”，应苏辙之评“齿发虽衰而风力犹存”。母校曾十易校名，七迁校址，但万变不离其宗，教学高质量始终如一，德智体美熔于一炉。此乃感言之三。

南师大附中校风优良，文化精髓熠熠生辉。这被归纳为和而不同、和衷共济的组织文化；掏出心来、相互尊重的行为文化；权责平等、民主公正的制度文化；追求诚朴、追求卓越的质量文化；行胜于言、锐意实验的教育文化；批判与建设、解构与建构的思维文化。文化是造就人才无可替代的一种软实力。此乃感言之四。

我们为母校南师大附中而自豪，并将竭力维护和弘扬母校的荣誉。正所谓“风雨多经人不老，关山初度路犹长。”

（《从南师附中走出的院士》，江苏凤凰科学技术出版社，2017 年 12 月）

十月革命-苏联模式-中国特色社会主义——在纪念十月革命100周年国际学术研讨会上的发言

尊敬的会议主席，尊敬的各国嘉宾：

今天我想就十月革命、苏联模式与中国特色社会主义三者之间的关系，简要谈几点看法。

第一点，要客观地、公正地、历史地评价十月革命。十月革命是在二月革命未能解决和平、土地、面包和自由等一般民主主义任务，仍在进行的帝国主义战争给俄国造成空前灾难和饥荒的背景下，由列宁为首的布尔什维克党领导，广大人民群众积极支持和社会各阶层不同程度参加的反对资产阶级的一场社会革命。这是在俄国革命主客观条件基本具备的情况下发生的一场革命，是俄国历史进程的必然产物。马克思、恩格斯曾经设想过社会主义革命将会在欧美一些发达资本主义发达国家同时发生和共同胜利，而列宁基于对资本主义经济和政治发展不平衡规律的认识，提出了社会主义可能首先在少数甚至一个资本主义国家（而且不一定是工业发达国家）获得胜利的理论。十月革命发生在资本主义发展非常落后、小农占绝大多数的俄国，这不能不说是一个创举。十月革命打破了资本主义一统天下的局面，促进了马克思主义的传播，推动了中国等亚洲国家反帝反封建的民族民主革命运动，促使世界上一些国家走上了社会主义道路。十月革命的光辉永不泯灭。

第二点，要廓清苏共垮台、苏联模式失败与十月革命之间的关系。十月革命的胜利赢得了政权，而选择什么样子的建设社会主义的模式，则是后来的事情。苏联模式是在放弃列宁的新经济政策而又没有现成经验可资借鉴的情况下，在党内外复杂的斗争环境中，逐步探索出的一种模式。它不失为一种模式，在历史上确实发挥过积极作用。其形成初期，适应了经济落后、结构简单和以增强国防能力为经济发展首要目标的状况；在战争年代，显示了动员性强和困难承受能力强的优点。苏联用 15 年时间完成了工业化，为反法西斯战争的胜利奠定了强大的物质基础；二战后苏联经济迅速恢复，成为足以同美国抗衡的又一个超级大国。但是，随着时代主题从“战争与革命”向“和平与发展”转化，面对科学技术的迅猛发展和资本主义表现某种活力的严峻挑战，以思想理论僵化、经济管理凝固化和政治生活不民主为特征的苏联模式，弊端日益凝重。加之，苏共长期以来在理论、路线、方针和政策方面犯有超越社会发展阶段的严重“左”的错误，这些错误与体制弊端相互作用，恶性循环，造成的后果越来越深重。战后苏联历届领导人都没有能担当起领导改革的重任。苏联改革失败有内因，也有外因；有现实原因，也有历史原因；有领导人的错误，也有改革本身的难度；其中执政党及其领导人的错误与体制严重弊端相交织所体现的现实内因，则是问题之根本。时隔数十年之后苏共垮台、苏联解体，没有理由归咎于十月革命本身。

第三点，十月革命是中国社会主义革命和社会主义建设的源头。十月革命推动了中国革命，唤醒了中国有识之士，增强了中国共产党人认识马克思主义和探索社会主义的志向。从孙中山的“以俄为师”，到毛泽东的“走俄国人的路”，都是要学苏联。在新中国建立初期引进苏联模式，有其历史必然性。关键在于如何把握国情来运用别国的经验。毛泽东最早看到苏联模式的弊端。他在 1956 年 4 月《论十大关系》一文中明确指出：“特别值得注意的是，最近苏联方面暴露了他们在建设社会主义过程中的一些缺点和错误，他们走过的弯路，你还想走？过去我们就是鉴于他们的经验教训，少走了一些弯路，现在当然更要引以为戒。”当然，在中国成功地对苏联模式实行改造，那是在党的十一届三中全会之后。

第四点，中国特色社会主义是在新的历史条件下对十月革命开创事业的发扬光大。苏共垮台、苏联解体从反面激励了中国共产党人。中国特色社会主义是在改造苏联模式、把握时代特征并汲取人类文明在资本主义发展阶段成果基础上，逐渐形成和发展起来的。邓小平十分强调以苏联为戒，针对苏联高度集中的计划经济体制，提出了建立社会主义市场经济体制的观点；针对苏联高度集权的政治体制，提出了建立中国特色社会主义民主政治的观点等等。当今，以习近平同志为核心的中国共产党，正在全力以赴地推进中国特色社会主义宏伟事业的创新发展。崇高的志向产生于道路自信、理论自信、制度自信和文化自信。中共十八大以来取得举世瞩目的非凡成就，得益于“四个全面”的重大决策：全面建成小康社会是目标，全面深化改革是手段，全面依法治国与全面从严治党是保障。其中的宝贵经验集中体现为有机结合的“五大发展”理念：创新发展是龙头，协调发展是基础，绿色发展是条件，开放发展是动力，共享发展是成果。

第五点，我们从十月革命100年来的社会主义历程，可以得出这样的基本认识：其一，十月革命开辟的社会主义事业具有无限生命力，其光辉是任何人也无法诋毁的。其二，苏联模式社会主义的挫折是一笔重要遗产，值得认真总结。其三，中国特色社会主义的成就证明了创新发展的重大意义：将马克思主义基本原理与本国国情相结合，产生了毛泽东思想；将马克思主义基本原理与本国国情和时代特征相结合，产生了邓小平理论；将马克思主义基本原理与本国国情和新世纪时代特征相结合，为实现中华民族伟大复兴和构建人类命运共同体而创新发展，产生了习近平的治国理政战略思想。

（2017 年 9 月 11 日于中国社会科学院）

贺刘永坦同学

（2018 年 1 月 8 日）

永怀报国心，
坦荡为人民。
雄踞海疆域，
伟哉雷达神。

注：为祝贺刘永坦院士 2018 年 1 月 8 日荣获国家最高科学技术奖而作。刘永坦，1936 年 12 月出生于江苏南京，祖籍湖北武汉。1953 年从南京师范学院附属中学毕业后，同年 9 月至 1960 年 3 月先后就读于哈尔滨工业大学电机系、清华大学无线电系、成都电讯工程学院二系；1979 年 1 月至 1981 年 1 月，就读于英国伯明翰大学。1981 年 1 月至 1987 年 1 月，任哈尔滨工业大学电子工程教研室主任；1987 年 1 月至 1990 年 1 月，任哈尔滨工业大学无线电系系主任；1987 年 1 月至 2001 年 1 月，任哈尔滨工业大学电子研究所所长；1993 年至 2013 年任哈尔滨工业大学研究生院院长。他长期致力于电子工程的教学和研究，特别是新雷达系统和信号处理技术的系统研究，是中国对海探测新体制雷达理论体系的奠基人。1991 年当选为中国科学院院士，1994 年当选为中国工程院首任院士，2018 年 1 月 8 日荣获国家最高科学技术奖。

作者与刘永坦院士 1950—1953 年在南京师范大学附属中学同学。

做一名不仅合格而且优秀的外事工作者

（2018 年 7 月 13 日对中联部新同志的讲座要点）

中联部部训“忠诚、敬业、求实、开拓”，是每位中联部人的座右铭。“忠诚”，可以用“忠贞不渝、志存高远”八个字来体现。忠贞不渝，就是从世界观、人生观和价值观的高度，把自己的理想追求融入祖国伟大复兴的事业之中。

业务的成长离不开人品的修炼。我们这一代人跨进中联部，是在三个“耐得住”的情况下健康成长的。一是耐得住寂寞。长达 20 多年，苏联东欧地区除阿尔巴尼亚，没有党的交往。我们忠于职守，信仰从未动摇。二是耐得住清贫。1956 年以前大学毕业生每月工资 62 元，此后毕业的 56 元，且有了孩子负担，我们并未见异思迁。三是耐得住接受严格管理。纪律严明，私心杂念余地很小，我们没有怨天尤人。

如今年轻同志进部，将在新时代从事弘扬党势国威、改变世界格局的大事。2035 年基本实现社会主义现代化时，大家 40 岁刚出头；新中国诞生 100 周年建成社会主义现代化强国时，大家也就 55 岁左右。多么值得庆幸，多么令人羡慕！

志存高远，何谓“志”？著名教育家陶行知先生有句名言：“人生天地间，各有所禀赋；为一大事来，做一大事去。”不过，这有“君子之志”与“小人之志”之分。志存高远不是好高骛远，更不是自我膨胀。志存高远也不能志大才疏。

我的母校南京师范大学附属中学建校 115 周年，最近出版了一本书《从南师附中走出的院士》，中外院士 50 多位，包括严济慈、巴金、丁衡高、袁隆平等。在约请我写的序言中，我说：院士校友们的成功之路，得益于母校“嚼得草根，做得大事”的著名校训。这是母校造就人才的要诀与精神支柱。凡成功者，无不秉持校训，自少年始便刻苦勤学，锲而不舍，牢牢把握自己的命运。

中联部为每一位同志提供了同等发展的机遇，是大有可为的。

“敬业”，可以用“自强不息、见贤思齐”八个字来体现。为了做好调研，要有苦心孤诣的思想境界。调研要下苦功夫，苦中有乐，要乐此不疲。我曾给自己立下规矩：“板凳要坐十年冷，文章不写一字空。”为了做好联络，需要具备高超的外语水平和其他方方面面的知识。联络也是调研的重要途径。

事业不可能一帆风顺。在荣誉与挫折面前都要经得住考验。人不能没有自信，但自信不是自负；人应该为成就感到自豪，但自豪不是自夸。“见贤思齐”是一种涵养和美德。同事之间在工作密切配合的同时，客观上也会有竞争。切不可嫉妒他人，贬低他人，更不能内斗。要善于汲取他人之长，弥补自身之短。

“求实”，可以用“保持清醒、脚踏实地”八个字来体现。深入调研，是为了增强自觉性，减少盲目性，提高警惕性，发挥主观能动性，从而把自身的事情做好。联络与调研相辅相成，不能偏废。学外语的人要争取做到“出将入相”，也就是走出去胜任翻译，坐下来能搞调研。当翻译毕竟有年限，提高调研素养足以延长业务寿命。

“开拓”，可以用“讲究方法、锐意精进”八个字来体现。要处理好锐意创新与继承传统的关系。党和国家领导人做到了从“古为中用”、“洋为中用”到“中为洋用”的创新发展，是我们的典范。还要讲究方法，那就是跟踪研究，发展地看问题；温故知新，历史地看问题；把握规律，辩证地看问题。观察和研究国际问题要警惕三种倾向：随意性、情绪化、跟着西方调子跑。

我毕生形成 20 字以自勉：足够的勤奋，必备的知识，敏锐的头脑，辩证的方法。谨供年轻同志参考。

（载中联部《中联晚晴》，2018 年 8 月号）

王淦昌施士元 78 年挚友情

2018 年 12 月 10 日，是“两弹一星”元勋王淦昌先生逝世 20 周年，他是我岳父施士元先生的挚友。两位寿逾九旬的核物理学家之间的友谊，绵延 78 年之久。

我手头存有王淦昌老伯给我岳父的 13 封信。第一封信是王淦昌为从事核弹研制隐姓埋名 17 年之际，于 1965 年 11 月 21 日悄悄写的，怀念之情跃然纸上。最后一封信是 1997 年 3 月 16 日写的，赠我岳父《核物理学家王淦昌》一书，距王淦昌逝世只有一年零几个月时间，他还在忙碌不休。

王淦昌与施士元于 1920 年同时进入上海浦东中学读书，1925 年一起考进清华大学物理系首届本科，拜读在中国近代物理学先驱叶企孙宗师门下。当时清华物理系一共 4 名学生：王淦昌、施士元、周同庆、钟间。1929 年毕业后，王淦昌与施士元都考取江苏省官费留学，王淦昌到德国柏林大学威廉皇帝化学研究所读研究生，师从被爱因斯坦称作“天赋高于居里夫人”的著名物理学家麦特纳女士；施士元到法国巴黎大学镭研究所读研究生，师从两次诺贝尔奖获得者居里夫人。两人都是 1933 年获得博士学位后回国。

从王淦昌的信中能够领略两人之间的深厚情谊，亦可看出王伯的谦虚品德和敬业精神。我们小辈也与王淦昌多有接触，深感他的学者、长者风范。

王淦昌特别谦虚。为祝贺他八十寿辰，科学出版社于 1987 年 7 月出版了《王淦昌和他的科学贡献》一书，其中以苏步青先生的贺诗代序，由周培源先生作序，汇集了杨振宁、李政道、钱临照、钱三强、程开甲、周光召等50多位科学家和亲友的文章。收进该书首篇的施士元所写《从核物理黄金时代谈起——为祝贺王淦昌八十寿辰而作》一文，系统评述了王淦昌卓越的科学成就与艰苦奋斗精神，称赞他“西马反超泡室前，国际风云路八千；投身核弹研制中，沐阳山沟十几年”，“几十年来，他日日夜夜克服了无数艰难险阻，才登上一个又一个高峰。惟其难能，因此可贵。际此寿辰，千里之外，高举美酒，敬祝一杯”。王淦昌一再婉拒对他的高度评价。他在1986年7月15日信中写道：“我自己知道天资既不高，努力学习又很不够，以至蹉跎几十年毫无建树。同志们为我八十岁写文章，是万万不敢当的。但我也无法不让大家写。只有恳请你们不要写。”信中他还幽默风趣地说：“‘王淦昌受其学生们的景仰……但美好的事物我们都希望保留下来。’我建议把这段去了，因为我并不为我的学生们景仰，也不能和大熊猫相比。”

1991年11月19日他在信中再次表示：“士元我兄惠鉴：你好！手书敬悉。关于你要为我在现代物理知识上写文章，我感到非常惭愧。希望不要再写了。原因如下：你在《王淦昌和他的科学贡献》那本书上已经写得很多很好了，我也为此很感激你。”

王淦昌的贡献之大，不是本文所能说清的，但仅从他赠送给我们的为青少年所著的《无尽的追问》一书，就可以得知，1969年、1975年和1976年的我国三次地下核试验，都是他在现场直接指挥的。他说，1969年，“‘文化大革命’还在进行，一些领导干部还不能出来工作，组织第一次地下核试验的任务就落到我的身上”。1975年和1976年的“这两次试验也是我现场指挥，到第三次试验时我已是年近古稀的老人了。不过我的老毛病还是没有改，我一直坚持在第一线，坚持亲自检查，逐项验收”。

王淦昌不让人称呼他“大科学家”，遇事常说“我不懂”。

例如1990年3月16日信中称："士元我兄：你寄来的大作The Structure of Electron（《电子结构》，编者注）我又送给了我们研究院的较年轻的理论物理学家……请他们看看，他们的答复现在附上，请你审阅。我因不懂，无法参加意见，只能转达，专此。即请研安！"有一次我和夫人施蕴陵去看望他，他对在北京大学无线电电子学系任教的蕴陵说："你的专业我不懂。"他从来不以担任某种领导职务为荣。他在1965年11月21日的信中写道："原子能所的职务只挂个空名，并无实际联系。"1984年7月9日的信中又写道："本拟回京后即写信给你，因为不断的会议，致使我无法安静下来。只得等开完会（连续约有五个会）后，始能有暇写此信。其实开会我只跑跑龙套，没有起什么作用。看来龙套还得跑。实属无可奈何。"

王伯特别重情谊。这更多表现在学术交流方面。例如，他1966年2月5日在信中写道："关于氚靶的问题，据我了解，都是进口的（据说从苏联进口的），你们可得到，我建议要求承担些任务。例如测高能中子对某些元素的非弹性散射等。……"1989年9月13日信中还谈道："我前些日子，去苏联一次，是应那里的老朋友邀请的。去了二个星期。……除Dydha的联合所外，还参观了高能研究所和原子能研究所。设备都很好，经费也很充足。比我们是好多了。但我国若能少而精，也未必比他们差很多。"他们二老既是同学同行，又亲如手足。1965年11月21日王淦昌在信中写道："士元我兄惠鉴。很多时没有见你，很是想念。前次看见你校鲍家善魏荣爵两位教授，曾请他们向你多方致意。近来在物理学报上常看见你发表的文章，足见你的研究工作，仍是活跃，很是钦佩……便时希望常通通信（通信交北京西郊中关村科学院宿舍X楼X号），信可以由我家人转来（只是费些时日）不胜盼祷。弟淦昌上。"

二老直到20世纪80年代才在南京再见一面。时光又过去十年，1995 年 3 月 19 日，王淦昌在信中说：“今年 4 月中旬将去上海。若有机会将来南京看望你。我的次女仍在南京师范大学。我经常和她电话联系。在此我希望你告诉我你在南京的电话号，因为这样我可以和你电话联系啊。”

次年 2 月 7 日，他在信中写道：“士元我兄惠鉴：久未通音，思念为劳。前得清华校友通信第 32 期第 89 页见你与吴健雄先生的合影，很是高兴，特此祝贺，还有你为叶老师企孙的铜像揭幕仪式赠的油画一张，我也看到，非常好，也向你祝贺。我现在仍如以前，非常的忙。但很想来南京看望你，1995 年我去了上海，很想来南京看你。惜未成行。下次有机会必来看你。”1997 年 2 月 14 日的信中介绍了他去黑龙江哈尔滨、牡丹江，四川成都、绵阳，广东深圳以及上海等地的感受，称“见到各地都兴旺发达，与十年以前大不一样，实属可喜”，还说“今年也将去杭州、上海一带。若有机会，必来南京拜访我兄。最近友人为我出一本书，伺机当送上不误”。

王淦昌的信中还表现了他对两人共同相识的学者和朋友的关心，如多次提到周培源、袁翰青诸位先生以及他们在清华的同班同学周同庆先生的健康状况。

令我们尤其感动的是，王伯将对我岳父的情谊转化到对我们小辈身上。1966 年 2 月 5 日在信中写道：“您的二位女儿在北京工作，我从前听同庆兄谈过，但把名字忘了，真糟。请您再告诉我她们的名字和住址（一位在北大？离我家很近）我去联系，请她来我家玩玩。虽然现在我在外的时间较多，但仍有不少次数回京。”此后，信中一再牵记、关怀我们。其中，1984 年 7 月 9 日的信中写道：“刚才与俞邃同志通了电话，知道他家里都很好。你的女儿蕴陵同志要到 8 月初才放假。又要去昆明开会。他们都是骨干分子，忙也是应该的，很好的。”1993 年 2 月 12 日于信中说：“前些时候，看见令嫒蕴陵同志及快婿俞邃同志，非常高兴，特别因为蕴陵身体非常健康，和以前判若二人，堪为庆贺。”由于我是二老之间的实际联系人，王伯在 1989 年 9 月 13 日的信中说：“令婿俞邃同志为人最好，经常有联系，关于你的情况，都是他告我的。我很感谢他。”1986 年 5 月，我去中国驻苏联大使馆工作，王伯来我家中看望，并赠我派克笔和俄汉词典。他还解除了我因切尔诺贝利核电站事故所引发的对那次旅程的顾虑。

王淦昌非常关心对后代的培养教育。上面提到的《无尽的追问》一书，是 1997 年 12 月由湖南少年儿童出版社出版，讲述他毕生事业的科普著作。他在该书前言中说：“每当我在马路边空地散步，看到一群群小学生、中学生走过，一种责任感就在我的心中油然而生。少年儿童是祖国的未来，我们应该尽力多做一些工作，把工作做得更好些，为他们创造更好的生活、学习条件。”我本人则亲历王伯一件感人至深的事。1998 年 7 月，91 岁高龄且重病在身的王淦昌欣然接受我的请求，为我的母校江苏省如东中学 60 周年校庆题词，写下苍劲有力的“面向新世纪育才树人”九个大字。当时他知道自己时日无多，感慨地对我说：“我还有许多事情没做完，再给我五年时间也好呀！”

王淦昌的高尚品德，与我岳父之间的深厚感情，铭记在我们小辈心中，成为鼓舞我们上进的动力。

（载《解放日报》，原标题《78 年挚友情》，
2018 年 12 月 23 日）

缅怀郁文同志

2019 年 1 月 28 日是郁文同志逝世六周年。我们大家都怀念她。

郁文同志有很高的文化素养，风度儒雅，举止端庄，朴实无华，平易近人。作为党和国家卓越领导人乔石同志的夫人，她以其崇高的风范受到广大人民群众的尊敬。

我与郁文同志业务上的接触，开始于 20 世纪 70 年代后期。她治学严谨，给我印象深刻。记得是在 1983 年年初，由她主持的《共运资料选译》(《当代世界》杂志的前身)，刊发我撰写的《勃列日涅夫当政十八年回顾和苏共新领导政策初探》一文。她在主编过程中，与我反复商议，从重要提法到标点符号，都一丝不苟。早先我就听说她才华横溢文笔高超，这次合作让我产生对她的由衷钦佩。

郁文同志待人诚恳。我手头保存着她写给我的三封信，记载着她对我的关心、爱护和帮助。2000 年 12 月，我将在报纸上发表的一篇纪念李一氓同志的长篇文章，转给郁文同志看看。她于 2001 年 2 月 14 日给我回信，赞许说："文章抒情叙事，真切感人。难得你笔头勤，把李老当年的一些所为所言，都详细地记下了，今天写出来，成为对他老人家很好的纪念。老乔并此向你问好！" 2001 年江苏人民出版社筹划出版我的一本专著《俄罗斯萧墙内外》，出版社提出可否请乔石同志题写书名。我把此意向郁文同志转达，她在同年 5 月 23 日给我回信，一方面解释因乔石同志"从不为人题书名，仅李一氓老前辈的回忆录是例外，故只

20 世纪 90 年代俄中友协名誉主席齐赫文斯基院士（右一）访华时，郁文同志（左一）与他交谈。中间是本文作者。

能请你谅解了”；同时鼓励我说：“你的作品再次得以辑集出版，殊堪嘉慰。不负你多年心血。”2003 年 1 月 5 日，她接到那本书之后，又给我来信，说“因杂事及到外地，至今才给你回信，实在抱歉之至！书还不及好好拜读，但已看了何方同志为你作的序，很赞同他对你的观点的高度评价，这是公允的。”

苏联解体后，郁文同志还曾积极推荐我出使国外，对此我一直心怀感激。

郁文同志重同志情谊，还可举一例。刘克明同志于 2012 年 5 月逝世时，我建议他的子女将讣告送给郁文同志。结果乔石同志和郁文同志联名送了花圈，这对逝者、其家人，以及我们中联部的老同事都是很大的安慰。

郁文同志为人谦和，就像一位大姐。记得 1994 年俄中友协主席季塔连科院士来访时，她以中国国际交流协会副会长名义在朝阳公园宴请。我们几位曾经率交协代表团访俄的同志作陪。席间她要我代表她致辞，散席后路上她亲切地对我说："老乔经常谈起你"。

郁文同志突然逝世后，悲痛之余，我总想以什么方式公开表达一下对她的悼念。我利用 2013 年 3 月 2 日在上海《新民晚报》发表文章《李一氓的学者风范》的机会，在文中特意写道："今年 1 月李老之子李世培同志与我们商议李老诞辰 110 周年纪念活动事宜，正准备请教郁文同志，孰料郁文同志突发脑溢血，于 1 月 28 日不幸逝世。"

讣告《郁文同志生平》中有这样一段话："郁文同志一生光明磊落，襟怀坦白，严于律己，乐于助人，谦虚谨慎，作风正派，艰苦奋斗，廉洁奉公。"这是对她的客观评价和真实写照。

（载中联部《中联晚晴》，2019 年 4 月号）

追念挚友兄长朱剑同志

我于 1952 年从南京回过一趟家乡南通-如东之后，直到 1988 年才又踏上这片朝朝暮暮眷念的故土，间隔长达 36 年之久。这期间，南通市和如东县的领导同志不断更迭，除个别人曾有所耳闻外，几乎全都不相识。

1986 年 5 月初我奉命去中国驻苏联大使馆工作，出发前不几天，我接到邵铁真同志的电话，说南通市委书记朱剑同志来北京出席全国人大，还有在中央党校学习的副书记李明勋同志，正在他家做客，欢迎我前往一聚。我非常高兴，急忙赶去，于是认识了朱剑同志。那时他给我的印象，坦诚、儒雅、谦逊，让我产生敬佩与亲近感。此次别后，一直到 2009 年 9 月，才有机会与朱剑同志建立了联系。开始我们互通电子邮件，后来有了手机操作。我坚持每天清晨转发两套系统的、被他称作“早餐”的新闻信息。我们连续友好交往了整整十年，建立了“同志+挚友”的深厚情谊。

朱剑同志是一位意志坚强、初心不改、豁达开朗的老革命，又是一位求知欲强、学而不厌、诲人不倦的文化人。他的崇高品格留给我的印象极其深刻。这在他十年来的信件中得到充分体现。这里我将其中一些内容简要地分类整理，这也许是我个人所能采取的一种对他最好的纪念方式。

建立联系，友情绽开

我与朱剑同志建立联系之后，从未间断。他比我年长 5 岁，是我一生中难得的良师益友。我总是称呼他“剑老吾兄”，他开始出于传统文明习惯叫我“邃兄”，后来逐渐认我为“邃弟”，有时涉及学术评价也称我“邃公”。

2009 年 9 月，我从管惟滨教授那里得知剑老的电子邮箱，遂于当月 26 日尝试着给他发去一个电子邮件。我写道：“我们还是 1986 年 4 月底我赴驻苏联使馆工作的前夕，在邵铁真同志家首次见面，不觉 23 年过去！此后我数次去过南通（最后一次是 2008 年 10 月应邀在南通市委党校做国际形势报告），因不知您的情况和住址，未能再次把晤，实为憾事。您近况可好？下次回家乡，一定前往拜望。我给故乡的《南通日报》写了一篇文章《中国和平发展如何影响世界》，不知能否麻烦您转给报社编辑部？如不刊用，也无所谓，只是表达一点心意而已。”

9 月 30 日我接到剑老回音。他说：“很高兴地接到您发来的电子邮件来信，读大作如见其人。23 年前在铁真同志家初晤，至今仍有印象，记得曾留下合影，待寻找到这一珍品即寄给您。我已离休近 15 年了，身体尚可，社会活动连连不断，尤其到节日更是频繁。这两年来，为《记忆经典南通》工程需要，收集、编辑了数宗档案资料，由于我出生于南通至今未离开过家乡，所留下的资料可以说从一定的层面上记录了南通自 20 世纪 30 年代以来，尤其是改革开放初期重要时期的历史轨迹。根据中共中央办公厅去年底通知要求，将其中 5 卷（个人的影集和文集和中央领导同志来通的影视和文字资料）于今年 4 月赴京呈送中央有关部门保存，获得好评。待再次晤见时或用 e 邮发给您，能得到您的指正，乃幸甚矣！您的大作已转发南通日报总编辑了，一有信息，即告。今发上几则我最近参与活动的小资料，如您有暇一阅，并望以后多联系。”我的那篇文章于10月23日发表，这是我在故乡报纸上刊登的第一篇文章。剑老非常认真，随后将报纸邮寄到北京我的家中。

我与剑老再次晤面是在2009年10月。那个月的24日，我应南京解放军理工大学之邀做国际形势报告，接着前去出席淮安外语学校十周年校庆。我和夫人施蕴陵教授，与南京解放军理工大学原政委毋瞩远将军及夫人刘珊同志结伴，乘此机会于10月30日从淮安转到南通与剑老见了一面。28日他先在短信中称：“30日莅通，时间实在短促，能晤见乃一大幸事。”这次见面我们彼此都特别兴奋，亲切促膝交谈，剑老赠我三张光盘，内容包括他个人经历、1984年胡耀邦同志视察南通。剑老还与李明勋同志一道，兴致勃勃地陪同我们参观了狼山和园博园。当夜我们回到北京，我给他发邮件说：“我们一路上回味着与您相处的极为愉快的一天。这次回到故乡南通，最大的兴奋点就是与您晤面畅叙。您老，精神矍铄、思维敏捷，很使我惊喜。如果不是您做那样周密的安排，我们不可能在如此短的时间内看到那么多精彩的东西。毋瞩远将军感受至深，在途中给我短信说：朱书记给人的印象太深了，既重情谊又无官谱，且善思好学，真让人钦佩！”

自从故乡第一次见面之后，我与剑老便经常地传递各自的文章或研究心得，这成为彼此交流的主要内容。剑老对我关怀备至，一再恳切地约我每年回去一次。我多半利用到上海讲学的机会，在剑老的关照下，如愿地几乎做到了年年与他把晤。

交流心得，彼此切磋

剑老不仅关注国家大事，而且重视国际问题。他喜欢看我写的关于世界局势与中国外交的文章以及电视访谈，于是我经常给他传送。他认真仔细，随时做出评论。他把自己写的涉及多方面的文稿，也发给我，并谦虚地征求修改意见。从中还可以看到他对老战友例如王太祥、邵铁真、李明勋等同志的关心。这样的交流是大量的，这里仅举数例。

2009 年 10 月 16 日剑老来信：拜读了您《中国和平发展对世界的影响》和为新民网撰写的专文，很有感受，特别是对近日中日韩三国首脑会议这一重要事件有了全面深入的理解，其文言简意明，通俗易懂，很适合如我们这些读者（广大的而不是专业）的需要，希望能多看到您的文章，我已向友人推荐。

2009 年 11 月 3 日，我告诉剑老，我出席了国际问题研讨会，议题是《后金融危机：发展模式的改变与竞争》。与会的有德国、美国、日本、印度、新加坡和中国的知名学者 20 多人。我的任务是闭幕时对会议做一个总结性点评，结果受到了我意想不到的热烈欢迎。我将“点评”给他发去，供参阅，请指正。剑老阅后于 11 月 4 日回复称：“一是为您的论点获得成功而高兴，二是为我有了一位国际政论的好老师而欣慰。这个发言，对我们这些做实际工作的人来说，它深入浅出，言简意明，回答了人们议论纷纭的时政问题，其作者不愧为中央领导层智库精英！以后一定多向您请教，祈勿却是幸！此文拟转我市里有关宣传、理论机构的友人学习。”

2010 年 3 月 12 日和 16 日，我收到剑老两次电邮，我回复他：南通市党史部门和好友们“督促”您写回忆录《与南通一起走过》，这是一件非常有意义的大事，值得认真对待。得知您正在积聚资料，我很高兴。您已有不少的文章和讲稿，完成回忆录的基础条件是很好的。如果觉得重新动笔撰写完整的回忆录精力有所不济，可否考虑将该书的内容分为几类，其中包括您本人撰写的一篇综合性回忆长文，这是主体部分；加上您现成的一些文稿和讲话，还可以附上其他作者谈论您的成就和贡献的文章。

在全书形成过程中，如需要我做点什么，请吩咐，我将尽力帮助。6月15日剑老来信称：今发送我最近出版的《与南通一起走过》资料汇编（电子版）第二版，这一版有自动翻阅功能，只要点击题目那文字就可自动出现阅看了，也可调节字的大小。发上两本，一本是可复制和改动的，一本是不可的。望提出意见，使之更完善。也望对文稿提出修改意见。

2010年7月25日，剑老信：《王太祥纪念文集》序言草稿，今日刚写成草稿。王老，如东掘港人，长期在地方工作，您可能熟悉他，今发送给您，请帮助修改，也可推倒重来。恕我找烦，祈谅！我当日回复：您的序，充满对战友的真挚情谊，对事业的负责精神，评价真切，文笔流畅，朴实无华。这是一篇佳作，我很难做什么修改。若能给我几天时间，我可以帮助做一些文句润色，如何？受您之托，为故人鞠躬尽力，是应该的。您老高龄，在这大热天勤勉笔耕，我实在佩服您！7月26日，剑老再度来信：拙作经大师出手，大为增色。近日，李明勋同志的著作《紧随时代的足迹》已编成，约我作序，转上一阅，待您空闲时给此文“诊断”一下。恕我添烦，祈谅！

2011年4月20日我给剑老信：纪念王野翔同志的文章写得好，情真意切，朴实无华。我小时候见过王野翔同志，家中长辈经常称赞他，在我的记忆中他很了不起。

2011年9月12日剑老信：送上答市电台的采访稿，请指正！今日下午报社记者来采访，拟展开谈“党要管党”的问题。这次被选为即将召开的市党代表大会的代表，该讲的话讲讲，你以为如何？

2012年1月8日我去信：剑老十分关注《邵铁真纪念文集》，充分表明了您的高尚人品和对战友的深情厚谊。由通州党史办负责筹办甚好。铁真的子女应主动积极参与。

2012年6月16日，剑老信：弟又被选上新一届市人民代表，本月下旬将出席第一次会议。为履行职责，正准备一件提案：在濠河博物馆群中建一座“南通历史博物馆”，借鉴北京“国家博物馆”，展示南通自“青墩遗址”时始经古代、近代、现代以至当代的历史进程。此构思的基础是我及几位热心文化的友人于20年前想法和近年来的建议，相信也反映南通籍有识之士的愿望。今发上两件文稿，敬祈批评指正！7月11日剑老再次来信：今发上《关于建立南通历史博物馆的建议》，请批评指正，并恳祈邃公为家乡文化建设作贡献。7月19日我回复：来函并《关于建立南通历史博物馆的建议》收到，谢谢。您的始终不渝的人民公仆使命感和富有远见卓识的崇高责任感令我非常感动。如建成南通历史博物馆，将传承辉煌，造福后代，功在千秋。对此建议我举双手赞成，并向签名的所有老同志致敬！

2013年10月20日，剑老信：发来《新民晚报》刊载的近作《忆于光远先生二三事》已初步拜读，文字通俗、情真意切，体会到思想理论界人士交往的高尚境界。上世纪我担市委书记时曾聘任于光远先生为南通市的高级顾问，是南通人民敬仰的理论家。同样，我们南通人民有堪称“江海之子”的俞邃公而深感骄傲和自豪！

2014年3月29日我致剑老：回京之后撰写并发表了《瞩目乌克兰局势》一文。外，还有一篇理论性文章《要有创意，但不能离谱》，受到社会重视，现一并送上，供参阅，请指正。

2015年8月11日我给剑老发去近期5篇文章，请参阅指正。剑老当即回复：“哈哈！早餐换大宴了！要好好品赏，猛增营养，大享清福，延年益寿！！！”

2016年7月26日剑老信：得知“走红”的中联部专题片，甚欣！凡看了此视频者无不赞赏，认为其内容和形式确实可谓党史党建好教材，应列为我国大中学校的政治教科书。尤其是，从视频中看到邃公列入为我国首名国际政治和党史党建领域知名专家学者的光辉形象，不愧为我“江海之子”佼佼者，吾等深为敬佩，并为之感到光荣和骄傲！

诗词书法，增添情趣

剑老和我都算不上诗词人和书法家，但在这些方面却有着共同的爱好，偶有交流，增添乐趣。

2010年2月16日“朱剑敬赠”：瑞雪报春喜万家，飞越网空绘梅花。神州大地虎显威，人活百岁哈哈哈。当日“俞邃回应”：朱门白雪喜万家，剑亮笔端报春花。快马奋蹄胜虎威，乐迎百岁笑哈哈。同日，“朱剑赠友人并祈教正”：有生遇老俞，心头倍深邃。兴国赖精英，华夏皆人瑞 。17日，“俞邃回谢”：挚友难遇，剑老过誉；权当鞭策，矢志不渝。

2010年10月16日，剑老接到我发去的名人诗，感言：电波传友情，天涯咫尺近；今又重阳日，朗诗更思亲。

2011年7月9日，剑老信：欣然拜读邃兄为建党90华诞的诗并书法，令弟“目不转睛”，不失“情深意远，腕健力张”之佳品，乃“江海之子”“中华精英”者神形彰显也，可赞可颂！发上拙作几幅，敬请指正。弟深知自己的字不难看，但缺乏功底，懒之所致，后悔莫及矣！10日俞邃回应：剑老，您的题字，气势与潇洒兼备，端庄与谐趣并蓄，阅后很是高兴。

2015年12月30日，敬告剑老：支部活动时，回应主持人给群体的贺年话语，我作诗应答：喜逢元旦，心田灿烂。磊落人生，弥足安全。古稀耄耋，无非几关。梅花过去，又有牡丹。当日剑老和韵：乐度元旦，青山灿烂。快乐人生，天赐平安。喜逢耄耋，已越几关。雨雪过去，手捧牡丹。

2016年1月21日晨，剑老发来院内漫步吟诗的视频，“感赋”如下：岁寒三友舔剑翁，瑞雪纷飞共一丛；万象更新迎春到，三幸有生乐融融。我当即“友情呼应”：视频欣然望剑兄，吟诗作赋笑隆冬。惊羡已是米寿人，活泼潇洒胜顽童。

2017年12月29，剑老发来九十寿辰全家四代同堂照片，并赋诗一首《九十感怀》：忽忽光阴九十载，与时俱进新时代。四代同堂乐庆贺，更喜祖国辉煌灿。我回贺：如诗如画九十载，盎然迈进新时代。江海学子群星灿，剑老堪称一品牌。

不断思念，永远缅怀

我与剑老是名副其实的莫逆之交，做到无话不谈。他不止一次对我说起他的“命”。他是从抗日战争和解放战争枪林弹雨中奋斗过来的。他还曾告诉我，1976年7月28日唐山大地震当天，他和几位朋友原计划离开北京住在唐山，幸亏临时变更了日程。所以他对“三生有幸”这句成语体会深刻，并且风趣地变动一下说他是“三幸有生”。有朋友对他的这一变动文法存疑，于是征求我的看法。我说两者本意相似，变动一下符合您自身的境遇，且富有幽默感，未尝不可。他对我的解读感到高兴。

剑老的体质一向甚佳，在他九十寿辰时我和夫人施蕴陵联名赠他条幅“光照期颐”，意思是深信他能健康地活到百岁。但我与他毕竟最多也就一年见面一次，所以还是经常牵挂。

2010年1月10日，我在日记中写道：有一阵子没有得到朱剑同志回音，今天直接并通过晓丹询问情况。剑老回短信称：“谢谢您的问候！我现在一切正常，由于年关，活动较多。您的文集是党和国家文库中的经典著作，翻开浏览，获益匪浅。常常收到您发来影像和文史资料，大大丰富了我的精神生活，但我无报答，祈谅！”

2012年5月19日，他回答我的询问：“剑弟之伤情已近痊癒，乃不幸之大幸也！务望以弟为鉴，以安全、快乐、健康为座右铭，欢度晚年！共勉之。”6月16日，我问候，剑老康复否？念念！回复：弟之伤情已近痊瘉，能正常参与各种活动，勿念！

2013年5月1日，考虑到剑老对我和夫人南非之行难免担心，我站在南非好望角，给他发短信报平安。他回复：“天涯海角传佳讯，江风拂面递谢意。祝邃公夫妇旅途快乐！愚剑”。

2018年1月19日，我的日记：朱剑老一段时间无回音。经询问，告诉我：“愚剑近来服药治疗两腿走路稍有好转，谢谢关心！望二老不忘乡愁，待天暖花开时相叙！”3月8日我的日记：朱剑老回音不大及时，担心他的健康。经询问，回答是“愚剑的健康总评价：好，能吃能睡尚能走路，头脑没有糊涂。”

2018年12月28日，我的日记：台历上标注，今天是朱剑老90周岁生日。立即与蕴陵联名发去贺信：“热烈祝贺尊敬的兄长朱剑同志九十大寿！”他回复：“感谢邃公、蕴陵教授来电祝贺！值辞旧迎新佳节，愿共同幸福美满！”

较长一段时间剑老很少用邮件，显然与他的健康状况有关。

2019年6月24日，星期一，晴天霹雳，传来噩耗！当天中午我关闭手机，到下午2时半开机，突然见王乃熊和尤来宗二位同志来信，说朱剑老书记昨天早晨突发病，一直昏迷，今天中午十二时许逝世。我万分震惊！随即转告毋瞩远、管惟滨、曹振志等熟悉他的老同志，还告诉了小辈邵旭军同志。我通过微信把毋瞩远将军的悼念诗、管惟滨教授的悼念信转给晓丹。

晚间8时38分晓丹传来讣告：家父由于突发主动脉破裂引发的心力衰竭于2019年6月24日（周一）12点44分于通大附院在家人的陪伴下安详地离开了。遗体告别仪式定于2019年6月28日（周五）10：00开始在南通市殡仪馆（天福园）景福宫举行。特此告知。

这时，我含泪打开2016年7月2日剑老发来的视频——建党95周年之际南通电视台对他的采访，我回复他的那首诗：欢庆党建，九五周年。江海之子，当数朱剑。扎根故土，毕生奉献。耄耋已矣，风度翩翩。掬酒一杯，遥祝康健。促膝畅叙，期待来年。

6月28日晚间，晓丹发来送别时的系列图片，场面之隆重令人既震撼又欣慰。现场横幅：送别朱剑老书记。两侧：鹤去清风曾尽瘁 思追一剑展长虹。我发给晓丹20字：人民的爱戴，隆重的悼念。丰功的写照，不朽的朱剑！

（《朱剑同志逝世一周年纪念文集》，2020年6月）

贺中国共产党成立百年暨中联部建部70年

（诗词歌曲书法）

（一）

中国梦

新时代举国赞颂，
领导亲民敲警钟。
空谈误国，
实干兴邦，
迈步坚定从容。
忆往昔，
雄关漫道真如铁，
勿忘历史伤痛；
展未来，
人间正道是沧桑，
情系百姓大众。
清除腐败，
告别贫穷，
任务艰巨光荣；
全面小康，
中国特色，

志存高远恢宏。

新时代举国赞颂，
领导唤起中国梦。
国家富强，
民族复兴，
人民幸福，
曙光喷薄遍地红，
党群心潮汹涌。
欢呼吧，
长风破浪正逢时，
且看东方巨龙！
中国梦，
犹如万里彩虹，
辉映苍穹；
中国梦，
理想变成现实，
在我手中！

（载《南通日报》，2013 年 11 月 12 日；2021 年 5 月修改）

（二）

我的中联部

我的中联部
六十年风云飞渡
忠诚，肩负党中央重托
绘制一幅幅党际交往蓝图

我的中联部
六十年辉煌建树
敬业，倾心于调研联络
无论环境多复杂又多艰苦

我的中联部
六十年厚德载物
求实，务实求真不褪色
言行一致满怀战友情愫

我的中联部
六十年高瞻远瞩
开拓，配合国家总体外交
彰显和平发展合作之路

忠诚、敬业 求实、开拓
优良部风光彩夺目

中联部——我心中的明珠
中联部——我情感的眷顾
中联部——我理想的依附
中联部——我人生的归宿

啊，我的中联部
甲子轮回迈新步
啊，我的中联部
美好未来我欢呼

（载《当代世界》，2011 年第 2 期）

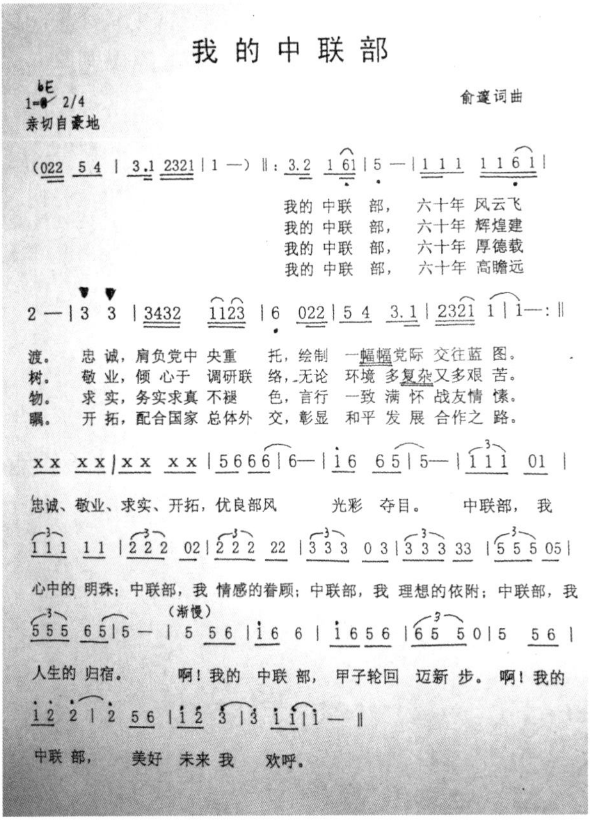
我的中联部
1=♭E 2/4
亲切自豪地
俞邃词曲
我的 中联 部， 六十年 风云飞
我的 中联 部， 六十年 辉煌建
我的 中联 部， 六十年 厚德载
我的 中联 部， 六十年 高瞻远
渡。 忠 诚，肩负党中 央重 托，绘制 一幅幅党际 交往蓝 图。
树。 敬 业，倾 心于 调研联 络，无论 环境 多复杂又多艰 苦。
物。 求 实，务实求真 不褪 色，言行 一致 满 怀 战友情 愫。
瞩。 开 拓，配合国家 总体外 交，彰显 和平 发 展 合作之 路。
忠诚、敬业、求实、开拓，优良部风 光彩 夺目。 中联部， 我
心中的 明珠；中联部，我 情感的眷顾；中联部，我 理想的依附；中联部，我
（渐慢）
人生的 归宿。 啊！我的 中联 部， 甲子轮回 迈新 步。 啊！我的
中联 部， 美好 未来 我 欢呼。

（三）

中联部人

中联部人，献身外事。集体谱写，党际史诗。
斗转星移，七十年齿。辉煌历程，昂然颂之。
老同志们，花甲古稀。老而弥坚，青春未逝。
毕生辛劳，实事求是。荣辱贵贱，等闲视之。
壮年中坚，使命秉持。奋力开拓，义不容辞。
崭新格局，令人遐思。众目聚焦，心向往之。
年轻朋友，满怀壮志。振兴中华，生逢其时。
自强不息，实现价值。前程无量，当共勉之。
希望一代，横空出世。弘扬伟业，雄鹰展翅。

（原名《感怀》，载《中联青年》2012 年第 1 期；2021 年 1 月为庆祝中联部建部 70 周年易名谱曲）

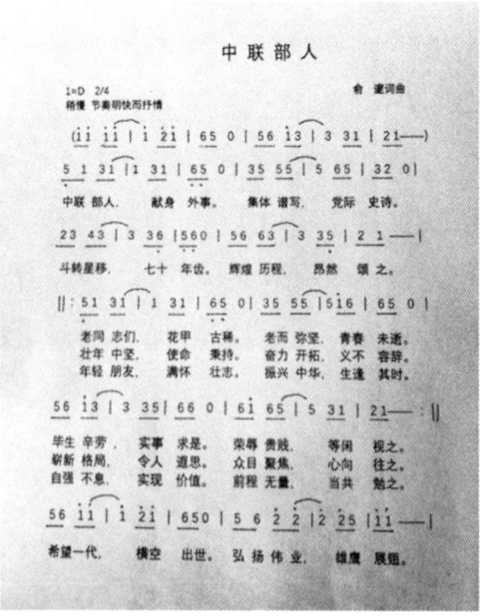

（四）

中联部新春团拜贺词

一年一度欢乐的新年新春团拜，
体现了部领导对老同志的深切情怀。
我们认同岁月的流逝，笑对自身的年迈，
但是，我们毕生的理想追求永不言败，
我们的心扉始终向着入党誓言敞开！

一年一度欢畅的新年新春团拜，
凝聚了年轻同志对老一辈的传统厚爱。
我们不能再站立第一线，且难免日渐体衰，
但是，我们的坚定信念不会有丝毫徘徊：
中联部的工作必将一代胜过一代！

一年一度欢腾的新年新春团拜，
展示了党的对外事业传承创新、方兴未艾。
坚持科学发展观，不动摇、不折腾、不懈怠，
奋发进取、排除干扰，慎对国际环境中的阴霾。
让我们举杯共祝中国特色社会主义的辉煌未来！

（2009 年 1 月 7 日）

（五）

十六字令三首

——观中联部办公大楼摄影有感

楼，
英姿勃发威风抖。
居其间，
问心无愧否。

楼，
中央指示铭心头。
部局处，
日夜忙运筹。

楼，
党际交往凯歌奏。
事业兴，
人生有操守。

郭业洲摄影
俞　邃作词

十六字令三首

——观中联部办公大楼摄影有感

（2020年4月11日）

楼，
英姿勃发威风抖。
居其间，
于心无愧否。

楼，
中央指示铭心头。
部局处，
日夜忙运筹。

楼，
党际交往凯歌奏。
事业兴，
人生有操守。

注：2020年4月12日为郭业洲副部长摄中联部办公大楼题词

（六）

六局颂

新春喜气浓，今宵再相逢。长者寿而康，又见新面孔。情义割不断，心潮似泉涌。继往迎开来，六局好传统。

我部使命重，六局乃先锋。调研难度大，源于老苏东。频频受表彰，向来不骄纵。自强兼自律，六局好传统。

团结贯始终，集体乐融融。欢声传笑语，相处沐春风。个性人各异，事业志向同。和谐而不俗，六局好传统。

形势多变动，勇于攀险峰。开拓图创新，时刻不懈松。随部长前进，惟中央是从。更上一层楼，六局好传统。

（2010 年 2 月 3 日中联部六局春节联欢晚会朗诵词）

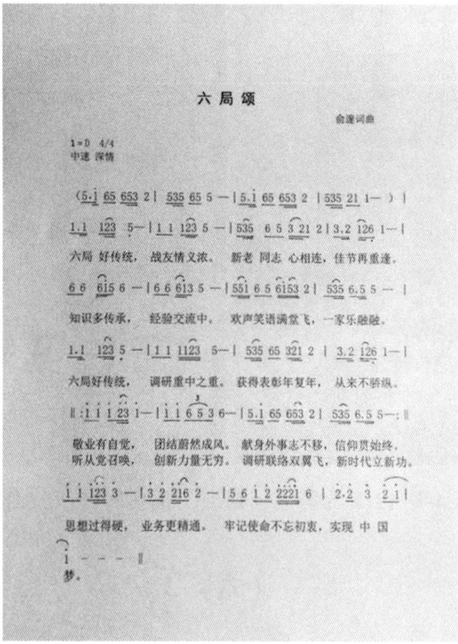

（2019 年中联部春节联欢会六局新老同志联合演出节目）

（七）

书贺中国共产党成立 100 周年

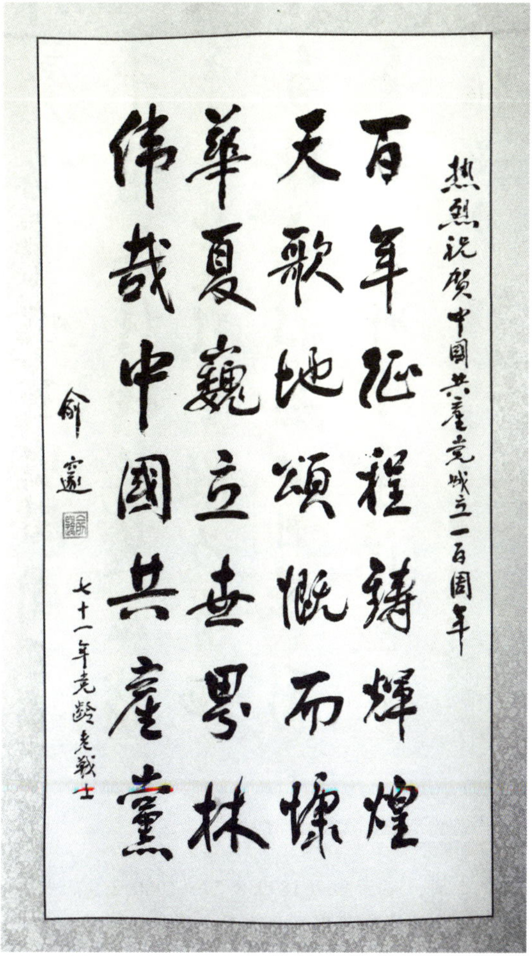

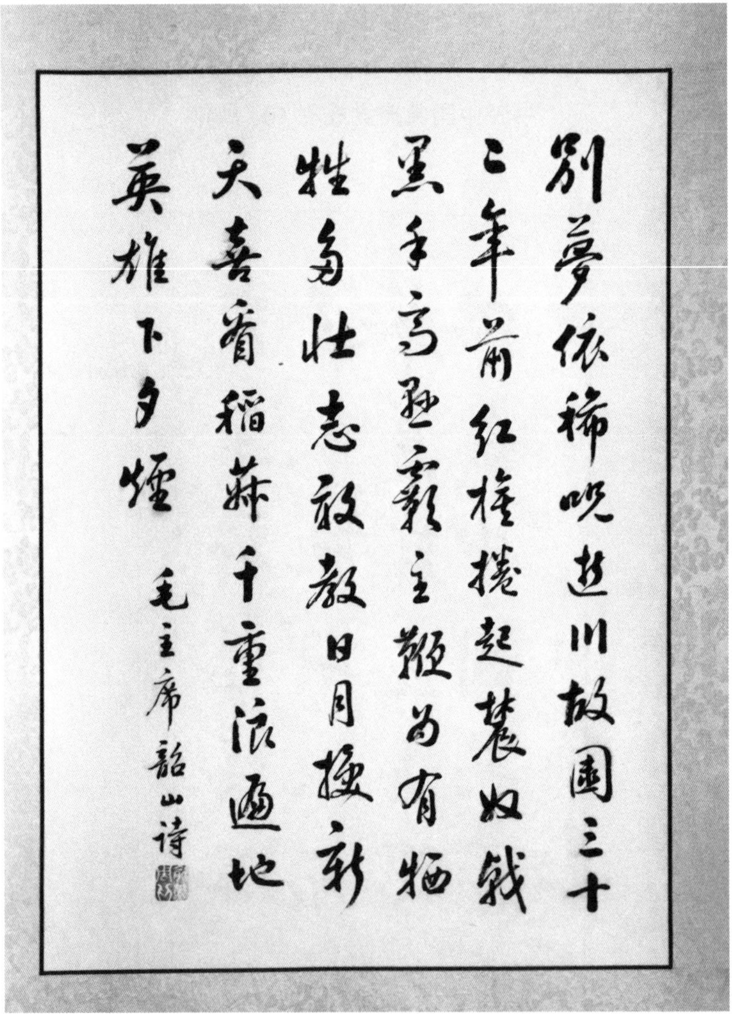

附：父亲俞笃周，字崇祜（1899. 8. 27—1966. 2. 9）书写的毛主席诗《七律·到韶山》。父亲毕生从事小学教育，晚年应聘在江苏省文史馆研究书法。

附　　录

苏联是这样终结的

——《莫斯科的冬与春》[①] 一书介绍

宋以敏

苏联解体的深刻含义和深远影响，是国内理论界和国际问题研究界目前和今后集中研究的一个重大课题。苏联解体至今不过两年多，就已经出现了为数可观的论著，其中以论文居多。北京大学和中国人民大学教授、苏联问题专家俞邃所著《莫斯科的冬与春——一个时代的终结》，是这方面较早成书并出版发行的一部专著。

这本书对于苏联解体所涉及的各个方面都作了论述和分析，涵盖面很广。从戈尔巴乔夫 1985 年 3 月就任苏共总书记到苏联解体，这六年又九个半月间苏联在政治、经济、民族关系和对外关系问题上所发生的剧烈变化，它们之间的相互作用和影响等等，都可以在这本书中一览无余。苏联解体的国际影响以及外部因素对苏联变化的作用，在俞邃的笔下也得到精当的概括。如果说，视角比较宽广是这一问题的研究者带有较大共同性的特点的话，那么，俞邃的书却具有另外一些特色。

最突出的一点是，该书把重点放在剖析苏联共产党对苏联剧

① 该书由四川人民出版社在 1993 年 5 月出版，收入该出版社的“世界热点”丛书。

变乃至解体过程中所起的关键性作用上。这也是作者下力最大、剖析最深的一个问题。事实正是，苏联 70 年的兴衰完全取决于一直处于执政地位的苏联共产党。没有苏联共产党就没有苏联，此话千真万确。

作者认为，苏联解体的原因固然很多，但主要是两条：它是自己把自己搞垮的，问题主要出在执政的领导改革的苏共内部，首先是在中央；苏共衰败和苏联崩溃是在戈尔巴乔夫推行“新思维”及其“人道的、民主的社会主义”的“民主化进程”中发生的。戈尔巴乔夫是作为改革者出来领导苏共的，作者指出，但问题既不是苏联压根儿就不该改革，也绝非苏联因实行改革而垮台，尽管在苏联当时的情况下搞改革确实相当艰难；问题的根子在于改革的路子一开始就走错了。

循着这个思路，本书详细评述了戈尔巴乔夫领导改革的 6 年多，特别是在 1988 年 6 月苏共第十九次代表会议以后，苏共是如何一步一步地使苏联走向解体的历程。在这期间，戈尔巴乔夫的思想经历了从基本上否定过去苏联的一切，逐步发展到不顾本国国情，想完全按资本主义模式来改造苏联的一个转变过程。戈尔巴乔夫先是表示要用“全人类共同价值标准”来克服过去体制的种种弊端，进而又要求采用西方的政治体制模式来改变苏共的领导地位和苏联的政权结构。这一思想转变过程使戈尔巴乔夫最终得出了这样一种认识：资本主义制度之所以仍然具有强大的生命力，一个重大因素是吸取了社会主义的经验；而苏联过去的社会主义实践却曲解和背离了马列主义，因此“理应吸取资本主义的成功经验”。在这一认识的基础上，他得出了社会主义制度和资本主义制度已经并将继续“相互接近”的谬论。在政治上“西化”的冲击下，苏联共产党从执政党逐渐退为议会党，最终沦为在野党。“八 · 一九”事件后苏共更因被禁止而处于非法地位。苏共，这一 70 年来国家统一和民族团结的纽带就这样从松解直到断裂。在经济上，“西化”的结果则是苏共领导从最初寄厚望于西方援助，发展到要求西方帮助设计、直接介入并推动苏联经济改革的地步。西方模式未能使人民从改革中得到实惠，国家也年复一年地深陷经济危机之中。苏联人民对苏联共产党最后完全丧失信心，同这一点是密切相关的。

作者紧紧把握内因和外因、现实原因和历史原因、主观原因和客观原因的辩证关系，系统而深入地探讨了苏共领导人主导思想方面的问题所在，包括他们所提出的基本理论方面的错误和失当，如对共产党作用的认识，经济改革与政治改革的关系，民主与公开性的掌握，对待历史问题的态度，以及对资本主义的评价等等重大问题。在探索戈尔巴乔夫的思想渊源时，作者的纵横之笔追溯到赫鲁晓夫和欧洲共产主义这两个方面的影响，很有独到之处。对于戈尔巴乔夫改革失败的哲学根源，作者也锐敏地提出了足以引人深思的看法。

研究总结苏共改革失败的教训，对于正在从事改革的中国来说，有着重大的现实意义。这正是为什么中国学者必须花大力气研究苏联的主要原因之一。俞邃的书在这方面做出了自己的贡献。

该书的一大特色是探讨问题重点突出，此外在观察和分析问题的方法上也有两个令人瞩目的特点。

其一是不割断历史。该书既充分地说明了戈尔巴乔夫提出的“新思维”在很大程度上意味着同过去的决裂，又从他的思想中找到了许多过去的痕迹。这就把客观形势与个人作用，把必然性与偶然性很好地结合起来。作者在讲到苏共后来发生的质变时，联系到了此前苏共有过历史功绩，但已经出现严重脱离群众、丧失人民拥戴的蜕变的事实；讲到在苏联进行经济改革之艰难时，联系到了在战争与革命为主题的时代所形成的高度集中的管理体制发挥过积极作用，但在 60 多年的过程中变得越来越僵化和模式化的状况；讲到苏联解体的民族因素时，联系到苏共领导人过去在处理民族问题上有成绩，但犯有严重错误而又对民族问题的复杂性远远估计不足的失误；讲到戈尔巴乔夫对外关系的“新思维”时，联系到了在缓和问题与核大战危险上对赫鲁晓夫思想的继承性以及为达到充当超级大国的目的本质上同过去苏联领导人一脉相承的历史渊源……凡此种种，都为该书增添了一种恢宏的历史气度和宽广而深刻的哲学视觉。

作者还谈到戈尔巴乔夫同他之前的苏共领导人犯有的一个通病，即对本国力量估计过高和急于求成。安德罗波夫以前的苏共领导人是对苏联社会发展阶段估计得过高，戈尔巴乔夫则是对改革的期望过于脱离实际。

在苏共二十七大上戈尔巴乔夫无视苏联的现实情况，把2000年定为使苏联面貌彻底改观的目标年。期望值既高，寻找捷径便成为主要的追求。于是苏联的“改革”从一开始就有了只要求提高生产总值而不触动经济结构本身的加速战略。行不通便转过头来企图用政治改革来促进（结果成了摧毁）经济改革。再度碰壁又把希望放到西方身上，想借助西方的力量来改造苏联。可见戈尔巴乔夫的改革从头到尾都严重地脱离了苏联的实际，改革自然注定失败。

该书方法论上的另一个特点是，能从事物量变到质变的发展过程来看待苏共本身和戈尔巴乔夫本人的得失。该书划分为“使命”“宏图”“试航”“走险”“误区”“陷落”“反思”“观察”等八章，便体现了这一点。这就使该书在一系列问题上的立论具有较强的说理性和说服力。例如，作者在叙述苏联六年多来的变化过程时，对1988年夏苏共第十九次代表会议前后的苏共和戈尔巴乔夫区别对待，作了详细的比较分析。作者认为，1987年6月以前，苏共领导虽然有政策错误，但是其主导思想大体上还是积极的；1987年苏共中央1月全会把“打破障碍机制”定为改革的首要目标，这在当时是具有新意的；1987 年苏共中央六月全会提出的经济体制改革计划，也是一幅考虑周密、具有可取思想和新鲜内容的蓝图；然而苏共第十九次代表会议之后，苏共的改革就越来越远地脱离了完善社会主义的轨道，“改革的不可逆转性变成了方向错误的不可逆转性”，终于导致苏共垮台、苏联解体的惨重局面。作者写作时不使复杂的事物简单化的分析，对于弄清苏联剧变乃至解体的前因后果是很有助益的，其方法论上的意义对于社会科学研究来说，也是不言自明的。

以上只是本人在读了这本书之后印象最深的几点想法，挂一漏万，书中值得注意的论点肯定不止上面提到的内容。至于文笔生动流畅，引人入胜，我想读者自会有体会。俞邃是一位资深和颇有造诣的苏联问题专家和国际问题专家，在国内外都有较高的知名度。他的这本书出版问世后，很快引起国外重视。据悉，越南的国家政治出版社决定最近把这本书译成越文出版发行。

（载《世界知识》，1994 年第 11 期）

附：

《莫斯科的冬与春 —— 一个时代的终结》越南文译本出版前言

苏联经过 70 年的存在和发展，已经瓦解了。这一非同寻常的事件不仅给国际形势造成了深刻的影响，而且对世界革命运动产生了消极的作用。

为什么苏联会瓦解？瓦解的原因和渊源何在？从这个事件中应吸取的主要教训是什么？

这些问题已经和正在得到许多国家研究界的关注和解答。

为了向研究这些问题的读者提供更多的参考材料，国家政治出版社出版了中国四川人民出版社 1993 年印行的、中国作者俞邃撰写的《莫斯科的冬与春 —— 一个时代的终结》一书。

在这本书中，作者比较系统地阐述了苏联改革的历程（从 1985 年 4 月至 1991 年 11 月），深刻地分析了每个阶段在经济、政治等各个领域中错误的主张和措施，造成社会混乱、经济崩溃和人民生活水平下降，共产党丧失领导作用等等状况，导致了苏联解体。

作为一个外国人来写别国的重大事件，作者在认识和评价上难免存在一定的局限性。尽管如此，我们希望这本书将给读者提供有益的参考材料，将会对当前我国实行国家革新事业的思考有所启迪。

谨向读者推荐这本书。

（1994 年 12 月）

《苏联解体前后》序言

刘克明

本书是著名的苏联问题和国际问题专家俞邃撰写的论述苏联解体前后的变化和国际形势新发展的一部文集。涵盖的时间大致从20世纪80年代中期到现在。

从20世纪80年代中期到90年代最初几年，是个不平常的年代。短短10年左右的时间，世界发生了一系列重大变化。其中最重要的是世界上第一个社会主义国家苏联发生剧变和解体。这个变化在国际上的直接影响，是战后维持了40多年的雅尔塔体制宣告解体，两极格局最后终结；对社会主义运动的直接影响，是传统的苏联社会主义模式宣告破产，把苏联奉为惟一模式的社会主义运动也从此告结，世界社会主义运动实际上进入了一个新的阶段；对苏联国内来说，苏联解体为各新独立国家造成了巨大困难。为了解决这些困难和矛盾，新独立各国正在努力通过各种途径，探索符合自己民族国家利益的新模式、新道路。

苏联的剧变和它在国际上和苏联国内引起的重大变化，把一系列新的问题提到关心世界和平前景和社会主义命运的人们的面前。这些问题是：冷战结束后，世界格局将向何处去？世界主要矛盾会有什么变化？苏联发生变化的原因何在？世界社会主义前景究竟将如何？独立国家联合体各国，特别是在联合国继承苏联地位的俄罗斯，今后趋向究竟怎样？独联体今后的命运又将如何？

俞邃同志在本书中的论述，正是对以上问题的回答。

这些问题，虽然在我国理论界、国际问题研究界、苏联东欧问题研究界，已有不少文章加以论述，但俞邃的这个文集却有自己的特色。

首先，这个文集所论述问题具有连续性和系统性。作为长期从事苏联问题和国际问题研究的专家，作者必须不断追踪各个时期一系列重要国际问题的发展变化，因而在这个文集中，很自然地留下了他辛勤劳作，长期对苏联、对国际问题追踪研究的轨迹，显示出在各个问题研究上的连续性、系统性。在这个文集中，我们可以看到对戈尔巴乔夫从上台执政直到苏联解体这6年多期间各方面问题的分析和评论；可以看到对苏联解体后的国际形势、世界格局新特点的连续性的研究和评论；可以看到对俄罗斯形势及独联体问题和前景的连续研究和评论；最后，还可以看到对苏联剧变原因的多角度的思考，以及对世界社会主义运动前景的分析和评论。正是这种长期的持续的追踪和研究，使作者具备了研究苏联和国际问题所必需的深厚功底，同时使研究的问题都能做到言必有据。

其次，在一些重要国际问题的评论上，显示出作者对国际问题观察的敏锐性、创新性，同时又比较全面和实际。比如，对戈尔巴乔夫新思维理论的评论。当这个思想初见于报刊时，作者在指出其一定的积极方面的同时，就强调指出了这个思想的矛盾性和局限性，它的宣传性和可疑性，应说是眼光比较敏锐的。在冷战结束后世界主要矛盾的变化问题上，作者在分析了冷战后发达国家之间矛盾突出和发达国家与发展中国家矛盾加深的形势之后，指出，在苏联解体后有人认为西方国家同中国社会主义的矛盾必然上升到首位，这种看法是不符合实际的。这种摆脱资本主义同社会主义什么时候都是主要矛盾的教条观点，而从客观实际存在的矛盾出发来观察国际形势，既创新，又实际，是很可贵的。在世界格局变化问题上，针对那种认为冷战结束后，世界的不确定因素过多，难于对当前世界格局提出某些明确看法的观点，作者提出，两极格局终结两年来，虽处在向多极化过渡的转折时期，但“一超多强”的政经多极的局面已变得更为明朗，那种世界格局的“不可知论”是不可取的。在独联体的发展趋势问题上，作者在其形成伊始面临生存危机之际，便在对苏联各共和国之间内在深刻联系的分析基础上，指出独联体的矛盾与协作并存，经过艰难的过程有可能保持下去。在俄罗斯局势如何看待的问题上，针对过高估计俄罗斯当前困难的观点，作者提出，对俄罗斯的潜力、后劲，必须有足够的认识，对俄罗斯的复兴，宁可估计得早一些、快一些，这将有百利而无一害。这样观察问题，显示出一种高屋建瓴的政治气概，是颇有见地的。

再次，在总结苏联东欧剧变的教训中，提出一些对我国社会主义建设有借鉴意义的论点。作者总结戈尔巴乔夫改革失败的教训时，指出改革失败的几个主要原因，其中特别强调了戈尔巴乔夫放弃和取消了共产党的领导的错误，认为这是造成全国大乱的核心问题。作者列举了苏联剧变和解体的历史原因，其中强调了苏共发生蜕变，严重脱离群众，丧失人民拥戴的这个根本问题；还指出，经济没搞好，人民生活提高缓慢，没有巩固的经济基础，社会主义就站不住。此外，作者还强调了苏共领导忽视了国内存在阶级斗争的现实，对西方渗透缺乏警惕，20 世纪 70 年代同西方扩大交流，西方观念得以自由输入，实际上苏联社会主义已在悄悄发生演变。这样来总结苏联失败的教训，就把有借鉴意义的东西更突出出来。作者还认为，戈尔巴乔夫的错误改革路线得以实施，是同历史遗留积弊及其消极影响有密切关系，揭示出戈氏的错误路线得以推行的历史原因，这样的见解是深刻的。

最后，以对苏东国家剧变后的形势进行实事求是的分析为依据，表达了社会主义经过曲折道路，最后必然走向胜利的坚定信念。作者强调，苏东剧变主要是传统社会主义管理模式出了问题，是领导社会主义建设的执政党出了问题，而不是社会主义的失败。作者认为，社会主义国家在原苏东国家仍然表现出顽强的再生能力，人民群众对社会主义的怀念日增，中左力量呈上升趋势。以社会主义为方向的政党和组织，在新形势下，越来越自觉地总结正反两方面经验教训，探索适合本国国情的发展道路。作者指出，在剧变发生的最初几年，许多党的口号变了，社会主义字眼少了，但这是否就是背离社会主义？还要作具体分析。重要的是看发展和结果。对于苏东国家社会主义新模式的探索的成效，固然不应抱盲目乐观态度，但悲观主义也是没有根据的。作者认为，不能以是否回到苏联模式来判断是姓“社”还是姓“资”，社会主义模式多种多样，但从长远看，最富有生命力的应是“本国特色的社会主义”。作者对新形势下原苏东国家一些以社会主义为方向的政党的探索进行分析，总结出多种模式的有本国特色的社会主义是最有生命力的结论，这就展示了社会主义虽经历曲折道路而必将胜利的前景。

以上只是粗略列举这本文集的主要特色和所论述的几点主要内容。仅从这些内容，已可看出这本文集所论述问题的广泛性、现实性以及这些问题的重要的理论和实践意义。

在这本文集之前，作者已经出版过一本题为《莫斯科的冬与春——一个时代的终结》的专著，是专写戈尔巴乔夫改革的，得到了读者的好评。我相信，这个文集以它密切联系现实的丰富内容和流畅犀利的文笔，一定会使读者开卷有益。

1994 年 7 月 1 日于北京

（载《当代世界社会主义问题》，1994 年第 4 期，收进中国社会科学出版社 1999 年 7 月出版的《刘克明集》）

《俄罗斯萧墙内外》序

何 方

俞邃同志要我给他新的论文集《俄罗斯萧墙内外》写篇序。这在我，既有点勉为其难，却又是义不容辞。勉为其难，是因为我自知深浅，从来很少为人出书作序；何况两三年前办完离休手续后即改行学习和研究中共党史，已告别了国际问题研究。义不容辞，则是由于我和俞邃同志相知已久，不但经常阅读他在报刊上发表的文章，而且还共同进行过一些问题的研究和参加一些学术活动，在交流与合作中建立起了可称为深厚的学术友谊。基于此，也就欣然从命，写几句话放在前面。

俞邃同志很早就从事苏联问题研究，并且很有成就，后又扩展到国际问题以至国际关系理论，也都造诣颇深。他在科研上既有根基，又很勤奋，观察敏锐，逻辑性强，往往是出口成章，落笔成文，所以著述甚丰，不但在国内，而且在国外也颇有名气。这从他被授予俄罗斯科学院远东研究所名誉博士学位、当选为国际自然和社会科学院院士，以及他的文章翻译成多种外文如专著《莫斯科的冬与春 —— 一个时代的终结》在越南连出三版等事项中就可看出。现在摆在我们面前的这本文集，是作者 1995 年出版的《苏联解体前后》一书后续的系列作品，只是内容更广泛、讨论的问题更多，也更具现实性，因而对了解新世纪的国际形势特别是俄罗斯问题会更有帮助。所以我相信广大读者和研究界同行是会喜欢读它的。至于我自己，印象最深的有以下两个问题，并愿就此谈点个人的感想。

一是贯穿全书的时代主题精神。作者无论是探讨苏东剧变的原因和教训，还是观察世界战略形势和我国现代化建设的国际环境，都始终紧扣着作为邓小平理论一个重要组成部分的关于时代主题的新论断。他早在 1994 年 1 月《苏联东欧演变教训的再思考》一文中就指出，第二次世界大战结束以后，“和平与发展的时代主题已露端倪并逐渐明朗，苏共及其各个时期的领导人却未能把握时代的脉搏”，还“始终停留在革命与战争时期的认识”上，不但没有集中主要力量发展经济和提高人民生活，反而变本加厉地搞扩军备战、争夺霸权，结果被美国用军备竞赛给拖垮了，不但导致社会制度变色，连苏联国家也随之解体。包括我国在内的其他社会主义国家过去对时代的判断也有严重失误，同样留下了深刻的教训。只是我们转变较早也较有序，才避免了更大的灾难，所以邓小平说中国不搞改革也是要垮台的。正是根据苏联东欧及中国自身正反两方面的经验，俞邃同志才在 1998 年一篇《乘和平发展长风创改革开放巨篇》的文章中得出结论说，“对时代主题的认识判断，是我国能否确定以经济建设为中心和实行改革开放的基本前提。”因为正是“对战争与和平问题的新判断，使我们可以集中精力从事改革开放和现代化建设。”这就把时代问题提高到了应有的战略高度。

所谓时代主题，也就是一个历史阶段世界形势发展的主要内容和基本特征。它反映了客观存在的现实，也预示着以后的发展趋势。既然有趋势的一面，所以就不能说已经解决，还必须尽主观努力积极争取和维护。当然，有主流也定有逆流，因此和平与发展不可能一帆风顺。世界大战打不起来，但局部战争和地区冲突却不会消失。国际形势总体趋向缓和，但一时的紧张和或大或小的动荡又在所难免。问题只是在于，对和平与发展时代主题的判断不能随风摇摆，否则势必影响以经济建设为中心的战略方针的执行，进而动摇我们的国本。例如不能因为一些国家在加强军备，我们也以此为由或出于其他因素而参加军备竞赛，那就正好上了美国的当，苏联就是前车之鉴。在这方面，邓小平为我们树立了光辉的榜样。20 世纪 90 年代初，面临西方“制裁”和苏东剧变，形势是够严峻的了。但邓小平依然坚持和平与发展的时代主题，处变不惊，说“这点小风浪吹不倒我们”。而且随之决定开发浦东，接着在南巡讲话中提出“我国的经济发展，总要力争隔几年上一个台阶。”这就为中国建设开创了又一个新局面。由此可见，认清和把握和平与发展的时代主题，无论是现在还是今后都有非常重要的意义，需要经常研究，不断强调。本书在这方面的分析和叙述，定会给人以有益的启迪。

二是关于苏东巨变原因和教训的探讨。这是一个国内外都极感兴趣和研究不衰的问题。作者从他的《莫斯科的冬与春》到现在这本书，也一直在探讨着这个问题。对于苏联社会变质和国家解体的原因，他提供的答案都很有说服力，但我感到讲得最深刻的是《苏联东欧演变教训的再思考》中的一句话：“苏联和东欧国家的共产党和工人党经历了从深受人民支持、拥护到被人民厌恶、抛弃的过程。”很明显，如果没有人民的支持和拥护，十月革命怎么能够成功，内战又怎么能够取得胜利？反过来，若不是遭到人民的厌恶和抛弃，一个有百年历史的党和历经 70 多年的国家怎么会一夜之间就散掉了？对苏联党为什么会遭到人民的厌恶和抛弃，作者在另外一篇文章《苏联剧变原因纵横对话》（载《苏联剧变新探》一书）中作了更加深刻和具体的描述。我以为其中特别值得注意的有这样两点：

首先是高度集中的统制经济和闭关自守的国际政策阻碍了生产力的发展，又只重视重工业和军事工业而忽视轻工业和农业，使人民生活长期落后，自然会引起人民的不满。再加上唯意志论、急于求成和瞎指挥，还给群众带来不少灾难，例如在强行推广农业集体化的一两年间就饿死了三四百万人（见《萧洛霍夫的秘密生平》），这类事情造成的影响可想而知。

其次是缺乏民主与法治。作者指出，“多年来苏联形成的一个官僚特权阶层，养尊处优，以权谋私……支撑着苏共的统治和苏联的国家政权，扶持了一个又一个领导班子”。人民不但谈不上民主权利，而且还由于“大清洗和后来克格勃的罪孽，祸及几乎每一个苏联家庭”。苏联解体前公布的数字，“1920 年到 1953 年，在苏联约有 420 万人受到镇压，其中 200 多万人是在 1937—1938 年受到镇压的”。所以作者说：“惨无人道的大清洗、大镇压，与社会主义毫无共同之处。”“苏联解体、苏共垮台也可以说是一种惩罚和报应。”

苏联兴衰的经验教训，是人类在 20 世纪获得的一笔宝贵财富。作者在这方面所做的工作，无疑是有重大意义的。

其实本书的更多篇幅倒是关于俄罗斯国内外形势及其发展趋势的论述。作为我们伟大的友好邻邦，中国人给予俄罗斯以巨大关心是自不待言的。这些以及有关国际问题和我国外交等方面的内容，就应请读者领会，而无须我在此啰嗦了。

2001 年 6 月 8 日

（载《当代世界》，2002 年第 6 期）

写在前头
(《俞邃文集》序言)

蔡 武

俞邃教授是大家熟悉的一位苏联——俄罗斯问题和国际问题专家。他从年轻时候开始研究苏联问题，数十年来研究的内容涉及国际关系、国际共运和科学社会主义几大领域。他发表过多部专著和大量论文，这里与读者见面的《俞邃文集》一书，收编了他多年来、主要是苏联东欧剧变之后撰写的一批文稿，包括苏联演变教训与世界社会主义、俄罗斯转轨历程与内外政策、世界战略形势与大国关系、国际关系理论与认识论方法论、中国国际战略与外交政策等方面，还有若干篇回忆录、书函和述评。

俞邃教授是一位勤于思考、笔耕不辍的学者，他能够随着形势的发展变化，不断地提出自己独特的新鲜见解和深层次的理论分析，始终保持严肃认真的治学态度，独立思考，务实求真，不随波逐流。他的论著富有前瞻性，视野开阔，概括性强，善于透过现象看本质；文字也精练、生动，表现力强。下面我想就这些特点加以举例说明。

一、在研究工作中注重方法论、贯穿辩证法

俞邃教授一贯强调方法论，指出研究国际问题的目的是要明确处境，把握未来，以便增强自觉性，减少盲目性，提高警惕

性，发挥主观能动性，把国内的事情办好。他不仅在研究和写作过程中注意运用辩证法，而且曾发表专题文章，通过对一系列实例的剖析，阐述在国际形势中大量地、普遍地存在着的对立统一性、事物两重性、内因与外因、渐变与突变、现象与本质、主流与支流、相对与绝对、必然与偶然、一般与特殊、矛盾转化、否定之否定等现象，由此得出的结论颇能经得住时间的考验。他在1993年便将世界形势中一系列根本问题，按照其辩证关系，加以很有说服力的诠释，包括当今世界矛盾、斗争性与联系、依存性的关系；和平和发展这个时代主题与武装冲突和军事政变现象的关系；两极格局被打破与新格局正在形成的关系；世界总体局势趋向缓和与地区性紧张的关系；“西西矛盾”突出与“南北矛盾”加深的关系；民族利益与民族主义的关系；建立“国际政治经济新秩序”与建立“世界新秩序”的关系；国家利益与意识形态因素的关系；资本主义制度与社会主义制度之间的关系；独立国家联合体的“独”与“联”的关系；俄罗斯今天衰落与明天可能强大的关系等。俄罗斯科学院《远东问题》杂志曾翻译转载他的有关论文。

二、对重大历史现象和现实问题能作出精当的概括与合理的解释

他在新旧世纪交替之际，把20世纪的历史归纳为八个方面，即：刻骨铭心的两大灾难（两次世界大战）；石破天惊的两大震撼（十月革命和苏东剧变）；方兴未艾的两大主题（和平与发展）；锐不可当的两大潮流（世界多极化与经济全球化）；反差悬殊的两大方阵（南北贫富差距）；天怒人怨的两大祸源（全球霸权主义与“三股势力”亦即恐怖主义、分裂主义、极端主义）；意图迥异的两大口号（美国提出由它主宰的“世界新秩

序”和中国等许多国家提出的建立在和平共处五项原则基础上的“国际新秩序”）；难以逾越的两大选择（本国特点的社会主义或者本国特点的资本主义）。以史为鉴，温故知新，借以认识当今世界存在的问题，颇有新意。江泽民同志曾就这篇论文称赞道：“此件写得很好，篇幅不长，观点明确。”该文被多家杂志转载，并翻译成英文发表。

他对苏联解体的原因作过概括性很强的分析，指出戈尔巴乔夫改革失败导致苏共垮台、苏联解体，有内因，也有外因，内因是主要的；有现实原因，也有历史原因，现实原因是主要的；有领导人的错误，也有改革本身的难度，领导人的错误是主要的。这里强调说内因是主要的，并非外因不重要，而是避免将外部“和平演变”万能化；强调说现实原因是主要的，并非低估苏联模式弊端的严重性，而是警惕陷入改革必败的“宿命论”；强调说领导人的错误是主要的，并非否认苏联改革的艰巨性，而是防止无谓地为戈氏等领导者的罪责开脱。他认为，不应忽视其中任何一种原因，但又不能孤立地只用某一种原因来对苏联剧变作总体上的解释。他得出的概括性结论是：导致剧变的各种原因在深层次盘根错节，执政党及其领导者的路线错误与僵化的管理模式弊端相交织所体现的现实内因，则是问题之根本。

他在苏联解体之初亦即 1992 年 1 月，便在《世界知识》杂志上撰文对独联体的形成与发展趋势作出判断，认为“独联体马上垮台”和“独联体会变成又一个苏联”的两种观点都根据不足，指出独联体将是矛盾与协作并存，其特点是形成的必然性、自身的脆弱性和前景的不确定性。他还对叶利钦后期的内外政策调整实质作了精当的归纳，指出叶利钦在内外政策不断受挫之后，政策逐渐转向了“中间状态”，标志是经济上收敛了以彻底私有化和休克疗法为特征的自由资本主义道路，政治上减弱了对以俄共为代表的社会主义力量的思想敌视和组织打击，外交上调整了向西方“一边倒”的方针而转为全方位。这一论断被学术界广泛认同。

他在普京上台之初对其治国方略作出过全面而深刻的概括，这就是：以国家利益为核心，以强国富民为使命，以经济发展为前提，以民族精神为动力，以强有力政权为依托，以团结全社会为手段，以历史教训为借镜，以选择适合本国国情道路为方向，以创造良好外部环境为条件，以重振大国地位为目标。这一论述已被普京主政 4 年多来的事实所证明。

三、对一些重大国际理论问题及时总结并提出新颖的见解

早在 20 世纪 80 年代，在讨论建立国际政治新秩序的问题时，俞邃教授从阐述和平共处五项原则长盛不衰的原因入手，提出了自己的主张：五项原则从理论意义上看，存在科学性、兼容性和稳定性的优点；从实践意义上看，存在针对性、普适性和动员性的优点，可以作为国际政治新秩序的基础。

他对中俄两国领导人提出的中俄关系是邻国关系和大国关系的典范，曾加以全面论证，并对各种怀疑论提出过不同意见，指出中俄两国是在新型基础上奠定关系，在互补基础上增强合作，在共识基础上应对世界，在互信基础上排除干扰，在成就基础上持续跨越。

关于俄罗斯的政情，他的见解也是新颖的，特别指出俄罗斯政坛上起主导作用的三大政治势力，已不是传统意义上的“左中右”。传统意义上的“左”，意味着试图恢复斯大林模式社会主义，根本行不通；传统意义上的“右”，试图照搬西方资本主义发展模式，同样行不通。如今在俄罗斯起主导作用的其实是以承认市场经济与议会民主多党制为结合点的中左、中中、中右三大

势力。普京则是中间势力和中间路线的代表。他还指出，普京对俄共的做法是既重视又疑虑，既借助又限制，既安抚又排挤。普京和俄共越是从俄罗斯的国家利益和人民意愿出发，就越有可能增加和扩大彼此之间的共同点；否则，普京越是获得成功，俄共的社会基础越将受到削弱。

四、对中国国际战略与外交政策作出开拓性的论述

在党的十一届三中全会20周年前夕，俞邃教授应中国社科院《世界经济与政治》杂志编辑部之约，撰文将中国的国际战略与外交政策精辟地归纳为“五观”、“五论”和“五关系”。这“五观”是：时代主题观、世界格局观、战争和平观、国际秩序观、社会制度观；“五论”是：自我认识论、世界多样化与国际关系民主化论、本国国情与时代特征结合论、大国关系互动论、机遇挑战并存论；“五关系”是：国家利益与对人类作贡献的关系、不结盟与战略协作的关系、外交布局中大国与发展中国家的关系、党际交往与国家外交的关系、原则坚定性与策略灵活性的关系。学界对这一重大问题作出这样全面和高度的概括的还不多见，该文得到学术理论界的关注。

他对我国安全环境的利弊曾作出新颖的概括，指出：确定因素多于不确定因素，认识这一点，可避免模棱两可；总体因素高于局部因素，认识这一点，可警惕以偏概全；直接因素重于间接因素，认识这一点，便于区分轻重缓急；传统因素逊于非传统因素，认识这一点，有助于适应新形势；主流因素优于非主流因素，认识这一点，不至于本末倒置；长远起作用因素强于暂时起作用因素，认识这一点，可防止迁就眼前事变。鉴此，有理由说我国国际环境首先是周边安全环境中的有利因素大于不利因素。这种分析和表述集中反映了俞邃同志的学术风格和文章风格。

由于在国际问题和俄罗斯问题研究方面的成就，俞邃教授于1999年9月当选为总部设在莫斯科的国际自然和社会科学院院士，同时被俄罗斯科学院远东研究所授予荣誉博士学位。俄罗斯科学院远东研究所所长、俄中友协主席季塔连科院士在双重授衔仪式上称“俞邃教授是一位勤奋的、著作丰富的、有影响的学者”。

俞邃教授把“板凳要坐十年冷，文章不写一字空”作为自己的座右铭。他给年轻同志介绍经验时指出调研有三忌：情绪化、随意性和跟着西方调子转。他就如何搞好调研，奉送给大家20个字：足够的勤奋，必备的知识，敏锐的头脑，辩证的方法。这是他从事研究工作数十年来的切身体会，而这部文集也正是他的经验写照。

我早在读大学时，即已听过俞邃教授的精彩讲座，读博士研究生时，论文也得到他的热情指导。近十年来，在中联部的调研工作中经常听取他及咨询小组各位前辈的高见，获益匪浅。俞邃教授执意要我为本书作序，实不敢当。以上姑且算作我的一点阅读心得吧，谨供学术界同行和广大读者参考。

2004年7月28日于北京

根茂实遂　膏沃光晔

——《俞邃论集》读后

江凌飞

当代世界出版社继八年前出版了《俞邃文集》之后，今年五月又向社会推出了它的姊妹篇《俞邃论集》。

《论集》面世之时恰逢俞老先生八十寿辰。中共中央对外联络部部长王家瑞亲笔题词对结集成书表示“由衷祝贺和深深的敬意”。应当说此举是对这位在新中国国际问题研究领域辛勤耕耘了近60个春秋的专家、学者、战士的最佳庆贺与特殊褒奖。

《论集》收录了俞老自2005年以来研究撰写的百余篇国际问题学论、策论和与之相关的论文、杂篇，分六个部分，共计50多万字，皆出于古稀之手，是俞邃同志晚年学术研究的又一集大成之作。

俞邃同志是我国最著名的苏联、俄罗斯问题专家之一。20世纪50年代，在那个“东风压倒西风”、社会主义制度在世界上高歌猛进的历史年代，他是最早并较长时间工作和战斗在苏东国家第一线的中国青年学者；在中苏关系破裂、中苏论战炽盛的岁月里，他曾作为工作人员跟随邓小平、彭真同志出席中苏两党高层会谈，亲身见证了那个时代惊心动魄的国际风浪；在以后的应对苏联解体、中俄关系面临重大抉择和中俄战略协作伙伴关系建立和发展的历史进程中，他作为我党重要职能部门——中联部的一员调研中坚，又为党和国家的战略选择贡献了宝贵的才力和智力。他在中苏、中俄关系方面这种长时段、大跨度的历史阅历和丰富的经验积累，成为他的国际政治文论的一个突出优长，为读者提供了诸多见地深刻、可信度很高的历史文献。

这部《论集》与上部《文集》相似，苏东以外的国际战略和中国外交问题的内容占据了较大的篇幅。这是俞老苏东问题研究实践的扩大、延展和深化，也代表了他后期学术研究重心的一个转向。俞老的国际问题见解以战略哲学的提升见长。他总是善于从本质上、规律上和事物的辩证关系上揭示和概括问题，因而在统筹全局、把握大势、见事敏锐和登高望远的前瞻性方面总能给人以更多的启迪和惊羡。他对国际形势和重大事件的分析判断，多为以后的历史进程所印证。毛泽东同志在世时非常推崇领导者要具有先见之明的战略素质。他在党内常常引用宋玉的《风赋》，认为贵在发见“风起于青萍之末”的萌生之兆，告诫党的高级干部要善于见微知著、敏锐的辨别政治风向和战略发展趋势。他说：“我们的眼力不够，需要借助于望远镜和显微镜。”俞邃同志的文论，给读者印象更深的恰恰是他运用纯熟的观察问题的世界观和方法论。

每一个人的生活实际都是一部历史，每一个生活中的故事讲出来都有打动和吸引人的地方。近年来，有许多普通人出版自己的文集或撰写自己的传记。在今天这个信息技术普及的时代，一切领域的特权、垄断、独享、专利都在被颠覆之列，就像“大衣哥”“好声音”们纷纷登上春晚的舞台，小人物也在大众面前开始讲述他们的动人故事。俞老算不上“大人物”，但却可以说是他所在领域里的“大家”。他个人的历史和生活的故事则具有更宽广的背景、更丰富的内涵和更感人的意韵。这部《论集》的最后一部分由他自撰的杂文、随笔、散文、忆旧、纪念等文章所组成，从中映射着俞老的人生际遇和生命感悟，当读到这部分内容时，让人有某种史学钩沉、逸事悦人之感。很有些故人已逝、世事沧桑的味道。从而增添了《论集》的史学价值和学术内容的可读性。

也许是出于老骥伏枥之志、烈士暮年之心，《论集》中有几篇专门为青年研究者而作的文章和讲话。谆谆之意、拳拳之情溢于言表。它是俞老毕生治学、做人的经验总结和道德文章，凝结着他对党和国家国际战略事业薪火传承、发扬光大至深至爱的情愫。个中的境界，最集中地反映在俞老一生最喜爱的北宋爱国名将宗泽的《早发》诗中：“伞幄垂垂马踏沙，水长山远路多花。眼中形势胸中策，缓步徐行静不哗。”

位列唐宋八大家之首的韩愈，有一篇《答李诩书》，在论及古代“立一家之言”的大师何以能成就时论道：“根之茂者其实遂，膏之沃者其光晔。”拿来解读今天《俞邃论集》的出版是再恰当不过的了。

我预祝有更多的人从阅读《俞邃论集》中获益。

（载《当代世界》，2013 年第 5 期）

■他像是一棵根深叶茂的大树，深深扎根于苏联俄罗斯研究、枝叶向全球四面八方伸展、成果像鲜花般在枝叶间开放。

问渠那得清如许，为有源头活水来

——读《俞邃论集》有感

文/东　乔

捧得当代世界出版社刚刚出版的厚重的《俞邃论集》，甚至闻到了新鲜的墨香味。俞邃兄当时在南非游历，他自己都还没有看到书，因此兴奋地在电话里问“书装帧得好吗”？听到来自遥远非洲的清晰话音，我真想象不出俞邃兄 80 岁了。他是那样激情洋溢，对新鲜的事物、对他热爱的国际问题研究。在我脑海里，他还是我们初识时的中年模样，风流倜傥，谈笑风生，常在国际形势研讨会上语出不同，引得四座关注。从这本一直辑录到俞邃 2013 年年初的最近八年文论的书上，从他年轻的笔触和推陈出新的思维上，我们看到经年不衰的蓬勃的研究热情，看到与年龄无关的理论之树长青。

俞邃对国际问题的研究，深深扎根于他从年轻时代开始的在苏联（俄罗斯）东欧的工作实践和理论研究。苏联作为 20 世纪中期与美国争霸的超级大国，俄罗斯作为社会制度转型后国家兴衰起伏的一面镜子，俞邃冷静观察着、深切思考着。他把自己在苏联东欧工作和参与国际交锋场合的实际体验融合到研究中，从理论上更深刻地认识之，同时由点到面、由表及里，与时俱进地不断扩展、延伸和提高他的研究。除了《莫斯科的冬与春——一个时代的终结》等专著外，他出版过四部文集，前两部是《苏联解体前后》（1995 年出版）和《俄罗斯萧墙内外》（2003 年出版）；后两部则是广涉全球国际问题与中国外交研究的《俞邃文集》（2005 年出版）和最近出版的这本《俞邃论集》。特别是在新的这本《论集》中，他发挥了综合梳理和切入新角度的擅长，从纷繁多变的国际事件和国际形势中，找出规律和本质，有血有肉地论述自己的见解和预见，常常在语言和观点上都独具特色。比如，他这样"试用'数字图解'方式"描画 2009 年的国际形势：一阵惊雷（指的是全球金融危机）；两制交错（指的是资本主义和社会主义两种制度只能和平共处，互相借鉴，谁也吃不掉谁）；三潮澎湃（指的是世界多极化、经济全球化和国际关系民主化）；四处热点（广义上是指热点频发，狭义上是指朝鲜问题、伊朗核问题、巴以冲突及阿富汗严峻形势）；五常互动（广义上是指大国关系调整，狭义上是指联合国安理会五个常任理事国的相互作用）；六方会谈（广义上是指和平协商解决国际争端乃是唯一可取的办法，且越来越得到国际社会认同，狭义上是指解决朝核问题和伊朗核问题的六方会谈）。

他的研究是实实在在的，论道以致用。几十年来，他对我国的国际政治、国际战略和所处国际地位等方面，不停歇地提出自己的见解和建议。中国辛亥革命 100 周年时，他在白俄罗斯首都明斯克做了题为"辛亥革命与中苏关系"的演讲。从孙中山的"联俄、联共、扶助农工"，讲到如何从民族、民权、民生问题中，寻找苏联解体的深刻原因。他论述了"苏联解体对中国的四点影响”：一敲起了警钟，二改善了环境，三提供了机遇，四招来了压力。他呼吁加强政党交往，“促进全方位、多渠道、宽领域、深层次政党关系新格局的形成”。当“中国威胁论”在国际上甚嚣尘上时，在国际学术交往、各种研讨会、演讲和国际活动中，他站在历史的高度，有根有据、有确凿事实、有切身感受地阐述中国的和平崛起，令听者信服。

我们看到，正是因为俞邃深深扎根在一个大问题的研究上，同时站得更高、想得更宽、学得更多，因而能够做到触类旁通、融会贯通，不断得到新的质的升华。无论从个人经历、研究能力及成果贡献上，我们领教了一位不可多得的优秀学者和专家的风范。特别让人感喟的更在于，一个人的成长路程和成长环境所产生的不可磨灭的影响，突出的勤奋和不懈的努力能让人焕发出巨大能量。正是所有这些综合因素造就了俞邃不同一般的优良的素养。他说过，研究问题需要“足够的勤奋，必备的知识，敏锐的头脑，辩证的方法”。

可谓难能可贵。他像是一棵根深叶茂的大树，深深扎根于苏联俄罗斯研究、枝叶向全球四面八方伸展、成果像鲜花般在枝叶间开放。

给人印象深刻的是，俞邃的书捧读不厌。从书里不仅能学习精辟的“论”，还能享受“文”带来的愉悦，还会引发内心升腾起那种放眼世界的豪迈。读到《亚洲共赢正逢良机》这篇演讲，你似乎坐在博鳌论坛的听众席上体会“我们所处的是一个休戚与共的亚洲。饱受侵略之害和战争之苦的亚洲各国人民，最懂得和平之珍贵，发展之亟需，合作之必要”。你又会为“我们生活在一个极富特色的亚洲”而自豪。“亚洲人杰地灵，资源丰富。亚洲的悠久历史和灿烂文化别具风采和魅力。亚洲面积占世界近三分之一，人口占世界一半以上，亚洲在世界和平与发展事业中充当着不同凡响的角色。”

最后，请听这样嘹亮高亢的话语：

我们将迎来一个政治上互信、经济上互补、文化上互通的亚洲。

我们将迎来一个共同发展的、前景辉煌的亚洲。

世界在前进，亚洲要以更快的步伐前进。

……

有人说，就经济发展水平而言，21 世纪将是亚洲世纪。

这并不全然是恭维话。

一个古老的亚洲正在走向复兴，一个崭新的亚洲正在蓬勃崛起。

在这样诗意的结论之前，俞邃精当地、实事求是地分析了亚洲国家的相同与不同，亚洲内部的参差与不平衡，亚洲目前的发展水平与目标的差距，亚洲应该建立什么样的机制和良性互动等等。如此令人头脑清醒又心潮澎湃的文章和演讲，诗文一样的用语和感怀，还有真情满溢地对良师益友和亲人的称颂、怀念和感激，在书中多处展现、录入多篇。

俞邃的动人之处还在于，他始终像年轻人那样生活得兴致勃勃。他好学、刻苦钻研和充满游历的兴趣始终不变。他学习、讲课，他写文著书，他接受邀请访谈，参与研讨、发表演讲，他精力充沛地参加各种有关的活动。他到过世界很多地方，美洲、欧洲、亚洲、非洲，从城市到乡村，从会议、研究单位到民众之中。

他不在象牙塔里，他生活在火热的现实中。所以，他对国际政治的论述、观点和预见常常得到事实的印证。我想起朱熹的诗句：问渠那得清如许，为有活水源头来。

他是中联部调研咨询小组成员，北京大学、国防大学等全国六省市 12 所著名高校兼职教授，中国国际战略学会高级顾问，中国社科院世界社会主义研究中心特邀研究员，国际自然和社会科学院院士，俄罗斯科学院远东研究所荣誉博士。

这一连串头衔是在本书的附录中查到的。我再次闻到了新鲜的墨香味。

我衷心祝贺俞邃兄取得的成就。祝愿更多的人从这部书中获得教益。

（载《世界知识》，2013 年第 11 期）

后 记

本人从1958年9月调到中联部，被立即派往布拉格《和平和社会主义问题》杂志（各国共产党和工人党合办的理论性和报道性刊物）编辑部，从事翻译工作和国际问题研究，不觉63年过去。1962年11月因中苏关系恶化从布拉格撤回之后，我坚守中联部岗位直至退休，迄今仍未中断对国际问题的咨询、研究和写作。“米寿”之年，不免自嘲一番：岁月面前人平等，健康首要好心情。不忘初衷尽力矣，无悔度过此一生。

当代世界出版社曾于2005年1月出版《俞邃文集》、2013年5月出版《俞邃论集》，现在这本《世界变局与中国风范——俞邃著述》是该出版社延续出版的第三部大型文集。其中第一至第五部分主要是对最近八年世界战略形势、地区热点、大国关系、国际关系理论，中国和平发展与新时代中国特色外交等一系列问题的探讨，第六部分从弘扬中华文化角度，收进了部分历史记述、访谈、随笔，以及对老领导、老朋友的致贺或缅怀之作，还有一节庆祝中国共产党成立100周年暨中共中央对外联络部建部70周年的诗歌词曲。

在出版这部文集的时候，我深切缅怀曾经培育和引导我走上国际问题研究之路并对我的人生有过巨大影响的三位恩师——赵毅敏、李一氓和宦乡老前辈。

我衷心感谢中联部领导为出版本书给予的关怀，衷心感谢当代世界出版社同志们和朋友们的大力支持，由于他们的精心运作，使这本书得以完美地出版问世。

在我撰写每篇文章过程中和最终结集成书期间，与我相濡以沫60多年的夫人施蕴陵教授，不仅提供了计算机操作的技术保障，而且从多方面付出了辛勤劳动。

我恳切希望能一如既往地得到同行专家和广大读者的批评指教。

作　者

2021年5月7日于北京万寿路寓所